합격하는

특목고 · 자사고

자기소개서와 면접

SD에듀
시대교육(주)

머리말

대학을 준비하는 과정에서 중요한 요소가 많지만, 가장 중요한 요소 중 하나는 '어느 고등학교를 선택하느냐'일 것입니다. 여전히 서울대와 서울의 주요 대학 합격생들의 다수가 특목고와 자사고에 편중된 것이 사실이며, 이로 인해서 교육계에서 발생하는 문제점은 분명히 존재합니다.

다만, 이 책은 엘리트 교육을 선택한 학생과 학부모가 조금 더 진지하고 체계적으로 고등학교 입시를 준비할 수 있도록 도움을 주기 위해 제작되었습니다. 자신의 장래 희망을 구체적으로 정하고 그러한 장래 희망을 통해 개인적인 성취만을 추구하기보다는 특목고와 자사고가 육성하고자 하는 사회적 책임감과 의미를 가슴에 품고 미래를 준비하는 인재가 되도록 노력하는 것이 바람직합니다.

내가 어떤 직업을 갖게 될 것인가도 중요하지만, 우리 사회를 위해 나의 역할은 무엇인가를 깊이 있게 고민할 필요가 있습니다. 필자가 오랫동안 특목고와 자사고 입시를 돕고 학생들과 대학 입시를 준비하면서 느낀 것은, 결과가 좋아지려면 그 과정이 충분히 뒷받침되어야 한다는 것입니다. 그리고 그 과정에서 건전한 상식과 폭넓은 생각을 쌓아야만 학습할 때도 힘들지 않게 공부할 수 있으며, 그 결과 또한 긍정적으로 만들어 낼 수 있을 것입니다.

결과를 생각하되 그 과정에서 무엇이 필요한지를 스스로가 탐색하고 만들어 갈 수 있는 역량을 가진 학생으로 성장하기를 바라면서 이 책을 만들었습니다.

아울러 수험생 여러분 모두 뜻하신 바대로 시험에서 좋은 결과 얻으시기를 진심으로 기원하겠습니다.

저자 황원식 · 송호종 · 박정익

서울권 외고 입시 전형

📋 전형 절차 및 방법

1단계
영어 교과 성적(160점) + 출결(감점)
[정원의 1.5배수 선발]

➤

2단계
1단계 성적(160점) + 면접(40점)
[최종 합격자 선발]

※ 영어 교과 성적은 중학교 2·3학년(4개 학기)의 원점수, 과목 평균(표준편차)을 제외한 성취도를 성적 산출 기준표에 의거·점수화하여 활용(학기별 40점)

📋 성적 산출 기준표

성취도 수준	A	B	C	D	E
부여 점수(점)	40	36	32	28	24

※ 자유 학기제가 포함된 학기의 경우, 성적 산출 시 자유 학기제 미운영 학기의 성적으로 대체하여 활용함
　 예 2학년 1학기에서 자유 학기제를 이수한 경우 2학년 1학기 성적을 2학년 2학기 성적으로 대체

📋 출결 점수 산출 방식

출결 = - (3개 학년 미인정 결석 일수)

❶ 중학교 졸업예정자 출결 점수 산출 기준: 2024년 11월 말까지의 중학교 1·2·3학년 출결 사항
　※ 단, 중학교 졸업자의 경우 전 학년(졸업 시점) 기준으로 적용함
❷ 미인정 지각, 미인정 조퇴, 미인정 결과를 합하여 3회는 미인정 결석 1일로 간주하며, 나머지 2회 이하는 버림
❸ 출결 점수 최대 감점은 10점으로 함
❹ 출결 성적이 없는 자의 출결 점수 산출: 환산된 3학년 2학기 영어 과목 성취도를 반영

성취도 수준	A	B	C	D	E
출결 점수(점)	0	−1	−2	−3	−4

📋 1단계 동점자 발생 시, '국어 및 사회 교과의 성취도 순'으로 선발

3학년 2학기 국어	3학년 2학기 사회	3학년 1학기 국어	3학년 1학기 사회	2학년 2학기 국어	2학년 2학기 사회	2학년 1학기 국어	2학년 1학기 사회

※ 사회 과목을 이수하지 않은 경우, 역사 과목으로 대체

📋 면접 점수 산출 방식

면접 점수 = 자기주도학습 영역(꿈과 끼 영역) + 인성 영역

※ 자기소개서, 학교생활기록부 내용을 바탕으로 종합적으로 평가

경기권 외고 입시 전형

📋 전형 절차 및 방법

1단계
영어 내신 성적(160점) + 출결(감점)
[정원의 2배수 선발]

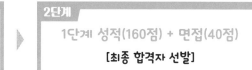

2단계
1단계 성적(160점) + 면접(40점)
[최종 합격자 선발]

※ 1단계에서는 교과 내신 성적 및 출결 점수 외 기타 점수를 반영하지 않음

📋 영어 내신 성적 산출 방식(학교생활기록부 출력 시 자동 계산)

> **영어 내신 성적 = 중학교 2 · 3학년 4개 학기 영어 환산 점수의 합**

※ 중학교 2 · 3학년 4개 학기 영어 교과 성취 수준별 환산 점수의 합으로 함

📋 성취평가제 성취 수준별 환산 방식

성취도	A	B	C	D	E
점수	40	36	32	28	24

※ 자유 학기제를 운영한 중학교의 경우, 성적 산출 시 자유 학기제 미운영 학기의 성적으로 대체하여 활용함
　예 2학년 1학기에서 자유 학기제를 이수한 경우 2학년 1학기 성적을 2학년 2학기 성적으로 대체

📋 출결 점수 산출 방식

> **출결 = - (미인정 결석 일수 x 학교별 가중치)**

※ 출결 마감일 기준일은 2024년 11월 말로 함
※ 가중치 및 최대 감점 점수가 학교마다 상이하므로 자세한 사항은 2025학년도 학교별 전형 요강 참조

📋 1단계 동점자 발생 시, '국어 및 사회 교과의 성취도 순'으로 선발

3학년 2학기 국어	3학년 2학기 사회	3학년 1학기 국어	3학년 1학기 사회	2학년 2학기 국어	2학년 2학기 사회	2학년 1학기 국어	2학년 1학기 사회

※ 사회 과목을 이수하지 않은 경우, 역사 과목으로 대체

📋 면접 점수 산출 방식

> **면접 점수 = 자기주도학습 영역(꿈과 끼 영역) + 인성 영역**

※ 자기소개서, 학교생활기록부 내용을 바탕으로 종합적으로 평가

자사고 입시 전형

📁 단계별 선발 방식

구분		선발 방식
서울 방식 자사고 (16개교)		경희고, 대광고, 배재고, 보인고, 선덕고, 세화고, 세화여고, 신일고, 양정고, 이화여고, 이대사대부속 이화금란고, 중동고, 중앙고, 한대사대부속고, 현대고, 휘문고
	1단계 (추첨)	**성적 제한 없이 각 전형별 정원의 1.5배수 추첨 선발** ⋯ 일반전형: 지원율에 따른 선발 방식

지원율	추첨 여부	선발 방식
100% 이하인 경우	×	지원자 전원 최종 합격
100% 초과 ~ 120% 이하인 경우	○	면접 생략 추첨
120% 초과 ~ 150% 이하인 경우	×	추첨 생략 면접
150% 초과한 경우	○	1.5배수 추첨 후 면접

※ 사회통합전형, 보훈자녀전형, 고입특례대상자전형의 선발 방식(추첨 및 면접 여부)은 해당 전형의 지원율에 상관없이 일반전형과 동일한 방식으로 선발함('면접 생략 추첨', '추첨 생략 면접', '추첨 후 면접' 등)
※ 일반전형에서 면접이 생략될 경우 사회통합전형, 보훈자녀전형, 고입특례대상자전형은 지원자가 정원을 초과하더라도 '면접 생략 추첨'으로 선발함

	2단계 (면접)	**면접으로 최종 합격자 선발** ⋯ 자기소개서, 학교생활기록부를 전형 요소로 하여 학생의 자기주도학습 능력 및 핵심인성요소 (배려, 나눔, 협력, 타인 존중, 규칙 준수 등) 평가
서울 이외의 방식 자사고 (18개교)		서울 하나고 부산 해운대고, 부일외고 대구 계성고 인천 인천포스코고, 인천하늘고* 대전 대전대성고, 대전대신고 울산 현대청운고* 경기 안산동산고, 용인외대부고* 강원 민족사관학교* 충남 천안북일고*, 충남삼성고 전북 상산고* 전남 광양제철고* 경북 김천고*, 포항제철고*

★ 전국 단위로 학생을 선발하는 학교, 그 이외는 시·도 단위 선발

📁 면접

영역별 평가 요소	평가 내용	평가 자료
자기주도학습 영역 (꿈과 끼 영역)	■ **자기주도학습 과정** 학습을 위해 주도적으로 수행한 목표 설정·계획·학습 그리고 그 결과 평가까지의 전 과정 ■ **진로 계획 및 지원 동기** 건학 이념과 연계해 지원 학교에 관심을 갖게 된 동기, 꿈과 끼를 살리기 위한 활동 계획과 진로 계획	자기소개서, 학교생활기록부 (3, 5번 항목과 8번 항목 중 3학년 영역 제외)
인성 영역	■ **핵심인성요소에 대한 중학교 활동 실적** 자기소개서, 학교생활기록부 행동특성 및 종합의견 등에 기재된 봉사·체험 활동을 포함한 배려, 나눔, 협력, 타인 존중, 규칙 준수 등에 대한 중학교 활동 실적 ■ **인성 영역 활동을 통해 느낀 점** 중학교 활동을 통해 배우고 느낀 점	

📁 서류 및 자기소개서

구분	제출 서류	자기소개서 내용
서울 방식 자사고 (16개교)	■ 자기소개서(나의 꿈과 끼 영역) 1,200자(띄어쓰기 제외) ■ 학교생활기록부 수상경력(3번 항목), 교과학습발달상황(5번 항목)은 중학교 3학년의 행동특성 및 종합의견(8번 항목 중 3학년 영역)은 제외하고 단면으로 출력	■ 자기주도학습 영역(나의 꿈과 끼 영역) • 자기주도학습 과정: 학습을 위해 주도적으로 목표 설정, 계획 후 학습 실행까지의 전 과정과 그 과정에서 느낀 점 • 진로 계획 및 지원 동기: 본교의 건학 이념과 연계해 본교에 관심을 갖게 된 동기, 꿈과 끼를 살리기 위한 활동 계획과 진로 계획 ■ 인성 영역 • 핵심 인성 요소에 대한 중학교 활동 실적: 봉사·체험 활동을 포함한 배려, 나눔, 협력, 타인 존중, 규칙 준수 등에 대한 중학교에서의 활동 실적 등 • 인성 영역 활동을 통해 느낀 점: 중학교에서의 인성 영역 활동을 통해 배우고 느낀 점
서울 이외의 방식 자사고 (17개교)	■ 자기소개서(나의 꿈과 끼 영역) 1,500자(띄어쓰기 제외) ■ 학교생활기록부 • 수상경력(4번 항목) 제외 • 교과학습발달상황(7번 항목)은 원점수, 과목 평균(표준편차)을 제외하고 성취도(수강자 수)만 출력 • 교과학습발달상황(7번 항목) 내 세부능력 및 특기사항 중 영재교육원 기록 사항 제외 • 교과학습발달상황(7번 항목) 내 세부능력 및 특기사항의 3학년 부분 제외 • 행동특성 및 종합의견(10번 항목)의 3학년 부분 제외	

📁 [참고] 전국 특목고 현황

구분	특목고 현황
전국 외국어고 (28개교)	경기외고, 경남외고, 경북외고, 고양외고, 과천외고, 김포외고, 김해외고, 대구외고, 대원외고, 대일외고, 대전외고, 동두천외고, 명덕외고, 미추홀외고, 부산외고, 서울외고, 성남외고, 수원외고, 안양외고, 울산외고, 이화외고, 인천외고, 전남외고, 전북외고, 제주외고, 청주외고, 충남외고, 한영외고
전국 국제고 (8개교)	고양국제고, 대구국제고, 동탄국제고, 부산국제고, 서울국제고, 세종국제고, 인천국제고, 청심국제고
전국 영재학교 (8개교)	경기과고, 광주과고, 대구과고, 대전과고, 서울과고, 세종과학예술영재학교, 인천과학예술영재학교, 한국과학영재학교
전국 과학고 (20개교)	강원과고, 경기북과고, 경남과고, 경북과고, 경산과고, 대구일과고, 대전동신과고, 부산과고, 부산일과고, 세종과고, 울산과고, 인천과고, 인천진산과고, 전남과고, 전북과고, 제주과고, 창원과고, 충남과고, 충북과고, 한성과고

※ 2025학년도 세부 입시 전형은 본서 출간일 기준 미발표 상태로, 2024학년도 입시 전형을 토대로 작성하였습니다. 반드시 확정된 최종 입시 요강을 확인하시기 바랍니다.

특목고 · 자사고 경쟁률

서울권 외고 경쟁률

학교	전공 분야		일반전형					사회통합전형				
			2020	2021	2022	2023	2024	2020	2021	2022	2023	2024
대원외고	영어과		1.58	1.15	–	–	–	0.70	0.40	–	–	–
	중국어과		1.40	1.05	1.48	1.33	1.60	1.00	0.70	0.90	0.60	0.80
	일본어과		1.60	1.10	1.58	1.23	1.68	0.60	0.60	0.50	1.00	0.90
	독일어과		1.70	1.10	1.53	1.40	1.88	0.80	0.60	0.80	1.20	0.80
	스페인어과		1.55	1.58	1.55	1.50	1.83	0.90	1.00	0.90	0.70	1.00
	프랑스어과		1.60	1.35	1.50	1.45	1.95	0.80	0.60	1.00	0.40	0.70
	계		1.56	1.25	1.53	1.38	1.79	0.82	0.66	0.82	0.78	0.84
대일외고	영어과		1.83	1.23	1.50	–	–	1.40	0.60	0.70	–	–
	중국어과		1.93	1.30	1.43	1.35	1.55	0.80	0.50	0.30	0.80	0.40
	일본어과		1.80	1.30	1.50	1.50	2.15	0.80	0.40	1.00	0.60	1.60
	독일어과		2.05	1.60	1.55	1.53	1.80	1.40	1.20	1.00	0.80	0.70
	러시아어과		1.95	1.25	1.50	1.55	1.50	1.20	0.40	0.60	0.40	0.40
	스페인어과		1.95	1.75	1.60	1.53	1.90	1.20	1.20	0.80	1.00	1.30
	프랑스어과		1.83	1.20	1.55	1.48	2.08	1.40	0.90	0.80	0.80	0.90
	계		1.89	1.34	1.51	1.48	1.83	1.18	0.76	0.70	0.78	0.86
명덕외고	영어과		1.93	1.48	1.55	1.75	1.38	1.20	0.80	0.90	0.90	0.20
	중국어과		1.68	1.55	1.13	1.70	1.20	1.20	0.60	0.50	0.60	0.60
	일본어과		1.75	1.25	1.30	1.85	1.50	1.20	0.60	1.20	1.00	0.40
	독일어과		1.75	1.58	1.38	1.88	1.65	0.70	0.80	0.70	0.50	1.10
	러시아어과		2.05	1.35	1.20	2.05	1.25	0.98	0.60	0.20	0.40	0.60
	프랑스어과		1.78	1.60	1.38	1.78	2.00	0.90	1.00	0.30	0.90	0.40
	계		1.81	1.50	1.34	1.81	1.52	0.98	0.76	0.62	0.72	0.56
서울외고	영어	독일어과	1.70	1.05	1.05	0.95	–	1.00	0.40	0.00	0.2	–
		러시아어과	1.45	0.95	1.00	0.85	–	0.20	0.20	0.20	0.2	–
	스페인어과		1.45	1.30	1.03	1.08	1.45	0.90	1.00	0.20	0.8	0.60
	중국어		1.15	0.98	0.80	0.83	1.40	0.10	0.50	0.60	0.2	0.20
	일본어		1.25	1.03	0.65	1.0	1.55	0.20	0.30	0.60	0.5	0.50
	독일어		1.65	1.00	1.10	0.95	1.43	0.60	0.40	0.40	0.2	0.50
	프랑스어		1.70	1.10	1.10	1.1	1.50	0.40	0.20	0.60	0.2	0.10
	계		1.42	1.07	0.92	0.97	1.47	0.46	0.48	0.30	0.38	0.40

이화외고	영어과	1.70	0.83	0.85	1.08	1.40	0.30	0.1	0.00	0.30	0.10
	중국어과	1.70	1.00	0.80	1.05	1.30	0.20	0.20	0.60	0.20	0.20
	독일어과	1.80	1.20	0.80	1.20	1.50	1.00	0.20	0.20	0.40	1.00
	프랑스어과	1.65	1.35	0.95	1.13	1.68	0.50	0.60	0.20	0.40	0.90
	계	1.70	1.09	0.87	1.11	1.49	0.50	0.13	0.23	0.33	0.53
한영외고	영어과	1.38	1.28	1.37	—	—	0.40	0.53	0.07	—	—
	중국어과	1.25	1.00	1.17	1.30	1.58	0.40	0.53	0.40	0.60	0.50
	일본어과	1.20	1.05	1.35	1.45	1.68	0.80	0.00	0.60	0.80	0.70
	독일어과	1.85	1.10	1.35	1.53	1.65	0.80	0.20	0.00	0.40	0.60
	스페인어과	1.70	1.45	1.35	1.60	1.65	0.60	0.60	0.40	0.70	0.60
	프랑스어과	1.50	1.35	1.35	1.48	1.63	0.40	0.60	0.40	0.60	0.60
	계	1.42	1.18	1.30	1.47	1.64	0.50	0.44	0.28	0.62	0.60

📁 인천 · 경기권 외고 경쟁률

학교	전공 분야	일반전형					사회통합전형				
		2020	2021	2022	2023	2024	2020	2021	2022	2023	2024
경기외고	영어과	1.41	1.51	1.13	1.63	1.47	0.50	0.50	0.65	0.80	0.44
	중국어과	1.33	1.15	0.95	1.02	1.25	0.80	0.30	0.40	0.70	0.17
	일본어과	1.33	0.88	0.93	1.07	1.43	0.20	0.20	0.50	0.40	0.42
	계	1.37	1.26	1.03	1.34	1.40	0.50	0.38	0.55	0.68	0.36
고양외고	영어과	1.32	1.00	1.38	1.03	1.02	0.67	0.44	0.40	0.47	0.53
	중국어과	1.23	1.02	1.00	0.92	1.05	1.07	0.33	0.07	0.27	0.09
	일본어과	1.55	1.05	1.03	1.03	1.00	0.80	0.50	0.40	0.60	0.36
	스페인어과	1.88	1.15	1.23	1.33	1.13	1.10	0.50	0.80	0.90	0.33
	계	1.45	1.05	1.17	1.06	1.05	0.90	0.74	0.38	0.52	0.35
과천외고	엉어과	1.25	0.95	0.92	1.00	1.35	1.02	0.35	0.05	0.30	0.20
	중국어과	1.26	0.97	0.63	1.03	1.36	1.08	0.20	0.10	0.27	0.18
	일본어과	1.34	0.92	0.89	1.00	1.49	1.17	0.40	0.20	0.27	0.55
	독일어과	1.37	1.00	0.74	1.30	1.45	1.21	0.60	0.00	0.40	0.00
	프랑스어과	1.37	0.95	0.95	1.10	1.65	1.13	0.20	0.20	0.00	0.60
	계	1.30	0.93	0.84	1.05	1.42	1.09	0.34	0.10	0.27	0.29

김포외고	영어과		1.20	1.03	0.79	1.02	1.07	1.05	0.80	0.20	0.59	0.45
	중국어과		1.23	1.03	0.70	0.96	1.12	1.06	0.50	0.20	0.17	0.27
	일본어과		1.30	1.05	0.70	0.86	1.17	1.12	0.40	0.10	0.82	0.55
	계		1.23	1.03	0.74	0.97	1.11	1.07	0.63	0.18	0.53	0.43
동두천외고	영어과		1.51	1.00	0.80	0.98	1.19	1.10	0.80	0.45	0.57	1.00
	중국어과		1.10	0.88	0.55	0.81	0.75	1.00	0.30	0.00	0.50	0.50
	일본어과		1.10	0.75	0.73	0.86	1.00	1.40	0.50	0.50	0.50	0.80
	계		1.31	0.91	0.72	0.90	1.03	1.15	0.60	0.35	0.54	0.83
미추홀외고	영어	중국어과	2.03	1.55	0.89	0.92	1.42	1.30	1.60	0.70	0.90	1.50
		일본어과	2.13	1.21	1.26	0.82	1.77	1.10	1.40	0.60	1.44	1.22
		스페인어과	2.89	1.71	1.03	1.61	1.84	1.80	1.60	1.40	1.30	1.50
		프랑스어과	2.33	1.53	1.00	1.76	1.42	1.67	0.89	1.00	1.40	1.20
		계	2.35	1.52	1.05	1.27	1.61	1.46	1.38	0.92	1.26	1.36
성남외고	영어과		1.95	1.35	1.35	1.31	1.75	1.00	1.00	0.70	0.70	1.10
	중국어과		1.78	1.13	1.43	1.02	1.78	0.70	0.90	0.80	0.60	1.10
	일본어과		1.80	1.18	1.20	1.05	1.85	0.80	0.40	1.00	0.55	1.20
	독일어과		2.23	1.15	1.28	1.52	1.83	0.50	1.10	0.60	0.90	1.00
	계		1.94	1.20	1.31	1.23	1.80	0.75	0.85	0.78	0.68	1.10
수원외고	영어과		1.62	1.42	1.68	1.48	1.93	1.00	0.80	1.27	0.94	1.40
	중국어과		1.73	1.18	1.45	1.02	1.80	1.10	0.80	1.40	0.60	1.30
	일본어과		2.10	1.05	1.60	1.57	1.95	1.20	0.20	1.20	1.00	2.00
	러시아어과		2.35	0.95	1.60	1.29	2.35	1.80	0.80	1.00	1.40	1.40
	프랑스어과		2.32	1.10	2.20	1.48	2.55	1.40	1.20	1.20	1.60	1.60
	계		1.89	1.21	1.67	1.35	2.03	1.20	0.76	1.25	1.00	1.48
안양외고	영어과		1.39	1.04	0.95	1.01	1.52	1.21	0.80	0.40	0.25	0.70
	중국어과		1.43	0.97	0.70	0.87	1.34	1.12	0.33	0.27	0.06	0.25
	일본어과		1.30	0.72	0.67	0.89	1.52	1.05	0.33	0.27	0.25	0.31
	계		1.38	0.92	0.79	0.93	1.47	1.17	0.52	0.32	0.19	0.44
인천외고	영어	중국어과	1.08	0.95	0.95	1.20	0.88	0.33	0.53	0.47	0.53	0.60
		일본어과	1.17	0.93	0.98	1.23	1.27	0.33	0.13	0.87	0.73	0.80
		스페인어과	1.35	0.90	1.15	1.07	1.37	0.60	0.80	1.00	0.67	1.13
		계	1.20	0.93	1.03	1.17	1.17	0.42	0.49	0.78	0.64	0.84

🗂 인천·경기권 국제고 경쟁률

학교	일반전형					지역우수자전형					사회통합전형				
	2020	2021	2022	2023	2024	2020	2021	2022	2023	2024	2020	2021	2022	2023	2024
고양국제고	2.25	1.42	1.47	2.23	2.61	1.95	1.43	1.38	2.15	2.55	1.45	1.00	1.15	1.48	1.23
동탄국제고	2.00	2.04	2.03	2.45	2.56	1.78	1.38	1.45	1.93	2.68	1.03	1.68	1.08	2.13	1.68
인천국제고	1.75	1.51	1.39	1.63	1.80	–	–	–	–	–	0.61	1.32	1.07	1.18	1.50
청심국제고	1.65	1.33	1.37	1.66	1.98	0.45	1.00	1.00	1.10	10.95	1.00	1.00	0.85	1.05	1.20

🗂 인천·경기권 자사고 경쟁률

학교	일반전형					지역우수자전형					사회통합전형				
	2020	2021	2022	2023	2024	2020	2021	2022	2023	2024	2020	2021	2022	2023	2024
안산동산고	0.87	1.01	0.86	1.01	1.43	0.96	0.86	1.00	1.00	1.01	0.76	0.68	0.50	0.65	0.90

🗂 전국 단위 자사고 경쟁률

학교	일반전형(전국)					일반전형(서울)					사회통합전형(전국)				
북일고	2020	2021	2022	2023	2024	2020	2021	2022	2023	2024	2020	2021	2022	2023	2024
	1.65	1.14	1.67	2.38	2.11	0.95	0.53	0.61	0.66	0.81	0.71	0.60	0.40	0.82	0.79

학교	일반전형(전국)					지역인재전형(광역)					사회통합전형(전국)				
상산고	2020	2021	2022	2023	2024	2020	2021	2022	2023	2024	2020	2021	2022	2023	2024
	1.70	2.21	2.23	2.14	2.45	1.64	1.22	1.22	1.09	1.43	0.89	0.89	1.12	1.05	2.10

학교	일반전형(전국)					일반전형(용인)					사회통합전형(전국)				
외대부고	2020	2021	2022	2023	2024	2020	2021	2022	2023	2024	2020	2021	2022	2023	2024
	2.65	2.43	2.87	3.60	3.24	1.96	1.96	2.48	2.47	2.60	1.55	1.53	1.59	2.40	1.18

학교	일반전형(전국)					일반전형(서울)					사회통합전형(전국)				
하나고	2020	2021	2022	2023	2024	2020	2021	2022	2023	2024	2020	2021	2022	2023	2024
	–	–	–	–	–	2.70	1.99	2.14	2.75	3.03	1.15	1.55	1.43	1.25	2.05

❖ 경쟁률 정보는 학교를 임의로 선정하여 제공함을 밝힙니다.

이 책의 차례

PART 1 **특목고 · 자사고 입시 전형 분석**

CHAPTER 1 2025학년도 입시 전형 유의 사항 · · · · · · · · · · · · · · · 002

CHAPTER 2 특목고 합격 공통 전략 · 004

CHAPTER 3 전국형 자사고 합격 공통 전략 · · · · · · · · · · · · · · · 014

PART 2 **특목고 · 자사고 진학 로드맵**

CHAPTER 1 특목고를 향한 첫걸음 · 022

CHAPTER 2 특목고 진학에 필요한 활동 및 요소 · · · · · · · · · · · 024

CHAPTER 3 특목고 · 자사고 진학을 위한 학년별 준비 사항 · · · · · 025

PART 3 **자기소개서 작성**

CHAPTER 1 자기소개서 한눈에 보기 · · · · · · · · · · · · · · · · · · · 030

CHAPTER 2 지원 동기 · 046

CHAPTER 3 자기주도학습 · 086

CHAPTER 4 인성 및 독서 경험 · 173

CHAPTER 5 진학 후 계획 · 253

PART 4 **면접**

CHAPTER 1 면접 개요 및 합격 전략 · · · · · · · · · · · · · · · · · · · 278

CHAPTER 2 최신 개별 자기소개서 관련 실전 면접 질문 · · · · · · · 281

CHAPTER 3 기출 예상 질문 및 예시 답안 · · · · · · · · · · · · · · · · 340

PART 1

특목고 · 자사고
입시 전형 분석

CHAPTER 01 2024학년도 입시 전형 유의 사항

CHAPTER 02 특목고 합격 공통 전략

CHAPTER 03 전국형 자사고 합격 공통 전략

〈자기소개서 작성 시 유의 사항〉

1. 자기소개서는 평가를 위한 중요한 자료이므로 반드시 본인이 작성해야 합니다. 사실에 입각하여 정직하게 자기주도학습 과정, 학교 특성과 연계한 지원 동기, 꿈과 끼를 살리기 위한 활동 계획, 진로 계획, 인성 영역 활동 실적과 이를 통해 배우고 느낀 점 등을 기술하십시오.
   ※ 자기소개서의 대리 작성, 허위 작성 혹은 표절 시에는 사후에도 입학 취소 등의 불이익이 부과될 수 있습니다.

2. 본문에는 자신의 경험이나 사례 등을 들어 구체적으로 작성하되, 영어 등 각종 인증 시험 점수, 교과목의 점수·석차, 교내·외 각종 대회 입상 실적, 자격증, 영재교육원 교육 및 수료 여부(우회적·간접적 기재 포함) 등은 기재 시 0점 처리되며, 부모의 사회적·경제적 지위를 유추할 수 있는 내용, 지원자 본인의 인적 사항을 암시하는 내용 등은 기재 시 항목 배점의 10% 이상 감점 처리되니 기재하지 마십시오.

3. 반드시 본 서식을 사용하여 작성하고, 띄어쓰기를 제외하고 1,500자 이내로 제시된 형식에 따라 작성하십시오.

4. 자기소개서는 면접 대상자 발표 후 면접 대상자에 한해 원서 접수 사이트에서 작성하여 온라인으로 제출합니다.

5. 자기소개서는 입시 전형 및 입학 후 학생 지도 자료로 활용되며, 비공개 문서로 관리될 것입니다.

입시 전형의 특징

자기소개서에 지원자 본인의 특성이나 우수성을 집약해서 서술해야 한다. 지원하는 학교에서 교육 과정이나 프로그램을 충실히 따라갈 수 있으며, 성장과 발전 가능성이 매우 크다는 점을 어필해야 한다. 예전에는 자기소개서에서 미진한 부분을 교사 추천서를 통해 보완할 수 있었지만, 교사 추천서를 받지 않는 학교의 경우에는 학교생활기록부와 자기소개서 내용만을 평가하기 때문이다.

그러므로 학습 과정과 활동 실적을 유기적으로 연결하여 교과와 비교과 활동에서 우수성을 입증하는 전략이 필요하다. 또한, 봉사 활동을 열심히 했다는 것만으로는 활동 실적을 나타냈다고 판단할 수 없다. 상세한 내용이나 사례를 중심으로 내용을 구성하는 것이 바람직하다.

교내 활동을 중심으로 지원하는 학교의 특성에 맞추어 자기소개서 내용을 구성해야 하며 예년보다 자기소개서의 스토리와 포인트를 강화하는 전략이 더욱 필요하다고 할 수 있다. 또한, 교과목의 점수와 석차나 영재교육원 교육 및 수료 여부를 간접적으로 서술할 수 없다. 따라서 교내 활동의 질적 차이와 개별성을 부각시켜야 한다.

1. 외고·국제고

   학교생활기록부 II(학교생활세부사항기록부) 출력 옵션 중 '외고·국제고 입시용' 탭을 선택하여 다음 사항들이 반영되도록 출력한다.
   - 수상경력(3번) 제외
   - 교과학습발달상황(5번) 중 영어, 국어, 사회(또는 역사) 과목의 원점수, 과목 평균(표준 편차) 제외하고 성취도(수강자 수)만 포함
   - 교과학습발달상황(5번) 중 세부 능력 및 특기 사항 제외
   - 3학년의 행동특성 및 종합의견(8번) 제외
   ※ 원서 접수 이전에 학교생활기록부 제출을 요구하는 행위는 금지한다.

2. 서울 방식 자율형사립고

   학교생활기록부 II(학교생활세부사항기록부) 출력 옵션 중 '서울 방식 자사고 입시용' 탭을 선택하여 다음 사항들이 반영되도록 출력한다.
   - 수상경력(3번) 제외
   - 교과학습발달상황(5번) 제외
   - 3학년의 행동특성 및 종합의견(8번) 제외
   ※ 원서 접수 이전에 학교생활기록부 제출을 요구하는 행위는 금지한다.

3. 서울 이외 방식 자율형사립고

   학교생활기록부 II(학교생활세부사항기록부) 출력 옵션 중 '서울 이외 방식 자사고·일반고 입시용' 탭을 선택하여 다음 사항들이 반영되도록 출력한다.
   - 수상경력(4번) 제외
   - 교과학습발달상황(7번) 중 원점수, 과목 평균(표준 편차) 제외하고 성취도(수강자 수)만 포함
   - 교과학습발달상황(7번) 중 세부 능력 및 특기 사항 중 영재 기록 사항 제외
   - 3학년의 교과학습발달상황(7번) 중 3학년의 세부 능력 및 특기 사항, 행동특성 및 종합의견(10번) 제외
   ※ 원서 접수 이전에 학교생활기록부 제출을 요구하는 행위는 금지한다.

※ 2025학년도 세부 입시 전형은 본서 출간일 기준 미발표 상태로, 2024학년도 입시 전형을 토대로 작성하였습니다. 이 점 참고하여 주시기 바랍니다.

02 특목고 합격 공통 전략

외고는 1차에서 영어 성적을 중심으로 선발하기 때문에 가장 중요한 것은 영어 내신이다. 하지만 영어 성적 동점자 발생 시 국어와 사회(역사 포함) 성적을 반영하기 때문에 국어와 사회 내신 관리도 중요하다. 이와 함께 2차에서 학교생활기록부를 참고하므로 담임 선생님의 종합 의견란을 입학 사정관이 확인할 수 있다. 이 부분에서 영어를 제외한 학생의 교과 성취 수준을 드러낸다면 입학 사정관이나 면접관이 지원 학생의 학습 수준을 추론할 수도 있다. 예를 들어, 종합 의견란에 "모든 과목에서 우수한 학생이며 학습 태도와 준비가 철저한 학생으로서……"와 같은 내용이 들어갈 경우 서류 검토 과정에서 긍정적으로 영향을 미칠 수 있다는 점을 염두에 두어야 한다.

또한, 자기소개서와 면접 과정에서 자기소개서보다 면접의 영향력이 더 크다고 할 수 있다. 자기소개서의 경우, 분량이 한정적이고 제약 사항도 많다. 그래서 지원 학생의 능력을 표현하는 데 한계가 있으며, '자소설'이라는 용어가 생겨날 정도로 자기소개서 내용에 대한 신뢰도 낮다. 그러므로 면접을 통해 합격과 불합격 여부가 좌우된다고 할 수 있다. 더구나 면접은 자기소개서에 비해서 준비하거나 검증할 수 있는 시간과 기회가 절대적으로 부족하다. 자기소개서는 여러 번 고칠 수 있지만 면접은 5~10분 안에 적절한 답변을 해야 한다는 점을 명심해야 한다. 이런 점 때문에 자기소개서에서 학생들 간의 격차는 적은 반면, 면접에서 학생들의 수준 차이는 극명하다. 철저한 면접 준비가 필요한 이유이기도 하다.

외고 자기소개서 작성의 기본

1. 서울권과 경기권 외고의 자기소개서 양식은 거의 유사한 방식으로 제시되며 1,500자 이내로 서술하도록 되어 있다.

2. 학교별 주안점이 조금씩 다르니 개별 학교에서 선호하는 부분을 부각시키는 것이 중요하다. 예를 들어, A외고는 자기주도학습 부분에 대해 800~900자의 분량을 요구하고 있는데, 이는 영어 점수로만 학습 능력을 점검할 수 없는 한계로 인해 자기소개서의 자기주도학습 경험을 통해 확인하고자 하는 의도이다. 반면, K외고 같은 경우 자신의 장래 희망에 대한 확신을 가진 학생을 선호하는 편이기 때문에 이러한 부분을 학습 과정과 계획을 통해 일관성 있게 드러내는 것이 중요하다.

3. 추상적인 내용이나 그러한 내용을 부각시키려는 수식어들은 가급적 배제시키고 서술해야 한다. 학습의 경험 중에서 자신의 능력을 부각시킬 수 있는 것을 우선적으로 선별하고 그러한 학습의 과정을 통해 자신의 능력이 어떻게 향상되었는지를 서술한다. 학습의 내용이나 방식을 선별할 때에는 자신의 장래 희망이나 특성과 연계시켜서 서술하되, 구체적인 경험과 내용으로 서술한다.

4. 인증 점수, 수상 실적, 영재반, 교과 점수 및 석차, 영재교육원 교육 및 수료 여부 등 학교의 입시 요강에 제시된 금지 사항은 절대로 쓰지 말아야 한다. 하지만 영재교육원에서 받은 교육 내용 중 교과 과정과 연계되거나 동아리 활동으로 활용할 수 있는 주제나 소재가 있다면 교내 활동에 반영을 하고 해당 활동에 대한 경험을 자기소개서에 기록할 수 있다. 예를 들어, 동아리 ○○반에서 〈영재교육원 교육 내용 중 일부〉를 통해 자신의 학습 능력을 부각시키는 방법이다. 더불어 활동과 경험을 통해 얻은 깨달음과 지식 등을 중점적으로 기재하도록 해야 한다.

5. 인성 부분은 '배려, 나눔, 협력, 타인 존중, 규칙 준수' 외에 다른 사항도 쓸 수 있다는 점을 인지하고 반드시 구체적인 사례를 통해 작성한다. 그리고 인성 부분은 특별히 부각시키려고 하기보다는 감점 요인이 발생하지 않도록 하는 데 주의를 기울인다.

2-1 | 서울권 외고별 자기소개서 양식

■ 대원외고

① 자기주도학습 과정(20점)
학습을 위해 주도적으로 수행한 목표 설정·계획·학습 그리고 그 결과 평가까지의 전 과정(교육 과정에서 동아리 활동 및 진로 체험, 꿈과 끼를 살리기 위한 활동 및 경험 등을 포함)을 구체적으로 기술하십시오.

② 지원 동기 및 진로 계획(10점)
학교 특성과 연계해 지원 학교에 관심을 갖게 된 동기, 꿈과 끼를 살리기 위한 활동 계획과 진로 계획에 관해 구체적으로 기술하십시오.

③ 인성 영역(10점)
자기소개서, 학교생활기록부에 기재된 핵심인성요소(핵심인성요소는 봉사·체험 활동을 포함한 배려, 나눔, 협력, 타인 존중, 규칙 준수 등 학생의 인성을 나타낼 수 있는 다양한 요소를 의미)에 대한 중학교 활동 실적 및 중학교 활동을 통해 배우고 느낀 점을 구체적으로 기술하십시오.

· 유의 사항 ·
위의 ①번부터 ③번까지 항목을 구체적으로 기술하되,
㉮ ①, ②, ③ 항목의 내용을 반드시 순서대로 빠짐없이 작성(미작성 항목의 경우 0점 처리)
㉯ 3개 항목 전체를 띄어쓰기 제외하여 1,500자 이내 작성
㉰ 글자 수는 점수 배점을 고려하여 대략 자기주도학습 과정 700자, 지원 동기 및 진로 계획 400자, 인성 영역 400자 정도로 배분하는 것이 좋음

■ 한영외고   ① 자기주도학습 과정

본인이 학습을 위해 주도적으로 수행한 목표 설정·계획 수립·실천 그리고 그 결과 및 평가까지의 전 과정(교육 과정에서 동아리 활동 및 진로 체험, 꿈과 끼를 살리기 위한 활동 및 경험 등 포함)을 구체적으로 기술하시오.

② **지원 동기 및 입학 후 활동 계획, 졸업 후 꿈을 이루기 위한 구체적 활동 계획**

외국어고등학교의 특성과 연계해 본교에 관심을 갖게 된 동기와, 본교 입학 후 자기주도적으로 본인의 꿈과 끼를 살리기 위한 활동 계획 및 졸업 후의 본인의 꿈을 이루기 위한 진로 계획과 실현 방법에 관해 구체적으로 기술하시오.

③ 인성 영역

봉사·체험 활동을 포함한 본인의 인성(배려, 나눔, 협력, 타인 존중, 규칙 준수, 기타)을 나타낼 수 있는 개인적 경험 및 이를 통해 배우고 느낀 점을 구체적으로 기술하시오.

> • 유의 사항 •
> 위의 ①번부터 ③번까지 항목을 구체적으로 기술하되,
> ㉮ ①, ②, ③번 내용을 반드시 순서대로 빠짐없이 작성(미작성 항목의 경우 0점 처리)
> ㉯ 면접 총점에서 ①번은 20점, ②번은 10점, ③번은 10점으로 평가됨

■ 명덕외고   ① 자기주도학습 과정(20점)

학습을 위해 주도적으로 수행한 목표 설정·계획·학습 그리고 그 결과까지의 전 과정(교육 과정에서 동아리 활동 및 진로 체험, 꿈과 끼를 살리기 위한 활동 및 경험 등 포함)을 구체적으로 기술하시오.

② **지원 동기 및 진로 계획(10점)**

학교 특성과 연계해 본교 및 희망 전공어에 관심을 갖게 된 동기, 꿈과 끼를 살리기 위한 입학 후 활동 계획과 진로 계획을 구체적으로 기술하시오.

③ 인성 영역(10점)

자기소개서, 학교생활기록부에 기재된 핵심인성요소(봉사·체험 활동을 포함한 배려, 나눔, 협력, 타인 존중, 규칙 준수 등)에 대한 중학교 활동 실적 및 중학교 활동을 통해 배우고 느낀 점을 구체적으로 기술하시오.

> • 유의 사항 •
> 위의 ①번부터 ③번까지 항목을 구체적으로 기술하되,
> ㉮ ①, ②, ③ 항목의 내용을 반드시 순서대로 빠짐없이 작성(미작성 항목의 경우 0점 처리)
> ㉯ 3개 항목 전체를 띄어쓰기 제외하고, 1,500자 이내로 작성
> ㉰ 글자 수는 점수 배점을 고려하여 대략 자기주도학습 과정 700자, 지원 동기 및 진로 계획 400자, 인성 영역 400자 정도로 배분하는 것이 좋음

■ 대일외고
① 본인이 스스로 학습 계획을 세우고 학습해 온 과정과 그 과정에서 느꼈던 점
② 외국어고의 특성과 연계해 대일외고에 관심을 갖게 된 동기, 고등학교 입학 후 자기주도적으로 본인의 꿈과 끼를 살리기 위한 활동 계획 및 고등학교 졸업 후 진로 계획
③ 본인의 인성(배려, 나눔, 협력, 타인 존중, 규칙 준수 등)을 나타낼 수 있는 개인적 경험 및 이를 통해 배우고 느낀 점

> • 유의 사항 •
> 위의 ①번부터 ③번까지 항목을 구체적으로 기술하되,
> ㉮ ①, ②, ③ 항목의 내용을 반드시 순서대로 빠짐없이 작성
> ㉯ 3개 항목 전체를 띄어쓰기 제외하고, 1,500자 이내로 작성
> ㉰ 면접 총점(40점)에서 ①번 항목은 20점, ②번 항목은 10점, ③번 항목은 10점으로 평가됨

■ 이화외고
① 자기주도학습 과정(20점)
학습을 위해 주도적으로 수행한 목표 설정·계획·학습을 통한 결과 및 평가까지의 전 과정(교육 과정에서 진로 체험 및 동아리 활동, 꿈과 끼를 살리기 위한 활동 및 경험 등 포함)과 그 과정에서 느낀 점을 구체적으로 기술하시오.
② 지원 동기 및 진로 계획(10점)
본교 특성과 연계해 본교 및 희망 전공어에 관심을 갖게 된 동기, 고등학교 입학 후 자기주도적으로 본인의 꿈과 끼를 살리기 위한 활동 계획 및 진로 계획에 관해 구체적으로 기술하시오.
③ 인성 영역(10점)
자기소개서, 학교생활기록부에 기재된 핵심인성요소에 대한 중학교 활동 실적 및 활동을 통해 배우고 느낀 점을 구체적으로 기술하시오.
이때, 핵심인성요소는 봉사·체험 활동을 포함한 배려, 나눔, 협력, 타인 존중, 규칙 준수 등 학생의 인성을 나타낼 수 있는 다양한 요소를 의미하며, 제시된 핵심인성요소 이외에 학생이 직접 발굴해 작성할 수도 있습니다.

> • 유의 사항 •
> 위의 ①번부터 ③번까지 항목을 구체적으로 기술하되,
> ㉮ ①, ②, ③ 항목의 내용을 반드시 순서대로 빠짐없이 작성
> ㉯ 3개 항목 전체를 띄어쓰기 제외하고, 1,500자 이내로 작성
> ㉰ 글자 수는 점수 배점을 고려하여 대략 자기주도학습 과정 700자, 지원 동기 및 진로 계획 400자, 인성 영역 400자 정도로 배분하는 것이 좋음

■ 서울외고

1. 자기주도학습 영역(30점)

　① 자기주도학습 과정(15점)

　　본인이 스스로 학습 계획을 세우고 학습해 온 과정(교육 과정에서 교과, 동아리, 진로 체험, 꿈과 끼를 살리기 위한 활동 및 경험 모두 포함)과 그 과정에서 느꼈던 점을 기술하시오.

　② 지원 동기 및 진로 계획(15점)

　　외국어고의 특성과 연계해 전공어에 관심을 갖게 된 동기, 고등학교 입학 후 자기주도적으로 본인의 꿈과 끼를 살리기 위한 활동 계획 및 고등학교 졸업 후 진로 계획에 관해 구체적으로 기술하십시오.

2. 인성 영역(10점)

　학교생활기록부 행동특성 및 종합의견에 기재된 본인의 인성(배려, 나눔, 봉사, 협력, 타인 존중, 갈등 관리, 관계 지향성, 규칙 준수 등)을 나타낼 수 있는 개인적 경험 및 이를 통해 배우고 느낀 점을 구체적으로 기술하십시오.

・ 유의 사항 ・

㉮ 각 항목 작성 시 '1. 자기주도학습 영역', '① 자기주도학습 과정' 등의 기호와 항목명을 먼저 붙이고, 항목 순서대로 작성

㉯ 3개 항목 전체를 띄어쓰기 제외하여 1,500자 이내로 작성

㉰ 글자 수는 점수 배점을 고려하여, 1. 자기주도학습 영역 1,000자(① 자기주도학습 과정 500자 내외, ② 지원 동기 및 진로 계획 500자 내외), 2. 인성 영역 500자 정도로 배분하는 것이 좋음

2-2 | 인천, 경기권 외고별 자기소개서 양식

■ 경기외고

　① 본인이 스스로 학습 계획을 세우고 학습해 온 과정과 그 과정에서 느꼈던 점, 학교 특성과 연계해 지원 학교에 관심을 갖게 된 동기, 고등학교 입학 후 자기주도적으로 본인의 꿈과 끼를 살리기 위한 활동 계획 및 고등학교 졸업 후 진로 계획에 관해 구체적으로 기술하십시오.

　② 본인의 인성(배려, 나눔, 협력, 타인 존중, 규칙 준수 등)을 나타낼 수 있는 개인적 경험 및 이를 통해 배우고 느낀 점을 구체적으로 기술하십시오.

・ 유의 사항 ・

㉮ ①, ②번 항목의 내용을 반드시 순서대로 빠짐없이 작성

㉯ 2개 항목 전체를 띄어쓰기 제외하고, 1,500자 이내로 작성

- **고양외고**　① 본인이 스스로 학습 계획을 세우고 학습해 온 과정과 그 과정에서 느꼈던 점, 학교 특성과 연계해 지원 학교에 관심을 갖게 된 동기, 고등학교 입학 후 자기주도적으로 본인의 꿈과 끼를 살리기 위한 활동 계획 및 고등학교 졸업 후 진로 계획에 관해 구체적으로 기술하십시오.

　② 본인의 인성(배려, 나눔, 협력, 타인 존중, 규칙 준수 등)을 나타낼 수 있는 개인적 경험 및 이를 통해 배우고 느낀 점을 구체적으로 기술하십시오.

> • 유의 사항 •
> ㉮ ①, ②번 항목의 내용을 반드시 순서대로 빠짐없이 작성
> ㉯ 2개 항목 전체를 띄어쓰기 제외하고, 1,500자 이내로 작성
> ㉰ 〈자기주도학습 과정〉, 〈지원 동기 및 진로 계획〉, 〈인성 영역〉과 같은 항목 제목을 서술해야 함(글자 수 미포함)

- **과천외고**　① 본인이 스스로 학습 계획을 세우고 학습해 온 과정과 그 과정에서 느꼈던 점, 학교 특성과 연계해 본교에 관심을 갖게 된 동기, 고등학교 입학 후 자기주도적으로 본인의 꿈과 끼를 살리기 위한 활동 계획, 그리고 고등학교 졸업 후 진로 계획에 관해 구체적으로 기술하십시오.

　② 본인의 인성(배려, 나눔, 협력, 타인 존중, 규칙 준수 등)을 나타낼 수 있는 개인적 경험 및 이를 통해 배우고 느낀 점을 구체적으로 기술하십시오.

> • 유의 사항 •
> ㉮ ①, ②번 항목의 내용을 반드시 순서대로 빠짐없이 작성
> ㉯ ①번 항목을 1,100자, ②번 항목을 400자로 배분하여 띄어쓰기 제외하고, 1,500자 이내로 작성

- **동두천 외고**　① 본인이 스스로 학습 계획을 세우고 학습해 온 과정과 그 과정에서 느꼈던 점, 동두천외국어고등학교의 특성과 연계해 본교에 관심을 갖게 된 동기, 고등학교 입학 후 자기주도적으로 본인의 꿈과 끼를 살리기 위한 활동 계획 및 고등학교 졸업 후 진로 계획에 관해 구체적으로 기술하십시오.

　② 본인의 인성(배려, 나눔, 협력, 타인 존중, 규칙 준수 등)을 나타낼 수 있는 개인적 경험 및 이를 통해 배우고 느낀 점을 구체적으로 기술하십시오.

> • 유의 사항 •
> ㉮ ①, ②번 항목의 내용을 반드시 순서대로 빠짐없이 작성
> ㉯ 2개 항목 전체를 띄어쓰기 제외하고, 1,500자 이내로 작성

■ **성남외고** ① 본인이 스스로 학습 계획을 세우고 학습해 온 과정과 그 과정에서 느꼈던 점, 학교 특성과 연계해 본교에 관심을 갖게 된 동기, 고등학교 입학 후 자기주도적으로 본인의 꿈과 끼를 살리기 위한 활동 계획, 그리고 고등학교 졸업 후 진로 계획에 관해 구체적으로 기술하십시오.
② 본인의 인성(배려, 나눔, 협력, 타인 존중, 규칙 준수 등)을 나타낼 수 있는 개인적 경험 및 이를 통해 배우고 느낀 점을 구체적으로 기술하십시오.

> • 유의 사항 •
> ㉮ ①, ②번 항목의 내용을 반드시 순서대로 빠짐없이 작성
> ㉯ 2개 항목 전체를 띄어쓰기 제외하고, 1,500자 이내로 작성

■ **수원외고** ① 본인이 스스로 학습 계획을 세우고 학습해 온 과정과 그 과정에서 느꼈던 점, 학교 특성과 연계해 지원 학교에 관심을 갖게 된 동기, 고등학교 입학 후 자기주도적으로 본인의 꿈과 끼를 살리기 위한 활동 계획, 그리고 고등학교 졸업 후 진로 계획에 관해 구체적으로 기술하십시오.
② 본인의 인성(배려, 나눔, 협력, 타인 존중, 규칙 준수 등)을 나타낼 수 있는 개인적 경험 및 이를 통해 배우고 느낀 점을 구체적으로 기술하십시오.

> • 유의 사항 •
> ㉮ ①, ②번 항목의 내용을 반드시 순서대로 빠짐없이 작성
> ㉯ 2개 항목 전체를 띄어쓰기 제외하고, 1,200 이상~1,500자 이내로 작성
> ㉰ 〈자기주도학습 과정 학업 능력〉, 〈수원외고 특성과 연계한 지원동기〉, 〈수원외고 입학 후 학교(학습) 활동 및 진로 계획〉, 〈인성 영역 관련 경험과 배우고 느낀 점〉 제목에 이어서 해당 내용을 항목별 100자 이상 작성

■ **안양외고** ① 본인이 스스로 학습 계획을 세우고 학습해 온 과정과 그 과정에서 느꼈던 점, 학교 특성과 연계해 지원 학교에 관심을 갖게 된 동기, 고등학교 입학 후 자기주도적으로 본인의 꿈과 끼를 살리기 위한 활동 계획 및 고등학교 졸업 후 진로 계획에 관해 구체적으로 기술하십시오.
② 본인의 인성(배려, 나눔, 협력, 타인 존중, 규칙 준수 등)을 나타낼 수 있는 개인적 경험 및 이를 통해 배우고 느낀 점을 구체적으로 기술하십시오.

> • 유의 사항 •
> ㉮ ①, ②번 항목의 내용을 반드시 순서대로 빠짐없이 작성
> ㉯ ①번 항목을 1,100자, ②번 항목을 400자로 배분하여 띄어쓰기 제외하고, 1,500자 이내로 작성

■ 김포외고
① 본인이 스스로 학습 계획을 세우고 학습해 온 과정과 그 과정에서 느꼈던 점, 학교 특성과 연계해 지원 학교에 관심을 갖게 된 동기, 고등학교 입학 후 자기주도적으로 본인의 꿈과 끼를 살리기 위한 활동 계획 및 고등학교 졸업 후 진로 계획에 관해 구체적으로 기술하십시오.
② 본인의 인성(배려, 나눔, 협력, 타인 존중, 규칙 준수 등)을 나타낼 수 있는 개인적 경험 및 이를 통해 배우고 느낀 점을 구체적으로 기술하십시오.

• 유의 사항 •
㉮ ①, ②번 항목의 내용을 반드시 순서대로 빠짐없이 작성
㉯ 2개 항목 전체를 띄어쓰기 제외하고, 1,500자 이내로 작성

■ 인천외고
① 본인이 스스로 학습 계획을 세우고 학습해 온 과정과 그 과정에서 느꼈던 점, 학교 특성과 연계해 지원 학교에 관심을 갖게 된 동기, 고등학교 입학 후 자기주도적으로 본인의 꿈과 끼를 살리기 위한 활동 계획 및 고등학교 졸업 후 진로 계획에 관해 구체적으로 기술하십시오.
② 본인의 인성(배려, 나눔, 협력, 타인 존중, 규칙 준수 등)을 나타낼 수 있는 개인적 경험 및 이를 통해 배우고 느낀 점을 구체적으로 기술하십시오.

• 유의 사항 •
㉮ ①, ②번 항목의 내용을 반드시 순서대로 빠짐없이 작성
㉯ ①번 항목을 1,000자, ②번 항목을 500자로 배분하여 띄어쓰기 제외하고, 1,500자 이내로 작성

■ 미추홀 외고
① 본인이 스스로 학습 계획을 세우고 학습해 온 과정과 그 과정에서 느꼈던 점, 학교 특성과 연계해 미추홀외국어고등학교에 관심을 갖게 된 동기, 고등학교 입학 후 자기주도적으로 본인의 꿈과 끼를 살리기 위한 활동 계획 및 고등학교 졸업 후 진로 계획에 관해 구체적으로 기술하십시오.
② 본인의 인성(배려, 나눔, 협력, 타인 존중, 규칙 준수 등)을 나타낼 수 있는 개인적 경험 및 이를 통해 배우고 느낀 점을 구체적으로 기술하십시오.

• 유의 사항 •
㉮ ①, ②번 항목의 내용을 반드시 순서대로 빠짐없이 작성
㉯ ①번 항목을 1,000자, ②번 항목을 500자로 배분하여 띄어쓰기 제외하고, 1,500자 이내로 작성

2-3 | 인천, 경기권 국제고별 자기소개서 양식

■ **동탄**
국제고

① 본인이 스스로 학습 계획을 세우고 학습해 온 과정과 그 과정에서 느꼈던 점, 학교 특성과 연계해 지원 학교에 관심을 갖게 된 동기, 고등학교 입학 후 자기주도적으로 본인의 꿈과 끼를 살리기 위한 활동 계획 및 고등학교 졸업 후 진로 계획에 관해 구체적으로 기술하십시오.

② 본인의 인성(배려, 나눔, 협력, 타인 존중, 규칙 준수 등)을 나타낼 수 있는 개인적 경험 및 이를 통해 배우고 느낀 점을 구체적으로 기술하십시오.

> • 유의 사항 •
> ㉮ ①, ②번 항목의 내용을 반드시 순서대로 빠짐없이 작성
> ㉯ 2개 항목 전체를 띄어쓰기 제외하고, 1,500자 이내로 작성

■ **청심**
국제고

① 본인이 스스로 학습 계획을 세우고 학습해 온 과정과 그 과정에서 느꼈던 점, 학교 특성과 연계해 본교에 관심을 갖게 된 동기, 고등학교 입학 후 자기주도적으로 본인의 꿈과 끼를 살리기 위한 활동 계획 및 고등학교 졸업 후 진로 계획에 관해 구체적으로 기술하십시오.

② 본인의 인성(배려, 나눔, 협력, 타인 존중, 규칙 준수 등)을 나타낼 수 있는 개인적 경험 및 이를 통해 배우고 느낀 점을 구체적으로 기술하십시오.

> • 유의 사항 •
> ㉮ ①, ②번 항목의 내용을 반드시 순서대로 빠짐없이 작성
> ㉯ 2개 항목 전체를 띄어쓰기 제외하고, 1,500자 이내로 작성

■ **고양**
국제고

① 지원자가 스스로 학습 계획을 세우고 학습해 온 과정과 그 과정에서 느꼈던 점, 국제 계열인 고양국제고에 관심을 갖게 된 동기, 고등학교 입학 후 자기주도적으로 본인의 꿈과 끼를 살리기 위한 활동 계획 및 고양국제고 졸업 후 진로 계획을 구체적으로 기술하십시오.

② 지원자의 인성(배려, 나눔, 협력, 타인 존중, 규칙 준수 등)을 나타낼 수 있는 개인적 경험 및 이를 통해 배우고 느낀 점을 구체적으로 기술하십시오.

> • 유의 사항 •
> ㉮ ①, ②번 항목의 내용을 반드시 순서대로 빠짐없이 작성
> ㉯ 2개 항목 전체를 띄어쓰기 제외하고, 1,500자 이내로 작성

■ 인천 국제고	① 본인이 스스로 학습 계획을 세우고 학습해 온 과정과 그 과정에서 느꼈던 점, 학교 특성과 연계해 인천국제고에 관심을 갖게 된 동기, 고등학교 입학 후 자기주도적으로 본인의 꿈과 끼를 살리기 위한 활동 계획 및 고등학교 졸업 후 진로 계획에 관해 구체적으로 기술하십시오.
	② 본인의 인성(배려, 나눔, 협력, 타인 존중, 규칙 준수 등)을 나타낼 수 있는 개인적 경험 및 이를 통해 배우고 느낀 점을 구체적으로 기술하십시오.

> • 유의 사항 •
> ㉮ ①, ②번 항목의 내용을 반드시 순서대로 빠짐없이 작성
> ㉯ ①번 항목을 1,200자, ②번 항목을 300자로 배분하여 띄어쓰기 제외하고, 1,500자 이내로 작성

외고 · 국제고 면접 합격 전략

1. 면접은 자기소개서를 기본으로 한다. 자기소개서의 내용을 검증하고 자기소개서에서 생략된 내용을 추가적으로 확인하려는 의도가 1차 목표이다. 학교마다 문항당 1~1분 30초 이내이기 때문에 상당히 많은 내용을 확인할 수 있다. 일반적으로 학생들이 1분 동안 말할 수 있는 글자의 수가 300~400자이므로 학생들은 그만큼 많은 내용을 면접을 통해 전달할 수 있도록 준비해야 한다.

2. 일반적으로 면접에서 두괄식으로 답변하는 것이 무난하지만 많은 학생이 두괄식으로 대답하는 방식을 취하기 때문에, 앞부분에 사례를 제시하고 자신의 논리를 펼 수 있는 학생은 고득점을 받는다. 하지만 이러한 방식의 말하기는 굉장히 어려우므로 반드시 사전에 철저하게 반복하고 연습해야 한다.

3. 자기소개서의 작성과 동일하게 구체적인 사례를 반드시 제시해야 한다. 면접에서 가장 중요한 사항이 사례 제시인 이유는 면접관의 관심을 유발할 수 있고, 말하는 내용의 반복을 피할 수 있으며, 자신이 말하고자 하는 내용에 신뢰도가 올라가기 때문이다. 그리고 하나의 사례는 하나의 답변에만 활용되는 것이 아니라 여러 답변에 활용될 수 있으니 이를 연습을 통해 준비한다.

4. 내용을 반드시 교내의 경험만으로 한정 지을 필요는 없다. 물론 영재반이나 인증 시험 점수처럼 자기소개서에 쓰지 못하는 내용은 면접에서도 금지되어 있으니 직접적인 언급은 피해야 한다. 하지만 여러 활동의 과정에서 구체적인 활동이나 학습의 사례를 통해 자신의 능력이 어떠한 방식으로 향상되었으며 고등학교에 진학하여 이를 어떻게 더 발전시킬 수 있는지에 초점을 맞춘다면 다양한 면접 답변을 구성할 수 있다.

CHAPTER

03 전국 자사고 합격 공통 전략

외고도 그렇지만, 전국형 자사고의 경우 1차 합격이 되었다는 전제 아래 매우 수준 높은 학업적 우수성이 드러날 수 있는 자기소개서와 더불어 이를 객관적으로 증명할 수 있는 학교생활기록부(창의적 체험 활동, 세부 능력 및 특기 사항, 독서 활동 등)상의 활동 기록과 면접 역량 등이 모두 우수해야 한다. 대입의 학생부종합전형을 준비하듯이 중학교 1학년 때부터 꼼꼼한 학교생활기록부 관리를 위해 모범적이고 활동적으로 교내 활동에 참여하는 것이 필요하다. 외대부고, 하나고 등 우수한 학교일수록 학교생활기록부가 부실할 경우 자기소개서나 면접이 우수하더라도 합격이 어려울 수 있으므로 중학교 1~2학년 때부터 학교생활기록부 관리에 신경을 써야 한다.

자사고 자기소개서 작성의 기본

학교에 따라서 자기소개서 양식이 매우 다르기 때문에 반드시 진학하고자 하는 학교에서 원하는 자기소개서의 포인트를 파악해야 한다. 그러나 모든 학교가 공통적으로 자기소개서의 영역 중 자기주도학습 영역을 매우 중요하게 평가한다. 단, 선행 학습이나 영재교육원 활동, 인증 시험 점수 등 기재 금지 사항은 우회적으로라도 쓰지 말아야 한다. 예습, 복습, 학습 계획 등의 내용을 단순히 나열하기보다는 최대한 깊이 있고 심화된 학습 활동이 이루어졌음을 충분히 표현하도록 한다. 학교생활기록부와 연계된 내용일수록 좋은 평가를 받을 수 있다. 자기소개서에서는 탐구 보고서 작성, 수준 높은 독서 활동, 주도적인 프레젠테이션 등이 기재되어 있으나 학교생활기록부에서 그러한 활동 내역을 확인할 수 없다면 자기소개서의 진실성 여부를 의심 받을 수 있다. 따라서 자기주도학습 과정을 드러내기 위해서는 진로 관련 동아리(자율 동아리 등), 다양한 독서 활동, 과목별 수행 평가에서의 수준 높은 산출물 제시 등의 교내 활동이 학교생활기록부에 기재되도록 해야 한다. 수준 높은 자기주도학습이 드러난 자기소개서란 학습이나 탐구 활동 자체의 우수성만을 자랑하는 것이 아니라,

① 왜 그 활동을 하게 되었는가(진로와 연관성이 있는 활동일수록 유리함)?
② 탐구나 학습 과정이 매우 우수한가?
③ 학습의 결과 우수한 산출물이나 독창적인 관점을 갖게 되었는가?

등이 명확하게 드러나는 것이라 할 수 있다.

■ 외대부고   서술형뿐만 아니라 개조식 기재도 가능하다. 띄어쓰기 제외 1,500자 중 자기주도학습 부분을 900~1,000자까지 기재해도 될 정도로 4개의 영역 중에서 자기주도학습 영역을 가장 집중적으로 평가한다. 최고의 학생들이 모이기 때문에 수준 높은 학습이나 탐구 과정을 기재할수록 유리하다.

■ **하나고**
띄어쓰기 제외 1,500자 중 자기주도학습 부분을 900~1,000자까지 기재 가능하다. 단순한 공부법은 자기소개서에 쓰지 않고 면접 답변용으로 준비한다(국, 영, 수, 사, 과 각 영역별로 자신만의 우수한 학습법을 미리 준비하고 있어야 함). 자기소개서에는 최대한 심화되고 깊이 있는 진로 관련 학습이나 탐구 활동을 기재하는 것이 유리하다. 단, 면접에서 자기소개서의 진실성 여부를 검증하는 질문을 받을 수 있으므로 이에 대한 답변까지 미리 밀도 있게 준비해야 한다. 면접이 부담스러워서 자기소개서의 난이도를 낮춘다면 합격률도 낮아질 것이다.

■ **상산고**
띄어쓰기 제외 1,500자, 학습 경험과 학업노력을 서술하는 1,000자와 인성 영역을 서술하는 500자로 구성된다. 자기주도학습 영역에서는 학습 경험과 역량을 꾸준하게 자기주도적으로 쌓아왔음을 어필해야 하며 상산고가 강조하는 창의 융합형 인재로서의 발전 가능성이 크다는 점을 드러내야 한다. 독서 영역에 '○○○을 읽고, …을 느꼈다. (혹은) 깨달았다.'라는 식으로 단순하게 기재하면 학업적 우수성을 나타낼 수 없다. '책을 읽고 …으로의 진로를 확고히 다지는 데 영향을 받았으며, 이를 계기로 책 속 ○○○의 이론의 타당성 여부를 증명하고자 …을 조사하고 ○○ 강의를 듣고 ○○○○ 활동을 통해 …이라는 관점을 얻게 되었다.'라는 형식으로 독서가 자신에게 미친 긍정적 영향을 나타내는 것이 중요하다.

■ **북일고**
북일고에 지원 동기와 진로 계획, 인성에 관해 800자 이내(띄어쓰기 미포함)로 서술해야 하고, 학습 계획을 실천한 과정과 꿈과 끼를 살리기 위한 활동 경험을 700자 이내(띄어쓰기 미포함)로 서술해야 한다. 북일고 자기소개서는 자유 형식인데, 본인의 우수성을 집중적으로 드러내야 하며, 개조식 서술이나 나열식 서술도 가능하다. 자신의 우수성을 드러낼 수 있는 몇 가지 요소를 집중적으로 서술하는 방법도 있지만 자신이 했던 여러 가지 경험을 나열하여 다양한 측면에서 경험과 우수성을 가지고 있다는 점을 표출하는 방법도 있다. 특히 각종 창의적 체험 활동 및 독서 활동, 진로 활동들 중에서 자신의 우수성을 나타낼 수 있는 요소들을 가능한 한 많이 적는 것도 하나의 전략이다.

자사고 면접 합격 전략

학교별 면접 유형이 매우 다양해서 진학하고자 하는 학교의 면접 유형을 제대로 파악하고 준비해야 한다. 학교생활기록부에 기반을 둔 질문에 대비하여 학교생활기록부에 기재된 여러 활동들을 충분히 숙지하고 면접에 임해야 한다. 특히 독서 활동의 경우 깊이 있는 질문이 출제되는 경우가 있으므로 자신이 읽은 책에 대한 줄거리뿐만 아니라 주제 및 영향, 작품의 의미 등을 파악하는 것이 중요하다. 공통 면접의 경우 학교마다 질문 유형이 천차만별이지만, 다양한 주제의 깊이 있는 심화 탐구 활동을 활용해서 예시와 근거를 드러내는 것이 중요하다. 이를 위해 진로나 꿈을 빨리 정한 후 수준 높은 심화 탐구 활동과 독서 활동을 실천해야 한다. 즉, 중학교 수준에서 할 수 있는 실험이나 탐구 경험을 깊이 있게 발전시키는 노력이 필요하다. 예를 들어, 풍력 발전기 모형의 날개 끝에 추를 달고 원심력을 변화시키는 실험으로 원심력과 구심력의 개념을 찾고 수학적 계산을 시도하는 심화 탐구 활동을 계획할 수 있다.

3-1 | 외대부고

1. 전형별 경쟁률

구분	정원	지원자 수	경쟁률
전국 일반	196	636	3.24
전국 사통	49	58	1.18
지역 일반	84	218	2.60
지역 사통	21	24	1.14
합계	350	936	2.67

2. 면접

공통 문항 면접은 학생당 15분으로, 한 교실에서 모두 질문하며 자기소개서에 나온 학습의 세부적인 내용을 확인하고 그 과정을 설명하도록 요구한다. 단답형이나 짧은 답변을 요구하는 질문은 나오지 않으며 꼬리 질문이 나와 그에 대한 철저한 대비가 필요하다. 인성 면접에 대한 준비가 필요하며 학교생활기록부와 자기소개서의 내용을 복합적으로 묻는 문제가 나온다. 그러므로 평상시 자신의 진로와 미래에 대한 자료 수집 및 내용 정리가 필수적이다. 예를 들어, 심화 독서를 통해 얻은 진로 관련 지식과 정보를 바탕으로 자신의 생각을 2~3분 동안 논리적으로 말하는 연습을 반드시 해야 한다.

3. 사례

① 양자 물리학으로 모든 자연 현상을 설명할 수 있다고 했는데, 양자 물리학으로 설명할 수 있는 사회 현상 2가지를 말해 보세요.
② 의식주에 기여한 화학 혁명 2가지를 설명해 보세요.
③ 'carbon monoxide' 이외에 다른 화합물의 이름을 설명해 보고 어근과 관련하여 설명해 보세요.

3-2 | 하나고

1. 전형별 경쟁률

구분	정원	지원자 수	경쟁률
일반전형	160	485	3.03
사회통합전형	40	82	2.05
합계	200	567	2.84

※ 임직원 자녀 전형은 폐지됨

2. 면접

　하나고는 개별 문항으로 집요한 꼬리를 무는 질문(압박 면접)을 진행한다. 자기소개서, 학교생활기록부 전 영역에서 고르게 출제되며 단순한 답을 요구하는 질문에서부터 융합적·복합적 사고력을 요하는 질문까지 다양한 형태의 질문이 출제된다. 자기주도학습 영역의 경우 전공 적합성 및 진로에 대한 이해에 대해 집요하게 질문하여 서류의 진실성 및 면접자의 우수성을 매우 철저하게 검증하는 것으로 알려져 있다. 특히 꼬리 질문을 적극적으로 활용하기 때문에 면접자가 이에 대한 준비나 경험을 하지 않았을 경우 매우 당황하거나 힘들어 할 수 있다. 그리고 자기소개서와 학교생활기록부에서 학생 스스로가 탐구한 활동이 맞는지 집요하게 질문한다는 점을 유념해야 하고 서류의 내용을 충분히 숙지하고 있어야 한다.

3. 사례

> ① 인권과 기본권의 공통점과 차이점에 대해 이야기해 보세요.
> ② 일차 함수와 일차 방정식의 차이가 무엇이라고 생각하나요?
> ③ 닮음의 조건 3가지를 설명할 수 있다고 쓰여 있는데요. 닮음비 3가지 조건을 설명해 보세요.
> ④ 수학은 어디까지 공부해 보았나요?
> ⑤ 본인이 생각하는 미적분의 정의를 이야기해 보세요.
> ⑥ 학교생활을 하면서 Pyton이나 HTML 등 프로그래밍 언어들을 어떻게 학습했나요?

3-3 | 북일고

1. 전형별 경쟁률

구분	정원	지원자 수	경쟁률
전국일반전형	136	287	2.11
지역일반전형	137	111	0.81
사회통합전형	72	57	0.79
체육특기전형	15	15	1.00
합계	360	470	1.31

2. 면접

북일고는 학교생활기록부를 중심으로 면접 질문이 나오므로 학교생활기록부에 나타난 특성을 정확하게 분석하고, 그 속에서 나올 수 있는 질문을 예상해 준비하는 과정이 필요합니다.

3. 사례

① 탐구 활동에 필요한 자료를 어떤 경로를 통해 수집했나요?

'선거제도가 가지는 문제점'을 찾기 위해서 우선 인터넷을 활용하여 현재 우리나라 선거제도와 여러 나라의 선거제도를 확인했습니다. 소선거구제와 중대선거구제가 가지고 있는 특징을 우선 비교하고 각각의 제도에서 나타나는 장점과 단점을 확인했습니다.

그리고 우리나라는 대통령 선거와 국회위원 선거, 지방 선거의 특징을 적용했고, 각 선거제도가 가지는 장점과 단점에 대한 전문가 인터뷰 자료를 활용하여 실제 선거제도에서 어떠한 결과가 나올 수 있는지 확인했습니다. 그래서 선거제도가 가지는 장점과 단점이 우리 사회에 어떠한 영향을 끼치는지를 알아보면서 민주주의와 대의민주주의에 대한 깊은 이해로 확장해 나갈 수 있었습니다.

② 탐구 활동을 하다가 원하는 결론이 나오지 않았을 때, 어떻게 대처하나요?

올빼미 날개 구조를 모방한 생체 모방 선풍기를 제작하는 과정을 진행했습니다. 올빼미가 날아가면서 아무런 소리가 들리지 않는 것에서 아이디어를 얻어 우선 올빼미의 날개가 가지고 있는 특성을 분석하고 진행했으나 만들었던 모양에만 집중을 하여 선풍기를 제작했습니다. 그 결과 생각보다 큰 소음에 다른 모양의 선풍기의 날개와는 큰 차이를 발견하지는 못했습니다. 그래서 다시 올빼미의 날개에 대한 특성을 분석하면서 올빼미 날개의 미세한 깃털의 특성이 소음의 원인이었던 소용돌이를 감소시켜야 한다는 것을 알게 되었습니다. 이후 올빼미의 깃털과 유사한 방식으로 날개의 끝을 세밀하게 제작함으로써 문제를 해결해 나갈 수 있었습니다. 그 과정에서 문제를 해결하기 위해서는 가장 먼저 문제의 원인이 무엇인지를 정확하게 분석하는 것이 가장 올바른 해결책의 출발점이 된다는 것을 알게 되었습니다.

3-4 | 상산고

1. 전형별 경쟁률

구분	정원	지원자 수	경쟁률
일반전형(남)	161	359	2.23
일반전형(여)	78	226	2.90
전국일반전형 계	239	585	2.45
지역인재(남)	44	51	1.16
지역인재(여)	23	45	1.96
지역일반전형 계	67	96	1.43
글로벌태권도영영(남)	6	14	2.33
글로벌태권도영영(여)	4	10	2.50
글로벌태권도영영 계	10	24	2.40
사회통합(남)	13	25	1.92
사회통합(여)	7	17	2.43
사회통합전형 계	20	42	2.10
합계	336	747	2.22

2. 면접

　상산고는 창의 융합 인재 면접 교실(20분 준비, 10분 면접)과 인성 및 독서 활동 면접 교실(10분 준비, 10분 면접)로 2개 교실을 거치는 면접을 진행한다. 창의 융합 인재 면접에서는 공통 문항이라고 할 수 있는 수학이나 과학 문제와 서류를 기초로 한 학습 과정 및 내용 확인 질문으로 구성된다. 그러므로 자기소개서와 학교생활기록부에 나와 있는 학습 및 탐구 활동 및 과정에 대한 숙지가 필요하다. 인성 및 독서 활동 면접에서는 책과 관련된 문항이 출제된다. 따라서 작품의 줄거리뿐만 아니라 작품의 의미, 현대 사회에 어떻게 적용될 수 있는지에 대한 답변을 준비해야 한다.

3. 사례

> **(1) 창의 융합 인재 면접-공통 문항**
>
> ① 어두운 밤에 흰 고양이 한 마리와 검은 고양이 한 마리가 동굴 속으로 숨어버렸다. 다음 고양이를 찾아 나선 학생들의 대화를 살펴보며 고양이를 찾는 방법을 그 이유와 함께 설명하시오.
>
> > A: 손전등이 없으면 아무것도 안 보일 거야.
> > B: 흰 고양이는 어둠 속에서도 잘 보일 거야.
> > C: 고양이 눈에서 빛이 나서 보일 거야.
>
> ② 우리가 일반적으로 사용하는 다수결은 어떤 결정을 내릴 때 가장 많은 사람이 원하는 것으로 결정하는 방법이다. 과연 다수의 의견을 반영하는 데 다수결이 가장 좋은 방법일까? 다음 제시 자료를 보며 충분히 고민하고 자신의 생각을 설명하시오.
>
> > 여행지 A, B, C가 있다. 학급 전체 인원이 33명인 어느 반에서 다수결의 원칙으로 투표한 결과 A 13명, B 12명, C 8명순으로 여행지는 A로 결정되었다. 이 결과가 다수의 의견을 반영한 것일까?

(2) 인성 및 독서 활동 면접–공통 문항

① 다음 제시문을 보고 자신이 생각하는 바람직한 삶이 무엇인지 충분히 고민하고, 자신이 읽은 책에서 주장의 근거나 사례를 찾아 대답하시오.

> 제시문 1) YOLO와 카르페디엠과 같이 현재를 즐기며 사는 태도의 긍정적인 측면에 대해 말해 보시오.
> 제시문 2) 현재를 즐기며 자기중심적으로 살아가는 태도와 공동체 속에서 공동체를 위해 자신의 역할과 책임을 다하며 사는 태도 중에 자신이 바람직하다 생각하는 태도를 책 2권과 연관 지어 말해 보시오.

PART 2

특목고·자사고
진학 로드맵

CHAPTER 01   특목고를 향한 첫걸음

CHAPTER 02   특목고 진학에 필요한 활동 및 요소

CHAPTER 03   특목고·자사고 진학을 위한 학년별 준비 사항

01 특목고를 향한 첫걸음

특목고에 진학하기 위해서는 단기적인 계획이나 전략보다 장기적인 안목의 로드맵이 필요하다. 단순히 성적이 좋아서나 상위권이기 때문에 특목고에 진학한다는 이유나 동기로는 합격할 수 없다. 단지 영어 성적이 좋다거나 전반적인 내신 성적이 좋기 때문에 특목고 원서를 넣는 학생과 3년 동안 특목고에 진학하기 위해 꾸준한 준비와 노력을 한 학생은 자기소개서의 내용이나 면접의 답변에서 차이가 날 수밖에 없다. 면접관들도 지원자들의 서류나 면접 평가를 통해 지원자의 소양과 자질뿐만 아니라 지원 동기나 의지를 파악할 수 있기 때문이다. 또한, 단기적으로 급하게 준비한 자기소개서나 면접 내용은 돌발 질문이나 예상하지 못한 질문이 나왔을 경우, 지원자가 당황해 대답을 하지 못할 가능성이 크다. 이러한 실패를 방지하기 위해서는 체계적인 준비와 노력이 절실히 요구된다.

3년 동안 체계적인 로드맵을 만들기 위해서는 1학년 때 자신의 진로나 직업을 정하는 것이 유리하다. 많은 학생들이 고민하는 것 중 하나가 자신의 꿈이다. 그리고 미리 자신의 진로를 정했다고 하더라도 중학교 생활을 하거나 학년이 올라가며 진로나 방향이 바뀌는 경우도 많다. 물론, 꿈이 자주 바뀐다고 부정적인 평가를 받거나 특목고 진학에 불리하지는 않다. 그렇지만 자신의 진로와 꿈을 위해 3년 동안 꾸준히 노력한 학생과 특목고 원서를 작성하기 불과 몇 달 전에 진로나 꿈을 정하고 서류와 면접을 준비한 학생은 입학 사정관의 평가에서 같은 점수를 받을 수 없다. 또한, 지원자의 마음가짐이나 자신감에서도 차이가 날 수 있다.

만약 중학교 2학년이나 3학년 때 자신의 진로가 바뀌거나 뒤늦게 정해졌다고 하더라도 실망할 필요는 없다. 그 시점에 맞추어 로드맵을 만들고 그에 적합한 준비와 노력을 하면 된다. 3학년이라서 준비할 시간이 촉박하다면 그동안 자신이 한 활동이나 학교생활기록부에 기록된 내용을 토대로 자기만의 스토리나 포트폴리오를 만들어 보는 것이 합리적이다. 왜냐하면 자신의 여건이나 환경에 맞춘 활동들은 자신의 관심사에 근접한 것들이 많을 것이기 때문이다.

특목고 준비를 위해서는 다음 페이지의 예시와 같이 표를 작성해 보는 것이 첫걸음이다. 자신이 희망하는 진로나 직업이 명확하지 않거나 여러 가지라면 우선 자신의 롤모델을 찾아보고 그에 맞추어 진로나 꿈을 선정하는 것도 좋은 방법이다. 자신의 롤모델이 생각났다면 그다음 선정 이유를 간략히 작성해 보자. 그러면 자신이 진로를 희망하는 이유가 명확해질 것이다. 희망 진로나 직업이 나왔다면 그와 관련된 학과를 탐색해 보고 어떤 것들을 경험하는지 찾아보는 것이 좋다. 학과의 활동을 기준으로 자신이 중학교 시절 어떤 활동을 해야 하는지 가늠할 수 있기 때문이다. 희망 진로와 전공, 학과가 결정되었다면 자신이 진학하고 싶은 특목고를 정하면 된다. 외고와 국제고, 자사고는 입시 전형이나 학교의 인재상, 교육 이념 등에서 차이가 있다. 그러므로 자신이 진학하고 싶은 목표 학교가 정해지면 해당 학교의 홈페이지나 설명회를 찾아가 학교에 대한 정보를 탐색하는 것이 필요하다.

예	희망 진로 / 직업	교사
	관련 전공 / 학과	교육학과 또는 수학 교육학과
	목표 학교	자사고
	나의 롤모델	중학교 2학년 때 담임 선생님(수학)
	선정 이유	카리스마가 있으시고, 재미있게 수업하셔서 과목에 대한 이해도를 높여 주셨으며, 다양한 교구를 이용해 수학적 흥미를 유발시키신 점

※ 스스로 작성해 보세요.

희망 진로 / 직업	
관련 전공 / 학과	
목표 학교	
나의 롤모델	
선정 이유	

PART 2

02 특목고 진학에 필요한 활동 및 요소

특목고 진학을 위해 작성하는 자기소개서를 보면 특목고 진학에 필요한 것들이 무엇인지 판단할 수 있다. 첫 번째로 '스스로 학습 계획을 세우고 학습해 온 과정'이 필요하다. 여기에는 1차적으로 내신 시험 준비를 하는 과정에서 학습 계획을 세우고 실천한 경험과 과정이 필요하다. 이것은 특정 학년에서 필요한 활동은 아니다. 꾸준하게 실천하거나 여러 번의 시행착오를 통해 자신만의 학습 방법을 찾는 경험이 필요하다. 시험 보기 몇 주 전부터 과목별·기간별 계획을 세우고 실천하며 느낀 점을 기록하거나 기억해 두는 것이 바람직하다. 그 외에 탐구 활동 계획을 세우고 실천한 경험을 만들어야 한다. 거창한 탐구 활동이나 경험이 필요한 것은 아니다. 동아리나 모둠 수업, 탐구 대회 준비 과정 등에서 특정 주제를 정하고 그것을 증명하는 실험과 탐구 과정이 필요하다. 이러한 활동을 통해 교과 수준 이상의 학습 경험을 할 수 있고 그러한 경험을 자기소개서나 면접에서 풀어내면 된다. 마지막으로 학습 부장이나 반장 같은 학급 임원을 하면서 같은 반 친구들이나 학급 전체를 위해 자신이 학습적으로 노력한 경험이 필요하다. 단순히 '친구들을 위해 노력을 했다.'거나 '공부할 수 있는 분위기를 만들었다.'와 같은 추상적인 기억이나 경험은 안 된다. 구체적이고 실현 가능한 방법이어야 한다. 예를 들어, '직접 만든 개념 정리를 복사해서 다른 친구들에게 나누어 주었다.'거나 '예상 문제를 만들어서 친구들에게 풀어 보게 하고 설명해 주었더니 반 평균이 올랐다.'와 같은 경험이 있어야 한다.

두 번째로 인성과 관련된 경험이나 활동 실적이 필요하다. 교외 활동에서 상을 받는 것 등 거창한 것만을 의미하는 것은 아니다. 중학교 생활 중에서 실적을 우선적으로 고려해야 한다. 인성 영역이기 때문에 봉사 활동만을 생각해서는 안 되며 임원 경력이나 멘토링 활동, 동아리 활동, 교내 대회 준비, 모둠 활동 등을 포괄한다. 그러므로 교내 프로그램이나 동아리 활동 등에 적극적으로 참여하도록 해야 한다. 가능하다면 혼자서 하는 활동보다는 여럿이 함께하는 활동이 바람직하며 활동에서 끝나는 것보다 구체적인 결과물을 만들거나 결과가 나오는 활동을 우선하는 것이 좋다. 다만 여러 가지 활동에 참여하는 것은 좋으나 자기소개서나 면접에서 활용하거나 관심을 받을 수 있는 활동의 수는 한정적이므로 무조건 많은 활동에 참여하려고 해서는 안 된다. 다양한 활동을 하는 것 때문에 공부에 소홀해서 성적이 나오지 않는다면 지원조차 할 수 없는 상황이 생기거나 지원이 가능하더라도 긍정적인 평가를 받을 수 없다.

세 번째로 독서 활동 경험이 필요하다. 독서 경험은 학교생활기록부에 기록하는 것과 자기소개서에 서술하는 것이다. 면접에서 독서 경험에 대해 질문이 나오는 것은 학교마다 다르고 독서에 관한 질문이 나오지 않는 학교들도 있다. 만약 자기소개서에서 독서와 관련된 항목이 있거나 면접에서 독서에 관한 질문이 나왔던 학교라면 독서 경험에 신경을 써야 한다. 독서 경험은 단순히 양(권 수)으로 접근해서는 안 되며 질(책의 수준)을 고려해야 한다. 문학 작품만 천편일률적으로 기록하거나 쉬운 책만 읽어서는 안 된다. 또한, 너무 어려운 책들로만 독서 기록을 구성하는 것도 문제가 있다. 중학교 수준에 맞는 책도 있고 교과나 관심 분야와 관련된 수준 높은 책도 있어야 한다. 가능하면 저명한 학자들의 저서나 인문 고전을 한 권 이상 포함하여 도서 목록을 구성한다.

03 특목고·자사고 진학을 위한 학년별 준비 사항

3-1 | 1학년

지원하는 학교에 따라서 준비 사항이 달라질 수 있으므로 교내 활동을 중심으로 임원이나 동아리, 봉사, 대회 참가 등 계획을 잡아야 한다. 여러 가지 활동들에 무조건 참여하는 것은 비효율적이다. 자신의 진로와 꿈에 관련된 활동을 중심으로 1년치 로드맵을 작성하는 것이 좋다. 우선 리더십을 드러낼 수 있는 임원 활동은 가능하면 1학년 때 하는 것을 추천한다. 상급 학년으로 올라갈수록 학업 스트레스가 커질 것이기 때문이다. 그리고 '1학년'이나 '1학기'와 같이 새로운 학년과 학기가 시작될 때 임원이 되었다는 것은 학생의 인기와 인지도가 높다는 것을 반증하는 것이기도 하다. 그다음 동아리 선택을 유의해야 한다. 동아리를 선택하는 과정에서 자신이 원하는 동아리에 들어가지 못했다면 자율 동아리를 만드는 것을 적극적으로 고려해야 한다. 동아리에 가입했다는 것만으로는 부족하며 동아리에서 어떠한 활동을 하는가가 더욱 중요하다. 자신의 진로가 외교 관련이라면 우리나라와 외국과의 정치, 외교 역사 관련 탐구 활동을 하는 것을 추천한다. 봉사 활동의 경우에는 특정 장소나 활동에 꾸준히 참여하는 것이 바람직하다. 가능하다면 부모님도 같이 활동에 참여하는 것이 좋다. 봉사 활동 같은 경우에는 시간과 노력이 많이 투자되어야 하므로 1학년이나 2학년 때 활동 실적을 만들어 두는 것이 좋다. 마지막으로 교내 대회의 경우 자신이 잘 할 수 있는 대회와 여럿이 함께하는 대회를 우선적으로 참가하는 것이 좋다. 자기소개서를 작성할 때 자신의 학업적 우수성과 인성적 측면들을 드러낼 수 있는 경험을 기준으로 교내 대회 참여 여부를 결정하는 것도 좋은 방법이다. 이와 같은 여러 활동을 할 때 필요한 것이 같이 할 수 있는 친구들을 만드는 것이다. 그래서 학기 초부터 함께할 수 있는 팀원을 만들기 위해 미리 준비하고 노력해야 한다.

3-2 | 2학년

　특목고 준비가 본격적으로 시작되는 시기이다. 외고나 국제고를 비롯한 모든 특목고에서 내신 성적을 반영하는 학년이고 자신의 진로나 진학 방향을 결정하는 시기이기 때문이다. 무엇보다 내신 성적 관리가 중요한데, 대부분의 자사고가 주요 교과목(국어, 영어, 수학, 과학, 사회)을 반영하지만, 일부 학교들에서는 반영하는 교과목이 다르다. 민족사관고등학교(이하 민사고)의 경우, 주요 교과목 외에 전체 교과목(도덕, 기술·가정, 외국어/한문, 정보, 체육, 음악, 미술)까지도 반영한다. 그러므로 지원하고자 하는 학교에서 반영하는 교과목을 반드시 확인해 보고 내신 성적 관리를 해야 한다. 여러 교과목 중에서 영어를 중심으로 한 내신 성적 관리가 가장 필요한 시기이기도 하다. 2학년 내신 성적이 A 이하로 떨어진다는 것은 특목고 진학을 포기한다는 것과 마찬가지이다. 특히 2019학년도부터 3학년 내신 성적도 성취 평가제로 바뀐 만큼 외고나 국제고를 준비하는 학생들은 국어와 사회 과목의 내신 성적도 A를 받도록 해야 한다. 그다음 교내 활동을 중심으로 자기만의 스토리를 만들어야 한다. 1학년 때 여러 가지 시행착오를 겪었다면 2학년 때에는 본격적으로 자신의 진로와 관련된 활동 및 실적을 만들어야 한다. 학급 임원이나 동아리 부장 등을 하면서 팀을 이끌고 탐구 활동을 진행해야 한다. 여기서 뚜렷한 실적이라는 것은 수상의 의미가 아니다. 특목고 입시에서 수상 실적은 학교생활기록부나 자기소개서에서 드러낼 수 없고 드러나지 않기 때문이다. 따라서 자신의 꿈과 관련된 활동이나 탐구 주제를 선정하고 목표를 달성하기 위해 노력한 결과물과 경험들을 만들어야 한다. 가능하다면 자율 동아리를 만들어서 발전시켜 정규 동아리로 승격시키는 것도 추천할 만한 활동이다. 그리고 학생회 활동과 같이 개인이나 학급을 넘어 학교 전체에 이익이 되는 활동을 전개할 필요도 있다. 단순히 개인적 호기심을 충족시키는 것보다 여러 사람들에게 도움이 되는 활동이 더 좋은 평가를 받기 때문이다. 중학교 생활 중 가장 뚜렷한 결과물을 만들 수 있는 시기가 2학년이라는 점을 명심하고 내신 성적 관리와 비교과 활동 관리를 열심히 해야 한다.

3-3 | 3학년

    2학년 내신 성적을 바탕으로 자신이 진학할 학교를 선정해야 한다. 전 과목에서 고른 성적이 나왔다면 자율형 사립고(이후 자사고)를 선택할 것이고, 그렇지 않다면 외고나 국제고를 고려할 것이다. 물론 전 과목에서 고른 성적을 가지고 외고나 국제고를 선택하는 학생이 있을 수 있다. 이것은 본인의 특성이나 조건에 맞추어서 합리적인 판단을 해야 한다. 예전에는 문과나 이과라는 선택 때문에 학교 선택이 이루어졌다면 이제는 학교의 커리큘럼과 학생 자신의 적성이나 흥미를 고려하여 학교를 선택한다. 만약 자신이 자연 과학이나 공학 계열로 나아가고 싶다면 외고나 국제고보다 자사고를 선택하는 것이 바람직하다. 문이과 통합 시대라고 할지라도 자연 계열을 운영해 본 학교와 그렇지 않은 학교는 운영의 노하우나 대처가 다를 것이기 때문이다. 학교 선택이 어느 정도 이루어졌다면 그에 맞는 내신 성적 관리에 힘써야 한다. 외고나 국제고를 지원하는 학생들은 영어 성적 관리에 신경을 써야 하고, 자사고를 지원하는 학생들은 지원하는 학교가 반영하는 교과목까지 성적 관리가 필요하다는 점을 명심해야 한다. 그다음 자신의 학교생활기록부 내용 및 수준을 검토하고 점검해야 한다. 만약 자신의 학교생활기록부에서 부족한 점이 있다면 3학년 1학기 때 보완해야 하기 때문이다. 자신이 한 활동의 실적과 느낀 점을 서술하라고 자기소개서에서 요구하는 만큼 자신이 한 활동에서 실적이나 기억에 남는 에피소드가 없다면 3학년 1학기를 활용해서 보완하도록 한다. 학교생활기록부에 대한 점검이 끝났다면 여름부터는 본격적인 서류 준비와 면접 대비가 이루어진다. 일부는 자기소개서를 1년 전부터 준비해야 한다고 말하지만 3학년 때 한 활동을 자기소개서에 기술할 수도 있고 지원하는 학교가 바뀔 수도 있으므로 3학년이 되서 준비하는 것이 좋다. 그리고 자기소개서의 내용만큼 중요한 것이 면접 준비이다. 자기소개서를 비롯한 서류는 매우 우수하지만 면접 준비가 미흡하다면 지원하는 학교에 합격할 수 없다. 반면 서류 점수는 부족하지만 면접에서 우수하다는 평가를 받은 학생은 합격할 수 있다. 그러므로 3학년 1학기부터는 면접 대비를 철저히 해야 한다. 갈수록 서류의 수준이 상향 평준화되어 면접에서 합격의 당락이 결정되고 있으며, 특목고에서도 면접의 비중을 강화하는 추세라는 점에 주목해야 한다.

교육은 우리 자신의 무지를 점차 발견해 가는 과정이다.

– 윌 듀란트 –

PART 3

자기소개서 작성

CHAPTER 01   자기소개서 한눈에 보기

CHAPTER 02   지원 동기

CHAPTER 03   자기주도학습

CHAPTER 02   인성 및 독서 경험

CHAPTER 03   진학 후 계획

01 자기소개서 한눈에 보기

1-1 | 외고·국제고 자기소개서 예시

case. 학생 진로: 심리학자

■ 지원 동기 및 진로 계획

편견이나 선입견을 경계하는 공정한 심리학자가 되고 싶습니다. 저는 평소 관심이 있던 심리학을 활용하여 사람들에게 자아 존중감과 용기를 부여하고, 그들이 어려움을 겪고 있는 점을 도와 사회의 부조리를 고쳐갈 수 있는 계기와 힘을 주고 싶습니다.

이를 위해 ○○을 기초로 전문적 지식과 배려심을 갖춘 인재를 양성하는 ○○○○고 학생이 될 것입니다. 입학 후에는 심리 동아리 ○○○○에서 활동하며 중학교 때부터 이어온 또래 상담 활동을 할 것입니다. 졸업 후에는 심리학과에 진학하여 심리 전문가가 되기 위해 노력할 것입니다.

■ 학업 경험

2학년 때 수학 선생님께서 '왜 맨홀 뚜껑은 둥글까?'라는 문제를 숙제로 내어주셨습니다. 그 문제를 받아 집으로 돌아가는 동안 길에 있는 맨홀 뚜껑들을 살펴보았고, 놀랍게도 맨홀 뚜껑의 대부분이 둥근 모양이라는 사실을 깨달았습니다. 집에 도착해 맨홀 뚜껑의 모양이 둥근 이유에 대해 고민하다 직접 종이로 원형과 삼각형 등 다양한 모양의 맨홀 뚜껑 모형을 만들어 보았습니다. 모형들을 돌려보며 관찰하다 보니 원형을 제외한 다른 도형들은 대각선이 그 도형의 가로나 세로의 길이보다 길다는 사실을 알 수 있었습니다. 이를 통해 원형 뚜껑은 모든 점에서 그어지는 지름의 길이가 같기 때문에 빠지지 않는다는 사실도 발견할 수 있었습니다. 직접 실험을 설계하고 진행하며 결론을 도출했기 때문에 단순히 공식을 암기하거나 기존의 증명들을 읽었을 때보다 자연스럽게 이해할 수 있었습니다. 그래서 이후로도 학습한 내용에 대해 스스로 증명하려는 노력을 꾸준히 했습니다.

3학년 도덕 수업 시간에 시민 불복종에 대해 배우며 법의 테두리 안에서 평화적 저항을 통해 사회의 변화를 끌어낼 수 있는 원동력이 궁금해졌습니다. 이에 인터넷에서 시민 불복종의 정의와 사례를 조사해 보았고, 헨리 데이빗 소로나 간디, 마틴 루터 킹의 자서전을 읽었습니다. 자서전을 읽으며 그들이 시민 불복종을 실천한 배경에 관해 탐구했고, 시민 불복종의 정의와 간디의 소금법 행진, 로시의 몽고메리 버스 보이콧 사건을 예시로 들며 시민 불복종에 대해 발표했습니다. 이를 계기로 촛불 시위와 같은 평화적 저항 방법이 현대 사회에 나타나는 이유에 대해 생각해 보기도 했습니다.

3학년 때『거짓말하는 착한 사람들』을 읽고 더 다양한 사례가 궁금해져 저자가 하는 유튜브 강연을 찾아보았습니다. 책과 관련된 내용의 강연이었지만 직접 번역하며 듣는 과정은 쉽지 않았습니다. 강연을 듣다가 이해가 잘 안 되면 계속해서 그 부분을 반복해서 복습하고, 처음 듣거나 뜻을 잘 모르는 단어가 나오면 발음을 통해 그 단어의 철자를 유추해 가면서 들었습니다. 이 과정을 통해 수동적으로 단어를 외우거나 문법 문제, 영어 듣기 문제를 풀기보다는 직접 공부하는 주체가 되어 능동적으로 학습한다면 훨씬 공부가 잘된다는 점을 깨달았습니다.

■ 인성

저에게는 초등학교 때부터 굉장히 친한 친구가 한 명 있습니다. 1학년 때 그 친구가 반에서 소외를 경험하고 친구들이 자신에게 왜 이러는지를 모르겠다며 저에게 하소연한 적이 있습니다. 저는 친구로부터 자초지종을 듣고 소외시킨 친구와 화해하려고 노력했는지 물어보았습니다. 그리고 그 친구에게 '너는 충분히 다른 아이들에게 사랑받고 존중받으며 학창 생활을 즐길 수 있는 사람'이라고 말하며 자존감을 높여주었습니다. 또한, 그 친구와의 오해는 충분히 풀 수 있다고 위로하며 그 둘을 화해시킬 수 있는 방법을 찾기 위해 노력했고, 서로 대화와 편지를 주고받으며 상대방의 처지를 이해하려는 시도를 하라고 권유하여 문제를 해결했습니다.

이 일을 통해 저는 단순히 이야기를 들어주는 것만으로도 도움이 필요한 사람의 슬픔을 해소할 수 있으며, 소외시켰다고 해서 한쪽을 몰아세우기보다는 여러 측면에서 바라보아야 한다는 것을 깨달았습니다. 또한, 저는 친구나 다른 사람을 상담할 때 객관적인 사실과 당사자가 느낀 감정을 종합해서 판단해야 한다는 것을 배웠습니다.

■ 지원 동기 및 진로 계획

학교 자율 동아리인 영어 토론 반에서 '특허는 개인의 소유인가, 모두의 소유인가?'를 주제로 토론했다. 특허는 발명자의 노력에 대한 보상이며, 투자를 받게 할 보험 같은 존재이고 기업의 경쟁력이기 때문에 지적 재산권을 보호해야 한다는 주장을 펼쳤다. 특허권에 관심이 생긴 나는 특허에 대해 알아보던 중 『특허 콘서트』라는 책에서 우리나라가 혁신 역량은 충분하지만, 혁신에 관한 관심과 인식이 부족하여 오히려 선진국의 기술에 종속되고 있다는 현실을 알게 되었다. 이를 통해 특허 전문 국제 변호사가 되어 우리나라의 기술을 보호하고 4차 산업 혁명 시대에 지적 재산의 중요성을 알리고 싶어졌다. 국제무대에서 활약하기 위해서는 유창한 외국어 실력이 필요하고, 국제 사회와 경제의 변화를 정확히 파악하고 있어야 한다고 생각했다. 따라서 전문 지식과 열정, 혁신을 추구하는 인재를 양성하는 ○○○○고 학생이 될 것이다.

입학 후에는 법률 토론 동아리 ○○○○에 들어가 미국의 CIP 출원법에 대해 탐구할 것이고, 졸업 후에 정치 외교학과에 진학하여 국제 관계 및 국제법을 배워 우리나라 지적 재산을 보호하는 전문가가 될 것이다.

■ 학업 경험

수학 시간에 이차함수의 그래프와 평행이동한 그래프 사이의 넓이를 구하는 문제에 대해 발표했다. 먼저 모눈종이에 두 그래프를 그리고 꼭짓점을 지나는 선분으로 나누어지는 도형의 넓이가 같다는 것을 확인한 다음, 평행사변형의 넓이는 구하는 것으로 문제를 해결했다. 이렇게 하니 그래프를 평행이동해도 그 모양이 변하지 않으면 두 부분의 넓이가 같다는 개념을 이해할 수 있었고, 이차함수의 그래프 안에서 다각형의 넓이 구하기 문제들도 정확하게 풀 수 있었다. 이를 계기로 생소한 수학 문제에 접근할 때는 기본 개념들을 다양한 방향으로 생각하고, 여러 번 적용해 보며 문제를 풀게 되었다. 또한, 경험을 통해 증명하는 과정에서 수학 개념을 확실히 이해할 수 있었다.

사회 시간에 법에 대해 배우며 사회법 중 노동자의 근로 조건과 권리를 규정하여 노동자를 보호하고 노동자와 사용자 간 이해관계를 조정하는 노동법에 관심이 갔다. 선생님께서는 부당 해고나 임금 체불과 같은 현실 속 사례에 대해 설명해 주셨다.

수업에서 배운 내용을 바탕으로 2년 동안 활동하던 청소년 인권 동아리에서 불법 체류 노동자를 주제로 모의 법정 시나리오를 썼다. 가구 공장에서 일하던 불법 체류 외국인 노동자가 불의의 사고로 손가락이 절단되고, 부당하게 해고당한 뒤 사장과 다투는 과정에서 형사 사건에 휘말린다는 설정이었다. 나는 시나리오에서 불법 체류자라는 신분 때문에 불합리한 노동 환경 속에 놓이게 되는 현실을 비판하며 노동 환경을 개선하자는 메시지를 나타내었다. 또한, 참가자들을 모집하고, 참가자들에게 노동법이 무엇인지, 형사 재판은 어떻게 진행되는지 등을 교육하는 과정을 이끌며 많은 것을 배울 수 있었다. 이러한 경험을 통해 교과서에서 배우지 못한 현실 속 사례들을 접할 수 있었고, 법 조항이나 판례들을 찾아보며 법에 관한 지식을 쌓을 수 있었다.

■ 인성

　같은 반에 피겨 스케이트 운동선수가 있었는데, 그 친구는 항상 2교시가 끝나면 연습하기 위해 일찍 하교했다. 그 친구는 힘든 훈련 외에도 최저 성적을 맞추어야만 대회에 나갈 수 있었기 때문에 학교 공부도 충실히 해야 했다. 담임 선생님의 부탁으로 친구의 도우미 역할을 하게 된 나는 친구가 빠진 수업의 학습지와 수업 내용, 학교나 학습 행사 등을 꼼꼼하게 챙겨 주었다. 학교와 학급에서 일어나는 일들을 챙기며 학교생활을 더 충실히 할 수 있었고, 매일 아침 20분 일찍 등교하여 친구에게 수업의 내용을 다시 설명해 주면서 복습할 수 있었다. 나의 도움으로 운동에 조금 더 전념할 수 있어서 고마워하는 친구의 미소를 보면서 뿌듯함을 느꼈고, 친구를 돕는 과정에서 나도 얻는 것이 많다는 점도 깨달았다.

　2학년 반장을 하며 생일 챙김이를 맡아 한 달에 한 번 친구들의 생일 파티를 주관했다. 반 친구들의 롤링 페이퍼와 학급비로 마련한 생일 선물을 챙기는 과정에서 꼼꼼함을 발휘했고, 친구들에게 즐거운 생일을 만들어 줄 수 있다는 책임감과 보람을 느끼며 성실히 참여했다.

■ 학업

가방 안에는 언제나 3년간의 손때가 묻은 노트와 펜이 있습니다. 문법을 공부하고 정리가 끝나면 다시 보아야 할 문법만을 골라서 문법 전용 노트에 적고, 개념 하나당 예문을 만들어 쓰며 영어 작문 연습을 했습니다. 이렇게 저만의 문법 노트를 만드니 문법 개념서나 문제집보다 훨씬 찾기가 쉬웠고, 개념을 다시 이해하는 것도 빨랐습니다. 이 노트와 함께 공부한 내용을 정리할 때 사용하는 펜이 있습니다. 이 펜으로 노트 정리를 하거나 단권화 작업을 하면서 즐겁게 필기할 수 있었습니다. 친숙한 물건을 소중히 하듯이, 모든 과목 공부도 세심하게 한다면 보다 정확하고 꼼꼼하게 학습할 수 있다는 점을 깨닫게 되었습니다.

공부를 할 때에는 머릿속으로 상상한 것을 정리해서 하나의 이미지를 만드는 식으로 공부를 했습니다. 사회나 역사, 일본어 등을 공부하며 상위 개념에서 하위 개념으로 나뭇가지가 뻗어 나가듯이 마인드맵이나 순서도 등을 그려 가며 개념을 체계화했습니다. 이렇게 하니 개념과 개념들이 서로 연상되어 짧은 시간에 많은 양을 공부할 수 있어서 효과적이었습니다.

초등학교 때 처음 읽었던 『에드워드 툴레인의 신기한 여행』을 다시 읽으며 영어 공부의 재미와 보람을 느낄 수 있었습니다. 이 책을 처음 읽었을 때는 복잡한 문장들이 너무 많고 모르는 단어들도 많아서 어려웠지만 중학교 때 다시 읽으니 이전보다 훨씬 수월했습니다. 그런데 여전히 문법적으로 어려운 문장들이 있었는데, 'He wished that Pellegrina had put him on his side so that he might look at the stars.'와 같이 과거 완료나 이어 동사, 목적 접속사가 활용된 것이었습니다. 문장을 적절히 나누고, 문장을 분석해서 해석하는 과정을 반복하며 어려운 문법들도 알게 되었고 단어의 품사에 따른 활용도 알 수 있었습니다. 이를 계기로 마음만 먹으면 못할 것도 없다는 것을 깨달았습니다. 그리고 이전보다 영어 실력이 향상된 것 같아서 뿌듯함을 느꼈습니다. 또한, 유튜브에서 엠마 왓슨의 연설을 들으며 영어로 더 넓은 세상과 소통할 수 있다는 생각이 들어서 영어 교사로 진로를 정했습니다.

■ 지원 동기 및 진학 후 계획

다양한 언어 능력과 글로벌 마인드를 가르기 위해 ○○외고에 가겠다고 마음을 먹은 후, 공부에 집중이 안 되거나 시간이 남을 때마다 학교 카페나 재학생들의 블로그를 보면서 동기 부여를 했습니다.

그리고 ○○외고 학생이 되어 교사의 자질을 키우고 멘토링 활동을 통해 재능을 나누며 지역과 학교의 발전을 위해 노력해서, 영어라는 언어로 희망을 심어 주는 영어 교사가 될 것입니다.

■ 인성

　단체 에어로빅 공연을 준비하며 소통과 배려심의 중요성을 깨달았습니다. 치어리딩 동아리 부장직에 있었던 저는 안무를 맡았습니다. 그런데 남자 친구들 중 몇몇은 하기 싫어했고 연습이 진행되며 친구들 사이에 다툼이 발생하기도 했습니다. 저는 치어리딩 공연을 준비했던 경험을 살려 하기 싫은 친구들은 설득을 하고 춤을 어려워하는 친구들에게 동작을 알려 주며 갈등을 해결했습니다. 친구들이 참여하기만을 기다리거나 제가 생각한 대로 따르라고 했다면 공연은 실패했을 것입니다. 그래서 여럿이 함께하는 공연을 준비할 때에는 친구들의 입장을 고려하며 스스로 참여하도록 하는 동기 부여가 중요하다는 점을 깨달았습니다.

　교내 오케스트라에서 클라리넷 연주자로 활동하며 다양한 종류의 악기들이 박자와 화음을 서로 맞추어 연주를 하는 점이 인상적이었습니다. 클라리넷만 소리를 낼 때와는 다르게 풍부하고 다채로운 소리가 나서 흥미로웠고 공연을 마치고 내려왔을 때의 희열은 잊히지 않습니다. 다양한 사람들이 서로의 생각과 이야기를 맞추어 가며 소통하는 것이 우리 사회와 많이 닮아있으며 오케스트라 연주와 같다는 생각을 했습니다. 그래서 오케스트라처럼 사회에서도 화합과 소통, 존중이 중요하다는 점을 경험했습니다.

■ 지원 동기 및 진로 계획

　3학년 역사 시간에 헤이그 특사인 이준 열사가 우리나라 최초의 검사라는 것을 알게 되었고 그의 행보에 대해 찾아보며 검사라는 목표를 확고히 했다. 이준은 고위층의 압력에도 굴하지 않고 입관 초기부터 권세가의 산송을 공정하게 처리하는 정의로운 검사였다. 이를 통해 검사는 정의로운 처벌을 내려서 세상을 살기 좋게 만드는 직업이라는 것을 깨달았다. 또한, 올바른 심판을 내리기 위해서는 인간의 가치를 소중히 여겨야 한다는 생각에 ○○○○을 바탕으로 인재를 양성하는 ○○외고의 학생이 되고자 한다.

　입학 후에는 UNHCR이라는 인권 동아리에 들어가 김영란법이나 안락사법에 적용된 다양한 권리관계에 관해 탐구할 것이며, 졸업 후 서울대 정치 외교학과와 로스쿨에서 검사의 자질을 기를 것이다.

■ 학업 경험

　글쓰기에 관심과 소질이 있었던 1학년 때, 「Truth of the fairy tale」이라는 영어 소설을 쓴 적이 있다. 영어 소설을 쓰는 것은 경험이 적어 힘들었지만, 관용 표현이 그 사회의 문화와 환경을 반영한다는 점을 알았다. 예를 들어, 영어 'a piece of cake'를 우리말로 해석하면 '식은 죽 먹기'라는 의미인데, 미국에서는 케이크를 죽과 같이 인식한다는 점이 생소했다. 이러한 낯선 느낌은 한국식 사고로만 생각하고 있었기 때문이라는 것을 알고, 영어 소설을 쓸 때에는 미국식 사고가 무엇인지 고민하며 글을 썼다. 이후 '월요병을 겪고 있는 공주'에 대해 서술할 때 'Hump day'라는 관용 표현을 찾았는데, 미국에서는 수요일을 가장 힘든 날이라고 여긴다는 점을 알게 되었다. 관용 표현에 대해 찾아보고 활용하는 것은 미국 문화를 이해할 수 있는 계기가 되었고, 영어 소설 쓰기에 흥미가 더욱 생겼다.

　나는 관심 분야에 관한 심층 연구를 즐긴다. 실제로 2학년 수학 시간에 비유클리드 기하학에 관한 연구를 했다. 비유클리드 기하학은 구면 기하학과 쌍곡 기하학을 다루는데, 이는 유클리드 원론의 5개 공리 중 마지막 공리가 틀린 이유에 관해 설명한다. 탐구 과정을 통해 유클리드는 모든 것을 평면에서 계산했지만, 비유클리드 기하학은 그것을 입체로 접근해서 틀린 부분을 찾았다는 것을 알게 되었다. 비유클리드 기하학을 주장한 가우스, 로바쳅스키, 리만 등이 새로운 접근과 발상으로 수학의 오류를 증명했다는 점에서 수학 탐구가 필요한 이유를 깨달았다. 더 나아가 기존의 이론이나 통념을 깨뜨리기 위해서는 큰 용기와 노력이 필요하다는 것을 배웠다.

　3학년 사회 시간에 법에 대해 배우며 12명 정도의 친구들과 모의재판을 진행했다. 학급 물품 도난 사건으로 처벌받은 인물에 대한 SNS 테러를 소재로 고소 고발 사건을 구성했다. 나는 검사 역할을 맡아 개인적인 복수로 인한 고소인의 이중 처벌은 옳지 못하다고 주장했다. 또한, 피고인이 고소인에게 정신적 피해를 주었다는 점을 강조하며 징역형을 구형했다. 법제처 국가 법령 정보 센터의 다양한 법령과 판례를 찾아 직접 사건을 기획해 대본을 쓰고 모의재판을 진행하면서 꿈에 한 발짝 더 다가간 것 같은 뿌듯함과 성취감을 느꼈다.

■ 인성

　전교 회장 선거 때 그동안 역할이 미미했던 학생 자치부를 변화시키겠다는 공약을 내세웠다. 당선 후 중·고등학생 자치 활동이 담긴 보고서를 참고해 전교 임원들과 함께 새로운 학생 자치부를 기획했다. 선도 활동만 하던 학생 자치부를 5개의 부서로 나누고, 행사를 기획해 각 부서마다 담당 행사를 분배했다. 변화한 학생 자치부가 반 단체복 결정과 급식에 대한 불만 해결, 학교에 적극적으로 학생 의견 반영하기 등의 활동을 하는 것을 보면서 언행에 대한 책임감을 기르게 되었다. 그리고 다양한 행사를 기획하고 실행하면서 더 훌륭한 리더로 거듭날 수 있었다. 또한, 무슨 일이든 팀원의 협동이 중요하고 각 팀원의 능력을 활성화해 주는 것이 중요하다는 것을 깨달았다. 이러한 경험을 바탕으로 ○○외고 학생회에 들어가서 ○○외고의 성장을 위해 노력할 것이다.

1-2 | 자사고 자기소개서 예시

case. 학생 진로: 변리사

■ 학업 경험

영어 회화 및 작문 실력을 향상하기 위해 친구들과 함께 생활 영어 자율 동아리를 만들었다. 사회적 이슈였던 김영란법을 주제로 토론했고, 환경 문제를 주제로 탐구 보고서를 함께 작성했다. 다양한 의견을 바탕으로 보고서를 완성해 가며 내가 생각하지 못했던 생각과 논리를 배울 수 있었다. 이에 따라 서로 협력하면 더 좋은 결과를 얻는다는 것을 깨달았다. 또한, 국내외 이슈에 관한 배경지식과 논리적 사고력을 기를 수 있었고, 다양한 시각의 존재에 대한 필요성을 느꼈다.

변리사는 특허 출원 업무를 담당할 제품의 원리와 과학 기술 발전에 따른 과학적 원리를 이해할 수 있어야 하므로 이를 향상하고자 여러 실험을 했다. 가장 기억에 남는 실험은 '헤론의 분수' 만들기이다. 이는 사이펀의 원리와 파스칼의 원리를 적용하여 만든 분수로, 페트병을 자르고 빨대에 연결해 가며 만들었다. 모터와 물의 이동을 조종하는 장치가 없음에도 중력과 기압의 차이로 물이 이동할 수 있었고, 이를 활용하여 계영배도 만들어 활용해 보았다.

교내 리더십 캠프에서 방장 역할을 한 적이 있었다. 다양한 선후배와 친구들이 처음 모여 방 정리와 점호를 한다는 것은 쉽지 않았다. 그래서 아이들에게 방 청소, 이불 깔기 등 역할을 분담해 주었고, 아이들이 꺼리는 화장실 청소나 쓰레기통 비우기 등을 도맡아 했다. 서로 다른 특성이 있었지만, 각자의 역할에서 협동심을 발휘하는 아이들의 모습에 뿌듯했고, 빠르게 분위기를 파악하고 대처하는 방장의 역할이 얼마나 중요한지를 깨달았다.

평소 도서부 동아리 활동을 하면서 친구들과 책을 읽고 비판적 토의를 하는 것을 좋아했다. 지금까지 여운이 남는 책은 서머셋 모옴의 『달과 6펜스』로, 스트릭랜드란 주인공의 인생을 통해 현실과 이상의 양면성을 드러낸 작품이다. 독서 후 현실을 상징하는 '6펜스'와 자아실현을 상징하는 '달'이라는 두 가지의 갈림길을 놓고 깊게 생각해 보았다. 나는 현실에 얽매이지 않고 자신이 하고 싶은 것을 하는 것이 좋다는 결론을 내렸고, 앞으로 자유롭게 꿈을 펼치겠다는 다짐을 한 계기가 되었다.

어릴 적부터 음악과 언어 습득력이 좋았던 나는 다른 사람보다 이해력이 빨랐다. 특히 언어에 대한 흥미가 높아 영어뿐 아니라 중국어, 일본어 등을 여러 가지 방법으로 익혔다. 영어는 원서를 읽으며 어휘력과 문법 능력을 길렀고, 중국어는 연극 대본을 외우면서, 일본어는 노래를 익히면서 즐겼다. 이를 통해 외국어를 자연스럽게 사용하게 되었으며, 국제 변리사가 지녀야 할 자질을 조금씩 체득하게 되었다.

■ 지원 동기 및 입학 후 계획, 인성

　의약 기술의 발달과 새로운 연구의 진행으로 특허 분쟁이나 지식 재산권에 대한 갈등이 많아지고 있다. 더구나 국제 교류가 활발해지며 특허 분쟁의 범위도 확장되고 있다. 나는 그 중심에서 기업을 보호하고 문제를 해결하는 역할을 하고 싶다. 이에 비판적 사고력과 창의적 마인드를 기를 수 있는 ○○고 학생이 되어 과학 교과를 비롯하여 다양한 심화 과정을 이수할 것이고, 해외 고교와의 교류 활동에 참여할 것이다. 졸업 후 화학 공학을 전공하여 전문 지식을 습득하고 다양한 실험, 연구 활동에 참여하여 지식 재산권을 보호하고 특허권을 설정하는 데 도움을 주는 화학과 생물 분야 전문 국제 변리사가 될 것이다.

　학급과 학생회 임원을 하면서 리더십을 기르고 남을 돕기 위해 꾸준히 노력했다. 모두가 만족하는 공동체를 만들기 위해 뒤처지는 친구가 생기지 않도록 모르는 것을 알려주거나 문제에 대한 해결책을 제시했다. 항상 친구들을 웃는 얼굴로 맞이하며 밝은 분위기를 만들고, 원만한 교우 관계를 위해 노력한 결과, 해피 바이러스라는 별명을 갖게 되었다.

　역사적 지식을 쌓고 활용하고자 역사 관련 봉사 활동에 참여했다. 궁궐을 청소하고 유적지를 방문하면서 문화재의 가치와 유래, 원리 등을 배우고 익혔다. 우리 고장의 문화재를 찾아가 조사하고 발표하는 활동을 하며 선조들의 섬세한 과학 기술과 과학 원리에 감탄했고, 자료를 수집하여 문화유산의 소중함을 알리는 탐방자 역할도 할 수 있게 되어 일거양득의 목적을 달성할 수 있었다.

■ 지원 동기 및 입학 후 계획

뇌에서의 신경 전달 과정을 배우던 중, 흥미가 생겨 뇌 연구진들이 쓴 『뇌』라는 책을 읽었습니다. 그러던 중, 할머니께서 걸리신 파킨슨병이 신경 퇴행성으로 인한 뇌 기능의 이상으로 발병하는 질환이라는 것을 알게 되었습니다. 아직 파킨슨병의 완치법이 없다는 사실은 미래에 뇌 과학 연구자가 되어 완치 방법을 연구하고 개발해야겠다는 꿈을 가지게 되는 계기가 되었습니다.

○○○을 중시하고 사회적 책임을 다하며 존경받는 리더를 양성하는 ○○고에 입학하여 인체에 관해 연구하는 동아리 ○○에 들어가 신경 손상으로 인한 질병들에 관해 탐구하고자 합니다. 또한, 1인 2기 프로그램에서 평소 배우고 싶었던 검도를 배우고, 교내 오케스트라에서 플루트 주자로 활동하고 싶습니다. 졸업 후에는 KAIST에 진학하여 뇌 과학 연구자가 되기 위한 자질을 기를 것입니다.

■ 학업 경험

2학년 과학 '기권과 우리 생활' 단원에서 선생님이 추천하신 『위기의 지구, 돔을 구하라』라는 책을 읽었는데, 바이오스피어 2 실험이 가장 기억에 남습니다. 외부와 격리되어 자급자족이 가능한 인공 생태계가 실존한다면 지구나 우주에서 새로운 주거 환경이 만들어질 수 있기 때문입니다. 저는 바이오스피어 2 실험에 호기심이 생겨, 인터넷과 책으로 관련 내용을 조사해 보았고, 흙 속 박테리아와 같은 요인들이 이산화 탄소를 방출하여 산소의 농도가 떨어져 실험이 실패했다는 사실을 알게 되었습니다. 이산화 탄소를 줄일 방법을 논문과 인터넷으로 조사한 결과, 이산화 탄소 저장 기술이 있다는 것을 발견했습니다. 이러한 노력을 통해 과학과 기술의 발달이 환경을 파괴할 수도, 환경을 지킬 수도 있는 양면성이 존재한다는 것을 깨달았습니다.

수학 시간 '경우의 수' 단원에서 약수의 합을 구하는 방법을 배웠습니다. 구하고자 하는 수의 소인수를 찾아 곱하는 소인수분해의 계산 과정을 적으며 수의 규칙성을 파악했는데, 식이 길어지고 계산이 복잡하여 오차나 실수가 자주 생겼습니다. 그래서 더 간단하고 빠르게 답을 구하는 방법을 인터넷에서 찾아 등비수열 개념을 활용하여 그 합을 구하는 공식을 알게 되었습니다. 약수를 구하는 과정은 복잡하지만, 규칙성을 바탕으로 한 논리적 전개 과정이라는 점을 알게 되니 신기했습니다. 또한, 수의 규칙성을 기초로 공식을 만들고 문제를 간단히 푸는 과정을 찾아보면서 수학은 복잡하고 지루한 과목이 아닌 숫자의 비밀이 담긴 매력적인 과목이라는 생각이 들었습니다.

3학년 때, 학교 동아리 ○○○○에서 다문화 아이들을 가르쳤습니다. 저는 영어와 과학을 담당하여 카드 게임, 시험지와 같은 수업 자료들을 준비했습니다. 그런데 수업에 적응하지 못하는 아이들을 통솔하는 과정에서 어려움이 있었습니다. 아이들은 관심을 받기 위해 수업 시간에 일부러 소리를 지르거나 옆 친구를 방해하고는 했습니다. 저는 아이의 단점보다 장점을 찾으려 노력했고, 칭찬을 통해 수업에 적극적으로 참여하도록 유도했습니다. 또한, 영어에 대한 흥미를 높이고자 색연필을 이용하여 노트 정리를 시켰습니다. 단순히 중요도에 따라 다른 색깔로 표시하는 것이 아니라, 단어를 듣고 생각나는 색깔을 이용하여 따라 적어 맞추면 상을 주는 방식으로 가르쳤습니다. 색연필을 이용하자 아이들은 영어 단어에 창의력을 담았고, 집중력도 높아졌습니다. 이처럼 멘토링 활동을 통해 칭찬의 힘이 우리가 가진 무한한 상상력을 계발하도록 한다는 점을 깨달았습니다.

■ 인성

　반 대항 플라잉디스크 경기를 준비하며 여자 팀 주장으로서 포지션을 나누고 팀을 관리하는 역할을 했습니다. 이 과정에서 친구들의 축구 실력을 고려해야 했기 때문에, 친구들의 플레이 하나하나에 관심을 가지고 지켜보며 각자의 장단점을 파악했습니다. 이러한 노력 끝에 경기에서 승리할 수 있었습니다. 이를 계기로 리더에게는 상대의 장점을 먼저 보는 것이 중요하고, 다른 의견을 수용하는 능력과 냉철한 판단력이 필요하다는 것을 배웠습니다.

■ 학업 및 지원 동기, 진학 후 계획

　요양원에서 근무하시는 사회 복지사 한 분이 운영하시는 블로그를 우연히 보았는데 ○○고 학생들이 봉사 활동을 하며 너무 잘 도와주어 고맙다는 글과 사진이 있었다. 이를 보고 ○○고 선배님들처럼 남에게 기억될 만한, 도움이 되는 의사가 되어야겠다고 다짐해 ○○고에 지원하게 되었다.

　입학 후에는 다트고사를 잘 보아서 ○○○○반에 들어가 식품 첨가물이 우리 몸에 어떤 악영향을 끼치는지 탐구할 것이고 졸업 후에는 서울대 의대에 진학해서 환자들이 병원을 두려워하거나 꺼려하는 일이 없도록 환자들의 마음을 잘 헤아려 주고 신속하게 병을 치료하는 의사가 되기 위해 노력할 것이다.

　창의 수학 수업에서 피타고라스 정리를 증명하는 방법 중 유클리드 증명에 대해 배웠고, 선생님께서 유클리드의 공리 5가지와 공준 5가지를 이야기해 주셨다. 그중 5번째 공리는 평행선 공준으로도 불리는데, 이것을 부정하는 것 또한 존재한다며 이름은 맨해튼 거리, 즉 택시 거리라고 말씀해 주셨다. 수학 법칙이나 공식에는 일반적으로 예외가 존재하지 않는데 공리, 공준에 예외가 존재하는 점이 신기했다. 그래서 인터넷으로 택시 거리에 대해 찾아보며 유클리드 기하학과 관련된 다양한 지식과 정보를 접할 수 있었다. 건물과 같이 장애물이 많은 도시에서 최단 거리를 구하거나 최적 경로를 산출할 때 택시 거리가 사용된다는 점을 알았다. 그리고 유클리드 기하학과 비유클리드 기하학이 있다는 점과 비유클리드 기하학이 아인슈타인의 상대성 이론을 증명하는 과정에서도 적용되었다는 것을 알게 되었다. 수학을 공부함으로써 공식이나 정리는 반드시 예외가 없어야 한다는 생각의 틀을 깨고 예외가 존재할 수 있다는 창조적인 생각을 할 수 있었다.

　과학 영재반 동아리에서 다양한 과학 탐구 경험을 통해 과학적 지식과 탐구력을 길렀다. 식품 첨가물에 대해 탐구하며 바나나 우유를 만드는 과정에서 인공 향을 합성시키기 위해 에스테르화 반응을 이용했다. 화합물을 이용해서 만든 바나나 우유를 처음 보았을 때는 굉장히 맛있어 보였지만 막상 맛을 보니 쓴 맛이 매우 강했고 아무리 설탕을 추가해도 쓴 맛이 없어지지 않았다. 이를 계기로 슈퍼에서 파는 바나나 우유가 바나나 향과 단맛을 내기 위해 엄청나게 많은 식품 첨가물들을 넣고 있다는 점을 깨달았다. 시중에서 파는 음식물에 들어 있는 식품 첨가물의 위험성을 인식하고 친구나 가족들에게도 알려 가능한 한 먹지 않도록 했다.

■ 인성

　합창을 준비하며 곡을 선정하는 과정에서 어려움이 있었다. 친구들의 의견이 하나로 모아지지 않자 투표를 통해 결정하자는 의견이 나왔고 가장 많은 표가 나온 곡으로 결정되었다. 하지만 곡 변경을 주장하던 친구의 표정이 좋지 않아서 학교가 끝난 후에 단둘이 이야기를 나누었다. 알고 보니 그 친구는 곡이 혼성 4부로 되어 있어서 합창에 어려움이 많다는 점이 불만이었다. 이를 계기로 다수결이 언제나 올바른 선택이 아니라는 것을 깨달았고 지휘자와 반 친구들에게 사정을 이야기해 곡을 혼성 2부로 바꾸었다. 수정한 곡을 부르며 아이들은 즐거워했고 화음을 만들어 합창을 성공적으로 마무리했다. 2주밖에 남지 않은 상황에서 어려움을 극복하며 합심의 효과를 경험한 뜻깊은 활동이었다.

　학급 계주 대표 선수로 선발된 친구가 다리를 다치는 바람에 내가 그 자리를 채웠다. 다른 친구들에게 짐이 되고 싶지 않아서 학교 대표인 친구에게 코칭을 부탁했다. 학교가 끝나고 친구와 책가방을 메고 계속 운동장을 돌며 지구력을 키웠고 스트레칭을 하면서 넘어졌을 때 부상이 덜할 수 있도록 했다. 처음에는 힘들어서 포기하려고 했지만 친구가 포기하지 말고 끝까지 해 보라고 조언해 주었다. 어려움이 닥쳤을 때 힘들어서 포기하는 것은 발전의 기회를 스스로 놓아 버리는 것이라고 말해 주기도 했다. 친구와 나는 열심히 연습했고 운동회 날에 다른 반 대표를 역전하며 성취의 기쁨을 느낄 수 있었다. 갑자기 닥친 상황에 당황하기도 했지만 포기하지 않고 열심히 노력하면 된다는 자신감이 생겼다.

■ 학업 경험

어렸을 때부터 겨울 하늘을 바라보며 별자리를 찾은 적이 있습니다. 하늘의 어떤 두 점이 유난히도 반짝였는데, 우리나라에서 유일하게 1등성이 두 개나 관측되는 오리온자리였습니다. 이를 계기로 여러 별자리를 알아보며 우주의 신비로운 매력에 빠졌습니다.

1학년 과학 시간에 분자 모형을 만들고 원자 사이의 결합과 물질의 상태 변환에 대해 배웠습니다. 그러던 중 거의 진공 상태인 우주에서 중요한 비중을 차지하던 수소 원자가 어떻게 다양한 원자들로 변환되었는지 궁금증이 생겨 여러 책을 찾아보았습니다. 이 과정에서 원자 속에 새로운 미시 세계와 구조가 있다는 것, 핵과 전자 사이의 균형이 변화하면 에너지 상태도 바뀐다는 것을 알게 되었습니다. 또한, 『김상욱의 양자 공부』라는 책을 읽으며 양자 물리학을 이해하려 노력했습니다. 양자 물리학은 자연 과학을 포함해 우리 세계에 일어나는 모든 일들을 설명할 수 있다는 것을 배웠고, 다양한 과학 분야에도 관심이 생겼습니다.

3학년 과학 시간에 '산화 환원 반응'에 대해 배우고 나서, 광합성과 같은 탄소 동화 작용을 응용해 인공적으로 이산화 탄소를 산소로 바꿀 수 있을지 궁금증이 생겼습니다. 사람이 날숨에 내뱉는 이산화 탄소를 산소로 바꾼다면 우주 탐사에 있어 산소 호흡의 어려움을 해결할 수 있기 때문입니다. 그래서 인터넷 검색으로 산소 발생에 관한 신기술을 찾아보려 했으나, 찾을 수 있는 자료들은 단순한 방법과 기술의 소개가 전부였습니다. 인공 잎, 광촉매, 레이저 등 여러 신기술을 알게 되었지만, 구체적 원리는 알 수 없었습니다. 그래서 해외의 사례들까지 찾아보게 되었고, 그러던 중 해외에서 레이저를 이용해 이산화 탄소를 일산화탄소와 산소 원자로 분리해 내는 것에 성공했다는 사실을 알게 되었습니다. 이에 대해 더 알고 싶어 영문 자료까지 읽어보았는데, 그 과정에서 분자들을 명명하는 방식이 규칙적이라는 것을 발견했습니다. 일산화탄소는 carbon monoxide로 carbon은 탄소, monoxide는 일산화라는 뜻이 있습니다. 이 중 monoxide라는 표현이 생소해 알아보니 mono와 oxide로 이루어진 복합어였으며, mono는 '단일의'라는 뜻을 가진 접두사였고 oxide는 '산화물'이라는 뜻이었습니다. 이 두 어근이 모여 산소와 어떤 원소가 한 번 결합했다는 뜻을 가진 단어를 만들어낸 것이었습니다. 분자 이름의 구성 원리를 알기 전에는 복잡하고 생소해 외우기 어려웠지만, 원리를 알게 되니 쉽게 이해되었습니다. 또한, '두 개의'라는 뜻을 가진 di-나 eta- 외에 meta-, tetra- 와 같은 화합물에 쓰이는 접두사들을 습득하며 과학적 흥미와 호기심이 해결되었고, 영어 공부도 같이 할 수 있어서 뿌듯했습니다. 그리고 해외 자료를 찾아보며 영어 구사 실력이 높지 않으면 완전히 이해하기 어렵다는 한계를 깨닫게 되어 영어 실력을 향상할 수 있도록 노력해야겠다고 생각했습니다.

■ 지원 동기 및 입학 후 계획, 인성

　　입학 후에는 우주 공학 천문 동아리에서 탐구 활동을 하며 대기와 테라포밍 분야에 전문성을 가진 우주 공학자의 기초를 다질 것입니다. 중학교 때부터 꾸준히 운영한 개인 블로그를 통해 탐구 과정에서 얻은 지식과 정보를 많은 사람이 쉽게 접할 수 있도록 나눌 것입니다. 『역사를 바꾼 17가지 화학 이야기』라는 책을 읽고, 화학 혁명이 일어나는 과정을 정리한 글을 블로그에 올리며 다양한 사람들과 소통한 경험이 있습니다. 이 과정에서 화학 분야의 신기술이 인간 사회의 발전에 어떻게 도움을 주었는지 배웠고, 과학자가 지녀야 할 책임감을 깨달을 수 있었습니다. 그래서 창의 융합 교육을 통해 ○○○○ 인재를 양성하는 ○○○○에 지원했습니다.

02 지원 동기

외고와 자사고에서 공통적으로 제시되는 지원 동기 부분에는 크게 두 가지의 내용이 들어가야 한다. 하나는 자신이 가지고 있는 꿈이나 학습의 특성, 가치관 등 지원자에 해당하는 요소이고 다른 하나는 지원 학교가 가지고 있는 교육 목표나 교육 방법, 교훈 등과 같은 학교의 특성이다. 이 두 가지 요소가 같거나 서로 간에 연관성이 있을 때 좋은 지원 동기가 된다. 또한, 단기적인 요소보다는 장기적으로 큰 목표를 함께 공유할 때 학교와 학생이 교육의 목표이기도 한 교학상장(敎學相長)을 이룰 수 있다.

1

의학 역사 책에 나오는 인물들은 서양인들이 대부분이어서 그곳에 한국인으로서 저의 이름을 올리는 것이 목표입니다. 그래서 초등학교 때부터 자사고에 진학하겠다는 생각을 했고, '각계 지도자 육성'이라는 ○○고의 건학 이념과 잘 맞는다고 생각해서 ○○고를 목표로 공부해 왔습니다.

• 분류 •
① 진로 분야: 의료
② 지원 학교: 자사고
③ 소재: 독서 경험, 자신의 목표, 지원 학교의 건학 이념
④ 지원 동기에서 강조한 점: 자신의 진로와 관련된 장기적 목표를 제시하고 어린 시절부터 꾸준히 지원 학교에 대한 관심과 진학 의지가 있었다는 점을 드러내며 지원 동기를 구성하였다.

2

어렸을 때부터 누군가와 관심사를 이야기하고 무엇인가를 함께 이야기하는 것이 좋아 초등학교 교사를 장래 희망으로 삼게 되었다. ○○외고 중국어과에서 중국에 대한 공부를 하고 언어 공부를 심도 있게 해서 학생들에게 외국어를 공부하는 방법을 정확하게 알려 주고 싶다. 또한, 중국어와 중국 문화에 대한 관심이 많기 때문에 언어뿐만 아니라 문화도 함께 공부하고 싶어 ○○외고 중국어과에 지원하였다.

• 분류 •
① 진로 분야: 교육
② 지원 학교: 외고
③ 소재: 자신의 장점, 교사로서의 자질, 중국어와 중국 문화에 대한 관심
④ 지원 동기에서 강조한 점: 자신의 흥미와 자질을 진로와 연결하며 지원 동기를 구성하였다. 학생들에게 외국어와 외국 문화를 정확히 알리고 싶다는 목표를 지원 학과에 입학하고 싶은 이유와 연계하여 당위성을 강화하였다.

3

"여러분은 평균 수명이 100세를 넘어 평생 동안 여러 개의 직업을 가지고 살 만큼 삶이 길어질 겁니다." TIME 잡지의 Longevity 강의에서 들은 이 말은 생명 공학자와 정신과 의사 두 직업 중 고민하던 나에게 해답이 되었다. 정신과 의사가 되어 정신 질환을 겪는 환자들의 아픔을 이해하고 이를 바탕으로 새로운 치료제를 만들겠다는 생각을 하게 되었다. ○○고는 친한 선배들의 이야기를 듣고 찾아보게 되었다. '정직, 근면, 친절'이라는 학교 교훈은 아주 어릴 적부터 가지고 있던 '성실, 꾸준함, 배려'라는 나의 가치관과 매우 밀접했다. 그래서 ○○고를 가면 '잘할 수 있겠다.'는 생각이 들어 지원하게 되었다.

● 분류 ●
① 진로 분야: 의료
② 지원 학교: 자사고
③ 소재: 영어 독서 경험, 자신의 목표, 자신의 가치관, 지원 학교의 교훈, 자신감
④ 지원 동기에서 강조한 점: 영어 잡지에서 읽은 내용 중 일부를 발췌하여 지원 동기를 언급하고 영어 실력과 자신의 미래에 대한 탐색 노력을 드러내었다. 그리고 자신의 가치관과 지원 학교의 교훈을 연결하여 자신이 지원 학교에 적합한 인물이라는 점을 강조하였고, '잘할 수 있다.'라는 자신감을 나타내어 지원 동기를 강화하였다.

4

개인이나 기업의 지적 재산권과 산업 재산권 등을 보호하는 변리사가 되고 싶다. 변리사는 의뢰인의 권리를 보호할 수 있는 논리적 사고력과 시간 약속을 잘 지키는 책임감과 성실함이 필요하다고 생각한다. 그래서 기본에 충실하고 변화를 선도해 실력 있는 인재를 양성하는 ○○고에 다니며 꿈을 이루기 위해 열심히 노력할 것이다.

● 분류 ●
① 진로 분야: 사회
② 지원 학교: 자사고
③ 소재: 자신의 목표, 진로에 필요한 자질, 지원 학교의 교육 목표
④ 지원 동기에서 강조한 점: 자신의 진로에 대한 목표와 역할을 간결하고 정확하게 서술하여 자신의 진로에 대한 배경지식을 드러내었다. 그리고 진로에 필요한 자질과 지원 학교의 교육 목표를 연결하여 지원 동기의 당위성을 강화하였다.

5

중국, 일본, 필리핀에서 온 아이들에게 한국어를 가르쳐 주는 멘토링 활동을 하면서 한국어가 서툴러 오해가 생기거나 친구들과 어울리지 못해 외로움을 겪는 다문화 가정의 아이들이 많다는 것을 알게 되었다. 언어를 통해 한국 사회에 잘 정착하도록 돕는 일을 하고 싶어 다문화 언어 지도사를 미래 직업으로 선택하게 되었다. 다문화 언어 지도사에게 필요한 언어 실력과 폭넓은 세계관, 뛰어난 봉사 정신이 ○○외국어고등학교의 인재상과 같아 지원하게 되었다.

● 분류 ●
① 진로 분야: 사회
② 지원 학교: 외고
③ 소재: 봉사 활동 경험, 자신의 목표, 진로에 필요한 자질, 지원 학교의 인재상
④ 지원 동기에서 강조한 점: 자신의 목표와 직접 경험한 멘토링 봉사 활동을 먼저 제시하며 자신의 진로를 정한 이유를 설명하였다. 그리고 진로에 필요한 자질과 지원 학교의 인재상이 같다는 점을 어필하며 지원 동기를 강화하였다.

6

　'학교가 학생들에게 바라는 점이 무엇인가?'에 따라 학생들의 성장 방향이 달라진다고 생각한다. ○○외국어고등학교의 '건전인, 협력인, 성취인'이라는 인재상은 나의 가치관과 일치한다. 건강하고 온전해야 평온하고 진지한 마음으로 학교생활을 할 수 있고, 친구들과 함께 도우며 배워야 효과적으로 공부를 할 수 있다. 또한, 실감 나는 목표를 세워야 졸업 후 성인이 되어 많은 성취를 이룰 수 있을 것이다.

• 분류 •
① 진로 분야: 교육
② 지원 학교: 외고
③ 소재: 자신의 교육관, 지원 학교의 인재상, 바람직한 가치관과 생활의 자세
④ 지원 동기에서 강조한 점: 교육에 대한 자신의 생각과 지원 학교의 인재상이 일치한다는 점을 근거로 지원 동기를 드러내었다. 또한, 자신이 생각하는 바람직한 가치관과 자세를 제시하며 건전한 인성을 강조하였다.

7

　이스라엘과 하마스의 전쟁에서 이루어지는 반인륜적인 살인과 인권 침해를 해결하기 위한 방안으로 국제 형사재판소의 역할이 중요하다고 보았다. 전쟁의 과정에서 가장 큰 피해를 입는 사람들은 노약자와 어린이들이었다. 전쟁이 끝나고 반드시 이에 대한 책임을 물어서 인류의 역사가 절대로 용서하지 않는다는 것을 기록으로 남겨 인류애를 실천하는 것이 중요하다고 생각했다. 때문에 ○○고의 건학 이념을 바탕으로 인간의 보편적 윤리를 실천해 나가고 싶어서 ○○고에 지원했다.

• 분류 •
① 진로 분야: 법과 정치
② 지원 학교: 자사고
③ 소재: 자신의 진로와 관련된 배경지식, 진로의 역할과 한계
④ 지원 동기에서 강조한 점: 자신의 진로로 가고 싶은 목표 기관과 관련된 배경지식을 제시하며 국제적 안목과 배경지식 수준을 드러내었다. 특히 자신의 진로의 역할과 함께 한계까지 제시하며 진로 탐색 노력을 어필하였다.

8

　『꼴찌, 세계 최고의 신경외과 의사가 되다』에서 벤 카슨 박사가 샴 쌍둥이 분리 수술에 성공하는 모습에 큰 감동을 받았다. 이후 생명에 직결되는 신경을 다루고 신경 퇴행성 질환 치료법을 연구하는 신경외과 전문의를 미래 직업으로 결정했다. '하나님을 경외하고 이웃을 사랑하자.'라는 가치관을 가지고 몽골 해외 봉사를 통해 세계화 시대의 자질을 갖춘 의사로 성장하고자 ○○고등학교에 지원했다.

• 분류 •
① 진로 분야: 의료
② 지원 학교: 자사고
③ 소재: 독서 경험, 진로와 관련된 배경지식, 지원 학교의 건학 이념과 프로그램
④ 지원 동기에서 강조한 점: 자신의 진로와 관련된 독서를 한 경험과 책 속에 나온 내용을 제시하며 자신이 진로를 선택한 이유를 설명하였고, 자신의 진로와 관련된 배경지식의 수준을 드러내었다. 또한, 지원 학교의 건학 이념과 프로그램을 제시하며 지원 학교 진학의 필요성을 어필하였다.

9

『헬렌 켈러의 위대한 스승 애니 설리번』을 읽고 아이들이 어려움을 극복할 수 있도록 도와주는 교사의 꿈을 가지게 되었다. ○○외국어고등학교의 예비 교사 동아리 View–T에서 일일 교사로 직접 학생들을 지도하며 피드백을 받고, 전공어 재능 기부 프로그램을 통해 현장에서 교육을 통해 지도 방법을 배우고 싶어 지원하게 되었다.

● 분류 ●
① 진로 분야: 교육
② 지원 학교: 외고
③ 소재: 독서 경험, 자신의 교육관, 지원 학교의 동아리와 프로그램
④ 지원 동기에서 강조한 점: 자신의 진로와 관련된 독서 경험과 독서 경험을 통해 형성된 교육관을 제시하며 진로에 대한 탐색 노력을 드러내었다. 그리고 지원 학교의 동아리와 프로그램을 제시하며 자신의 꿈을 이루기 위해 지원 학교가 중요한 과정이라는 점을 나타내었다.

10

기술과 서비스를 만들어 사람들의 삶의 질을 높이는 사물 인터넷 전문가가 되어 4차 산업 혁명 시대를 선도하는 인재로서 국가와 사회의 성장과 발전에 기여하고 싶다. 이를 위해 과제 연구 프로그램과 동아리가 다양한 ○○고의 학생이 되어 IT 공학 과제 연구 프로그램에 참여하고, STSY(6개국 국제 과학 학술 교류)에서 C 언어에 관해 심화 탐구할 것이다. 졸업 후에는 소프트웨어 공학을 공부해서 네트워크, 데이터 구조 전문가가 되어 IoT 기술에서 취약한 보안 분야 기술을 발전시키기 위해 노력할 것이다.

● 분류 ●
① 진로 분야: 소프트웨어
② 지원 학교: 자사고
③ 소재: 사회와 기술 변화에 따른 자신의 포부, 지원 학교의 프로그램
④ 지원 동기에서 강조한 점: 자신의 진로에 관한 전망과 미래에 대한 지식을 드러내며 진로 탐색 노력의 수준을 나타내었다. 변화와 관련되고 미래를 위한 기초를 준비할 수 있는 지원 학교의 프로그램을 제시하여 지원 동기와 지원 학교에 관한 관심을 부각하였다.

11

일본의 브랜드인 유니클로는 국제적인 디자인 감각이 있었기 때문에 전 세계로 확산될 수 있었다. 그래서 동양적인 단순함을 추구하는 일본의 젠 스타일과 서구적 감성을 잘 수용하는 한국의 패션을 융합시켜 나만의 브랜드를 만들어 세계적으로 성장시키고 싶다. 이러한 꿈을 위해 ○○외고의 Coursera, Edx 등의 프로그램과 패션 동아리 카틀레아를 통해 나의 재능을 살리고 국제 무대에서 활동할 수 있는 능력을 키우기 위해 ○○외고에 지원하게 되었다.

● 분류 ●
① 진로 분야: 문화 콘텐츠
② 지원 학교: 외고
③ 소재: 진로 관련 배경지식, 미래의 목표, 지원 학교의 프로그램과 동아리
④ 지원 동기에서 강조한 점: 자신의 진로와 미래가 관련된 배경지식과 포부를 활용하여 지원 동기를 구성하였다. 특히 자신의 진로와 연관된 지원 학교의 프로그램과 동아리를 들어 지원 동기를 강화하였다.

12

R=VD 동아리를 통해 WFP를 방문해서 전 세계의 기아 현황과 심각성에 대해 교육 받은 후 교내에서 빈민국 기아 돕기 홍보 활동을 했다. 이후 초등학생 조카에게 R=VD 활동을 소개하던 중 자신과 상관없는 일이라고 말하는 것을 보면서 학교에서 공동체 의식과 나눔의 바른 인성을 체계적으로 지도하고 싶어 교사의 꿈을 가지게 되었다. ○○외국어고등학교의 블루 오션 동아리에서 저소득층 학생들에게 학습 지도 및 공동체 의식 교육을 하고 싶어 지원했다.

- **분류**
① 진로 분야: 교육
② 지원 학교: 외고
③ 소재: 동아리 활동 경험, 개인적 경험, 지원 학교의 동아리
④ 지원 동기에서 강조한 점: 중학교 때 경험한 동아리 활동과 개인적 경험을 결합하여 자신이 진로를 선택하게 된 이유를 설명하였다. 또한, 지원 학교의 동아리와 동아리 활동 계획을 제시하며 지원 동기를 강화하였다.

12

아이들을 좋아하던 나에게 '○○○ 사건'과 그 밖에 계속되는 아동 학대 사건은 안타까움을 주었다. 학대의 심각성을 인지하게 되었고 상처받은 아이들의 마음을 안정시키고 치료해서 안전한 성장 환경을 마련하고 싶어 소아 정신과 전문의를 미래 직업으로 선택하게 되었다. '푸른 교사'를 통해 아이들의 특성을 이해하고 '솔리언 또래 상담'을 통해 효과적인 상담을 위한 기본 자세를 함양하기 위해 △△고에 지원하게 되었다.

- **분류**
① 진로 분야: 의료
② 지원 학교: 자사고
③ 소재: 사회적 이슈, 진로 계획, 지원 학교 프로그램
④ 지원 동기에서 강조한 점: 사회적 이슈를 제시하여 사회에 대한 관심과 교양을 드러냈고 자신의 진로를 선택한 이유를 설명하였다. 또한, 지원 학교의 프로그램과 활동 계획을 통해 지원 동기를 강화하였다.

14

'실수를 두려워하지 않던 아이들에게 부적절한 과정의 교육이 창의력을 죽인다.'는 TED 강연을 보고 우리나라 교육의 문제점과 해결 방안을 생각해 보았다. 그리고 『말더듬이 선생님』을 읽고 진정한 교사상에 대해 생각해 보며 세상을 읽어낼 수 있는 영어를 학생들에게 가르쳐 주고 싶다는 꿈을 갖게 되었다. ○○고의 Edu-Eng에 가입해서 영어 교육 봉사로 아이들을 가르치며 경험을 쌓을 것이다.

- **분류**
① 진로 분야: 교육
② 지원 학교: 자사고
③ 소재: TED 강연, 독서 경험, 지원 학교 동아리
④ 지원 동기에서 강조한 점: 자신이 시청한 TED 강연과 독서 경험을 연결하여 자신이 진로를 선택한 이유와 진로 계획을 제시하였다. 또한, 지원 학교의 프로그램과 활동 계획을 활용하여 지원 동기를 나타내었다.

15

여성에 대한 편견이나 고정 관념을 뜻하는 misogyny(미소지니)가 여성 혐오를 의미하는 어휘로 대체된 것과 낭만주의의 대표작 「1808년 5월 3일의 학살」이 일상에서 쓰이는 낭만의 의미와는 거리가 먼 것을 보고 외국어와 우리말의 간극을 줄이는 방법을 탐구하고 싶다는 생각을 했다. 이에 ○○외고의 전문적인 외국어 교육과 여러 나라 자매 학교와의 교류는 관심 분야를 깊게 탐구하는 데 도움이 되어 지원했다.

• 분류 •
① 진로 분야: 교육
② 지원 학교: 외고
③ 소재: 영어 단어, 그림, 지원 학교의 프로그램
④ 지원 동기에서 강조한 점: misogyny(미소지니)와 같은 영어 단어와 「1808년 5월 3일의 학살」이라는 그림 제목이 번역되는 과정에서 의미가 왜곡되는 예시를 통해 국어에 대한 연구와 교육에 관심이 생겼다는 계기를 독창적으로 설명하였다. 또한, 지원 학교의 프로그램과 자신의 진로와의 연관성을 제시하여 지원 동기를 강화하였다.

16

사회 시간에 자원의 희소성, 편재성에 의해 국가 간의 분쟁이 일어난다는 사실을 배우고 신선한 충격을 받았다. 자원이 부족한 우리나라는 그런 의미에서 자원 외교가 더욱 중요하다는 것을 알았고 『자원 전쟁』이라는 책을 읽은 후 자원 외교관으로 활동하는 나의 모습을 그리며 꼭 외교관이 되리라 마음먹었다. 그러기 위해서는 시시각각 변하고 있는 글로벌 시대에 다양한 나라와 문화를 이해하는 것이 중요하다고 생각했고 언어가 중요한 도구라는 생각이 들어 ○○외고에 지원하게 되었다.

• 분류 •
① 진로 분야: 정치·외교
② 지원 학교: 외고
③ 소재: 수업 시간에 배운 내용, 독서 경험, 사회에 대한 가치관
④ 지원 동기에서 강조한 점: 수업 시간에 배운 내용을 독서 경험과 연계하여 주체적 탐구 활동 경험을 나타내었고 자신의 진로를 선택한 이유까지도 드러내었다. 또한, 사회 변화에 대한 자신의 가치관을 제시하며 지원 동기를 구성하였다.

17

외교관의 꿈을 갖고 외고 진학을 목표로 하던 중 ○○외고의 L.C. Time 프로그램, IBL 프로그램을 알게 되었다. '세계 속에서 우뚝 설 수 있는 지도자 양성'이라는 ○○외고의 교육 목표는 내 꿈을 위해 필요한 자질을 키워 나가는 데 큰 도움이 될 것이라는 확신을 주어 ○○외고에 지원하게 되었다.

• 분류 •
① 진로 분야: 외교
② 지원 학교: 외고
③ 소재: 지원 학교의 프로그램과 교육 목표
④ 지원 동기에서 강조한 점: 자신의 진로를 제시하고 진로와 관련된 자질을 기를 수 있는 지원 학교의 프로그램과 교육 목표를 연결하여 지원 동기를 구성하였다.

18

저는 여행하는 것을 좋아해서 여행지나 명소를 소개하는 TV 프로그램을 기획하고 연출하는 방송국 PD가 되고 싶습니다. 이를 위해 외국어 능력은 필수이고 사람들에게 감동을 주는 영상을 만들기 위해 창의성이 필요하다고 생각합니다. 그래서 도덕적이며 창의적인 교육을 통해 글로벌 리더를 양성하는 ○○외고 학생이 될 것입니다.

• 분류 •
① 진로 분야: 신문·방송
② 지원 학교: 외고
③ 소재: 취미, 진로 계획, 진로에 필요한 자질, 지원 학교의 인재상
④ 지원 동기에서 강조한 점: 자신의 취미와 진로 계획을 연계하여 자신의 진로를 선택한 이유를 설명하였다. 또한, 진로에 필요한 자질을 정의하고 그것을 지원하는 학교의 인재상과 연결하여 지원 근거를 논리적으로 제시하였다.

19

내가 ○○외고를 지원하게 된 동기는 사람의 도리를 다하자는 교훈 아래에서 성실하고 책임을 다하는 학생을 양성하는 ○○외고 학생이 되고 싶기 때문이다. 사회 기득권층의 비리와 부정부패 관련 뉴스를 보면서 사회 정의를 바로 세우고 싶다는 마음이 들었다. 모의 법정 또한 경험해 보면서 실제로 법이 어떻게 적용되는지 보았고, 이를 통해 지성과 인성을 갖춘 판사가 되고 싶다고 결심했다.

• 분류 •
① 진로 분야: 법과 정치
② 지원 학교: 외고
③ 소재: 지원 학교의 인재상, 시사 상식, 사회에 대한 가치관, 모의 법정 경험
④ 지원 동기에서 강조한 점: 지원 학교의 인재상을 먼저 제시하여 입학하고자 하는 열의를 드러내었다. 또한, 자신의 진로와 관련된 시사 상식과 가치관을 나타내고 모의 법정 경험을 통해 진로를 선택한 이유까지 설명하였다.

20

자원 봉사를 통해 주변에 어려운 이웃들이 많다는 것을 깨닫고 경제학에 관심을 가지면서 저는 국제 통상 전문가의 꿈을 키워 왔습니다. ○○외고는 따뜻한 마음을 가진 글로벌 인재를 육성하는 학교로, 제 꿈에 훌륭한 토양과 양분이 되어 줄 곳이기에 꼭 입학하고 싶습니다.

• 분류 •
① 진로 분야: 경영·경제
② 지원 학교: 외고
③ 소재: 자원 봉사 경험, 지원 학교의 인재상
④ 지원 동기에서 강조한 점: 단순히 경제에 대한 관심만이 아니라 이웃과 사회의 어려움까지 생각하는 경제 전문가라는 모토를 만들고 그와 관련된 지원 학교 인재상을 찾아 연결하여 지원 동기를 강하게 드러내었다.

21

자율 동아리 활동으로 한복을 입고 인사동에 방문한 외국인 아이들에게 한국 문화를 영어로 설명했다. 또한, 다문화 멘토링 동아리에서 아이들에게 한글을 가르치며 즐거움을 느껴 교사로 진로를 결정하게 되었다. 진로 계획을 세우던 중 ○○외국어고 등학교의 과학 교구를 이용한 교육 동아리 완자에 가입해 창의적인 교육 방법을 연구하고 탐구 보고서를 작성하고 싶어 지원했다.

• 분류 •
① 진로 분야: 교육
② 지원 학교: 외고
③ 소재: 동아리 활동 경험, 지원 학교의 동아리와 활동 계획
④ 지원 동기에서 강조한 점: 동아리 활동을 하면서 외국인들에게 한국 문화를 영어로 설명한 경험과 멘토링 활동을 하며 진로를 선택한 과정을 통해 외고에 진학하고자 하는 이유를 설명하였다. 또한, 지원 학교의 동아리와 활동 계획을 구체적으로 제시하여 입학 의지를 드러내었다.

22

어린이집 봉사를 하면서 안전 장치가 많음에도 아동이 사고를 당하는 경우가 많아 안타까웠습니다. 안전 장치의 보강뿐만 아니라 아이들 스스로 안전 의식을 높이고 습관화해서 사고를 예방할 수 있는 아동 안전 종합 프로그램을 만드는 등 교육의 기반을 조성하고 싶어 아동 교육 전문가의 꿈을 갖게 되었습니다. ○○외고의 '미래 개척자 양성'이라는 교육 목표와 PIONEER 인재 인증 등의 프로그램은 교육 전문가의 기본 요소인 도덕성, 리더십, 열정, 외국어 능력 등을 다질 수 있게 할 것이라 생각해 지원했습니다.

• 분류 •
① 진로 분야: 교육
② 지원 학교: 외고
③ 소재: 봉사 활동 경험, 진로 목표, 지원 학교의 인재상 및 프로그램
④ 지원 동기에서 강조한 점: 진로와 관련된 봉사 활동 경험을 제시하며 자신이 이루고 싶은 꿈과 목표를 설명하였다. 또한, 자신의 진로에 필요한 자질과 지원 학교의 인재상 및 프로그램을 연계하여 지원 동기를 강화하였다.

23

중국과 일본이 센카쿠 열도를 두고 분쟁하면서 동양 사람들을 일본인으로 의심해 공격하는 것을 보면서 세계 각국에 이주해 있는 자국민을 보호하는 일에 관심을 갖게 되었다. 이후 국제 교류반 동아리에서 KOIKA 방문 활동을 하면서 외교관을 미래 희망 직업으로 선택했다. ○○외국어고등학교의 YUPAD에서 정치 외교 연합 활동을 하고 싶어 지원했다.

• 분류 •
① 진로 분야: 외교
② 지원 학교: 외고
③ 소재: 외국 체류 경험, 국제적 이슈, 동아리 활동, 지원 학교의 동아리
④ 지원 동기에서 강조한 점: 외국에 체류하면서 경험하였던 일과 국제적 이슈에 대한 생각을 제시하며 진로를 선택한 이유와 국제적 감각을 나타내었다. 또한, 중학교에서 한 동아리 활동과 유사한 지원 학교의 동아리 활동을 연결하여 입학 의지를 드러내었다.

24

『스튜어디스・스튜어드가 말하는 항공 승무원』을 읽고 기내 전문 서비스로 한국을 알리는 항공 승무원을 꿈꾸게 되었다. ○○외국어고등학교에서 실시하는 해외 자매 학교 문화 교류와 L.C. time을 통해 언어 실력을 높이고 글로벌 인재로 성장하기 위해 지원했다.

• 분류 •
① 진로 분야: 항공
② 지원 학교: 외고
③ 소재: 독서 경험, 지원 학교의 프로그램, 진로에 필요한 자질
④ 지원 동기에서 강조한 점: 독서 경험을 통해 자신이 진로를 선택한 이유를 설명하였고, 지원 학교의 프로그램을 통해 자신의 진로에 필요한 자질을 키우겠다는 목표로 지원 동기를 나타내었다.

25

어려서부터 외교관의 꿈을 키워 오던 중, 최근 3년 연속으로 일본인이 과학 분야에서 노벨상을 받았다는 기사를 보면서 역사적으로 우리나라와 경쟁 관계에 있던 일본에 대해 더욱 관심을 갖게 되었다. 그래서 평소 관심이 있던 경제 부문에서 양국의 협력과 발전을 위해 노력하는 외교관이 되겠다고 생각했다. 영어와 일본어 실력을 기를 수 있고, 경제 원리에 관한 코세라 강좌를 들을 수 있는 YUPAD 활동으로 전국 총회를 통해 정치 외교에 대한 심화 활동을 할 수 있는 ○○외고가 가장 적합한 학교라고 생각해서 지원했다.

• 분류 •
① 진로 분야: 외교
② 지원 학교: 외고
③ 소재: 국제 시사 지식, 진로 목표, 지원 학교의 특성 및 프로그램
④ 지원 동기에서 강조한 점: 국제 시사와 관련된 배경지식을 제시하며 국제 감각을 드러내고 자신의 진로를 선택한 이유를 설명하였다. 또한, 자신의 진로를 이루기 위해 필요한 지원 학교의 특성 및 프로그램을 제시하며 지원 동기를 강하게 나타내었다.

26

해외 생활을 하면서 국제 사회에서 우리나라의 영향력이 경제 규모에 비해 크지 않다고 느껴 외교를 통해 국력을 키울 수 있는 외교관이 되기로 결심했다. 외교관이 되려면 해박한 국제 관계 지식과 외국어 실력 그리고 나라를 위해 봉사하는 자세가 필요하다고 생각했다. 그래서 커리큘럼과 동아리, 봉사 활동을 통해 꿈에 다가갈 수 있는 ○○외고에 지원하게 되었다.

• 분류 •
① 진로 분야: 외교
② 지원 학교: 외고
③ 소재: 해외 유학 경험
④ 지원 동기에서 강조한 점: 외교관에게는 외국어 실력과 국제 감각이 필요하다. 이러한 자질을 기르기 위해서 해외 생활 경험과 국제 학교에서 학습한 과정 및 경험을 제시하였다.

27

오랜 시간 서울의 궁궐과 한옥 마을에서 외국인을 대상으로 문화 해설사 활동을 하면서 외국인들이 우리나라 문화에 대한 궁금증도 많지만 북한에 대한 관심과 걱정을 가지고 있다는 것을 느끼게 되었다. 그래서 남북 분단을 극복하는 일을 할 수 있는 외교관이 되고자 결심했으며, 특히 경제적인 격차를 극복하고 통일 비용을 마련하며 다른 나라들로부터 지지를 받아 통일을 이루는 데 힘을 보태고 싶다. ○○외고를 통해 꿈과 도전으로 더 높은 세상을 향해 도약하며 세계 일류를 지향하는 외교관이 될 것이다.

• 분류 •
① 진로 분야: 외교
② 지원 학교: 외고
③ 소재: 문화 해설사 활동, 남북통일
④ 지원 동기에서 강조한 점: 문화 해설사 활동을 통해 자신의 진로를 선택한 계기와 포부를 연결하여 서술하였다. 그리고 외교관으로서 구체적인 목표와 방향을 제시하며 해당 학교에 지원하는 동기와 의지를 나타내었다.

28

역사 시간에 위안부에 대한 뉴스를 스크랩하고 보고서를 쓰면서 사안의 심각성을 알았다. 위안부 할머니들을 돕는 일을 해야 한다는 생각에 매달 조금씩 후원금을 보냈다. 그 후에도 일본이 이러한 사실을 외면한 채 우리 민족이 강제 징용을 당해 죽어간 하시마섬을 유네스코에 등재한다는 사실을 접하면서 방송국 PD가 되어서 더 많은 사람들에게 이러한 사실을 알려야겠다는 생각을 하게 되었다. 방송국 PD가 되기 위해서는 리더십과 창의력이 필요하다고 생각한다. 이는 세계 인류를 위해 봉사하는 창조적 글로벌 리더를 육성하는 ○○외고의 교훈과 잘 맞다고 생각해서 ○○외고에 지원하게 되었다.

• 분류 •
① 진로 분야: 신문・방송
② 지원 학교: 외고
③ 소재: 역사 보고서, 위안부 할머니 후원
④ 지원 동기에서 강조한 점: 사회적 이슈를 사람들에게 적극적으로 알릴 수 있는 방송을 제작하고 싶다는 자신의 포부를 제시하며 진로에 대한 가치관과 지원 동기를 구성하였다. 그리고 자신이 생각하는 방송국 PD의 인재상과 지원 학교의 인재상을 연결시켜 지원 동기를 강화하였다.

29

중학교 방송부 활동과 『언론이란 무엇인가』라는 책에서 언론은 그 영향력이 미치지 않는 곳이 없을 만큼 중요하다는 글을 보고 언론인의 꿈을 키웠다. 그리고 ○○외고 선배에게 다양한 교육 과정에 대한 설명을 듣고 나의 꿈을 키울 수 있는 학교라고 믿게 되었다. 특히 인성 및 창의성을 강조한 교육을 제공하고 글로벌 지도자 양성을 지향한다는 점이 인상 깊어 ○○외고에 지원하게 되었다.

• 분류 •
① 진로 분야: 신문・방송
② 지원 학교: 외고
③ 소재: 방송부 활동 경험, 독서 경험, 선배와의 만남
④ 지원 동기에서 강조한 점: 자신의 진로인 언론인과 관련 있는 방송부 활동과 독서 경험을 제시하며 진로에 대한 탐색 노력을 드러내었고, 지원하는 학교에 다니는 선배와의 만남과 지원 학교의 인재상을 제시하며 진학 의지를 나타내었다.

30

작년에 중국어 공부를 시작하고 고교 설명회를 통해 ○○외고 진학을 꿈꾸게 되었다. 특히 ○○외고의 매월 독서 테마와 △△ 프로그램이 중국 문화를 취재할 때 필요한 전문성을 갖추는 데 도움이 될 것이라 생각했다. ○○외고에서 중국어와 영어를 깊이 공부해 해외 특파원 기자로서의 자질을 키우고 싶다.

• 분류 •
① 진로 분야: 신문·방송
② 지원 학교: 외고
③ 소재: 학교 프로그램, 외국어 학습 환경, 학교 주최 입학 설명회
④ 지원 동기에서 강조한 점: 중국어 학습 경험과 해외 특파원 기자라는 자신의 진로를 들어 외국어 학습의 필요성을 강조하였고, 학교 주최 설명회 참가 경험 및 학교 프로그램 중 자신에게 적합한 프로그램을 제시하며 진학 의지를 드러내었다.

31

『기자가 말하는 기자』라는 책에서 '기자는 거지보다 높지 않고, 대통령보다 낮지 않다.'라는 문구를 보았다. 사회적 약자의 말에 귀 기울여야 하고, 강자를 비판할 수 있어야 한다는 뜻의 이 말은 정의를 중요시하는 내게 크게 다가와 기자를 꿈꾸게 되었다. 기자는 박학다식한 면모뿐만 아니라 따뜻한 인성도 함양해야 한다고 생각한다. 또한, 불의와 타협하지 않는 강직함을 갖추어야 한다. ○○외고의 □□ 활동과 기숙사 생활은 배려와 나눔 정신을 배울 수 있게 한다. 또한, △△ 프로그램과 ×× 인증제, ASP 사회 토론 수업 등을 통해 학업적인 면도 갖춘 인재로 성장할 수 있을 것이다. 이런 점에서 ○○외고를 지원하게 되었다.

• 분류 •
① 진로 분야: 신문·방송
② 지원 학교: 외고
③ 소재: 독서 경험, 진로를 선택한 계기와 필요한 자질, 지원 학교와의 연계성
④ 지원 동기에서 강조한 점: 자신이 읽은 책을 활용하여 진로를 선택한 계기와 필요한 자질을 설명하였다. 그리고 지원 학교의 다양한 프로그램과 자신의 진로와의 연계성을 드러내며 지원 동기를 강하게 나타내었다.

32

세계를 무대로 한 뮤지컬 디렉터를 꿈꾸는 저는 글로벌 시대의 소통과 국제적 감각을 키우기 위해 문화 흡수력이 강한 일본어와 일본의 문화를 배우고 싶습니다. △△ 프로그램과 다양한 동아리, 최고의 명성을 자랑하는 선생님들의 가르침이 있는 ○○외고가 제 꿈을 그릴 수 있는 곳이라는 확신이 들어 일본어과를 지원하게 되었습니다.

• 분류 •
① 진로 분야: 문화 콘텐츠
② 지원 학교: 외고
③ 소재: 뮤지컬 관람 취미, 일본 문화
④ 지원 동기에서 강조한 점: 자신의 진로에 필요한 자질과 자신이 지원하는 학과에 대한 자신의 견해를 연결하여 지원 동기의 당위성을 부여하였다.

33

어렸을 때 『해리 포터』를 읽고 독서에 관심을 가졌다. 이후 흥미로운 소재와 철학적인 주제를 결합한 베르나르 베르베르의 책을 읽고 주제에 대한 생각을 하며 지적 변화를 겪었다. 그래서 사람들에게 이런 지적 변화를 경험하게 하는 소설가가 되고 싶어 많은 경험을 쌓고 다양한 지역의 문화를 반영하는 세계의 언어들을 배워 넓은 세계인의 시각을 갖기로 결심했다. 그리고 중학교에서 영어와 중국어를 배우고 영어 원서, 중국 고전을 통해 두 나라의 문화를 이해했다. 그 후 가깝지만 먼 일본에 대해 궁금해졌고 더 많은 배움의 기회를 스스로 개척하기 위해 외고 진학을 결심했다. 특히 학생 중심적으로 수업하고 해외 자매 학교와 문화 교류를 하며 언어 및 문화에 대한 관심의 나래를 마음껏 펼칠 수 있는 ○○외고가 가장 적합하다고 생각해서 지원했다.

• 분류 •
① 진로 분야: 문화 콘텐츠
② 지원 학교: 외고
③ 소재: 독서 경험, 외국어 공부
④ 지원 동기에서 강조한 점: 중국어와 영어 공부 경험과 그 수준을 책을 통해서 나타내었으며, 지원 학교의 특성과 연계하여 작성하였다.

34

진화 생물학에 관심이 생겨 『다윈의 종의 기원』과 『다윈의 식탁』을 읽었다. 자연 선택설이라는 다윈의 주장의 한계에 대해 현시대의 생물학자들이 토론하면서 벌인 집단 선택론과 유전자 선택론과 관련된 논쟁은 매우 인상 깊었다. 하지만 수천 년 동안 창조론이 지배해 온 인류의 상식에 도전한 다윈의 과학자로서의 양심은 감동 그 이상이었다. 인류 역사의 흐름을 바꾼 그의 연구를 보면서 나 또한 간암으로 투병 중이신 아버지의 삶을 바꿀 수도 있다는 용기를 가지게 되었다. 생명 공학자가 되어 나와 아버지의 꿈, 그리고 병이 없는 세상을 만드는 희망을 이룰 수 있다는 확신이 생겼다. 그래서 인류애를 바탕으로 자신의 전문적인 부분을 탐구하고 목표를 이룰 수 있는 능력을 기르는 ○○고를 선택하게 되었다.

• 분류 •
① 진로 분야: 생명 공학
② 지원 학교: 자사고
③ 소재: 독서 경험, 아버지의 병
④ 지원 동기에서 강조한 점: 자신의 꿈과 연계된 독서 경험과 투병 중이신 아버지의 이야기를 통해 생명 공학자라는 진로에 대한 확신을 드러내었다.

35

우주 항공 산업은 여러 과학 분야의 집합체이기 때문에 다양한 전문가들이 함께 일을 하고 각자 분야의 전문성을 갖춘 사람만이 할 수 있다. 그렇기 때문에 ○○고에서 융합적인 인재상을 키우며 과학을 중심으로 한 재능을 키울 수 있는 프로그램에 참여하고 △△라는 우주 항공 동아리에서 활동하면서 나의 꿈을 실현할 수 있도록 노력할 것이다. 또한, 외국어를 바탕으로 한 수업은 다양한 인재들이 모이는 우주 항공 산업의 현장을 미리 경험할 수 있는 계기가 될 수 있고, 지성과 인성을 겸비한 인재로 성장할 수 있다는 확신이 들었기 때문에 ○○고를 지원하게 되었다.

• 분류 •
① 진로 분야: 우주 항공
② 지원 학교: 자사고
③ 소재: 학교 프로그램, 동아리
④ 지원 동기에서 강조한 점: 우주 항공 산업에 대한 배경지식을 바탕으로 지원 학교의 교내 동아리와 프로그램을 연계하여 자신의 진로에 대한 의지를 드러내었다.

36

○○외고 중국어과에 들어가서 중국어와 영어 능력을 기르고 자매 학교들과의 교류 활동을 통해 글로벌한 안목을 기를 것입니다. 또한, 교육 봉사 활동을 하며 재능 기부를 하고, 전 과목에 대한 이해와 능력을 길러서 초등학교 교사로서의 자질을 키울 것입니다. 교사가 되어서도 그 자리에 머물러 있지 않고 교육 전문 칼럼니스트 활동을 병행하고 싶습니다.

• 분류 •
① 진로 분야: 교육
② 지원 학교: 외고
③ 소재: 외국어 학습 환경, 교육 봉사 활동
④ 지원 동기에서 강조한 점: 초등학교 교사로서의 자질로 외국어 능력과 글로벌 마인드를 제시하며 진학 의지를 드러내었고, 교육 전문 칼럼니스트라는 추가적인 목표를 제시하였다.

37

내 꿈은 심리 상담사이다. 심리 상담사가 되어 사람들과 공감을 나누고 소통하기 위해서는 인성과 지성을 갖추어야 한다고 생각한다. '사람의 도리를 다하자.'라는 교훈 아래 잠재력 있는 학생을 개발해서 글로벌 인재로 성장시키는 ○○외고에서 나의 꿈을 실현하기 위해 지원했다.

• 분류 •
① 진로 분야: 심리 상담
② 지원 학교: 외고
③ 소재: 자신의 진로에 대한 생각, 지원 학교의 교훈
④ 지원 동기에서 강조한 점: 자신의 진로에 필요한 자질과 지원 학교의 교훈을 연결하여 지원 동기와 진학 의지를 드러내었다.

38

사람들과 대화하기를 좋아하는 저의 꿈은 심리학자입니다. 특히 상담 심리 분야에 관심이 있는데, 남을 상담하기 위해서는 우선 소통과 협력을 이루는 태도를 갖추는 것이 중요하다고 생각합니다. 기숙사 생활을 할 수 있고 심리 동아리 △△△△가 있는 ○○외고는 제가 그런 것을 배울 수 있는 곳이라고 생각합니다. 그리고 진학 후에는 English Debating에 참여해 다른 사람들과 협동하면서 의사 표현력과 사고력을 키우고 싶습니다. 대학교에 진학할 때는 심리학과에 들어가 심리와 관련된 이론들을 공부하고 싶습니다. 상담 분야에 특히 관심이 있는 저는 선후배들과 같이 토론하고 현장 봉사에도 적극 참여해 심리학자라는 꿈에 한발 더 다가가고 싶습니다.

● 분류 ●
① 진로 분야: 상담 심리
② 지원 학교: 외고
③ 소재: 자신의 장점, 자신의 꿈을 위한 자질, 지원 학교의 특성과 동아리, 진학 후 활동 계획
④ 지원 동기에서 강조한 점: 자신의 진로를 위한 자질과 장점을 연결하여 진로를 정한 계기를 설명하였다. 그리고 지원 학교의 특성과 동아리를 활용하여 지원 동기를 구성함으로써 진학 의지를 드러내었다.

39

영어 토론부에서 토론 중에 일본 경제가 침체된 원인 중 하나가 '정신적 건강 약화' 때문이라는 한 학생의 의견을 접했다. 그리고 '우리나라도 일본의 길을 따라 걷고 있다.'라는 발언에 큰 충격을 받았다. 그 이후 『공중그네』와 같은 책을 읽으며 친구들과 고민을 나누고, 인터넷을 통해 심리학 강의를 들으면서 심리학에 더 흥미를 가지게 되었다. 아동 심리 또는 청소년 상담을 전공한 학자(심리학 교수)가 되는 것이 꿈인데, 이러한 꿈을 이루는 기반이 될 수 있는 학교가 ○○외고라 생각해 지원하게 되었다. 또한, 배려와 존중, 나눔의 인성을 가진 글로벌 리더 인재 육성이라는 ○○외고 학풍이 내가 추구하는 삶의 가지관과 일치했다. 그리고 이번에 ○○외고를 졸업하는 친언니로부터 간접적으로 경험한 학교생활을 통해 ○○외고 진학 목표를 더욱 확고히 했다. 나의 진로가 의학과 심리학 중 어느 분야로 결정되든지 유학을 통해 석사, 박사 학위를 취득하고, 그 분야의 전문가가 되어 나눔을 실천하며 생활하고 싶다.

● 분류 ●
① 진로 분야: 상담 심리
② 지원 학교: 외고
③ 소재: 영어 토론 동아리, 독서 경험, 지원 학교 인재상, 지원 학교 출신 가족
④ 지원 동기에서 강조한 점: 영어 토론부에서 외국의 사례를 접하였다는 경험을 제시하며 글로벌 감각을 드러내었으며, 지원 학교 출신의 가족을 통해 지원 학교에 대한 관심과 진학 의지가 지속적이었음을 부각시켰다.

음악 치료사라는 나의 꿈은 심리학 치료의 일부이기 때문에 상대방과의 대화가 매우 중요하다. ○○외고의 교훈인 사람의 도리를 다하자는 '인본(人本)'이 결국 상대방을 이해하고 배려하며 치료해 나가는 음악 치료사의 자질이라고 생각했다. 이는 내가 추구하는 장래 희망과 맞다고 생각되어 ○○외고에 지원하게 되었다. 그래서 ○○외고에 입학해서는 학교의 교육 과정을 충실히 따라가는 한편, 음악적 소양을 향상시키기 위해 ○○외고 오케스트라 동아리인 △△에 들어가 피아노 반주를 할 것이다. 그리고 졸업 후 미국으로 가 뉴욕대학교에 있는 음악 치료사 석사 과정을 수료한 뒤 한국으로 돌아와 음악으로 사람을 치료하는 일을 하고 싶다. 그리고 아직 한국에 음악 치료사 관련 대학원도 많지 않고, 단순히 전망이 좋은 직업이라고만 알려져 있기 때문에 한국 음악 치료사 협회에 들어가 음악 치료사를 하나의 직업으로 확립시킬 것이다. 그리고 관련 대학에 강의도 나갈 것이다.

• 분류 •
① 진로 분야: 상담 심리
② 지원 학교: 외고
③ 소재: 자신의 진로에 대한 생각, 지원 학교의 인재상, 희망 동아리, 진로 계획
④ 지원 동기에서 강조한 점: 자신의 진로에 필요한 자질과 지원 학교의 인재상을 연결시켜 진학 의지를 드러내었고, 지원 학교의 동아리와 진로 계획을 상세히 제시하며 자신의 꿈에 대한 확고한 의지를 드러내었다.

초등학교 때부터 그림 그리는 것을 좋아해서 디자이너라는 직업에 관심을 갖고 있었는데, 시사 토론 동아리에서 3D 프린터기 상용화를 주제로 토론을 하면서 3D 프린터기 상용화가 디자인 업계의 확대로 이어질 것이라는 사실을 알게 되었다. 그리고 친구들과 직접 로봇을 디자인하고 조립해 만든 경험을 바탕으로 산업 디자이너라는 구체적 꿈을 찾을 수 있었다. 로봇과 같은 기계 분야에도 평소 관심을 갖고 있었지만, 더욱 자신 있는 디자인 부분을 살려 산업 디자이너의 꿈을 가지게 되었다. 그래서 다양한 경험을 할 수 있는 ○○외고에 지원하게 되었다. 입학해서는 패션 동아리 △△ 활동과 □□ 프로그램을 통해 산업 디자인과 관련된 디자인 경험을 쌓고 싶다. 또한, 댄스 동아리 활동에 참여해서 내 특기인 춤을 연습할 것이다. 이러한 경험을 바탕으로 졸업 후에는 산업 디자인학과에 입학해 나의 꿈을 이루어 나갈 것이다. 이후로는 개개인의 특성과 요구에 맞게 제품을 디자인하여 창의적인 아이디어를 실현할 것이다.

• 분류 •
① 진로 분야: 문화 콘텐츠
② 지원 학교: 외고
③ 소재: 자신의 진로에 대한 생각, 희망 동아리, 진로 계획
④ 지원 동기에서 강조한 점: 자신의 경험을 제시하여 진로에 대한 구체적인 방향성을 드러내었고, 지원 학교의 동아리와 진로 계획을 상세히 제시하며 자신의 꿈에 대한 확고한 의지를 드러내었다.

42

사람다운 삶을 살고자 하는 희망을 지니고 타국으로 이주한 사람들을 위해 전문 지식을 갖춘 공익 변호사가 되어 타국의 복잡한 제도로 인해 겪는 어려움을 해결해 주고 싶다. 그래서 베풀 줄 아는 겸손한 인재를 육성하는 ○○고에서 법률 지원을 하는 나의 꿈을 키우고 싶다.

● 분류 ●
① 진로 분야: 법과 정치
② 지원 학교: 자사고
③ 소재: 자신의 진로에 대한 가치관, 지원 학교의 인재상
④ 지원 동기에서 강조한 점: 자신의 진로에 대한 가치관과 생각을 드러내며 학교의 인재상과 연결시켰다. 그리고 진로에 대해 세부적이고 심층적인 방향성을 제시하며 진로에 대한 의지를 드러내었다.

43

초등학교 반장일 때 사소한 선생님의 지시를 잊어버려 야단을 맞은 후 작은 부분이 미래에 큰 영향을 끼친다는 사실을 경험하고 '매사에 최선을 다하자.'라는 저의 좌우명을 세웠습니다. 그리고 동생을 돌보면서 아이들에 대한 사랑을 배웠고, 멘토링과 또래 상담을 하면서 유치원 교사라는 꿈을 키우게 되었습니다. 그래서 저의 꿈이 모든 사람을 사랑으로 지도하려는 ○○고의 교육 방향과 같다는 생각을 했고, ○○고의 다양한 교육 프로그램 외에도 △△ 활동으로 자신의 재능을 나누며 실천하는 모습을 배우고자 ○○고에 지원하게 되었습니다. ○○고의 가르침을 바탕으로 현장에서 아이들을 지도하기도 하고 대학교에 진학해서 전문적인 교육 방법을 연구하는 교사가 되려고 합니다.

● 분류 ●
① 진로 분야: 교육
② 지원 학교: 자사고
③ 소재: 개인의 좌우명, 멘토링, 또래 상담 경험, 동생 돌보기 경험, 지원 학교의 인재상과 동아리
④ 지원 동기에서 강조한 점: 자신의 경험들을 다양하게 제시하고 활용하여 진로에 대한 탐색 노력을 드러내었다. 그리고 지원 학교의 인재상과 관심 동아리를 제시하며 진학 의지를 피력하였다.

44

'이웃을 사랑하라.'라는 ○○고의 교훈은 의사가 되어 가난한 사람들을 위해 진료하고 싶은 내 꿈과 닿아 있다. 교육 목표 중에 하나인 '지혜 위에 지식을 연마'하는 자세로 꿈을 이루기 위해 공부하고자 지원했으며, 특히 ○○고의 건강 의학 연구반의 △△△ 봉사, 조별 연구 프로젝트, 해부 등의 활동을 통해 의료인으로서의 기본 자질과 사랑의 마음을 키워 나가고 싶다.

● 분류 ●
① 진로 분야: 의료
② 지원 학교: 자사고
③ 소재: 지원 학교의 교훈과 인재상, 자신의 진로에 대한 비전 및 자세
④ 지원 동기에서 강조한 점: 지원 학교의 교훈과 인재상을 자신의 꿈과 진로에 대한 생각과 방향성을 연결시켜 지원 의지를 나타내었다. 특히 자신의 진로와 연계된 지원 학교의 다양한 프로그램들을 제시하여 지원 동기를 구성하였다.

45

정형외과, 재활 의학과 등 관련 분야를 통합해서 치료하는 재활 의학 센터의 CEO가 되는 꿈을 가지고 있다. 특히 불의의 사고를 당한 사람들이 좌절을 겪고 있을 때 그 사람이 희망을 가지고 새로운 삶에 대한 도전을 할 수 있도록 도와주는 일을 하고 싶다. ○○고의 건학 이념과 같은 '새로운 도전'이 될 수 있다면 그보다 멋진 삶은 없을 것이라 생각했다. 그래서 ○○고를 지원하게 되었고, ○○고에 입학해 의학 공부에 필요한 영어 활용 능력을 기르고 재활 센터 경영이라는 목표를 위해 경제 동아리 △△에서 경영에 필요한 자세와 지식을 갖출 것이다. 그리고 매일 30분씩 진행했던 백지 테스트를 계속 발전시켜서 학교 공부뿐만 아니라 학습의 전 과정을 나의 것으로 만들 수 있는 노력을 기울일 것이다.

● 분류 ●
① 진로 분야: 의료
② 지원 학교: 자사고
③ 소재: 구체적인 진로 계획 및 목표, 지원 학교의 건학 이념, 동아리
④ 지원 동기에서 강조한 점: 자신의 진로에 대한 구체적인 계획과 목표를 제시하여 자신의 꿈에 대한 확고한 의지를 드러내었다.

46

지금까지 건축물은 육지에 짓는 것이라 알고 있었지만, 이제 개발할 수 있는 육지가 부족해지는 현실에서 더 넓고 무한한 가능성이 있는 해양 건축에 눈을 돌려야 하는 시점이다. 실제로 해양 건축이 활발히 계획·진행되고 있고, 삼면이 바다인 우리나라는 해양 건축에 이점이 많으므로 자연과 어울리고 친환경적인 해양 건축물을 설계하는 건축가가 되고 싶다. 그래서 ○○고에서 해양 건축에 필요한 물리와 수학 등 교과목 중 관련 단원을 깊이 있게 배우고, 건축 전문가의 지도를 받아 해양 건축에 필요한 과학 원리를 공부하고 싶다. △△ 동아리 활동을 통해 세계적인 해양 건축의 사례 및 원리 등에 대해서도 공부하고 이를 바탕으로 대학 건축과에 진학해 학업을 계속하면서 직접 해양 건축물을 설계할 것이다. 졸업 후에는 프랑스 해양 건축가 자크 루즈리가 설계한 'City of Meriens' 프로젝트와 같은 해양 건축물을 만드는 연구소에서 해양 건축물을 설계하고 만드는 일을 해 보고자 한다.

● 분류 ●
① 진로 분야: 건축
② 지원 학교: 자사고
③ 소재: 구체적인 진로 계획 및 목표, 지원 학교의 프로그램과 동아리
④ 지원 동기에서 강조한 점: 자신의 진로에 대한 다양하고 심화된 정보를 제시하여 진로에 대한 관심과 노력을 드러내었다.

평소 한국 문학을 즐겨 읽는 나는 『수난이대』, 『꺼삐딴 리』 등을 읽으며 분단 문제, 일본 위안부 등의 문제를 사실적이고 효과적으로 세계에 알리는 민간 외교 사절의 역할이 필요하다고 생각했다. 그리고 김유정이나 이효석 작가 등의 한국 작품은 영어 번역으로는 한국인의 고유한 서정성이나 풍부한 어휘를 담아내기 어려워 외국인들이 직접 한국어로 한국 문학을 읽는 데 도움을 주고 싶다는 생각을 했다. 그래서 한국어 교사가 되어 우리 민족의 역사와 문학을 알리겠다는 다짐을 하게 되었다. ○○고등학교의 외국어 학습과 체험 교육 활성화 프로그램, 사회 인턴 제도 프로그램에 적극 참여해 국제 교사의 기반을 마련할 것이다. 또한, △△ 동아리에 가입해 우리나라의 우수한 전통문화를 배우고 유네스코 협력 학교에서의 봉사를 통해 국제 정서와 문화를 이해하고 나의 진로를 구체화해 나갈 것이다. 졸업후에는 한국어 교사 양성 과정을 거쳐 해외로 파견을 나가 한국어를 가르치는 것은 물론 한국 문화를 알리는 데 힘쓰고 싶다. 더 나아가 문자가 없는 소수 민족에게 우수한 한글을 보급해서 실생활에서 겪는 문제를 해결할 수 있도록 하겠다.

• 분류 •
① 진로 분야: 교육
② 지원 학교: 자사고
③ 소재: 구체적인 진로 계획 및 목표, 독서 경험, 지원 학교의 프로그램과 동아리
④ 지원 동기에서 강조한 점: 자신의 독서 경험과 진로 탐색 노력을 연계하였고, 지원 학교의 프로그램을 제시하며 지원 동기를 구성하였다.

외국인 노동자들을 위해 벽화를 그린 적이 있었는데 벽화를 보고 웃는 가족이 설명회 □□ 영상 속 아이들과 겹쳐 보였다. 소외된 이들과 소통하고 함께하는 방송을 만들고 싶은 내 꿈과 ○○외고의 책임감 있는 인재를 키우려는 교육 목표가 일맥상통한다는 것을 알고 ○○외고를 향한 마음을 굳혔다. 입학 후에는 회화 중심의 외국어 수업을 통해 제2외국어 실력을 발전시켜 세계적인 PD가 되고자 준비할 것이다. △△ 동아리 선배들을 통해 △△에서 원하는 주제로 영상을 만들 수 있다는 것을 알게 되었다. 기술력이 부족해서 실현하지 못했던 나의 '영상 노트'에 있는 아이디어들을 실현시키며 편집도 배워 PD의 자질을 키우고, 동아리 페이스북을 활용해서 ○○외고만의 영상들을 올려 인터넷상에서 학생들의 반응을 실험적으로 확인하겠다. 졸업 후 인터넷을 차세대 미디어로 더욱 활용할 수 있는 방법을 찾고 모두가 소통할 수 있는 계기가 되는 방송을 연구할 것이다.

• 분류 •
① 진로 분야: 신문 · 방송
② 지원 학교: 외고
③ 소재: 체험 활동, 아이디어 노트, 지원 학교의 인재상과 동아리, 프로그램
④ 지원 동기에서 강조한 점: 자신이 쌓은 다양한 체험 활동 경험을 활용하여 진로에 대한 관심과 탐색 노력을 드러내었고, 지원 학교의 인재상과 프로그램을 통해 진학 의지를 나타내었다.

어릴 적부터 입체 도형을 만들고 놀면서 공간 지각 능력을 최대한 발휘해서 창의적으로 건물을 디자인하는 건축가가 되려는 꿈을 가졌습니다. 그래서 능동적으로 자신의 미래를 개척해 나가고 창조적 지성인을 기르는 것을 첫 번째 목표로 하는 ○○고는 제 꿈을 위한 날개가 될 것입니다. 특히 △△ 캠프에서의 다양한 과학 실험은 저의 지적 호기심을 자극하고 새로운 방식으로 문제에 접근할 수 있는 능력과 습관을 길러 줄 것으로 생각해서 ○○고에 지원하게 되었습니다. 그리고 졸업 후에는 사람들의 특성과 삶의 방식에 맞게 공간을 활용할 수 있는 건축가가 될 것입니다.

● 분류 ●
① 진로 분야: 건축
② 지원 학교: 자사고
③ 소재: 꿈과 관련된 활동 및 계획, 지원 학교의 인재상과 프로그램
④ 지원 동기에서 강조한 점: 오랜 기간 자신의 진로에 대한 확신이 있었다는 점을 드러내며 지원 학교의 인재상과 프로그램을 통해 진학 의지를 나타내었다.

우리나라보다 고령화 사회에 먼저 진입한 일본의 노인 정책 연구를 통해 고령화 문제의 해결책을 마련해 보고 싶다는 생각이 들었습니다. 이는 일본어에 대한 관심으로 이어져 ○○외고 입학을 결심하게 되었습니다. 특히 ○○외고는 논문 쓰기 활동과 같이 능동적인 학습 과정이 있기 때문에 사회적인 문제를 깊이 있게 조사해 볼 수 있어 2학년 때는 논문 쓰기 활동을 할 계획입니다. 더 나아가 사회 문제를 공론화시켜 문제 해결을 위한 올바른 여론 형성에 기여하려고 합니다.

● 분류 ●
① 진로 분야: 사회
② 지원 학교: 외고
③ 소재: 연구하고 싶은 주제, 지원 학교 프로그램, 입학 후 계획
④ 지원 동기에서 강조한 점: 자신의 진로와 관심 분야에 관련된 구체적인 연구 주제를 제시하였고, 지원 학교의 프로그램과 연계하여 진학 의지를 드러내었다.

스티브 잡스가 누군가에게는 스마트폰을 남겼겠지만 나에게는 세상에 대한 열정을 남겨 주었다. 누군가는 그의 재산을 부러워하겠지만 나는 세상을 바꿀 수 있다는 그의 확신을 부러워했다. 세상을 바꿀 CEO를 꿈꾸는 나에게는 창의적이고 열정적이면서 스스로에 대한 자부심이 있는 ○○외고가 바로 스티브 잡스이다. 작은 스마트폰이 세상을 바꾸었듯, 작은 나를 통해서도 세상이 바뀔 수 있다고 확신하기에 나는 그러한 역량을 기르고자 ○○외고를 지원했다.

● 분류 ●
① 진로 분야: 경영 · 경제
② 지원 학교: 외고
③ 소재: 자신의 멘토, 지원 학교의 인재상
④ 지원 동기에서 강조한 점: 자신의 멘토와 그에 대한 자신의 생각을 바탕으로 진로 계획과 탐색 노력을 드러내었다. 그리고 지원 학교의 인재상을 활용하여 진학 의지를 나타내었다.

아마존에서 살아가는 원주민의 모습을 다룬 다큐멘터리를 보며 따뜻한 시각으로 인간의 삶을 말해 주는 다큐멘터리 PD라는 직업에 매력을 느꼈습니다. 여러 방송 PD들의 강연에 참여하며 다큐멘터리 PD가 되기 위해서는 사회에 메시지를 던지는 참된 지성, 평범함을 비틀어서 볼 수 있는 창의성, 삶의 모습을 따뜻하게 녹여 낼 수 있는 인간성이 필요하다고 생각해서 ○○외고에 지원하게 되었습니다.

• 분류 •
① 진로 분야: 신문·방송
② 지원 학교: 외고
③ 소재: 자신의 꿈을 갖게 된 동기, 진로와 관련된 경험, 진로를 위한 자질
④ 지원 동기에서 강조한 점: 자신의 꿈을 갖게 된 동기와 진로와 관련된 강연에 꾸준히 참여하였다는 점을 부각시켜 진로에 대한 확신을 나타내었다. 그리고 진로를 위한 자질을 키우기 위해 지원 학교에 진학하고 싶다는 의지를 드러내었다.

'가르친다는 것은 희망에 대해 이야기하는 것이다.' 학급 게시판에 붙어 있던 이 문구를 보면서 교사의 꿈을 갖게 되었다. 아이들이 맘껏 꿈을 꾸며 세상을 향해 자신의 꿈을 펼칠 수 있도록 영어를 자유자재로 구사하면서 여러 나라의 문화를 폭넓게 가르치는 교사, 아이들과 함께 희망을 이야기하는 교사가 되고 싶다. 그래서 '세계화 시대에 맞는 인재상을 기르기 위해 더 큰 내일의 미래를 꿈꾸는' ○○외고 영어과에 지원하게 되었다.

• 분류 •
① 진로 분야: 교육
② 지원 학교: 외고
③ 소재: 자신의 꿈을 갖게 된 계기, 진로에 대한 생각과 방향, 지원 학교의 인재상
④ 지원 동기에서 강조한 점: 자신의 꿈을 갖게 된 계기를 밝히며 진로에 대한 명확한 목표와 방향성을 제시하였고, 자신의 진로를 위한 자질과 지원 학교의 인재상을 연결하여 지원 동기의 근거를 밝혔다.

내 꿈은 녹색 기후 기금(GCF)에서 일하며 지구를 살리는 것이다. 국제 기구인 만큼 세계 공용어인 영어 능력이 뛰어나야 하기 때문에 체계적인 학습 시스템을 갖추고 있으며 자율적인 학습이 가능하고 학습 효율도 높여 주는 ○○외고 영어과에 지원하게 되었다. ○○외고는 학생의 자율성을 중시하는데, 지금까지 TED와 노트 정리 등으로 자기주도학습을 해 온 나에게 부합한다고 생각한다. 또한, 건전인과 성취인, 협력인을 추구하는 ○○외고에서 기반을 다져 국제 사회의 한 사람으로서 GCF에 들어가서 인류가 번영할 수 있도록 자연을 지키는 일을 할 것이다.

• 분류 •
① 진로 분야: 외교
② 지원 학교: 외고
③ 소재: 자신의 목표, 지원 학교의 특성과 인재상, 자신의 학습법
④ 지원 동기에서 강조한 점: 자신의 진로와 미래에 대한 구체적인 목표를 제시하며 진로에 대한 탐색 노력과 의지를 드러내었고, 자신의 진로를 위한 자질과 지원 학교의 특성과 인재상을 연계하여 진학 의지를 나타내었다.

제 꿈은 판사입니다. 2학년 때 자치 법정 변호사로 활동하면서 열심히 조사해서 변호했지만 판사가 작성된 판결문만을 읽고 의사봉을 '땅땅땅' 치는 것을 보고 올바른 판결의 중요성을 느꼈습니다. 그래서 3학년 때는 자치 법정 판사로 활동하면서 학생의 인권을 위한 법을 만드는 지역 학생 참여 위원회에도 지원했습니다. 마침 우리나라 사법 연수원 방식을 전수하는 원조 사업에 현직 판사가 파견된다는 뉴스를 보고 국제적인 사업에 판사로 참여해서 우리나라 위상을 높이고 저개발 국가에도 도움을 주는 판사가 꼭 되고 싶었습니다. ○○고는 토론과 발표를 좋아하고 제가 이룬 꿈으로 많은 사람을 행복하게 해 주고 싶은 저의 소망을 실현할 최고의 학교입니다. 입학한 후에는 △△이나 □□에서 경험을 쌓고, 원어로 하는 국제 모의 재판 동아리를 만들어 활동하고 싶습니다. 졸업 후에는 서울대학교 국제 관련 학과와 로스쿨을 거쳐 법과 국제 관계에 대해 폭넓은 공부를 하고 싶습니다.

• 분류 •
① 진로 분야: 법과 정치
② 지원 학교: 자사고
③ 소재: 자신의 진로와 관련된 경험, 지원 학교의 특성, 입학 후 계획
④ 지원 동기에서 강조한 점: 자신의 진로와 관련된 활동과 뉴스 기사를 활용하여 진로에 대한 열정과 시사에 관한 관심을 드러내었다. 그리고 자신의 진로와 연관된 지원 학교의 특성 및 동아리, 프로그램을 활용하여 진학 의지를 나타내었다.

우리나라의 회계 투명성 순위가 하위권에 머물러 있다는 기사를 읽으면서 회계사를 꿈꾸고 있는 저의 마음이 무거워졌습니다. 불투명한 회계는 신뢰를 떨어뜨려 경제 성장을 가로막기 때문에 회계 투명성 확보를 위한 회계사의 역할이 매우 중요합니다. ○○외고에서 실력과 바른 인성을 갈고 닦아 장차 우리나라 경제 발전에 기여할 수 있는 회계사가 되고 싶습니다. 입학 후에는 △△△ 활동을 통해 분식 회계와 경제적 파급성에 대한 연구 논문을 작성해 보려고 합니다. 그리고 서울대 경제학과에서 심층적으로 회계 분야를 공부하며 공인 회계사 자격 취득과 함께 회계 투명성을 높이기 위한 방안을 연구할 계획입니다.

• 분류 •
① 진로 분야: 경영 · 경제
② 지원 학교: 외고
③ 소재: 자신의 꿈을 갖게 된 계기, 진로에 대한 생각, 지원 학교의 프로그램, 진로 계획
④ 지원 동기에서 강조한 점: 구체적인 기사 내용을 활용하여 자신의 꿈을 갖게 된 계기를 드러내었고, 시사에 대한 관심과 상식 수준을 나타내었다. 그리고 진로에 대한 생각과 입학 후 계획을 제시하며 진학 의지를 나타내었다.

교내 자치 법정에서 한 배심원 활동과 법 교육을 통해 법에 관심을 가지게 되었고, 소설 『올리버 트위스트』를 읽고 인권을 보장받지 못하는 사람들에게 관심을 가지게 되었습니다. 먼저 노동 현장에서 부당한 대우를 받고 피해를 호소하는 노동자들의 인권을 위해 일하고 싶고, ○○외고의 교육 지표처럼 '더 높은 세상을 향해 도약'해 소외를 당하고 힘겨운 삶을 이어가며 인권을 보장받지 못하는 세계의 많은 사람을 위해 일하고 싶습니다.

• 분류 •
① 진로 분야: 법과 정치
② 지원 학교: 외고
③ 소재: 교내 활동 경험, 독서 경험, 진로에 대한 생각과 방향, 지원 학교의 교육 목표
④ 지원 동기에서 강조한 점: 자신이 경험한 다양한 활동을 제시하며 폭넓은 진로 탐구 노력을 드러내었고, 자신이 이루고자 하는 모습과 지원 학교의 교육관을 연결시켜 진학 의지를 나타내었다.

우연히 알게 된 △△△ 프로그램에서 저의 가장 큰 특기인 영어로 거의 모든 수업을 할 수 있다는 것에 큰 매력을 느꼈습니다. ○○외고에서라면 국제적인 무대에서 능력을 펼치게 될 수 있을 것 같았습니다. 저는 신문사에서의 아나운서 경험을 통해 외국 방송 아나운서의 꿈을 갖게 되었습니다. 창조적 글로벌 리더 육성을 교육 목표로 하는 ○○외고에서 제 꿈에 가까이 갈 수 있도록 열심히 배우고 싶습니다.

• 분류 •
① 진로 분야: 신문·방송
② 지원 학교: 외고
③ 소재: 지원 학교의 교육 프로그램, 자신의 꿈과 지원 학교의 교육 이념
④ 지원 동기에서 강조한 점: 지원 학교의 교육 프로그램에 참가한 경험을 밝히며 지원 학교에 대한 관심과 진학 의지를 드러내었다. 그리고 자신의 꿈과 관련된 활동 경험과 지원 학교의 교육 이념을 연계하여 지원 동기의 근거를 밝혔다.

빠르게 성장하고 있는 중국 무역의 가치를 알게 되고 『WTO에서 답하다』를 읽고 내 꿈을 '중국 통상 전문가'라고 명명했다. 한중 문화관을 방문하며 한중 교류 역사를 배우며 부스 운영, 관련 다큐 시청 등으로 꿈을 향해 나아가던 중 ○○고의 명사 초청 강연, 창의 연구 논문 활동, 자율적인 독서와 토론을 통한 사고력 신장의 기회 등이 나의 가슴을 뛰게 했고, '내가 공부할 곳은 바로 이 학교다.'라고 생각했다.

• 분류 •
① 진로 분야: 경영·경제
② 지원 학교: 자사고
③ 소재: 독서 경험, 진로 관련 체험 활동, 지원 학교의 프로그램
④ 지원 동기에서 강조한 점: 시사 상식과 독서 경험을 밝히며 자신의 진로에 대한 확신을 드러내었으며, 진로 관련 체험 활동 및 지원 학교의 프로그램을 연계하여 지원 동기의 근거를 밝혔다.

중학교 2학년 때 「인사이드 잡」이라는 다큐멘터리를 보면서 경제에 대한 관심이 커졌고, 최근에 피케티 교수의 분배에 관한 주장들을 보면서 세계적인 경제·경영 컨설턴트의 꿈을 확고히 하게 되었습니다. 이런 제 꿈을 위해 학생들의 주체적 활동을 지원하는 ○○외고에 진학해서 글로벌 리더로서의 역량을 갖추고, △△ 동아리에서 경제 이슈에 관한 토론과 함께 경제 자격시험을 준비할 것입니다. 졸업 후에는 경제·경영학을 전공한 후 우리나라 중소기업 컨설팅을 시작으로 세계 경제를 이끌어 나갈 수 있는 컨설턴트가 되어 대한민국을 진보적이고 건강한 자본주의 사회로 만들 것입니다.

• 분류 •
① 진로 분야: 경영·경제
② 지원 학교: 외고
③ 소재: 독서 경험, 진로 관련 체험 활동
④ 지원 동기에서 강조한 점: 진로를 탐색하며 했던 활동들과 최신 경제 관련 이슈를 제시하며 진로 탐색 노력을 부각시켰다. 그리고 구체적인 진로 계획과 지원 학교의 특성을 연계하여 진학 의지를 나타내었다.

매사에 적극적이고 무엇이든 부딪혀 보는 저의 성격과 언론인으로서 제가 갖추어야 할 자질이 ○○외고가 추구하는 '성취인'의 인재상과 적합해서 ○○외고 지원을 결정했습니다. 입학 후에는 전공어로 신문을 발간하는 동아리 △△나 ○○외고 방송반 □□ 동아리에 가입해서 제가 미래에 언론인이 되는 데에 밑거름이 되도록 하겠습니다. 또한, 교내 재능 기부 프로그램에서 활동하며 선후배들과 함께 공부하고 나눔을 실천할 것입니다. 역사 과목에만 적용시켰던 저의 마인드맵 공부 방법에 약간의 변화를 주어 수학, 과학 같은 다른 과목에도 활용할 것입니다. ○○외고를 졸업한 뒤에는 언론 관련 학과에 진학하고 정치·외교 부문을 집중적으로 공부해서 세계적인 언론인이 되겠습니다.

• 분류 •
① 진로 분야: 신문·방송
② 지원 학교: 외고
③ 소재: 자신의 진로에 필요한 자질, 지원 학교의 인재상, 지원 학교의 동아리 및 프로그램
④ 지원 동기에서 강조한 점: 자신의 진로에 대한 생각과 방향성을 지원 학교의 인재상과 연계하여 지원 동기의 근거를 밝혔다. 그리고 지원 학교의 동아리와 프로그램을 활용하여 지원 학교에 지원하는 당위성을 드러내었다.

　저의 꿈은 세상을 아름답게 만드는 공익 광고를 만드는 것입니다. 광고에 관심을 가지고 책을 찾아보던 중『광고 천재 이제석』이라는 책을 읽으며 광고의 매력을 깊이 느끼게 되어 광고 기획자를 꿈꾸게 되었습니다. 역사 시간에 동북공정에 대한 이야기를 들으며 잘못된 역사 인식을 바로잡고 세계 속의 문제와 갈등을 풀어 갈 수 있는 공익 광고를 만들고 싶다는 생각을 하게 되었습니다. 공익 광고의 공익성을 높이기 위해서는 제작자가 올바른 윤리관과 글로벌 리더로서의 자질을 갖추어야 한다고 생각하기 때문에 ○○외고는 저에게 최적의 학교라고 생각합니다. ○○외고에 입학한 후에는 학생회 홍보부 활동을 통해 경험을 쌓고, 졸업 후 신문 방송학부에 진학하여 광고를 만들기 위한 자질을 키우고 싶습니다.

• 분류 •
① 진로 분야: 문화 콘텐츠
② 지원 학교: 외고
③ 소재: 자신이 이루고자 하는 목표, 독서 경험, 자신의 진로에 필요한 자질, 지원 학교의 교육 이념
④ 지원 동기에서 강조한 점: 자신이 이루고자 하는 목표를 제시하며 진로에 대한 확고한 의지를 드러내었고, 독서 경험과 학습 경험, 진로에 필요한 자질, 지원 학교의 교육 이념 등을 연결하여 지원 동기의 근거를 밝혔다.

　평소에는 정말 조용하신 분이지만 항상 남들에게 도움이 되는 삶을 살아야 한다는 아버지의 가르침을 늘 가슴에 담고 있었고, 의사가 되어 사람들을 돕겠다는 생각을 하고 있었기 때문에 고등학교를 선택함에 있어 주저 없이 ○○고로 결정했습니다. ○○고의 건학 이념인 '신념, 용기, 봉사 중 봉사', 즉 국가와 사회를 위해 자신을 희생하는 정신을 가져야 한다는 것은 저의 장래 희망의 자질과 일치합니다. 또한, '경제적 여건에 구애받지 않는 인재 발굴'이라는 이념이 현대 사회의 인색하고 각박한 현실 속에서 저의 마음을 감동시켰기 때문입니다. 저는 착실한 ○○인이 되어 많은 활동과 공부를 하고 노력해서 사회에 봉사하는 삶을 사는 의사가 되고 싶습니다.

• 분류 •
① 진로 분야: 의료
② 지원 학교: 자사고
③ 소재: 가정 환경, 가훈, 자신의 진로에 대한 방향성, 지원 학교의 설립 이념
④ 지원 동기에서 강조한 점: 자신의 부모님으로부터 받은 영향과 가치관을 제시하며 자신의 진로에 대한 확신을 드러내었다. 그리고 자신의 꿈을 통해 이루고자 하는 목표와 지원 학교의 설립 정신을 연결하여 지원 의지를 강하게 나타내었다.

PART 3

어릴 적부터 정의로운 사회를 꿈꾸었습니다. 그래서 판사가 되겠다는 결심을 했고 그 길목에서 ○○고를 만났습니다. 인문학적인 소양을 위한 양서 읽기와 자기 역량 프로그램 △△에서 '가난은 나라님도 해결할 수 없는 것인가?'라는 주제로 우리 사회를 더 깊이 이해하고, 모의 법정 동아리인 □□를 통해 부족한 점을 개선해 나갈 것입니다. 졸업 후에는 사회학과에 진학해서 우리 사회에 대해 더 깊이 있게 배운 후 로스쿨에 진학해 변호사로 10년 동안 활동하며 다양한 경험을 쌓은 후 판사가 되고 싶습니다.

● 분류 ●
① 진로 분야: 법과 정치
② 지원 학교: 자사고
③ 소재: 자신이 이루고자 하는 목표, 지원 학교의 프로그램 및 동아리, 탐구 주제
④ 지원 동기에서 강조한 점: 자신의 꿈을 통해 이루고자 하는 목표를 제시하며 진로에 대한 확신을 드러내었다. 그리고 지원 학교의 프로그램 및 동아리와 탐구 주제를 연계하여 진학 의지를 나타내었다.

중학교에서 중국어를 처음 배우게 되었는데 성조가 있는 발음이 신기했고, 발음 연습 때 중국어 발음을 잘한다고 선생님과 친구들에게 칭찬을 받으면서 흥미는 더욱 커졌습니다. 그리고 『정글만리』라는 책을 읽으면서 제가 생각했던 중국의 긍정적인 모습과 부정적인 모습을 동시에 보면서 중국의 매력을 발견했습니다. 그래서 중국과 세계에 우리나라 드라마나 영화를 번역하고 교류한다면 더 다양한 문화 콘텐츠를 만들 수 있을 것이라고 생각해 ○○외고 중국어과에 지원했습니다.

● 분류 ●
① 진로 분야: 문화 콘텐츠
② 지원 학교: 외고
③ 소재: 진로를 결정한 계기, 독서 경험, 진로에 대한 방향성과 목표
④ 지원 동기에서 강조한 점: 외국어 학습 경험과 우수성을 간접적으로 드러내며 지원의 당위성을 나타내었고, 독서 경험과 자신이 진로를 통해서 이루고자 하는 목표를 연계하여 진로에 대한 확신을 드러내었다.

현재까지 200여 편의 다양한 공연 관람 경험은 문화적 소통의 힘을 몸소 체험하게 해 주었다. 특히 「고종 독살설」 같은 역사 뮤지컬을 제작해서 외국에서 공연하며 문화로 소통하는 뮤지컬 프로듀서가 되고 싶은 꿈을 갖게 되었다. 그 목표를 이루기 위해 ○○외고의 다양한 동아리와 인재 양성 프로그램을 통해 협력을 배우고 지식을 창출하는 인재로 성장할 것이다. 졸업 후에는 소통하는 제작자를 꿈꾸며 소외된 이들도 공연을 즐길 수 있는 시스템을 정착시키는 데 힘을 쏟고 싶다.

● 분류 ●
① 진로 분야: 문화 콘텐츠
② 지원 학교: 외고
③ 소재: 공연 관람 경험, 지원 학교의 동아리 및 프로그램, 자신이 이루고 싶은 목표
④ 지원 동기에서 강조한 점: 다른 학생과 차별화한 경험인 공연 관람 경험을 제시하며 진로 탐색 노력을 증명하였고, 자신이 프로듀서가 되어서 만들고 싶은 주제를 제시하며 진로 탐구의 깊이를 드러내었다.

저의 꿈은 동양과 서양의 전통의 미를 조화롭게 디자인해서 세계가 공감하는 독창적인 작품을 만드는 패션 디자이너입니다. 이러한 글로벌 패션 디자이너의 소양을 갖추기 위해 ○○외고의 △△ 인재 프로그램을 수행할 것이며, 전공어인 일본어와 영어를 열심히 공부할 것입니다. 또한, 저의 꿈과 끼를 살리기 위해 패션 동아리인 □□에 들어가 선후배들과의 다양한 활동을 통해 패션에 대한 열정을 키우고 싶습니다. 졸업 후에는 서울대학교 의류학과에 입학해서 전문 지식을 쌓은 후 이탈리아에 유학을 가서 더 많은 경험을 할 것입니다.

• 분류 •
① 진로 분야: 문화 콘텐츠
② 지원 학교: 외고
③ 소재: 자신의 진로에 대한 주관, 지원 학교의 프로그램 및 동아리, 졸업 후 진로
④ 지원 동기에서 강조한 점: 자신의 진로인 패션 디자이너에 대한 관점을 제시하며 진로에 대한 의지를 드러내었고, 자신의 꿈과 관련된 지원 학교의 프로그램 및 동아리를 제시하며 지원 학교에 대한 관심과 진학 의지를 나타내었다.

'△△ 멘토 스쿨'에 멘티로 3년 동안 참여하면서 경제부에 들어가 '경제 상황에 따른 여성들의 심리 상태'에 대한 기사를 쓰고 ○○외고에 재학 중인 멘토를 만나 ○○외고 진학의 꿈을 꾸게 되었습니다. 그리고 다양한 공부법과 넓은 시각을 배운 후 지금의 중학교에서는 제가 멘토로 활동하면서 멘티에게 수업 중 이해가 안 가는 부분이나 모르는 문제에 대해 설명해 주면서 성취감을 느꼈습니다. 친구는 모르는 부분을 배우게 되고 동시에 저는 어느 유형과 어느 수준의 문제를 잘 설명할 수 있는지 파악할 수 있게 되었습니다. 해당 부분을 완전히 이해한 후 가르칠 수 있었고, 그렇게 친구와 상호 작용을 했습니다. 이렇게 멘토링을 하며 교사의 자질을 키울 수 있었고 자신의 것을 타인과 공유하는 법을 배우게 되었습니다. 진정한 교학상장(敎學相長)의 의미를 실천한 경험이었습니다.

• 분류 •
① 진로 분야: 교육
② 지원 학교: 외고
③ 소재: 멘토링 경험, 경제 관련 기사 작성 경험, 지원 학교의 인재상
④ 지원 동기에서 강조한 점: 자신의 멘토링 경험을 구체적으로 기술하며 자신의 진로인 교사가 되기 위해 꾸준히 노력하고 있다는 것을 드러내었다. 그리고 자신이 작성한 경제 기사의 제목을 통해 시사와 경제 관련 배경지식이 풍부하다는 것을 나타내었다.

뮤지컬, 콘서트, 난타 등 다양한 공연들을 즐겨 왔다. 문화 체험을 통해 감동, 흥분, 열정 등 나의 끼를 발견하게 되었고 일상에서 볼 수 없었던 나의 모습들을 느끼며 공연 기획자의 꿈을 키웠다. 그래서 문화의 이해와 표현의 기본인 다양한 언어 학습을 하고 글로벌 인재 육성을 목표로 하는 ○○외고를 통해 세계적인 문화 기획자라는 직업에 도전해 보고 싶다.

• 분류 •
① 진로 분야: 문화 콘텐츠
② 지원 학교: 외고
③ 소재: 공연 관람 경험, 지원 학교의 인재상, 자신이 이루고 싶은 미래 목표
④ 지원 동기에서 강조한 점: 구체적인 공연 이름을 제시하여 경험의 실재성을 드러내었고, 지원 학교의 인재상과 자신이 생각하는 진로의 방향성을 연결시켜 진학 의지를 나타내었다.

어릴 적부터 세계 여러 나라에 관심이 많아 현지인들의 생활 방식을 접하면서 자연스럽게 외국어와 다양한 문화에 대한 관심이 생겨, 통역을 통해 국제 협력을 촉진하는 일을 꿈꾸게 되었다. 뛰어난 언어 능력은 물론 사회 전반에 걸친 배경지식, 여러 나라의 문화에 대한 다양한 경험이 필요한 직업이라 생각한다. 수준 높은 전공어 실력과 함께 해당 국가의 문화까지도 이해하게 하는 전공어 인증제나 해외 고등학교들과의 교류 프로그램을 갖춘 ○○외고에서 외국어 실력을 향상시키고, 다양한 분야에 대해 지적 호기심을 갖는 글로벌 인재가 되기 위해 ○○외고에 지원했다.

• 분류 •
① 진로 분야: 외교
② 지원 학교: 외고
③ 소재: 세계 여러 나라에 대한 탐구, 지원 학교의 프로그램
④ 지원 동기에서 강조한 점: 세계 여러 나라의 생활 방식과 문화를 탐구한 경험을 바탕으로 기른 국제적 감각을 피력하고, 외국어에 대한 관심과 진로에 대한 확신을 드러내었다. 그리고 지원 학교의 프로그램을 제시하며 지원 학교에 대한 관심과 진학 의지를 나타내었다.

탄자니아의 태양광 설비나 라오스의 메콩강 프로젝트 등은 우리나라 대외 경제 협력 기구(EDCF)에서 진행하고 있는 유상 원조 사업들입니다. 우리에게는 너무나 당연한 도로, 교량, 전깃불이 그들에게는 너무나 큰 행복이라는 것을 알게 되면서 경제학이나 응용 통계를 전공해서 EDCF에 들어간다면 의미 있는 삶이 될 것이라 생각했습니다. 특히 ○○외고에서 다양한 언어 활용 능력을 키우고 △△ 인증제를 통해 글로벌 인재로 성장할 것이라고 확신해 ○○외고에 지원했습니다.

• 분류 •
① 진로 분야: 경영·경제
② 지원 학교: 외고
③ 소재: 구체적인 진로, 지원 학교의 프로그램
④ 지원 동기에서 강조한 점: 대외 경제 협력 기구라는 구체적인 진로 목표를 제시하여 자신의 진로에 대한 탐색 노력과 배경지식을 드러내었다. 그리고 자신의 진로와 연계된 지원 학교의 프로그램을 제시하며 지원 학교에 대한 관심과 진학 의지를 나타내었다.

　　어릴 때부터 중국이라는 나라가 친근하게 느껴졌고 자연스럽게 관심도 가지게 되었습니다. 중국의 문화, 생활 등을 재미있게 가르쳐 주시는 중국어 선생님과 한비야의 『중국견문록』이라는 책의 영향으로 중국에 더욱 애정을 갖게 되었고, 어렸을 때부터 막연하게 꿈꿔 온 교사라는 꿈을 확고히 다지게 되었습니다. 강의식 수업으로 진행되는 현재 한국 학교의 수업 방식과 달리 토론식 프로젝트 수업으로 서로의 의견을 자유롭게 펼치며 사회를 폭넓게 이해함으로써 깊이 있는 학습을 할 수 있는 ○○고가 제가 생각하는 이상적인 학교라고 생각했습니다.

● 분류 ●
① 진로 분야: 교육
② 지원 학교: 자사고
③ 소재: 중국에 대한 관심과 경험, 독서 경험, 선생님과의 추억, 지원 학교의 독특한 수업 방식
④ 지원 동기에서 강조한 점: 중국에 대한 개인적 경험과 관심을 구체적으로 기술하여 폭넓은 교양과 지식을 드러내었고, 중국어 선생님을 통해 교사라는 꿈을 갖게 되었다는 서술을 통해 진로에 대한 당위성을 나타내었다. 또한, 지원 학교의 독특한 수업 방식을 통해 지원 학교에 대한 관심과 진학 의지를 나타내었다.

　　『서머힐에서 진짜 세상을 배우다』라는 책에서 문제아의 태도를 새롭게 변화시키고 스스로 공부하도록 가르치는 것을 보고 교육이 사회에 큰 공헌을 한다는 것을 깨닫고 초등학교 교사를 꿈꾸게 되었다. 그러던 중 ○○외고의 학습 분위기와 선생님들의 열성적인 가르침을 알게 되어 지원하게 되었다.

● 분류 ●
① 진로 분야: 교육
② 지원 학교: 외고
③ 소재: 독서 경험, 자신의 진로에 대한 주관, 지원 학교의 분위기
④ 지원 동기에서 강조한 점: 자신이 독서 경험을 통해 자신의 진로에 대한 명분을 나타내었고, 자신의 꿈을 통해 이루고자 하는 모습을 제시하며 진로 탐구에 대한 깊이를 드러내었다. 또한, 지원 학교의 분위기를 통해 지원 학교에 대한 관심과 진학 의지를 나타내었다.

중학교 1학년 때 독일인 친구 안나와 채팅을 하고 독일에 대해 알아보면서 가장 인상적인 것은 낮고 작으면서도 서로 다른 모습의 건물들이었습니다. 다양함 속의 조화로움을 보면서, 학생들의 생각이 모두 다른데도 성적이라는 하나의 기준으로만 살아가는 한국 학생들을 떠올렸습니다. 교사라는 꿈을 꾸면서 어떤 교사가 될 것인지에 대한 해답을 그곳에서 발견했고, 저 또한 다양한 경험과 언어를 교육에 활용하기 위해 ○○외고 중국어과에 지원했습니다.

• 분류 •
① 진로 분야: 교육
② 지원 학교: 외고
③ 소재: 해외 외국인 친구와 소통한 경험을 통해 깨달은 것
④ 지원 동기에서 강조한 점: 외국인 친구와 채팅을 하며 느낀 점을 구체적으로 기술하며 자신의 진로에 대한 생각과 현실의 문제점에 대한 인식을 드러내었다. 현실에 대한 비판적 접근을 바탕으로 자신의 꿈을 통해 이루고 싶은 모습과 진로에 대한 의지를 나타내었다.

세계를 무대로 삼아 할 수 있는 일을 목표로 정하고 고민한 결과 국제 범죄를 상대로 하는 외사 관련 검사를 꿈으로 정했습니다. 그러기 위해서는 다양한 외국어 능력과 세상을 보는 넓은 시야와 경험이 필요하기 때문에 ○○외고에서 다양한 외국어 실력과 경험을 쌓고 싶습니다. 중국어를 어릴 적부터 배웠기 때문에 ○○외고에서는 일어를 전공해서 외사 관련 업무를 수행하기 위한 언어 능력과 국제적인 감각을 기를 것입니다.

• 분류 •
① 진로 분야: 법과 정치
② 지원 학교: 외고
③ 소재: 구체적인 진로 방향, 외국어 실력
④ 지원 동기에서 강조한 점: 국제 범죄 관련 검사라는 구체적인 진로 방향을 기술하며 진로 탐색의 깊이를 드러내었고, 지원 학교의 특성과 연계하여 진학 의지와 당위성을 나타내었다. 또한, 개인적인 외국어 학습 경험을 제시하며 자신이 글로벌 감각을 지녔음을 나타내었다.

우리나라가 빠르게 성장할 수 있었던 것은 많은 사람이 제 역할을 묵묵히 수행했기 때문일 것입니다. 하지만 미래에는 세계 경제 흐름을 정확하게 분석하고 그것에 대응할 수 있는 전략을 제시하는 애널리스트가 우리나라의 성장에 큰 역할을 할 것입니다. 그래서 저도 기업의 가치나 거시 경제를 분석해서 시장과 고객에게 정보를 제공하는 역할을 할 것입니다. 세계의 흐름을 읽어 내는 눈을 가지고 다양한 외국어를 이용하여 정보를 신속하게 얻는 능력을 기르기 위해 ○○외고 영어과에 지원해서 열심히 배울 것입니다.

• 분류 •
① 진로 분야: 경영·경제
② 지원 학교: 외고
③ 소재: 미래 예측, 자신의 진로 방향, 지원 학교와의 관련성
④ 지원 동기에서 강조한 점: 자신이 생각하는 미래 예측을 기술하며 현실과 진로를 아우르는 인식을 드러내었다. 그리고 자신의 진로와 지원 학교의 관련성을 드러내며 지원 동기와 진학 의지를 나타내었다.

77

우리 사회가 좀 더 여유로워지고 삶의 질이 높아질 수 있는 문화 예술 프로그램을 만드는 것이 꿈인 저는 가족과 함께 공연을 자주 보러 다녔습니다. 어릴 때부터 공연이 주는 즐거움을 느끼고 이에 긍정적인 영향을 많이 받아 다양한 공연을 소개하고 사람들이 정신적인 여유로움을 찾을 수 있는 프로그램을 만드는 PD가 되려고 합니다. 그 프로그램을 우리나라뿐만 아니라 세계로 보급하기 위해 세계 공용어인 영어를 배워야 한다고 생각했고 '정직한 노력은 어디서나 빛난다.'라는 말처럼 ○○외고에 진학하기 위해 했던 노력의 성과를 거두고자 ○○외고 영어과에 지원하게 되었습니다.

• 분류 •
① 진로 분야: 신문 · 방송
② 지원 학교: 외고
③ 소재: 자신의 진로 방향, 공연 관람 경험, 좌우명
④ 지원 동기에서 강조한 점: 공연 관람 경험과 함께 자신이 이루고 싶은 목표를 제시하며 자신의 진로에 대한 관심과 의지를 나타내었고, 자신의 좌우명을 활용하여 지원 동기와 진학 의지를 드러내었다.

78

첨단 정보화 시대가 되었지만 그 혜택을 누릴 수 있는 계층은 제한적입니다. 그래서 저는 IT CEO가 되어 누구나 손쉽게 사용할 수 있도록 간단한 사용법의 IT 개발과 함께, 경제적인 이유로 혜택을 받지 못하는 사람들에게 혜택을 줄 수 있는 '착한 IT'를 실현하고 싶습니다. 제 꿈을 이루기 위해 가장 중요한 것은 나눔 정신인데, ○○고는 나눔의 정신을 바탕으로 뛰어난 교육 환경을 제공해 줄 수 있다고 생각해서 지원하게 되었습니다.

• 분류 •
① 진로 분야: 정보 통신
② 지원 학교: 자사고
③ 소재: 현실 인식, 자신이 이루고 싶은 목표, 지원 학교의 특성
④ 지원 동기에서 강조한 점: 정보화 시대의 한계를 제시하며 현실에 대한 비판적 인식과 생각을 드러내었고, 미래 지향적인 목표를 기술하여 자신의 진로에 대한 의지와 방향을 나타내었다. 또한, 자신의 진로를 이루기 위한 자질과 지원 학교의 특성을 연결하여 지원 동기와 진학 의지를 나타내었다.

79

한때 교사였던 저의 꿈은 「학교의 눈물」이라는 프로그램에서 가해자와 피해자가 구분이 되지 않는 현실을 보면서 정신과 의사로 바뀌었습니다. 그 친구들의 가슴 속 상처를 치유해 줄 수 있는 사람이 필요하다는 생각을 하게 되었습니다. 그래서 상처받은 사람을 안아 주었던 △△의 마음으로, 상대를 존중하고 배려하며 나눔을 실천하는 ○○고는 저에게 그러한 능력을 길러줄 것이라 확신하게 되어 ○○고를 지원하게 되었습니다.

• 분류 •
① 진로 분야: 의료
② 지원 학교: 자사고
③ 소재: 진로 변경의 계기, 자신의 진로에 대한 방향성, 지원 학교의 특성
④ 지원 동기에서 강조한 점: 자신의 진로가 바뀐 계기를 활용하여 자신의 진로에 대한 당위성을 나타내었고, 자신의 진로에 대한 주관과 지원 학교의 특성을 연계하여 지원 동기와 진학 의지를 나타내었다.

PART 3

　제 꿈은 국제 구호가입니다. 한국 국제 협력단 코이카의 단원이 되어 국제 원조로부터 소외된 많은 태평양 도시 국가 사람들에게 도움의 손길을 내밀어 그들의 교육 환경을 개선하고 의료, 생활의 문제를 해결해 주는 노력을 하고 싶습니다. 코이카 단원의 핵심 가치인 '자부심, 전문성, 창의적 진화, 배려'는 ○○외고의 개척자 정신의 덕목과 일치하고, 제가 돕고자 하는 태평양 도시 국가는 일본어 사용 인구가 많아 일본의 다양한 구호 활동도 배울 수 있기 때문에 ○○외고 일본어과에 지원하게 되었습니다.

- 분류 -
① 진로 분야: 외교
② 지원 학교: 외고
③ 소재: 자신의 진로 방향과 목표, 진로를 위한 자질, 지원 학교의 특성
④ 지원 동기에서 강조한 점: 구체적인 진로 방향과 목표를 제시하여 진로 탐색 노력과 의지를 나타내었다. 그리고 진로를 위한 자질과 지원 학교의 특성을 연계하여 지원 동기와 진학 의지를 드러내었다. 또한, 태평양 지역의 국가들에는 일본어 사용 인구가 많다는 배경지식을 활용하여 학과 지원 동기를 만들었다.

　앞으로 세계의 소외된 사람들을 도울 수 있는 국제 개발 활동가가 되고 싶다. '초록 우산'과 '월드비전', '유니세프' 같은 곳에 들어가 직접적인 구호 활동과 함께 코이카의 공공 행정 사업처럼 어려움을 겪는 나라에 정책적으로 도움을 주고 그 나라가 앞으로의 발전을 이룰 수 있도록 도움을 주고 싶다. 이러한 꿈을 위해 세계인과 협력하고 목표를 성취해 나갈 수 있는 마음가짐을 기를 수 있는 ○○외고에 들어가고 싶다. 입학 후에는 다양하고 전문적인 외국어를 습득하고 토론 동아리인 △△에 들어가 국제 기구를 간접적으로 체험해 볼 것이며, 영어 실력을 쌓기 위해 원서와 전공어 인증 제도를 활용해서 국제 사회에서 의견을 논리적으로 표현할 수 있는 능력을 기를 것이다. 또한, 봉사 동아리인 □□에 들어가서 소외된 사람들을 만나고, 그들에게 진정 필요한 것이 무엇인지 배우며, 참사랑을 실천하기 위해 노력할 것이다.

- 분류 -
① 진로 분야: 외교
② 지원 학교: 외고
③ 소재: 구체적인 진로 방향과 목표, 자신의 꿈을 위한 자질, 지원 학교의 프로그램과 동아리
④ 지원 동기에서 강조한 점: 자신이 꿈꾸는 진로에 관한 구체적인 지식과 정보를 제시하며 진로 탐색 노력을 드러내었다. 그리고 자신의 꿈을 위한 자질과 지원 학교의 프로그램과 동아리를 연계하여 지원 동기를 구성하였다.

82

번역 봉사 활동을 하며 병과 전쟁으로 가족을 잃어 마음에 상처를 입고 너무 빨리 어른이 되어 버린 외국의 아이들과 편지로 소통하면서 아이들의 눈물을 닦고 마음의 상처를 치료해 주는 따뜻한 심리 상담사가 되어야겠다는 다짐을 했습니다. ○○외고에 진학해 국제 단체에서 활동하며 아이들을 마음으로 안아 주기 위해 필요한 외국어 실력을 기르고 △△에서 해외 봉사를 하며 제 꿈을 향해 나아가고자 합니다. 그렇게 앞으로 제 삶의 방향이자 ○○외고의 교훈인 '□□'을 지키며, 사람의 도리를 다하며 살고자 ○○외고 영어과에 지원하게 되었습니다.

• 분류 •
① 진로 분야: 상담 심리
② 지원 학교: 외고
③ 소재: 편지 번역 봉사 경험, 진로 방향과 목표, 지원 학교의 인재상
④ 지원 동기에서 강조한 점: 구체적인 진로 방향과 목표를 제시하여 진로 탐색 노력과 의지를 나타내었고, 편지 번역 봉사를 통해 외국어 실력을 드러내었다. 또한, 지원 학교의 인재상과 자신의 진로를 위한 자질을 연계하여 지원 동기와 진학 의지를 나타내었다.

83

세상의 발전 속에서도 세계 곳곳에는 여전히 내일을 꿈꾸지 못한 채 죽어 가는 아이들이 많습니다. 유치원 봉사와 진로 도우미 활동을 통해 이러한 아이들에게 밝은 내일을 찾아 주고 싶다고 생각했습니다. 그래서 유니세프 소속이 되어 아이들이 굶주리지 않고 자신의 꿈을 이루어 가도록 이끌어 주고 싶습니다. 앞으로 이 꿈을 이루기 위해 오랜 역사와 수준 높은 교육 프로그램을 자랑하는 ○○외고 중국어과에서 UN의 공용어인 중국어와 영어를 배우려 합니다.

• 분류 •
① 진로 분야: 외교
② 지원 학교: 외고
③ 소재: 체험 활동 경험, 진로 방향과 목표, 지원 학교의 특성
④ 지원 동기에서 강조한 점: 국제적 현실에 관한 비판적 인식과 체험 활동을 활용하여 진로에 대한 의지와 탐색 노력을 드러내었다. 그리고 구체적인 진로 방향과 목표를 지원 학교의 특성과 연계하여 지원 동기와 진학 의지를 나타내었다.

84

중학교 2학년 가을 몽골에 다녀왔다. 그곳 사람들이 내게 '방탄소년단'을 안다며 관심을 보이는 게 인상 깊었다. 그리고 아흐자사르학교의 한국어과 학생들을 만나 그들이 한국 드라마와 코미디 프로의 패러디를 즐기는 것을 보았을 때에는 K-pop 등 우리나라 문화의 영향력을 실감할 수 있었다. 몽골에서 9박 10일을 보내고 돌아오며 우리나라의 문화와 역사를 연구해 세계에 알리는 고고학 교수가 되겠다는 결심을 했다. 그러기 위해 중국어와 영어가 큰 도움이 될 것이라고 생각했고, 토론 문화와 다양한 경험을 할 수 있는 ○○외고 중국어과가 이상적인 배움터라고 생각했다.

• 분류 •
① 진로 분야: 교육
② 지원 학교: 외고
③ 소재: 해외 체험 활동과 추억, 지원 학교의 특성
④ 지원 동기에서 강조한 점: 몽골에서 경험한 활동 내용을 제시하며 다른 학생들과 차별화를 두었고, 자신의 진로를 선택한 계기를 서술하였다. 또한, 한국 문화와 역사를 외국에 알리는 역할을 하고 싶다는 진로와 지원 학교의 특성을 연계하여 지원 동기와 진학 의지를 나타내었다.

초등학생 때부터 전쟁에 관련된 책들을 읽으면서 세계 분쟁에 대해 관심을 갖게 되었다. 그러면서 전쟁의 참혹함을 알게 되었고, 특히 보스니아 내전에서 세르비아인에 의한 '인종 청소'를 중지시키고 종전에 기여한 UN PKO 활동에 대해 알게 되면서 그 단체의 일원이 되고 싶다는 꿈이 생겼다. 우리나라도 세계적인 분쟁 지역 중 한 곳에 속하므로 이 분야의 전문가가 되는 것은 우리나라에도 보탬이 될 것이다. 분쟁이 많은 아프리카에서 활용할 수 있고 UN 공식 언어인 프랑스어를 배우기 위해 프랑스어과에 지원했다. ○○외고에서 목표하는 인간상이 UN PKO로서 평화와 인권에 기여하려는 나의 꿈에 부합한다는 생각이 들어 ○○외고에 지원했다.

• 분류 •
① 진로 분야: 외교
② 지원 학교: 외고
③ 소재: 관심사와 관련된 독서 경험, 구체적 진로 방향과 진로에 대한 지식, 현실 인식, 지원 학교의 인재상, 학과 지원 동기
④ 지원 동기에서 강조한 점: UN PKO 활동이라는 구체적인 진로와 목적을 제시하였고, 자신의 관심사와 관련된 독서 경험 및 지식을 활용하여 진로 탐색 노력 및 의지를 드러내었다. 또한, 남북 분단 상황이라는 현실 인식과 자신의 진로에 필요한 자질을 지원 학교의 인재상과 연계하여 지원 동기와 진학 의지를 나타내었다.

저는 문학과 역사에 관심이 많고, 책 속의 수학적·과학적 요소들을 마인드맵으로 잘 정리하는 응용 사고력이 좋으며, 박물관과 미술관을 다니면서 예술적 감성도 키웠습니다. 또한, 외국어 습득 능력이 뛰어난 편입니다. 저의 이러한 소질과 재능을 살려 앞으로 다방면의 지식을 융합해 연구하는 미래학자가 되고자 합니다. 미래학자로서 여러 언어로 의사소통하는 것이 중요하다고 생각합니다. 영어, 중국어, 일본어 등 외국어 능력을 향상시키고, 특히 아시아를 대표하는 미래학자가 되기 위해 기초 학문이 발달한 일본을 배우고자 ○○외고 일본어과에 지원하게 되었습니다.

• 분류 •
① 진로 분야: 사회
② 지원 학교: 외고
③ 소재: 관심사와 장점, 진로에 관한 방향성과 필요한 자질
④ 지원 동기에서 강조한 점: 자신이 꿈꾸는 진로와 관련된 자신의 관심사와 장점, 체험 활동을 제시하며 자신의 우수성을 드러내었다. 그리고 자신이 생각하는 진로를 위해 필요한 자질과 지원 학교의 특성을 연계하여 지원 동기와 진학 의지를 나타내었다.

저는 중학교 1학년 때 책을 통해 공인 회계사라는 직업을 처음 알게 되었고 제 적성과 잘 맞는다고 생각해 장래 희망으로 정했습니다. 공인 회계사가 되기 위해서는 적극성과 꼼꼼함을 포함한 다양한 능력이 필요하며, 국제화 시대가 되면서 외국 기업의 감사와 컨설팅을 위해 외국어가 필수 요소가 되었습니다. 그래서 저는 제 외국어 실력을 향상시켜 줄 수 있는 외국어 고등학교 진학을 결심하게 되었습니다. 그러던 중 ○○외고 입학 설명회를 통해 일본어과에서 일본어 능력 시험 인증 제도와 문화 교류회를 시행하고 있다는 것을 알게 되었습니다. ○○외고의 경영·경제 모임을 통해 전문적 지식을 쌓아 나간다면 경제 대국인 일본에 진출해 국제적으로 인정받는 회계사가 될 수 있을 것입니다. 그 꿈에 한발 더 다가설 수 있을 것이라 생각해 ○○외고에 지원했습니다.

• 분류 •
① 진로 분야: 경영·경제
② 지원 학교: 외고
③ 소재: 구체적인 진로와 목표, 자신의 진로에 필요한 자질, 지원 학교의 프로그램과 동아리, 설명회 참가 경험
④ 지원 동기에서 강조한 점: 자신의 진로를 구체적으로 드러내고 목표를 제시하며 진로 탐색 노력 및 의지를 나타내었다. 그리고 자신의 진로에 필요한 자질과 지원 학교의 프로그램 및 동아리를 연계하여 지원 동기 및 진학 의지를 나타내었다. 또한, 지원 학교의 설명회에 참가하였던 경험을 제시하며 지원 학교에 대한 관심을 드러내었다.

예술에는 어떠한 언어도 필요 없이 사람의 마음을 움직이고 감동시킬 수 있는 힘이 있다. 특히 예술과 광고가 결합이 되는 미디어 시대에는 누가 더 예술적인 감각으로 사람을 설득하느냐에 기업들은 중점을 둔다. 오래전부터 광고 기획자라는 꿈을 가지고 공부하면서 꿈을 구체화하기 위해 외고 진학을 목표로 준비했고, 이후 예술의 중심지 프랑스에서 유학을 하기 위해 ○○외고 프랑스어과에 지원하게 되었다.

• 분류 •
① 진로 분야: 문화 콘텐츠
② 지원 학교: 외고
③ 소재: 자신의 진로에 대한 주관과 목표, 졸업 후 진로, 지원 학교에 대한 꾸준한 관심
④ 지원 동기에서 강조한 점: 예술과 광고의 결합이라는 자신의 진로에 대한 가치관과 이루고자 하는 목표를 제시하며 진로 탐색 노력과 의지를 드러내었다. 또한, 지원 학교에 대한 관심과 준비가 오래되었다는 것을 기술하며 지원 동기와 진학 의지를 나타내었다.

저는 세계의 가장 큰 패션 마켓으로 성장하고 있는 중국을 공략하고 싶습니다. 중국어와 영어는 제가 중국에서 활동하는 것에 큰 도움을 줄 것이기 때문에 ○○외고 중국어과에 지원했습니다.

• 분류 •
① 진로 분야: 경영·경제
② 지원 학교: 외고
③ 소재: 미래 예측 및 자신의 목표, 자신의 진로에 필요한 자질
④ 지원 동기에서 강조한 점: 자신이 꿈꾸는 진로에 대한 미래 예측 및 이루고자 하는 목표를 제시하며 진로 탐색 노력과 의지를 드러내었다.

16세기에는 수많은 예언 적중을 통해 인류에게 놀라움을 안겨 준 노스트라다무스가 있었습니다. 여러 현상이 뒤얽힌 현대 사회에서도 그의 예언이 맞을까요? 저는 과학적인 데이터를 이용해서 미래의 경제를 예측하는 경제학 연구원이 되고 싶습니다. 중학교 3학년 때 중국어를 배우면서, 미국이 경제 정책 방향을 유럽에서 동아시아로 전환할 만큼 중요해진 중국에 관심을 갖게 되었습니다. 그래서 저는 중국에 대해 체계적으로 배우기 위해 ○○외고 중국어과에 지원하게 되었습니다.

• 분류 •
① 진로 분야: 경영·경제
② 지원 학교: 외고
③ 소재: 객관성과 과학적 분석이 필요한 경제학의 특성, 외국어 학습 경험과 관심
④ 지원 동기에서 강조한 점: 직관적인 예언과 과학적 분석을 비교하여 경제학의 특성과 경제에 대한 지식을 드러내었다. 그리고 외국어 학습 경험과 중국에 대한 시사적 배경지식을 지원 학과와 연계하여 지원 동기와 진학 의지를 나타내었다.

많은 사람이 독도 문제나 위안부 문제 때문에 일본에 대한 적대적인 감정을 가지고 있는데, 저도 그런 문제가 해결되어야 한다는 점에는 동의합니다. 하지만 한편으로는 '오모테나시'처럼 손님에게 진정으로 최선을 다하는 직업 정신을 비롯한 일본의 다양한 장점은 받아들이면 배울 것이 많다고 생각합니다. 그래서 감정에만 치우치지 않고 균형 있는 시각으로 세상과 소통하려면 가깝고도 먼 일본부터 이해하는 것이 중요하다고 생각해서 ○○외고 일본어과에 지원했습니다.

• 분류 •
① 진로 분야: 정치
② 지원 학교: 외고
③ 소재: 한일 사이의 국제적 이슈와 바람직한 한일 관계에 대한 입장, 일본에 대한 관심과 배경지식
④ 지원 동기에서 강조한 점: 한일 관계에 대한 관점과 시사적 이슈를 제시하며 국제적 감각을 드러내었다. 그리고 일본에 관한 배경지식과 자신의 진로를 통해 이루고자 하는 목표를 지원 학과와 연계하여 지원 동기와 진학 의지를 나타내었다.

자동차 산업은 국가별로 육성하고 보호하는 산업입니다. 그러다 보니 안타깝게도 우수한 품질의 우리나라 자동차가 유럽이나 미국에 진출할 때 높은 장벽에 막히게 됩니다. 아버지와 많은 이야기를 나누면서 우리나라의 우수한 자동차 기술을 세계에 알리고 우리나라의 자동차 산업을 보호할 수 있는 자동차 인증관(Car Inspector)이 되어야겠다는 생각을 했고, 그 과정에서 ○○외고 영어과에 지원하게 되었습니다.

• 분류 •
① 진로 분야: 경영·경제
② 지원 학교: 외고
③ 소재: 구체적인 진로 목표와 방향, 관심 분야에 대한 배경지식
④ 지원 동기에서 강조한 점: '자동차 인증관'이라는 생소하지만 특별한 진로 목표를 제시하였고, 자신이 관심을 가지고 있는 자동차 산업에 대한 전반적인 배경지식을 활용하여 지원 동기를 구성하였다. 특히 아버지와의 대화를 기술하며 부모님과의 원만한 관계를 나타내었다.

　　중학교 1학년 때 일본 대중문화 탐구 동아리 활동을 통해 일본에 영향을 끼치는 우리나라 대중문화의 특징과 장단점을 파악했다. 이후 일본뿐만 아니라 세계에 한류를 전파할 수 있는 방송 PD가 되기로 진로를 정했다. 이를 위해서는 상대국의 문화를 이해해야 하며, 문화 이해의 시작은 언어라고 생각했다. 이에 외국어 능력과 함께 지·인·용을 함양해서 글로벌 리더로 성장할 수 있게 해 주는 ○○외고를 찾게 되었다. 일본뿐만 아니라 전 세계에 영향력을 미칠 수 있는 프로그램을 제작하는 PD가 되기 위해 영일과에 입학해서 영어와 일어 모두에 열중할 것이다. 또한, 방송반에 가입해서 다양한 경험을 쌓고, 내가 원하는 콘텐츠를 개발하기 위해 노력할 것이다.

● 분류 ●

① 진로 분야: 문화 콘텐츠
② 지원 학교: 외고
③ 소재: 동아리 활동, 지원 학교의 교육 이념, 진로 목표와 방향
④ 지원 동기에서 강조한 점: 중학교 시절 동아리 활동을 통해 탐구한 경험을 토대로 진로 동기를 구성하였고, 자신의 꿈을 이루기 위한 자질과 지원 학교의 교육 이념을 연결하여 지원 동기와 진학 의지를 나타내었다. 또한, 자신이 이루고 싶은 목표와 진학 후 계획을 연계하여 기술하였다.

　　『무엇이 수업에 몰입하게 하는가』라는 책을 읽고 학생의 잠재력을 끌어올려 인재로 성장시키는 영어 교사가 되기로 결심했다. 언어 관련 교사는 단순히 문법과 회화가 아닌 각 사회의 문화와 사상을 알려 주어야 한다고 생각했다. 이에 서양의 문화들을 조사하면서 독일은 루터, 칸트, 비스마르크, 베토벤 등 다양한 분야의 지성들이 활약했음을 파악했다. 이에 외국어 실력을 지속적으로 향상시키면서도 서양 문화의 한 축을 담당하고 있는 독일 문화의 특징을 이해하고자 독일어과에 지원했다. ○○외고의 인성, 창의성, 국제화 교육과 △△△ 시스템은 자기주도학습 및 나의 진로를 실현시켜 줄 가장 최적의 시스템이라고 생각한다. 심화된 영어 교육은 물론, 체계화된 독일어 습득과 다양한 동아리 활동도 지원 동기에 크게 영향을 미쳤다. 입학 후 교육 연구반에서 '미래 교육 연구 및 교육에 대한 자가 성찰'을 확립할 것이다. 또한, 교육 봉사반에서 외국어 능력의 재능 나눔을 실천할 것이며, 학생들에게 논리적이고 정확한 지식과 건전한 가치관을 심어 주기 위해 독서 및 토론 활동을 활성화할 것이다. 졸업 후 사범 대학에 진학해서 교사로서의 자질을 쌓을 것이다. 이후 학생들이 몰입할 수 있는 수업을 이끌 수 있는 교사로 성장하는 것이 최종 목표이다.

● 분류 ●

① 진로 분야: 교육
② 지원 학교: 외고
③ 소재: 독서 및 탐구 경험, 지원 학교의 프로그램 및 동아리, 진학 후 계획과 목표
④ 지원 동기에서 강조한 점: 중학교 때 자신이 읽은 책을 활용하여 진로를 정한 계기를 구성하였고, 서양 문화에 대한 탐구 노력을 활용해 지원 동기를 나타내었다. 또한, 지원 학교의 프로그램과 동아리를 기술하여 진학 의지를 드러내었고, 자신이 생각하는 교직관을 통해 진로에 대한 확고한 의지를 나타내었다.

진로에 대해 고민하던 중 EBS 「위대한 수업」이라는 프로그램을 보게 되었다. 의사 선생님들이 멋져 보였고, 그분들처럼 되고 싶었다. 의사라는 직업에 대해 알아보면서 기초 의학을 배운 뒤 환자 치료보다는 새 치료법을 개발해 의학 발전에 이바지하기로 결심했다. 기초 의학 연구원은 지적 능력뿐만 아니라 연구를 위한 창의성, 협동심을 바탕으로 한 인성, 연구 방향을 제시해 줄 예리한 판단력 등이 필요한데, 이는 모두 ○○고의 건학 이념과 일치해서 지원을 결심했다. 입학 후 동아리 활동과 함께 스포츠 활동을 할 계획이다. 훗날 서울대 의대에 진학해 기초 의학을 공부하고 의학의 발전에 공헌할 수 있는 연구원이 되고 싶다.

• 분류 •
① 진로 분야: 의료
② 지원 학교: 자사고
③ 소재: 진로를 정한 계기, 구체적인 진로 방향과 목표, 자신의 꿈을 이루기 위한 자질, 지원 학교의 건학 이념과 프로그램
④ 지원 동기에서 강조한 점: 전문 다큐멘터리 TV 프로그램을 활용해 진로를 정한 계기를 구성하였고, 구체적인 진로 방향과 목표를 기술하며 진로 탐색 노력과 의지를 나타내었다. 또한, 자신의 꿈을 이루기 위해 필요한 자질과 지원 학교의 건학 이념 및 프로그램을 연결하여 지원 동기와 진학 의지를 드러내었다.

알레르기 비염과 두드러기로 다양한 치료를 받았지만, 반복되는 증상으로 고통을 겪으며 소아 호흡기·알레르기과 의사의 꿈을 키우게 되었다. 이에 ○○고에 입학해서 의학 동아리 □□을 만들어 효율적인 알레르기 치료법에 대한 논문을 작성하고, 의학 포럼에 참가해 기본적인 소양을 갖추고자 한다. 졸업 후에는 면역학을 연구해서 효율적인 알레르기 치료법에 대한 탐구를 진행할 것이고, 세계 보건 기구에서 국제 보건 의료 분야에 공헌할 것이다.

• 분류 •
① 진로 분야: 의료
② 지원 학교: 자사고
③ 소재: 개인적인 치료 경험, 진학 후 심화 탐구 방향과 진로 계획
④ 지원 동기에서 강조한 점: 개인적인 질병 치료 경험을 활용하여 진로를 정한 계기를 구성하였고, 소아 호흡기·알레르기과 의사라는 구체적인 목표를 기술하여 진로에 대한 의지를 나타내었다. 또한, 진학 후 심화 탐구 활동 계획과 졸업 후 진로 계획을 제시하여 자신의 진로에 대한 심층 탐구 노력 및 배경지식 수준을 드러내었다.

10년 동안의 한국 스웨덴 협회 문화 교류 활동으로 국제 무대에서 일하는 분들을 보며 국제 변호사라는 꿈을 갖게 되었다. 애플과 삼성의 특허 소송에 대한 탐구와 보고서를 작성하면서 자본주의 사회에서 지식 재산권의 중요성을 깨닫고 지적 재산권 전문 국제 변호사로 꿈을 구체화시켰다. 이를 위해 Stanford 대학교에서 국제 관계학과 법학을 공부할 것이다. 세계를 이끄는 국제적 인재가 되기 위해 ○○고등학교 국제 과정에 입학한 후 고등학생 인턴으로 세계 지적 재산권 기구에서 활동하며 RC&P로 세계 지적 재산권 분쟁에 대한 탐구를 진행할 것이다. 창의성과 자율성이 기반이 된 △△ 동아리에서 세계와 소통 가능한 실력을 쌓고 싶다.

• 분류 •
① 진로 분야: 법과 정치
② 지원 학교: 자사고
③ 소재: 국제적 교류 경험, 영어 소논문 작성 경험, 진로 방향과 목표, 진학 후 심화 탐구 방향과 진로 계획
④ 지원 동기에서 강조한 점: 국제적 교류 경험과 영어 탐구 보고서 작성 경험을 활용하여 자신의 진로를 정한 계기와 지적 탐구력 수준을 드러내었다. 또한, 구체적인 진로 방향과 목표를 제시하고 진학 후 계획으로 국제 기구 인턴이나 논문 작성, 동아리 활동을 기술하며 지원 동기와 진학 의지를 나타내었다.

나의 비전은 진리 추구를 통해 평화를 창조한다는 ○○고의 건학 이념과 일맥상통한다. 인문 과정에서 사회, 경제와 관련된 심화 학습을 하며, ET(Elective Tracks)나 R&D를 적극적으로 활용하며 국제 문제를 바라보는 다양한 관점들에 대해 알아 가려 한다. 모의 유엔 활동을 꾸준히 이어 나가 대사관이 아닌 의장단으로 활동하고자 한다. 또한, 미래의 외교 활동을 위해 영어뿐만 아니라 제2외국어 과정을 통해 다른 언어도 익힐 것이다. 졸업 후에는 서울대 정치·외교학과에 진학해 부전공으로 경제학을 선택해 공부하고 싶다.

• 분류 •
① 진로 분야: 외교
② 지원 학교: 자사고
③ 소재: 자신의 비전과 진로 계획, 지원 학교의 건학 이념, 진학 후 심화 탐구 및 활동 계획
④ 지원 동기에서 강조한 점: 자신이 꿈꾸는 비전과 지원 학교의 건학 이념을 연결하여 지원 동기를 구성하였다. 그리고 진학 후 심화 탐구 및 활동 계획을 구체적으로 기술하며 지원 동기와 진학 의지를 드러내었다.

심도 있는 탐구 활동과 논문 작성이 가능한 ○○고에서 생각의 가닥을 바르게 엮을 수 있는 인문·사회 영역 교과목 학습과 기숙사 생활, 동아리 활동을 통해 공동체 의식과 의사소통 능력을 향상시켜 법조인의 자질을 함양할 것이다.

• 분류 •
① 진로 분야: 법과 정치
② 지원 학교: 자사고
③ 소재: 지원 학교의 특성과 프로그램, 진로에 필요한 자질
④ 지원 동기에서 강조한 점: 지원 학교의 특성과 프로그램을 자신의 진로에 필요한 자질과 연결하여 지원 동기 및 진학 의지를 나타내었다.

의학자를 꿈꾸며 생물과 화학에 대한 기초 지식을 공부하는 과정에서 교육 재능 기부 봉사 활동을 했다. 나의 노력이 나 혼자만을 위한 것이 아님을 깨달았고, 입학 후에도 치열하게 연구할 것을 결심했다. 이를 위해 ○○고의 활발한 동아리 활동 및 이를 통한 R&E(Research and Education) 활동이 필요하다. 졸업 후에는 불치병 치료법을 개발하기 위해 노력하여 훗날 인류의 삶을 더 행복하게 만들 것이다.

• 분류 •

① 진로 분야: 의료
② 지원 학교: 자사고
③ 소재: 생물과 화학 공부 경험, 재능 기부 봉사 경험, 지원 학교의 프로그램과 동아리, 진로 계획
④ 지원 동기에서 강조한 점: 재능 기부 봉사 경험을 통해 진로 방향과 목표를 드러내었다. 또한, 지원 학교의 프로그램과 동아리를 자신의 진로 계획과 연계하여 서술하며 지원 동기 및 진학 의지를 나타내었다.

과학 탐구 동아리 △△를 만들어 첨단 과학과 통신 기술 분야에 대한 특별한 관심을 갖고 있다. 인간을 닮은 로봇, 헬스 케어를 위한 웨어러블 기기, 인공 지능과 뇌 과학 분야에 대한 탐구를 진행하고 「유비쿼터스 세상과 나」라는 보고서를 썼다. 사물 인터넷 세상이 될 미래에는 기기와 인간이 교감하는 Digi-Sensus 기술이 일상을 지배할 것이며, 기술 혁신이 가속화될수록 더 인간적이고 감성적인 Warm Technology가 필요하다는 결론에 도달했다. 이러한 기술을 실현해 낼 수 있는 인재가 되기 위해 ○○고 진학을 결심했다.

• 분류 •

① 진로 분야: 정보 통신
② 지원 학교: 자사고
③ 소재: 과학 탐구 동아리 활동, 탐구 보고서 주제 및 작성 경험, 진로 방향과 목표
④ 지원 동기에서 강조한 점: 과학 탐구 동아리 및 보고서 작성 경험을 통해 자신의 진로에 대한 탐색 노력과 배경지식 수준을 드러내었다. 그리고 보고서의 제목과 내용을 서술하여 진로 방향과 목표를 제시하였고, 지원 동기와 진학 의지를 나타내었다.

어릴 때부터 막연하게 사회에 도움이 되는 사람이 되고 싶었다. 사회 정의를 실현하는 직업을 갖는 것이 옳다고 생각해서 판사, 외교관 등 막연하게 다양한 진로를 꿈꿔 왔다. 그러던 중 『식량의 제국』이라는 책을 읽고, 세계 식량 경제의 불공정성을 알게 되었다. 그리고 이로 인해 기아에 직면해 인간으로서의 생존권도 제대로 보장받지 못하는 난민들이 줄지 않는 현실을 파악했다. 이에 세계 식량 경제의 공정성을 유도하고, 기아를 겪고 있는 난민을 도울 수 있는 UN 산하 WEP 공무원이 되기로 결심했다. 이 꿈을 실현하기 위해서는 외국어 능력과 타인을 배려하는 인성을 갖추는 것이 필수라고 생각한다. ○○외고의 특성화된 외국어 교육과 인성 교육은 국제 기구 공무원이 갖추어야 할 자질을 키워 줄 것이라고 확신해서 지원했다. 중국어과를 지원한 이유는 세계에서 가장 많이 사용되는 중국어와 영어를 학습해 약 20억 명 이상의 인구와 소통할 수 있는 실력을 갖추기 위함이다. 입학 후에는 다문화 봉사반에서 활동하며 중학교 때부터 지속해 온 봉사 동아리 활동을 해 나갈 것이다.

• 분류 •

① 진로 분야: 외교

② 지원 학교: 외고

③ 소재: 독서 경험, 진로 방향과 목표, 자신의 꿈을 위해 필요한 자질, 지원 학교의 특성과 동아리 활동

④ 지원 동기에서 강조한 점: 독서 경험을 통해 진로를 선택한 계기를 구성하였고, 구체적인 진로 방향과 목표를 기술하여 진로 탐색 노력과 의지를 드러내었다. 또한, 자신의 꿈을 이루기 위한 자질과 지원 학교의 특성 및 동아리 활동을 연계하여 지원 동기와 진학 의지를 나타내었다.

03 자기주도학습

많은 학생들이 자기 스스로 계획을 세우고 공부하였다고 생각하지만 이는 자기주도학습 영역의 평가 기준을 잘못 이해한 것이다. 반드시 특목고와 자사고가 선발하고자 하는 인재상에 대해 먼저 고민해 보아야 한다. 특목고와 자사고는 학습 능력의 가능성도 보지만 현재 어느 정도의 학습 수준을 가지고 있는지를 함께 보기 때문에 현재 자신의 학습 수준을 보여 줄 수 있어야 한다. 하지만 성적과 시험 등수를 쓰지 못하므로 학생의 학습 방법을 통해 학습 능력을 증명해야 하는 것이다. 또한, 학습 과정을 통해 자신의 학습 능력이 어떻게 향상되었는지를 서술하는 것이 매우 중요하다. 자기주도학습은 결국 우수한 학생들이 공통적으로 가지고 있는 학습상의 특성이기 때문에 자기소개서에서 요구하는 것이며 이 부분이 자기소개서의 가장 중요한 점임을 명심해야 한다.

3-1 | 영어

1

여행 일기를 쓰면서 영어를 공부했다. 특히 여행을 갈 때 펜과 노트를 소지하며 지명이나 교통편, 먹은 음식과 느꼈던 감정 등을 기록해 두었다. 이를 영어로 다시 바꾸면서 단어와 상황에 맞는 숙어를 찾아보며 공부하게 되었고 어휘력을 높일 수 있었다. 홍콩으로 자유 여행을 간 마지막 날, 공항으로 가는 택시의 비용을 남은 홍콩 달러와 미국 달러를 섞어서 지불했었는데, 나중에 확인을 해 보니 바가지를 쓴 꼴이었다. '바가지를 쓰다'를 영어로 바꾸다 보니 'rip-off'라는 표현을 알게 되었다. 또한, 여행지의 아름다운 풍경을 보거나 맛있는 음식을 먹으면서 느낀 감정을 표현할 때는 'I was happy.'보다는 'I was over the moon.', 'I felt on top of the world.' 식의 표현 등을 써 보게 되어 여행의 여운을 더욱 풍부하게 느낄 수 있었다. 장소를 나타내는 단어 공부는 작문에 많은 도움이 되었다. 부동산 옆에 있던 호텔의 위치를 적어 두며 부동산이 'property'라는 것 외에 'real estate'라는 것을 찾아 새로운 문장에 사용해 보았다. 여행을 통해 새롭게 알게 된 단어와 표현들은 노트에 정리하고 공부하면서 실생활 영어 회화 표현들을 습득할 수 있었고 작문을 할 때 다양한 표현을 적용할 수 있었다.

• 분류 •
① 소재: 영어 여행 일기 쓰기, 구체적인 영어 표현
② 학습법에서 강조한 점: 여행 일기를 영어로 쓰며 영어 표현을 고민하는 경험을 통해 영어 학습 수준이 교과 수준 이상이라는 점을 나타내었다.

2

학교에서 영어 회화 및 작문 실력을 향상시키기 위해 친구들과 함께 생활 영어 자율 동아리를 만들었다. 최근 이슈였던 ○○○ 법에 관해 토론했고, 환경 문제를 주제로 탐구 보고서를 같이 작성했다. 다양한 의견을 바탕으로 보고서를 완성해 가며 내가 생각하지 못했던 사고방식과 논리를 배울 수 있었던 기회가 되었다. 이로 인해 서로 협력하면 더 좋은 결과를 얻는다는 것을 깨달았다. 또한, 국내외 이슈에 관한 배경지식과 논리적 사고력을 기를 수 있었고 다양한 시각의 존재와 필요성을 느꼈다.

• 분류 •
① 소재: 자율 동아리 활동, 영어 토론 경험, 탐구 보고서 작성
② 학습법에서 강조한 점: 정규 동아리 외에 자율 동아리 활동을 통해 영어 학습 경험을 드러내었다. 그리고 영어 토론과 탐구 보고서의 구체적인 주제를 제시하고 영어 토론 경험을 통해 배운 점까지 나타내어 심층적인 영어 학습 경험을 드러내었다.

3

영어 토론 동아리에서 생명 윤리나 사행성 산업의 문제점에 대해 토론을 하면서 사고력을 늘림과 동시에 말하기 능력 향상에도 많은 도움을 받았다. 매주 TIME 영자 잡지를 읽거나 EDX라는 영어 강의에서 심리학 관련 강의를 들으며 전문적인 영어 표현들을 익히고 학문적인 사고의 과정을 논리적으로 표현할 수 있는 능력을 길렀다.

• 분류 •
① 소재: 동아리 활동, 영자 잡지 구독 및 영어 강의 청취
② 학습법에서 강조한 점: 영어 토론과 말하기, 독해, 청취 등과 같은 다양한 영어 학습 경험을 동아리와 잡지 구독, 강의 청취 경험을 활용하여 나타내었다. 또한, 자신의 관심 분야와 관련된 영어 강의를 구체적으로 제시하여 심화 영어 학습이 이루어졌다는 점을 드러내었다.

4

영어 뮤지컬을 준비하면서 영어 실력을 쌓았다. 「브레멘 음악대」라는 뮤지컬을 준비하면서 처음에는 사람들 앞에서 영어로 말하는 것이 어색하고 힘이 들었다. 하지만 직접 대본을 읽으며 발음을 연습했다. 목소리를 녹음해 시간이 날 때 마다 듣고 말하기를 반복하며 스피킹 실력을 늘렸다. 대본으로 공부하면서 뮤지컬에 등장하는 가축들의 감정 표현과 관련된 단어인 'euphoric', 'joyous', 'abject', 'downhearted'를 알게 되었고 'all eyes and ears'와 같은 새로운 숙어를 접하게 되었다. 또한, 문법에서는 원급과 비교급을 이용한 최상급 표현을 배울 수 있었나. 이후 다양한 영어 말하기 대회를 직접 찾아보고 참가해서 경험을 쌓았고 영어 실력뿐 아니라 사람들 앞에서 발표하는 실력을 높일 수 있었다. 영어 뮤지컬에 관심이 높아져 「맘마미아」, 「캣츠」, 「레 미제라블」을 관람했고 관람 후에는 작품의 감동을 오랫동안 기억할 수 있도록 나의 느낌을 영어 감상문으로 남겼다.

• 분류 •
① 소재: 영어 뮤지컬 공연 및 관람 경험, 구체적 표현, 영어 말하기 대회, 영어 감상문 쓰기
② 학습법에서 강조한 점: 영어 말하기와 작문 실력, 문법 실력 등을 연습하기나 문제 풀기, 노트 정리하기와 같은 방법이 아니라 구체적인 활동 경험 및 표현을 제시하여 교과 수준 이상의 영어 학습이 이루어졌다는 점을 드러내었다.

영어 문법 같은 경우는 개념을 응용 문제로 쉽게 정리할 수 있었지만, 3학년에 들어와서는 다양한 지문의 독해를 하려고 했을 때 '왜 명료한 글을 쓸 수 없는가?'라는 지문이 유독 독해가 되지 않았다. 그래서 선생님께 질문을 했는데 글의 구성 방식과 흐름에 대한 이해가 부족하다는 지적을 해 주셨다. 그간 영어 소설만 읽던 습관에서 벗어나 CNN 뉴스에서 노인 빈곤 문제와 같은 다양한 내용을 접할 수 있게 노력했다. 또한, 뉴스 기사나 사설들은 표제어에서 be 동사가 생략되는 것처럼 생략된 어휘가 많아서 내용을 추론해야 하는 것이 많고, 육하원칙이라는 형식적 틀을 많이 활용한다는 특성을 알고 글에 따라 독해 방법을 다르게 했던 것이 좋은 공부가 되었다.

• 분류 •
① 소재: 영어 지문 독해 경험, 다양한 지문을 독해하며 알게 된 점
② 학습 과정에서 강조한 점: 영어 수업 시간 중 겪었던 어려움을 영어 선생님에게 지도 받아 이겨 낸 과정을 통해서 교사와의 관계 및 수업 태도가 우수하다는 점을 드러내었다. 그리고 선생님께서 지적한 문제점을 스스로 해결하기 위해 노력한 과정과 느낀 점을 제시하여 자기주도적 학습 능력도 나타내었다.

영어 시간에 호주 여행을 주제로 영어 대본을 만들고 발표했다. 호주의 명소들을 PPT 시각 자료로 만들고, 호주의 대중교통을 추가적으로 설명했다. 대표적 대중교통인 트램은 교통 체증이 없고, 역이 많아 다양한 지역에서 편리하게 이용 가능한 점, 그리고 우리나라 버스와의 차이점을 소개했다. 특히 멜버른의 명소 플린더스 스트리트 역을 소개할 때 'express train', 'junction' 등 관련 어휘들을 찾아 준비하며 어휘력을 향상 시킬 수 있었다. 'How many stops are there before~?', 'Which line should I take?' 등 여행 중 많이 사용되는 회화들을 소개하기 위해 발음을 녹음해 반복해서 들었다. 영어 대본을 녹음하고 반복해 들으면서 발음 교정도 할 수 있었다. 이후 여행이나 답사를 다녀온 후 기행문을 영어로 작문하는 활동을 하고 있다.

• 분류 •
① 소재: 영어 발표 경험 및 발표 자료 내용, 영어 기행문 작성 경험
② 학습법에서 강조한 점: 영어 발표는 통상적인 교내 활동이다. 그렇지만 자신이 발표한 주제와 발표 자료의 내용, 준비 과정을 구체적으로 제시하여 영어 말하기나 어휘, 작문 실력 등을 나타내었다.

7

중학교 2학년 때 어머니께서 즐겨 보시던 미국 드라마인 「프리즌 브레이크」를 소개해 주셨다. 정형화되어 있는 영어 학습에 많이 지쳐 있었는데 재미있는 미국 드라마로 영어를 공부하니 일상생활에서 쓰이는 어휘들을 익힐 수 있었고 영어에 대한 흥미가 높아지게 되었다. 이후 난이도 높은 영어 학습에도 적극적으로 도전하며 영어 실력을 키워 나갈 수 있었다.

● 분류 ●
① 소재: 미국 드라마를 활용한 학습, 심화 영어 학습 도전 경험
② 학습법에서 강조한 점: 교과서나 문제집을 읽고 풀며 공부하였다는 것보다 미국 드라마를 시청하며 듣기와 어휘, 표현 등을 익혔다는 경험을 제시하여 입학 사정관의 관심을 유도하였다.

8

평소 토론에 관심이 많아서 3학년 때 교내에서 진행된 영어 토론 활동에 참여했다. 대한민국에서 존엄사의 허용 여부가 논쟁이 된 '김씨 할머니 사건'에 대해 관심을 가졌고 존엄사 문제를 친구들과 연극, 토론으로 표현해 보고 싶었다. 이 문제에 대해 찬성과 반대 입장을 정하고, 각자 맡은 역할에 따라 기사를 분석해 보았다. 내가 반대 측을 맡아 반대 의견의 기사 내용을 분석하고 영어로 번역하는 과정을 통해 다양한 표현으로 내 생각을 효과적으로 드러낼 수 있었다. 번역한 내용을 토대로 토론을 진행하며 친구들과 의견을 나누는 과정에서 하나의 주제에 대해 다양한 관점이 존재함을 알게 되었고, 이를 통해 폭넓은 사고력을 키울 수 있었다.

● 분류 ●
① 소재: 영어 토론 준비 및 참여 경험
② 학습법에서 강조한 점: 영어 토론 주제를 제시하고 그와 관련된 준비 및 참여 경험을 통해 창의적인 영어 학습이 이루어졌다는 점을 나타내었다. 그리고 영어 토론을 통해 배운 점을 제시하여 활동의 진실성을 드러내었다.

9

영어 공부를 할 때 문제 풀이법을 배우는 것에는 한계가 있다고 느껴 학술적 주제의 영어 강의를 들었다. 두 번을 연달아 들으며 첫 번째는 내용의 연관성에 따라 단락을 구분하고 중심 내용을 적었다. 두 번째로는 중심 내용에 대한 부가 정보를 적으며 무엇이 핵심 내용인지 판단했다. 끝난 뒤에 강의의 흐름을 화살표로 표시했는데 내용 간의 연계성을 파악할 수 있었다. 강의를 통해 폭넓은 내용을 접했고 이는 배경지식 확장에 도움이 되었다.

● 분류 ●
① 소재: 영어 강의 청취 경험, 수강 방법 및 노력
② 학습법에서 강조한 점: 영어 학습 방법을 영어 강의를 듣고 공부하는 방법과 노력으로 제시하였다. 단순히 두 번 들었다는 것보다 구체적인 과정을 제시하여 영어 학습 수준을 드러내었다.

10

공부하면서 각 과목마다 특성에 맞는 공부법을 찾으려고 노력했다. 영어는 수업 시간에 배운 문법, 어휘에서 확장된 내용을 이해하기 위해 『타임』을 읽었으며, 『정의란 무엇인가』를 읽고 TED 강의를 들어 보았다. 그 내용이 흥미로워 친구들과 같이 토론해 보려고 선생님께 기획서를 제출하고 ○○○라는 자율 동아리를 만들었다. 각자 관심 있는 강의를 듣고 매주 모여서 토론을 했다. 그것을 준비하는 과정에서 어원들이 반복되는 어휘의 규칙을 찾아내는 등 영어 실력을 높이는 기회가 되었으며 영국인이 들려 주는 브렉시트 같은 국제 이슈를 이해할 수 있었다.

• 분류 •
① 소재: 영어 잡지 읽기, 독서 경험, TED 강의 시청, 자율 동아리 조직 및 활동
② 학습법에서 강조한 점: 영어 잡지와 책을 읽고 TED 강의를 들으며 자율 동아리까지 조직하여 활동하는 과정을 통해 주체적인 영어 학습이 이루어졌다는 점을 드러내었다. 또한, 국제 이슈와 관련된 토론 활동 경험을 통해 교과 수준 이상의 학습이 이루어졌다는 점도 나타내었다.

11

영어를 좋아하여 YouTube에 올라온 외국의 다양한 영상들을 즐겨 보았는데 가끔 이해하기 힘든 말이 있었다. 그런 단어나 숙어들은 먼저 공책에 적은 다음 사전으로 정확한 뜻을 찾아 정리한 후, 다시 한 번 영상을 보니 처음에는 이해하기 어려웠던 표현들이 쉽게 이해가 되었다. 그런 과정을 반복하니 듣기 능력도 좋아졌다. 남들이 잘 알지 못하는 것들을 알고 나면 정말 기분이 좋았지만, 그것을 친구들에게 알려 주면 그 기쁨은 더 커졌다. 동영상을 통해 알게 된 단어나 숙어들을 친구들에게 알려 주었을 때 좋아하는 모습을 보며 지식을 누군가에게 가르쳐 주는 일이 무척이나 뿌듯했고 이후로도 이러한 것을 선생님이라는 직업을 통해 더욱 깊이 느낄 수 있겠다는 생각이 들어 교사라는 꿈을 꾸게 되었다.

• 분류 •
① 소재: YouTube 시청, 영어 표현 노트 정리, 멘토링 경험
② 학습법에서 강조한 점: 영어에 대한 흥미와 관심을 YouTube를 시청하고 영어 표현을 노트에 정리하는 방법으로 나타내었다. 그리고 자신이 알게 된 영어 표현을 다른 친구들에게도 나누며 협동 학습을 하였다는 점을 제시하여 인성과 자신의 진로를 선택한 이유까지 나타내었다.

12

평소 시사적인 이슈에 관심이 많아 1학년과 2학년 때 영자 신문 동아리에 가입해서 활동을 했다. 영자 신문 동아리에서는 모의 UN 토론, 주한 미 대사관 견학, 신문 기사 작성 등의 활동을 했다. 모의 UN 토론에서는 핵 보유에 대한 문제로 토론을 했는데 핵 보유에 반대하는 입장을 맡았다. 핵무기는 몇몇 국가에서 허용되어 서로 견제하는 역할을 하기도 하지만 궁극적으로는 무력에 의한 국제 긴장감을 조성해서 바람직하지 않다고 주장했다. 깊이 있는 주제에 대해 영어로 대화하는 것은 말하기와 듣기 실력 향상에 도움이 되었고 국제 분쟁 문제에 더욱 관심을 갖는 계기가 되었다. 그래서 국제적인 문제를 주로 다루는 영자 신문을 구독하고 기사를 정리하는 활동을 하게 되었다. 이를 통해 관심 있는 분야에 대해 구체적인 정보를 얻을 수 있었고 영어 기사를 읽고 정리하면서 독해와 어휘 실력이 향상되었다. 이런 활동을 하면서 국제 사회의 분쟁을 해결하는 데 기여하는 외교관을 꿈꾸게 되었다.

• 분류 •
① 소재: 영자 신문 동아리 활동, 영자 신문 구독 및 스크랩
② 학습법에서 강조한 점: 영자 신문 동아리 활동을 하며 모의 UN 토론이나 주한 미 대사관 견학, 신문 기사 작성 등과 같이 다양한 경험을 하면서 영어 말하기와 듣기, 글쓰기 실력을 향상시켰다는 점을 나타내었다. 그리고 구체적인 토론 주제와 내용을 제시하여 교과 수준 이상의 영어 학습이 이루어졌음을 드러내었고 진로를 선택한 동기도 설명하였다.

PART 3

13

영어 듣기 실력을 늘리기 위해 주 3회 CNN 인터넷 사이트에서 뉴스를 청취했다. 뉴스 앵커와 기자가 뉴스 보도를 하는 것을 들으면서 전체적 맥락을 파악하려고 노력했다. 예를 들어, 북한의 핵 실험에 관련된 뉴스를 듣고 핵심 내용을 요약 정리한 후, 스크립트를 보며 내가 이해하지 못한 부분이 있는지를 확인하고 정확히 듣지 못한 부분을 다시 들어 보았다. 이 활동을 함으로써 한글 기사와 영어 기사의 표현들이 다르다는 것을 느꼈다. 그리고 영어 듣기 실력을 늘리는 것뿐만 아니라 국제적 이슈에 대한 여러 나라의 입장과 국제 관계에 대한 배경지식 또한 쌓을 수 있었다.

• 분류 •
① 소재: CNN 뉴스 청취, 신문 읽기
② 학습법에서 강조한 점: 영어 학습 경험을 서술할 때, CNN 뉴스 청취나 신문 읽기는 흔한 요소이기 때문에 구체적인 뉴스 주제와 학습 과정을 서술하였다. 이를 통해 영어 학습이 실제로 이루어졌음을 나타내고, 학습 수준을 드러내었다.

14

원서를 읽을 때 내용 전개상 중요한 부분이나 상징적 의미를 가진 부분에 밑줄을 긋고 관용 표현과 모르는 단어를 찾아 외우고, 여러 자료와 연관시켜 생각해 보았습니다. 『The Book Thief』를 읽고 책에서 나타나는 서술자의 시선에 관한 에세이를 쓰고, 1940년대의 사회적 상황에 대해 조사하거나 TED를 활용해 '침묵하는 것의 힘'이라는 강의도 들었습니다. 원서를 읽는 과정 자체가 어휘력과 문법적 감각을 기르는 데 도움이 되었는데, 다양한 자료와 연계시켜서 책을 더 깊이 있게 이해할 수 있었습니다. 친구들과 영어로 이야기해 보며 종합적으로 영어의 전 영역에 걸쳐 공부해 효율적으로 실력을 향상시킬 수 있었습니다.

• 분류 •
① 소재: 영어 원서 읽기, 영어 에세이 작성, TED 강의 청취, 영어 토론하기
② 학습법에서 강조한 점: 영어 원서 읽기와 에세이 작성, TED 강의 청취를 연계한 영어 학습 경험을 제시하였다. 그리고 주제나 과정을 구체적으로 서술하여 영어 학습이 실제로 이루어졌다는 점을 강조하였고 영어 학습 수준도 나타내었다.

15

저는 항상 공부한 내용을 실생활에 적용해 보고자 노력했는데, 이렇게 하면 지루하고 힘든 공부도 신기하고 흥미로운 지식이 되어 온전한 내 것이 될 수 있었습니다.

영어는 제 꿈의 반경을 넓혀 주는 언어라고 생각해 열심히 공부해 왔습니다. 학교에서 원어민 선생님과의 토론 수업에 꾸준히 참여했는데, '개발 도상국의 경제 성장을 위한 선진국의 경제적 도움의 정도'에 대한 의견 갈등이 있던 중, 개발 도상국에 선진국이 공장을 세워 양측이 모두 이익을 취하는 방안을 제시하기도 했습니다. 저는 이러한 토론으로 사고의 폭을 넓힐 수 있었습니다.

어렸을 때부터 영어 원서를 즐겨 읽었고 외국에 우리나라 전래 동화를 알리기 위해 번역 자원 봉사를 했습니다. '산신령'의 경우, 사전도 찾아보고 원어민 친구들과도 의논하면서 'mountain spiritual guardian'으로 번역했는데, 언어 고유의 느낌을 살리는 것이 어렵지만 중요하다는 것을 깨달았습니다.

• 분류 •
① 소재: 학습에 대한 가치관, 영어 토론 수업 경험, 영어 원서 읽기, 번역 자원 봉사
② 학습법에서 강조한 점: 자신이 학습에 대해 생각하는 점을 먼저 제시하고 세부적으로 영어 토론 수업 경험이나 영어 원서 읽기, 번역 자원 봉사와 같은 영어 학습 방법을 제시하였다. 특히 영어 토론 주제와 함께 자신의 주장과 근거까지 제시하였고, 영어 번역 과정에서 어휘 선택에서 어려움이 있었다는 것을 실제 예시를 들어서 설명하여 영어 실력까지 드러내었다.

실생활에서 꾸준히 영어 실력을 높였다. 영국 드라마 「셜록」을 자막 없이 볼 때 모르는 단어, 숙어를 정리해 암기하고 'Pink Study' 편에 나온 추리 내용 중 이해가 안 되는 부분을 구글에서 찾아 해석했다. 다양한 단어를 찾아 암기하면서 어휘력이 늘었고 영국식 발음을 반복 연습해 구사 능력을 키웠다. 이외에도 영어 버전의 제품 설명서, 관광 안내지를 보고 해석한 후 노트에 붙여 정리했다. 인사동에서 외국인에게 한국 문화를 홍보하며 평소 공부한 숙어를 활용했고 경복궁 안내지를 새롭게 만들어 더 쉽게 안내할 수 있는 방법을 생각했다. 일상생활에서 접하는 영어에 관심을 가지고 반복 학습하며 실용 영어 실력이 늘었고 외국인들과 소통을 할 때 자신감을 가질 수 있었다.

● 분류 ●
① 소재: 영국 드라마 시청, 영어 학습 노트 만들기, 인사동 외국인 대상 통역 봉사 활동
② 학습법에서 강조한 점: 영국 드라마를 보며 영어 공부를 하였다는 것은 식상한 서술이다. 따라서 드라마의 내용이나 학습 과정을 구체적으로 서술하여 실제적인 영어 학습 과정을 설명하는 것이 바람직하며 단순히 영상을 보는 것보다 노트를 정리하는 등의 추가적인 학습 과정이 이루어졌다는 점을 나타내야 한다. 또한, 통역 봉사 활동도 영어 학습 경험이 될 수 있다. 통역 봉사를 준비하는 과정이나 배운 점을 구체적으로 제시하면 된다.

영어는 페이지의 그림과 색깔을 그 장의 중요 문장과 단어와 연결해 20회 이상 반복 암기해서 본문 전체를 읊을 수 있는 수준이 되도록 했다. 사람같은 행동을 하는 동물에 관한 본문에서는 여우들도 기분이 나쁘면 그 자리를 떠나 버리는 그림을 연상했고, 주고받기를 하는 내용에서는 'in return'과 같은 핵심 단어와 연결해서 기억했다. 프린트물은 중요 키워드, 핵심 문법, 접속사 부분에 빈칸을 뚫어 학습지를 제작했고 빈칸의 수를 점점 늘려서 암기했다. 이어서 해석본을 만들고 반복해서 읽은 후 그 내용으로 다시 영작하며 단어와 숙어 문법 적용이 가능한지 확인했다. 이를 통해 본문 전체의 핵심 문법을 찾거나 문장의 구조를 쉽게 파악할 수 있었고 수업 시간에 더 집중하게 되었다.

● 분류 ●
① 소재: 영어 암기 방법, 학습지 제작 경험
② 학습법에서 강조한 점: 영어 암기 방법을 단순히 횟수나 큰 소리로 외치기, 다른 사람에게 설명하듯 하기 등으로 서술하기보다는 구체적인 내용과 방법을 제시하는 것이 설득력이 있다. 그리고 학습지를 제작한 경험에서 구체적인 과정이나 노력을 서술하여 영어 학습 수준을 드러내었다.

18

외국인들에게 한국 역사를 알리기 위해 지난 4년간 영어로 문화 유산 해설사 활동을 하고 있다. 해설 중에 '가마'를 'palanquin'으로 설명했지만, 가마 문화가 없는 외국인들을 이해시키기 어려워서 사전을 찾아 'sedan chair'로 설명했고 훨씬 쉽게 이해시킬 수 있었다. 보다 정확하게 의사를 전달하기 위해서는 상대방이 이해할 수 있는 어휘와 표현이 중요하다는 것을 깨달았다. 그리고 준비한 해설 내용 외에도 외국인들이 관심 있어 하는 내용을 계속적으로 공부해서 해설 카드를 보완했다.

• 분류 •
① 소재: 문화 유산 해설사 활동 경험, 문화 해설 카드 작성 노력
② 학습법에서 강조한 점: 문화 유산 해설사 활동만으로는 영어 실력이 뛰어나다는 점을 드러낼 수 없다. 그래서 해설하는 과정에서 겪은 에피소드를 활용하였고 해설을 준비하는 과정을 구체적으로 서술하여 영어 말하기 수준과 영어 학습 노력의 정도를 나타내었다.

19

1학년 때 영자 신문 동아리에서 '얼음물에 얼굴 담그기'와 같은 사실 위주의 기사를 썼다. 하지만 3학년이 되어서는 멘토 스쿨에서 '한류의 양상과 한계 그리고 대안'과 같은 분석적이고 방향성을 제시하는 기획 기사를 쓸 수 있게 되었다. 그 과정에서 사회 현상을 전체적으로 이해하고 자료를 활용하는 능력을 기를 수 있었다.

• 분류 •
① 소재: 영자 신문 동아리 활동, 자신이 쓴 기사 내용
② 학습법에서 강조한 점: 영자 신문 동아리에서 영문 기사를 작성하였다는 단편적인 서술보다 기사의 구체적인 내용과 주제를 제시하는 것이 바람직하다. 더 나아가 기사 작성을 하면서 배운 점까지 서술하여 영문 기사 작성이 자의에 의한 활동이며 학생 자신에게 효과가 있었다는 점을 나타내었다.

20

○○학교에서 △△ 과정을 준비하며 영어 외의 다른 과목에서도 에세이를 썼다. 이때 여러 분야에서 내 생각을 정확하게 표현하려고 하였다. 학기당 원서 10권을 읽었는데, 독서량보다 정확한 내용 이해가 더 중요하다는 것을 느꼈다. 어렵거나 관심 있는 책은 서너 차례 반복해 읽으면서 글의 흐름을 이해하고 작가가 어떠한 방식으로 이야기를 전개하는지 파악하려고 노력했다. 처음 읽었을 때 의미 없이 지나쳤던 부분들도 다시 읽을 때는 이후 전개 흐름과의 연관성이 보였고, 그런 부분은 포스트잇을 활용해서 연관된 내용을 표시하고 숨겨진 뜻을 추론하며 읽었다. 이런 연습은 학교 교과서를 읽을 때뿐만 아니라 모의 유엔 토론과 모의 법정 대회 준비 자료를 읽을 때나 심화 영어 독해 지문을 읽을 때에도 많은 도움이 되었다. 이렇게 메모를 활용한 독서 방식을 통해 지문의 핵심을 효과적으로 파악할 수 있었고, 에세이를 쓸 때 표현력 향상에 많은 도움이 되었다.

• 분류 •
① 소재: 영어 원서 독서, 에세이 작성 경험
② 학습 과정에서 강조한 점: 영어 원서 독서, 에세이 작성 경험을 활용하여 자신의 영어 실력을 드러내었다. 그리고 구체적인 독해 과정을 제시하고 모의 유엔 토론과 모의 법정 등 활동 경험을 추가하여 서술의 신빙성을 높였다.

21

내 꿈은 기자이다. 시사 이슈를 알기 위해 매일 BBC 기사를 읽었다. 기사를 먼저 훑어보며 대략적인 내용을 추측한 후, 세부적인 단어와 표현을 찾아보았다. 문장 분석을 해도 독해가 되지 않는 부분과 표현은 싱가포르 친구에게 물어보았다. 더 나아가, 이슈에 대한 외국의 여론도 물어보며 사건에 대해 토론했다. 세계적인 시사 이슈에 관한 기사를 읽으면서 독해 실력을 키우고, 주요 뉴스는 시청하면서 청해력을 키웠다.

• 분류 •
① 소재: 영문 기사 분석 및 영문 뉴스 청취, 외국인 친구와 교류
② 학습 과정에서 강조한 점: 단순히 BBC 기사를 읽었다는 것이 아니라 싱가포르에 있는 외국인 친구와 대화를 하며 외국어 소통 능력이 뛰어나다는 점을 부각하였다. 그리고 자신의 꿈인 기자와 연관시켜 국내외 시사에 대한 관심과 탐색 노력을 드러내었다.

22

영어 수업은 교과서와 과제물을 중점적으로 매일 노트 정리를 했다. 그리고 영어 뉴스의 정치, 사회, 문화 부문을 골고루 보면서 'Candidate(후보자)', 'Refugee(난민)', 'Auction House(경매소)' 등 다양한 어휘를 익히고, 핵심적인 내용만 제시되는 기사의 특성을 통해 생략된 내용을 유추하는 연습을 했다. 영어 원서 읽기 동아리에서 『Chosen』, 『Betrayed』를 읽고 영어 독서록을 쓸 때 가정법 과거와 같은 어려운 표현들을 의도적으로 사용했다. 문법적인 특성을 작문에 적용하며 응용력을 기르고 수업에 더 집중할 수 있게 되었다. 그리고 오바마 대통령의 연설문을 한글로 본 후 영작해 보면서 실제 영문본과 비교하며 부족한 부분을 보완했다. '특별한 기회를 주신 것에 깊은 감사를 드립니다.'라는 문장에서 나는 'giving a special chance'라는 표현을 사용했는데, 실제 연설문에서는 'privilege'라는 단어가 사용된 것을 보며 아카데믹한 표현을 배울 수 있었다. CNN 뉴스를 보며 CNN 기자라는 꿈을 위한 사회적인 안목을 키울 수 있었다. 맥도날드 직원들의 최저 임금 인상 촉구 시위에 관한 뉴스를 보면서 전에 읽은 『맥도날드 그리고 맥도날드화』라는 책을 떠올리며 맥도날드 정책의 근본적인 문제점을 이해했고, 시리아 난민에 관심을 가지고 지속적으로 뉴스와 신문을 보며 실제 '쿠르디'에 관한 영어 신문 기사를 만드는 활동을 했다.

• 분류 •
① 소재: 영어 수업 복습, 영문 기사 및 연설문 작성 경험, 영어 원서 읽기 동아리 활동
② 학습 과정에서 강조한 점: 영어 수업 시간에 배운 내용을 바탕으로 영어 원서 읽기 동아리나 CNN 뉴스 청취, 시사 관련 독서 경험을 묶어서 자기 주도적으로 융합적 학습을 실천하였다는 점을 부각시켰다.

영어 단어는 등하교할 때나 잠이 오지 않을 때에 MP3를 들으면서 암기를 했고, 여러 개 암기할 때는 생각나는 노래 가사 대신 단어들을 넣어 리듬을 타며 암기했다. 주말에는 문화 해설사 활동을 하면서 중국인들에게는 가마를 'a sedan chair'라고 설명하지만, 북미나 유럽 쪽에서는 가마가 생소하기 때문에 '마차에서 말 대신에 사람들이 짊어지는 교통수단'이라고 하며 상황에 맞추어 설명하는 적용 능력을 키웠다. 그리고 해설 장소를 경복궁, 남산 한옥 마을, 덕수궁으로 정기적으로 옮겨 가면서 진행하며 특징 설명 시 해설의 내용에 변화를 줌으로써 더 많은 공부를 할 수 있도록 했다. 그리고 해설 중에 다른 장소로 이동할 때 외국인들과 일상적인 대화를 하면서 영어 회화도 발전시킬 수 있었다. 외국인과 대화하는 것에 더 자신감을 가지게 되었고, 공부한 내용을 더 많이 활용할 수 있게 되었다.

• 분류 •
① 소재: 영어 단어 암기 노하우, 문화 해설사 경험, 외국인과 대화 경험
② 학습 과정에서 강조한 점: 단순히 영어 공부를 하는 과정을 설명한 것이 아니라 스스로 단어를 암기하는 노하우와 문화 해설사를 하면서 경험했던 일화를 소개하며 교과 수준 이상의 영어 실력을 기르기 위해 노력하였다는 점을 강조하였다.

과목별로 세부적인 방법을 나누어서 계획을 세우고 공부를 했다. 영어 문법은 단원에서 배운 부분에 해당하는 예문을 매주 30개씩 써 보았다. 특히 예문들이 반복되지 않게 매주 읽었던 1권의 영어 책 속 예문을 활용하여 주어와 동사를 바꾸거나, 수식어를 2개 이상 써 보면서 어휘 활용 능력을 길렀다. 그런 다음 정해진 분량의 문제를 풀면서 시험에 대비했다. 듣기는 일주일에 문제 60개를 풀어서 틀린 문제 중 10문장을 골라 받아쓰기를 했다. 꿈이 음악 치료사여서 자연스레 팝송에 관심을 갖게 되었다. 등하교 시간을 활용해서 팝송을 듣다 보니 자연스레 연음과 같은 발음을 익힐 수 있었다. 독해는 일주일에 문제를 40개씩 풀었다. 처음에는 실력대로 풀고 채점을 한 후 몰랐던 단어들의 뜻을 찾아 다시 풀었다. 1차와 2차 점수 차이를 줄이기 위해 어휘뿐만 아니라 글의 문맥을 정확하게 이해하도록 노력했다.

• 분류 •
① 소재: 영어 문법 공부 노하우, 영어 문장 쓰기, 팝송 듣기
② 학습 과정에서 강조한 점: 영어 공부를 할 때, 문법과 듣기, 독해 영역으로 나누어서 실천한 과정을 구체적으로 서술하였다. 단순히 문제집 권수나 단어 개수만을 제시하는 것이 아니라 학습 과정을 상세히 서술하였다.

25

영어는 전체적인 쓰임을 이해하기 위해 간단한 문장을 외운 뒤에 동사나 접속사 부분을 지우고 그곳에 들어갈 수 있는 다른 단어들을 찾아보면서 어휘력을 길렀다. 부족하다고 생각했던 리스닝 부분도 바이든 대통령 취임 연설문이나 유명 인사의 연설문을 찾아 듣고 받아쓰며 향상시켰고, 동시에 연설문의 대본을 연구한다는 생각으로 공부하며 문법 내용을 찾으면서 분석했다. 그리고 미국 드라마 「모던 패밀리」의 대본을 읽으면서 전체적인 내용을 상상하면서 읽었다. 그러던 중 모르는 단어나 해석이 잘 안 되는 구절은 따로 적어 둔 뒤 직접 단어 뜻을 조사했다. 그렇게 대본을 읽어 본 뒤 드라마를 자막 없이 보면서 리스닝 실력을 향상시킬 수 있었다. 또한, 미국 드라마를 보고 난 후에 감상평을 쓰면서 배운 표현들을 활용해서 작문 실력을 향상시키고, 미국에서 많이 쓰이는 관용 표현을 배울 수 있었다.

• 분류 •
① 소재: 영어 연설문 받아쓰고 외우기, 미국 드라마 대회 독해 및 시청, 영문 감상문 쓰기
② 학습 과정에서 강조한 점: 바이든 대통령의 연설문이나 미국 드라마 대본을 활용한 학습법은 일반화되었기 때문에 차별화하기 어렵다. 받아쓰기를 하고 문장을 분석하며, 감상평까지 쓴 경험을 드러내어 교과 수준 이상의 학습을 하였다는 점을 드러내었다.

26

문법과 어휘, 독해 공부는 매일 반복 학습하고 자습서와 문제집을 활용해서 체계적으로 정리하는 방식을 일찍부터 사용했기 때문에 쉽게 공부할 수 있었다. 하지만 좀 더 확장된 공부를 위해 고대 그리스 문화 같은 코세라 강의를 꾸준히 수강해 영어 듣기 실력을 키우고 다양한 지식을 접할 수 있었다. 그리고 관심이 없던 분야의 지식도 배우기 위해 사회학, 심리학 같은 주제의 강의도 수강했다. 또한, 올바른 독서 습관을 들이기 위해 학교에서 독서 토론 동아리 ○○○를 만들어 도서를 읽고 토론과 문화 체험을 하며 세상을 보는 눈을 키울 수 있었다.

• 분류 •
① 소재: 영어 수업 복습 방식, 코세라 강의 수강, 독서 토론 동아리 설립 및 활동
② 학습 과정에서 강조한 점: 코세라 강의를 들은 경험을 통해 자신의 관심 분야에 대한 탐구 노력을 제시하였고, 다른 분야 및 주제에 대한 강의도 수강하였다는 점을 통해 학업에 관한 열정을 드러내었다. 그리고 독서 토론 동아리까지 확장시켜 실천 능력도 나타내었다.

27

VOD 동아리에서 매달 영국의 BBC 신문을 읽고 관심 있는 이슈를 찾아 원문을 직접 쓰며, 생각을 정리하는 활동을 했다. 특히 드론의 위험성에 대한 신문 기사를 보고 드론이 항공기 비행에도 악영향을 미칠 수 있다고 생각해 드론 비행에 반대하는 논설문을 써 보았다. 이 과정에서 비행에 관련된 전문 단어를 알게 되었고, 나의 주장을 글로 쓰는 능력이 향상되었다고 생각한다. 이후 다양한 분야의 영문 글쓰기에 도전해 작문 실력을 함께 높였다.

• 분류 •
① 소재: 동아리 활동, 에세이 작성
② 학습법에서 강조한 점: 학습 경험을 드러내며 동아리에서 에세이를 작성했던 활동을 활용하였다. 단순히 영작을 하였다는 것보다는 자신의 진로나 이슈와 관련된 주제나 내용을 구체적으로 제시하여 영어 실력을 나타내었다.

영어는 영역별로 공부했다. 자율 동아리(SEDC)에서 신문을 보며 모르거나 헷갈렸던 단어를 정리했고, 신문을 단락별로 요약하며 복잡한 문장 구조를 파악했다. 영어 토론을 하면서 서로 의견을 교환하고 최종 변론에 다양한 영어 문법을 활용하는 등 실제로 영어를 활용할 수 있는 공부를 할 수 있었다. TED 영상 중 과학이나 사회 관련 영상을 찾아보면서 '각막(Cornea), 홍채(Iris)' 등 전문적인 영어 어휘를 접할 수 있었고, 영어와 다른 과목을 접목하며 심화된 공부를 했다. 또한, 친구들이 문법에 대해 질문하면 자세하게 설명해 주었는데, 그것이 자연스럽게 반복 학습으로 이어졌다.

• 분류 •
① 소재: 자율 동아리 및 영어 토론 경험, TED 시청, 친구들에게 영어 문법 설명하기
② 학습 과정에서 강조한 점: 자율 동아리 및 영어 토론, TED 강의 시청, 멘토링 활동을 제시하여 다양한 활동을 통해 영어 실력을 늘리기 위해 노력하였다는 점을 부각시켰다.

평소에 한 달에 한 권 정도의 영어 책을 읽고 독후감을 영어로 쓰다 보니 자연스럽게 전체적인 줄거리와 내용, 작가의 의도에 초점을 두며 책을 읽는 습관이 생겼고, 이를 통해 논리력과 창의성을 키울 수 있었다. 그래서 이를 바탕으로 다른 원서를 읽을 때나 교과서 본문을 읽을 때에도 글을 '구조화'하며 읽을 수 있었다. 또한, 학교 공부를 바탕으로 외국인들에게 우리 문화를 설명해 주는 봉사를 하면서 영어 활용 능력을 기르기 위해 노력했다. 특히 외국인들에게 좀 더 쉽게 설명하기 위해 원고를 작성해서 동양과 서양의 문화를 비교했다. '시비와 선악을 판단해 안다고 하는 상상의 동물'인 '해태'를 서양의 '유니콘'과 비교하며 'Mythical Unicorn Lion'이라고 설명해 주었다. 그래서 지식을 그대로 받아들이는 것이 아니라 스스로 활용할 수 있는 능력을 기를 수 있었다.

• 분류 •
① 소재: 영어 독서 및 영문 독해 감상문 쓰기, 문화 해설사 봉사
② 학습 과정에서 강조한 점: 영어 원서나 교과서 지문을 독해하는 노하우나 외국인에게 문화 해설 봉사를 하는 과정에서 작성한 원고의 내용을 제시하여 영어 학습 능력을 드러내었다. 특히 해태를 설명하는 과정을 사례로 실제적이고 실천적인 학습이 이루어졌다는 점을 나타내었다.

국제 공익 변호사가 되기 위해서는 영어가 필수이기 때문에 아침 자습 시간마다 학교 대표로서 원어민 선생님과 주요 영어 표현을 주고받는 '생생 영어 방송'을 진행했다. 그리고 직접 만든 영어 토론 동아리 P&C에서 매주 멤버들과 그 주의 『타임』 메인 기사를 읽고 영어로 토론했는데, 활동한 내용을 학기 말에 영자 신문 『Times』로 발간하며 영작 능력도 기를 수 있었다. 그리고 국제 공익 변호사로 일하면서 직면할 낯선 상황에서도 유연하게 대처할 수 있도록 다양한 관점에서 문제를 바라보는 시각을 키우기 위해 그래프로 경제와 역사적 상황에 따른 사회 변화를 통찰하는 ○○ 프로젝트에 참여했다. 이 과정에서 자매결연한 영국 학교 선생님의 한국 교육과정 수업에 참관하고, 현대 미술관 견학 등에 동행하며 통역을 담당하기도 했다. 3학년 반장으로 선출되고 나서는 부쩍 성적에 대한 관심이 커진 반 친구들을 실질적으로 돕고자 시험 기간마다 암기 과목의 요점을 정리한 '10반 노트'를 만들어 나누어 주었다. 공부한 내용을 꼼꼼히 다시 정리하는 과정이었기 때문에 결과적으로 나 스스로의 성적에도 큰 도움이 되었다.

• 분류 •

① 소재: 영어 방송 진행, 영어 토론 동아리, 영자 신문 독해, 영어 통역 경험

② 학습 과정에서 강조한 점: 자신의 진로와 관련되어 한 활동들을 제시하여 진로 탐색 및 고민의 수준을 드러내었다. 그리고 교내 영어 방송이나 영자 신문 발간, 영국 학교와의 자매결연 활동, 학급 멘토링 사례 등을 제시하여 교내 활동을 중심으로 다양하고 창의적인 학습 활동을 하였다는 점을 강조하였다.

영어는 이론과 예시를 지속적으로 연결하면서 공부했다. 문법은 정확한 개념과 다양한 예시를 통해 공부했다. 그리고 교과서와 영문 단편 소설 등에 등장하는 다양한 어휘를 접하고 반복적 학습을 통해 단어에 익숙해졌다. 이외에도 영어 활용 능력을 기르기 위해 다양한 노력을 했다. 외국 학생들을 대상으로 한국 문화를 홍보하는 부스를 운영했고, 주한 미군 자녀들을 대상으로 한국 문화를 알리는 프레젠테이션과 서울 시티 투어를 함께 진행했다. 이는 영어 회화 능력 증진과 동시에 우리 문화를 전할 수 있어 두 마리 토끼를 잡는 경험이었다.

• 분류 •

① 소재: 교과서와 영문 단편 소설 독해 연습, 한국 문화 홍보 부스 운영, 외국인 통역 활동

② 학습 과정에서 강조한 점: 외국 학생들을 대상으로 한국 문화를 홍보한 경험이나 주한 미군 자녀들을 대상으로 한국 문화를 알리는 행사에 참여한 사례를 제시하여 영어 회화 수준을 드러내었다. 그리고 차별화된 경험들을 제시하여 영어 실력을 늘리기 위해 적극적으로 노력하였다는 점을 부각시켰다.

영어 공부를 위해 특히 관용 표현들을 하나씩 익히는 것을 즐겼다. 'She is something.'이라는 관용구는 '그녀는 훌륭한 사람이다.'라는 뜻인데, 사람을 '-thing'라고 표현한 것이 좀 어색하다는 생각이 들었지만, 단순하면서도 짧은 표현으로 의미를 담을 수 있다는 것이 흥미로웠다. 이런 관용구(Idiom)들은 말의 논리를 떠나서 표현의 의미를 예상하고 추측해 볼 수 있는 기회를 주어 대할 때마다 내 호기심을 자극했다. 영어로 된 책을 한 권씩 사서 볼 때마다 이런 관용 표현들을 찾아 정리하는 것을 빠뜨리지 않았고, 책을 읽으며 문법을 익히기 위한 영어 교과서의 문장들이 실제 외국인의 언어생활에서는 사용되지 않거나 활용하기에는 어색한 문장들이 많다는 것도 알 수 있었다.

• 분류 •
① 소재: 영어 관용 표현 익히기, 영어 원서 독서 경험
② 학습 과정에서 강조한 점: 영어 관용구를 소재로 영어 학습 과정과 수준을 드러내었다. 특히 영어 원서를 독서하며 관용 표현을 정리하거나 영어 교과서 문장들에 대한 비판적 접근 자세를 드러내어 자기주도적인 학습 역량을 나타내었다.

실용 영어 실력 향상을 위해 영상과 영어를 접목해서 유튜브에 등록된 영어 UCC 시청 방법을 활용해 영어 공부를 했는데, 한 색맹 남성이 보라색을 보고 놀라워하는 영상을 보고 관련 영상들을 찾아보며 남자가 여자보다 색맹일 확률이 높다는 것을 알게 되었다. 과학 시간에 반성 유전의 일례로 색맹을 배우며 그 내용을 떠올려 연결할 수 있었다. 또한, 뉴욕시의 정책을 비판하는 동영상을 보며 사회적 문제가 영상에 담길 때의 묘미를 더욱 분명히 알게 되면서 예능 방송 PD가 되기 위해서는 사회 흐름에 깨어 있어야 한다는 것을 느꼈다. 이렇게 재미를 주는 다양한 요소들과 스토리텔링 방식이 적용되는 사례를 보며 영상 제작법을 구상해 나갔다. 그리고 영상 도중에 하고 싶은 말이 떠오를 때마다 잠시 멈추고 영어로 말해 보며 영어 의사소통을 연습했다. 이를 통해 모국어처럼 자연스러운 영어 소통 능력을 유지하고 발전시킬 수 있었다.

• 분류 •
① 소재: 유튜브 시청 및 이를 학습에 활용한 경험, 과학과 영어 융합 학습
② 학습 과정에서 강조한 점: 영어와 과학 학습 과정에서 연관된 내용을 제시하며 융합 학습 역량을 드러내었다. 그리고 자신의 진로와 관련된 활동을 하며 영어 소통 능력을 키우기 위해 노력한 점을 통해 적극적 자세를 나타내었다.

34

영어는 학교 공부뿐만 아니라 TED에서 로봇 등의 흥미로운 분야의 강의를 들으며 청해 능력을 길렀다. 그 과정에서 어휘가 중요하다고 생각해서 무작정 암기하기보다는 접두사, 접미사, 또는 알고 있는 어원을 통해 뜻을 유추한 후 확인하면서 어휘 공부를 했다. 그리고 팝송을 들으며 처음에는 가사를 보지 않고 뜻을 해석해 보았고, 음악의 전반적인 분위기와 스스로 해석한 가사가 어느 정도 맞으면 원래의 가사를 확인하면서 잘 들리지 않았던 묵음이나 연음 등을 보완하는 방식으로 공부했다.

• 분류 •
① 소재: TED 시청 및 표현 익히기, 팝송 가사 해석
② 학습 과정에서 강조한 점: TED 강의 시청이나 팝송을 들으며 공부하는 과정을 구체적으로 서술하여 차별화를 두었다.

35

영어 공부는 항상 자신의 실력을 정확히 알고 그것에 따라 계획을 세우는 것이 중요하다고 생각해서 매주 읽기, 듣기, 문법, 단어의 4개 파트로 나눠 주간 테스트를 치름으로써 스스로 실력을 진단했다. 그리고 그 점수를 통해 한 주 동안 더 주력해서 공부할 영역을 정하고 관련 문제집으로 보충 학습을 했다. 특히 독해 영역은 매일 지문 2개와 그에 따른 문제를 푸는 습관을 들였는데, 문제를 다 푼 후에는 틀린 문제를 노트에 오려 붙이고 지문에 있는 낯선 어휘를 정리했다. 또한, 지문 속 문제의 답이 되는 근거들을 찾아 형광펜으로 밑줄을 치는 방법을 통해 교과서 공부만으로 부족한 부분을 보완했다.

• 분류 •
① 소재: 영어 공부 학습 계획, 독해 연습과 오답 노트 정리
② 학습 과정에서 강조한 점: 영어 공부 방법과 학습 계획 과정을 연계 서술하여 자기주도학습 경험을 드러내었다.

36

좋아하는 팝송이 영어 공부에 도움이 되었다. 팝송을 여러 번 들으니 자연스럽게 듣기 실력이 향상되었다. 가사의 뜻이 궁금해 사전을 찾아 해석하다 보면 독해와 문법 공부가 되었다. 어휘와 독해 등 파트별 공부 계획을 세우고 매일 꾸준히 학습했다. 어휘는 부족함을 해소하기 위해 핸드폰 단어 암기 애플리케이션으로 틈틈이 단어를 외웠다. 독해는 모르는 단어를 먼저 암기한 후 한 문장씩 해석해 나가면서 지문의 주제를 나타내는 문장이나 정답의 논리적 근거가 되는 문장을 찾는 연습을 했다. 그 결과, 글의 구조가 보이고 글의 핵심 주제를 나타내는 문장을 빠르게 파악할 수 있었다.

• 분류 •
① 소재: 팝송 듣기와 가사 해석, 핸드폰 단어 암기 애플리케이션 이용
② 학습 과정에서 강조한 점: 영어 듣기와 독해, 문법, 어휘 영역에서 학습한 과정과 방법을 구체적으로 서술하였다. 특히 여러 영역을 학습한 결과를 제시하여 실제성과 신뢰성을 확보하였다.

알고 있는 것을 다른 공부에 적용해 보려고 노력했다. 과학이나 기술적인 실력을 키우기 위해 식물의 삼투압 현상을 직접 현미경으로 관찰하거나, 동물의 심장을 해부해 보고 로봇의 디자인과 프로그램을 구상해서 게임 로봇을 만들고 경기에 참여했다. 또한, 시사 토론 동아리와 신문 스크랩 동아리에서 남북 문제, 역사 교과서 국정화, 일본의 안보 관련 법안 통과 등을 주제로 토론을 하면서 교과서 내용을 시사적인 부분과 연결시켜서 함께 공부했다. 예를 들어, 최근 도입 시도 중인 '유전자 가위' 기술은 유전병의 유전을 막을 수 있지만, 미용과 같은 용도로 오용되어 사람들의 개성을 획일화하는 사회적 문제를 불러일으킬 수 있을 것이라고 생각했다. 이와 같이 과학·기술을 역사·사회와 연결하는 융합적 사고 활동을 했다. 그뿐만 아니라 TED 강의를 보면서 세계적 시사 분야에도 관심을 갖게 되었는데, 특히 탈북 여성 강연자가 전한 북한의 인권 실태와 관련된 강의는 인상적이었다. 그리고 처음 TED 강의를 보았을 때는 강연 내용에 초점을 두고 보았다면, 이후에는 영어를 듣기 위해 집중해 실력 향상에 도움이 되었다.

• 분류 •
① 소재: TED 강의 시청, 융합 학습 과정
② 학습 과정에서 강조한 점: 과학 기술과 사회, 국제 관계 등과 연관된 내용들을 탐구하며 영어 학습을 한 경험을 제시하여 교과 수준에 머무르지 않고 심층 학습을 하였다는 점을 드러내었다. 특히 인문과 자연 영역을 넘나드는 다양한 활동을 통해 적극적으로 학교생활을 하였다는 점을 나타내었다.

영어 공부를 위해 단어와 숙어들을 문법과 연결시켜 생각하려고 노력했는데, 그렇게 하면 각각의 부분에 대한 공부를 하나로 묶을 수 있어서 지치지 않게 할 수 있고, 각각의 부분들을 독해에 활용해야 한다는 생각에 더 집중을 할 수 있다. 특히 영어 지문에서 연결사를 통해 지문의 전체 맥락을 이해하려고 했고, 그 뜻을 외워서 이것이 어떤 내용 앞뒤에 쓰일 수 있다는 문법적인 이론을 적극 활용했다. 이런 방식으로 교과서의 지문 하나하나를 읽어 나갔더니 예전보다 속도와 이해력이 높아진다는 것을 알게 되었다. 매일 영어를 이런 방식으로 공부하면서 독해뿐만 아니라 무료로 들을 수 있는 원어민 음원을 적극적으로 활용하며 학교 수업으로는 부족할 수 있는 부분들을 배워 나갔다.

• 분류 •
① 소재: 영어 지문 독해 노하우, 영어 듣기 연습
② 학습 과정에서 강조한 점: 교과서 지문을 독해하는 과정이지만 자기만의 방법과 접근 방식을 통해 학습하였다는 점을 드러내었다.

39

공부를 하는 과정에서 가장 중점에 두었던 것은 집중력이었습니다. 그래서 자신의 행동을 절제하는 '신독(愼獨)'을 생각하면서 스스로 컨트롤하고 집중력을 잃지 않으며 공부하도록 노력했습니다. 그래서 영어는 초등학교 때부터 집중해서 듣기, 책 읽기, 미국 드라마와 영화 흘려 듣기 등 다양한 방식으로 공부를 했고, 단순한 암기가 아닌 언어라는 특성을 살려 실력을 쌓을 수 있었습니다. 더불어 영자 신문반 반장으로서『○○○○ Times』창간호를 만드는 데 주도적으로 참여할 수 있었습니다.

● 분류 ●
① 소재: 영어 원서 읽기, 미국 드라마와 영화 시청, 영자 신문반 활동
② 학습 과정에서 강조한 점: 영어 공부를 하고 영자 신문반 반장 역할을 하면서 능동적인 노력과 활동을 하였다는 점을 드러내었다. 특히 '신독'이라는 단어를 제시하여 배경지식 수준을 드러내었다.

40

영어 공부를 위해 다양한 문장을 접하고자『타임』을 사서 읽기도 했는데, 이는 어휘의 여러 가지 뜻을 익히는 데 도움이 되었다. 또한, 국제적인 이슈를 접하면서 사람들의 다양한 모습과 세계의 다양한 문화와 역사 등 여러 문제에 대한 폭넓은 시야를 갖는 데 도움이 되었다. 그리고 과목별로 다른 공부 방법을 계획하고 적용하며 수정해 가는 과정을 통해 나만의 공부법을 찾아낼 수 있었다. 이러한 시행착오가 나의 고등학교 학업에 도움이 될 것이라고 확신한다.

● 분류 ●
① 소재: 영어『타임』읽기, 영어 공부 노하우
② 학습 과정에서 강조한 점:『타임』을 읽으며 다양한 문장과 문화, 역사 등을 접하며 글로벌 마인드와 시각을 길렀다는 점을 나타내었다. 그리고 자신이 시행착오를 경험하고 이겨내었다는 점을 들어 역경 극복 의지를 피력하였다.

41

저는 늘 수업 태도가 좋다는 칭찬을 많이 받았습니다. 수업 시간에 집중하는 것이 가장 효율적인 학습 방법이라고 생각하기 때문에 수업에 최대한 열중했습니다. 특히 3학년이 되어서는 단원의 학습 목표와 핵심을 파악하려고 노력했고, 선생님과 눈을 맞추며 함께 호흡하는 것이 습관화되어 모든 수업이 이해도 잘 되고 즐거웠습니다. 영어는 평상시 꾸준한 학습을 목표로 공부했습니다. 발음이 비슷한 단어는 묶어서 외우고 자투리 시간을 활용하는 등 전략적 학습으로 어휘력과 독해력을 향상시켰습니다. 영어 소설 읽기 심화반 동아리 활동을 통해 친구들과 토론을 하고 영어 문장을 해석하며 내용을 정확하게 파악하는 능력을 길렀습니다. 그리고 △△ 프로그램 적응을 위해 코세라에서 육류 유통에 관한 강의를 들었는데, 영어 청취력도 좋아지고 영어로 한 인터뷰 내용을 자막 없이 해석하는 데도 많은 도움이 되었습니다. ○○외고에 진학하면 친구들과 함께 □□ 강의를 듣고 내용을 토론하는 동아리를 만들어 실력을 더욱 향상시키고 싶습니다.

● 분류 ●
① 소재: 영어 소설 읽기, 영어 소설 읽기 심화반 동아리, 코세라 강의 수강
② 학습 과정에서 강조한 점: 수업 태도에 대한 긍정적 평가를 제시하여 성실성을 나타내었고 지원 학교에 적응하기 위한 준비와 노력을 통해 진학 의지를 드러내었다.

42

영어는 영화나 미국 드라마를 영어 자막 없이 보면서 듣기 능력을 향상시키려는 노력을 했고, 이후 TED 강의까지 수준을 높였다. 듣기에 자신감이 생긴 후 강연 중간에 딕테이션(Dictation)을 하면서 쓰기 실력까지 쌓을 수 있었다. 그뿐만 아니라 강연을 듣다 보니 지금까지 겪지 못한 새로운 세계를 경험했고, 발표자들의 새로운 연구 결과를 들으면서 과학, 기술, 예술 등 다양한 분야의 내용에 흥미를 가지게 되었다. TED 강연을 들으면서 국제 기구에서 활동하는 데 필요한 외국어 능력과 세계를 바라보는 안목을 함께 기를 수 있었다.

• 분류 •
① 소재: 영화나 미국 드라마 자막 없이 보기, TED 강의 수강, 강의 받아쓰기 연습
② 학습 과정에서 강조한 점: TED 강의를 들으며 학생이 깨달은 점을 통해 자기주도적인 학습 능력을 드러내었다.

43

중국어 선생님을 통해 알게 된 회화 형식의 구형을 노트에 정리한 후 암기하는 통문장 학습법으로 중국어를 공부했고, 그 방법을 영어에도 적용해 평소 좋아하는 영화의 대사나 책의 문장을 노트에 정리하며 공부했습니다. 그리고 잘 외워지지 않는 단어는 작은 수첩에 예문을 적고 그림을 그려 들고 다니며 반복해서 읽었습니다. 또한, 영자 신문을 구독해서 읽음으로써 어휘력과 읽기 능력을 향상시켰습니다. 학원의 도움 없이 공부를 하다 보니 스스로 해내고야 말겠다는 의지와 책임감을 갖게 되었습니다. 과목별로 정리 노트를 만들어 매일 새벽 전날 학교에서 선생님께서 중요하다고 강조하신 내용과 핵심 개념 등을 정리했습니다. 이러한 방법들로 꾸준히 하다 보니 시험 기간에도 부담스럽지 않았고 즐겁게 공부할 수 있었습니다.

• 분류 •
① 소재: 중국어 공부법을 적용한 영어 공부법, 영자 신문 구독, 내신 시험 준비 및 대비 방법
② 학습 과정에서 강조한 점: 영어와 중국어 학습법을 제시하며 외국어 실력을 드러내었고 자기주도학습 방법과 과정을 제시하여 학습 역량을 드러내었다.

44

영어 과목 내신의 경우 다양한 주제로 영작 연습을 하여 서술형 문제에 대비했고 문법은 익숙해질 때까지 여러 번 정리했습니다. 평소에는 영자 신문을 꾸준히 읽었고, 어려운 단어는 따로 정리하며 실력을 향상시켰습니다. 또한, 전래 동화 번역 봉사를 통해 영어 실력과 표현력을 길렀습니다. 친구들과 자율적으로 EPM 동아리를 결성해서 활동했고, 멘토링 활동을 하며 후배의 성적 향상에 기여했습니다. 후배를 도와주는 시간이 늘어나자 주변에서는 시간을 줄이라고 조언해 주셨지만 제 강점인 집중력을 활용해서 시간을 효율적으로 사용했습니다. 그 결과, 여러 활동을 하면서도 성적을 유지할 수 있었고, 다양한 경험을 통해 제가 정말 하고 싶은 것을 찾을 수 있었습니다.

• 분류 •
① 소재: 영어 내신 공부 노하우, 영자 신문 읽기, 전래 동화 번역 봉사, 멘토링 활동
② 학습 과정에서 강조한 점: 전래 동화 번역 봉사나 자율 동아리 결성, 멘토링 활동을 영어 학습과 연계하여 서술하였다. 이를 통해 교과 수준에 머무르지 않고 적극적으로 학습 영역을 넓혔다는 점을 나타내었다.

45

어릴 때부터 듣기 테이프, 미국 드라마, 영화, 영어 원서, 외국인과 화상 통화 등으로 스스로 영어에 대한 감과 회화 능력을 키웠습니다. 원서와 DVD는 영어를 자연스럽게 익히는 데 도움이 되었고 이를 통해 독해와 듣기 능력을 향상시킬 수 있었습니다. 그리고 영자 신문의 숙어나 단어를 반복해 암기했고 TED 강의나 오바마 대통령의 연설문을 MP3에 넣고 다니며 틈틈이 듣고 따라 하면서 다진 실력은 심화 공부를 할 수 있는 발판이 되었습니다. 특히 오바마 대통령의 연설문 중 제 마음을 울렸던 구절이 있습니다. 'Change cannot happen if we go back to how things were.'라는 말은 그동안 저의 생활 방식이나 공부 방법에 대해 고민하고 발전하게 했습니다. 예를 들어, 수학 시험을 치를 때 실수를 막기 위해 계산을 반복하는 습관 때문에 시간이 모자랄 때가 많았습니다. 그래서 각 문제에 최선을 다한 뒤에도 재확인하고 싶을 때면 '나를 믿자.'라고 생각하며 넘어가기로 했고, 그 결과 수학에 대한 자신감이 높아졌습니다.

• 분류 •
① 소재: 외국인과의 화상 통화, 영어 원서 읽기, DVD 시청, TED 강의 시청, 오바마 대통령 연설문 외우기, 오바마 대통령의 연설문 중 기억에 남는 문구
② 학습 과정에서 강조한 점: 오바마 대통령 연설문 중 기억에 남는 문구를 제시하고 그것에 영향을 받아 긍정적 성취를 거둔 경험을 제시하여 영어 학습에서 실제성을 확보하였다.

46

다양한 동아리 활동과 학습을 병행하기 위한 효율적 시간 분배를 위해 목표 일지를 썼다. 연과 월 단위로 큰 틀을 잡고 월·주·일·시간 단위로 좁혀 가며 계획을 세웠다. 목표 달성과 그 여부를 원인, 문제점과 함께 적으면서 다음 목표 설정에 반영했다. 시간 사용에 동기를 부여하니 효율적인 분배가 가능했고, 학습 시간 관리에도 적용하여 흔들림 없이 좋은 성적을 유지할 수 있게 되었다. 사회 과목과 언어, 토론을 좋아하는 나는 '함께하는 학습'으로 한 과목에만 치우치지 않고 균형 있는 학습을 했다. 1학년 때부터 멘토·멘티 활동으로 친구들에게 국어와 수학을 가르쳐 주며 공부에 흥미를 갖도록 도왔다. 멘티에게 완벽히 설명하기 위해 배운 내용을 정리하며 철저히 복습하는 습관을 길렀다. CNN을 보며 다양한 주제로 영어 토론을 했고, 국제 교류 동아리에서 스위스 대사의 강의를 듣고 스위스의 발전 배경과 강의 내용을 정리해 교내에 게시했다. 인도네시아 학생들과 교류해 한국의 문화를 그들에게 소개하면서 다른 문화를 이해하는 태도와 영어 실력을 향상시켰다.

• 분류 •
① 소재: 학습 플래너 작성, 멘토·멘티 활동, CNN 청취와 영어 토론, 국제 교류 동아리 활동
② 학습 과정에서 강조한 점: 목표 일지라는 자기만의 학습 플래너를 제시하고 여러 학생들과 협력 학습을 통해 영어 실력 및 다문화를 이해하는 자세를 길렀다는 점에서 자기주도적인 학습 역량을 나타내었다.

3학년 때 SNS를 통해 영국 친구들과 방과 후 Gap-Minder 수업을 했다. 조장이 되어 한국 경제가 세계 금융 위기 때 받은 큰 타격을 나타내는 그래프를 보고 그 원인인 미국의 서브프라임 모기지론에 대해 발표를 했다. 영국 선생님은 문제의 원인을 분석하는 적극적인 태도를 칭찬해 주셨다. 그 후 모든 일에 적극적인 습관을 들여 교내 영어 방송에서 원어민과 함께 아나운서로 활동하며 영어에 대한 자신감을 키웠다. 단순 암기로 시간이 지나면 헷갈렸던 단어는 '낱말 가르기'를 통해 어원을 기억하면서 공부하니 낯선 단어가 나와도 의미를 유추할 수 있게 되었다.

• 분류 •
① 소재: 외국 학생들과의 협력 수업 경험, 교내 영어 방송 아나운서 경험
② 학습 과정에서 강조한 점: 교내 영어 방송 진행 경험과 영국 학생들과의 협력 학습 과정에서 학생이 한 역할과 객관적 평가를 제시하여 외국어 소통 능력과 수준을 드러내었다.

어릴 때 미국에서 살다 온 경험으로 영어는 학문보다 언어로서 익숙했고, 영어 책 읽기를 좋아했습니다. 『Hoot』, 『Wednesday Wars』, 『The 39 clues』 등 다양한 장르의 책을 읽으며 세계에서 일어난 주요 시사에 대해 에세이를 쓰면서 글쓰기 능력을 발전시키고, 세상을 바라보는 안목도 넓혔습니다. 영어를 심화적으로 공부하기 위해 3학년 때 영어 소설 읽기 심화반 동아리 반장으로 활동하며 독서 모둠 활동에서 Graphic Organizer를 통해 내재된 주제를 찾아 토론하고 유치원에서 영어를 가르치는 재능 기부도 했습니다.

• 분류 •
① 소재: 어린 시절 미국 생활 경험, 영어 책 읽기, 영어 에세이 쓰기, 영어 소설 읽기 동아리 활동, 유치원 영어 교육 봉사
② 학습 과정에서 강조한 점: 영어책의 구체적인 제목들을 제시하였고 영어 소설 읽기 동아리 활동을 기술하여 영어 학습 수준을 드러내었다.

건강을 고려하지 않은 다이어트를 했던 2학년 때 올바른 자기 관리의 중요성을 느끼게 되었고, 그 후에는 체계적인 생활 계획표를 중심으로 우선순위를 세워 중요한 부분부터 시간을 분배했다. 우선순위는 시간을 많이 필요로 하는 것과 그날에 반드시 해야 하는 것을 우선으로 적용했는데, 반복 학습과 지속적인 시간 투자가 필요한 영어 어휘 같은 것을 매일 먼저 해야 하는 것으로 정했다. 그리고 특별히 중요하다고 생각되었던 실생활에 적용하는 예문 또한 매일 만들어 보며 영어 실력을 쌓았다. 그다음 『Pride and Prejudice』와 같은 원서를 읽으며 문장을 빠르고 정확하게 이해하려고 했고, 그 안의 문장 구성을 보며 문법적인 요소를 파악했다. 다양한 내용의 영어 대화문을 활용하며 듣기에 익숙해지려 하는 등 규칙과 반복을 통해 습관과 실력을 기를 수 있었다.

• 분류 •
① 소재: 학습 플래너 작성 경험, 영어 원서 읽기, 실용 영어 표현 만들어 보기
② 학습 과정에서 강조한 점: 다이어트 실패 경험을 소재로 생활과 학습에서 계획을 짜 실천하고 있음을 밝혔다. 또한, 구체적인 영어 원서 제목을 제시하고 학습 방법을 서술하여 실제성을 확보하였다.

50

중학교 3학년이 되어 1, 2학년에 비해 공부할 양이 많아지고 수준도 높아졌다는 것을 느낀 저는 공부 방식에 변화를 주었습니다. 영어의 경우 가장 힘들었던 문법은 여러 권의 문법책으로 공부했고, 단어의 동의어와 다양한 예문 등을 활용해서 단어의 뜻을 익혔습니다. 스스로 학습하면서 어려운 점도 있었지만 그것을 극복함으로써 제가 한 단계 더 성장할 수 있는 계기가 되었습니다.

• 분류 •
① 소재: 영어 문법 공부법
② 학습 과정에서 강조한 점: 스스로 영어 문법 공부와 어휘 공부를 하면서 어려움을 극복한 경험을 제시하며 학습에 대한 의지를 드러내었다.

51

저는 중학교 생활 동안 저에게 맞는 자기주도학습 방법을 찾기 위해 노력했습니다. 평소 영어를 좋아해서 가장 재미있게 공부했는데, 무엇보다 복습을 철저히 했습니다. 교과서 전체를 제 힘으로 해석하고 그것을 다시 영작하는 방법이 효과적이었는데, 이를 통해 헷갈리는 어휘와 문법을 확실히 공부할 수 있었습니다. 또한, 학교에서 친구들과 자율적으로 EPM 동아리를 만들어 직접 영어 책자와 퍼즐 등을 만들며 영어에 대한 흥미를 키웠습니다. 그리고 영어 청해 능력을 키우고자 '광고' 등 관심 있는 분야의 코세라 강의를 직접 찾아서 들었습니다. 어려운 부분은 완전히 이해할 때까지 반복해서 들었으며, 생소한 표현은 따로 정리해서 실생활에서 익숙해지도록 활용했습니다. 이를 통해 영어 실력뿐만 아니라 세상에 대한 안목을 넓혔고, 영어가 세상과 소통할 수 있는 중요한 도구라는 것을 느껴 더욱 즐겁게 공부할 수 있었습니다.

• 분류 •
① 소재: 영어 복습 방법, 영어 관련 동아리 활동, 코세라 강의 수강
② 학습 과정에서 강조한 점: 자신에게 맞는 영어 학습 방법을 찾아 자율 동아리 활동과 코세라 강의 수강을 하며 노력한 과정을 통해 창의적 학습 역량을 나타내었다.

52

저는 모든 공부를 플래너를 이용해서 공부를 했습니다. 시간표를 세부적으로 과목별로 짜서 했는데, 영어는 영역별 연계 학습법을 사용해 공부했습니다. 리스닝 공부를 할 때에는 틀린 문제를 연습장에 받아쓰면서 몰랐던 숙어나 어구, 단어를 외웠습니다. 그리고 다시 듣는 셰도잉 방법을 사용했습니다. TED 공부도 이런 방식을 활용하면서 큰 효과를 보았습니다. 단어는 '어원 유추' 방법으로 접근했는데, 공부하다가 모르는 단어가 생겨도 어느 정도 추측하고 이해할 수 있어서 독해 문제를 풀 때 도움이 되었습니다.

• 분류 •
① 소재: 학습 플래너 작성 방법, 영어 듣기 학습법, TED 강의 수강, 단어 암기 노하우
② 학습 과정에서 강조한 점: 학습 플래너 작성법, 영어 듣기 학습법, 단어 암기 방법들을 제시하고, 그것을 통해 거둔 성취를 바탕으로 학습 역량을 나타내었다.

어릴 때부터 토론에 관심이 많아서 3년간 교내 토론에 참가해서 친구들과 밤새 자료를 조사하며 협력과 논리적 표현 방법을 배우고, 상대편의 의견을 들으며 사고의 폭을 넓힐 수 있었다. 토론으로 얻은 논리력은 각종 주제로 꾸준히 써 온 영어 에세이의 내용을 더욱 풍부하게 만들 수 있도록 발전시켜 주었고 에세이를 쓰면서 다양한 어휘의 필요성을 느껴 매일 20개씩 단어를 외우고 있다. 내신 공부는 반복적인 문법 공부와 영어 본문을 단권화해서 효율적으로 학습하고, 빈칸을 직접 만들어 채워 보며 추론 능력을 키우고 있다. 2~3학년에는 영어 회화 시간에 꾸준히 1일 선생님 역할을 하며 친구들의 발음 교정을 돕고, 역할극을 통한 모둠 수업을 진행하며 영어 공부는 언어 공부이기 때문에 혼자 하는 것이 아니라 소통해야 하는 것임을 새삼 느꼈다. 평소에는 꼼꼼히 계획을 세워 우선순위를 정해 공부했고, 무엇에 몰두하면 정신없이 파고드는 성격이라서 그날의 목표량을 반드시 끝내야 잠이 들 수 있었다.

• 분류 •
① 소재: 토론 대회 참여 경험, 영어 에세이 작성 경험, 영어 내신 공부 노하우, 1일 선생님 역할
② 학습 과정에서 강조한 점: 토론 대회와 영어 에세이 쓰기, 내신 공부, 교내 멘토링, 모둠 수업을 모두 연계하여 영어가 단순히 교과목이 아니라 소통의 도구라는 자신의 생각을 드러내었다.

어릴 적부터 여러 나라 친구들과 공부하면서 영어 회화와 쓰기는 자신이 있었습니다. 그 후 전화 영어를 6년 동안 하면서 외국인과의 의사소통에 문제가 없도록 노력했지만, 문법에서는 약한 면을 보였기 때문에 선생님의 설명을 노트로 정리하며 공부하고 스스로 작문을 해 보면서 문법에 자신감을 가지게 되었습니다. 그리고 제2외국어로 스페인어를 선택했는데, 기본기는 학교에서 배우고 집에 와서는 유튜브에서 스페인어 자막이 있는 만화나 뮤직 비디오를 보며 공부했습니다. 학교에서 선생님이 보여 주시는 동영상 자료와는 달리 좀 더 흥미를 느끼고 쉽게 이해할 수 있었으며, 이러한 제 자신을 보고 언어에 대한 재능이 있다고 느꼈습니다.

• 분류 •
① 소재: 해외 유학 경험, 전화 영어 학습, 스페인어 학습 경험
② 학습 과정에서 강조한 점: 영어와 스페인어 학습 경험을 통해 외국어에 대한 소질과 역량을 드러내었다. 그리고 자신이 약한 부분을 극복하기 위해 했던 노력을 서술하여 학습에 관한 열정을 나타내었다.

55

영어 공부를 위해 다양한 활동을 통해 영어 능력을 높였다. 팀을 짜서 한 주제로 영어 토론과 프레젠테이션을 하고, CNN 뉴스를 보면서 내용을 요약하며 다양한 지식을 채움과 동시에 영어 공부를 즐겁게 할 수 있었다. 영어 말하기 활동과 영국·미국 문화 체험 동아리에 가입해 영어와 관련된 체험을 하고, 평소에 영국·미국 드라마나 영화를 보는 것을 즐기면서 다양한 표현을 익혔다.

• 분류 •
① 소재: 영어 토론, 발표 경험, CNN 청취 및 요약, 영어 관련 동아리 활동
② 학습 과정에서 강조한 점: 영어 토론과 발표, CNN 뉴스 청취, 문화 체험 동아리 활동 등 다양한 요소들을 활용해서 영어 공부를 한 과정을 통해 자기주도적인 학습 능력을 드러내었다.

56

수업을 기본으로 해서 심화 공부를 하고자 했습니다. 영어는 수업 내용 정리와 문법 공부를 바탕으로 1주일에 세 번 정도 영어 뉴스를 통해 확장된 영어 공부를 했습니다. 영어 뉴스를 먼저 듣고 요약을 하고 그 후 기사를 보며 어려운 단어를 정리하고 독해를 한 후 다시 육하원칙에 따라 정리했습니다. 그런 과정에서 세계의 이슈를 직접 접할 수 있어서 세상을 보는 눈이 확대되었습니다. 영어 원서는 초등학교 때부터 많이 읽었으며 학년이 높아지면서 다양한 책을 직접 고르고 읽을 수 있는 실력이 되었습니다.

• 분류 •
① 소재: 영어 공부법, 영어 뉴스 청취, 영어 원서 읽기
② 학습 과정에서 강조한 점: 영어 수업을 토대로 영어 뉴스 청취나 영문 기사 독해, 영어 원서 읽기 활동으로 영어 학습 범위를 확장시켰다는 점을 통해 자기주도적인 학습 역량을 드러내었다.

57

3년 동안 꾸준히 영어 말하기를 연습하고 영어 토론 동아리 Pros and Cons와 영어 프레젠테이션반 등 다양한 영어 활동에 참여하며, 상대방의 의견을 경청하고 저의 의견을 남들에게 정확하게 전달하는 방법을 익혔습니다. 이러한 활동은 논리력과 사고력을 높이고 일상 표현뿐만 아니라 다양한 분야의 단어 학습을 하는 데에도 도움이 되었습니다.

• 분류 •
① 소재: 영어 말하기 연습, 영어 토론 동아리, 영어 프레젠테이션반 활동
② 학습 과정에서 강조한 점: 영어 말하기 연습이나 토론 동아리 활동, 영어 프레젠테이션반 활동을 통해 영어 표현 및 소통 능력이 발전하였다는 점을 드러내었다.

58

저만의 자기주도학습은 다양한 학습 수단을 활용하는 것인데, 책을 소개해 주는 방송을 보고 여러 책을 접했고, 영자 신문 기자단 활동, 다양한 방법으로의 영작 활동, 'Learn ABC'라는 스마트폰 앱을 통해 영어 능력을 기를 수 있었습니다.

• 분류 •
① 소재: 영자 신문 기자단 활동, 스마트폰 앱 활용
② 학습 과정에서 강조한 점: TV나 영자 신문, 스마트폰 앱을 이용해서 다양한 방법으로 학습한 경험을 통해 창의적인 학습 능력을 드러내었다.

59

영어 공부를 할 때는 수업 시간의 내용과 관련된 문법, 중요한 단어들을 분석해 보고 문법에 관한 예문을 만들어 보았습니다. 배운 것을 그날그날 적용해 보았고, 부족한 부분은 선생님께 부탁드려 확인했습니다. 지문 독해는 문장을 끊어 읽으면서 내용을 조금씩 넓혀 가는 방식을 사용했는데, 이제는 영어 문장 구조의 특징을 쉽게 파악할 수 있고, 이런 연습을 통해 영어 독해력과 표현력을 기를 수 있었습니다.

• 분류 •
① 소재: 영어 문법 및 예문 정리, 영어 독해 학습법
② 학습 과정에서 강조한 점: 영어 문법과 독해 공부를 하는 과정을 구체적으로 제시하여 자기주도적인 학습 능력을 드러내었다.

60

평소 쉬는 시간을 활용해서 예습을 하고, 수업이 끝난 후 집에 돌아와서 교과서를 정독하고 밑줄을 친 후 간략히 노트에 내용을 정리하는데, 교과서의 내용을 그대로 적는 것이 아니라 저만의 단어로 정리하는 방식을 반복했습니다. 특히 영어에서도 의역(Paraphrasing)을 하듯이 다른 과목에서도 이런 방법을 사용해서 내용을 저의 것으로 만들었습니다. 영어는 무조건 영어 본문을 외우면 남는 것이 없어서 문장 하나하나를 긴 시간을 들여 분석했는데, 그러한 노력이 영어에 대한 자신감을 주었습니다. 매일 단어 60개를 외우며 어휘력과 표현력을 향상시켰습니다.

• 분류 •
① 소재: 예습·복습 방법, 영어 본문 암기 노하우
② 학습 과정에서 강조한 점: 예습과 복습 과정에서 자기만의 방법을 찾아서 하려는 노력을 통해 창의성을 드러내었고 다른 과목으로 확장시키려는 노력을 통해 학업 의지를 나타내었다.

원어민 선생님과 함께 「Ig Nobel Prize」, 「British Got Talent」 등 다양한 영어 영상을 시청한 후 의견을 공유하는 시간을 가졌는데, 덕분에 영어에 대한 기본적 지식 외에 수업에서 배우지 못한 다양한 지식들을 쌓기도 하고, 영어를 통해 공부하는 힘을 기를 수 있었습니다. 지금도 그 공부 방법을 활용해서 영어뿐만 아니라 다양한 지식을 얻고 있습니다.

• 분류 •
① 소재: 영어 엘리트반 활동, 영어 토론
② 학습 과정에서 강조한 점: 학교 영어 수업 시간에 한 활동을 소개하며 자신이 한 노력을 제시하였다. 이를 통해 평상시 학습 태도와 열의가 강하다는 점을 부각시켰다.

저의 자기주도학습 방법은 '생각하기'입니다. '생각하기' 방법에 기초를 둔 것은 독서였습니다. 초등학교 때부터 다양한 분야의 책을 접하면서 여러 방면으로 생각할 수 있는 사고가 확장되었고, 그 결과 별로 어려움 없이 수업 시간 안에 교과 내용을 다 이해할 수 있었습니다. 하지만 취약한 부분인 영어 과목은 이해하는 데 한계가 있었습니다. 그래서 처음에는 무조건 본문을 외웠는데, 키워드를 몇 개 나열하고 스토리를 연결하면 생각보다 쉽게 외워졌고, 오래 기억할 수 있었습니다.

• 분류 •
① 소재: 자기주도학습 노하우, 다양한 독서 경험, 영어 본문 암기 노하우
② 학습 과정에서 강조한 점: 독서를 활용한 자기만의 학습법을 한 단어로 정의하였고, 학습 과정에서 겪은 시행착오와 극복한 노력을 통해 자기주도학습 경험을 드러내었다.

공부를 할 때 월간 계획, 주간 계획, 일일 계획을 단계적으로 세우고 '오늘 걷지 않으면 내일은 뛰어야 한다.'라는 생각으로 꾸준히 실천했습니다. 영어는 중학교 1학년 때부터 다양한 교내 영어 동아리 활동을 통해 폭넓게 공부했는데 영어 기자단에서 매달 사회, 국제, 환경 등 다양한 주제의 기사를 쓰면서 관련 어휘, 문법과 영작 실력을 키워 나갔습니다. 이것을 계기로 영어 토론 모임을 만들어 흥미로운 주제를 선정해 조사하고 자유롭게 토론하기도 했습니다. 그 결과 영문 기사를 읽고 사람들 앞에서 발표하고 다른 사람의 의견을 듣는 과정에서 읽기, 쓰기, 말하기, 듣기의 다양한 영역이 고루 발전할 수 있었습니다.

• 분류 •
① 소재: 학습 계획 실천 경험, 영어 동아리 활동, 영자 신문 기자단 활동, 영자 신문 기사 작성, 영어 토론 모임
② 학습 과정에서 강조한 점: 영어 동아리나 기자단, 토론 모임 등 다양한 활동을 통해 영어 실력을 키우기 위한 노력과 학습 계획을 꾸준히 실천한 과정을 통해 자기주도학습 경험을 드러내었다.

영어를 '언어'로 받아들이고 싶어 많은 매체로 영어를 공부했습니다. 초등학교 1학년 때부터 영어로 된 책으로 공부했는데, 초기에는 그림으로 내용을 파악하며 테이프를 들은 후 모르는 단어를 외워 내용을 이해하고 따라 읽으며 공부했습니다. 점차 책의 수준을 높였고 『Twilight』 등의 책도 편하게 읽는 수준에 이르렀습니다. 『Time』 잡지, 미국 시트콤 등을 활용해 공부하기도 했습니다.

• 분류 •
① 소재: 영어 원서 읽기 경험, 미국 드라마 활용 학습 경험
② 학습 과정에서 강조한 점: 책이나 영상, 음성 등 다양한 매체를 활용하여 영어 공부한 경험을 통해 창의성을 드러내었다.

교내에서 원어민 영어 회화반, 영어 캠프 등을 통해 다양한 방식으로 영어를 접하면서 딱딱하게 느꼈던 공부에 흥미를 느끼기 시작했습니다. 또한, 이론적인 것이 실제 생활에도 쓰일 수 있다는 생각이 들었고, 학교 수업과 영어 원서 읽기를 더 즐길 수 있는 바탕이 되었습니다.

• 분류 •
① 소재: 원어민 영어 회화반 활동, 영어 캠프 활동, 영어 원서 읽기
② 학습 과정에서 강조한 점: 영어 이론 공부와 실용 회화 연습을 병행하는 활동을 통해 영어 공부에 관한 적극성을 나타내었다.

평소에 영어 연설 동영상을 모아 놓은 스마트폰 애플리케이션을 활용해 공부하면서 듣기 능력을 향상시킬 수 있었다. 들은 내용을 해석하고 요약하고 다시 나만의 단어로 바꾸어 외워 보면서 관용어구들을 쉽게 익히고, 책으로 배웠던 영어 문법이 실제로 적용된 예를 쉽게 알 수 있었다.

• 분류 •
① 소재: 독서 경험, 스마트폰 애플리케이션 활용 경험, 영어 관용어 학습 경험
② 학습 과정에서 강조한 점: 영어 동영상 시청에 멈추지 않고 자기의 단어로 바꾸어 보는 노력을 통해 창의성을 드러내었다.

귀국 후에는 영어 책을 읽은 후 독후감을 쓰거나, 영어 TV 프로그램을 보면서 실력을 유지했다. 방과 후 수업인 영어 회화반과 글로벌 영어반에서 원어민 선생님과의 토론을 통해 영어 활용 능력을 향상시켰다. 학교에서 진행하는 EPA(English Plaza Assistant)로서 활동하면서 적극적으로 참여하고 학생들에게 영어 학습 관련 도움을 주었다.

• 분류 •
① 소재: 영어 원서 읽고 독후감 쓰기, 영어 회화반 및 글로벌 영어반 방과 후 수업 참여, 교내 특별 활동 참가 경험
② 학습 과정에서 강조한 점: 영어 실력을 유지하기 위한 노력과 영어 실력을 키우기 위한 교내 활동들을 제시하여 영어 실력과 학습 의지를 드러내었다.

어릴 적 영어를 배우면서 접하게 된 책『Tintin』의 주인공 '땡땡이'는 현실에 존재하지는 않지만 제 마음속의 가장 가까운 친구였습니다. 책 속의 주인공들을 그려 보면서 그림을 이용해서 내용을 체계화해 마인드맵으로 정리하고는 했습니다. 여기에서 더 나아가 학교 수업 내용을 마인드맵으로 틀을 만들고, 선생님의 설명과 교과서의 내용을 기록했습니다. 특히 과학·수학적인 내용을 그림으로 정리했는데, 이런 방법은 시간이 많이 소요되지만 오랫동안 책의 내용을 기억할 수 있었습니다. 영어 원서를 읽고 토론하는 스터디 그룹에서도 이 마인드맵 방식은 내용을 체계적으로 정리하는 데 효과적이었습니다. 매년 이렇게 정리된 노트들은 제 학습 능력을 점검하는 데 도움이 되고 있습니다. 초등학교 때부터 중국어를 꾸준히 공부해 왔으며, 회화 실력을 높이기 위해 중국어 전공자인 언니와 함께 책을 읽으면서 대화를 나누고 있습니다. 일본의 자매 학교 방문으로 알게 된 친구와는 펜팔을 통해 소식을 주고받으며 서로의 문화를 소개할 수 있었습니다.

• 분류 •
① 소재: 영어 원서 읽기, 그림과 마인드맵을 활용한 노트 정리법, 영어 스터디 그룹 활동, 중국어 학습 경험, 외국 학생과의 교류 경험
② 학습 과정에서 강조한 점: 어린 시절 독서 경험을 통해 얻은 자기만의 학습법을 영어를 비롯한 다양한 과목에 접목하여 학습 역량을 드러내었다. 그리고 외국어 공부 경험과 외국인 친구와의 교류 경험을 통해 국제적 감각을 부각시켰다.

공부에서 두 가지 중점을 두었는데 그것은 '계획'과 '반복'이다. 계획은 거창한 것이 아니라 기본적인 것을 반드시 이해할 수 있도록 하는 것이다. 주요 과목은 반복해서 공부하고, 그것이 완벽하게 이해가 된 후에 심화된 부분을 공부했다. 영어 듣기를 할 때는 여러 번 들은 후 다시 책을 보면서 들으며 처음 들었을 때 듣지 못한 부분이 무엇인지 찾았다. 그리고 다시 책을 덮고 들으면서 내용을 모두 떠올릴 수 있도록 했다. 단어는 어근을 분리해 관련된 단어를 연결시켜 외움으로써 더 오래 기억에 남게 하고 암기에 대한 부담을 줄였다.

• 분류 •
① 소재: 학습 계획 실천 경험, 영어 듣기 학습법, 영어 단어 암기 노하우
② 학습 과정에서 강조한 점: 자기주도 학습법을 두 개의 단어로 정의하고 설명하여 실제 학습이 이루어졌다는 점을 나타내었다. 그리고 반복 학습 과정을 구체적으로 서술하여 학습 역량을 드러내었다.

매일 아침 10분 학습법을 실천한다. 학교 가기 전 신문에 실려 있는 생활 영어나 관용 표현을 스크랩해 외우는 것을 3년 동안 지속적으로 했는데, 표현을 외우는 것뿐만 아니라 쓰이는 상황과 대화 내용도 함께 파악하다 보니 어법과 어휘 면에서 많은 공부가 되었다.

• 분류 •
① 소재: 자기만의 아침 공부법, 생활 영어와 관용 표현 외우기
② 학습 과정에서 강조한 점: 자기만의 학습법을 제시하고 3년 동안 꾸준히 실천하였다는 점을 통해 학습에 관한 끈기와 열정을 드러내었다.

영어는 좋아하는 과목이었지만 한번 자만심을 갖게 되자 성적이 떨어지게 되었습니다. 그래서 수업이라는 기본에 충실하자는 생각에 교과서 본문과 프린트부터 이해하고 다른 자습서의 내용을 첨가하면서 공부해 이해하지 못했던 내용을 완벽히 습득했습니다. 그리고 1학년 때부터 읽어 온 『코리아 헤럴드』가 영어나 국제 상식을 배우는 데 많은 힘이 되었습니다. 모르는 단어는 줄을 치고 뜻을 찾아서 읽다가 나중에는 모르는 단어들을 어느 정도 유추해서 읽기 시작했습니다. 그중 관심이 가는 기사는 스크랩을 하면서 세계를 배우는 계기가 되었습니다.

• 분류 •
① 소재: 영어 공부 방법, 영자 신문 구독, 영자 신문 스크랩
② 학습 과정에서 강조한 점: 성적 하락 시 이를 극복하기 위해 실천하였던 방법과 노력을 제시하며 학습 역량을 드러내었다. 그리고 영자 신문을 읽는 과정을 통해 영어 공부 방법을 제시하였다.

초등학교 때 완벽함을 위해서는 포기하지 않고 반복하는 것이 중요하다는 것을 배웠습니다. 중학교에 처음 들어와서 이전처럼 벼락치기 식으로 공부하니 이해가 부족한 개념이 많았습니다. 그래서 공부 또한 운동처럼 규칙과 끈기로 해야겠다는 생각을 하고 학교에서 배운 내용을 그날 집에서 복습하는 습관을 들였습니다. 사회, 과학, 예체능 과목 등은 노트를 만들어 핵심 내용을 구조화한다든가, 마인드맵으로 보기 쉽게 재구성하면서 요점을 파악하는 능력을 기르고 시험에도 대비했습니다. 수학과 영어는 평소에는 심화 학습을 하고, 시험 때는 수학은 항상 서술형 문제를 푼다는 생각으로 정확하게 이해하고 풀려는 연습을 했고 교과서 문제 외의 유형을 풀었습니다. 영어는 교과서 주요 문법으로 작문을 많이 해 보고 핵심 표현은 일상생활에서 많이 쓰는 연습을 하면서 공부했습니다.

• 분류 •
① 소재: 복습 방법, 마인드맵 활용 학습 경험, 영어 작문 연습, 영어 학습 노하우
② 학습 과정에서 강조한 점: 시행착오를 통해 터득한 학습 습관과 마인드맵을 활용한 학습법을 제시하며 영어를 비롯한 다양한 과목의 학습 능력과 우수한 성과를 드러내었다.

73

가장 좋아하는 과목인 영어는 다양한 활동을 통해 학습을 했다. 영자 신문 동아리에서 다양한 주제의 기사 작성 및 교장 선생님 인터뷰 등의 활동을 하며 글 작성 능력을 기를 수 있었다. 또한, 영자 신문 총괄 에디터로 활동하며 기획력과 판단력을 기를 수 있었다.

• 분류 •
① 소재: 영자 신문 동아리 활동, 영자 신문 기사 작성 경험, 영자 신문 편집자 경험
② 학습 과정에서 강조한 점: 영자 신문 동아리 활동과 편집장 경험을 통해 영어 실력과 학습 의지를 드러내었다.

74

영어 토론반에서는 '사형 제도'에 관한 다큐멘터리를 보고 사형 제도에 대한 토론을 했다. 사형 제도에 찬성한다는 의견을 수립한 후 자료를 수집하기 위해 'Debate.org'에서 어떠한 주장들이 제기되고 있는지 알아보고, 구체적인 수치나 통계 자료는 CNN, BBC, Huffington Post 등의 언론 사이트에서 찾아보았다. 나는 사형수를 사형에 처하지 않고 종신형에 처했을 때의 비용적인 측면과, 미국의 사형 제도가 실시되고 있는 주의 범죄율을 근거로 사형 제도에 찬성한다는 의견을 내세웠다. 반대 측에서는 'Constitutional Law(헌법)'의 조항들을 근거로 사형수의 인권 또한 보장해야 한다고 주장했으나, 한 개인의 인권은 다른 개인의 인권을 침해했을 때 보장받을 수 없음을 언급하며 논리적으로 반박했다. 토론을 통해 영어 능력이 향상되었고, 세상을 보는 안목을 넓혔다.

• 분류 •
① 소재: 영어 토론반 활동, 영어 관련 인터넷 사이트, 영어 토론 과정
② 학습 과정에서 강조한 점: 사형 제도에 관한 토론 준비 과정을 통해 심층 영어 학습 경험과 실력을 드러내었다. 특히 상대의 주장에 반박하는 내용을 제시하여 논리적 사고력을 부각시켰다.

75

중학년 1학년 때 『바람을 길들인 풍차 소녀』를 읽고 TED를 알게 되었다. 인문·사회 분야 전문가들의 정제된 언어 구사와 강연 매너를 중심으로 반복 시청하고 셰도우 스피킹을 했다. 중학교 3학년 때 교내 영어 말하기에서 'For the Future'라는 주제로 꿈을 이루기 위해 열정과 몰입이 중요함을 강조해 호응을 얻었다.

• 분류 •
① 소재: TED 시청 및 강연 따라 말하기, 영어 말하기 대회 발표 주제와 내용 요약
② 학습 과정에서 강조한 점: 개조식 서술을 통해 독서 경험과 TED 시청, 외국어 강연 따라 말하기, 영어 말하기 대회 준비 등 다양한 활동을 제시하였다.

평소 수업 시간에 집중하고 누적 학습법을 꾸준히 실천해서 실력을 향상시켰다. 기본 교과 학습 외에 심화된 학습은 역사 동아리, 영어 논술 동아리, 봉사 동아리 등에서 다양한 탐구 활동을 통해 이루어졌다. 영어 논술 동아리에서 영어 관련 동영상을 시청하거나 원서를 읽고 관련 내용을 토론하는 활동을 했다. 대표적으로 『동물농장』을 읽고 사회주의가 과연 나쁜 것인가에 대한 토론을 진행했다. 작품이 소련의 스탈린 집권하의 사회주의를 풍자한 내용이라는 것을 알고 왜 평등을 추구한 사회주의가 1990년대 전후로 붕괴되었는지 탐구했다. 이에 이상적인 사회주의도 인간이 욕망의 동물로 변하는 순간 전체주의로 변질될 수 있다고 생각했다. 이후 실제 전체주의 국가였던 독일, 이탈리아, 일본 등 여러 나라의 전체주의 특징을 조사했다. 특히 일제 민족 말살 정치 시기를 분석해서 전체주의가 개인 혹은 다른 국가의 인권 침해에 심각한 영향을 줄 수 있다는 결론을 도출했다.

- 분류 •
① 소재: 다양한 동아리 활동 경험, 영어 토론 주제와 연계된 탐구 활동 및 결론, 전체주의에 대한 견해
② 학습 과정에서 강조한 점: 평소 학습 태도와 다양한 탐구 활동을 제시하여 성실성과 탐구 의지를 드러내었다. 그리고 영어 논술 동아리에서 한 토론 활동을 구체적으로 제시하여 논리적 사고력을 나타내었다.

학급 대표로 교내 방송에서 벌의 소중함을 주제로 한 「1cm의 위대함」이라는 에세이를 발표했다. 산업 혁명 이후 이산화 탄소 배출의 증가로 인해 지구 온난화가 심각해져 대기 오염, 환경 오염, 해충 증가 등으로 세계 곡식 3분의 1의 꽃가루 매개를 담당하는 벌 개체 수가 감소하는 문제의 심각성을 조사하고 영어로 에세이를 작성했다. 준비 과정에서 TED 동영상 「Why Bees are Disappearing, The First 21 Days of a Bee's Life」를 시청하고 에세이의 근거 자료로 활용했다. 이를 통해 대중 앞에서 자신 있게 말하기 위해서는 먼저 주제를 명확하게 정하고, 설득력 있는 근거를 준비해야 한다는 것을 깨달았다. 이런 활동 중심 학습법을 통해 사고력을 확장할 수 있었다.

- 분류 •
① 소재: 영어 에세이 작성 및 발표 경험, TED 강의 청취 및 활용 경험, 발표를 준비하면서 깨달은 점
② 학습 과정에서 강조한 점: 영어 에세이를 준비하는 과정과 에세이 내용을 기술하여 논리적 사고력과 영어 실력을 드러내었다. 일반적 교과 내용이 아니라 자신의 관심 분야에 대해 적극적으로 탐구하는 노력을 통해 자기주도적인 학습 능력을 부각시켰다.

3-2 ｜ 수학

1

　수학을 이용해 낭비되는 종이가 없도록 A4 용지 규격을 만들었다는 사실을 알고 $\sqrt{2}:1$의 비율로 구해 보면서 제곱근에 대해 이해했다. 개념을 실생활에 적용해 이해하는 방식으로 생각의 습관이 만들어지게 했더니 개념 이해와 응용 문제 풀이에 어려움이 줄어들게 되었다. 또한, 오답 노트 작성에 중점을 두며 틀린 유형을 점검하고 직접 예제를 만든 뒤 친구에게 풀이해 주었다. 삼각비를 응용한 등변 사다리꼴 넓이는 윗변에서 아랫변에 수직선을 그어 직각 삼각형과 직사각형으로 나누어 구했는데 한 꼭짓점에서 대각을 이루는 꼭짓점까지 선을 그어 넓이가 같은 두 개의 삼각형을 이용해서 구하면 안 되냐는 친구의 질문에 윗변과 아랫변이 평행하지만 두 변의 길이가 달라 두 삼각형의 넓이는 다르다고 오류를 설명했다. 내가 생각하지 못한 방식을 다시 한 번 생각하며 오답을 줄이고 오답 노트를 쓰며 논리성이 중요시되는 서술형에서 좋은 결과를 얻게 되었다.

• 분류 •
① 소재: A4 용지의 규격, 오답 노트 작성 방법, 수학 멘토링 활동 경험
② 학습법에서 강조한 점: 수학 학습 경험을 서술하며 단순히 어떤 문제를 풀었다는 서술보다 A4 용지 규격에 적용된 수학적 개념을 통해 수학 공부를 하였다는 점이 신선하고 입학 사정관의 흥미를 자극한다. 그리고 오답 노트 작성 방법을 제시하고 수학 멘토링 활동에서 친구에게 수학 문제를 설명하는 방식을 구체적으로 서술하여 수학 학습의 효과와 수학 실력을 모두 드러내었다.

2

　수학은 중요하기도 하고 제일 좋아하는 과목이어서 가장 많은 시간을 투자했다. 계산을 빠르게 하다 보니 실수를 하는 경우도 있었다. 이를 극복하기 위해 오답 노트를 이용해서 문제를 반복해 풀어 보면서 공부 습관을 바꿀 수 있었다. 중학교 2학년 때 인수분해와 이차방정식을 풀면서 조금 더 효율적인 방법이 없는지 궁금했다. 그래서 수업에서 배운 5개의 공식을 복합적으로 사용하고 다시 엮어서 새로운 공식이 더 나올 수 있지 않을까 고민을 하다가 곱셈 공식의 변형이 있다는 것을 알게 되었으며 더 복잡한 계산도 쉽게 할 수 있었다. 이런 식으로 수학은 단점을 보완하되 다양한 공식을 응용하는 능력을 기르기 위해 노력했고 그것을 별도의 노트에 정리해 둠으로써 스스로에게 자극이 되도록 했다. 또한, 무리수를 접하면서 수학과 음악의 연관성을 찾았고 피아노 건반에도 적용된다는 사실을 발견했으며 더 나아가 피타고라스 음계까지 알아보게 되었다. 이러한 고민과 탐구는 나에게 단순히 공식을 증명하고 이해하는 것에서 멈추지 않고 지속성을 갖고 심화된 공부를 하도록 이끄는 원동력이었다.

• 분류 •
① 소재: 수학에 대한 흥미, 오답 노트 활용, 수학 공부에서 어려움을 극복하는 노력
② 학습법에서 강조한 점: 수학을 가장 좋아한다는 것을 서두에 언급하여 수학에 관심이 많고 자신감이 있다는 점을 나타내었다. 또한, 자신이 어려움을 겪었던 내용이나 개념을 더 잘 알기 위해 노력하였던 과정을 구체적으로 서술하여 수학 학습의 효과를 드러내었다. 특히 구체적으로 단원명과 공식, 방법 등을 제시하였고 수학과 음악을 연관시켜 학습한 경험까지 제시하여 확장적 학습이 이루어진 점까지 어필하였다.

3

처음 중학교에 들어올 때의 걱정과는 달리 중학교 공부는 어렵지 않았다. 수업 내용을 필기하고 참고 자료를 교과서로 단권화시켜 내용을 여러 번 반복하면서 시험을 준비했다. 그래서 다양한 공부를 하기 위해 방과 후 수업을 적극적으로 활용했다. 적극적이고 어떤 부분에 집중하는 성격을 활용해서 방과 후 수업에서 평소에 다루지 않는 수학 추리 문제를 통해 논리력과 사고력을 기를 수 있었다. 이러한 연습은 피타고라스 단원에서 삼각뿔의 높이를 구하는 문제를 다양한 풀이법으로 탐구해 보거나 삼각비 단원에서 문제를 풀 때 이전에 배웠던 닮음의 성질을 활용해 적용하는 능력을 기를 수 있는 기회가 되었다.

● 분류 ●
① 소재: 수학 학습 방법, 방과 후 수업 수강 경험, 수학 문제 탐구 경험
② 학습법에서 강조한 점: 교과서로 단권화하기와 방과 후 수업 듣기를 활용하여 수학 학습 경험을 서술하였다. 그리고 방과 후 수업 내용과 자신이 수학 문제를 탐구한 경험을 구체적인 개념과 과정, 효과를 제시하여 수학 학습 수준도 드러내었다.

4

수학 공부를 할 때 가장 큰 문제점은 배운 내용을 시간이 지나면 잊어버리게 된다는 것이다. 하지만 수학은 다른 내용일지라도 서로 연관되어 있음을 알게 되었고 이를 이용하면 문제점을 극복할 수 있다는 것을 알게 되었다. 예를 들어, 부등식에서 미지수를 포함한 변은 그 미지수의 값에 따라 그 변 전체의 값이 달라지기 때문에 함수와 연관이 있음을 알게 되었다. 이를 통해 부등식의 각 변을 일차함수의 식으로 나타내고 그래프로 나타내어 부등식에 만족하는 부분을 찾아 부등식의 해를 구했다. 이 방식으로 공부하면서 내용을 잊어버리는 문제점을 해결하고 효율적으로 문제를 풀 수 있게 되었다.

● 분류 ●
① 소재: 수학 학습의 어려움을 극복하는 과정과 효과
② 학습법에서 강조한 점: 수학 학습 경험을 서술할 때 자신이 어려웠던 점이나 실패를 극복한 과정과 노력, 효과를 활용하였다. 특히 부등식과 같은 구체적인 개념과 내용을 제시하고 풀이하는 과정과 배운 점을 세세하게 설명하여 수학 학습 수준과 노력을 드러내었다.

5

3학년 수학 수업 시간에 도형의 신비성을 알아보기 위해 피타고라스 정리에 관해 배울 때 17개의 정사각형으로 이루어진 도형을 네 부분으로 넓이가 같게 나누어 한 정사각형을 만드는 활동을 한 적이 있다. 한 변의 길이가 1인 정사각형으로 이루어져 있었기 때문에 만들어질 도형의 한 변의 길이까지는 구했으나 그 후엔 어떤 방식으로 전개해야 할지 고민이 되어서 해답을 보며 풀이 방식을 익혔다. 이런 활동을 하면서 수학이란 것이 단순히 문제를 기계적으로 푸는 것이 아닌 창의력을 필요로 하는 과목이라고 생각했고, 도형 안에 숨어 있는 수학적 원리가 과학적으로 느껴졌다.

● 분류 ●
① 소재: 피타고라스 정리 증명, 풀이 과정
② 학습법에서 강조한 점: 피타고라스 정리는 중등 과정에서 나오는 필수 개념 중 하나이다. 그것을 증명하는 과정을 구체적으로 서술하여 단순히 문제 풀이만 한 것이 아니라 스스로 증명하려는 노력을 통해 자기주도학습이 이루어졌다는 점을 나타내었다.

6

중학교은 2학년 때부터 수학 문제의 오답의 유형을 구분하며 취약한 부분을 찾으려고 했습니다. 계산 실수인지, 잘못된 공식을 적용한 것인지를 구분하여 문제점을 찾아 보완했습니다. 심화 문제는 유형의 구분이 애매했기 때문에 다양한 풀이를 찾는 것에 집중했습니다. 이 과정을 통해 수학 문제를 더 꼼꼼하게 풀며 분석적으로 접근할 수 있는 사고력을 기를 수 있었습니다. 그리고 3학년 때 수학 잡지 동아리에서 'x는 왜 미지수인가?'라는 강의를 번역한 기사를 쓴 적이 있습니다. 아랍에서 미지수를 나타내는 특정 단어가 유럽에 들어오게 되면서 스페인어로 이것을 발음할 수 없게 되자 그저 x라는 미지수를 사용하게 되었다는 흥미로운 일화를 보았습니다. 수학이 딱딱한 이론과 기호만 가득한 것이 아니라 하나의 스토리가 있는 것을 알게 되었고 더 많은 수학 관련 책을 읽고 수학적 사고력을 기를 수 있었습니다.

• 분류 •
① 소재: 오답 문제 및 심화 문제 풀이 방법, 수학 동아리 활동, 수학의 역사
② 학습법에서 강조한 점: 수학 문제의 오답의 유형과 심화 문제는 수학 학습을 하면서 반드시 해결해야 할 것들이다. 그런 것들을 해결하는 과정을 구체적으로 서술하였고, 수학 잡지를 만들며 미지수 x와 관련된 수학의 역사를 알게 되었다는 경험을 제시하여 수학에 관심이 많고 수학을 잘하기 위해 많은 노력을 하였다는 점을 드러내었다.

7

수학 시간에 황금비가 실생활에 적용된 사례가 많다고 배웠는데, 피타고라스 학파가 황금비가 내재된 정오각형 별 모양을 심볼로 사용했다는 것을 알게 되어 직접 공식을 이용해 확인해 보았습니다. 1년간 참여했던 자원 봉사 프로그램에서 '시민 요구 사항'에 대해 연령별로 표본을 구분해 설문 조사하고 결과를 도수분포표와 히스토그램으로 작성하여 시청에 건의했는데, 이런 경험들을 통해 수학의 효용성과 재미를 느꼈습니다.

• 분류 •
① 소재: 황금비 구하기, 자료 조사 결과 분석 및 정리
② 학습법에서 강조한 점: 피타고라스 학파의 심볼에 대한 증명과 시민 대상 설문 조사 결과 분석 및 정리라는 요소는 학생만이 가지고 있는 독특한 경험이다. 이러한 경험들을 제시하여 수학에 흥미가 많고 수학 실력을 늘리기 위해 많은 노력을 하였다는 점을 나타내었다.

8

수학은 개념에 대해 이해하기 위해 공식을 증명해서 공부했다. '아폴로니우스의 원'이라는 점 A$(a,\ b)$, B$(c,\ d)$와 임의의 점 P$(x,\ y)$를 잡고 선분 PA 대 선분 PB는 m 대 n의 자취라는 개념을 보게 되었다. 이후 이에 대한 증명 방식이 궁금해서 여러 증명 방식을 연구해 보다가 삼각형의 닮음과 내각과 외각의 이등분선의 성질을 이용해서 증명하는 방법을 알 수 있었고 심화 문제에도 이를 적용할 수 있었다.

• 분류 •
① 소재: 아폴로니우스의 원, 삼각형의 닮음과 내외각
② 학습법에서 강조한 점: 수학 학습 경험에서 선행이나 심화 학습 수준을 드러내기 위해 '아폴로니우스의 원'이라는 개념을 활용하였다. 이것을 증명하는 과정에서 중등 과정에 속하는 삼각형의 닮음과 내외각을 활용하였는데, 이것은 고등 수학을 선행한 것이 아니라 중등 수학을 심화한 활동이 된다.

9

멘토링 활동을 통해 '함께하는 수학 노트'를 만들었습니다. 개념과 원리, 풀이 과정을 한 노트에 작성하고 함께 돌려보면서 이해되지 않은 부분은 체크를 하고, 필요한 경우 해설과 풀이 과정을 꼼꼼하게 적었습니다. 노트를 작성하면서 부족한 점이 무엇인지 알게 되었고 해결되지 않는 부분은 모형을 함께 만들기도 했습니다. 눈으로 원리를 확인하고 서로에게 또는 자신에게 설명을 해 보는 활동을 여러 번 반복하면서 이해하는 정도가 확실하게 높아졌습니다. 스스로 할 수 있는 힘을 길러 주는 것이 멘토가 하는 일이라 생각하고 노력한 것이 소통 능력과 실력 향상으로 이어지는 것을 확인할 수 있었습니다.

• 분류 •
① 소재: 수학 멘토링 활동, 수학 학습 노트 작성법
② 학습법에서 강조한 점: 수학 멘토링을 하면서 수학 학습 노트를 만들었던 경험을 제시하였다. 친구들과 함께 수학 노트를 만들며 시행착오를 해결하려는 노력과 과정을 통해 수학 학습이 주도적으로 이루어졌다는 점을 나타내었다.

10

수학은 오답 노트와 포스트잇을 활용해 공부했다. 특히 어려웠던 문제 유형과 풀이 과정을 노트에 적고 각 문제마다 포스트잇을 붙여 반복한 수만큼 포스트잇에 숫자를 적었다. 그리고 3번 이상 반복한 문제를 다시 풀어 보고 완벽하게 익힌 문제의 포스트잇은 뗐다. 모든 문제의 포스트잇을 뗄 때까지 오답 노트를 반복했다. 또한, 직접 선생님이 되어 문제를 풀어 보면 기억에 잘 남으므로 목소리를 녹음하고 계속 들으면서 스스로에게 가르치듯 공부했다. 오답 노트의 내용과 비슷한 문제를 질문하는 친구들에게 오답 노트를 보여 주고 녹음해 두었던 방식으로 설명해 주었다. 이 과정에서 친구들에게 더 잘 설명하기 위해 다양한 방법으로 수학에 접근하게 되었고 문제 풀이 능력이 향상되었다.

• 분류 •
① 소재: 오답 노트와 포스트잇을 활용한 학습법, 자신의 설명을 녹음하며 복습하기
② 학습법에서 강조한 점: 수학 학습법을 제시할 때 도구와 수단을 활용하는 과정을 구체적으로 제시하고 설명하였다. 이러한 과정을 통해 수학 학습이 실제로 이루어졌고 학생에게 효과가 있었다는 점을 어필하였다.

11

문제의 조건(condition), 문제가 원하는 것(want), 다시 한 번(again)의 C.W.A. 공부법을 이용해 수학 문제를 풀었다. 계산이 복잡한 통계 수행 평가에서 여러 명의 운동화 크기가 주어지고 이때의 평균, 중앙값, 최빈값을 구하는 문제가 있었다. 문제를 읽으며 각 위치에 C.W.A.를 적었다. 먼저 여러 명의 운동화 크기에 C, 평균, 중앙값, 최빈값에는 W를 적어 두고 문제를 풀어 나갔다. 마지막에 A를 쓰고 다시 풀었을 때, 똑같은 답이 나오면 A에 동그라미를 쳐서 확인했는데, 중앙값을 구할 때 인원에 따른 짝수 공식과 홀수 공식을 반대로 사용한 것을 발견하고 고쳐 정답을 맞혔다. 또한, 오답 노트 작성을 C.W.A. 공부법과 함께 하면서 오답률이 많이 줄었다. C.W.A. 공부법을 통해 문제를 꼼꼼히 읽지 않았던 습관을 고쳤고 문제에 더 집중할 수 있었다.

• 분류 •
① 소재: C.W.A. 공부법, 수학 문제 풀이 과정
② 학습법에서 강조한 점: C.W.A. 공부법이라는 자기만의 공부법을 구체적으로 설명하였고 통계 문제를 예시로 들어서 자신의 공부법을 적용한 풀이 과정과 효과를 제시하였다. 단순히 수학 공부법을 이야기하는 것보다 독창적인 이름을 붙이고 구체적인 예시를 들어서 서술하는 것이 바람직하다. 이러한 과정을 통해 수학에 대한 흥미와 수학 실력을 높이려는 노력을 드러내었다.

12

'내가 알고 있는 모든 수학 지식은 증명할 수 있어야 한다.'라는 모토로 피타고라스 정리와 같은 수학 개념을 공부할 때 증명을 하며 이해도를 높였다. 학교 수학 시간에 배운 황금비에 관심이 생겨 인터넷으로 황금비에 대해 검색하다가 황금비와 피보나치수열이 밀접한 관계를 갖고 있다는 사실을 알게 되었고 『피보나치수열 이야기』라는 책을 읽게 되었다. 그리고 자연계의 패턴을 설명하는 피보나치수열이 황금비나 자연과 동시에 관계를 맺고 있으며 주식 시장의 주가 흐름을 추적함으로써 주가를 예측할 수 있는 엘리어트 파동 이론의 중요한 분석 도구라는 것을 알게 되었다. 이렇게 수학 개념을 관련 서적으로 이해할 수 있었다.

• 분류 •
① 소재: 수학 학습 모토, 독서 경험, 수학 심화 개념
② 학습법에서 강조한 점: 자신이 가진 모토를 제시하여 수학 탐구를 하는 자세나 마음가짐을 드러내었고 피보나치수열과 관련된 독서 활동을 통해서 황금비나 엘리어트 파동 이론과 같은 심화 개념까지 알았다는 점을 나타내었다. 이런 경험을 통해 학생의 학업 수준이 교과 수준 이상이라는 점과 학교 수업에서 배운 부분 중 궁금한 것에 대해 책을 찾아보는 자기주도적 탐구를 하였다는 점을 모두 나타내었다.

어릴 때 『Why? 똥』과 『인체』를 모두 외울 정도로 좋아해서 의료 계열을 꿈꾸었습니다. 그래서 수학과 과학에 관심을 가지고 1~2학년 때 수학 탐구반에서 창의적인 문제를 접하면서 다양한 생각으로 풀면서 자료를 찾아서 문제를 푸는 습관이 생겼습니다. '돔'의 내용을 배울 때는 축구공을 떠올리면서 오일러 공식을 이용해 축구공의 면 개수를 구하는 것을 배웠습니다. '피보나치수열'에 대해 다룰 때 피보나치수열의 일반항이 궁금해서 검색해보며 모르는 것을 찾으며 이해했습니다. 현장 학습에 갔을 때 원적 문제 풀기가 불가능함을 증명하는 것과 위성 안테나가 반사각을 이용해 전파를 수신하도록 설계되었다는 것 등 수학과 과학이 접목이 된 부분들을 이해하면서 수업에서 배웠던 내용들이 어떻게 활용되는지 찾으려고 노력했습니다.

• 분류 •
① 소재: 독서 경험, 수학 탐구 동아리 활동, 오일러 공식, 피보나치수열, 위성 안테나의 수신 원리
② 학습법에서 강조한 점: 수학과 과학 학습 경험을 따로 서술할 수도 있지만 자기소개서의 분량이 한정되어 있는 만큼 두 가지를 융합 서술하여 합리적으로 통합 사고력을 드러내었다. 특히 오일러 공식을 활용한 탐구나 피보나치수열을 탐구하는 과정, 위성 안테나의 원리 등을 탐구하였던 과정을 구체적으로 제시하여 탐구 경험의 깊이를 나타내었다. 이러한 방법을 통해 학생의 선행, 심화 학습 수준을 어필하였다.

중학교 2~3학년 때 멘토링을 하면서 친구가 제 방식으로 설명하였을 때 이해하기 어려워하는 경우가 있었기에 다양한 설명 방식을 준비했습니다. 어떠한 질문을 할 것인가를 예상해서 진행해야 했기에 배웠던 내용을 다시 떠올리며 복습했습니다. 특히 피타고라스 정리를 공부할 때에는 바스카라, 가필드, 닮음을 통한 증명 등을 차근차근 친구에게 설명해 주었고 이런 것이 어떻게 활용될 수 있는지를 같이 설명해 줬을 때 뿌듯했습니다. 그리고 수학은 암기 과목이라는 생각이 '수학은 이해를 하면서 풀어야 한다.'라는 생각으로 바뀌었습니다. 또한, 선생님의 풀이를 참고해 제 풀이가 완벽해지도록 노력했고, 선생님의 풀이와 제 풀이가 다른데 그 차이를 모를 때는 선생님께 질문하면서 수학 개념을 더 탄탄히 다질 수 있게 되었습니다.

• 분류 •
① 소재: 멘토링 경험, 피타고라스 정리, 수학에 대한 생각
② 학습법에서 강조한 점: 멘토링 경험을 활용하여 학습 경험과 인성을 동시에 드러내었고 친구에게 수학을 설명하는 과정을 통해 수학 실력과 학습 수준을 나타내었다. 그리고 멘토링을 하면서 겪은 수학에 대한 생각의 변화를 통해 자기주도학습의 효과를 증명하였다.

15

수학은 반복과 정리가 가장 중요하다고 생각해 'BAND' 어플을 활용했다. 특히 교과 과정 중 피타고라스 정리 단원의 심화 문제를 촬영하고 반복 학습했다. 영상을 찍기 전 공식의 기본 개념을 완전히 이해한 뒤 비슷한 유형의 문제들로 나누어 노트에 정리했다. 이후 음성과 함께 총 2번의 촬영을 했다. 처음에는 공식의 증명 과정을, 다음에는 공식을 적용한 풀이 과정을 담았다. 실제 피타고라스 정리 공식의 유도 과정인 유클리드의 방법, 바스카라의 방법을 그림과 식으로 정리해 심화 문제에 적용하는 영상을 찍었다. 무한 재생할 수 있다는 영상의 이점을 활용해 반복 학습을 해서 관련 문제들을 모두 풀 수 있었으며 'BAND'의 댓글 기능을 통해 친구들과 피드백을 주고받으며 풀이 과정을 정리하는 시간을 가질 수 있었다.

• 분류 •
① 소재: 밴드 어플, 피타고라스 정리, 친구들과 협력 학습
② 학습법에서 강조한 점: 밴드 어플과 같이 새로운 도구를 활용한 수학 학습은 입학 사정관에게 참신한 느낌을 줄 수 있다. 그리고 영상을 찍고 친구들과 공유하는 과정을 통해서 지식을 나누고 협력하여 발전하는 모습은 긍정적인 이미지를 주었다.

16

어린 시절 아버지가 큐브를 맞추는 모습을 보면서 큐브에 대한 흥미가 생겼고 취미가 되었다. 인터넷에서 큐브 맞추는 공식들을 찾아서 따라 하며 연습을 해서 3×3 큐브를 1분 30초 안에 맞추게 되었다. 큐브는 입체로 된 두뇌 퍼즐이라는 점에서 문제를 해결할 때 다양한 각도와 시각에서 해결 방안을 찾아보는 연습이 되었다. 이러한 자세는 곱셈 공식 응용 문제를 푸는 과정에서 많은 도움이 되었다. 매우 큰 숫자를 연산하는 문제를 풀 때 한 숫자를 문자로 바꾸면 곱셈 공식의 형태가 나타나서 쉽고 빠르게 계산할 수 있었다. 숫자를 치환하는 문자를 찾는 과정에서 큐브를 돌리듯이 다양한 숫자를 생각하며 곱셈 공식 응용 문제를 재미있게 풀 수 있었다. 큐브와 수학은 서로 다른 영역이지만 여러 가지 접근 방법을 생각해 보고 풀이법을 연구해야 한다는 공통점을 찾을 수 있었다. 그래서 다른 영역이나 과목에서도 한 방법만 고집하지 않고 유연하게 사고하는 자세를 갖게 되었다.

• 분류 •
① 소재: 큐브 취미, 곱셈 공식, 응용 문제를 푸는 과정
② 학습법에서 강조한 점: 아버지와 관련된 큐브 취미는 가족 관계가 화목하다는 점과 사고력이 우수하다는 점을 어필하였다. 그리고 곱셈 공식 응용 문제를 풀이하는 과정에서 큐브를 푸는 방법을 적용하였다는 점은 창의적 사고와 주도적인 학습 자세를 나타내었다.

수학은 도형을 직접 만들고 관련 분야 영상 및 책을 보며 공부했다. 외심과 내심을 공부할 때 삼각형 10개를 만들어 외심, 내심을 찍고 각각에 맞는 내접원, 외접원을 만들어 원의 중심과 일치하는지 확인했다. 또한, 「다큐프라임」을 시청하며 유클리드, 가필드의 피타고라스 정리의 증명 방법을 보고 직각삼각형에 닮음삼각형을 그려 길이의 비를 통해 공식을 유도하여 새로운 증명을 만들었다. 더 나아가 수학 잡지를 읽고 큰 수의 곱셈도 빠르게 할 수 있는 인도의 베다 수학을 알게 되었다. 연산법이 나온 과정이 궁금해 도형으로 탐구하며 사각형을 4개로 나눌 때 하나를 이동하면 사각형 2개만 계산해도 전체의 넓이를 구할 수 있다는 것을 알게 되었다. 이 과정에서 막대기를 자릿수의 개수만큼 그려 계산해 보았고 다양한 방법으로 수학을 접근할 수 있다는 것을 확인했다.

• 분류 •
① 소재: 수학 도형 증명하기, 피타고라스 정리 증명법, 인도의 베다 수학
② 학습법에서 강조한 점: 도형이나 피타고라스 정리, 베다 수학과 같이 다양한 요소와 개념들을 스스로 증명하려는 노력과 과정을 구체적으로 서술하여 수학에 관심이 많고, 수학 실력을 늘리기 위해 적극적인 노력을 하였다는 점을 드러내었다.

이차함수의 원리는 잘 알지만 활용이 약하다는 것을 파악하고 '스터디코드'라는 카페에서 관련 특강을 찾아보았다. 특히 시험에 많이 나오는 문제, 자주 틀리는 문제를 학교 진도에 상관없이 하루에 5문제씩 풀면서 다양한 이차함수를 접할 수 있었고 심화 문제 유형까지 익힐 수 있었다. 처음에는 매일 카페에 들어가서 문제를 풀어 보는 것이 쉽지 않았지만 매일 출석해서 그날 정해 놓은 문제 개수만큼 풀었고 나와의 학습 약속을 지켰다. 이차함수의 식을 이용해 그래프 위에 있는 직사각형의 둘레의 길이의 최댓값을 구하는 문제가 풀리지 않아서 카페에 도움을 요청했고, 다른 회원들이 그래프를 직접 그리고 설명해 주어 답을 구할 수 있었다. 이차함수 문제에 대한 자신감이 생겼고 지식 나눔에 대해 관심을 갖게 되었다.

• 분류 •
① 소재: 카페 동영상, 이차함수의 원리와 설명 경험, 수학 학습 계획
② 학습법에서 강조한 점: 이차함수의 개념을 이해하고 문제를 풀이하는 과정에서 '스터디코드'라는 카페를 활용하였다는 점은 교과서나 문제집을 이용하는 것보다 참신하다. 그리고 카페에서 활동하며 실천한 학습 계획을 설명하며 매일 꾸준한 학습이 이루어졌다는 점을 드러내었다. 이러한 점들을 통해 창의성과 성실성, 지식 나눔 노력 수준을 나타내었다.

19

어릴 때 암산을 배워서 연산이 남들보다 빠르다 보니 수학은 늘 자신이 있는 과목이었다. 1, 2학년 때는 일주일에 1,000문제를 풀어서 유형을 파악하는 능력을 키웠고 변형, 심화된 문제도 막힘없이 풀 수 있게 되었다. 이후 3학년 때는 개념이 어려워지다 보니 푸는 문제 수를 줄이고 개념을 명확하게 이해하여 공식의 원리를 탐구하고 분석하는 방식으로 공부했다. 예를 들어, 원과 현에 관한 성질을 공부할 때 현의 수직 이등분선은 그 원의 중심을 지난다는 것을 배웠는데 이를 증명하기 위해 원의 성질을 이용해 보려고 노력했다. 다양한 방식으로 문제를 해결하려고 노력한 결과 그 개념은 삼각형의 합동을 이용해 증명하는 것이 중요하다는 것을 알게 되었고 이를 응용해 다양한 심화 문제들을 어렵지 않게 풀 수 있었다.

• 분류 •
① 소재: 수학 학습량, 수학 학습 방법의 변화, 원과 현에 관한 성질
② 학습법에서 강조한 점: 일주일에 1,000문제라는 구체적인 학습량을 제시하여 학습 열의와 노력을 많이 하였다는 점을 강하게 어필하였다. 그리고 양적인 학습 방법에서 질적인 학습 방법으로 수학 학습 방법을 바꿈으로써 다양한 측면으로 수학 학습이 이루어졌다는 점을 드러내었다. 또한, 원과 현의 성질에 대한 문제를 풀이하는 구체적인 과정을 통해 수학 학습 수준과 실력을 나타내었다.

20

수학은 한 주 동안 평일에 50문제씩을 매일 풀고 주말에는 틀린 문제를 유형별로 모아 그 유형들의 개념과 응용까지 학습했다. 그래서 오답을 정리하며 어떤 유형이 이해가 되지 않았는지 한눈에 확인하고 이해할 수 있었다. 심화 학습을 위해서는 책을 이용했는데 확률을 배울 때 『4.5. 정의 수학나라』를 읽으며 확률과 관련된 파스칼의 삼각형과 피보나치 수열 같은 내용을 공부하며 수학적 사고력을 키울 수 있었다. 단순히 공식에 대입해서 풀던 확률 문제에 파스칼의 삼각형을 적용하고 그의 원리인 피보나치 수열과 이항계수까지 학습해 보며 확장된 개념을 정리할 수 있었다.

• 분류 •
① 소재: 매주 학습량, 독서 경험, 파스칼의 삼각형, 이항계수
② 학습법에서 강조한 점: 구체적인 학습량을 제시하고 문제 풀이와 응용, 심화, 오답 정리까지 일련의 수학 학습 과정을 설명하여 수학 학습 경험을 논리적으로 서술하였다. 그리고 수학 관련 독서 경험을 활용하여 확률 문제에서 출발해서 파스칼의 삼각형, 이항계수에 이르는 선행 개념까지 수학 공부가 교과 수준 이상으로 이루어졌다는 점을 드러내었다.

21

과학과 수학이 밀접한 관련을 맺고 있다는 것을 깨달았습니다. 과학 실험과 증명을 하는 과정에서 삼각형의 닮음비를 활용한 부분이 많았고 수학에서 도형의 닮음에 관한 개념도 정확히 이해할 수 있었기 때문입니다. 그리고 수학과 과학이 연계된 부분을 함께 공부하며 융합적 사고와 연구의 필요성을 깨달아서 새로운 개념이나 공식을 접할 때 연관된 증명이나 이론을 찾아보는 습관을 갖게 되었고 그 과정에서 응용력과 활용 능력이 높아졌습니다.

• 분류 •
① 소재: 삼각형의 닮음비, 수학과 과학의 연관성
② 학습법에서 강조한 점: 수학과 과학은 자연 과학 영역으로 서로 연관된 부분이 많은데 학생이 가진 학습 경험에서 삼각형의 닮음비와 연계된 수학과 과학 탐구를 제시하여 융합적 사고력을 드러내었다. 그리고 새로운 개념이나 공식을 접근할 때 관련 이론이나 내용을 추가적으로 찾아본다는 점에서 적극적이고 주도적인 학습 자세를 드러내었다.

22

공부를 할 때는 배운 내용을 깊이 있게 이해하고 적극적으로 활용하도록 했다. 수학은 우선 개념을 이해하고 증명하는 것에 초점을 맞추었는데, 학교에서 제곱근을 배운 후 허수의 개념인 복소수와 세제곱근 등과 같은 다양한 거듭제곱근에 대해 공부하고 그래프를 그려 보며 이해했다. 거듭제곱근의 성질이 후에 로그에도 적용되어 다양하게 사용되는 것을 알게 되었다. 또한, 피타고라스 정리를 배운 후 유클리드의 증명과 같이 흥미를 느꼈던 부분들도 삼각비에 적용을 해서 증명해 보며 원리를 이해하도록 노력했다. 그리고 다양한 관점에서 풀이 과정을 찾으려고 노력했는데, 문제를 풀면 반드시 답지의 풀이 과정과 비교하는 습관을 가지게 되면서 더 효율적인 풀이 과정을 찾으려 했다. 이 방식을 멘토링에 적용하니 친구는 이전보다 어떤 방식으로 문제를 접근해야 하는지를 더 넓게 볼 수 있는 눈을 가지게 되었다고 말했다.

• 분류 •
① 소재: 제곱근의 증명, 피타고라스 정리 증명, 멘토링 활동
② 학습 과정에서 강조한 점: 수학 개념 학습 과정을 제곱근과 피타고라스 정리라는 구체적인 예시를 들어 서술하였다. 이를 통해 수학 학습 수준과 논리적 사고력을 드러내었다.

2년 동안 수학 멘토를 하며 복습을 했다. 중학교에 올라와서 실수 없이 빨리 많은 문제를 풀어 내는 데 집중하며 공부했는데, 제대로 수학을 공부하고 있는지 의문이 들었다. 그러던 중에 평소 수학 시간에 칠판 앞에서 문제를 풀고 친구들에게 설명을 하다가 미처 깨닫지 못했던 부분을 알게 되거나 모호했던 부분을 이해하게 되었다. 마침 많은 친구들이 내게 문제를 물어보았고, 그때부터 친구들에게 수학을 가르쳐 주었다. 모르는 문제는 하루 종일 고민하면 대개 풀리는데, 고민하는 과정에서 사고력을 키울 수 있었다.

• 분류 •

① 소재: 멘토링 활동 경험 및 깨달은 점
② 학습 과정에서 강조한 점: 수학 멘토 활동과 수학 공부를 연결하여 서술하였다. 이를 통해 친구에게 설명하기 위해 고민한 노력과 지식 나눔을 실천한 경험을 드러내었다.

수학은 3단계 학습법을 통해 시간은 걸리지만 한 문제라도 절대 그냥 넘어가지 않고 완벽히 내 것으로 만드는 데 초점을 두어 공부했다. 먼저 한 단원에 있는 문제들을 노트에 풀이 과정을 모두 써서 푼 뒤에 틀린 것은 노트에 한 번 더 풀어 보았다. 여기서 또 틀린 것은 문제집에 체크해 두고 답지를 참고해서 풀이 과정을 완벽히 이해했다. 그리고 한 단원을 다 끝내고 다시 틀린 문제는 위에 포스트잇을 붙이고 다시 풀어 보았다. 그렇게 완벽하게 풀 때까지 연습하면서 서술형을 대비했다. 이렇게 몇 번이나 반복하며 풀어서 모르는 문제는 확실히 짚고 넘어갔고, 어렵거나 계산 실수를 자주 하는 문제들은 3번 이상 풀 수 있어 심화 학습을 꾸준히 할 수 있었다. 또한, '속력=거리/시간'이나 '삼각비' 같이 응용하는 것이 어려웠던 문제는 고정식 카메라를 통해 속도와 예시를 찾아보면서 원리가 적용되는 과정을 깊이 있게 분석해 보면서 공부했다.

• 분류 •

① 소재: 수학 문제 풀이 방법, 오답 문제 처리 방법, 반복 학습
② 학습 과정에서 강조한 점: 수학 공부하는 과정을 구체적으로 서술하였고, 속력과 삼각비에 관한 내용을 예로 들어 심화 학습 수준을 제시하였다. 그리고 수학 개념이 적용된 사례를 찾아보았다는 점을 통해 능동적인 학습 태도를 나타내었다.

PART 3

등교 전에 오늘 할 일을 메모해서 필통에 넣고 하루를 시작하고 잠들기 전에 되짚어 보았습니다. 그리고 수학은 개념 원리 이해와 문제 풀이 중심으로 공부했는데, 처음에 풀지 못했던 문제, 다시 풀어서 틀린 문제, 정답은 맞고 풀이 과정이 올바르지 못한 문제를 스티커로 구별해서 오답 노트를 활용했습니다. 그렇게 하면서 저의 장단점을 발견하게 되었고, 특히 이 방법을 시험 기간에 활용할 수 있었으며, 지치지 않고 수학 공부에 최선을 다할 수 있었습니다. 이를 바탕으로 멘토링을 했는데, 수학에 대한 흥미가 더 높아졌습니다.

• 분류 •

① 소재: 일일 계획 메모, 오답 문제 해결 방법, 멘토링 경험
② 학습 과정에서 강조한 점: 학습 계획을 세우고 실천한 경험과 오답 노트를 활용하는 과정을 서술하여 체계적인 학습이 이루어졌다는 점을 드러내었다.

수학은 유형별로 된 문제집을 사서 풀었는데 원리가 적용되는 방식을 좀 더 쉽게 이해할 수 있었고, 하루에 3개의 유형을 완벽히 학습한다는 구체적인 계획을 세워서 원리를 적용하는 능력을 키웠다. 문제를 풀고 나서는 오답률이 5% 이상인 유형은 모든 문제를 서술형으로 다시 풀어 보면서 하나하나 검토해 어떠한 실수를 했는지를 스스로 찾아보았다. 그리고 특별 유형이라고 해서 다양한 원리가 적용되어 나온 문제를 풀 때는 풀이하다가 막힌 문제나 틀린 문제에 어떠한 원리가 적용되었는지 문제 옆에 반드시 써 보면서 부족한 점을 채우도록 했다. 그 결과 여러 유형이 복합된 문제가 나오는 함수 영역에서 효과를 보게 되었다.

• 분류 •
① 소재: 일일 학습 방법, 오답 문제 처리 방법, 오답 노트 작성 방법
② 학습 과정에서 강조한 점: 수학 문제를 풀고 오답을 처리하는 과정과 효과를 서술할 때, 구체적인 단원을 제시하여 실제성과 신뢰도를 높였다.

수학은 단순히 공식을 암기하는 과목이 아니므로 개념과 원리를 근본적으로 이해하는 것이 좋다고 생각해서, 개념 설명이 한두 페이지밖에 없는 자습서를 통해 원리를 이해하는 것이 아니라 다양한 수학 책을 통해 원리를 이해하려고 노력했다. 피타고라스 정리는 『피타고라스가 들려 주는 피타고라스 이야기』, 이차함수는 『디리클레가 들려 주는 함수 이야기』, 원 단원은 『조충지가 들려 주는 원 이야기』라는 책들을 활용했다. 특히 『디리클레가 들려 주는 함수 이야기』에서 디리클레는 함수를 젖소가 먹으면 우유가 되고 뱀이 먹으면 독이 되는 강물에 비유하며 함수에 대한 설명을 시작하는 점이 인상적이었다. 변수 x가 강물, 함수를 젖소라고 하고 젖소라는 함수가 x라는 물을 마시고 y라는 우유를 만들어 낸다는 것이다. 이렇게 함수의 개념을 확실히 정리하고, 헷갈릴 수도 있는 일차함수와 이차함수의 공통점과 차이점을 명확히 설명했다. 공통점은 y절편이 b라는 것과 그것이 함수 $y = ax$, $y = ax^2$의 그래프가 b만큼 평행 이동한 것이었다. 차이점은 두 그래프의 모양이 직선과 포물선으로 다르다는 점과 그 이유는 x의 차수가 다르기 때문이라는 것을 쉽게 이해할 수 있었다. 덕분에 책을 한 번 읽는 것으로 심화 문제까지 풀 수 있는 지식을 얻을 수 있었다.

• 분류 •
① 소재: 수학 관련 독서 경험, 일차함수와 이차함수 이해 과정
② 학습 과정에서 강조한 점: 수학 개념과 관련 책들을 제시하여 융합 학습이 이루어졌다는 점을 드러내었다. 그리고 함수의 개념에 대한 이해 과정을 구체적으로 서술하여 수학 실력과 심화 수준을 부각시켰다.

초등학교에서 생활하는 동안 소심한 학생이어서 처음에는 개그맨을 꿈꾸며 성격을 바꾸려고 노력했고, 중학교 때는 조금씩 공부에 흥미가 생기면서 수업 시간에 선생님과 눈을 맞추면서 수업에 대한 참여가 적극적으로 바뀌게 되었다. 특히 수학과 과학에 대한 흥미가 생겨 두 과목에 대한 기본적인 공부에서 시작해 심화된 공부와 응용된 원리를 적용하는 공부까지 진행하면서 학습 능력을 기를 수 있었다. 수학은 개념을 이해할 때 '증명 노트'를 만들어 문제에 접근하는 원리를 반드시 머릿속으로 이해하려고 노력했다. 그 후 문제집은 반드시 두 번씩 풀었는데, 처음 풀 때와 두 번째 풀 때의 풀이 방법에서의 차이점을 구분하려고 했다. 그런 과정을 통해 어떠한 부분이 부족한지를 확인하고, 해설과 비교해 가면서 풀이가 다른 것을 두 가지 모두 '증명 노트'에 적어서 두 가지 방법의 장단점을 확인해서 다음에 유사한 문제를 풀 때 활용할 수 있도록 했다.

• 분류 •
① 소재: 수학 '증명 노트', 수학 문제 풀이 방법
② 학습 과정에서 강조한 점: 자신의 단점을 극복한 과정과 '증명 노트'와 같은 자기만의 학습 방법을 제시하여 수학 학습에 대한 의지와 실행력을 드러내었다.

PART 3

사교육을 받지 않으며 공부하기 위해 월별, 주별로 학습 일정을 계획했다. 매일 그날의 실천 과정과 다음날의 계획을 체크했고, 이런 과정을 통해 철저한 자기 관리 능력을 키울 수 있었다. 개념과 원리를 이해하는 것뿐만 아니라 많은 양의 문제를 풀어 익숙해져야 하는 수학은 나만의 '타임 어택 학습법'을 개발해 시간 내에 문제를 풀도록 하고 느슨해지는 마음을 바로잡아 단계별로 실력을 쌓았다. 그리고 틀린 문제와 심화 문제들은 공책 앞 페이지에 기록해 두고 풀이 과정을 뒤에다 기록한 뒤 이틀에 한 번씩 총 3번 풀고 다른 문제집에 있는 같은 유형의 문제를 링크해 두었다. 이를 통해 수학 성적은 매우 향상되었고, 스스로 만든 성과에 자신감을 가지게 되었다.

• 분류 •
① 소재: 학습 계획 실천 경험, 수학 학습 방법, 오답 노트 작성 방법
② 학습 과정에서 강조한 점: 자기주도적으로 학습 계획을 실천한 경험을 통해 성실함을 나타내었고 '타임 어택 학습법'이라는 자기만의 학습법에 이름을 붙여서 창의성을 드러내었다.

30

수학을 공부할 때는 어려운 문제 하나를 오랜 시간 동안 붙들고 있는 것을 좋아한다. 특히 기하 영역에서 여우 머리 모양의 도형의 넓이와 길이를 구하는 문제 같은 경우 닮음의 여러 형태를 적용해서 답을 구해 가면서 더 쉬운 방법을 찾으려고 했다. 또한, 원주각과 중심각의 관계에 대해 공부할 때에는 해설서에서 설명한 풀이와 나의 풀이를 비교해 보며 선택적으로 간명한 풀이를 익힌 결과, 어려운 문제들을 정복할 수 있었다.

• 분류 •
① 소재: 수학 학습 방식, 심화 문제 풀이 과정
② 학습 과정에서 강조한 점: 수학 심화 문제 중 자신이 흥미롭게 풀었던 사례를 제시하여 수학 학습에 대한 의지와 수학 실력을 드러내었다.

31

수학 멘토링 동아리에서 '$\sqrt{2}$ 는 무리수다.'라는 것에 대해 친구가 왜냐고 물어보았을 때 설명하기가 막막했는데, 그 후 수학은 기본을 탄탄히 다지는 것이 중요하다고 생각했다. 그래서 당연하다고 여겼던 기본적인 개념과 원리를 친구에게 설명할 수 있을 만큼 반복했고 교과서를 하나 더 구입해 수업 시간에 풀었던 문제를 다시 풀어 보았다. '수학 탐구반'에서 심화된 지식을 실생활에 적용하는 활동을 통해 깊이 있는 공부를 할 수 있었다. 최단 강하 곡선인 사이클로이드 곡선에 대한 동영상을 보고 그것에 관련된 실험을 했다. 그 결과 사이클로이드 곡선이 미적분과도 관련이 있고 전통 가옥의 기와지붕, 매의 비행 경로 등에도 활용되었다는 것을 알게 되는 등 수학적 탐구 능력을 키울 수 있었다.

• 분류 •
① 소재: 멘토링 경험, 수학 학습법, 수학 탐구 동아리 활동, 사이클로이드 곡선
② 학습 과정에서 강조한 점: 수학 멘토링 경험과 수학 탐구 경험을 활용하여 수학 공부를 할 때의 노력과 탐구 수준을 나타내었다. 특히 구체적 사례에 대해 자신이 이해한 바를 서술하여 실제 학습이 어떻게 이루어졌는지를 나타내었다.

32

수학 멘토를 오래 하면서 느낀 것은 개념을 정확히 알아야 문제에 대한 응용력이 생긴다는 것이었다. 혼자서 공부할 때는 당연히 이렇게 풀면 되는 것으로 생각하다가도 친구들의 질문에 좋은 답변을 해 주려면 그 개념의 이론을 정확히 알아야 설명할 수 있었다. 그리고 수학 수업 시간에 앞에 나가서 문제를 푸는 경우가 많았는데, 내가 푼 방식 외에 친구들이 문제를 푸는 방식도 따로 적어 두어 여러 방법으로 접근하는 원리를 친구들에게 설명하면서 친구들의 이해를 도울 수 있었다. 이렇게 다양한 방식으로 풀어 보고 가끔씩 막히게 되는 심화 문제는 따로 모아서 시간을 두고 반복해서 풀었다. 다양한 개념과 원리를 찾는 과정에서 끊임없이 고민했는데, 그것이 공부에 큰 도움이 되었다.

• 분류 •
① 소재: 멘토링 경험, 수학 학습법
② 학습 과정에서 강조한 점: 친구들에게 수학적 지식을 설명한 경험을 활용하여 수학 학습 태도와 열의를 드러내었다.

33

수업에 집중하는 것이 학업에서 가장 중요하다고 생각해 모든 수업 시간에 집중했지만 한 문제씩 실수를 했다. 문제집만 많이 푸는 게 잘못된 방법임을 깨달은 뒤에는 보다 정확한 출제 범위인 교과서를 분석하며 읽고, 선생님들께서 강조하신 내용을 공략해서 집중적으로 암기해 실수를 없앴다. 수학의 경우에는 헷갈리는 심화 문제는 해설집을 보지 않고 풀어 본 뒤, 그래도 모르는 문제만 모아 오답 노트를 만들고 혼자 풀 수 있을 때까지 반복하는 과정을 통해 오답을 줄일 수 있었다. 하지만 지필 평가, 수행 평가, 동아리까지 모든 활동을 완벽하게 하려다 보니 마음은 조급하고 시간은 부족했다. 그래서 '리갈 패드(Legal Pad)'를 활용했는데, 하루 일과의 큰 틀을 짜고 동아리 모임이나 수행 공지 등 잊지 말아야 할 전달 사항은 바로 메모했다. 그리고 매일 진행했던 동아리 토론의 주제와 내용을 요약해서 적고, 등교하는 길에 그것을 다시 읽어 보면서 짧은 시간들을 활용하도록 도와주는 계획의 중요성을 깨닫게 되었다.

• 분류 •
① 소재: 수학 학습법, 학습법 개선 과정, 일일 계획 실천 경험
② 학습 과정에서 강조한 점: 자신이 겪은 시행착오와 그것을 극복하려는 노력과 과정을 구체적으로 서술하며 자기주도적인 학습 역량을 나타내었다. 그리고 학습 계획을 꾸준히 실천한 사례를 통해 성실한 학습 태도도 드러내었다.

34

수학은 정확한 개념과 공식의 이해를 우선으로 했고, 유형별로 적용된 문제집을 풀어 보았다. 그 과정을 서술해 보면서 오답 정리를 했고 심화 문제까지 어려움 없이 풀 수 있었다. 3학년 때는 실생활에 수학을 활용하는 방법을 고민하다가 수학 교과서 날개 부분에 있는 지니 계수와 엥겔 계수를 조사해 보았다. 그 결과 수학적 통계가 현실에서는 어떻게 활용되는지와 통계 값을 도출해 내는 방식의 차이를 알게 되었다. 이를 통해 수학이 단순히 교과 과목을 넘어서 실생활에 응용되는 학문임을 깨달았고, 수학 과목에 대한 자신감과 학문적 호기심이 커졌다.

• 분류 •
① 소재: 수학 학습법, 지니 계수, 엥겔 계수, 수학의 실용성
② 학습 과정에서 강조한 점: 수학 교과서에 나온 여러 개념들 중 지니 계수와 엥겔 계수 같은 구체적인 사례를 제시하며 교과서 수준에 머무르지 않고 확장적 학습이 이루어졌다는 점을 부각시켰다.

35

수학에서 도형이나 규칙을 찾는 것에는 강한데 계산을 정확하고 빠르게 하는 것에는 약했다. 이러한 약점을 극복하기 위해 단원별로 문제를 풀 때마다 자주 틀리는 유형의 문제들은 숫자를 바꾸어 가며 3번 이상 반복해서 풀었다. 또한, 학교 밖에서도 길을 가다가 차 번호판이 있으면 곱하거나 더하고 빼 보는 등, 여러 방법으로 연산 연습을 하며 정확하고 빠른 계산 실력을 쌓기 위해 노력했다. 3학년 때의 수학 멘토링 경험을 통해 수업 시간에 배운 내용을 꼬박꼬박 복습하는 습관이 생겼다. 특히 멘티 친구가 어려워하는 단원이 나올 때 헷갈려 하는 문제들을 골라 직접 학습지를 만들어 주는 과정을 통해 수학 문제의 유형을 파악하였고. 난이도에 따른 접근 방법을 이해하면서 수학 공부를 할 수 있게 도와 주었다.

• 분류 •
① 소재: 자신의 장점과 단점, 약점 극복 과정, 수학 멘토링 경험, 수학 학습지 제작 경험
② 학습 과정에서 강조한 점: 자신의 약점을 제시하고 그것을 극복한 노력을 서술하여 수학 학습에 관한 열의를 드러내었다. 그리고 수학 멘토링 경험을 통해 지식 나눔과 스스로 고민하는 학습 자세를 나타내었다.

36

공부할 때 중요한 것은 집중력과 시간 관리입니다. 어릴 적부터 도서관에 다니며 다른 사람들과 함께 공부하면서 피해를 주지 않고 제가 할 일을 차분히 하는 것을 배웠습니다. 시간 관리를 위해 일일 계획을 매주 세워 평소에 매일 두 시간씩 수학 공부를 하며 학교 공부에 집중했습니다. 또한, 과목별로 어떤 단원을 공부하는 데 시간이 얼마나 많이 걸리는지를 확인하면서 제 공부 방법의 장단점을 알 수 있도록 했습니다.

• 분류 •
① 소재: 도서관에서 학습하는 습관, 일일 학습 체크리스트, 수학 학습법
② 학습 과정에서 강조한 점: 어린 시절부터 도서관을 다니고 일일 계획을 꾸준히 실천하였다는 점을 제시하여 자기주도적인 학습 역량이 우수하다는 점을 부각시켰다.

37

멘토링을 하면서 공부하는 방법이 많이 바뀌었습니다. 그 전에는 수학을 오답 정리만 했었는데, 멘토링을 하면서 친구가 쉽게 이해할 수 있도록 설명하지 못하는 저의 모습을 보며, 답을 맞히는 것보다는 그 내용을 100% 이해하는 것이 더 중요하다고 생각했습니다. 답지를 보지 않고 끝까지 문제를 풀어서 답을 맞혔을 때의 희열은 수학의 재미를 더했습니다. 특히 제가 한 풀이 방법과 해설의 설명이 다른 경우, 친구에게 두 가지 방법을 모두 설명하면서 다양한 원리를 활용한 문제 접근법을 만들어 가고 있다는 자신감을 가질 수 있었습니다.

• 분류 •
① 소재: 멘토링 활동, 다양한 접근법 연구
② 학습 과정에서 강조한 점: 친구에게 수학 문제를 설명해 주었던 경험을 제시하며 문제 해결력이 우수하다는 점과 지식 나눔을 실천하였다는 점을 강조하였다.

수학은 원리와 규칙을 활용할 수 있는 방법을 사용했는데, '수학 공식은 모두 증명할 수 있어야 한다.'라는 원칙을 정하고 그 이론이 왜 그런지 정확하게 이해하고 머릿속으로 정리해 나갔다. 멘토링을 하면서 고민했던 부분에 유념하며 그 과정을 자세히 알려 주게 되었고, 친구들이 더 쉽게 접근할 수 있었다.

● 분류 ●
① 소재: 수학 이론 정리 경험, 멘토링 활동
② 학습 과정에서 강조한 점: 수학 개념을 증명하려는 노력과 수학 멘토링 경험을 통해 문제 해결력이 우수하다는 점과 지식 나눔을 실천하였다는 점을 강조하였다.

'교과서로 시작해서 교과서로 끝내기!' 이것은 나만의 공부 핵심이자 목표이다. 교과서는 개념과 원리가 가장 잘 정리된 교재이기 때문에 교과서를 통해 해당 원리를 활용할 수 있는 연습을 할 수 있다고 생각했기 때문이다. 수학을 공부할 때 많은 문제를 푸는 것보다는, 수학 교과서를 천천히 5번 읽고 자습서에서 심화된 내용과 그 속에서 찾아야 할 원리가 무엇인지 알려고 노력했다. 수학 외의 영어나 다른 과목도 이러한 방법으로 공부했다. 교과서를 한 번 읽을 때는 내용을 확인하고 부분적으로 이해한 것에 머물렀다면 곧바로 2번씩 더 읽고 교과서와 문제집을 풀면서 내가 찾은 원리와 적용 방식이 맞는지 확인했다. 그리고 매일 그날 공부한 핵심 내용과 공식, 적용의 원리를 백지에 적어 보며 스스로 교과서를 쓴다는 생각으로 배운 내용을 정리했다. 어릴 적부터 이렇게 응용력을 기르면서 영어는 다양한 어휘와 문법적 지식을 활용할 수 있게 되었고, 중학교에 들어와 15권이 넘는 동화 번역본을 만들 수 있었다. 과학 실험에서도 옥수수에 키운 곰팡이를 표백제와 식초 등의 액체로 지우는 실험에서 표백제의 산화 작용과 환원 반응이라는 과학 지식을 실험에 활용하고 해석하며 통합적인 공부를 할 수 있었다. 그리고 한 달 동안 달의 위상과 일출, 일몰의 변화를 확인하려고 망원경으로 관찰하면서 목표하는 것은 끈질기게 이루고자 했고 그러한 노력이 더 큰 성장을 가져왔다.

● 분류 ●
① 소재: 수학 교과서 읽기, 영어 동화 번역 경험, 과학 실험 참여 경험
② 학습 과정에서 강조한 점: 교과서를 중심으로 수학 학습이 이루어진 과정을 구체적으로 언급하며 단순히 문제를 푸는 것에 급급한 것이 아니라 스스로 이해하기 위해 고민한 노력을 부각시켰다. 또한, 이를 다른 과목에까지 확장하여 적용하였음을 보여 주며 자기주도적인 학습 역량을 드러내었다.

40

학교 교과 공부를 바탕으로 하는 심화 공부에 대해 호기심이 많았다. 도형의 닮음 단원을 공부할 때 단순히 문제만 푸는 것이 아니라 닮음이 많이 나타나는 프랙털을 이용해서 공부했다. 닮음비와 넓이, 부피와의 관계 등을 더 쉽게 파악하는 동시에 자기 닮음 차원, 자연 속에서 프랙털이 나타나는 이유 등 수학적인 지식들을 습득할 수 있었고, 피타고라스 정리를 배울 때는 유클리드의 증명을 복습할 뿐만 아니라 바스카라, 가필드의 증명도 공부하며 활용 능력을 키웠다.

• **분류** •
① 소재: 수학 문제 증명 경험, 프랙털, 유클리드, 바스카라, 가필드 증명법
② 학습 과정에서 강조한 점: 도형의 닮음 단원과 관련된 개념과 피타고라스 정리를 증명한 여러 방법들을 언급하며 교과서 수준 이상으로 수학 학습을 하였다는 점을 나타내었다.

41

수학은 내가 자신 있고 좋아하는 과목이지만, 도형의 닮음 영역을 공부할 때 유독 닮은 도형을 찾아내는 문제가 어려웠다. 그래서 학교에서 배운 개념에 대해 복습하고, 관련 인터넷 사이트를 통해 다른 학교에서 출제한 닮음 문제 도형들을 모두 수집해 살펴보았다. 그랬더니 시험을 통틀어 가장 많이 나온 유형을 알 수 있었고, 그 부분을 정리해 다시 꼼꼼히 풀이 과정을 쓰며 공부했다.

• **분류** •
① 소재: 수학 문제 유형별 정리 경험, 수학 공부 노하우
② 학습 과정에서 강조한 점: 도형의 닮음 단원을 공부하면서 인터넷을 활용하여 다양한 유형의 문제들을 풀어 보았다는 점을 통해 능동적이고 확장적인 학습 자세를 드러내었다.

42

중학교 1~2학년 때 수학을 단기간에 끝내려고 했던 공부 방식을 3학년 때부터는 꾸준히 체계적으로 하는 방식으로 바꾸었습니다. 유형별로 된 문제집의 원리를 적극적으로 생각하며 문제를 풀었고, 원하는 수준이 되었다고 판단되면 유형이 섞여 있는 심화 문제집으로 점검했습니다. 3권의 문제집을 선정해 구체적인 계획을 짜고 1년 동안 '5분이라도 보자.'라는 생각으로 스스로 문제를 반복해 풀며 실력을 다졌습니다. 시행착오도 겪었지만, 수학에 대한 자신감도 매우 커지고 '하면 된다.'라는 좌우명이 생겼습니다.

• **분류** •
① 소재: 수학 학습 과정, 좌우명
② 학습 과정에서 강조한 점: 자신의 단점을 극복한 노력과 꾸준히 수학 공부를 하였던 경험을 제시하여 수학 학습에 관한 열의와 실천력을 나타내었다.

43

수학을 공부할 때 처음에는 선행 학습 위주로 했는데, 오히려 해당 진도에서 놓치는 부분이 생겨 학교 진도에 따라 단계별로 꼼꼼히 학습했다. 예를 들어, 중학교 2학년 과정인 '연립방정식'과 '연립부등식' 단원을 '정의-정리-심화 활용'의 단계로 학습했다. 정의 단계에서는 1학년 때 배웠던 방정식의 기본을 떠올리며 개념을 익혔다. 정리 단계에서는 방정식과 부등식의 성질을 응용해서 여러 유형의 문제를 풀어 보았고, 단원 내용을 바탕으로 한 실생활 문제도 스스로 만들어 보았다. 심화 활용 단계에서는 심화 문제를 다루었는데, 식을 전개할 때 그 이유도 함께 적어 논리적 사고력을 기르는 훈련을 했다.

● 분류 ●
① 소재: 수학 학습 과정, 수학 공부 노하우
② 학습 과정에서 강조한 점: '연립방정식'과 '연립부등식'이라는 구체적 단원을 제시하고 학습 과정을 상세히 서술하여 수학 실력과 수학 공부를 위한 노력을 나타내었다.

44

나만의 수학 공부 방법은 '반복'이었다. 여러 다양한 문제집을 풀기보다는 중간 난이도의 문제집을 한 권 선택해 세 번 반복해서 풀었다. 처음에는 문제들을 노트에 써 가며 풀고 미리 복사해 둔 복사본을 두 번째로, 마지막으로 문제집에 직접 푸는 것이었다. 이렇게 같은 문제를 세 번 반복해서 풀면 어떤 때는 맞고 어떤 때는 틀리는 문제들을 잡아낼 수 있었고, 그 부분을 집중적으로 보완해서 다시 공부할 수 있었다. 이 단계가 완벽해지면 최상 난이도 문제집을 두 번씩 반복해서 푸는 방식으로 심화 문제에 대한 실력도 다져 나갔다.

● 분류 ●
① 소재: 수학 학습 과정, 수학 공부 노하우
② 학습 과정에서 강조한 점: 반복해서 수학 학습을 한 과정을 상세히 서술하고 심화 문제집을 풀었다는 경험을 통해 수학 학습 태도와 실력을 나타내었다.

45

특별히 흥미도 있고 관심을 기울인 과목이 수학과 과학이었다. 수학은 학교 수업 내용을 완벽하게 이해하고, 다양한 방식으로 수업을 접하는 방향으로 계획을 세웠다. 매일 수학 30문제 이상을 일정한 시간을 정해서 그 시간 안에 풀었고, 훌륭한 멘토인 언니가 추천하는 심화 문제집도 병행해서 보고 있다. 또한, 그저 문제만 푸는 것이 아니라 『생활 속 수학의 기적』과 같은 수학 관련 서적을 읽으면서 '피보나치 수열' 등 수업 시간에 배우지 못한 내용을 접하고 이를 꽃잎, 해바라기 씨, 파인애플 껍질 등 실생활에서 흔히 볼 수 있는 사물들에 직접 적용해 보면서 수학에 대한 흥미를 키웠다.

● 분류 ●
① 소재: 수학 학습 계획 및 방법, 수학 관련 독서 경험
② 학습 과정에서 강조한 점: 수학 관련 책의 이름을 구체적으로 서술하고 '피보나치 수열'과 같은 수학 개념을 실생활에 적용해 본 경험을 제시하며 수학 학습 수준을 나타내었다.

46

중학교 때 수학에 중점을 두고 공부했는데, 무작정 문제만 푸는 것이 아니라 단원마다 개념을 정확히 이해해서 어떤 유형의 문제가 나오더라도 그 문제를 풀 수 있도록 공부했다. 삼각비의 경우 아무리 피타고라스 정리나 특수각의 삼각비를 외워 문제를 많이 풀어도 개념이 확실히 잡히지 않은 상태에서 응용 문제를 풀려고 하면 그 문제를 놓치게 된다. 개념을 가장 효율적으로 이해하기 위해 썼던 방법은 개념과 개념을 연관시켜서 계속 생각하는 방식이다. 수학 공부를 할 때 개념들을 따로 정리한 '개념 노트'를 옆에 두고 풀리지 않을 때에는 여러 개념들을 살펴보면서 적용할 수 있는 개념들을 찾아보았다. 여러 번 반복하면서 머릿속에 개념 노트가 그려지고 이제는 다양한 방식으로 문제에 접근할 수 있는 문제 해결 능력이 길러졌다.

• 분류 •
① 소재: 수학 개념 정리 노트, 삼각비 문제 풀이 경험
② 학습 과정에서 강조한 점: 삼각비를 공부하고 이해하기 위한 노력을 구체적으로 제시하며 개념 노트를 활용해서 문제 풀이에 응용력을 길렀다는 서술을 통해 자기주도학습 경험을 드러내었다.

47

수학은 이해하는 것과 아는 것의 차이가 크다고 생각했습니다. 선생님의 풀이나 답안지를 눈으로 보고 단순히 이해하는 것은 수학적 능력을 기르는 것엔 적합하지 않다고 판단했습니다. 그래서 잘 풀리지 않는 문제는 개념을 읽으며 다시 풀어본 후, 그래도 잘 풀리지 않으면 그런 문제들만을 모아 한 권의 오답 노트를 만들었습니다. 오답 노트를 살펴보면 비슷한 유형의 문제들이 많았고, 취약한 개념에 대해 확실히 알고 넘어가 실전에서 실수하지 않을 수 있었습니다. 이런 저의 모습을 곁에서 지켜보신 수학 선생님은 제가 충실한 기본을 바탕으로 새로운 문제에 대한 도전 의식이 강하다고 평가해 주셨습니다.

• 분류 •
① 소재: 수학 오답 노트, 수학 선생님의 평가
② 학습 과정에서 강조한 점: 수학 공부에 대한 개인적인 견해와 오답 노트를 활용하여 취약한 부분을 극복한 노력을 통해 자기주도적인 학습 역량을 드러내었다. 그리고 선생님의 평가를 첨부하여 자신의 강점을 부각시켰다.

48

한때 수학이든 영어든 다 푼 문제집을 쌓아 두며 성취감을 느끼고는 했습니다. 하지만 시간이 지나면서 수학은 활용 문제에서 막히는 경우가 많았습니다. 그래서 단순히 많은 문제를 푸는 것보다는 정확하고 깊이 있는 개념의 이해가 중요하다고 생각해 공부 진도를 둘로 나누기로 했습니다. 계속해서 진행하는 진도와 함께 지난 과정을 철저하게 복습하는 진도로 나누어서 공부했는데, 이것이 익숙해지자 힘들었던 활용 문제들이 좀 더 쉽게 풀리는 것을 느끼게 되었습니다.

• 분류 •
① 소재: 수학 학습 시행착오 경험, 수학 학습 방법
② 학습 과정에서 강조한 점: 자신이 겪은 시행착오와 그것을 극복하려는 노력을 제시하여 자기주도적인 학습 역량과 열의를 드러내었다.

저는 늘 수업 태도가 좋다는 칭찬을 많이 받았습니다. 수업 시간에 집중하는 것이 가장 효율적인 학습 방법이라고 생각하기 때문에 수업에 최대한 열중했습니다. 특히 3학년이 되어서는 단원의 학습 목표와 핵심을 파악하려고 노력했고, 선생님과 눈을 맞추며 함께 호흡하는 것이 습관화되어 모든 수업이 이해가 잘되고 즐거웠습니다. 분석력과 순발력이 뛰어난 저에게 수학은 매우 흥미로운 과목입니다. 기본 개념을 이해한 후 많은 유형의 문제들을 풀어 보았는데, 나중에는 문제만 보아도 저절로 풀이 방법이 생각났습니다. 고난도의 어려운 문제는 답지를 멀리하고 다양한 풀이 방법을 적용해 보려고 노력했습니다. 선생님께서 저의 풀이 과정을 보시고 참신한 접근법이라고 칭찬해 주시기도 했습니다. 특히 원의 성질을 증명하면서는 다양한 증명 방법 터득과 함께 증명에 대한 자신감을 기를 수 있었습니다. 어떠한 문제든 저 스스로 풀고야 말겠다는 의지와 끈기는 공부에 더욱 매진하도록 하는 힘이 되었습니다.

• 분류 •
① 소재: 수업 태도에 대한 객관적 평가, 수학 학습 방법, 원의 성질 증명 경험, 선생님의 평가
② 학습 과정에서 강조한 점: 수업 태도와 수학 풀이 과정에 대한 선생님의 평가를 제시하여 학생이 가진 강점을 부각시켰다. 그리고 원의 성질을 증명하는 노력과 같이 구체적 사례를 들어서 수학 학습에서 탐구 자세와 노력을 나타내었다.

PART 3

수학은 문제집이 아닌 노트에 풀이 과정을 정리하며 풀었다. 그러면서 원리를 적용해서 푸는 문제는 풀 수 있지만 응용해서 나오는 문제 유형에는 약하다는 것을 알게 되었다. 틀린 문제는 모아서 반복해 다시 풀며 적용 능력을 키워 나갔다. 그러면서 틀린 문제를 고칠 때 내가 어떤 부분에서 틀렸는지 알 수 있어서 시간 절약이 되었고, 문제를 단계적으로 푸는 능력과 서술형을 쓰는 기술이 늘어났다.

• 분류 •
① 소재: 수학 문제 풀이 방법, 수학 학습에서 시행착오 경험
② 학습 과정에서 강조한 점: 노트를 활용하여 수학 문제를 풀고 오답을 정리하는 방법을 통해 자신이 거둔 성과를 제시하여 자기주도학습 경험을 나타내었다.

수학 공부를 할 때는 개념 노트와 오답 노트를 활용하고 친구들에게 알려 주면서 다시 한 번 내용을 정리했다. 특히 공식을 증명해 나가는 방식으로 개념 노트를 작성하면서 원리를 깊이 이해했다. 또한, 수학 부장을 맡아 친구들에게 문제 풀이를 가르쳐 주며 앎과 나눔, 가르침의 즐거움을 느끼기도 했고, 새로운 문제 유형도 많이 접하며 조금이라도 헷갈리는 부분을 파악해 확실하게 학습할 수 있었다.

• 분류 •
① 소재: 수학 개념 노트 활용, 수학 교과부장 경험, 멘토링 경험
② 학습 과정에서 강조한 점: 개념 노트와 오답 노트를 활용한 수학 공부법과 수학 부장을 하며 실천한 멘토링 경험을 통해 자기주도학습과 지식 나눔을 실천한 자세를 드러내었다.

52

　수학 공부를 할 때는 양보다는 질에 무게를 두어 많은 양을 풀기보다는 반복해서 풀어 실수를 줄이는 것에 노력했습니다. 하나의 문제도 다양한 방법으로 풀어 실력을 향상시킬 수 있었고, 낯선 유형의 문제에도 쉽게 다가갈 수 있었습니다. 평소에는 수업을 준비, 참여, 복습하는 'PPR' 공부 방법을 통해 수업 시간을 활용하고, 시험 기간에는 교과서를 보지 않고 백지에 내용을 정리하며 꼼꼼히 공부했습니다. 이렇게 하면서 내용을 전체적으로 이해하고, 아는 것과 모르는 것을 분명히 알게 되었습니다.

• 분류 •
① 소재: 수학 학습 과정 및 노하우
② 학습 과정에서 강조한 점: 자기만의 학습법에 이름을 붙여서 창의력을 드러내었고 시험 준비를 하는 과정을 통해 자기주도적인 학습 역량을 나타내었다.

53

　첫 중간고사 때 계획 없이 공부해서 원하는 성적을 얻지 못해 플래너를 쓰기 시작했는데, 특히 수학은 아무리 바빠도 매일 목표를 정해 꾸준히 공부했다. 자신 있던 수학은 중학교 2학년 때 일차함수 영역에서 어려움을 느껴 1학년 때 배운 함수의 개념과 심화를 복습하며 기초를 다졌고 일차·이차함수까지 공부할 수 있었다. 이렇게 비슷한 단원들을 연결해서 전체 개념을 이해하고 난 뒤 심화 문제를 풀며 자신감을 얻게 되었고, 문제를 외울 정도로 고민한 심화 문제를 맞았을 때는 성취감을 느꼈다.

• 분류 •
① 소재: 실패를 극복한 노력, 후행 학습을 통한 성취 경험
② 학습 과정에서 강조한 점: 시행착오를 극복하기 위해 플래너를 작성하거나 후행 학습을 실천한 구체적 사례를 제시하여 자기주도적인 학습 역량과 수학 공부에 관한 열의를 드러내었다.

54

　수학은 꾸준히 상위권을 유지해 자신감을 갖고 있었으나, 도형 단원에서 성적이 떨어진 적이 있었습니다. 원인을 분석해 보니 심화 문제는 많이 풀었지만, 개념이 제대로 잡혀 있지 않다는 것을 알게 되었습니다. 그때부터 문제를 풀고 오답 풀이를 하는 것이 수학 공부의 전부가 아님을 깨닫고, 기초부터 다지기 시작했습니다. 또한, 공식 외우기에 초점을 두지 않고, 이에 대한 증명 과정을 직접 유도해 보았습니다. 함수 단원에서 평행 이동을 배울 때 점의 이동과 도형의 이동이 차이가 나는 이유를 증명해 봄으로써 단원의 개념을 정확하게 파악할 수 있었습니다. 개념을 중시한 학습 과정을 통해 수학 실력을 향상시킬 수 있었습니다.

• 분류 •
① 소재: 실패를 극복한 노력, 수학 공식 유도 경험, 함수 단원 학습 경험
② 학습 과정에서 강조한 점: 시행착오를 극복하는 과정과 수학 함수를 증명하는 과정을 구체적으로 서술하여 자기주도학습 경험과 수학 실력을 드러내었다.

55

공부를 하면서 내용의 원리 이해는 빨랐지만 급하게 문제를 푸는 탓에 실수를 범했는데, 이러한 문제를 해결하기 위해 기본 문제를 풀 때에도 시험 시간처럼 정해진 시간 내에 서술형 답안지를 쓰듯이 정리했다. 특히 수학의 도형 문제는 보이지 않았던 부분은 직접 그려 보면서 실수를 고쳐 나갔고, 암산을 하기보다 직접 쓰면서 계산을 해 정확도를 높이고 틀린 부분을 금방 찾을 수 있었다. 이렇게 차곡차곡 기본기를 쌓으면서 더 이상 실수를 하지 않을 수 있었다. 이런 경험을 통해 작은 습관을 바꿈으로써 큰 목표를 이룰 수 있다는 것을 깨달았으며, 3학년때 성적이 많이 향상되었다.

● 분류 ●
① 소재: 실수를 극복한 노력, 성적 향상 결과, 도형 단원 학습 경험
② 학습 과정에서 강조한 점: 시행착오를 극복하는 과정과 도형 문제를 푸는 과정을 구체적으로 서술하여 자기주도적인 학습 역량과 수학 공부에서의 성과를 드러내었다.

56

중학교 3학년이 되어 1, 2학년에 비해 공부할 양과 수준이 높아졌다는 것을 느낀 저는 공부 방식에 변화를 주었습니다. 수학은 공식을 이해하는 데에 초점을 맞추었습니다. 피타고라스 정리는 증명법으로 직접 증명했고, 다양한 입체도형들을 직접 그려 공식들을 적용해 보며 자연스럽게 이해하여 문제를 풀 때 쉽게 접근할 수 있었습니다. 스스로 학습하면서 어려운 점도 있었지만 그것을 극복함으로써 제가 한 단계 더 성장할 수 있는 계기가 되었습니다.

● 분류 ●
① 소재: 공부 방법의 변화, 피타고라스 정리 증명 경험
② 학습 과정에서 강조한 점: 3학년 때 공부할 양과 수준에 맞추어 공부 방식을 바꾸었다는 서술을 통해 더 열심히 공부하였다는 점을 드러내었고 피타고라스 정리를 증명하는 노력을 통해 자기주도적인 학습 역량과 성과를 나타내었다.

57

수학은 영어에 비해 약한 과목이었는데,『박사가 사랑한 수식』이라는 책을 읽고 수학이 우리 주변에 늘 존재하는 친근한 것임을 알고 두려움을 극복할 수 있었습니다. 수학 선생님의 조언으로 개념을 완벽히 숙지하도록 노력했는데, 새로운 개념을 배울 때에는 하나의 개념서와 교과서를 가지고 세 번 이상 반복해서 공부했습니다. 또한, 오답 노트를 활용해 틀린 문제와 같은 유형의 문제를 다섯 번 이상씩 풀어 보면서 같은 실수를 반복하지 않게 되었습니다.

● 분류 ●
① 소재: 수학 관련 독서 경험, 수학 학습 과정
② 학습 과정에서 강조한 점: 수학 관련 독서 경험과 선생님의 조언을 실천한 노력을 통해 자기주도적인 학습 역량과 학교생활이 우수하였다는 점을 드러내었다.

58

특별히 관심이 있었던 과학과 수학은 다양한 책을 읽으면서 공부에 대한 호기심을 높이고 생각할 수 있는 힘을 기르는 데 도움이 되었습니다. 수학 문제를 풀 때에는 문제의 해답을 보지 않고 끝까지 풀도록 하고, 그래도 풀리지 않는 것은 해답을 보기보다는 선생님께 여쭈어 어느 부분에서 틀렸는지를 정확하게 파악함으로써 무엇이 문제였는지를 정확히 알고 고쳐 나갔습니다. 그렇게 하면서 저의 공부 방법의 장단점을 정확히 알게 되어 두 배의 학습 효과가 있었습니다.

• 분류 •
① 소재: 수학·과학과 관련한 다양한 독서 경험과 효과, 수학 오답 문제 해결 과정과 효과
② 학습 과정에서 강조한 점: 수학과 과학 관련 책을 읽으면서 깨달은 부분을 수학 학습에 적용한 과정을 소개하며 자기주도적인 학습 역량과 성과를 드러내었다.

59

논리적 사고와 응용력이 필요한 수학은 새로운 개념을 배울 때 그 개념의 탄생 배경과 증명하는 여러 과정들을 설명한 책을 읽으며 처음 접하는 새로운 개념을 쉽게 이해할 수 있었습니다. 또한, 문제를 반복해서 풀어 보면서 완전히 그 개념을 파악하기 위해 노력했고, 중학교 전 과정의 심화 문제들에 보다 쉽게 접근할 수 있었습니다.

• 분류 •
① 소재: 수학 관련 독서 경험, 수학 공식 증명 경험
② 학습 과정에서 강조한 점: 수학 관련 독서를 하고 수학 공식을 증명하려는 노력을 제시하며 자기주도적인 학습 역량과 심화 학습 수준을 드러내었다.

60

수학은 학습 목표에 궁금증을 두고 답을 구하는 방식으로 호기심을 해결하는 공부 원리를 중요하게 생각하며 공부했는데, 학교 공부 외에 따로 정리할 수 있는 시간을 내어 원리를 증명하는 공부법을 익혔습니다. 그리고 항상 문제를 반복해서 풀면서 그 문제를 완벽하게 풀 수 있도록 했습니다.

• 분류 •
① 소재: 수학 학습 노하우
② 학습 과정에서 강조한 점: 자기만의 공부 원리를 제시하고 수업 시간 외에 스스로 증명하려는 노력을 서술하여 자기주도적인 학습 역량을 드러내었다.

61

수학을 공부할 때 풀릴 때까지 문제에 매달리며 해결하려 했고, 공부를 한 뒤에는 피드백을 통해 맞은 문제도 나의 풀이법과 다른 풀이법을 비교하면서 다양한 문제 해결 방법을 익히려고 했다. 학교에서 배운 것 외에는 큐브를 조작해 보며 다양한 입체 도형을 이해했고, '폴야의 일반화'나 '쿠라의 증명'을 인터넷으로 학습하며 새로운 지식을 알아 가는 희열을 느꼈다.

• 분류 •
① 소재: 수학 학습 과정, 큐브를 활용한 입체 도형 이해, 인터넷을 활용한 정보 탐색
② 학습 과정에서 강조한 점: 수학 문제를 풀이하는 다양한 방법을 익히려는 노력과 큐브나 인터넷을 활용한 학습 사례를 제시하여 자기주도적인 학습 역량과 성취를 부각시켰다.

시험 기간에는 주별·일별 계획표를 짜서 공부했는데, 각 과목당 교과서를 3번 이상씩은 보도록 했으며 그날 계획한 것은 반드시 그날에 마쳤다. 수학은 나만의 서술형 풀이 노트를 만들어 매일 풀이 과정을 적으며 꼼꼼히 풀었고, 멘토링을 하면서 친구에게 문제를 쉽고 정확하게 설명할 수 있었다. 이런 방식으로 서술형 부분을 완벽히 작성할 수 있게 되었다. 그리고 '창의성 수학'이라는 방과 후 수업을 통해 다양한 창의 사고력 문제를 풀며 문제 해결력을 길렀다.

• 분류 •
① 소재: 시험 준비 과정, 수학 서술형 풀이 노트, 멘토링 경험, 방과 후 수업 수강 경험
② 학습 과정에서 강조한 점: 구체적인 시험 준비 과정과 자기만의 노트 활용법, 멘토링 경험, 방과 후 수업 내용을 연계하여 자기주도적 학습 역량을 드러내었다.

처음 중학교 수학을 공부할 때에는 초등학교 때의 공부와는 달라서 당황했으나, 3단계 학습 방법인 '개념-심화-복습'을 통해 수학 실력을 향상시켰습니다. '개념'과 '심화'는 계획을 세워 스스로 공부했는데, 특히 '심화'에서 문제를 어떻게 풀지 모를 때는 유형을 잘못 이해한 것이므로 다시 한 번 노트에 그 유형을 정리한 후 문제를 풀어 보며 정확성을 높였습니다. 또한, 수학 수업이 있는 날은 1시간씩 복습을 하며 배운 내용을 정리해서 제 것으로 만들면서 만족할 만한 성과를 얻었습니다.

• 분류 •
① 소재: 수학 학습 방법과 과정, 수학 과목 복습 습관
② 학습 과정에서 강조한 점: 스스로 터득한 수학 학습 방법을 제시하여 창의성을 드러내었고 꾸준히 실천한 복습 과정을 통해 자기주도적인 학습 역량과 성과를 나타내었다.

수학은 만점을 목표로 '기본'과 '응용'을 비롯해 심화 단계의 문제까지 막힘없이 풀도록 연습을 했습니다. 하지만 도형 심화 문제는 쉽게 풀리지 않아서 도형을 직접 그려 보면서 여러 공식들을 활용한 증명 과정을 꼼꼼히 기록했고 하나씩 정복해 나갔습니다. 그리고 『평면기하의 아이디어』라는 책을 보면서 다양한 증명법을 접할 수 있어서 수학에 대한 자신감을 얻을 수 있었습니다.

• 분류 •
① 소재: 수학 학습 방법과 과정, 도형 단원 증명 경험, 수학 관련 독서 경험
② 학습 과정에서 강조한 점: 도형 심화 문제를 공부한 과정과 관련 독서 경험을 연계하여 자기주도학습을 확장시켜 실천한 경험을 드러내었다.

PART 3

65

1학년 첫 중간고사 수학 성적에 좌절해서 우선 온라인 스터디 카페에서 다른 사람의 학습법을 참고하며 저의 학습법을 보완했습니다. 수학 개념 노트를 이용해 개념부터 천천히 이해했고, 난이도가 고루 분포되어 있는 문제집을 풀며 틀린 문제는 분석 노트에 오답 원인의 분석 내용을 기록하면서 실수를 줄였습니다. 그리고 망각 곡선에 대한 기사를 보고 충격을 받은 후 배운 내용을 매 교시마다 복습 노트에 적어 복습을 철저히 했습니다. 시험 기간에는 예상 문제를 만들어 풀어 보며 이해되지 않는 부분들이 조금씩 줄어들 때마다 자신감을 가질 수 있었습니다. 이러한 과정을 통해 저의 방법만 고수하는 것이 아니라 본받을 만한 공부 방법을 벤치마킹하는 것도 중요하다고 생각했습니다.

• 분류 •
① 소재: 실패 극복 과정과 방법, 수학 복습 노트
② 학습 과정에서 강조한 점: 실패를 극복한 과정과 복습을 통해 이룬 성취를 들어 자기주도적인 학습 역량을 드러내었다. 특히 온라인 스터디 카페나 망각 곡선과 같은 구체적인 사례를 제시하여 내용을 차별화하였다.

66

수학을 공부할 때는 원리를 완벽하게 깨닫고 유형별로 문제를 풀어 본다. 또한, 한 문제라도 안 풀리면 풀릴 때까지 몇 시간이고 매달린 기억이 있다. 더 중요한 것은 수학은 공부 자체에 큰 비중을 둔 것이 아니라 수학에 대한 관심과 흥미를 돋울 수 있는 부분에 노력했다는 것이다. 이전에는 그저 문제를 유형별로 반복하고 오답 노트를 작성했지만, 그것만으로는 흥미가 생기지 않았다. 그런데 2학년 때 『심슨 가족에 숨겨진 수학의 비밀』과 같은 책을 접하여 흥미를 가졌고, 큰 효과를 볼 수 있었다. 이 경험으로 나는 공부를 할 때 중요한 것은 흥미이며, 그것을 원동력으로 삼으면 큰 효과를 얻을 수 있다는 것을 알았다.

• 분류 •
① 소재: 수학 문제를 고민해서 풀었던 경험, 수학 관련 독서 경험
② 학습 과정에서 강조한 점: 수학 문제를 풀기 위해 몇 시간 동안 노력한 사례를 제시하여 끈기를 드러내었고 수학과 관련된 책을 읽으며 수학 공부에 흥미를 느꼈다는 점을 통해 자기주도적인 학습 자세를 나타내었다.

67

객관식 문제를 틀렸을 때는 틀린 이유뿐만 아니라 나머지 보기가 맞는 이유도 적으며 그 문제 풀이에 필요한 개념이 무엇인지를 기록하고, 그것을 바탕으로 새로운 요점 정리를 만들었습니다. 이런 과정을 반복하며 학교 시험에서 출제되는 문제 유형들에 익숙해졌고, 무작정 외우며 공부하기보다는 중요한 내용을 찾아가며 공부할 수 있었습니다.

• 분류 •
① 소재: 수학 오답 노트 작성 방법과 효과
② 학습 과정에서 강조한 점: 수학 오답 노트를 작성하는 방법을 구체적이고 상세하게 기술하여 자기주도적인 학습 역량을 드러내었다.

68

수학은 1학년 때는 틀린 것은 무조건 답지를 보려고 했는데, 맞고 틀리는 것을 확인하는 것이 너무 신나서 공부가 재미있었지만 문제를 쉽게 포기한다는 단점이 있었습니다. 그래서 2학년 때부터는 한 번이라도 틀린 문제는 오려서 오답 노트를 만들고 반복해서 풀며 약점을 찾아 고쳐 나갔습니다.

• 분류 •
① 소재: 실패를 극복하려는 노력과 과정, 오답 노트 작성 경험
② 학습 과정에서 강조한 점: 시행착오를 극복한 과정을 통해 자기주도적인 학습 역량과 학습 의지를 나타내었다.

69

수학은 기본 문제부터 심화 문제까지 다양한 난이도의 문제를 풀었습니다. 특히 심화 문제를 풀기 위해서는 심화 개념까지 완벽히 이해해야 했습니다. 실수를 줄이기 위해 문제의 조건을 확실히 확인하고, 풀이 과정도 꼼꼼히 적었습니다. 또한, 개념과 유형을 완전히 이해할 때까지 반복적으로 공부했습니다. 이러한 과정을 통해 시간과 정확성이 모두 향상되어 수학 과목에 자신감을 갖게 되었습니다.

• 분류 •
① 소재: 수학 학습 방법과 과정, 수학에 대한 자신감
② 학습 과정에서 강조한 점: 심화 개념을 이해하고 문제를 풀이한 과정을 제시하고 그 성과도 서술하여 자기주도적인 학습 역량을 드러내었다.

70

저의 자기주도학습 방법은 'Think'입니다. 'Think' 방법에 기초를 둔 것은 독서였습니다. 초등학교 때부터 다양한 분야의 책을 접하면서 여러 방면으로 생각할 수 있는 사고가 확장되었고, 그 결과 별로 어려움 없이 수업 시간 안에 교과 내용을 다 이해할 수 있었습니다. 특히 수학과 과학은 단순히 한 번만 풀고 끝나는 것이 아니라 시간을 제한하지 않고 또 다른 풀이 방법은 없는지 끊임없이 생각하면서 풀어 보았습니다. 이 학습법을 통해 수학과 과학뿐만 아니라 다른 과목에서도 효과적으로 공부할 수 있었습니다.

• 분류 •
① 소재: 스스로 학습 방법, 수학과 과학 학습 방법
② 학습 과정에서 강조한 점: 'Think'라는 자기만의 학습법을 기초로 독서와 수학, 과학을 연계하여 융합적인 자기주도학습 경험을 나타내었다.

71

2학년 1학기 때 수학 성적이 잘 나오지 않아 공부 방법을 바꾸었는데, 많은 문제를 풀기만 했던 이전과 달리, 유형과 원리가 분명히 있다는 생각으로 이전의 문제와 차이점을 확인하면서 문제를 풀었습니다. 끝까지 풀리지 않는 것은 해답지를 통해 확인했지만, 그런 문제도 반드시 오답 정리를 하며 반복 학습을 했습니다.

• 분류 •
① 소재: 실패를 극복한 과정, 수학 학습 방법과 과정
② 학습 과정에서 강조한 점: 실패를 극복한 과정과 노력을 상세히 서술하여 자기주도적인 학습 역량과 학업에 대한 의지를 드러내었다.

PART 3

공부 계획을 Monthly, Weekly, Daily로 나누어 단계적으로 세우고 '오늘 일을 내일로 미루지 말자.'라는 생각으로 꾸준히 실천했습니다. 그중 가장 비중을 많이 두었던 과목이 수학과 영어인데, 수학을 공부할 때는 개념을 정확히 이해하는 것을 원칙으로 정하고, 단순히 공식을 암기하는 것이 아니라 원리를 이해하고 증명하는 과정을 정리해 두었습니다. 문제지에 바로 문제를 풀지 않고 노트에 풀면서 문제집 1권을 3번 이상 풀었습니다. 이렇게 반복해서 풀 때마다 다양한 풀이 방법으로 접근해 보고, 잘 풀리지 않는 문제는 고집스럽더라도 끝까지 혼자의 힘으로 풀어 보려고 노력한 결과, 그 문제의 유형과 원리가 기억에 더 잘 남게 되었습니다.

• 분류 •
① 소재: 학습 좌우명, 수학 학습 방법과 과정
② 학습 과정에서 강조한 점: 학습 좌우명을 제시하여 학습 계획을 꾸준히 실천하였다는 점을 나타내었고 수학 학습 과정을 상세히 서술하여 자기 주도적인 학습 역량을 나타내었다.

어려운 문제에 도전하는 것이 재미있고 수학을 가장 좋아해서 매우 높은 수준까지 공부했습니다. 어려운 개념을 배우는 데 그치지 않고 문제집을 네 단계로 나눠 단계별로 풀며 실력을 높였습니다. 다양한 문제를 접했고, 이를 '오버랩' 오답으로 소화했습니다. 내신에서 실수로 만점을 놓친 후에는 이 '오버랩' 오답으로 실수를 줄이는 데 성공했습니다.

• 분류 •
① 소재: 고난도 문제에 도전하는 자세, 수학 학습 방법과 과정, 오답 문제 처리 방법
② 학습 과정에서 강조한 점: '오버랩(같은 문제를 반복해서 다시 푸는 방법)'이라는 자기만의 학습법에 이름을 붙여서 창의성을 드러내었고, 면접에서 그 부분에 대한 질문이 나올 수 있도록 유도하였다.

공부할 때 두 가지 사항에 중점을 두었는데, 바로 '계획'과 '반복'이다. '계획'은 거창한 것이 아니라 기본적인 것을 반드시 이해할 수 있도록 주요 과목은 '반복'해서 공부하고, 공부한 내용을 완벽하게 이해한 다음에는 심화된 내용을 공부했다. 수학 같은 경우 많은 문제를 푸는 것이 아니라 처음 풀고 난 후 틀리거나 어려웠던 부분을 체크하고 다시 그 부분을 반복해서 풀면서 기본에 충실하도록 했다.

• 분류 •
① 소재: 스스로 학습 방법, 수학 학습 방법
② 학습 과정에서 강조한 점: 스스로 학습하는 방법을 단어로 정의하여 의미를 명확히 하였고 수학의 기초를 탄탄히 하는 노력을 통해 학습 역량을 드러내었다.

수학은 무작정 문제를 많이 푸는 것보다는 개념 정리하는 것에 집중했고, 자주 틀린 문제의 유형을 골라 저만의 시험지를 만들었습니다. 단원에 따라서는 마인드맵을 이용해 개념과 원리를 이해했습니다. 주위의 친구들과 달리 '개념 다지기' 중심의 현행 학습을 하다 보니 불안하기도 했지만, 남을 따라 하는 것이 아니라 저에게 맞는 학습법을 실천하면서 모든 과목에 적용해 학년마다 더욱 발전할 수 있었습니다.

• 분류 •
① 소재: 자기만의 클리닉 시험지 만들기
② 학습 과정에서 강조한 점: 자기만의 시험지를 만들었다는 점을 통해 문제를 선별할 수 있는 학습 수준을 드러내었고 오답 정리를 꼼꼼히 하였다는 점을 통해 성실함을 나타내었다.

수학은 학교 수업과 인터넷 강의 수강을 병행하면서 같은 내용을 반복했는데, 선생님들이 같은 원리를 다르게 설명하는 것을 보면서 이전에는 제가 공식과 원리를 암기하려고만 했다는 것을 알게 되었습니다. 그래서 수학은 공식이 만들어지는 과정을 이해해야 응용된 문제까지 풀 수 있다는 것을 깨닫게 되었고, 그 과정에서 자신감과 흥미가 생기게 되어 자연스럽게 성적이 향상되었습니다.

• 분류 •
① 소재: 수학 공식과 원리 이해, 학교 수업과 인터넷 강의 비교
② 학습 과정에서 강조한 점: 학교 수업과 인터넷 강의를 병행하며 다양한 수업을 통해 수학 학습을 하였다는 점을 드러내었고 자신의 약점을 진단하는 통찰력을 보여 주며 자기주도적인 학습 역량을 나타내었다.

나의 학습법은 단순 개념 학습과 사고력 확장에 따라 달라진다. 암기 과목의 단순 개념 학습의 경우에는 강의 빨리 듣기, 속독, 정독의 반복에 초점을 두어 시간 효율성과 개념에 대한 기억의 지속력도 높이고 있다. 수학은 기본 개념을 명확하게 파악하는 것이 중요하기 때문에 개념 노트 작성을 습관화하고 있다. 또한, 사다리 타기와 함수, 신용 카드와 황금비 등 생활 속 수학적 원리를 파악하면서 이해력을 높이고 있다. 반면 사고력 확장을 위해서는 종합적인 방법과 활동을 활용한다.

• 분류 •
① 소재: 스스로 학습 방법, 수학 개념 노트, 수학 개념 응용 경험
② 학습 과정에서 강조한 점: 자신의 학습법을 구분하여 체계적인 학습이 이루어지고 있음을 강조하였고 실생활에서 수학적 원리를 찾았던 사례를 제시하여 지식을 적용하려는 노력을 나타내었다.

'컴퓨터 프랙털 그림 특강'을 듣고 의학에 대한 관심을 바탕으로 부피에 비해 엄청난 길이나 면적을 이루는 것을 수학적으로 설명할 수 있는 프랙털 원리를 적용해 인간의 폐와 뇌 조직의 구조를 구상했다. 폐는 2개의 기관지, 기관지에서 수많은 잔가지, 잔가지에 수많은 폐포가 구성되어 있으므로 수많은 폐포를 만들기 위해 프랙털을 이용하여 약 18번의 가지치기를 하면 사람의 폐와 가장 비슷한 인공 폐를 만들 수 있었다. 같은 방법으로 뇌도 하나의 아령 모양 구조에 4개의 작은 아령 모양 구조가 달려 있는 모양으로 수렴과 극한, 행렬과 변환 등을 약 18번 반복해 실제 뇌와 비슷한 구조를 만들 수 있었다. 이를 일차 변환의 일종인 아핀(Affine) 변환을 이용해서 작은 구조를 여러 번 변환시켜 작은 구조 꼴의 큰 구조를 만드는 방식으로 다시 한 번 프랙털 구조를 만들고, 아핀 변환도 이해할 수 있었다. 프랙털 개념을 활용해서 구상해 본 인공 폐와 인공 뇌(신경 세포)의 인체 구조는 프랙털의 무한 가지치기와는 다른 점이 있었다. 수학적 원리인 프랙털은 무한 개념인데, 실제 적용될 때는 끊어진 무한 개념으로 적용된다는 점이다. 이것은 앞으로 ○○고등학교 △△ 과정에서 더 연구하고 싶은 과제이다.

• 분류 •
① 소재: 프랙털 원리, 인공 폐와 뇌 조직 구조 만들기, 수학과 인체 구조의 차이점 비교
② 학습 과정에서 강조한 점: 수학과 과학이 융합된 연구 주제와 탐구 과정을 구체적으로 제시하여 심화 탐구 수준과 역량을 드러내었다. 이를 통해 자기주도적인 학습 역량과 심화 학습 수준을 차별화하였다.

방과 후 과학 연구반과 동아리를 통해 배운 다양한 지식들을 구체화시키고자 아두이노(Arduino) 보드를 이용한 로봇 프로젝트를 계획했다. 『아두이노, 상상을 스케치하다』를 읽고 아두이노의 코딩 문법을 익혔고, 프로그래밍에 대한 학습이 필요해서 알고리즘의 기초가 되는 이산수학의 논리식 표현, 조합론, 수학적 귀납법 등을 연계했다. 아두이노 라이브러리의 함수들과 논리식을 이용해 로봇의 움직임을 정의하는 코드를 완성했다. 상하 방향과 각도를 두 집합으로 두고 원소들에서 나오는 동작의 경우의 수를 조합을 통해 계산했고, 연속 과정에서 패턴을 파악하기 위해 재귀 관계와 수학적 귀납법을 이용했다. 컴퓨터 알고리즘과 수학의 관계를 정리하고 블루투스와 시리얼 통신을 이용한 뱀 모양 로봇을 완성시키고 이 과정을 통해 산업 디자인에서는 디자인 감각은 물론 공학적 지식이 중요함을 깨달았다. 다양한 전공자들이 함께 융합 방식으로 연구하는 MIT Media Lab을 꿈꾸다 보니 ○○고등학교의 △△ 활동이 큰 도움이 되리라 생각되어 자연 과학 과정에 지원하게 되었다.

• 분류 •
① 소재: 아두이노 보드, 수학 관련 독서 경험, 심화 탐구 과정, 자신의 진로
② 학습 과정에서 강조한 점: 과학 연구반과 동아리 활동을 하면서 흥미를 느낀 탐구 주제에 관한 기초 지식과 개념을 익히고 공식이나 코드를 완성한 후, 로봇이라는 결과물을 만들었다는 과정을 서술하였다. 이러한 심화 탐구 노력을 자신의 진로와 연계하여 자신의 꿈을 위해 체계적인 노력을 하였다는 점을 부각시켰다.

도형에 대해 공부하고 심화 문제 풀이에 도전하면서 수학 공부를 했다. 삼각형 내부의 한 점을 잡아 내부의 세 삼각형이 닮음이 되도록 하는 문제에서 제시된 조건이 잘못되어 풀이가 되지 않았다. 적합한 조건을 찾고 이를 적용해서 다시 풀어 보았다. 그 결과를 토대로 문제집을 만든 출판사에 오류 내용을 알렸고, 출판사로부터 문제의 오류를 찾은 것과 제시한 조건이 올바르게 되었다는 것을 인정받았다. 이것은 기하학에 관한 탐구 활동을 하는 계기가 되었다. 『유클리드 기하학과 비유클리드 기하학: 해석적 접근』이라는 책을 통해 비유클리드 기하학은 공리를 자명한 명제로만 여겨 왔던 재래의 사고방식에 혁명적인 변화를 가져왔고, 이론적 전제가 되는 가설에 추상적 사상을 구체화하는 사고방식은 현대수학 기초론에 영향을 끼침을 알 수 있었다. 이에 대한 관심으로 아핀 변환과 구면에서의 기하학을 학습하며 비유클리드 기하학을 주제로 탐구 활동을 했다. 현실에서 활용되는 비유클리드 기하학 문제를 찾다가 최단 거리에 단순히 직선을 적용할 수 없는 현실 세계에 대입해 보고자 '택시 기하학'을 동아리 활동으로 연구했다. 논문 「택시 기하에서의 택시 원추곡선의 특성」을 읽고 유클리드 기하학에서의 직선 정다각형, 원, 타원을 '택시 기하'를 적용해서 '택시 기하'에서의 정다각형 중 일부는 닫혀 있는 도형이 아니라는 사실을 확인한 후, 유클리드 기하학의 삼각비를 '택시 기하'에서의 삼각비로 확장해서 대입해 보았다. 그 결과로 활동 보고서 「택시 기하에 관하여」를 작성하고 발표했다.

• 분류 •

① 소재: 수학 관련 독서 경험, 문제의 오류 발견과 수정 경험, 논문 작성 과정과 경험

② 학습 과정에서 강조한 점: 심화 문제를 푸는 과정에서 발견한 오류를 수정하고 그것을 계기로 기하학에 관심이 생겨 지적 호기심을 충족시키기 위해 독서를 하였다. 그리고 이를 바탕으로 기하학과 관련된 R&E와 동아리 활동을 하여 보고서를 작성하는 결과물을 만들었다. 이러한 과정을 통해 자신의 관심 분야에 대한 심층 탐구 능력과 논리적 사고력을 드러내었다.

3-3 | 국어

1

글을 분석하고 감상할 때는 문단 또는 장면을 기본 단위로 하여 이해하려 했습니다. 한 문단의 중심 내용을 요약한 후 다음 문단의 내용을 예측하고 문단 간의 관계를 파악했습니다. 이 과정에서 예측 능력 향상에 특히 관심을 두었습니다. 예측이 적중했을 때 희열도 느낄 수 있지만 이해가 되었다는 점에서 학습 의욕이 강해지기 때문입니다. 또한, 앞의 내용을 제대로 이해하지 못하면 예측이 불가능하거나 엉뚱한 예측이 될 수 있듯이 교육 전문가는 현재의 상황에 대한 정확한 분석을 통한 미래 예측 능력을 갖추어야 한다는 필요성을 느껴 예측 방법을 중시했습니다.

- 분류 •
① 소재: 제시문 분석 방법, 진로와 관련 자질
② 학습법에서 강조한 점: 국어 학습 경험을 서술하면서 제시문을 분석하는 과정과 목적을 구체적으로 설명하였다. 이를 통해 체계적인 학습 과정과 독해력 수준을 나타내었다. 또한, 자신의 진로와 관련된 자질과 연관성을 제시하며 자신의 학습법의 당위성을 드러내었다.

2

국제 학교에서는 영어로만 생활했기 때문에 국어는 혼자서 공부해야 했다. 평소에 영어로 읽던 『해리 포터』 시리즈를 번역판으로 읽으면서 모르는 어휘를 사전에서 찾아보고 단어집에 적었다. 글쓰기는 청소년 문화, 이웃 간의 갈등을 줄이는 방법 등에 관해 썼던 영어 에세이를 바탕으로 처음, 중간, 끝을 구분해 글의 구성 단계에 따라 국어로 작문했다. 가장 어려웠던 문법은 따로 노트에 단어의 구성을 필기하고 짜임 표를 만들어 외웠다. 특히 동사와 형용사를 말하는 용언과 명사, 대명사, 수사를 말하는 체언 등의 품사와 품사의 특성을 이해하기 어려워 품사에 대한 노래를 만들고 마인드맵과 비주얼 싱킹 등을 이용하여 암기했다. 이후 국어 교과서에 있는 문장들을 분석하고 품사의 특성을 이해하는 데 많은 도움이 되었다.

- 분류 •
① 소재: 독서 경험, 국어 작문 경험, 문법 노트 정리 및 암기 방법
② 학습법에서 강조한 점: 스스로 독서와 작문, 노트 정리를 하면서 실천하였던 학습법을 구체적으로 서술하였다. 책의 제목과 작문 주제, 노트 정리 과정, 문법 암기 방법을 설명하며 국어 실력과 학습 수준을 드러내었다. 더 나아가 효과를 제시하며 학습 방법의 실효성까지 나타내었다.

국어는 항상 수업 내용에 대한 국어 일기를 작성함으로써 그 날 배운 것을 다시 정리해서 글 쓰는 실력을 길렀다. 두꺼비에 관련된 사설 시조를 읽고 국어 일기에 줄글로 바꾸는 연습을 하거나 문법 부분에서는 책과 참고서를 이용해서 문법 체계표를 정리하고 개념에 대한 이해와 암기를 쉽게 할 수 있었다. 그리고 영어 멘토와 영어부장을 하면서 시험 기간에 다양한 자료를 모아 우리 반을 위한 영어 문법 프린트를 직접 만들어 반 친구들에게 나누어 줄 정도로 공부 내용을 재구성할 수 있는 능력을 기를 수 있었다.

• 분류 •
① 소재: 국어 일기, 멘토링 활동
② 학습법에서 강조한 점: '국어 일기'라는 국어 학습 노트 명칭을 통해 매일 꾸준히 학습이 이루어졌다는 점을 드러내었고 노트 정리한 내용을 구체적으로 설명하며 국어 학습 수준과 노력을 나타내었다. 또한, 멘토링 활동을 통해 자신이 알고 있는 것을 재구성하는 능력과 지식 나눔을 실천한 점을 어필하였다.

4

시 쓰는 것에 흥미를 느껴 온라인 강의인 '무크'를 통해 세계의 수많은 학생과 토론을 했고 서로의 시를 평가해 주기도 했다. 더불어 유명한 시인의 작품을 읽으며 선생님들과 수업 외적인 부분에서 많은 대화를 했다. 내가 쓴 두 개의 시가 잡지에 실리면서 내 작품에 대한 사람들의 반응 또한 알 수 있었다. 그리고 지금까지도 더 많은 사람들과 작품을 공유하기 위해 나의 시를 인터넷 잡지에 보내고 있다.

• 분류 •
① 소재: 온라인 강의 시청 경험, 독서 경험, 창작 경험
② 학습법에서 강조한 점: 국어의 여러 영역과 분야 중 '시'를 선택하여 강의를 듣고 독서 및 창작 경험을 한 점을 나타내었다. 이 과정에서 자신이 쓴 시에 대해 피드백을 받고, 선생님과 대화를 하였다는 점에서 문학적 소양과 실력을 드러내었다.

5

관심 분야의 어려운 수준의 책은 여러 번 반복해 읽으면서 글의 흐름을 이해하고 작가가 어떠한 의도로 이야기를 전개하는지 파악하려고 노력했다. 그래서 처음 읽었을 때는 모르고 지나쳤던 부분들도 다시 읽을 때는 이후 전개 흐름과의 연관성을 찾을 수 있었고, 그런 부분은 형광펜을 활용해서 연관된 내용을 표시하고 숨겨진 뜻을 추론하며 읽었다.

• 분류 •
① 소재: 심화 독서 경험, 지문을 파악하는 과정과 노력
② 학습 과정에서 강조한 점: 독서 과정을 통해 국문 독해 능력을 드러내었다. 그리고 수준이나 난이도가 높은 책을 읽었다는 점을 서술하여 독서 수준을 간접적으로 나타내었다.

6

가장 좋아하는 과목인 국어를 공부할 때는 먼저 본문을 정독하면서 글쓴이의 의도를 이해하고, 글의 주제를 파악하는 데 초점을 맞추었다. 그리고 필기와 자습서의 풀이까지 꼼꼼히 학습했다. 보조 자료와 문제집을 풀어 틀린 문제를 다시 확인하는 과정을 반복했다. 국어 공부를 통해 언어에 재능이 있음을 발견하게 되었고, 제2외국어로 공부하게 된 중국어에도 더욱 흥미를 갖게 되었다.

• 분류 •
① 소재: 국어 과목에 대한 흥미와 재능, 국어 학습 방법과 과정
② 학습 과정에서 강조한 점: 제시문을 분석하는 과정을 소개하면서 국문 독해 능력을 드러내었다. 그리고 꼼꼼히 필기하고 학습하는 과정을 서술하여 성실한 학습 자세를 나타내었다.

7

한 문제를 풀어도 정확하고 완벽하게 풀 수 있도록 하는 것이 공부의 핵심이다. 특히 국어와 과학, 역사 과목은 틀린 문제 다시 보기를 철저하게 했는데, 문제의 정답보다도 정답이 될 수 없었던 선택지의 문장을 다시 읽어 보면서 어떻게 고쳐야 맞는 설명이 되는지 생각해 보고, 그 근거들을 옆에 달아 놓는 방식으로 공부했다. 이러한 과정을 거치면 한 권의 문제집을 풀어도 2~3권의 문제집을 푼 효과가 있었고, 공부의 질도 높일 수 있었다.

• 분류 •
① 소재: 오답 문제를 처리하는 방법과 과정, 학습의 효과
② 학습 과정에서 강조한 점: 오답 문제를 처리하는 과정을 통해 자기주도적인 학습 역량을 드러내었다.

8

예비 교사로서 갖추어야 할 재능을 생각하면서 중학교 때 미국 교환 학생 생활을 했는데, 그때부터 주요 과목 공부 계획을 세부적으로 적은 계획표를 매일 쓰고 있습니다. 그러는 동안 부족한 점을 찾고 보완해 나갔으며, 학교 공부를 하면서 다양한 경험을 쌓고 그 외의 시간에는 사회에 대한 지식을 넓힐 수 있었습니다. 특히 CNN 뉴스와 신문의 칼럼을 정리해 독해 능력을 기르고, 최근 프랑스의 테러 사건에 관한 뉴스를 보며 그저 사건만 읽고 지나가는 것이 아니라 원인을 규명하고 대처법을 찾으려면 어떻게 해야 하는지 다양한 관점으로 생각해 보았습니다. 그런 과정이 사회, 역사, 국어 등 많은 과목에서 도움이 되었습니다. 사회나 역사를 하나의 이야기처럼 공부할 수 있었고 제가 읽었던 글들과의 연관성을 찾으면 더욱 흥미로워져 다른 내용을 더 찾아보는 적극성이 생기게 되었습니다. 이러한 태도는 교사가 되었을 때 학생들의 다양한 의견을 경청할 수 있게 해 주는 발판이 될 것입니다.

• 분류 •
① 소재: 교환 학생 경험, 일일 계획표, 시사에 대한 관심과 탐구 노력, 국제적 이슈에 대한 자신의 관점
② 학습 과정에서 강조한 점: 교환 학생 경험과 국제 시사에 관한 자신의 관점을 제시하여 글로벌 감각을 나타내었다. 그리고 다양한 분야의 글들을 종합적으로 분석해 본 경험을 자신의 진로와 관련지어 서술하여 융합적 사고력을 드러내었다.

9

나는 스스로 계획하고 실천한 후 점검하고 고쳐 나가며 나에게 맞는 능동적인 학습법을 찾기 위해 노력했다. 첫째, 가장 도움이 많이 된 것은 신문 사설 공책이다. 중학교 1학년 때 국어 선생님의 지도로 시작해 3년 동안 일주일에 1편씩 꾸준히 작성했다. 모르는 낱말, 내용 요약, 나의 생각을 적으며 새로운 지식을 얻고 이해력을 기르는 데 많은 도움을 받았다. 이는 모든 과목을 공부하는 데 있어 필요한 사고력과 논리력을 키우는 밑바탕이 되었다.

• 분류 •
① 소재: 신문 사설 공책, 신문 스크랩 방법과 효과
② 학습 과정에서 강조한 점: 신문 사설을 꾸준히 읽고 스크랩한 경험을 통해 논리적 사고력이 우수함을 드러내었다.

10

국어의 경우에는 학교의 모둠 활동 수업을 통해 협동심도 키우고 답을 유추해 가면서 쉽게 이해하고 오랫동안 기억할 수 있었습니다. 그리고 학습 내용과 관련된 책을 찾아 읽어 보면서 지식의 폭을 넓힐 수 있었으며, 국어 실력도 자연스레 향상되었습니다. 특히 선생님께서 고등학교에서는 문법의 중요도가 높아진다고 하셔서 1학년과 2학년 때 배웠던 내용들을 복습하여 각 학년마다 내용이 연결되도록 공부를 했고, 이러한 과정을 통해 얻은 경험이 앞으로의 고등학교 국어 공부에 많은 도움이 될 것이라고 생각합니다.

• 분류 •
① 소재: 모둠 활동, 국어 문법 공부 노력
② 학습 과정에서 강조한 점: 모둠 활동과 같은 협업 경험과 국어 선생님의 조언을 실천한 경험을 통해 학교생활이 성실하였다는 점을 드러내었다.

11

교내 동아리 200북스와 독서 이력 만들기를 통해 다양한 독서를 했으며, 국어 문법을 공부할 때는 국어 선생님의 조언으로 수업에서 쓰이는 예문 외에도 다양한 예문을 통해 분석하고 적용하는 연습을 했고, 다양한 글을 읽으면서 빠르고 정확하게 읽는 능력을 기르려고 노력했습니다.

• 분류 •
① 소재: 독서 동아리 및 다양한 독서 경험, 국어 문법 공부 노력
② 학습 과정에서 강조한 점: 독서 동아리와 국어 문법 공부 과정을 통해 독해력이 우수함을 드러내었다.

충실한 수업을 위해 선생님의 시선을 놓치지 않고 제가 이해한 모습을 선생님께 보여 드리려 했고, 필기를 할 때도 칠판에 적힌 것 이외에 수업 내용과 관련되거나 내용 이해에 도움이 되는 것은 최대한 필기를 하려 했습니다. 그런 과정에서 수업에 대한 집중도도 높아지고 이후 복습을 하는 시간도 많이 줄일 수 있었습니다. 그리고 암기 과목과 국어는 노트에 교과서와 프린트의 내용을 꼼꼼히 정리하고 그것을 반복해서 읽어 보았습니다.

• 분류 •
① 소재: 수업 시간에 집중하는 자세, 노트 필기 습관
② 학습 과정에서 강조한 점: 수업 시간의 자세와 복습 과정을 통해 학습 태도의 우수함을 나타내었다.

국어는 주로 독서와 글쓰기를 통해 실력을 키웠다. 중학교 2학년 때부터 활동하게 된 복지관 청소년 기자단에서 꾸준히 취재 활동을 하면서 많은 사람을 만나 인터뷰도 하고 직접 글을 쓰는 연습도 많이 했다.

• 분류 •
① 소재: 독서와 글쓰기 경험, 청소년 기자단 활동, 인터뷰 및 기사 작성 경험
② 학습 과정에서 강조한 점: 독서와 청소년 기자단 활동을 통해 글쓰기 능력이 우수하다는 점을 드러내었다.

3-4 | 사회

학교에서 비교 우위와 자유 무역 협정 등에 대해 배웠는데, Coursera의 'Macroeconomics in the real world' 강의를 들으며 깊이 있게 이해할 수 있었습니다. 1970년대 한국의 무역 정책도 보호 무역의 하나이며 무역 정책이 한 나라의 경제적 지위에 큰 영향을 미친다는 사실을 알고 국제 통상 전문가의 역할이 매우 중요하다는 것을 느낄 수 있었습니다.

• 분류 •
① 소재: 경제 개념, 온라인 강의 시청 경험, 과거 한국 정책에 대한 평가
② 학습법에서 강조한 점: 사회 수업 시간에 배운 내용에서 출발하여 온라인 강의를 통해 심화한 개념과 주제를 구체적으로 제시하였다. 그리고 1970년대 한국의 경제 정책에 대한 자신의 평가를 바탕으로 자신의 진로의 역할에 대해 서술하였다. 이를 통해 주도적 학습과 교과 수준 이상의 학습이 이루어졌다는 점을 강조하였다.

2

　3학년 사회 시간에 세계의 여러 문화와 문화 갈등에 대해 공부하며 카슈미르 분쟁에 대해 배웠고, 영어 공부를 하면서 문화 충돌에 관한 제시문을 독해하며 종교적 믿음을 가진 사람이 테러를 일으킨 사례들을 알았습니다. 이를 통해 종교적 갈등으로 많은 문제가 일어나고 있다는 것을 알았고 사회 시간에 배운 내용에 관한 사례나 자료를 영어 공부를 하면서 과목과 과목 간에 서로 연관성이 많다는 것을 경험했습니다. 종교적 차이에 따른 갈등은 소모적인 갈등이라는 생각이 들어서 문화가 공존하는 사례들은 없는지 찾아보았습니다. 사회 교과서를 읽어 보니 스위스 정부에서 공공 문서를 네 가지의 공용어로 동시에 발행하는 등의 많은 노력을 하고 있다는 것을 알게 되었습니다. 이를 계기로 사회를 이해하는 과정에서 종교와 문화에 대한 지식과 영어 실력이 모두 필요하다는 점을 경험하고 다양한 자료를 이해하기 위해 사회 공부와 영어 공부를 더 열심히 하게 되었습니다.

• 분류 •

① 소재: 사회 문화적 개념, 영어 제시문의 내용, 국제 분쟁에 관한 지식, 사회 교과서 속 내용

② 학습법에서 강조한 점: 사회 수업 시간에 배운 내용과 영어 제시문에서 읽은 내용을 통해 통합적 학습과 사고가 이루어졌다는 점을 나타내었다. 그리고 문화 갈등에 관한 내용을 서술하면서 카슈미르 분쟁과 스위스의 사례를 제시하여 배경 지식의 수준을 드러내었고, 수업 시간에 배운 내용 중에 관심 있는 부분에 대한 주도적 학습이 이루어졌다는 점을 어필하였다.

3

　관심 가는 사회적 문제를 보고서로 작성했다. 김영란법의 필요 여부에 대한 보고서에서 연줄 문화를 없애는 것이 입법 취지였다는 인터뷰와 국제 투명성 기구의 아시아 태평양 담당자의 발표를 활용해 부패의 원인을 정리했다. 부패를 해결한 사례를 조사하던 중 싱가포르의 부패 행위 조사국을 알게 되었다. 이 기관은 부패 혐의가 있으면 영장 없이 수색과 체포가 가능하다. 이에는 기본권을 침해할 가능성 등의 부정적 측면도 있지만 이러한 노력으로 싱가포르는 세계적인 청렴국이 되었다. 김영란법에도 소비 위축, 경기 침체 등의 우려가 있지만 OECD 보고서를 읽고 김영란법이 오히려 경제를 성장시킬 것이라고 보고서 내용을 마무리했다. 양심적 병역 거부자를 처벌하는 병역법이 합헌이라는 보고서에서는 양심을 이유로 병역 거부를 허용한다면 국방의 강제성이 약해질 점과 형평성 문제를 강조했다. 또한, 분단 국가인 우리나라의 특수한 안보 상황에서 군대가 물리적·정신적으로 약화될 것을 지적했다. 이러한 보고서를 작성하며 통찰력을 기르고 나의 가치관을 세웠다.

• 분류 •

① 소재: 김영란법 및 양심적 병역거부자 처벌 문제에 관한 보고서 작성 경험

② 학습법에서 강조한 점: 자신이 교내 활동으로 탐구 보고서를 작성한 내용을 구체적으로 서술하였다. 주제 선정부터 연구 방법, 연구 한계 탐색, 결론 도출 등 탐구 과정을 논리적이고 구체적으로 서술함으로써 지적 탐구 능력을 드러내었고 교과 수준 이상의 학습 및 탐구가 이루어졌다는 점을 강조하였다. 단순히 탐구 보고서의 제목만을 서술하는 것보다 탐구 과정 및 보고서의 내용을 구체적으로 서술하여 입학 사정관 입장에서 학생의 수준을 객관적으로 파악하도록 하였다.

　나의 공부 방식 또한 이러한 철학자들의 끊임없는 고민의 과정과 유사하다. 학교 수업에서 볼테르나 니체의 철학, 르네상스 후의 유럽, 동아시아의 역사에 크게 흥미를 느꼈다. 그래서 그 사상을 더 깊이 알기 위해 관련 서적을 찾아 읽거나 인터넷 자료를 찾으며 그들이 가졌던 근본적 의문을 찾아가려고 했다. 또한, 친구들과 토론을 나누며 타인의 생각과 의견도 많이 배울 수 있었다. 그리고 유진 아이네스코의 Rhinoceros와 같이 사회의 일반적 통념을 따르지 않으면 사회로부터 소외 받게 되는 사회 구조와 이스라엘-팔레스타인의 관계에 미친 영국의 제국주의 같은 역사적 흐름과 관련된 주제를 탐구하고 보고서를 쓰면서 사회와 역사의 전체적 흐름을 읽어 내려고 노력했다.

• 분류 •
① 소재: 수업 시간에 배운 내용, 독서 및 자료 탐색 경험, 탐구 보고서 작성 경험
② 학습법에서 강조한 점: 수업 시간에 배운 내용을 구체적으로 제시하여 자신의 관심 분야를 나타냄과 동시에 수업 시간에 집중을 잘하였다는 학습 태도까지 드러내었다. 그리고 관련 내용 독서와 인터넷 검색을 하고 친구들과 토론을 하는 과정 및 탐구 보고서를 작성한 경험을 연결하여 깊이 있는 탐구가 이루어졌다는 점을 강조하였다.

　교과서의 STEAM 교육을 접하며 융합적 학습이 사고를 확장한다고 생각하게 되었고, 이에 여러 과목을 연계해 함께 공부했다. 사회, 역사는 나의 삶과 연결지어 보는 방법으로 학습했는데, ○○ 커뮤니티에서 비속어의 의미로 통용되는 손 모양 상징 조형물을 한 대학 앞에 세워 논란이 된 것을 보고 자유와 방종에 대해 생각해 보았다. 표현의 자유는 사회적 약자나 소수자가 타인에 의해 피해를 당하지 않기 위해 생긴 것이다. 이를 면죄부 삼아 타인을 불편하게 하는 것은 방종이라 생각해 이에 대한 입장을 정리한 글을 작성했다. 링컨에 대해 역사적 평가를 세우는 수행 평가에서 노예 해방의 아버지라 불리는 링컨이 남북전쟁 승리를 위해 정치적 목적으로 노예 해방을 이용한 것이라는 의견을 접했다. 인간은 평등하기에 타인을 노예로 만들 권리는 없다는 도덕적 신념을 내세운 동시에 흑인은 배심원이 될 수 없다고 말한 그의 이중성에 대해 알게 되면서 역사에 대한 평가는 정확한 사료를 근거로 하되 현재 시각에서 중립된 관점으로 판단해야겠다고 생각했다. 이를 위해 신문을 읽고 사회 문제에 대한 생각을 정리해 보는 습관을 들였다. 이는 지문의 내용이 어려워 이해되지 않는 영어 독해를 할 때 배경지식이 되어 본문에 쓰인 단어의 의미를 유추해 쉽게 해석하는 밑바탕이 되었다.

• 분류 •
① 소재: STEAM 교육, 시사 이슈에 관한 논설문 작성 경험, 사회 수행 평가
② 학습법에서 강조한 점: STEAM 교육과 같은 융합적 학습을 한 경험이 있다는 점을 드러내었고 시사 이슈와 관련된 논설문을 작성하는 과정과 내용을 구체적으로 설명하여 논리적 사고 과정을 나타내었다. 또한, 사회 수행 평가를 하면서 참고한 자료나 내용, 자신의 견해를 제시하고 영어 독해에 도움이 되었던 경험까지 서술하여 교과 수준 이상의 학습이 이루어졌다는 점을 강조하였다.

6

칼 마르크스의 생각과는 달리 사회주의 혁명은 성공한 자본주의 국가가 아닌 가난한 러시아에서 일어났다. 사회주의의 러시아에서 태어난 아인 랜드는 미국에서 철저한 자본주의 철학자가 되었다. 이처럼 사회와 인간을 쉽게 정의 내릴 수 있는 사상과 철학자는 없을 것이다.

• 분류 •
① 소재: 칼 마르크스, 아인 랜드, 사회에 대한 가치관
② 학습법에서 강조한 점: 칼 마르크스의 주장에 대한 비판과 미국의 철학자 아인 랜드에 관한 이야기를 통해 사회와 사상에 관한 배경지식 수준을 드러내었다. 이것은 이러한 수준의 지식을 쌓을 수 있었던 학습 및 탐구 과정이 있었다는 점을 간접적으로 서술하는 것이며 사회에 대한 가치관까지 제시하여 주체적인 학습이 이루어졌다는 점을 강조하였다.

7

사회 수업 시간에 '사법 시험 부활과 사회 계층 사다리'라는 주제로 관련된 내용을 발표했다. 나는 발표를 준비하면서 로스쿨이 사법 시험에 비해 더 많은 비용이 필요하고 그에 따라 경제적 지원이 부족한 학생들은 로스쿨에 지원하기가 힘들어지기 때문에 이는 공정하지 않다는 생각을 했다. 따라서 나는 사법 시험이 다시 부활해야 한다는 내용을 중심으로 발표를 했다. 수업을 준비하는 과정에서 『판사, 검사, 변호사가 말하는 법조인』을 읽으며 사법 시험을 준비했던 고시생들의 생활부터 법조인이 되기까지의 과정을 보았다. 이를 통해 사법 시험의 문제점과 함께 내 견해의 문제점 또한 찾을 수 있었다.

이를 계기로 공정함이란 기회를 고르게 부여하는 것이라는 생각을 했다. 공정한 기회가 보장될 때, 자신이 노력한 부분에 대한 정당한 대가를 보장받고 노력하면 이룰 수 있다는 희망이 생기기 때문이다. 따라서 사법 시험과 같은 기회가 일부만이 누리는 특권이나 혜택을 모든 사람들에게 공평하게 분배할 수 있다는 생각을 했다.

• 분류 •
① 소재: 사법 시험 부활에 관한 발표, 독서 경험, 공정함에 대한 자신의 견해
② 학습법에서 강조한 점: 사회 수업 시간에 자신의 진로와 관련된 주제에 대해 발표한 경험을 서술하였다. 자신의 발표 내용을 설명하며 준비 과정에서 읽은 책과 자신의 견해의 문제점을 제시하여 어떤 내용의 발표가 이루어졌는지 설명하였고 발표 주제에 관해 깊이 있게 고찰하였다는 점을 드러내었다. 또한, 공정함에 대한 자신의 견해를 밝혀 자신의 진로를 선택한 이유까지 보충하였다.

한 달에 한 번 답사를 통해 역사 공부를 했다. 답사 전 인터넷과 책을 통해 배경지식을 쌓고 교통편 확인 및 답사 과정과 느낀 감정들을 적을 메모 도구를 준비했다. 서대문 형무소가 1908년 경성 감옥을 신축한 감옥이며 애국지사 안창호, 유관순, 김구가 수감되었던 곳이라는 것을 알게 되었다. 서대문 형무소의 민족 저항실 2관의 수형 기록표에는 어린 학생들이 수감되었던 흔적이 눈에 띄었고 독립 투쟁을 한 사람들이 우리가 알고 있던 애국 지사보다 많다는 것을 알았다. 고문 형틀과 좁은 옥사를 보며 이 안에서도 암호를 만들어 독립 운동을 지속한 김구 선생과, 폭력에 굴하지 않고 독방에서 독립을 외친 유관순 열사에게 깊은 감사를 느꼈다. 답사에서 느낀 점과 조사한 자료를 정리해 보고서로 작성하면서 교과서를 더 자세히 파악했다. 또한, 일정을 계획해 마무리하며 성취감을 느꼈고 직접 눈으로 보고 경험하는 것의 중요성을 알게 되었다.

• 분류 •
① 소재: 역사 유적지 답사 경험, 서대문 형무소 답사 준비 및 답사 과정에서 느낀 점, 답사 보고서 작성 경험
② 학습법에서 강조한 점: 매월 답사를 하면서 역사 공부를 하였다는 점을 통해 역사에 대한 관심과 적극적이고 체험적인 역사 학습이 이루어졌다는 점을 드러내었다. 특히 자신이 답사한 유적지 중 한 곳인 서대문 형무소에 관한 사전 조사 내용과 답사 중 배운 것들, 답사 보고서를 작성하고 느낀 점들을 구체적으로 서술하여 수업 시간에 배운 내용을 심화 탐구한 학습 경험을 나타내었다.

학교 공부 외에 다양한 심화 학습을 했는데 특히 사회는 매체를 활용했다. 철도 민영화에 대해 배우고 관련 내용을 2년간 구독해 온 타임지를 활용해서 영어 탐구 보고서를 작성했다. 그 과정에서 영국과 일본의 철도 민영화를 접할 수 있었는데, IMF 이후 영국의 마가렛 대처가 시행한 공공 부분 민영화와 일본의 JR계열을 7개사로 분할한 민영화를 비교해 보았다. 사회적 현상에 대한 깊이 있는 분석력을 기르고 현재 국내의 상황을 외국의 사례와 비교해 봄으로써 국제적 경제 흐름과 변화를 읽어 내는 데 도움이 되었다.

• 분류 •
① 소재: 철도 민영화 관련 영어 탐구 보고서 작성 경험, 탐구 과정을 통해 배운 점
② 학습법에서 강조한 점: 사회 수업 시간에 배운 내용에 대해 심화 탐구를 하면서 영문 보고서를 작성하였다는 점에서 사회에 대한 관심과 영어 실력을 동시에 나타내었다. 또한, 탐구 보고서의 내용을 연구 방법과 과정, 결과까지 서술하여 탐구 보고서의 수준을 가늠할 수 있도록 하였고 탐구 과정에서 배운 점을 통해 국제적 감각을 드러내었다.

10

나는 역사적 지식을 쌓고 이를 활용하고자 역사 관련 봉사 활동에 참여했다. 궁궐 등을 청소하고 유적지를 방문하면서 문화재의 가치와 유래, 원리 등을 배우고 익혔다. 우리 고장 문화재를 찾아가 조사하고 발표하는 경험을 하며 선조들의 섬세한 과학적 원리에 감탄했고 자료를 수집해 문화유산의 소중함을 알리는 탐방자 역할도 할 수 있게 되어 일석이조의 목적을 달성했다.

● 분류 ●
① 소재: 궁궐 봉사 활동, 자기 고장 문화재 조사 경험
② 학습법에서 강조한 점: 역사에 대한 관심과 탐구를 궁궐 봉사 및 자기 고장 문화재 조사 등을 통해 실천한 노력을 제시하여 교과 수준 이상의 탐구와 활동이 이루어졌다는 점을 강조하였다. 이러한 점을 통해 자신의 흥미나 관심사에 대한 지적 탐구력과 의지를 드러내었다.

11

3학년 때에는 학교 교지부로 활동하며 부원들과 독도에 관한 글을 썼다. 각자 독도의 역사, 지리적 위치, 독도에 대한 일본과 한국의 주장 등의 정보를 조사하고, 조사한 내용들을 바탕으로 글을 작성했다. 그리고 '외교부 독도' 사이트에서 독도에 대한 주장들을 조사했다. 중심이 되었던 내용은 일본과 한국의 주장이었고, 일본의 주장에 반박하는 한국의 주장들을 바탕으로 독도는 한국의 영토라는 결론으로 글을 작성했다. 글을 쓰고 나서는 내가 쓴 글뿐만 아니라 다른 친구들의 글도 계속 수정해서 학교 신문을 만들었다. 교지부로 활동하면서 학생들에게 지식을 전달하는 것뿐 아니라 글쓰기 능력도 향상시킬 수 있었고 독도에 관한 역사적이고 사회적인 지식들도 배울 수 있었다.

● 분류 ●
① 소재: 독도 관련 기사 작성 경험, 학교 신문을 만들며 배운 점
② 학습법에서 강조한 점: 학교 신문에 독도 관련 기사를 작성한 과정과 내용을 구체적으로 서술하며 주제별 탐구를 진행할 수 있는 역량을 드러내었다. 그리고 학교 신문을 만들며 배운 점을 통해 국어와 역사, 사회 학습이 동시에 이루어졌다는 점도 강조하였다.

12

나는 '효과적이고 심화된 공부'를 목표로 삼았다. 사회, 역사, 과학 과목은 흐름을 이해해야 내용을 오래 기억하고 응용문제도 풀 수 있다는 생각에 마인드맵으로 내용을 정리했다. 주요 단어들을 적은 후 세부 내용을 쓰고 본문과 비교하며 부족한 부분을 확인했다. 그 후 그것을 말로 설명하고 녹음한 후 반복해서 듣고 문제를 풀 때는 나만의 풀이까지 같이 적어 '나만의 교과서'를 만들었다.

● 분류 ●
① 소재: 마인드맵 활용 노트 정리, 노트 정리 노하우
② 학습 과정에서 강조한 점: 마인드맵이나 나만의 교과서 만들기와 같은 활동을 통해 자기주도적인 학습 역량을 드러내었다.

13

유학 중 8학년일 때 국제 사회의 이슈와 흐름을 이해하기 위해 매주 신문 기사를 스크랩해서 요약하고 의견을 적는 연습을 했다. 그리고 글로벌 이슈 해결에 기여할 수 있는 방법을 찾고자 AFC 프로젝트에서 '현대 노예'라는 주제를 탐구하고, 현대 노예의 한 형태인 강제 노동에 초점을 두어 다양한 매체를 이용해 문제의 배경, 원인, 영향, 중요성 등을 조사했다.

탐구 과정에서 조사한 자료의 출처, 요약, 그리고 그것에 대한 나의 의견까지 체계적으로 정리하기 위해 'Noodle Tools'의 노트 카드를 활용했다. 노트 카드를 종합해 영문 보고서 「강제 노동의 문제점과 해결책」을 쓰고 특히 공정 무역을 통한 해결 방안을 제시해서 프로젝트에 같은 주제로 참여한 다른 학생들과 서로의 해결책을 발표하고 효과적인 해결 방안을 찾기 위해 토론을 했다. 이런 학습 과정을 통해 국제 이슈가 우리 사회에까지 영향을 미친다는 사실을 깨달았고, 그러한 이슈의 해결을 위해서는 여러 방면에서 문제점과 해결책을 고민해야 한다고 생각했다. 대안 토론을 통해 상대방을 설득하기 위한 논리적인 사고와 표현력을 기를 수 있었던 경험이었다.

● 분류 ●
① 소재: 국제 이슈 관련 신문 스크랩, 영문 보고서 작성
② 학습 과정에서 강조한 점: 유학 생활 중 글로벌 이슈와 관련된 탐구 과정과 탐구 보고서 작성 경험을 통해 글로벌 감각과 논리적 사고력을 드러 내었다.

14

과학 수업 시간에 장애인을 위한 시설을 알아보던 중 장애인 시설들의 문제점에 대해 알게 되었다. 그래서 친구들과 이런 문제점들을 더 자세히 살펴보고 이를 개선하기 위해 무엇을 할 수 있을지 알아보기로 했다. 먼저 아이들과 휠체어를 직접 타고 은행에 가서 장애인들이 실제로 어떻게 일을 보는지 체험해 보았는데, 시설들이 특정한 기준에 맞추어져 있어서 어린아이들이 사용하기에는 어려움이 있다는 것을 알게 되었다. 그리고 점자 블록에 대해 알아보던 중 도로가 오래되거나 부서진 곳에 잘못 설치되어 있는 점자 블록을 찾게 되었고 이 블록이 시각 장애인에게는 심각한 장해물이 될 것이라고 판단했다. 그래서 문제점에 대한 해결 방안을 교육청에 건의했다. 나와는 직접적인 상관이 없더라도 누군가에게는 큰 걸림돌이 될 수 있기 때문에 여러 사회 문제에 관심을 가지며 함께 살아가는 공동체를 위해 노력해야 한다는 것을 깨닫게 되었다.

● 분류 ●
① 소재: 장애인 시설 문제점 개선 노력, 교육청에 개선안을 제출한 경험
② 학습 과정에서 강조한 점: 과학 수업 시간에 배운 내용을 계기로 사회 속 불편한 점을 해결하려는 탐구 노력을 통해 사회에 대한 관심과 융합적 사고 능력을 드러내었다.

15

유럽 난민을 주제로 한 영어 수업을 계기로 난민이 생기는 원인과 난민 수용을 찬성하고 반대하는 국가에 대해서도 알게 되었다. 이렇게 배경지식을 쌓은 후에 영어 지문 독해를 하면 지문에 대한 이해도 빨랐으며, 시험을 위해 문장들을 억지로 외우지 않아도 되었다. 그리고 사회 수업 시간에 최근 세계에서 일어나는 이슈에 대해 발표하는 자리에서 이때 얻은 지식을 토대로 유럽 난민에 대해 발표해 선생님께 칭찬을 받은 적이 있다. 이처럼 교실 안에서 배운 내용과 관련해 더 알고 싶은 것, 더 확인하고 싶은 것들을 적극적으로 찾아보는 공부 방식은 내 공부의 영역과 양을 늘려 주었다.

• 분류 •
① 소재: 유럽 난민 문제, 수업 중 발표 경험과 선생님의 평가
② 학습 과정에서 강조한 점: 영어 수업 시간에 배운 내용과 국제 시사 이슈에 관해 발표한 내용을 연계하여 확장적이고 융합적인 사고력을 드러내었다.

16

공부하는 데 있어서 가장 신경 쓰는 부분은 전체적인 내용 파악이다. 노트 정리를 하면서 전체적인 흐름을 파악한 후 세부적인 내용을 외웠는데, 노트를 정리할 때는 전체를 파악할 수 있는 큰 제목 위주로 정리하고 기호를 활용했다. 특히 역사나 사회, 과학은 복습할 때 교과서에 읽을 부분을 체크해 놓고 10번씩 읽었다. 역사는 스스로 서술형 문제를 만들어서 풀고 시간 순으로 쭉 정리하기도 했다. 계속 교과서를 읽고 나만의 서술형 문제로 모르는 부분을 찾아 보충함으로써 전체적인 흐름을 파악할 수 있었으며, 이를 통해 공부가 훨씬 쉬워지고 성적도 향상되었다.

• 분류 •
① 소재: 노트 정리 노하우, 역사 서술형 문제 만들기
② 학습 과정에서 강조한 점: 노트 정리를 하는 방법과 시간적 흐름을 중심으로 역사를 학습한 내용을 연결하여 논리적 학습 능력을 드러내었다.

17

역사에 대한 다양한 책을 읽고 이야기해 보는 역사 동아리와 세계인들과의 교류를 통해 한국을 알림으로써 더 심층 있는 세계관을 갖게 해 준 VANK 활동을 하면서 학교 공부를 넘어 관심 있는 부분을 적극적으로 찾아가는 노력을 했다.

• 분류 •
① 소재: 역사 동아리, VANK 활동
② 학습 과정에서 강조한 점: 역사 동아리와 VANK 활동을 연계하여 확고한 국가관과 정체성을 드러내었다.

18

좋아하는 역사 과목 공부를 위해 네이버 '한 손으로 읽는 역사'를 꾸준히 읽으며 지식을 넓혔다. 내신 공부는 질문 유도법과 역사적인 주제에 대한 나의 입장을 정리하며 학습했고, '고려에 대한 원 간섭기' 프로젝트 수업 때는 밤새 만든 PPT 자료를 인정받아 선생님께서 수업 교재로 채택하기도 하셨다.

• 분류 •
① 소재: 네이버 '한 손으로 읽는 역사', 시험 공부 노하우, 수업 중 발표 주제와 선생님의 평가
② 학습 과정에서 강조한 점: 인터넷을 활용한 지식 탐구와 자기만의 학습법, 발표 주제를 연계하여 유연한 사고와 창의성을 드러내었다.

19

역사는 2학년 때 처음 배우기 시작했는데, 시험에 연도를 묻는 문제가 자주 출제된다는 것을 알고 흐름이 가장 중요하다고 생각해서 큰 화이트보드에 시간의 흐름 순서대로 중요한 사건을 정리해 놓고 방에 있을 때 언제라도 자연스럽게 보면서 외웠다. 또한, 「역사 저널 그날」이라는 TV 프로그램을 즐겨 보며 역사에 대한 흥미와 열정을 높였다.

• 분류 •
① 소재: 화이트보드를 활용한 공부법, 「역사 저널 그날」이라는 TV 프로그램 시청
② 학습 과정에서 강조한 점: 역사를 공부하는 방법과 역사 관련 TV 프로그램 시청 경험을 통해 역사에 관한 관심을 드러내었다.

20

중학교 때 부족한 점이 무엇인지 고민하고 그것을 보완하는 계획을 세웠습니다. 3학년 때 역사 과목의 범위가 너무 넓어서 친구들과 시험 일주일 전에는 아침 일찍 모여 역사 속 인물들을 이야기하듯이 말하면 그것에 대해 다른 친구들이 더 설명을 붙이고 서로가 몰랐던 지식이나 알아야 할 점을 더 보충해 나갔습니다. 범위가 넓음에도 불구하고 역사에 대한 흥미가 생기고 공부 방법을 서로 공유할 수 있었습니다.

• 분류 •
① 소재: 친구들과 시험 공부를 함께한 경험
② 학습 과정에서 강조한 점: 친구들과 협력한 경험을 통해 사회성이 우수하다는 점을 드러내었다.

21

사회와 과학, 역사는 교과서를 서너 번 정독했고 교과서에 필기와 메모를 덧붙여 나만의 자습서를 만들었다. 관심이 많은 역사는 교과서와 수업 내용 외에 관심 있는 자료들을 찾아 참고하였다. 특히 문화재에 관심을 가져서 역사책을 읽고 '왕의 노트'를 만들었는데 시대별 왕과 그들의 업적을 정리한 것은 역사 공부에 많은 도움이 되었다.

• 분류 •
① 소재: 시험 공부 노하우, '왕의 노트'라는 자기만의 노트 정리법
② 학습 과정에서 강조한 점: 자기만의 노트 정리법과 독특한 노트 이름을 제시하여 창의성을 드러내었다.

3-5 | 과학

1

산과 염기에 관련된 화학 실험에도 흥미가 생겨 '루미놀 반응'을 연구했다. 혈액 속 화학 발광 검사 원리를 탐구 보고서로 작성해서 PPT를 발표했고 그 과정을 주도적으로 리드해서 직접 실험 과정을 설계했다. 시행착오도 겪었지만 체계적인 사고의 틀을 갖게 되었다.

• 분류 •
① 소재: 루미놀 반응 실험, 탐구 보고서 작성, 탐구 과정에서 배운 점
② 학습법에서 강조한 점: 과학 수업에서 산과 염기를 배우고 화학 실험을 진행하여 루미놀 반응 연구를 하였다. 그리고 탐구 보고서를 작성한 주제를 통해 교과 수준 이상의 과학 탐구 경험을 하였다는 것을 드러내었다.

2

과학은 동아리에서 비타민 C의 양을 측정하는 실험을 해 보는 등 다양한 탐구 활동 보고서를 작성하며 과학적인 원리를 배울 수 있었다. 공부한 내용을 정리할 수 있어서 과학뿐만 아니라 다른 과목을 공부하는 데도 도움이 되었다.

장애인 음성 유도기에 대한 보고서를 쓸 때 현재 장애인 음성 유도기가 지닌 문제점을 참고해서 스마트폰에 네비게이션 말하기 기능을 적용시키거나 근거리 통신망을 이용해 문제를 해결하는 방법을 생각했다. 즉, 하이패스처럼 시각 장애인이 버스를 내릴 때 굳이 카드를 대지 않아도 되는 방법을 제시해서 과학과 인문학을 연결시키는 대안을 제시했다. 이러한 과학의 분석적 정리는 역사나 사회 과목 또한 하나의 중심 사건과 관련된 인과적 원리로 이해할 수 있도록 해 주었고, 내용들을 단락별 특성에 맞게 정리하는 데 도움이 되었다.

• 분류 •
① 소재: 과학 동아리, 장애인 음성 유도기 탐구 보고서, 과학적 분석법을 다른 과목에 적용 사례
② 학습법에서 강조한 점: 과학 탐구 경험을 서술하며 과학 동아리 활동과 장애인 음성 유도기 탐구 과정을 활용하였다. 특히 장애인 음성 유도기에 대한 탐구 과정에서 스마트폰이나 하이패스의 원리를 활용히였던 경험을 구체적으로 제시하였고 대안까지 자세히 설명하여 탐구의 깊이를 드러내었다. 또한, 과학적 분석법을 사회나 역사 학습에도 적용한 예를 들어서 한 과목에 국한된 것이 아닌 확장적인 사고와 학습이 이루어졌다는 점을 나타내었다.

3학년 과학 수업 시간에 지구의 둘레를 측정하는 '에라토스테네스의 실험'을 하며 지구본의 둘레를 측정했는데, 먼저 같은 경도상에 있는 두 지역을 정하고 한 지역에만 그림자가 생기도록 했습니다. 그리고 두 지역 사이의 거리를 자로 측정하고, 두 지역 사이의 중심각을 각도기로 측정한 후 닮음비를 사용해서 지구본의 둘레를 측정했습니다. 이를 통해 지구본이 아닌 달의 둘레를 계산할 수도 있겠다는 생각을 하고 과학 자습서나 인터넷 검색을 통해 측정 방법을 찾아보았습니다. 삼각형의 닮음비를 사용해서 달의 크기를 측정할 수 있었는데, 종이에 작은 구멍을 뚫고 달이 그 구멍 사이로 가려질 때의 눈과 종이 사이의 거리와 지구와 달 사이의 거리를 가지고 비례식을 세워서 달의 크기를 측정했습니다.

• 분류 •

① 소재: 과학 실험 과정, 수학 개념의 적용

② 학습법에서 강조한 점: 과학 수업 시간에 진행하였던 지구 둘레 측정 실험 과정과 기본 개념을 상세히 서술하였고 삼각형의 닮음비라는 수학 개념을 적용한 것까지 설명하였다. 단순히 과학 실험을 통해 많은 것을 배웠다는 서술보다는 상세한 과정을 서술함으로써 탐구의 수준과 과학적 지식 수준을 드러내었다.

과학 학습에도 예측 방법을 활용할 수 있습니다. 수업 시간에 기체 발생 반응에서도 질량 보존 법칙이 성립한다는 사실을 배운 후 실험을 해 보았습니다. 그릇에 달걀 껍데기와 식초를 넣었을 때, 밀폐된 경우에는 발생한 이산화탄소가 날아가지 않아 반응 전과 무게가 같았지만 그릇을 열었을 때는 무게가 감소했습니다. 산과 상극인 염기와 달걀 껍데기의 반응도 궁금해서 염기인 비눗물과의 반응에 아무런 반응이 없을 것이라는 가설을 설정한 후 관찰했습니다. 달걀 껍데기가 식초와 만났을 때는 기포가 생긴 것과 달리 가설대로 비눗물과는 아무런 반응이 없음을 확인했습니다. 이러한 과정에서 의문을 갖고 예측하며 실행하려고 노력하면 새로운 것을 나의 것으로 만들 수 있음을 깨닫게 되었습니다.

• 분류 •

① 소재: 질량 보존의 법칙 실험, 산과 염기 반응 실험, 실험 과정에서 배운 점

② 학습법에서 강조한 점: 과학 실험이나 탐구를 직접적으로 서술하기보다 과학 수업 시간에 배운 내용을 계기로 실험이나 탐구를 진행하였다는 점을 통해 학교생활도 충실히 하였다는 점을 나타내었다. 또한, 연관된 두 가지 실험을 활용하여 다양한 측면을 바라볼 수 있는 확장적 사고가 가능하다는 점을 드러내었다.

5

과학 원서를 노트에 영어로 정리하면서 공부했다. 과학 원서에서 단백질 합성 과정 내용을 읽을 때 'Translation', 'Transcription'이라는 용어는 매우 생소했지만 번역과 전사의 과정이 자세한 그림과 함께 상세히 설명되어 있어 이해가 쉬웠다. 그 후로 과학 수업 내용을 자세하게 그림으로 표현하고 영어 문장으로 설명했다. 사람의 소화 과정을 알아보기 위해 위, 쓸개, 이자 등의 주요 기관을 그림으로 그렸고, 메모 공간을 마련해 녹말은 아밀레이스, 단백질은 펩신으로 분해된다는 내용을 영어로 적고 이자액 작용을 캐릭터화해서 보기 쉽게 표현했다. 이 과정을 통해 과학 전반에 걸쳐 사용하는 영어 어휘력이 늘었고 작문 과정에서 문법적 오류가 줄었다는 것을 느낄 수 있었다.

• 분류 •
① 소재: 과학 노트 정리 방법, 과학 원서를 활용한 학습
② 학습법에서 강조한 점: 일반적인 과학 교과서가 아닌 과학 원서를 읽으며 영어로 과학 노트를 정리한 방법을 상세히 서술하였다. 그리고 용어나 과정, 방법을 그림으로 그리듯이 표현하여 입학 사정관이 과학 노트를 보지 않더라도 어떤 내용으로 구성되었는지 상상할 수 있도록 하였다. 이를 통해 교과 수준 이상의 학습이 이루어졌고 과학과 영어 실력이 우수하다는 점을 드러내었다.

6

3학년 때 '과학의 자신감' 동아리에서 교과서를 기초로 실험을 한 후 보고서를 작성했다. 화학 정원 실험을 위해 병에 자갈을 깔고 물유리와 따뜻한 물을 섞은 후 금속염을 넣어 표면에 다른 염이 생기는 것을 확인했고, 사진을 찍어 순서를 정리했다. 이를 통해 반투막인 금속염이 물과 만나면 삼투압으로 인해 압력이 작은 윗부분이 터지고 이때 나온 금속염이 계속 반응한다는 결론과 원리를 정리할 수 있었다. 또한, 초란을 만들어 식초의 농도가 계란 안의 농도보다 더 높아 식초의 수분이 계란 안으로 이동해 부피가 커지는 삼투압 원리를 한 번 더 확인했다. 교과서에서 배운 내용으로 실험을 하면서 과학에 대한 흥미와 자신감을 갖게 되었고 '백 번 듣는 것보다 한 번 보는 것이 낫다.'라는 말의 의미를 알 수 있었다.

• 분류 •
① 소재: 과학 동아리 활동, 화학 정원 실험, 삼투압 실험, 명언
② 학습법에서 강조한 점: 과학 동아리에서 한 다양한 실험 경험을 활용하였다. 화학 정원 실험이나 삼투압 실험 과정을 구체적으로 서술하고 기초가 되는 개념을 설명하여 과학 실력이 우수하다는 점을 드러내었다. 또한, '백 번 듣는 것보다 한 번 보는 것이 낫다.'라는 명언을 활용하여 탐구 과정에서 배운 점을 간단명료하게 나타내었다.

변리사는 특허 출원 업무를 하면서, 해당 제품의 원리를 이해할 수 있어야 한다. 그래서 나는 과학적 원리를 이해하고자 여러 가지 실험을 했다. 가장 기억에 남는 실험은 '헤론의 분수' 만들기이다. 이는 사이펀의 원리와 파스칼의 원리를 적용해서 만든 분수인데, 나는 페트병을 자르고 빨대에 연결하며 만들었다. 모터와 물의 이동을 조종하는 장치가 없음에도 중력차와 기압차로 물이 이동하고, 이를 활용해서 계영배도 만들어 사용해 보았다.

• 분류 •
① 소재: 진로와 관련성, 헤론의 분수 만들기, 계영배 만들기
② 학습법에서 강조한 점: 과학 탐구와 실험 동기를 자신의 꿈과 연결하여 서술하며 학습 과정이 능동적으로 이루어졌다는 점을 드러내었다. 그리고 헤론의 분수나 계영배에 기초가 되는 원리들을 제시하고 구체적으로 제작한 과정까지 설명하여 교과 수준 이상의 탐구 과정과 과학 실력을 갖추고 있다는 점을 나타내었다.

과학 창의반에서는 다양한 관찰과 실험이 끝나면 보고서를 작성했다. 장애인을 위한 공공 편의 시설을 찾아보고 이의 문제점을 발견한 후 개선 방안에 대해 토의하고 음성 유도기에 대한 연구를 했다. 주변의 음성 유도기 현황을 조사하고 작동 여부나 인식 문제, 수신 특성상 여러 대가 동시에 작동하거나 리모컨을 소지하지 않을 경우 도움을 받을 수 없다는 단점을 알아내어 스마트폰에 리모컨의 작동 원리를 도입하는 대안을 제시했다. 실험과 보고서 작성에 어려움이 있었지만 실험 과정을 정리하고 체계적인 실험 과정을 구성하는 등 논리력과 분석력을 기를 수 있었다.

• 분류 •
① 소재: 과학 창의반 활동, 장애인 음성 유도기 탐구, 실험 과정에서 배운 점
② 학습법에서 강조한 점: 과학 창의반과 같은 특별 활동에서 한 여러 가지 탐구 주제 중 하나를 예로 들어 탐구 과정과 탐구 과정에서 파악한 문제점 및 해결 방안을 구체적으로 서술하였다. 단순히 어떤 원리나 개념을 알았다는 서술도 좋지만 해결 방안을 모색하는 과정에서 한계를 보완하는 대안을 찾아 제시하였다는 서술이 논리적 사고력을 드러내었다. 또한, 보고서 작성의 어려움을 이겨내고 결과물을 만들었다는 서술을 통해 갈등과 어려움을 극복한 경험을 제시하였다.

과학 시간에 지구의 공전과 자전을 배우고 팽이를 만드는 실험을 했다. 팽이의 중심을 찾고 돌려 보는 과정에서 세차 운동이라는 것을 알았다. 세차 운동에서 한 가지 물체에 2개의 회전축이 생긴다는 점이 신기해서 인터넷 검색을 통해 다양한 정보를 찾아보며 세차 운동이 팽이뿐만 아니라 지구에서도 일어난다는 것을 알았다. 이에 더욱 흥미를 느껴 다른 천체에서도 세차 운동이 일어나는지를 알아보니 수성에서도 세차 운동이 일어나며 수성의 세차 운동은 아인슈타인의 일반 상대성 이론을 증명하는 증거 중 하나라는 사실도 알게 되었다. 팽이 돌리기 같은 일상의 작은 운동 현상이 거대한 우주의 원리를 증명하는 법칙의 토대가 될 수 있다는 것에 놀랐다. 일상 속에 적용된 과학적 원리에 대해 관심이 생겨 찾아보는 재미를 알게 되었고 관찰력도 늘었다.

• 분류 •
① 소재: 팽이 실험, 지구와 수성의 세차 운동
② 학습법에서 강조한 점: 과학 수업 시간에 배운 내용을 출발점으로 팽이 실험과 지구와 수성의 세차 운동까지 영역과 개념을 심화시켰다. 그리고 인터넷 검색을 통해 아인슈타인의 일반 상대성 이론을 증명하는 증거라는 사실을 알았다는 서술을 통해 주도적인 탐구 자세와 노력을 드러내었다. 이러한 서술을 통해 기본이 되는 수업에 충실하였다는 점과 응용과 심화 수준을 동시에 나타낼 수 있었다.

학교에서의 공부가 재미는 있었지만 가끔씩 '왜?'라는 호기심이 해결되지 않을 때가 있었다. 물이 얼었을 때 부피가 증가하는 문제나 어떤 물질이 액체 질소에서 어는 특성이 어떻게 다른지 알기 위해 유튜브나 과학책을 보면서 호기심을 충족시켰다. 특히 Steam이라는 학교 과학 동아리에서 골드버그 장치 만들기나 소금물 자동차 만들기와 같은 실험을 하면서 과학적 호기심이 폭발했다. 실제로 자동차 모형을 만들고 뒷바퀴에 모터를 달아서 전선을 마그네슘 판, 거즈, 검은색 음극판을 차례로 놓은 통을 연결해 소금물을 떨어뜨려 주행 실험을 했다. 그리고 실험 도중에 궁금했던 산화 환원 반응과 이온의 이동에 대해 더 알아보았다. 이들을 통해 과학적 지식을 체계적으로 정리해 소화할 수 있는 능력을 기를 수 있었다.

• 분류 •
① 소재: 과학적 호기심, 유튜브 검색, 학교 과학 동아리, 소금물 자동차 만들기
② 학습법에서 강조한 점: 학생이 과학 공부를 하면서 느꼈던 호기심을 구체적으로 제시하고 그것을 해결하는 방법과 과정을 구체적으로 서술하였다. 학교 과학 동아리에서 한 활동과 실험을 예로 들면서 탐구 과정과 바탕이 되는 과학적 원리들을 제시하여 교과 수준 이상의 학습이 이루어졌다는 점과 스스로 심화 탐구 노력을 하였다는 점을 모두 드러내었다.

11

산과 염기의 성질 수업에서 리트머스 종이, BTB 용액 등 여러 가지 지시약으로 실험을 했는데 일상생활에서 쉽게 구할 수 있는 지시약의 유무가 궁금해져 인터넷과 책을 통해 알아보았다. 그리고 직접 양배추를 끓여서 지시약을 만들었다. 그 지시약으로 식초, 물, 비눗물과 접촉해 산성, 중성, 염기성 물질의 색 변화를 확인했다. 또한, 산과 염기의 중화 반응을 배운 후 염기성인 비린내에 산성인 레몬즙을 뿌려 보는 실험을 해서 비린내가 중화되는 결과를 확인했다. 이를 통해 산성인 위산이 많이 나와 속이 쓰렸을 때 염기성인 식소다를 먹어 위산을 중화시켰고 복통이 완화되는 경험을 했다. 집에서 추가로 한 실험은 학교에서 배운 개념과 함께 노트에 정리했고 과정을 자세히 묘사해 시간이 지나도 쉽게 기억할 수 있었다.

• 분류 •
① 소재: 과학 실험 경험, 양배추 지시약 만들기, 과학 실험 노트
② 학습법에서 강조한 점: 수업 시간에 배운 내용을 바탕으로 양배추 지시약을 실제로 만들어 본 경험을 서술하였다. 그리고 레몬즙 실험이나 소다 실험 등 추가 실험 내용을 통해 탐구 정신이 뛰어난 점과 과학 탐구에 관심이 많다는 점을 드러내었다. 또한, 실험 과정이나 내용을 노트에 정리하는 노력을 통해 체계적인 탐구가 이루어졌다는 점도 나타내었다.

12

자동차 엔진 공학에 큰 흥미가 있어 깊이 있는 내용을 꾸준히 탐구했다. 직분사 엔진의 성능적·환경적 한계를 극복하기 위해 전투기 기술에서 도입한 과급기 기술, 하이브리드와 전기차가 주목을 받는 이유 등을 탐구하며 새로운 규제에 맞추어 엔진의 발전이 이루어져야 하는 방향성과 전기차로의 전환은 어떻게 진행되어야 하는지 등을 생각해 보았다. 이를 통해 융합적이고 과학적인 탐구력을 확장시킬 수 있었다.

• 분류 •
① 소재: 자신의 관심 영역, 항공기 및 하이브리드, 전기차 등 신기술에 대한 아이디어
② 학습법에서 강조한 점: 자동차 엔진 공학이라는 자신의 관심 영역을 제시하고 그와 관련된 전문적인 용어와 지식을 제시하여 지적 탐구 수준을 드러내었다. 그리고 신기술 분야에 관한 자신의 아이디어를 확장해 나가는 과정을 언급하여 교과 수준 이상의 탐구 경험이 있다는 점을 나타내었다.

13

과학은 주요 대단원 주제와 관련된 TED 강연을 듣고 책을 읽었다. '기권과 우리 생활'이라는 단원을 들어가기 전 소단원 내용을 확인하고 지구 온난화에 따른 미래 사회를 예측해 보았다. 그래서 '화성에서 생존 방법'이라는 TED 강연과 『화성 이주 프로젝트』라는 책을 읽으며 대단원을 시작했다. 지구 온난화에 따른 화성 연구 중 가장 중요한 것은 사람이 살 수 있는 환경을 만드는 것인데 이것을 위해 많은 과학자들이 테라포밍 연구를 진행 중이라는 것을 알았다.

• 분류 •
① 소재: TED 강의 시청, 독서 경험, 테라포밍 연구
② 학습법에서 강조한 점: 과학 공부를 하면서 인터넷 강의를 활용하였다는 서술은 일반적이다. 그렇지만 TED에서 과학 단원이나 개념과 관련된 주제를 찾아서 강의를 들었다는 점은 참신하다. 더 나아가 관련 독서를 하고 개념과 관련된 주제에 대해 고민을 하고 관련 지식을 탐구하였다는 서술을 통해 교과 수준 이상의 탐구가 이루어졌다는 점을 드러내었다.

14

과학 교과 시간에 뉴런이 생명 활동의 기본임을 배우고 온몸에 퍼져 있는 신경의 구조가 궁금해서 관련 강의를 찾아보았다. 코세라의 'Medical Neuroscience'라는 강의를 보고 신경계의 구성과 신경 과학의 기본 및 감각 장애를 공부했는데 의학 용어가 어려워 『자극과 반응 이야기』라는 책을 참고했다. 베버의 법칙을 통해 자극의 세기에 따른 감각 능력을 확인하고 중추신경계와 말초 신경계를 비교했다. 강의는 3회 반복 계획을 세워 첫 번째에는 핵심 단어를 필기하고 해석 없이 내용을 유추해 보았고, 두 번째에는 범위를 확장해서 마인드맵을 통해 신경계의 구조를 노트에 정리했다. 마지막에는 추측한 내용을 피드백하는 시간을 가졌고 자막을 보며 완벽히 이해했다. 원서와 강의 영상을 적극 활용하는 태도를 갖추고 의학 관련 어휘를 공부하며 listening과 speaking 실력을 높일 수 있었다.

• 분류 •

① 소재: 코세라 강의 시청, 독서 경험, 노트 정리

② 학습법에서 강조한 점: 과학 수업에서 배운 내용 중에 관심이 생긴 주제에 대해 코세라 강의를 찾아서 듣고 탐구한 경험을 서술하였다. 강의 제목과 내용, 어려움 등을 구체적으로 서술하여 심화 탐구 수준 및 심화 난이도를 이해하려는 노력을 드러내었다. 이를 통해 과학과 영어 공부를 동시에 한 경험을 제시하여 융합적 학습을 실천하였다는 점도 나타내었다.

15

교내 과학 토론 자율 동아리에서 영화 「인터스텔라」의 비과학적인 부분을 토론하며 논리성과 분석력을 길렀다. 또한, 블랙홀, 중력뿐만 아니라 우주선이 블랙홀의 강착원반의 온도를 무시하고 통과하는 영화의 장면을 보면서 비판적 시각을 키울 수 있었다. 이러한 토론은 단순히 과학 외에 영어 공부에도 도움이 되었다. 토론 자료를 모으기 위해 CNN 뉴스를 보고 '미국 가축들의 항생제 문제'에 대해 비판적으로 이해할 수 있었다. 이를 바탕으로 영어 기사 동아리 V.O.D에서 'GMO 곡물', '세계적 물 부족', '해양 오염'과 같은 기사를 써 봄으로써 종합적인 사고력을 기를 수 있었다.

• 분류 •

① 소재: 과학 토론 동아리 활동, 영화 「인터스텔라」의 내용, CNN 뉴스 검색, 영어 에세이 작성

② 학습법에서 강조한 점: 과학 토론 동아리와 영어 에세이 동아리 활동을 연계한 탐구 경험을 서술하였다. 또한, 영화 「인터스텔라」의 내용과 CNN 뉴스 검색, 영어 에세이 작성 경험 등을 통해 한 분야에 국한된 탐구가 아닌 여러 분야를 종합하는 융합적 탐구가 이루어졌다는 점을 드러내었고 과학과 영어 지식 수준을 동시에 나타내었다.

과학 수행 평가를 할 때 조장으로서 각자 역할을 분담하게 해서 과제물을 완성하려고 했다. 그러나 대부분의 친구들은 자신이 맡은 부분을 잘 해냈지만, PPT 제작을 맡은 친구가 제대로 하지 않아 발표자인 내가 PPT를 완성했으나 서로 만족하지 못했다. 그래서 이후 국어 수업에서 광고 만들기 수행 평가를 할 때에는 시간은 더 오래 걸렸지만 서로의 의견을 지속적으로 공유하고 부족한 부분을 채워 주려고 했다. 그래서 동영상 편집을 잘 못하는 친구는 다양한 정보를 검색해서 편집자에게 알려 주고, 편집자는 그것에 따라 알맞은 동영상을 만들었다. 부족한 점이라든지 추가해야 할 부분들도 논의하면서 동영상을 만들다 보니 완성도가 더 높은 동영상을 만들어 좋은 결과를 얻을 수 있었다. 이런 경험을 바탕으로 ○○외고의 인재상에 걸맞은 자질을 키워 나가기 위해 더욱 노력할 것이다.

• 분류 •
① 소재: 과학과 국어 수행 평가 조장 경험
② 학습 과정에서 강조한 점: 과학과 국어 수행 평가에서 조장 역할을 하면서 발표를 준비한 과정을 통해 리더십과 논리적 사고력을 드러내었다.

중학교 때부터 투철한 도전 정신으로 배운 것을 활용하고 문제를 해결할 수 있는 능력을 기르기 위해 2학년 때 매주 금요일마다 과학 실험반에서 활동을 했다. 그중 달걀 떨어뜨리기 실험이 가장 기억에 남는다. 구조물을 만들 때 삼각형이 안정적일 것이라고 생각해 정사면체 모양의 구조물이 적합하다고 생각했다. 실험 결과 달걀은 깨졌고 다시 도전해 보아도 똑같은 결과가 나왔다. 실패한 원인이 모든 충격을 흡수할 수 없었던 구조적 한계 때문이라고 생각하고 달걀을 감싸는 내형 구조물과 외형 구조물을 만들어 이중으로 보호했더니 깨지지 않았다. 또한, 과학 수업 시간에 원자의 구성과 전자의 이동을 배운 뒤 동전을 은도금하는 실험을 하면서 산화 환원 반응 등 많은 과학적인 지식을 활용하는 연습을 하고 과학적 상상력을 키울 수 있었다.

• 분류 •
① 소재: 과학 실험반 활동, 달걀 떨어뜨리기 실험, 산화 환원 반응 실험
② 학습 과정에서 강조한 점: 과학 실험반에서 한 구조물 만들기 등의 실험 활동을 통해 창의성과 과학적 탐구 능력을 드러내었다.

18

뿌옇게 흐려지는 안경에서 이슬점을 발견하고, 강낭콩 성장 과정 보고서 작성 등 실생활에서 과학의 근본 원리를 파악했습니다. 유인물의 핵심 내용을 복사해서 교과서에 붙이고 이것을 중심으로 과학을 공부했습니다.

• 분류 •
① 소재: 이슬점 발견, 강낭콩 성장 과정 보고서 작성
② 학습 과정에서 강조한 점: 실생활에서 발견한 과학적 원리와 과학 탐구 보고서 작성 경험을 통해 과학적 탐구 능력을 드러내었다.

19

1학년 때 한창 과학에 재미를 느껴 2학년 때는 창의 과학반이라는 동아리에서 활동했다. 동아리 시간에 과학 실험을 하거나 초청 강사님들의 이야기를 들을 때면 시간 가는 줄 몰랐다. 특히 동아리 활동에서 '사이클로이드 곡선'에 대한 실험을 한 후 연구 결과 보고서를 쓰고 발표를 했던 것이 가장 기억에 남는다. 그것이 나의 공부 방식에 많은 영향을 끼쳤기 때문이다. 처음에는 그냥 실험을 진행하는 것에만 관심을 가졌지만, 이후 보다 체계적인 실험을 위해서는 먼저 근본적인 이해가 필요하다고 생각해서 실험과 관련한 동영상을 유튜브를 통해 찾아보았다.

• 분류 •
① 소재: 창의 과학 동아리 활동, 사이클로이드 곡선 실험 및 보고서 작성
② 학습 과정에서 강조한 점: 창의 과학 동아리에서 한 실험과 탐구 활동을 통해 과학적 탐구 능력을 드러내었다.

20

상대적으로 부족했던 과학은 개념 노트와 '스스로 가르치고 배우기' 방법을 활용했는데, 먼저 과학 개념 노트를 정리했다. 그리고 내용을 말해 보고 그것을 핸드폰으로 녹음해서 다시 들으며 틀린 부분은 없는지 확인했다. 이로써 이해의 정확도와 암기 정도를 분명히 알 수 있게 되었다. 또한, '학습 부진 상호 협력'이라는 학습 프로그램에 적극 참여해서 과학 실력이 부족한 친구를 멘토링하면서 남을 가르치려면 우선 내가 정확히 알아야 하고 남이 이해하기 쉬운 말을 사용해야 한다는 것을 알았다. 그리고 교사의 자질에 있어 무엇이 중요한지를 깨닫게 되었다.

• 분류 •
① 소재: 과학 개념 노트 정리 과정, 멘토링 경험
② 학습 과정에서 강조한 점: 과학을 공부한 과정과 멘토링 경험을 통해 자신의 진로 관련 적성과 과학적 탐구 능력을 드러내었다.

21

화학 반응과 질량 관계에 대해 공부할 때 일정 성분비 법칙을 증명하는 실험에서 아이오딘화납을 생성할 질산납 수용액과 아이오딘화칼륨 수용액이 1 : 1의 부피비로 반응하면 일정 질량의 비율도 동일하게 반응한다는 내용이 이해되지 않았다. 이 의문을 인터넷 자료를 통해 부피와 밀도, 질량 그리고 몰의 개념까지 찾아 정리함으로써 완벽히 이해할 수 있었다. 이런 습관으로 공부를 하니 어떤 내용을 접하더라도 처음부터 이해하기 위해 적극적으로 공부하게 되었고, 집중력도 발휘할 수 있었다.

• 분류 •
① 소재: 일정 성분비 법칙 증명 실험 과정
② 학습 과정에서 강조한 점: 화학 법칙과 실험 과정을 서술하여 과학적 지식 수준을 드러내었고 과학 수업 시간에 배운 궁금증을 해결하려는 노력을 제시하여 자기주도적인 학습 역량을 나타내었다.

22

과학 수업 중 가속도에 관련된 내용을 배우고 난 후 과학관에서 본 '사이클로이드 곡선'의 원리에 대해 탐구를 해 보았고, 이를 통해 사이클로이드 곡선의 원리와 적용 과정을 알게 되었다. 이뿐만 아니라 과학 수업 중 물질이 스스로 전자를 조절해서 이온화가 된다는 사실이 흥미로워 '여러 가지 조건에 따른 용액의 이온화 정도'라는 주제로 자율 탐구한 경험도 있다. 또한, 과학 심화반에서 자동차 로봇의 하드웨어와 소프트웨어를 만든 후 서로 경기장 밖으로 밀어내는 경기를 할 때 상대에 따라 전략을 다르게 세우고 여러 시행착오를 거쳐 속도와 무게, 그리고 센서 등을 정하는 과정에서 과학에 흥미와 과학적 탐구력, 끈기를 기를 수 있었다.

• 분류 •
① 소재: 사이클로이드 곡선에 대한 탐구, 자율 탐구 주제, 과학 심화반 활동
② 학습 과정에서 강조한 점: 과학 수업에서 배운 가속도를 계기로 사이클로이드 곡선을 탐구하고, 이온화를 소재로 한 자율 탐구 활동을 통해 과학적 탐구 역량을 드러내었다. 그리고 과학 심화반에서 한 로봇 제작 및 경기를 통해 과학에 관한 관심과 열정을 나타내었다.

23

과학 과목 멘토링을 하면서 친구들에게 어떻게 하면 개념과 원리를 잘 설명할 수 있을 것인가에 대해 고민하면서 먼저 교과서를 예습하고 꼼꼼하게 정리했다. 정리한 노트를 과학 선생님께 주기적으로 보여 드리고 피드백을 받으면서 큰 틀에서 작은 틀로 가는 공부 방법도 배우게 되었다.

• 분류 •
① 소재: 멘토링 경험
② 학습 과정에서 강조한 점: 과학 멘토링 경험을 토대로 자기주도적인 학습 역량을 드러내었다.

24

　학교 공부는 주로 '교과서 3단계 분석법'을 사용했다. 1단계는 수업 전에 배울 내용에 대해 잠깐 읽는 것이고, 2단계는 수업한 것을 바탕으로 교과서를 분석하는 것이다. 자습서를 이용해 공부하는 것보다 직접 분석을 하면서 정리된 내용을 그대로 받아들이는 것이 아니라 암기할 내용과 이해할 내용을 구분할 수 있는 능력이 생겼다. 줄글로 된 교과서 내용에 번호를 달고 색깔을 달리해 내용을 더 중요한 것과 덜 중요한 것으로 구분하는 방식으로 1학년 때부터 공부했기 때문에 이제는 내용을 분석하는 시간이 짧아져 공부에 속도가 붙었다. 3단계는 학습했던 내용에 대한 되새김 과정으로, 가르치는 말을 써 가며 내 자신에게 설명하는 방식으로 학습 내용을 최종 정리하는 방법이다. 이런 학습 과정은 어떤 내용을 더 공부하고 선생님께 질문해야 하는지를 명확히 알 수 있게 해 더 많은 것을 배울 수 있었다. 특히 과학에 대한 것은 유튜브에서 '일주 운동, 생식 세포 분열 과정'과 같은 내용들을 더 찾아봄으로써 궁금증을 해결했다.

● 분류 ●
① 소재: 교과서 3단계 분석법, 유튜브 시청
② 학습 과정에서 강조한 점: 교과서 3단계 분석법과 유튜브를 통해 찾아본 과학 주제를 통해 체계적인 과학적 사고 과정과 과학에 관한 관심을 드러내었다.

25

　과학은 실험을 통한 원리 유도를 위주로 공부했는데 창의성 과학에서 수업 시간에는 할 수 없었던 실험들을 직접 해 보며 설명만으로는 이해하기 힘들었던 이론들을 쉽게 정리할 수 있었다. 수업 시간에 놓치거나 어려운 단원은 친구들과 소그룹을 만들어 선생님께 다시 설명을 듣기도 하면서 배운 내용을 완벽히 이해하고 넘어갈 수 있도록 했다. 그 결과 과학은 한 문제도 틀리지 않는 자존심과도 같은 과목이 되었다.

● 분류 ●
① 소재: 과학 실험 참가 경험, 스터디 그룹 활동
② 학습 과정에서 강조한 점: 과학에 관한 관심을 토대로 창의성 과학 실험에 참가하고 소그룹 스터디 활동으로 과학적 지식에 관한 이해를 높이는 노력을 통해 자기주도적인 학습 역량을 드러내었다.

26

　과학은 학교의 과학 동아리 활동, 자유 탐구 활동 등을 하며 실험과 심화 공부를 통해 흥미를 높이고 내용을 확실하게 이해할 수 있었습니다. '물의 농도에 따른 빛의 굴절'이나 '한반도의 지질 시대 탐험', '화석을 통한 고생대 생물 탐구' 등의 주제로 보고서를 쓰며 분석하고 체계적인 사고력을 키웠습니다.

● 분류 ●
① 소재: 과학 실험, 과학 동아리 활동, 다양한 주제별 보고서 작성
② 학습 과정에서 강조한 점: 과학과 관련된 다양한 활동과 자신이 한 탐구 주제들을 제시하여 과학적 사고 역량을 드러내었다.

27

무엇을 배우더라도 완전히 내 것으로 만들어 다른 사람에게 설명할 수 있는 수준까지 높이는 것을 중점으로 두었다. 1학년 때 과학 탐구 실험을 진행하며 스스로 주제를 정하고 실험하고 발표해서 칭찬을 받은 적이 있어 과학을 더 열심히 하게 되었다. 수업 시간에 선생님께서 강조하시는 부분에 형광펜으로 밑줄을 긋고, 한 번 듣고 이해하기 힘든 부분은 집에서 인터넷 강의를 들으면서 복습했다. 연주 시차에 대해 배웠을 때 강의를 듣고 한쪽 눈을 가리며 시차를 직접 알아보니 더 쉬워졌고, 과학 원리를 이해하고 문제도 많이 풀어 보면서 개념을 스스로 익혀 누군가에게 가르쳐 줄 수 있을 정도의 수준까지 공부할 수 있었다.

● 분류 ●
① 소재: 과학 탐구 실험 경험, 수업 태도와 복습 습관, 과학 원리 이해 노력
② 학습 과정에서 강조한 점: 과학 실험 및 발표 경험과 학습 과정, 배운 내용을 체험적으로 확인하는 과정을 제시하여 자기주도적인 학습 역량을 드러내었다.

28

수학과 과학 현상에 유독 관심이 많아 융합 탐구 동아리 활동을 했다. 그중 『FASEB Journal』의 「흰 머리카락이 생기는 원인과 치료 물질 개발」이라는 논문이 기억에 남는다. 두피 모낭에 있는 과산화수소 축적물이 분해되어 백반증의 환자들에게서 흰머리가 나타난다는 것과 이는 PC-KUS라는 가성 카탈레이스의 국부적 투여로 치료가 가능하다는 점을 알게 되었다. 이에 흥미가 생겨 백반증에 관련된 이러한 내용을 백발화에도 적용할 수 있을지 호기심이 생겨 카탈레이스 탐구를 제안하고 실행했다. 카탈레이스를 첨가한 두피 스킨을 개발하면 백발화를 지연시킬 수 있을 것이라는 가설 아래, 주위에서 흔히 볼 수 있는 다섯 가지 재료를 이용해 카탈레이스 추출 실험과 최고 활성화되는 온도, pH, 기질 농도와 반응 속도를 비교하고 실험 결과 두피 스킨으로 가장 적절한 재료가 우엉이라는 결론을 얻고 두피 스킨을 제조했다. 화학 공학 소재 연구 정보 센터의 강의를 통해 생체 촉매와 무기 촉매에 대해 심화 학습하고, 직접 제조한 두피 스킨의 한계점에 대해 조사하며 입학 후에 관련 실험을 계속 진행하려는 계획을 세웠다.

● 분류 ●
① 소재: 융합 탐구 동아리 활동, 논문과 관련한 심화 탐구 노력
② 학습 과정에서 강조한 점: 융합 탐구 동아리에서 논문을 심화 탐구한 과정을 상세히 서술하고 관련 이론을 제시하여 과학적 심화 탐구 역량을 드러내었다.

04 인성 및 독서 경험

인성 부분에서 가장 중요한 점은 구체적인 사례를 통해 인성이 드러나야 한다는 것이다. 즉, 학교에서 실제로 있었던 일을 통해 자신의 모습을 보여 줄 수 있어야 한다. 내용을 구성할 때 구체적으로 어떤 일이 있었는가를 생각하기보다는 먼저 자신의 어떠한 모습을 인성의 주된 특성으로 제시할 것인지 생각하고 그것을 뒷받침할 사례가 무엇인지 생각하는 것도 하나의 방법이다. 또한, 자기소개서에 제시된 '갈등 해결, 배려, …' 외에 다른 부분도 쓰일 수 있으니 다양한 자신의 특성을 생각해 둘 필요가 있다. 필자가 학생들에게 자주 하는 질문으로 "학생은 중학교를 졸업하고 30년 후에 친구들에게 자신의 어떤 모습이 기억되기를 원하는가?"라고 하면 대부분의 학생들은 자신의 모습 중에서 가장 긍정적인 부분을 이야기하는 경우가 많다. 바로 그 부분이 자신의 모습에서 가장 중요하게 생각하는 인성이며 그것을 증명할 수 있는 구체적인 사례를 제시하면 된다.

1

과학 수행 평가 중 인체 기관계에 대한 모형을 만들고 보고서를 작성하는 조별 과제가 있었다. 나는 조원들이 조사한 자료를 취합해 보고서를 작성하는 조장을 맡았다. 과제 제출 전날 조원 각자가 조사한 자료를 요구했으나 이를 수행한 조원은 아무도 없었고 다급해진 나는 밤을 새워 혼자 과제를 완성했다. 제출 당일 평가 기준 중 조원들 간의 협력 점수 항목이 떠올랐고 혼자 완성한 과제를 조원들과 함께 만든 것처럼 제출하는 것은 정당한 방법이 아니라는 생각이 들었다. 고민하던 나는 수행 중간 진행 과정을 의논하지 않은 나의 무책임을 먼저 사과했다. 조원들 또한 각자의 책임을 다하지 않은 잘못이 있으므로 감점을 받더라도 협력해 다시 과제를 만들자 했고 조원들은 나의 의견에 찬성해 뒤늦게 새로운 보고서를 제출했다. 제출일을 지키지 못해 최고점은 받지 못했지만, 이 일로 최고의 결과보다 최선의 과정이 중요하며 진정한 리더는 독선과 결단을 잘 구분해서 조의 목표를 위해 조원을 어느 선까지 배려해야 하는지 판단력을 갖추어야 한다는 것을 알게 되었다.

- 분류 -
- 소재: 수행 평가 조별 과제, 보고서 작성 중 어려움 해결, 협력과 배려

2

　학기 초에 얼굴이 슬퍼 보이고 자주 혼자 앉아 있는 친구가 있었다. 다가가 말을 건네고 차분히 이야기를 들어 보니 1학년 때부터 외모 문제로 친구들로부터 겉돌아 의기소침하고 힘들어하고 있었다. 이래선 안 되겠다 싶어 함께하기로 마음먹었다. 친구와 같이 점심 먹기, 쉬는 시간에 이야기 나누기, 하교 같이 하기 등을 하자고 제안했고 다행히 좋다고 했다. 함께하면서 친구의 얼굴이 차차 밝아지기 시작했다. 또, 봉사 활동으로 3년 동안 다문화 가정 동생들에게 책을 읽어 준 경험이 너무 좋아서 친구들과도 함께할 수 있는 것을 고민했고 자율적으로 아침 일찍 등교해서 책 읽기를 제안했다. 친구들이 흔쾌히 응해 주었고 『청소년을 위한 비폭력 대화』 등의 책을 읽고 공감대를 형성하며 서로의 많은 생각을 공유했다. 이를 계기로 책이 나를 변화시키고 그로 인해 더 많은 사람을 변화시킬 수 있다는 것을 경험했다. 이 경험은 훗날 부드러운 리더십으로 협상을 이끌어 나가는 외교관이 되는 데 도움이 될 것이다.

• 분류 •
• 소재: 교우 관계에 어려움을 겪는 친구, 함께하기 해결 방안, 다문화 가정 자녀 멘토링 봉사 활동, 독서 경험, 공감

3

　K-pop에 맞추어 춤을 창작하는 수행 과제가 있었다. 다섯 명이 모이는 시간도 맞추기가 어렵고 동작을 만드는 일도 쉽지 않았지만 노래도 여러 번 바꾸며 동작을 수정하고 다시 맞추어 보기 도 하면서 무사히 수행 과제를 완성했다. 그런데 동영상 편집을 누가 맡을지 다시 고민이 되었다. 시간이 많지 않아 한 명이 주도적으로 하는 것이 더 나을 수도 있었지만 누구 하나 나서지 않는 상황이었다. 차라리 내가 그것을 하는 것이 마음 편하겠다는 생각도 들었지만 같이 모여서 하는 것이 가장 좋을 것 같다는 생각이 들었다. 그래서 친구들과 그러한 생각을 공유하고 함께 PC방에서 동영상 편집 기술을 찾아서 익히고 각자 자기가 생각하는 방식으로 편집해 보았다. 그 과정에서 새로운 것을 배울 수 있었고 마지막에는 서로의 의견을 조율해서 완성본을 만들 수 있었다. 비록 시간은 걸리고 피곤했지만 함께 능력을 키워 나갈 수 있는 기회가 되었다. 갈등이 없는 것보다 갈등이 있을지라도 그것을 극복해 나가는 과정에서 성장한다는 것을 배울 수 있었다.

• 분류 •
• 소재: 춤 동작 맞추기, 동영상 편집, 갈등 극복

4

2학년 때 학급 반장으로서 댄스 발표회 연습을 이끌게 되었다. 성공적으로 무대를 마치기 위해 나와 함께 연습을 하는 친구들은 쉬는 시간을 줄이고 연습 시간을 늘렸다. 결국 무더운 날씨와 쉬는 시간의 부족으로 친구들은 힘들어 했고 발표회가 일주일도 남지 않은 상황에서 갈등이 발생했다. 어떻게 친구 간의 갈등을 해결할지 고민하던 중 대화가 가장 좋은 해결책이라고 생각해서 친구들과 이야기를 나누어 보았다. 이 대화를 통해 연습 때문에 힘들어 하는 친구들의 입장을 이해할 수 있었으며 서로 협의한 끝에 목표 연습량과 쉬는 시간을 정해서 연습하기로 결정했다. 그 결과 효율적으로 연습을 하는 동시에 친구들의 불평이 줄어들어 성공적으로 발표회를 마칠 수 있었다. 발표회를 준비하면서 리더는 자신의 주장만을 펼치는 것이 아니라 구성원의 의견을 경청하고 이를 통해 의사소통하면서 구성원 간의 갈등을 최소화하는 해결책을 찾아 공동체를 바람직한 방향으로 이끌어야 한다고 생각했다.

- 분류 •
- 소재: 댄스 발표회 연습, 대화, 갈등 극복, 경청

5

저는 3년 동안 방학 때마다 요양원 봉사를 꾸준히 했습니다. 할머니들과 함께 산책을 하고, 세면대 청소 및 방 청소를 하면서 몸은 바쁘고 힘들었지만 마음은 따뜻해지며 뿌듯함을 느낄 수 있었습니다. 저는 할머니들께 손녀같이 안부를 물으며 아프신 부분이 빨리 나아 건강해지시길 기도했습니다. 요양원 봉사를 통해 단순히 청소만 하는 것이 아니라 할머님들을 기쁘게 해 드릴 수 있어서 보람을 느낄 수 있었습니다. 또한, 봉사 활동을 통해 진정한 봉사의 의미가 무엇인지 깨달을 수 있었습니다.

학생부 활동 중 등교하는 학생들에게 아침 인사를 하고, 사복을 단속하는 활동을 했습니다. 학생들이 복장을 단정히 하고 실외화를 신고 등교하도록 선도함으로써 학교의 규율 확립에 일조했습니다. 아침 인사를 하면서 일찍 등교해야 하는 점이 힘들었지만, 이 활동으로 교칙을 잘 지키며 등교하는 학생들의 모습을 보니 자부심을 느끼게 되었습니다. 또한, 학교 활동에 더 적극적으로 참여하면서 학교의 발전에 도움을 주어야겠다고 생각했습니다.

- 분류 •
- 소재: 요양원 봉사, 학생부 활동, 교칙 준수

6

3년 동안 또래 상담부 활동을 하며 부모님과 학업 문제로 인한 갈등 때문에 고민하는 친구를 상담했다. 그 친구는 게임에 빠지고 난 후 성적이 급격하게 떨어져 생긴 부모님과의 갈등이 고민이었다. 그래서 친구에게 부모님과 관계를 개선하려는 노력이 있는지 물었고 친구는 없었다고 했다. 그에 따라 나는 또래 상담자 교육을 받으며 배운 어기영차 방법을 활용해 공감을 해 주면서 친구가 문제를 원만히 해결할 수 있다는 확신을 갖도록 노력했다. 게임을 끊어 보려는 노력을 우선순위로 두고 그 후에 부모님께 성적을 올리려는 노력을 하겠다고 부모님과 이야기해 보는 것이 어떻겠냐고 조언을 했다. 상담을 마무리 한 후 나중에 친구는 갈등이 해결되었고 성적도 올라 고맙다고 말했다. 상담이 끝나고 나서 내가 한 조언이 그 친구의 고민 해결에 도움이 되었다는 것에 보람을 느꼈고 공감의 효과를 경험했다. 친구의 생각과 말을 이해하고 맞장구를 쳐 주면서 친구에게 심리적 안정을 줄 수 있었기 때문이다. 그래서 나는 미래에 많은 사람들이 공감하는 판결을 하겠다는 다짐을 했다.

- 분류 •
- 소재: 또래 상담부 활동, 친구의 고민 해결, 공감

7

1학년 여름 방학 과제로 친구들과 국어 교과서에 수록된 소설을 UCC로 표현했습니다. 우리 모둠은 「흰 종이수염」을 선택하고 손 그림으로 만든 애니메이션을 하기로 결정했습니다. 그런데 배경과 캐릭터를 그리면서 친구 한 명이 지나친 완벽함을 요구해서 시간을 많이 소비했습니다. 그래서 친구에게 그림을 잘 그리려는 욕심은 이해하고 그렇게 하면 더 좋겠지만 UCC 제작의 최우선의 목표가 그림을 그리는 것이 아니니 시간 관계상 소설 내용을 전달할 정도면 충분하다고 설득했습니다. 친구는 그러면 계획을 수정해 그림 그리는 것과 편집하는 것을 분담해 시간 계획을 짜는 것이 어떻겠냐고 제안했습니다. 결국 역할을 분담하면서 영상의 모든 면에서 완벽하게 준비할 수 있었습니다. 모둠 활동을 하게 되면 조원 모두 가치관이나 생각이 다른데, 이를 인정하고 같이 타협안을 만드는 것이 중요함을 깨달았습니다.

- 분류 •
- 소재: UCC 만들기, 친구들과 의견 차이 해결, 역할 분담, 타협

8

2학년 때 국토 대장정에 참가했는데, 무더위 속에 오르막길이 이어져 절반이 넘는 인원이 뒤쳐졌습니다. 아무리 걸어도 끝이 보이지 않고 더위와 갈증으로 지쳐 포기하고 싶었을 때, 『모모』에서 페포 아저씨가 '긴 도로를 한꺼번에 생각하지 말고, 걸음 한 번만을 생각하면 즐거움을 느낄 수 있다.'라고 한 말이 생각났습니다. 뒤쳐진 초등학생들의 짐을 대신 들어주고 다음에 디딜 한 걸음만을 생각하자며 큰 소리로 격려했습니다. 또, 다 함께 노래하며 걸으니 시원한 바람과 아름다운 저녁 노을이 눈에 들어와 즐겁게 140km의 긴 코스를 완주할 수 있었습니다.

3학년 때 학습부장을 맡아 시험 준비를 위한 반 전체 멘토링을 조직했습니다. 시험 기간 중 멘토-멘티 신청을 받아 여러 학습 모둠을 만드는 과정들이 힘들었지만 친구들과의 사이도 좋아지고 반 성적도 향상되었습니다.

어떤 어려움도 포기하지 않고 묵묵히 노력하며 서로의 어려움을 함께 나눈다면 과정의 즐거움과 보람을 느낄 수 있다는 사실을 배웠습니다. 끈기와 배려의 힘을 아는 ○○외고인으로 성장하고 싶습니다.

• 분류 •
• 소재: 국토 대장정, 독서 경험, 극기, 협력, 멘토링 활동, 나눔, 끈기와 배려

9

영어를 어려워하는 친구에게 멘토링을 권유하고 중간고사를 함께 준비했다. 시간과 장소를 결정하고 날짜마다 학습 목표를 세워 시험 전까지 진도를 마무리하기로 약속했다. 가정법을 공부하던 중 내용이 어려워 예상보다 시간이 걸렸다. 다문화 멘토링 동아리와 일정이 겹쳐 하나를 선택해야 했고 두 가지 중 우선순위를 생각해 친구와의 수업을 선택했다. 멘토링 동아리는 팀원과의 시간 조율이 가능했고 다른 시간에 보충이 가능했지만 멘티와의 수업 계획을 미룬다면 시험까지 진도를 끝낼 수 없었기 때문이다. 일정을 다시 조율해 다음날 다문화 멘토링 때 시간을 더 할애해서 보충했다. 또한, 가정법 수업을 잘 마무리해서 계획한 대로 진도를 끝내며 보람을 느낄 수 있었다. 이를 통해 약속을 한다는 것은 내 말과 행동에 책임을 지는 것이고 계획한 일들이 예상치 않게 겹쳤을 때 우선순위를 두어 현명하게 선택하는 것이 중요하다는 것을 알았다. 이 경험으로 중요한 약속을 달력에 메모하고 겹치는 약속은 미리 조율하고 준비하는 습관을 기를 수 있었다.

• 분류 •
• 소재: 멘토링 활동, 다문화 멘토링, 일정 조율, 약속 준수, 메모하는 습관

PART 3

어린이집에서 봉사 활동을 할 때 청소하는 할머니들이 계셔서 일을 도와 드리고 이야기도 나누었습니다. 칭찬을 받아 좀 부끄러웠는데 나중에 들으니 노인 복지 차원의 저임금 일거리를 받은 분들이셨습니다. 힘들어 보이기도 했으나 성취감과 행복을 느끼시는 것 같았습니다.

수위 아저씨는 항상 학생들의 안전을 책임지고 계셨지만 무심하게 지나치게 되고 때로는 학생들의 불만의 대상이 되기도 한다는 것이 매번 안타까웠습니다. 먼저 인사드리면 항상 웃어 주시고 점심 시간에 선도부 활동을 하면서 나눈 짧은 대화에도 매우 기뻐하셨던 모습이 생각나서였습니다. 수위 아저씨를 통해 저는 소소한 배려가 공감을 나누고 서로의 행복으로 이어지는 것을 느낄 수 있었습니다. 우리 사회에는 이러한 행복을 느끼지 못하는 사람들이 많은 것 같아 안타깝습니다. 개인적인 환경이 서로 달라도 존중받는 개인들이 조화롭게 섞여 모두가 큰 행복을 누릴 수 있었으면 좋겠습니다. 사회적 불평등, 갑을 관계 등의 표현이 들리지 않기를 바라며, 그러기 위해서는 배려하고 나누는 마음이 필요하다는 생각이 들었습니다.

• 분류 •
• 소재: 어린이집 봉사 활동, 선도부 활동, 배려, 공감, 존중, 조화

'사랑의 밥상' 봉사 활동을 통해 혼자 사시는 어르신들께 배식을 하고 함께 밥을 먹었다. 어르신들이 오시기 전 그릇 정리와 식탁에 의자를 배치하는 작업을 도왔고, 문 앞에서 기다리다가 어르신들이 오시면 계단 대신 통로로 안내했다. 또한, 몸이 불편한 어르신들이 안전하고 편하게 화장실로 이동하실 수 있도록 부축해 드렸다. 음식을 배식할 때는 한 분 한 분에게 더 필요한 반찬이 있는지를 여쭈어 보았고 물과 김치가 부족한 분들께는 직접 가서 전달했다. 평소에 낯을 많이 가려 처음 보는 사람에게 다가가기 힘들었지만 필요한 것을 여쭤 보면서 자연스럽게 말을 하게 되었고 먼저 다가갈 수 있는 용기가 생겼다. 배식이 끝난 후 함께 식사를 할 때 어르신들은 옛날 유년 시절과 가족 이야기, 하셨던 일 등에 대해 들려 주셨고 생신을 맞이하신 분께 노래를 불러 드렸다. 배식을 모두 마친 후 바닥을 닦고, 그릇을 정리할 때 어르신들께서 "고맙다. 보고 싶으니 또 오거라."라는 말씀을 하셨다. 굉장한 보람을 느꼈고 배식 봉사 활동을 꾸준히 해서 지역 사회 어르신들을 계속 만나겠다고 다짐했다.

• 분류 •
• 소재: 어르신 대상 배식 봉사 활동, 낯가림 극복, 배려

12

중학교 3학년 때 환경 미화부장을 맡았고 교내 축제를 준비했다. 특히 축제 준비 위원회를 선발해 홍보팀을 꾸려 전교생이 보는 팜플렛과 쿠폰, 지역 사회 초대장을 제작했다. 축제 준비는 수작업이 많았고 방과 후에 계속 모이는 것을 부담스러워하는 친구들을 위해 시간을 조율하고 늘 솔선수범해서 준비와 작업을 했다. 또한, 공통적인 관심사에 대한 대화를 하며 재미있는 분위기를 만들었다. 이후 친구들은 적극적으로 참여해 축제에 필요한 것을 모두 준비할 수 있었다. 축제에서는 사회자로 축제 진행을 하면서 시간이 남아 일정에 문제가 생겼지만 즉석에서 학교 관련 퀴즈를 내고 장기가 있는 학생들의 공연을 유도해 상황을 해결했다. 축제가 끝난 후 준비 위원회로부터 돌발 상황에 잘 대처했다는 평가를 받았고 이런 상황을 대비해 예비 방안을 꼭 만들어 두자고 피드백을 했다. 축제를 준비하고 사회를 맡으면서 전교생들과 소통할 수 있었다. 이러한 사교성은 항공 승무원의 자질 중 하나라고 생각한다.

• 분류 •
• 소재: 교내 축제 준비, 솔선수범, 축제 사회, 어려움 극복, 소통

PART 3

13

3년 동안 영어 스피치 페스티벌에 참여했는데 3학년 때 대본을 완성하고 역할을 나누는 단계에서 조원들끼리 배역에 대한 의견이 충돌하는 일이 발생했다. 우리 조의 주제는 '수저론'이었는데 처음에 서로 비중 있는 역할인 '홍길동' 역을 원해서 배역을 정하기 힘들었다. 그래서 조원들과 이야기해서 전체적인 주제를 흐리지 않는 수준에서 홍길동이 아니어도 금수저 역할, 흙수저 역할, 해설자 등 모든 배역의 특색이 잘 드러날 수 있도록 시나리오를 조정하기로 했다. 그래서 모든 배역의 비중을 공평하게 했고 그 과정을 통해 자신이 가지고 싶은 것을 다 가질 수는 없으므로 대화와 타협을 통한 조율이 중요하다는 것을 알 수 있었다. 그리고 스피치 연습을 할 때는 친구가 맡은 역할에 어울리는 표현을 할 수 있도록 도움을 주었다. 매년 새로운 친구들과 영어 스피치 페스티벌을 준비하면서 성취감을 느낄 수 있었고, 민주주의에서 갈등은 존재할 수밖에 없으며 그것을 타협과 조정을 통해 해결할 수 있는 능력이 진정한 민주주의의 능력이라는 것을 알게 된 기회가 되었다.

• 분류 •
• 소재: 영어 스피치 준비, 배역 조정, 대화와 타협, 갈등 해결

14

학교 자치 법정에서 검사를 했습니다. 면접 때 사적 감정을 배제하고 심문할 수 있겠느냐는 질문을 받았는데 공사 구분을 하면서 할 일을 해야 한다는 생각 때문에 그렇다고 했습니다. 하지만 실제로 친구를 심문한 뒤에 냉정했던 제 모습에 친구와 불편했던 경험이 있었습니다. 그렇지만 그 행동을 후회하지 않았습니다. 대신 제 말과 모습에 진정성이 있으려면 저 스스로 평소의 행동에 책임을 지는 모습을 보여야 한다는 생각을 했습니다. 그래서 평소의 생활 습관부터 모범이 되어야 한다는 생각에 복장을 단정히 하는 것에서부터 선생님과 친구를 대하는 모습을 조금 더 다듬을 수 있는 기회가 되었습니다.

• 분류 •
• 소재: 자치 법정, 역할 갈등, 책임감, 복장 단정

15

매주 토요일마다 농구 클럽 회원들과 함께 농구장에 모여 연습을 하며 체력을 키우고 있다. 새로 들어온 친구에게 먼저 다가가 슛 동작 등의 기본 기술을 알려 주고, 연습에 참여할 수 있도록 도와주었다. 또한, 경기 중 부족한 부분이 보이면 같이 남아 반복 연습을 했다. 이를 통해 친구와 가까운 사이가 되었고, 둘 다 실력이 크게 늘었다. 선택과 집중을 통해 필요한 부분을 채워 나갔고, 함께하여 우정이 돈독해지고 힐링이 되는 것을 느꼈다.

• 분류 •
• 소재: 농구 연습, 친구 돕기, 우정

16

학생회 부회장으로 영어 노래 부르기 행사 사회자를 맡았을 때 공연이 너무 일찍 끝나 일정 전체가 바뀌는 상황이 발생했다. 이때 즉석 퀴즈를 만들어 학생들에게 묻고 답하기를 진행해서 행사를 잘 마칠 수 있었다. 이를 통해 항공기 조종사에게 꼭 필요한 상황 대처 능력과 융통성을 배울 수 있었다. 또한, 학교 축제와 동아리 전시회를 준비할 때도 시간에 맞도록 프로그램을 구성했고, 발생할 수 있는 상황에 대해 미리 생각할 수 있는 자세를 갖게 되었다.

• 분류 •
• 소재: 노래 부르기 행사 사회, 임기응변, 미리 준비하는 자세

영어 모둠장으로 활동할 때 기초가 부족한 친구가 있었다. 학습의 전반적인 흐름을 알려 주었지만 친구는 활동에 집중하지 못했고, 내 설명이 부족했음을 알았다. 관찰을 통해 친구가 영어에 흥미와 관심이 없다는 것을 알았고, 재미를 느끼며 공부하도록 친구가 좋아하는 농구를 다룬 영화 「코치 카터」를 추천해 주었다. 또한, 친구와의 대화를 통해 해석이 취약하다는 사실을 알게 되었고, 수업 전 쉬는 시간에 핵심 단어와 내용을 숙지하게 한 후, 수업 시간에는 선생님의 설명에 집중하도록 했다. 그리고 수업 후에 바로 함께 복습했다. 친구는 곧 수업에 적응해서 학습 능력이 높아졌고 활동에 적극적으로 참여했다. 이 활동을 통해 다른 사람의 입장에서 필요한 것이 무엇인지 생각하게 되었고 이해가 모든 관계의 기본임을 깨달았다.

• 분류 •
• 소재: 영어 멘토링, 복습, 배려, 역지사지

세이브 더 칠드런 신생아 모자 뜨기 캠페인에 참여해서 빈민국 아이들의 열악한 환경과 아기 모자를 뜨는 방법을 교육받았다. 코를 뜨고 장식을 다는 과정에 대한 영상을 찾아보며 시간 날 때마다 틈틈이 뜨개질을 했고, 아이가 건강하기를 바라는 편지를 썼다. 내가 직접 뜬 모자를 쓴 아기가 건강하게 자랄 모습을 상상하며 즐거움을 느낄 수 있었다. 이 캠페인을 계기로 빈민국을 돕는 다양한 방법을 알아보았고, 아프리카의 원단을 구입해서 옷을 만드는 브랜드인 '에트리카'와 자선 마라톤을 접할 수 있었다. 이후 친구들에게 빈민국 후원 팔찌를 선물하고 도움의 중요성을 알려 주었다. 작은 나눔과 도움의 즐거움을 느꼈고 의사가 된 이후에 국경 없는 의사회에서 활동하겠다는 구체적인 목표가 생겼다.

• 분류 •
• 소재: 세이브 더 칠드런, 모자 뜨기, 빈민국 후원 팔찌 선물, 나눔, 국경 없는 의사회

2학년 영어 연극제에서 총 연출을 맡았다. 모든 것을 우리 힘으로 해야 했던 행사였기 때문에 부담이 되었고 곧 연습에 지쳐 성의 없이 참여하거나 역할이 마음에 들지 않는다고 바꾸어 달라고 하는 친구들이 생겼다. 이를 해결하기 위해 한 명 한 명과 대화하며 각자가 원하는 연습 시간을 결정했고 장면을 나누어 파트별로 연습을 진행해 휴식 시간과 연습 시간이 조화를 이루도록 했다. 각자의 성향, 장점에 맞추어 역할을 맞바꾸고 재미있게 참여하도록 유도했으며 남아서 소품을 만들고 더 나은 동선을 구상했다. 다 함께 노력해서 완성에 가까워지는 결과물을 보면서 모든 아이들이 더 열심히 참여했고 만족스러운 연극을 발표할 수 있었다. 이를 통해 리더로서 목표를 위해서는 경청하는 자세로 협력을 이끌어 내야 한다는 것을 알았다.

- 분류 -
- 소재: 영어 연극 연습, 배역 갈등, 경청, 협력

학생의 신분으로 직접적인 해외 봉사가 어려워 1:1 후원을 통해 나눔을 실천했다. 한국 컴패션 단체의 일원으로 아이티에 사는 Eminal이라는 아이에게 매달 후원금을 보내 기본적인 생계 유지와 교육을 지원했다. 서로의 생활을 담은 편지, 직접 그린 그림, 생활 사진 등을 주고 받으면서 또래의 마음과 문화를 공유했다. 타국에서 자신을 생각하는 친구가 있다는 것이 서로에게 의지가 되었고 Eminal을 응원하면서 현재 가진 것에 감사하는 마음을 가질 수 있었다. 이 활동을 통해 작은 나눔이 한 사람의 인생을 좌우할 수도 있다는 사실을 알았고 미래에 'Mercy ships' 활동을 통해 의사로서 의료 봉사를 다니며 그들의 상처를 치유하고자 하는 나의 목표가 더욱 견고해졌다.

- 분류 -
- 소재: 1:1 후원, 컴패션 봉사 활동, 나눔, 의료 봉사 계획

나는 국제 캠프에서 방장 역할을 하게 된 적이 있었다. 다양한 연령의 일본인과 한국인이 처음 모여서 방 정리와 점호를 한다는 것은 쉽지 않았다. 그래서 아이들에게 방 청소, 이불 깔기 등 역할을 분담해 주었고, 아이들이 꺼려하는 화장실 청소나 쓰레기통 비우기 등을 도맡아 했다. 서로 다른 문화를 지녔지만 각자의 역할과 협동심 등을 발휘하는 아이들 모습에 뿌듯했고, 빠르게 그 분위기를 파악하고 대처하는 방장의 역할이 얼마나 중요한지를 깨달았다.

- 분류 -
- 소재: 국제 캠프, 역할 분담, 협동심, 임기응변

22

나는 학급과 학생회 임원을 하면서 리더십을 기르고 남을 돕기 위한 노력을 꾸준히 했다. 모두가 만족하는 공동체를 만들기 위해 뒤처지는 친구가 생기지 않도록 모르는 것을 알려 주거나 문제에 대한 해결책을 제시했다. 그리고 항상 친구들에게 웃는 얼굴로 밝은 분위기를 만들고 원만한 교우 관계를 위해 노력한 결과, 해피 바이러스라는 별명을 갖게 되었다.

• 분류 •
• 소재: 학생회 임원, 리더십, 원만한 교우 관계, 별명

23

2학년 때 참여한 봉사 동아리 Gap closer Get closer에서 미얀마 아이들에게 태양광 설치 사업으로 공부할 수 있는 여건을 마련해 줄 수 있도록 모금 활동과 바자회 등을 열었다. 나는 주로 디자인을 맡아서 했다. 디자인을 맡은 부원들과 모금 활동에 필요한 포스터 등을 디자인하면서 부원들이 어려움을 겪는 부분인 글씨의 크기와 위치에 맞추어 쓰는 것 등을 도와주며 내 역할을 수행했다. 하지만 갈등도 있었다. 서로의 역할이 다르고 많은 시간을 들여서 하는 활동이기 때문에 시간 조절이 어려웠다. 그래서 자율적으로 규칙을 만들어 1년 동안 활동하면서 빠지면 안 되는 횟수를 정해 위반할 경우 기부를 하도록 했다. 이를 통해 협력과 자율성 등에 대해 다시 한 번 생각해 볼 수 있었다.

• 분류 •
• 소재: 봉사 동아리, 포스터 디자인, 시간 조절 갈등, 자율성, 협력

24

중학교 3년 동안 반장을 하며 나의 성장을 넘어 구성원 전체의 성장을 이끄는 힘을 얻었다. 처음엔 반을 잘 이끄는 것이 리더십인 줄 알았지만 학년이 올라갈수록 구성원들이 각자의 자리와 역할을 잘 찾아갈 수 있도록 돕는 것이 나의 역할이라는 것을 알았다. 그래서 어떠한 경우에는 잘 하는 것을 중심으로 자신의 역할을 찾게 하고 조금은 부족하더라도 자신이 원하는 것을 할 수 있도록 해서 친구들 스스로가 발전할 수 있는 계기를 만들어 주려고 했다. 실제로 환경미화를 할 때 우리 반이 좋은 결과를 내기 위해 잘 하는 것을 찾아가기보다는 분야를 나누어 각자 하고 싶은 부분을 신청 받아 각자의 생각을 실천해 볼 수 있는 기회를 마련했다. 이를 통해 상황에 따라 어떤 리더십이 필요한 것인지를 항상 생각하는 습관을 가질 수 있었다.

• 분류 •
• 소재: 반장, 리더십, 역할 배분, 환경 미화, 화합

25

가족 모두가 정기적으로 장애인 대상 사회 복지 시설에서 봉사 활동을 하며 장애인에 대한 이해와 배려를 할 수 있게 되었다. 이곳에는 신체적 장애를 가진 한 친구가 있었는데 유독 봉사자들이 주는 밥을 심하게 거부했다. 그 모습을 본 시설 선생님은 친구를 무릎 위에 앉혀 안아 주고 뽀뽀해 주며 한 숟갈씩 떠먹여 주셨다. 칭찬과 애정이 담긴 밥을 전부 맛있게 먹는 모습을 보며 이들에게 진정으로 필요한 것은 진심 어린 애정이라는 것을 알게 되었다. 처음엔 놀이 활동에만 참여하고 다른 봉사자들이 식사를 도와주는 모습만 지켜보았지만, 시간이 지날수록 나도 그들의 진정한 친구가 될 수 있었다. 이는 나중에 내가 의사가 되어 환자들을 만날 때에 진정한 마음으로 다가갈 수 있는 밑거름이 될 것이라 생각한다.

• 분류 •
• 소재: 가족과 함께하는 봉사 활동, 장애인에 대한 배려, 진심 어린 애정

26

3년 동안 멘토링 활동을 하며 친구들에게 수학 공부 방법과 개념을 알려 주었다. 친구가 모르는 부분의 개념을 설명해 주고 공식이 어떻게 연관되는지 설명했고 틀린 문제를 일주일 후에 다시 풀어 보도록 했다. 왜냐하면 틀린 문제를 바로 풀면 해설을 본 기억이 남아서 자신의 것으로 만들지 못하고 일주일 정도 시간을 두고 다시 풀어야 문제 풀이 방법이나 개념이 오래 기억되기 때문이다. 내가 추천한 일주일 학습법을 따라한 친구는 성적이 향상되어 고맙다는 인사를 했다. 내가 경험하고 알고 있는 것을 친구들에게 알려 주어 그들에게 도움이 되는 모습을 보면서 뿌듯함을 느낄 수 있었다. 그리고 친구들에게 알려 주면서 나도 공부가 되는 것을 느꼈다. 더 쉽게 설명하기 위해 풀이 방법이나 개념에 대해 찾아보고 친구들이 더 잘 이해하도록 설명하는 방법을 고민하면서 더 많은 것을 알게 되었기 때문이다.

• 분류 •
• 소재: 수학 멘토링, 수학 학습법, 나눔, 협력

27

3년 동안 학급 임원 활동을 하며 친구들 간의 싸움이나 갈등을 중재하고 전학생이 반에 잘 적응할 수 있도록 도왔다. 갈등을 해결하고 친구들을 도우면서 다른 친구의 말을 경청하고 상대의 입장을 이해하는 방법을 배웠다. 상대방의 마음과 생각을 이해하고 공감하는 것이 화해나 설득을 위한 비결이었기 때문이다. 또한, 상대방의 이야기를 들으려면 끈기와 기다림이 필요하다는 것을 알았고 자신의 이야기를 털어 놓는 친구가 바라는 상대의 모습을 상상하며 그 모습과 비슷한 자세를 취하려고 노력했다. 이런 노력을 하니 친구들은 자신의 속내를 잘 이야기했고 이는 어려움을 해결하는 데 큰 도움이 되었다. 인간관계에서 섬세함이 중요하다는 것을 깨달았다.

● 분류 ●
● 소재: 학급 임원 활동, 갈등 해결, 경청, 공감, 화해, 협력

28

평소에도 지나가는 노인 분들을 부축해 드리고 대중교통을 탈 때 자리를 양보해 드리는 등 노인 공경을 해 왔다. 독거노인 식사 수발 봉사 활동은 특히 어르신들과 소통을 하며 어르신들의 생각과 마음을 헤아리는 계기가 되었다. 이야기를 나누다 보니 노인 분들이 눈이 안 좋은데도 생활에 큰 문제가 없으면 안과에 가시지 않는다는 걸 알게 되었다. 그리고 몇몇 분은 돈이 아까워서 가시지 못한다고도 하셨다. 그래서 안과 의사가 되면 복지 의료의 사각지대에 계신 분들에게 무료로 의료 봉사를 해야겠다는 다짐을 했다. 그래서 모든 사람들에게 의료의 손길이 닿을 수 있도록 하고 싶다는 생각을 하게 되었다.

● 분류 ●
● 소재: 노인 공경, 식사 수발 봉사, 배려, 미래의 목표

환경이 건강에 큰 영향을 끼치고 현시대의 심각한 문제라고 생각한다. 그래서 환경 단체에서 '친환경 인증 마크 제대로 알고 삽시다.' 등의 캠페인 활동을 했다. 이 캠페인 활동을 하면서 같이 하는 친구들과 협력심을 기를 수 있었다. 봉사 활동을 하다가 역할 분담의 문제가 생겨서 갈등이 발생한 적이 있다. 그때 플래카드를 드는 것과 사람들에게 설명을 해 주는 것 등 모든 역할을 30분이 지나면 바꾸는 방식을 제안해서 갈등을 해결했고, 이후 환경 단체에서 경험한 여러 활동들은 나에게 많은 것들을 가르쳐 주었다. 그리고 이러한 환경 캠페인과 내가 동아리장으로 있는 교내 환경 동아리 O_3에서 환경 기사를 쓰면서 인류가 공동으로 번영하는 방법을 생각하며 더 넓은 시야를 가질 수 있었다. 그리고 전시회를 통해 나의 기사를 여러 사람들이 읽을 수 있도록 해서 많은 사람들이 환경 문제에 대해 관심을 가질 수 있는 계기가 되었다.

• 분류 •
• 소재: 환경 캠페인 활동, 협력, 갈등 해결, 환경 동아리 활동, 환경 기사 전시회

지역 아동 센터에서 저소득층 초등학생들을 대상으로 멘토링 봉사 활동을 하고 있다. 처음에는 아이들을 가르치는 것이 쉬울 것이라고 생각했지만 관심을 유도하는 것이 매우 어려웠다. '어떻게 하면 아이들의 흥미를 끄는 교육을 할 수 있을까?'를 고민한 끝에 아이들이 잘 아는 신데렐라 이야기로 영어 대본을 짜고 연극을 어떻게 구성할지 계획했다. 먼저 대본 중에서 중요한 단어를 퀴즈를 통해 가르쳤고 아이들 앞에서 직접 신데렐라 연극을 한 후 간단한 영어 대사를 알려 주며 역할을 맡겼다. 이때 마음을 열지 않고 활동에 전혀 참여하지 않는 아이가 있었다. 여러 차례 대화를 시도해 보았지만 입을 열지 않았다. 하지만 포기하지 않고 계속 대화를 하려고 노력했고 단체 활동에 소외되지 않도록 신데렐라라는 중요한 역할을 주었다. 어려워하는 영어 대사는 함께 노래를 부르면서 준비했다. 연습을 통해 아이들모두 노래를 불렀고 재미있게 연극에 참여했다. 이 활동을 통해 다양한 방법으로 영어를 공부할 수 있다는 것을 알게 되었고 앞으로도 영어에 대한 재능을 아이들에게 나누어 주는 활동을 계획했다. 이를 통해 관심과 배려로 아이들을 충분히 변화시키고 발전시킬 수 있다는 것을 깨달았다.

• 분류 •
• 소재: 저소득층 초등학생 대상 멘토링 봉사 활동, 수업 과정, 어려움 해결, 관심, 배려

31

초등학생 때 같은 반 몇몇 아이들이 장애가 있는 친구를 소외시킨 적이 있다. 친하게 지내는 나까지 이상한 눈으로 쳐다보았고 소외당할 것이 무서워 그 친구와 거리를 두었다. 하지만 이내 마음이 불편해져 친구에게 사과했고 반 아이들에게는 그 친구가 우리와 아주 조금 다르다는 것을 지속적으로 이야기해 함께 잘 지내게 되었다. 이 경험을 통해 바르고 소신 있게 생각하고 행동해야 한다는 것을 알았다. 중학교 2학년 때 학교에 적응하지 못해 자주 결석을 하던 친구가 있었다. 초등학생 때 경험을 떠올려, 친구가 학교생활에 적응하고 재미를 느낄 수 있도록 학습지를 챙겨 주었고 같이 밥을 먹으며 가까워지려 노력했다. 점차 친구는 학교에 더 자주 나오게 되었다. 이를 통해 작은 관심이 사람을 바꿀 수 있다는 것을 깨달았다. 앞으로도 소외된 친구가 없게 노력할 것이며, 더 나아가 학생들의 어려움에 관심을 가지는 교사가 될 것이다.

• 분류 •
• 소재: 장애인 친구 돕기, 학교에 부적응하는 친구 돕기, 관심, 편견 없애기

32

수학에서 늘 낮은 점수를 받아 자신감이 떨어져 있는 친구에게 먼저 멘토링 활동을 권유했다. 멘티가 포기하지 않도록 응원의 편지를 썼고 흥미를 갖도록 다양한 공부법을 활용했다. 특히 이차방정식의 활용 부분은 각 문제마다 포스트잇을 붙이고 반복 풀이한 숫자를 적었다. 그리고 5회 이상 반복한 문제들은 시험을 보아서 통과했을 경우 포스트잇을 떼었다. 틀린 문제가 있으면 바로 답지를 보여 주지 않고, 어떻게 풀어야 할지, 틀린 이유를 생각해 보게 한 뒤 문제를 완전히 숙지할 수 있도록 설명했다. 또한, 멘티가 직접 문제를 내고 설명하면서 어디가 부족한지 파악할 수 있게 했다. 멘티는 중상 수준의 문제를 풀 수 있게 되었고 수학에 자신감을 갖게 되었다. 지식 나눔을 통해 둘 모두 수학 실력이 향상되었고 보람을 느낄 수 있었을 뿐만 아니라 멘티와의 우정도 키울 수 있었다.

• 분류 •
• 소재: 수학 멘토링 활동, 수학 공부법, 나눔, 협력

33

2023년 2월 튀르키에 지진으로 십만 명이 넘는 사상자가 발생했다. 그래서 그들을 돕기 위해 어떤 방법이 있을까 고민하다가 친구들과 함께 버스킹을 하기로 하고 시간을 내어 연습을 했다. 그 과정에서 친구들과 서로 의견이 다른 적이 있었지만 그때마다 서로 우리가 이것을 하는 근본적인 이유를 떠올리면서 서로의 생각을 조정해 나갈 수 있었다. 버스킹을 하는 동안에 눈길을 주지 않고 지나가는 사람들도 있었지만 우리들의 생각에 공감하고 돈을 기부해 주는 사람들이 많아서 세 시간 만에 20만 원에 가까운 돈을 모아 튀르키에에 보낼 수 있었다.

• 분류 •
• 소재: 튀르키에 지진 피해자 돕기 성금 모금, 공연 연습, 갈등 해결, 재능 활용

34

미술 동아리에서 해마다 공원에서 시민들에게 페이스 페인팅을 해 주는 봉사 활동을 했다. 친구와 선배들과 함께 아침부터 쉬지 않고 그리다 보니 저녁 무렵에는 많이 지쳐 있는 상태였다. 정해진 시간이 끝나 마무리를 할 즈음에 한 아주머니께서 아이의 손을 잡고 내게 와서 그림을 그려 줄 수 있겠냐고 물으셨다. 끝났다고 이야기할 수도 있었지만 아이가 실망할까 봐 웃으며 다시 물감을 꺼내 아이의 손에 원하는 캐릭터를 그려 주었다. 아주머니께서는 들고 있던 귤을 주시며 고맙다고 인사를 하셨다. 피곤하면 쉬고 싶은 게 인간의 본성이고, 인간에게는 항상 이기심이 존재한다. 그런 이기심을 극복하고 아이의 마음을 먼저 배려한 내게 주어진 작은 귤이 피곤함을 없애 주고, 보람을 느끼게 해 주었다. 나는 다른 사람의 입장에서 생각하고 이해하려고 노력하는 편이다. 나보다 상대의 마음을 헤아리고 배려하면 상대 또한 나의 입장을 존중해 주고 공감해 준다는 것을 느낄 수 있었다. 내가 친구들과 학교생활을 재미있게 할 수 있었던 것도 이런 배려심이 원동력이 아니었을까 생각한다.

• 분류 •
• 소재: 페이스 페인팅 봉사 활동, 봉사 활동 중 에피소드, 배려, 공감

35

학생회장으로 활동하며 친구들에게 끼를 보여 주고 싶어 하는 학생들의 요구를 많이 접했다. 공연 기회는 학교 축제뿐이고 오디션에서 떨어지면 그들의 기회는 없어지기 때문에 나는 이러한 친구들에게 공연의 기회를 조금이라도 더 주고자 하는 마음에 한 학기에 한 번 점심 시간에 공연과 이벤트를 진행하는 스트릿 콘서트를 기획했다. 관람하는 학생들에게는 잠깐의 오락을, 공연을 하고자 하는 학생들에게는 더 많은 기회를 제공할 수 있었다. 이와 같이 구성원에게 적절한 기회를 제공하고 각각의 구성원이 이를 통해 사회에 기여할 수 있는 환경을 조성하는 것이 리더의 역할이라고 느꼈다. 그리고 승자 독식의 사회가 아니라 여러 삶이 다양한 모습으로 나타날 수 있는 사회를 만들어야겠다는 생각을 실천으로 옮길 수 있었다.

• 분류 •
• 소재: 학생회장 경험, 스트릿 콘서트 기획, 리더십, 공존

36

2년간 학생회 정보 통신부장을 맡아서 학교 페이스북 페이지 관리, 방송 관련 업무를 담당했다. 그러던 중 학생들이 좀 더 적극적으로 참여할 수 있도록 학생들의 속마음을 방송을 통해 전해 주는 방송을 기획했다. 그래서 친구에게 하지 못했던 말, 사과하는 말들을 점심 시간 방송에서 친구들에게 읽어 주었다. 배경 음악에서부터 대본까지 모두 준비해야 해서 매우 힘들었지만 그 시간을 통해 사이가 멀어졌던 친구들을 도와줄 수 있다는 것이 뿌듯했다. 학생회는 단지 행사만 주최하는 것이 아니라 학생들에게 보다 나은 학교생활을 할 수 있게 봉사해야 한다는 것을 다시 한 번 깨달았다. 이 경험을 통해 리더십은 무작정 이끌어 나가는 것이 아니라 조화를 이루어 같이 함께 나아가는 것이라고 느꼈다.

• 분류 •
• 소재: 학생회 임원 경험, 속마음 전달 방송 기획 및 제작, 리더십, 조화

37

꿈을 이루기 위해 다양한 공부법을 시도했고 복습의 중요성을 깨달았다. 노트 정리를 통해 그날 배운 수업 내용을 매일 정리했고 잘 외워지지 않는 단어나 개념은 손바닥 노트에 적고 읽으며 암기했다. 주말에는 빈 노트에 배운 내용을 적어 보았고, 문제집을 풀며 부족한 부분과 놓친 부분이 있나 꼼꼼하게 살펴보았다. 또한, 역사 과목의 경우에는 교과서를 여러 번 읽으며 내가 그 시대에 살고 있는 인물인 듯 시나리오를 짜 보았다.

• 분류 •
• 소재: 노트 정리, 공부법, 교과서 읽고 시나리오 짜기

38

나는 언어를 학습으로 접근하기보다는 일단 말을 할 줄 아는 것이 중요하다고 생각한다. 그래서 3학년 때 매일 방과 후 학교에서 중국어 원어민 선생님과 회화 연습을 했다. 나는 중국어 선생님의 한국어 공부를 도와 드렸고, 선생님께서는 내 회화 연습을 도와주셨다. 이 과정에서 교과서에는 나오지 않는 자연스러운 회화를 제법 구사할 수 있게 되었고, 중국의 문화를 간접적으로 체험할 수 있었다. 그리고 중국에 대해 갖고 있던 부정적인 인식을 바꿀 수 있었다. 중국어 선생님과 대화하면서 의사소통이 될 때 뿌듯함과 성취감을 느꼈고, 그런 나 자신을 보면서 새로운 언어를 배우는 것을 좋아한다는 것을 알게 되었다. 또한, 선입견을 가졌던 것을 반성하고, 기자의 자질에 대해 다시 한 번 생각해 보는 계기가 되었다.

• 분류 •
• 소재: 방과 후 학교 중국어 회화 연습

39

내가 좋아하고 잘하는 것으로 다른 사람에게 도움을 주고 싶다는 생각에 3학년 때 ○○ 지역 아동 센터에서 영어 교육 봉사를 했다. 그곳의 아이들은 산만했고, 거친 말을 서슴없이 쏟아 냈다. 많은 아이들 중에서 유독 흥미를 보이지 않았던 한 아이가 있었다. 그래서 학교 선생님께 아이들의 흥미를 북돋는 방법을 여쭈어 보고, 지루한 학습지 같은 수업 대신 재미있는 게임을 준비해서 다 함께 참여할 수 있는 수업을 준비했다. 영어로 말할 때 더듬거려도 말하는 것에 두려움이 생기지 않도록 잘한다고 격려하고 도와주며 수업을 진행했다. 발표할 때 옆에서 같이 손을 들어 주거나 귓속말로 표현을 알려 주었더니 그 아이는 게임에 적극적으로 참여하게 되었고 점차 영어에 흥미를 갖게 되었다. 몇 개월 후, 아이는 나에게 먼저 다가와 오늘은 무슨 수업을 하냐고 물어보아 주었고, 그 어떤 아이보다 손을 높게 들고 수업에 참여했다. 수업을 오랜 시간을 들여 준비할수록 아이들은 그 정성을 알아줄 뿐만 아니라 준비했던 시간이 아깝다는 생각이 들지 않을 만큼 내가 뿌듯함을 느끼게 해 주었다.

• 분류 •
• 소재: 영어 교육 봉사 활동, 한 아이와의 특별한 경험

학교에서 팝송 부르기를 했는데 지휘자 역할을 맡아 반을 이끌었다. 원래 팝송을 좋아해서 이번에는 반드시 반을 우승으로 이끌겠다고 다짐했다. 친구들과 협의해서 선곡을 하고, 지필고사와 겹쳐 연습할 시간이 부족했지만 학급 회의를 통해 학년의 마지막 행사이니 추억을 만들어 보자고 친구들을 설득했다. 마지막 일주일은 일찍 등교하거나 방과 후에 남아서 하루에 한 시간씩 팝송을 연습하고, 매일 암기해야 할 분량을 정해 통과하면 하교하게 하는 등 최선을 다했다. 체육 대회에서도 체육부장으로서 출전하는 팀들을 아침저녁으로 연습을 주도해서 우리 반 구호가 내 별명인 '대두'가 될 정도로 친구들을 이끌면서 리더십을 발휘했다. 이를 통해 어떤 일을 맡는다는 것은 그만큼 책임감이 높아진다는 것을 알게 되었고, 그것을 책임지고 이끌었을 때 더 성장할 수 있다는 것을 경험할 수 있었다.

• 분류 •
• 소재: 반별 팝송 부르기 지휘자 경험, 체육부장 경험, 별명

매일 등교 시간 15분 전에 보건실 봉사를 했다. 의료 물품의 위생 관리를 통해 치료 준비가 되도록 하고, 보건 봉사하는 친구들과 협력해서 얼음 주머니와 비상 구급약 등을 미리 준비하는 일을 했다. 친구들에게 도움이 될 수 있는 자랑스러운 활동이어서 맡은 역할에 최선을 다하며 사명감을 느꼈다. 사명감을 기르기 위한 또 다른 활동으로 매년 월드비전에서 주관하는 사랑의 빵 캠페인에 참여해 가난한 나라에 학교를 지을 수 있게 용돈을 기부했고, 체온을 유지하지 못해 죽어 가는 아기들을 위해 모자를 뜨는 일도 했다. 작은 도움이 누군가의 생명을 살리는 데 도움이 된다고 생각하니 기뻤다. 이를 통해 지구촌에서 살아가는 세계인으로서 내가 할 수 있는 일을 알게 되었다.

• 분류 •
• 소재: 보건실 봉사 활동, 사랑의 빵 캠페인, 아기들을 위한 모자 뜨기

3학년 운동회 치어리딩 학급 대항전 준비 과정에서 남학생의 '피라미드 쌓기' 안무에 대해 여학생들 사이에서 의견 충돌이 있었다. 몇몇의 여학생은 우승을 위해 그 안무를 요구했으나, 다른 여학생들은 우승보다는 안전을 주장했다. 나는 치어리더 대표로서 남학생의 안무를 여학생이 직접 체험하는 것을 제안하고 내가 먼저 앞장서서 피라미드의 기반이 되었다. 그 결과 안무를 변경하고 우승도 하게 되었다. 이를 통해 한 단체의 리더는 솔선수범과 추진력, 때로는 구성원을 위한 희생이 필요함을 깨닫고 배울 수 있었다.

- 분류 •
- 소재: 치어리딩 준비 과정, 대표로서 갈등 극복 노력과 리더십

1학년 때 반장, 2학년 때 전교 부회장, 3학년 때 전교 회장을 맡으면서 리더로서 겪을 수 있는 다양한 일들을 경험했다. 학생회장 임기 중에 학교 자전거 보관소에 지붕이 없어 장마철에 겪는 어려움을 해소해 달라는 건의를 받고 교장 선생님과 협의해서 이를 예산에 반영해 해결하기로 확약을 받았다. 그것뿐만 아니라 교복 선정 회의에 학생 대표로 참여해서 체육복 변경 과정에서 학년을 구분할 수 있는 창의적인 아이디어를 제시했고, 채택되었다. 문제 해결 과정에서 상대방의 상황을 충분히 고려하고 존중해야 보다 나은 결과를 얻을 수 있음을 경험했다. 그리고 직접 개설한 자율 동아리 밴드부의 기장으로서 2년 동안 동아리 활동을 총괄해서 기획하고 운영했고, 초등학교 때부터 6년 동안 오케스트라 단원으로서 활동을 했다. 이러한 과정에서 전체가 공존하기 위해서는 각각의 악기들이 조화를 이루며 서로를 이해하는 것이 공동체에서 얼마나 소중한지 깨닫고, 리더에게는 책임감과 타인을 배려하는 자세가 반드시 필요한 것임을 알게되었다.

- 분류 •
- 소재: 임원 경력, 학생회장으로 이룬 성과와 활동, 자율 동아리 기장 및 오케스트라 활동

44

우리 학교는 조별 과제가 많은 편이었으며, 나는 유독 조장을 맡은 적이 많았다. 가장 기억에 남는 조별 과제는 처음으로 조장을 맡은 창작 체조이다. 조장이 된 것이 쑥스러워 조원 친구들을 소극적으로 대했다. 조원들은 그런 내 모습을 보고 소극적인 태도로 조별 과제를 해 나갔다. 뒤늦게 조장으로서의 책임감을 느낀 나는 조원들의 사기를 북돋우면서 의견을 모았다. 처음에는 다들 쑥스러워했지만 점차 의견을 내기 시작했다. 그렇게 만들어진 안무를 연습할 때 자신의 의견이 받아들여지지 않아 춤을 추지 않는 친구가 있었다. 그래서 다시 조별 회의를 해서 모든 조원들의 의견을 반영해 안무를 완성했다. 얼마 뒤에 한 발표에서 우리 조는 뜨거운 박수를 받았고 리더로서 뿌듯함을 느낄 수 있었다. 이런 과정들이 나를 변화시켰고, 단점을 장점으로 고칠 수 있다는 것을 알게 되었다.

• 분류 •
• 소재: 조별 과제와 조장의 직무, 창작 체조 과제 중에서의 갈등 극복과 리더십

45

1학년 때에는 장래 희망이 개그맨일 정도로 친구들과 함께 어울리기를 좋아했다. 친구들의 고민을 잘 들어 주기도 하고 학교생활도 즐길 수 있어야 후회가 되지 않는다고 생각했다. 한번은 친구들이 남학생들과 여학생들로 나누어져 다툼이 있었는데, 반 분위기에 끼치는 영향이 클 것 같다는 생각이 들어 다툼이 다시 일어날 것 같을 때에 교탁에 서서 "야, 내가 행복하게 쉬는 시간을 보장해 줘!"라고 외치면서 웃긴 표정을 지었더니 친구들이 모두 웃으면서 다툼을 멈추었다. 평소에 친구들과 관계를 잘 맺었던 것이 빛을 발하기도 했지만, 갈등이 생길 때 남의 일이라고 넘겨 버리는 것이 아니라 적극적으로 옳은 일을 해야 한다고 생각하고 있었기 때문에 좋은 학교생활을 할 수 있었다.

• 분류 •
• 소재: 개그맨이라는 장래 희망과 친화력, 친구들 간의 갈등 극복 과정과 희생 정신

리더십과 협력의 중요성이 가슴에 잘 와 닿지 않았지만 학생회 활동을 하면서 실감할 수 있었다. 학생회에서 임원들과 회의하면서 행사들을 직접 기획해야 했는데, 예상치 못한 변수로 행사가 실패하기도 했다. 친구 사랑의 날 행사 때는 학생들의 반응과 동선을 예측하지 못해 실패했고, 이를 보완하기 위해 그다음 행사 때에는 회의를 미리 소집했다. 하지만 실패의 후유증으로 의기소침해져 아무도 의견을 내지 않아 회의가 2시간이나 지연되었다. 그때 내가 나서서 전 행사의 문제점과 대책을 정리하고, 우리가 어떻게 변화해야 하는지 해결책을 세워 제안했다. 그러자 임원들이 각자의 의견을 내놓았고, 가장 합리적인 방식이라고 생각하는 방향으로 행사 계획을 세워 행사를 성공적으로 진행할 수 있었다. 서로의 의견을 감정적으로 판단하기보다는 합리적인 비판이라고 생각하고 받아들이며 조율하는 것이 공동체 생활에서는 반드시 필요하다고 생각했고, 의견을 자유롭게 이끌어 낼 수 있는 것이 바로 리더십이라는 것을 경험할 수 있었다.

● **분류** ●
● 소재: 학생회 활동, 실패 사례와 극복 과정

3년 동안 방송부 활동을 하면서 학교에서 일어나는 소식들을 맨 처음 접하고, 아침마다 학생들에게 그 내용을 알려 줄 수 있다는 것이 뿌듯했다. 그리고 점심 시간에는 매일 점심 먹을 시간도 없이 4교시가 끝나면 곧바로 방송실로 뛰어가 밤늦게까지 준비해 온 내용들을 친구들에게 차분하게 알려 주며 즐거운 점심 시간을 만들려고 노력했다. 하루는 너무 힘들어 점심을 빨리 먹고 방송을 하려고 했는데, 한 친구가 방송이 없으니 왠지 활기가 없다는 말을 해서 곧장 방송실로 달려가 방송을 진행했다. 이렇듯 힘든 방송부 활동이었지만 맡은 일을 끝까지 수행하는 책임감을 키울 수 있었고, 미래의 꿈을 위한 많은 경험을 쌓았다. 또한, 남들을 위하며 배려하는 것은 힘들고 어렵지만, 다른 사람이 행복해하면 나도 행복해진다는 것을 가슴 깊이 느낄 수 있었다. 그리고 방송부 부장으로 학교 축제를 준비하면서 서로 어떠한 역할을 맡을 것인가에 대한 의견을 조율하고 협력하는 과정에서 서로의 의견을 존중하고 배려하는 것이 무엇인가를 배울 수 있었다.

● **분류** ●
● 소재: 방송부 활동과 느낀 점, 방송부 부장으로서의 리더십

학교에서는 친구들의 공부를 도와주는 멘토로 활동했고, 다문화 센터에서는 다문화 가정의 아이들에게 수학과 영어를 가르치면서 많은 이야기를 나누었으며 다른 사람을 이해하는 의사소통 능력을 키워 왔다. 그리고 시사 토론 동아리 R=VD의 회장으로 활동하던 중에 네팔 대지진으로 삶의 터전을 잃고 굶주리는 아이들에게 힘을 보태 줄 수 있는 방법이 무엇일까 고민하다가 직접 WFP(세계 식량 계획) 한국 사무소에 찾아갔다. 소장님께 'Zero Hunger Project'에 대해 안내를 받고 조언을 얻은 뒤 교내에서 기증받은 물품을 판매하여 수익금을 기부하는 '기아 돕기 모금 캠페인'을 진행했다. 로마의 WFP 본부에서 우리의 계획을 흥미롭게 들었다는 격려에 힘입어 친구들과 함께 협력해 홍보하고 성공적으로 성금을 모금하면서 봉사는 시간의 문제가 아니라 인류 공동체에 대한 관심과 노력을 바탕으로 하는 것이라는 생각을 했다.

• 분류 •
• 소재: 다문화 센터 멘토링 봉사, 시사 토론 동아리 회장, 세계 식량 계획 한국 사무소 방문 및 성금 기부

PART 3

학생회에서 선도 활동을 했는데, 그 과정 중에 '규칙을 지키는 것과 개성을 유지하는 것 중 어느 것이 더 중요한가?'라는 의문이 생겼다. 복장이나 두발 상태가 불량한 학생과 마주하면서 처음에는 무조건 규칙만 지킬 것을 내세웠지만, 어느 순간 '교복을 입는 중학생에게는 자신의 개성을 표현할 수단이 교복밖에 없겠구나.'라는 생각이 들었다. 고민 끝에 교칙의 범위 내에서 개성을 추구할 수 있는 방안을 학생부에 제안했고 적절한 타협점을 찾게 되었다. 또한, 선거 관리 위원회 활동을 했는데, 선거 과정에서 공정하지 않은 선거 운동으로 후보 간 마찰이 생겨 이를 중재했다. 선거법 담당이었던 나는 다툼이 일어난 상황을 서로 확인시키고 SNS에 사과 글을 올리게 해 공개적으로 오해의 소지를 없애는 방법으로 이를 해결했다. 갈등은 언제나 발생할 수 있으며, 이것을 해결하는 방법과 과정이 더 중요하다고 생각하고 이를 통해 친구 관계나 소속 단체가 더 성숙할 수 있다는 것을 배울 수 있었다.

• 분류 •
• 소재: 학생회 선도 활동, 복장 및 두발 개선안 제시, 선거 과정에서 발생한 갈등 극복 사례와 느낀 점

올 여름 친구네 집에 가는 길에, 한 시각 장애인이 역으로 가는 길을 못 찾아서 주위 사람들에게 도움을 요청하는 것을 보았다. 주변 사람들은 서로 눈치만 보고 망설이고 있었다. 그래서 내가 그 시각 장애인에게 다가가서 부축하고 역까지 안내했다.

친구들과 함께 길을 가다 한 어르신이 힘겹게 혼자 수레를 끌고 있는 계시는 것을 보고 친구들에게 도와 드리자고 이야기한 적이 있었다. 그런데 서로 눈치만 보고 선뜻 함께 나서지 않았다. 그래서 먼저 혼자 수레를 밀어 드리기 시작했고, 그러자 친구들도 한 명씩 다가와 함께 도움을 주었다.

생활하다 보면 가끔 마주하는 상황들이지만 망설임 없이 돕고자 나서는 사람은 많이 보지 못했다. 나도 처음에는 작은 선행 앞에서 어색함에 한참을 머뭇거렸다. 하지만 그 마음을 떨치고 용기를 내는 선행의 경험들이 쌓이니 망설임의 시간이 점점 줄어들게 되었다. 그리고 이제는 같은 상황에서 먼저 행동하게 된다. 이렇게 시작한 선행이 친구들에게도 자극이 되어 함께 실천할 수 있게 만들면 마음이 뿌듯했다.

• 분류 •
• 소재: 시각 장애인과 노인 돕기, 솔선수범하는 모습으로 친구들 이끌기

학급의 반장으로서 스포츠 클럽 종목별 지원자를 받았는데, 몇몇 아이들만 지원하고 나머지 아이들은 참여를 원하지 않았다. 모든 아이들이 참여할 수 있도록 개개인에게 적합한 종목을 배치해서 선수를 선정했더니 아이들도 해 보겠다고 말했다. 모두가 참여할 수 있었기 때문에 좋은 결과는 얻지 못했지만 모두가 최선을 다한 것이 만족스러웠다. 이렇듯 반장이 되니 혼자가 아니라 반 친구들과의 협력이 있어야 반을 잘 이끌어 갈 수 있다는 것을 깨달았다. 또한, 교내 학급 쓰레기 분리수거 봉사를 하면서 학급에서 나오는 쓰레기 양도 많고 분리수거하는 것이 쉽지 않아서 힘든 적도 많았지만, 막상 교실 안의 쓰레기를 치워 깨끗하게 정리된 모습을 보자 기분이 좋았다. 그래서 친구들과 함께 교내 환경 정화를 알리기 위해 UCC를 제작하며 봉사하는 보람을 느꼈다. 중학생 때 경험한 다양한 봉사 활동은 무엇보다 내 자신이 많이 성장할 수 있는 계기가 되었고, 해외 봉사 활동을 통해 굶주리고 아픈 어린이들을 도와서 나눔을 실천해야겠다고 다짐했다.

• 분류 •
• 소재: 학급 반장, 스포츠 클럽 종목 배정, 학급 쓰레기 분리수거 봉사, 교내 환경 정화 UCC 제작 봉사

52

중학교 3학년 1학기 때 반별 합창 준비를 하면서 우리 반이 선택한 곡은 악동 뮤지션의 「Give Love」였다. 내가 기타 연주를 맡았는데 많은 사람들 앞에서 할 생각에 많이 떨리면서도 설레었다. 학급 친구들과 연습을 할 때 처음에는 미숙한 부분이 있었지만, 친구들은 괜찮다면서 노래를 열심히 부르며 누구 하나 게으름 피우지 않고 참여했다. 그 후 친구들에게 매끄러운 기타 연주를 들려 주고자 약 2주 동안 집에 들어오면 바로 기타를 꺼내어 열심히 연습했다. 학교에서 기타 연주를 하면 친구들이 내 기타 연주에만 호응하고 집중했기 때문에 함께 연습할 때는 친구들이 노래에 집중할 수 있도록 조심스럽게 기타를 치며 소리를 낮추었다. 합창이 거의 완성될 쯤에는 친구들이 율동하고 노래하는 모습을 보면서 기타를 연주했는데, 진지하고 열심히 하는 모습이 멋있었고 고마웠다. 완벽한 화음을 만들지 못해 아쉬웠지만 우리 모두에게 좋은 추억이 되었고 협동하는 모습이 자랑스러웠다. 작은 배려가 불화를 막고 협동을 돕는다는 것을 느꼈다.

- 분류 •
- 소재: 교내 합창 준비, 기타 반주를 하면서 느낀 점

53

비가 많이 오는 날 아파트 주차장에 있는 한 차의 창문이 열려 있어서 언니와 함께 박스로 덮어 준 적이 있었다. 이웃에게 음식을 전달하라는 어머니의 심부름을 하고 난 후에도 이웃과 더 친해진 기분에 마음이 흐뭇했다. 모두 작은 실천이었지만, 집에 돌아와 부모님과 함께 이야기하며 뿌듯함을 느꼈던 경험들이었다. 약간 소심한 면이 있어서 처음에는 좀 부끄러웠지만 이렇게 작은 실천들이 쌓이다 보니 이제는 배려와 나눔을 조금 더 적극적으로 실천할 수 있게 되었다.

- 분류 •
- 소재: 이웃에 대한 배려와 도움

54

　학급 임원으로서 반 아이들을 이끌었고, 1인 1역할로 매일 어학실을 청소하며 원어민 선생님과 유대감을 쌓았다. 또한, 스포츠 기자로 활동하며 맡은 일을 끝까지 완수하는 능력을 키웠다. 아침 일찍 취재를 했기 때문에 약속을 지키지 않는 친구들이 있었는데, 그럴 때는 화를 내기보다는 친구들과 일정을 조율하면서 더 나은 신문을 만들기 위해 노력했다. 모두가 함께 취재하는 과정 속에서 각자 맡은 일에 책임감을 갖고 서로를 돕는 것이 더 나은 결과를 만들어 낼 수 있다는 것을 깨달았다.

- 분류 -
- 소재: 학급 임원, 어학실 청소, 스포츠 기자 활동, 기사 작성 및 신문 제작 과정에서의 갈등 극복 노력과 느낀 점

55

　학교의 UCC 활동이 있을 때 적극적으로 참여해 왔다. 일례로 2학년 도덕 시간에 2개월 정도 조장으로서 영상을 만들었는데, 친구들과 완벽한 작품을 제작하고 싶었다. 장면들을 거듭해 찍으며 심혈을 기울였는데, 한 장면에서 촬영 횟수가 늘어나면서 한 친구가 화를 내는 일이 일어났다. 친구의 말을 통해 조원들에게는 나만큼 UCC 활동을 중요하게 받아들일 이유가 적고, 내가 조장으로서 조원들의 입장을 헤아리지 않는 실수를 했다는 것을 알 수 있었다. 친구에게 진심으로 사과하고 그 이후로는 격려와 배려의 말을 통해 모범적인 예시로 학교 전체에 보일 만한 영상을 만들 수 있었다. 리더는 결과물 자체만이 아니라 팀원의 자긍심도 고려해야 좋은 결과가 나오고, 이를 실천할 방법은 배려라는 것을 깨달았다. 이것이 나의 신조가 되었으며 반장 활동에도 큰 도움이 되었다.

- 분류 -
- 소재: 도덕 과목 UCC 만들기 조장 경험, 조원들과의 갈등 극복 노력과 리더십, 학급 반장 경험

56

　『15소년 표류기』에 등장하는 소년들은 리더에게만 책임을 돌리지 않았다. 하지만 우리는 축구팀이 기대에 못 미치는 성과를 냈을 때 감독에게 그 책임을 물어 물러나게 하거나, 우리 사회의 문제에 대해 대통령이나 정치인에게만 그 책임을 물려고 하지 않았나 하는 생각이 들었다. 우선은 리더에게 책임이 있다고 하지만, 그 사회가 더 건강하고 책임을 질 줄 아는 사회가 되려면 다소 혼란을 겪더라도 '15명의 소년'이 그러했듯 리더와 공동체가 함께 그 문제를 풀어 가려고 노력하는 것이 필요하다고 생각했다.

- 분류 -
- 소재: 독서 경험과 리더로서의 자질에 대한 생각

『반쪼가리 자작』에서 주인공은 얼굴에 심한 상처를 입은 후 자상했던 성격에서 매일 화를 내는 성격으로 변하게 되었다가, 여러 에피소드를 겪으며 다시 이전의 모습을 회복하게 된다. 살다가 자신이 원하지 않는 상황에 놓였을 때 우리가 어떤 자세로 그 상황을 받아들이고 극복해야 하는지를 깨닫게 해 주었다. 선천적으로 자신의 성격에 양면성이 있다는 '지킬 박사와 하이드'의 견해도 있지만, 후천적으로 자신의 성격과 가치관 또한 바꿀 수 있다는 능동적인 사고가 더 많은 감동을 주었다.

• 분류 •
• 소재: 독서 경험과 역경 극복 자세에 대한 생각

평소 학교생활 중 힘들었던 것이 팀 프로젝트였다. 팀 프로젝트를 할 때면 여러 핑계를 대며 참여하지 않는 학생이 많아 골치였다. 이런 문제를 해결하기 위해 청소 구역이 같은 친구들과 조를 이루는 방법을 생각해 냈다. 스팀을 이용하여 튼튼한 의자를 만드는 융합 과학 팀 프로젝트였는데, 방과 후에 따로 만나지 않아도 청소 시간을 활용하여 튼튼한 의자를 만드는 데 필요한 트러스, 아치 구조 등에 대해 더 많이 이야기할 수 있었다. 이를 통해 문제가 생기면 누군가를 탓하기보다는 그 상황을 개선하며 문제를 풀어 가면 갈등을 줄일 수 있다는 것을 배울 수 있었다.

또한, 중학교 2학년 때 국가 대표 선수가 꿈인 양궁부 친구가 수학 때문에 선수의 꿈을 포기해야 하는 절박한 순간에 나에게 도움을 요청했다. 그때 그 친구에게 수학을 가르쳐 주기 위해 매일 점심 시간에 개념 노트를 작성하기 시작했던 것이 뜻밖으로 나의 공부에도 많은 도움이 되었다. 이를 통해 나의 재능을 나누는 것이 누군가에게 큰 도움이 될 뿐만 아니라 나 자신에게도 도움이 된다는 것을 알게 되었다.

호기심이 많고 평소 주어진 일에 최선을 다하는 성격을 바탕으로 해양 건축가가 되기 위해 꼭 ○○고등학교에서 열정을 가지고 도전하며 노력하는 학생이 되고 싶다.

• 분류 •
• 소재: 융합 과학 팀 프로젝트, 멘토링 활동, 갈등 극복 노력과 배운 점

나눔 동아리와 학생회 부회장 활동을 하면서 '구디백(Goody Bag)'이라는 이름으로 집에서 쓰지 않는 물품이나 옷을 한 통의 편지, 사탕 등과 함께 담아서 라오스로 보내는 일을 했다. 원조를 받던 나라에서 원조를 하는 나라로 성장한 우리나라의 책임감을 생각할 수 있게 되었다. 그리고 몽골의 사막화 방지에 쓰이는 나무를 심기 위한 모금 활동으로 시계와 쿠키를 팔았는데, 이때 부시장님께서 우리 부스에 오셔서 "이 학생은 아이들의 눈높이에 맞추어 가면서 시계를 채워 주고, 참 친절하네요."라는 말씀을 하셨다. 시계를 사러오는 아이들에게 나도 모르게 무릎을 꿇고 말을 걸면서 친절히 시계를 채워 주었던 진심이 사람들에게 전달이 되었다는 점에서 뿌듯한 마음이 들었다.

- 분류 •
- 소재: 나눔 동아리, 학생회 부회장 활동, 해외 원조 모금 및 기부 활동 중 에피소드

2학년 때 봉사 활동을 하러 갔다가, 실제 검사가 진행하는 재판 방청 프로그램을 경험한 이후 검사가 되고 싶다는 꿈이 생겼다. 그 후 교과서의 지식만 이해하고 받아들이기 위한 공부에서 벗어나, 법과 관련된 서적이나 인터넷을 통해 법에 대한 배경지식을 쌓고자 노력했다. 특히 '명쾌한 판사가 전하는 정의롭고 따뜻한 법 이야기'라는 블로그에 접속해서 유명 영화나 책의 일부 내용 중 법에 위배되는 부분을 지목하며, 이와 관련된 법 조항을 소개하고 설명하는 글을 읽어 보는 것은 관심 분야에 대한 배경지식을 넓힐 수 있는 공부가 되었다.

- 분류 •
- 소재: 법원 탐방, 법 관련 인터넷 사이트 탐색

기술 교량 만들기 수행 평가 때, 같은 조에서 나만 설계도를 그려 온 적이 있었다. 함께 하기로 했으나 조원들이 이를 어긴 것이다. 화가 나는 마음에 혼자 알아서 다 하고 싶었지만, 함께 협동해서 해야 한다는 생각에 내 설계도에 대한 조원들의 모니터링과 새로운 의견들을 열린 마음으로 듣고 받아들였다. 그 결과 훨씬 더 완성도 높은 교량을 만들어 냈고, 좋은 평가도 받을 수 있었다.

- 분류 •
- 소재: 기술 수행 평가, 갈등 극복 노력과 결과

62

장애인이나 경제적으로 힘든 아이들이 볼링을 하는 것을 도와주는 Special Olympic 봉사를 했는데, 처음에는 맡은 아이가 낯설어서 엄마 뒤에 숨으며 나를 거부하는 것을 보고 막막했다. 하지만 천천히 다가가 사탕을 주며 말을 걸고, 계속 질문을 하며 대화를 유도했다. 또한, 볼링을 가르쳐 주며 잘 못하더라도 할 수 있다고 용기를 북돋아 주고, 점점 발전해 나가는 것을 보며 누구보다 크게 박수를 치고 칭찬을 했다. 즉, 먼저 마음을 열고 다가가는 것이 중요한 것을 알았고, 교사가 되었을 때 아이들에게 어떻게 다가가고 대처해야 하는지 알게 되었다.

• 분류 •
• 소재: 해외 봉사 활동, 역경 극복 노력과 배운 점

63

나는 혼자 칠판에 묻고 답하는 방식으로 공부하는 것을 좋아한다. 평소 친구들의 질문에 답해 줄 때 내가 알고 있는 부분과 모르는 부분을 확실히 알 수 있어 도움이 되었다. 또한, 담임선생님께서 주신 플래너에 내 계획표를 추가해서 '되새김 노트'를 만들었다. 매일 그 노트에 오늘 할 일, 배운 내용, 잘한 것과 보완해야 할 것을 기록하면서 그날의 공부 내용과 내 하루를 되짚어 볼 수 있었다.

• 분류 •
• 소재: 스스로 학습 방법, 학습 플래너 작성 방법과 과정

64

내게는 스스로 만든 공부법이 있다. 'COT(Commenting On the Textbook)'라는 필기 방법이다. 수업 시간에 선생님이 '이런 건 몰라도 돼.'라고 이야기하셨던 내용까지 모두 교과서에 기록해 두고 나만의 그림과 기호를 통해 내용을 재구성해서 정리해 두는 것이다. 이렇게 하면 공부를 할 때 그 필기를 보며 선생님의 설명을 다시 떠올릴 수 있고, 수업했던 상황과 분위기까지 떠올라 중요 학습 내용과 연결이 잘되었다.

• 분류 •
• 소재: 스스로 학습 방법, 자기만의 노트 정리 방법과 효과

65

우리 학교는 축제 때 반마다 꼭 참가해야 하는 공연이 있다. 2학년 때, 선생님은 자율적으로 공연을 준비하라며 모든 것을 우리들에게 맡기신 적이 있다. 하지만 우리 반은 단합이 잘 안 되어서 몇몇 친구들을 제외하고는 적극적으로 참여하지 않아 공연 준비가 어려웠다. 그냥 참가하는 데에만 의미를 두자는 분위기 속에서 축제 날짜가 다가오고 있었다. 그때 나는 기대 없는 축제를 만들기 싫다는 생각에, 방과 후 몇몇 친구들과 함께 안무를 짜고 다른 친구들에게 개별적으로 알려 주는 방법을 통해 반 친구들이 적극적으로 참여하도록 분위기를 만드는 데 앞장섰다. 그리고 안무 동작을 잘 모르는 친구가 있으면 끝까지 남아서 도와주었다. 이 모습을 본 다른 친구들이 한두 명씩 함께하기 시작했고, 얼마 후에는 대부분의 친구들이 적극 협조하게 되어 공연을 잘 마칠 수 있었다. 그리고 이 경험은 안무를 짜고 동작을 조율해 가며 이뤘던 친구들과의 협동심과 친구들의 참여를 이끌어 낸 나의 리더십을 발견할 수 있는 계기가 되어 뿌듯했다. 앞으로도 다른 친구들과의 소통 속에서 주어진 상황을 주체적으로 이끌어 갈 수 있다는 자신감도 갖게 된 경험이었다.

* 분류 *
* 소재: 축제 공연 참가 경험, 갈등 극복 노력과 리더십

66

매년 피구 대표로 참여했다. 3학년 때에는 무릎을 다쳤지만 체육 대회 5개의 종목에 참여하며 맡은 일에 끝까지 책임을 졌다. 이런 모습을 보고 친구들은 '꼬맹이, 쥐방울'이 달린다고 했지만, 그런 별명이 나는 싫지 않았다. 그런 모습이 지금의 나를 만들었고, 누구와도 쉽게 친해질 수 있는 열린 마음을 가질 수 있게 했다. 반에서 소외된 친구에게 먼저 다가가 친구로 지낼 수 있고, 그 친구가 사 주는 아이스크림을 즐겁게 먹었던 일도 이러한 열린 마음에서 비롯되었다. 3년 동안 도서부에서 활동하면서 일찍 등교하고 점심 시간을 쪼개거나 학교를 마치고도 많은 시간을 도서부에서 보냈는데, 우리들이 시간을 더 투자할수록 친구들의 도서관 이용률이 높아졌다. 이와 같은 경험을 통해 다함께 노력하고 협조하면 큰 변화를 이룰 수 있다는 것을 깨달았다.

* 분류 *
* 소재: 반 대표 피구 선수 경험, 별명, 소외된 친구 돕기, 도서부 활동

67

중학교 1학년 때 RCY(청소년 적십자)에 가입해 양로원에 가서 청소를 하거나 어르신들의 말동무가 되어 드리는 봉사 활동을 했다. 그곳에 계신 분들은 연세가 많아 몸이 편찮으시거나 치매와 같은 질병을 앓고 계셔 거동이 어려우셨는데, 봉사 활동을 하러 가면 항상 반겨 주시고 손자처럼 대해 주셨다. 나의 작은 봉사 활동이 그분들에게 큰 기쁨이 되는 것을 보면서 뿌듯함을 느꼈고, 상대가 필요로 하는 부분을 채워 주는 것이 진정한 봉사라는 생각이 들었다.

• 분류 •
• 소재: RCY 활동, 양로원 봉사 활동과 느낀 점

68

신문 스크랩을 통해 자신의 의견을 정리하는 국어 숙제를 하면서 어르신들이 무관심 속에 홀로 돌아가시고 나서 이웃에게 발견된 안타까운 기사를 접하게 되었다. 왜 이런 일이 일어날까 생각하면서 이러한 일이 일어난 원인과 해결 방법을 알고자 각종 신문 기사와 책, 인터넷 자료들을 찾아보았다. 이를 통해 노인 소외 문제는 개인과 사회가 함께 책임져야 할 문제이고, 노인 복지에 관한 해결책이 필요함을 깨닫게 되었다. 나는 이러한 조사 활동을 통해 스스로 알아가는 능동적 학습이 가져다주는 즐거움을 느꼈다. 이처럼 주제별 탐구를 통해 넓게 알아가는 것도 중요하지만, 자신이 목표한 과제를 스스로 깊이 있게 연구할 수 있는 능력이 사고력과 분석력을 높여줄 수 있다는 것을 경험하게 되었다.

• 분류 •
• 소재: 신문 스크랩, 시사성이 강한 주제에 대한 탐구 경험

69

방송반 활동 시 부원들 사이에서 크고 작은 의견 충돌 상황들이 있었다. 예를 들어, 행사 때에는 행사 참여를 원하는 의견과 방송반 임무에 집중하자는 의견으로 나뉘었는데, 간부들끼리의 충돌도 잦았다. 그럴 때마다 중재에 나서며 문제를 해결하기 위해 '나 전달법'을 통해 서로의 기분을 상하지 않게 하고 이해와 협력을 독려하며 방송반 활동을 이끌었다. 이러한 값진 경험을 통해 이해와 협력의 중요성을 깨닫게 되었고, 타인을 배려하고 존중하는 자세를 배우게 되었다.

• 분류 •
• 소재: 방송반 활동, 갈등 극복 노력 및 리더십

70

초등학교 5학년 때 한 친구와 사이가 틀어져 그 친구 주변 아이들과도 안 좋은 사이로 2주 정도를 지낸 적이 있었다. 이 경험으로 주변에 아는 친구가 없다는 기분을 정말 잘 알고 있었기 때문에 누군가 혼자 있으면 항상 도와주어야겠다는 생각을 했다. 그래서 중학교 1학년 때와 올해 우리 반에 전학생이 왔는데 어색하고 쑥스러워 하는 모습에 내가 먼저 다가가 그 친구에게 따뜻하게 말을 건넸고, 지금까지 친한 친구로 지내고 있다. 누군가에게 먼저 손을 내밀어 주는 것은 결국 자신이 힘이 들 때 누군가가 내게 손을 내미는 것과 같다고 느꼈다.

• 분류 •
• 소재: 친구와의 갈등 경험, 전학 온 친구를 도운 경험

71

나는 독서 기록을 꾸준히 작성하고 있으며, 『오래된 미래』라는 책을 읽고 행복은 물질적 풍요와 비례하는 것이 아니라 삶의 가치를 어느 곳에 두는가에 따라 결정된다는 것을 깨달았다. 따라서 나는 살아가면서 힘든 일이 닥치더라도 긍정적인 시선으로 세상을 바라볼 것이다.

• 분류 •
• 소재: 독서를 통해 깨달은 점, 가치관

72

방송반 반장으로서 학교 방송 전체를 책임지고 조율하는 역할을 맡았다. 방송반에 자기주장이 강한 후배가 있어 부원들이 어려움을 겪었지만, 교내 행사 때 PD를 맡겨 보니 책임감이 강하고 연출에 대한 주관이 뚜렷하다는 것을 알게 되었다. 이처럼 적재적소에 사람을 배치하고 자신이 원하는 것을 하도록 맡기면 시너지 효과를 거둘 수 있다는 것을 알게 되었고, 전체를 조율하며 이끄는 방법을 배웠다. 주어진 길을 묵묵하지만 신나게 걸어가는 나에게 사람의 도리를 가르치는 ○○외고는 큰 힘이 될 것이라 생각한다. '빨리 가려면 혼자 가고, 멀리 가려면 함께 가라.'라는 말이 있다. 나는 ○○외고에서 함께하는 것의 기쁨을 느끼며, 함께 먼 길을 가고자 한다.

• 분류 •
• 소재: 방송반 반장 경험, 반장으로서 리더십 발휘, 가치관

73

중학교에서 치른 첫 시험에서는 계획의 필요성을 알지 못했다. 하지만 순서를 정하지 않고 공부를 했더니 일부 과목들은 시험을 준비하기에 시간이 부족했다. 그래서 시간 배분의 중요성을 깨닫게 되었고, 이후에는 상대적으로 약한 과목에 우선적으로 시간을 배분하고, 매일 공부하는 수학과 영어는 그 뒤에 공부하면서 성과를 높일 수 있었다.

• 분류 •
• 소재: 실패를 극복한 노력, 스스로 학습 방법

74

나는 미래에 좋은 학자가 되기 위해서는 지식뿐만 아니라 많은 경험을 하는 것이 중요하다고 생각한다. 이를 위해 학업과 함께 학생회 활동, 독거노인이나 장애인 자원 봉사 활동 등을 하며 다양한 경험을 쌓기 위해 노력했다. 내가 참여했던 여러 활동 중 도서관에서 아이들에게 영어 책을 읽어 주는 봉사가 인상 깊었는데, 영어 실력이 제일 중요할 것이라고 생각했던 것과는 달리 아이들과의 소통이 가장 중요했다. 읽어 주는 것에 그치지 않고 아이들의 말에 공감하면서 들어주니 아이들의 호응이 높아졌다. 봉사를 하면서 사람들과 대화를 할 때는 내가 말하는 것을 조금 줄이는 대신 그들의 말을 더 많이 들어 주게 되었고, 이러한 경험은 나중에 누군가를 상담할 때 도움이 될 것이라 생각한다.

• 분류 •
• 소재: 학생회 활동, 노인·장애인 봉사 활동, 영어 책 읽어 주기 봉사 활동

75

깨끗한 것을 좋아하는 성격이라 점심 시간에 흐트러진 급식판 정리를 했다. 처음 할 때는 깨끗하게 쓰려는 마음에서 했는데, 급식 당번을 하는 친구들도 더 신경을 쓰게 되고 다른 친구들도 함께 깨끗하게 하려고 노력하면서 교실 전체가 깨끗해지기 시작했다. 그리고 학교에서 반 친구들의 휴대폰을 수거하는 도우미 역할을 했는데, 처음엔 협조를 잘 하지 않는 친구들이 있어서 표를 만들어 체크하며 휴대폰을 걷었다. 그렇게 하면서 조금씩 친구들도 협조를 해 주어 친구들과 함께 한 학기 동안 책임을 다 할 수 있었다. 어떤 책임을 다 할 때 누군가를 탓하기보다는 작은 일도 먼저 실천하는 것이 결국 나를 위한 것이고 우리를 위하는 것임을 알게 해 주는 좋은 경험이었다.

• 분류 •
• 소재: 급식판 정리 봉사 활동, 휴대폰 수거 도우미, 책임감 발휘

내가 공부 실력을 기르기 위해 가장 중요하게 생각한 것은 학교 수업에 충실하자는 것이다. 왜냐하면 나는 모든 선생님들이 그 담당 과목의 전문가들이며, 그 수업을 제대로 듣는 것이 가장 좋은 공부 방법이라고 생각했기 때문이다. 이를 위해 나는 3년 동안 거의 맨 앞자리에 앉았으며, 궁금한 점이 생기면 적극적으로 질문하고, 발표나 토론 등에 능동적으로 참여하면서 모든 수업을 내 것으로 만들려고 노력했다. 수업 시간에 강조되었던 부분을 중심으로 정리하고 여러 차례 반복을 통해 공부한 다음 마지막에는 친구들에게 설명하는 방식으로 흐름을 정리했다. 처음엔 느렸지만 문제집에만 의존하지 않고 나만의 방법을 활용하니 시험에서 실수가 없어지고 시간도 점점 단축되었다. 그리고 모르는 단어와 이해가 가지 않는 부분을 따로 정리한 '나만의 사전'과 시험 기간마다 과목별로 정리한 7권의 노트는 나의 노력과 열정이 고스란히 배어 있는 중학교 시절의 가장 큰 보물이다. 따라서 나는 이러한 배움에 대해 끝없는 열정을 마음껏 펼칠 수 있는 곳이 ○○고라고 확신한다.

- 분류 •
- 소재: 성실한 수업 태도, 스스로 학습 방법, 노트 정리 방법과 효과

나는 '만물상'이라는 별명이 있다. 내 사물함과 가방에는 학용품은 물론 약, 바느질 도구를 비롯해 간식까지 있으며, 늘 친구들에게 열려 있기 때문에 생긴 별명이다. 이렇게 하는 이유는 '수업 시간에 충실하고 쉬는 시간에 꼭 한번 짚어 보자.'는 나만의 공부 원칙을 지키면서 친구들에게 도움을 주어 친분도 쌓을 수 있기 때문이다. 또한, 평소에도 그렇지만 시험 기간엔 특히 과목마다 정리한 부분을 친구들에게 나누어 주고 공부를 가르쳐 주는 것을 좋아하며, 그 결과 친구들의 성적 향상에도 도움을 주었다. 그렇게 하면서 느낀 것은 나의 공부 시간이 줄어든 것이 아니라 친구를 가르치기 위해 더 열심히 공부하게 되고 내게도 완벽한 복습이 되므로 나를 발전시켜 준다는 것이다. 그리고 이런 경험은 전교 임원 회의에서 서기로 활동하면서 회의 내용을 정리하고 기록하는 일에도 많은 도움이 되었다.

- 분류 •
- 소재: 별명, 가치관, 스스로 학습 방법 및 나눔의 실천, 전교 임원 회의 서기 활동

78

담임 선생님께서 학급 내에 여러 모로 어려움을 겪는 친구와 짝을 지어 주셨다. 나는 멘토 역할을 하며 학습에서 생활면까지 진심을 다해 배려하고자 노력했고, 그 친구가 조금씩 자신감과 웃음이 많아지는 모습을 보면서 작은 배려와 나눔은 상대방뿐만 아니라 나를 성장시키고 행복하게 한다는 것을 알았다. 또한, 3학년 소축제 때 각 반의 끼와 특징을 보여 주는 행사가 있었는데, 진행 과정에서 의견이 갈려 많은 갈등이 있었다. 나는 반장으로서 마음을 열고 의논해 가며 연습해서 최우수반으로 선정되었다. 이러한 경험을 통해 타인의 말에 귀 기울이고 존중하는 것이 리더십의 기본임을 깨달았고, 혼자보다 여럿이 협력해서 함께 발전하며 사회에 기여하는 삶을 살아야겠다고 생각했다.

• 분류 •
• 소재: 멘토링 경험, 축제 참여 과정에서 갈등 극복 노력 및 리더십, 가치관

79

합창을 준비하면서 지휘자로 활동한 경험은 '관계'에 대해 새롭게 인식하는 계기가 되었다. 하나의 하모니를 만들어 내는 데 가장 중요한 것은 음악적 화합이라고 생각했던 나에게 친구들의 비협조와 자기주장 내세우기 등은 상당히 이기적으로 보였다. 연습을 하면서 친구들을 보는 눈이 바뀌게 되었고, '듣는 귀'를 최대한으로 열기 위해 노력했다. 결국 함께 어우러지기 위해 서로의 의견을 조율하며 갈등을 풀었고, 수상이란 결과도 얻었다. 또한, 일주일에 3번씩 1시간 동안 학교 도서관에서 친구의 공부를 도와주었다. 누군가를 가르치는 것이 결코 쉽지 않았지만, 함께 노력한 끝에 친구는 스스로 문제를 풀 수 있었으며 친구의 자신감이 커지는 만큼 나의 실력도 향상되었다. 목표를 향해 걸어가는 발걸음도 중요하지만 함께 가기 위해 먼저 손을 내밀 줄 아는 따뜻함, 그것이 내가 학창 시절을 통해 얻게 된 또 다른 '힘'이었다.

• 분류 •
• 소재: 합창 지휘자 경험, 연습 과정에서 갈등 극복 노력 및 리더십, 멘토링 경험

80

시립 자원 봉사 센터에서 가족 봉사 활동을 했다. 매주 주말농장에서 상추, 감자, 고구마 등의 농작물을 수확하고, 무와 배추를 재배해서 김장을 해 독거노인들이나 아동 복지 기관에 기증하면서 나의 손길이 누군가에게는 희망이 되는 동시에 나도 행복해질 수 있다는 것에 보람을 느꼈다.

• 분류 •
• 소재: 가족 봉사 활동 경험, 독거노인과 아동 복지관에 기부한 경험

81

2년 동안 교내 학생 자치 법정에서 다양한 활동을 했는데, 특히 변호를 하면서 피고인의 관점에서 생각하고 입장을 이해하려 했다. RCY 단원으로서 꽃동네 노인 요양원에서 봉사하고, 우정의 선물 보내기와 자선 걷기 운동 등에 동참하면서 주위의 어려운 사람들을 생각하고 도우며 지속적인 나눔을 실천했다.

그리고 독도 동아리에서는 독도 홍보 UCC를 만들었는데, 처음 회의를 할 때에는 어떤 형식으로, 어떤 내용으로 할지조차 정해지지 않았다. 계속 대화하며 독도의 전반적인 역사를 주제로 선정했다. 처음에는 잘 할 수 있을까 걱정했지만 배역을 정한 후 모두가 자신의 역할에 충실했을 뿐만 아니라, 다른 친구의 연기를 도와주고 촬영할 때 소품을 적극적으로 준비하는 등 열심히 단합한 결과 성공적으로 만들어진 동영상을 유튜브에 올리게 되었다. 그러면서 협력과 자신의 일에 대한 책임감, 다른 사람에 대한 배려 등이 복합적으로 이루어질 때 힘든 일도 극복할 수 있다는 것을 배웠다.

- 분류 •
- 소재: 교내 학생 자치 법정 변호사 활동, RCY 활동, 독도 동아리 활동, UCC 제작 과정에서의 갈등 극복 노력 및 리더십

82

중학교 3년 내내 독거노인들께 도시락 배달 봉사 활동을 했다. 처음에는 도시락을 배달하고 수거하는 봉사만 했지만, 시간이 지날수록 안부도 묻고 어르신들께서 집에 계시지 않을 때는 걱정도 하는 손녀가 되었다. 복지관의 예산이 부족해 음식을 도시락 대신 검은 비닐봉지에 담아 갈 때는 마음이 너무 아파서 1년 동안 용돈을 모아서 산 새로운 도시락으로 드렸다. 할머니, 할아버지께서 새 도시락을 사용하는 것을 보면서 내가 갖고 싶은 것을 샀을 때보다 더 행복했다. 그리고 함께 대화를 나누면서 작은 나눔의 실천이 인생을 얼마나 가치 있게 만드는지를 배울 수 있었다.

- 분류 •
- 소재: 독거노인 도시락 배달 봉사, 자신의 용돈을 활용한 적극적 봉사 활동

83

3학년 때 담임 선생님께 받은 '징검다리' 플래너를 활용해 일별, 주별, 월별로 계획을 세워 철저한 시간 관리와 체계적인 학습을 할 수 있었다. 내가 세운 시간표를 바탕으로 하루 일과를 진행했고, 그날 저녁에는 하루를 반성하며 발전된 자기 관리를 해 나갔다. 나의 장점 중 하나인 지적 호기심은 학습 방법으로 이어져 깊고 넓은 공부를 할 수 있었다. 사회 시간에 '인플레이션 (Inflation)'이란 단어가 나왔는데, 궁금증이 생겨 인플레이션과 관련해 확장된 공부를 했다.

• 분류 •
• 소재: 학습 플래너 작성 방법, 매일의 반성과 지적 호기심

84

친구들과 함께 목표를 이루는 것을 좋아하는 나는 3학년 때 우리 반이 수업에 관심이 없다고 오해하신 국어 선생님께 반장으로서 용기를 내어 우리 반에게 조금만 마음을 열어 달라고 부탁하고, 수업 분위기를 적극적으로 주도하면서 모두가 참여하는 수업으로 만들어 나갔다. 또한, 지휘자로서 친구들과 함께 합창을 준비했다. 쉬는 시간을 활용해 안무와 노래를 소화하기 힘든 친구들을 개별적으로 도와주었다. 리더의 역할을 하면서 자신을 낮추어 친구들을 이해하고 존중해 주는 것이 효과적이라는 점을 깨닫게 되었다.

• 분류 •
• 소재: 반장 경험, 합창 지휘자 경험, 연습 과정에서의 역경 극복 노력과 리더십

85

체육부장과 반장을 도맡아 했기 때문에 반 대표 출전 선수를 뽑는 일은 당연히 나의 역할이었다. 적극적으로 참여할 것이라고 생각했지만, 잘해야 한다는 부담감 때문인지 모두 출전하기를 꺼렸다. 결과보다 힘을 모아 다 함께 노력하는 과정이 더욱 중요하다고 생각했기 때문에 아이들에게 비록 우리가 꼴찌를 한다고 해도 함께 협력하는 그 과정이 헛된 것이 아니라고 말하며 격려했다. 많은 아이들의 참여로 결국 상장을 받게 되었고, 이것을 통해 개인의 능력 차이는 서로 협력하며 극복할 수 있음을 느꼈다.

• 분류 •
• 소재: 반장 경험, 체육부장 경험, 반 대표 선발 과정에서의 갈등 극복 노력과 리더십

86

7일 동안의 제주도 올레길 완주, 한겨울의 설악산 대청봉 등반, 매주 동생과 함께하는 여러 근거리 주말 운동, 방학 동안 장거리 미션이었던 7박 8일의 자전거 국토 종주 등의 경험을 통해 한번 목표를 정하면 꼭 이루고자 하는 끈기를 키웠다. 또한, 형으로서의 배려와 큰 아들로서의 책임감을 느끼며 부모님과 동생 사이의 가교 역할을 충실히 함으로써 가족이 이루고자 하는 목표를 성취할 수 있게 되었다.

• 분류 •
• 소재: 제주도 올레길 걷기, 설악산 대청봉 등반, 자전거 국토 종주 경험, 가족과의 관계와 자신의 역할

87

나는 공익 광고를 만들기 위한 자질을 키우고자 항상 주위에 관심을 갖고 도움이 되는 사람이 되려고 노력했다. 특히 나에게 공부는 협조심과 배려 정신을 키우는 힘이 되기도 했다. 학급에서 성적으로 고민하는 친구의 멘토가 되어 효율적인 공부 방법을 알려 주었고, 암기 과목을 공부할 때에는 공부한 내용을 서로 물어보며 도움을 주고받았다. 친구가 성적이 올라 고마워하는 모습을 보며 내가 더 행복했고, 이러한 경험은 내가 성장할 수 있는 계기가 되었다. 또한, 학급 부반장으로서 모든 친구들이 소외되지 않도록 책임감을 가지고 친구들의 의견에 귀를 기울였다. 학급에 갈등을 빚는 여자 친구가 있었는데, 남자인 반장을 대신해서 여자 친구들을 모두 모아 이야기함으로써 서로를 알아 가는 시간을 가지면서 화목한 학급을 만들 수 있었다.

• 분류 •
• 소재: 멘토링 경험, 학급 부반장 경험, 소외된 친구를 돕기 위해 갈등을 극복한 노력

88

내 책상에는 '결과는 자신이 해 왔던 노력에 대한 증명이다.'라는 글귀가 적혀 있다. 어릴 적부터 공부를 하면서 좋은 결과는 좋은 과정이 있어야만 가능하다고 생각해서 그날 해야 할 일을 절대로 다음 날로 미루지 않았다. 그렇게 그날 할 일을 차근차근 해 나가면서 기초적인 부분을 탄탄하게 다졌던 것이 중학교에 들어와서 보람찬 학습을 할 수 있는 밑거름이 되었다. 특히 주말마다 복습하는 방식으로 공부할 내용을 정리했던 것이 기억에 오래 남고 스스로 꼼꼼히 공부하고 있다는 것을 느끼게 해 주었다. 또한, 그 주에 배웠던 것을 필기한 내용과 교과서 자습서를 가지고 공부하며, 친구에게 가르쳐 준다는 생각으로 다시 내용을 정리했다.

• 분류 •
• 소재: 개인적 좌우명, 복습 방법과 노력

89

올해 초 담임 선생님의 아버님께서 돌아가셔서 일주일을 학교에 못 나오셨을 때 반장으로서 부담임 선생님과 함께 반을 이끌어야 했다. 나는 평소 때보다도 더 일찍 등교했고, 부담임 선생님의 심부름을 도맡아 하며 책임감을 가지고 담임 선생님이 오실 때까지 반을 이끌었다. 이 경험을 통해 리더십은 자기희생을 바탕에 둔 배려와 사명감이 결합된 것이라는 점을 깨닫게 되었다.

• 분류 •
• 소재: 반장 경험과 리더십

90

중학교 1학년 때 시험 기간에 반을 위해 자진해서 수학 문제를 만들어 반 친구들과 함께 공부하며 정보를 나누었던 경험이 있다. 물론 혼자서 공부를 하면 혼자 시험을 잘 볼 것이라는 생각도 했지만, 친구들과 함께 정보를 나누는 것이 나에게도 복습의 기회가 되고, 친구들을 도와주는 뿌듯함도 있었다. 이를 통해 함께 나누고 도울 때 사람의 아름다움이 나타난다고 생각하게 되었다.

• 분류 •
• 소재: 협력 학습 경험, 가치관

91

공부를 하면서 가장 중요하게 생각했던 것은 학교 공부와 집에서의 공부를 연결하는 것이었다. 그래서 주요 과목은 수업이 끝난 후 복습했는데, 필기한 것과 교과서의 내용을 A4 용지에 마인드맵으로 매일 정리해서 시험 대비 교재로 만들었다. 그렇게 하면 한눈에 볼 수 있고, 나만의 순서로 내용을 정리하기 때문에 오래 기억에 남았다. 차곡차곡 모이는 종이를 보면서 공부는 힘든 것이 아니며, 나의 인생을 위한 기초를 쌓아간다는 생각이 들었다. 수업 시간에 궁금했던 내용은 백과사전을 통해 공부한 내용들이 어떻게 활용되는지를 확인하면서 배경지식도 쌓고 공부에 대한 흥미를 높였다. 마인드맵은 사회, 역사, 과학에 많이 활용했지만, 영어나 국어의 문법 공부를 할 때 더 체계적으로 활용했다. 목차를 통해 뼈대를 적고 그날 배운 내용을 큰 뼈대에서 살을 붙여 가듯이 정리를 했다. 배우는 내용들이 끊어지는 것이 아니라 연결된다는 것을 확인할 수 있었고, 내용을 전체적으로 보면서 공부의 참맛을 느낄 수 있었다.

• 분류 •
• 소재: 복습 방법과 노력, 백과사전을 활용한 심화 학습

92

2학년 때 학급 부반장으로서 반장과 함께 교내 외국어 합창제를 준비했는데, 처음 선곡에서부터 반 친구들 사이에 갈등이 일어났다. 협력을 이끌어 내야 했던 나는 처음엔 많이 당황했지만 또래 상담부에서 여러 친구들을 상담한 경험을 통해 다수의 의견만 채택하는 것이 아니라 나머지 소수의 의견도 존중하는 것이 마땅하다고 생각하여 반장과 친구들에게 1절씩 두 곡을 부르자고 제안했다. 그래서 서로 배려하고 협력하면 더 많은 사람들이 행복해질 수 있고, 그렇게 하면 결과 또한 더 좋아질 수 있다는 것을 깨닫는 경험을 했다.

- 분류 -
- 소재: 학급 부반장 경험, 외국어 합창제 준비 과정에서의 갈등 극복 노력 및 리더십

93

나는 등교 시간에 학생들이 바른 옷차림으로 등교할 수 있도록 지도하는 선도부 활동을 했다. 그 과정에서 친구들이나 선배들이 종종 한 번만 봐 달라고 부탁해서 매우 곤란했지만 정중하게 거절하고 열심히 학생들을 지도했다. 모두가 정해진 규칙을 지키기 위해서는 나 자신이 먼저 원칙과 소신을 가지고 모두에게 평등하고 중립적인 태도로 임해야 한다는 것을 깨달았다.

- 분류 -
- 소재: 선도부 활동, 준법 의식

94

중학교 1학년 때 주위에 소외된 친구가 있었다. 그 친구를 위해 같은 동아리에 가입해서 함께 다니고, 그 친구가 해외로 이민을 가기 전까지 항상 친절하게 대하고 학교에 나오지 못하는 날에는 안부를 묻고 준비물이나 숙제를 챙겨 주었다. 지금 생각해 보면 내가 따돌림을 당하는 친구와 따돌리는 친구들 사이에서 관계를 개선하지 못했다는 점이 아쉽지만, 학급 부반장으로서 학급에서 소외당한 친구나 어려움에 처한 친구들을 도왔다는 마음에 뿌듯함이 느껴진다.

- 분류 -
- 소재: 학급 부반장 경험, 소외된 친구를 도와준 경험

95

나는 학교 공부도 열심히 했지만, 기자라는 진로 관련 활동도 소홀히 하지 않았다. 꿈을 이루기 위해 사설 노트를 작성해서 논리력을 키웠다. 장래 희망에 대한 책을 읽고 조사를 하면서 진로 포트폴리오와 꿈 보고서를 작성했다. 이로써 다시 한 번 진로에 대해 생각하는 시간을 가졌다. 또한, 스포츠 기자단, 학급 기자, 신문 제작 동아리 활동에 적극적으로 참여했다.

• 분류 •
• 소재: 사설 노트, 진로 포트폴리오와 꿈 보고서 작성 경험, 스포츠 기자단, 학급 기자, 신문 제작 동아리 활동

96

가족들과 쌀국수를 먹으러 다문화 거리에 간 적이 있었는데, 처음에는 동남아를 그대로 옮겨 놓은 듯한 시장의 풍경이 지저분하게 느껴졌다. 그러나 지난 2년 동안 매달 다문화 봉사와 학습을 하면서 다문화에 대한 이해의 폭이 넓어졌고, 내가 외국인을 겉모습으로만 판단하고 다른 나라의 문화를 차별했던 편견을 버릴 수 있게 되었다. 그 후 다문화 가정 소녀에게 보낼 모니카 인형을 만들면서 진실한 마음을 담을 수 있었고, 쉬는 시간마다 틈틈이 모자를 뜨개질해서 '세이브 더 칠드런'을 통해 타지키스탄 신생아에게 보내어 그 아이의 소중한 목숨을 살릴 수 있다고 했을때 큰 뿌듯함을 느꼈다. 세상이 크게 달라진 것도 아니고 그저 내가 작은 깨달음을 얻었을 뿐이지만 세상은 분명히 다르게 보였다.

• 분류 •
• 소재: 다문화 봉사 활동, 모니카 인형 만들기, 세이브 더 칠드런 기부

97

2년 동안 매달 다문화 봉사 활동에 적극 참여함으로써 나 스스로에 대한 반성, 그리고 다문화 가정에 대한 가치관을 정립할 기회를 가지게 되었다. 가장 기억에 남는 활동은 모니카 인형 만들기였다. 피부색이 다른 3가지의 인형을 만들면서 피부색은 다르지만 모두가 똑같은 사람이란 것을 느꼈다. 바느질을 좋아히지 않는 나에게는 결코 쉽지 않은 도전이었지만 나의 결과물을 본 뒤의 뿌듯함은 아직도 잊지 못한다. 모니카 인형을 직접 기부하지 못한 것에 대한 아쉬움은 남았지만, 내 인형이 누군가의 품에 안겨 위로가 될 수 있을 것이란 생각에 설렜고 나눔에 대한 즐거움도 느낄 수 있었다. 다문화 가정이라는 일상화된 표현조차도 어쩌면 그들에게 잘못된 차별적 관심이 아닐까 하는 생각을 하게 되었다.

• 분류 •
• 소재: 다문화 봉사 활동, 모니카 인형 만들기

98

"몇 번이나 쓰는 거야? 외우면 되잖아." 노트 필기를 할 때 짝꿍이 했던 말이다. 나는 수업을 들을 때는 선생님께서 말씀하시는 것은 가급적 다 정리를 하려고 한다. 처음에는 무슨 내용인지 정리가 잘 되지 않기도 했지만, 이제는 내용을 들은 다음에 본문의 내용과 어떠한 관련성이 있는지 생각한 후 중요하거나 필요한 내용을 정리하게 되면서 수업에 더 집중할 수 있었다. 뿐만 아니라 내용을 두 번 이상 생각하게 되어 수업 시간을 알차게 보내는 효과가 있었고, 동시에 시험 대비를 할 수 있는 비결이 되었다.

- 분류 -
- 소재: 노트 필기 방법과 효과, 수업 태도

99

수업 시간에 필기하지 못했던 것을 수업 시간이 끝난 후 정리를 하는데, 이해되지 않은 내용은 다른 친구들에게 물어보거나 별표를 해 놓은 다음 선생님께 여쭈어서 수업 내용을 나의 것으로 만들었다.

- 분류 -
- 소재: 수업 내용 정리 방법

100

집에 오면 항상 그날 필기하고 교과서를 정리한 내용 중에서 필요한 내용을 다시 선별해서 매일매일 시험에 대비할 수 있을 정도의 노트를 만들었다. 그렇게 꾸준히 하게 되면서 반복 학습의 효과를 높였고, 수업 시간에 적극적으로 참여하는 계기가 되었다.

- 분류 -
- 소재: 노트 필기 방법과 효과, 수업 태도

101

스승의 날에 담임 선생님을 위해 케이크와 풍선을 사서 일찍 학교에 갔지만, 무엇을 어떻게 하자는 구체적인 계획이 없는 상태로 반 아이들이 나를 기다리고 있었다. 나는 담임 선생님을 위한 이벤트를 준비하기 위해 아이디어를 내고 나눌 수 있게 도우며, 모든 아이들이 참여하고 협력할 수 있도록 반장의 역할을 다했다. 식상한 이벤트가 될 뻔했지만 반 아이들과 함께 선생님께 잊지 못할 날을 선물해 드렸다. 나는 반 아이들을 이끌며 하나의 이벤트를 성공적으로 마무리하면서 모든 것을 책임지고 부담을 짊어지는 반장이 아니라, 서로 배려하고 함께 고민하고 책임을 나눌 수 있는 반장이 되려고 했다.

- 분류 -
- 소재: 반장 경험, 스승의 날 행사를 위한 노력과 리더십

102

나는 '행복 성장 활동'이라는 동아리에서 활동했는데, 점심시간마다 진로 상담실에서 친구의 공부를 도와주는 일을 했다. 공부는 나누면서도 할 수 있는 활동이며, 친구에게 알려주는 것이 오히려 나에게도 도움이 되므로 나누는 것이 우리를 위하는 것임을 알게 되었다. 그리고 다양한 주제로 토론을 하면서 서로의 의견이 다를 때에는 함께 의논해서 더 나은 답을 얻을 수 있었는데, 나의 생각이 중요한 것만큼이나 다른 사람의 생각도 중요하다는 것을 배우고, 말하는 것만큼 듣는 것의 소중함을 깨닫게 되어 친구들과 함께 성장할 수 있는 기회가 되었다.

● 분류 ●
● 소재: 멘토링 동아리 경험, 토론 경험

103

공부의 능률을 높이려면 공부에 대한 열정을 가지고 규칙적으로 반복 학습을 해야 한다고 생각한다. 나는 스케줄러와 복습노트를 활용해서 자기주도학습을 했다. 스케줄러에 하루 계획을 세워 낭비하는 시간을 줄이고, 하루를 되돌아보고 반성하면서 성실성과 자율성을 키웠다. 수업 후 쉬는 시간에 배운 내용을 복습하는 것과 그날 저녁 다시 나만의 복습 노트에 복습을 하는 것이 그날 배운 내용을 잊지 않는 데 도움이 되었다.

● 분류 ●
● 소재: 공부에 대한 가치관, 학습 플래너와 복습 노트의 효과

104

1학년 때 교내 체육 행사에서 응원부장인 나는 조용한 아이들 옆에서 같이 응원가를 부르고 호루라기를 불며 모든 아이들이 참여하도록 유도했다. 몇 시간 동안 옆에서 같이 응원하니 처음에는 몇명만 응원했지만, 점차 모든 아이들이 한마음 한 목소리가 되어 우리 반의 승리를 위해 응원했다. 내가 만약 반 아이들에게 응원하라고 앞에서 소리만 질렀으면 과연 모든 아이들이 진정으로 화합할 수 있었을까 하는 생각을 하며, 리더는 다른 사람들의 위에 있는 것이 아니라 그들의 옆에서 함께 공동체의 화합을 만들어 나가는 사람이라는 것을 깨달았다.

● 분류 ●
● 소재: 응원부장 경험, 응원 과정에서 한 노력과 리더십

105

신뢰는 한 사람에 대한 종합적인 평가이며, 책임감 있고 성실한 사람이 믿음을 줄 수 있는 사람이라고 생각한다. 나는 맡은 일은 반드시 책임을 지겠다는 생각을 했다. 다른 친구들은 학급에서 가장 먼저 와야 하기 때문에 교실 열쇠를 맡는 것을 싫어했지만, 나는 일찍 학교에 오는 것도 좋겠다는 생각이 들어서 교실 열쇠 관리를 맡았다. 1년 동안 가장 먼저 오는 것이 쉽지는 않았지만, 하루하루가 나를 만들어 가는 과정이라고 생각하고 책임을 완수하도록 노력했다. 그리고 핸드폰을 관리하는 일도 맡았는데, 학급에서 작은 갈등도 생길 수 있었지만 평소 내 모습을 보아 왔던 친구들의 믿음 덕에 작은 다툼도 없이 일을 해 나갈 수 있었다.

• 분류 •
• 소재: 인간상과 가치관, 학급 열쇠 담당 경험, 핸드폰 관리 담당 경험

106

중학교 3학년까지 친구의 영어, 중국어 멘토 활동을 하며 수업 진도와는 다르게 기본부터 가르쳐 주었다. 그 과정을 통해 친구가 공부에 자신감을 가지면서 성적도 올랐고, 나도 가르치는 재미를 알게 되었다. 또한, 문화 센터에서 1년 동안 ○○고교 선배들과 NIE 수업으로 재능 기부 활동을 했는데, 잘 이해하지 못하는 학생은 일대일로 세심하게 지도하면서도 혼자서 할 수 있다는 용기를 심어 주었다. 부끄러움이 많아 발표하지 못하는 친구들은 자신이 쓴 답에 대해 확신을 갖도록 용기를 주며 발표를 할 수 있게 도와주었다. 신문 기사를 제대로 읽을 줄도 모르던 아이들이 신문에 재미를 붙이고 자신의 의견을 자신감 있게 말하고 쓰는 것을 보면서 나의 지식을 남들과 나누는 것이 정말 행복하고 가치 있는 일이라고 생각하게 되었다.

• 분류 •
• 소재: 멘토링 활동, 재능 기부 활동의 효과

107

1학년 때 반 대항 축구 경기를 했는데, 나는 구기 종목을 잘 못했고 친구들도 내 축구 실력을 알았기 때문에 경기에 참여하지 못했다. 실망이 컸지만 그저 지켜보기만 할 수는 없다고 생각해서 결승전 당일에 응원 도구를 가져와 주전이 아닌 친구들과 함께 열심히 응원했다. 우리 반은 승리했고, 그 승리에 내가 조금이나마 도움이 되었다는 사실이 기뻤다. 이후로 잘 못하는 일도 포기하지 않고, 내가 할 수 있는 일을 찾아서 하는 성격이 되었다. 그 결과 나는 어떤 일을 하든지 보람과 열정은 스스로 만들어 가는 것이며, '함께'라는 말의 힘이 얼마나 큰지를 알게 되었다.

• 분류 •
• 소재: 축구 경기 응원 경험, 자기반성을 통한 변화

108

누구나 다 아는 사실이지만 예습과 복습은 자기주도학습을 하는 데 가장 중요한 것 같다. 예습은 수업 시간에 선생님의 질문에 적극적으로 대답할 수 있도록 만들어 주고, 수업 시간에 배운 것을 내 것으로 확실하게 소화하려면 복습이 꼭 필요하다. 그래서 수업이 끝나면 쉬는 시간에 방금 전에 배운 수업을 복습하는 데 활용했는데, 그렇게 하면서 내용 정리하는 시간을 줄일 수 있고 공부해야 하는 부분을 명확히 정할 수 있었다.

• 분류 •
• 소재: 예습과 복습 과정 및 효과

109

스위스에서 해마다 열리는 학교와 지역 사회 연합 음악 프로젝트에 3년 동안 합창과 기악 파트에 참여했고, 한국에서도 교내 오케스트라 활동을 하면서 다른 사람들과 함께 무언가를 만들어 가는 것을 좋아했다. 중학교 2학년 때 한국에 와서 잘 적응할 수가 있을까 두려움이 있었지만, 우리가 함께할 때 가장 즐겁고 아름답다는 믿음으로 친구들에게 다가갔다. 나는 어느 곳에서든 규칙을 준수하고 상대방을 존중하고 배려하고자 노력한다. 나의 이러한 마음이 친구들에게 통했는지 2년 동안 반장과 부반장을 하면서 중학교 시절을 보낼 수 있었고 그러면서 더 성장할 수 있었다.

• 분류 •
• 소재: 해외 합창과 교내 오케스트라 활동, 반장과 부반장 활동, 적극적으로 친구들에게 다가가려는 노력

PART 3

110

나는 무슨 일이든 끝까지 해내는 성격이다. 다행히 노력한 만큼의 결과를 얻었고, 나에게 맞는 학습법을 찾는 과정도 재미있었다. 예습과 복습의 중요성을 경험했다. 예습을 할 때 문제집의 각 단원 중 자주 나오는 내용과 문제 유형을 익히고 수업을 들으면 집중도가 높아지고 무엇이 중요한지 파악할 수 있다. 복습을 할 때 조금씩 자주 반복하며 수업 내용과 선생님의 모습까지 떠올리면 기억에 오래 남는다는 것도 알 수 있었다. 또한, 한 번에 길게 하는 것보다 조금씩 많이 하는 것이 더 능률적인 학습법이라는 것을 알 수 있었다.

그리고 친구와 함께 수학 문제를 풀다가 내가 잘못 이해하고 있었던 부분을 깨달은 경험을 통해 남을 가르치는 데 쓰는 시간은 빼앗기는 것이 아니라 나의 실력을 향상시키는 기회라는 것을 깨달았다. 설명해 준 유형의 문제는 다음에 틀리지 않아 배움을 나누는 것의 중요성을 알았고 뿌듯함을 느끼기도 했다.

• 분류 •
• 소재: 예습과 복습 과정 및 효과, 멘토링 경험

111

뜨거웠던 8월, '정조대왕 능행차 체험 순례'에 참여해 창덕궁에서 수원 화성까지 3박 4일 동안 60km를 걸었던 경험은 나를 인내심과 책임감이 있는 사람으로 키웠다. 포기하고 싶을 때 도움을 주고받으며 완주했던 경험을 통해 반드시 해내야 한다는 책임감을 가지고 협력하면 못할 일이 없으며, 그 과정은 인내의 연속임을 깨닫게 했다. 이는 중학교 3년 내내 학급 임원으로 원만한 관계를 유지하며 친구들을 잘 이끈 비결이 되었다.

- 분류 •
- 소재: 정조대왕 능행차 체험 순례 경험, 끈기를 가지고 완주하며 배운 점, 학급 임원 경험

112

1년 동안 또래 상담자로서, 진로는 확실한데 공부에 자신감이 없는 친구를 도와준 적이 있었다. 처음에는 안타까운 마음에 시작했는데, 함께 고민하고 공부를 도우며 친구의 발전을 보면서 나의 작은 도움도 다른 사람에게는 큰 이바지가 될 수 있다는 것을 깨닫고, 일상 속에서 작은 나눔을 많이 실천하는 사람이 되겠다고 다짐했다.

- 분류 •
- 소재: 또래 상담자 경험과 느낀 점

113

6년 동안 '일일 계획 노트'를 작성하면서 가장 먼저 하는 것은 그날의 마음가짐을 한 줄로 쓰며 들떴던 마음을 가라앉히고 더 집중을 하는 일이다. 그리고 그날 배운 주요 과목을 중심으로 노트에 정리했는데, 교과서와 선생님의 말씀을 내가 생각하는 방식으로 내용을 재구성하면서 내용을 더 적극적으로 이해할 수 있었다.

- 분류 •
- 소재: 학습 플래너 작성 경험, 노트 정리를 활용한 복습 효과

114

『잉여인간 안나』라는 책은 먼저 태어난 사람들이 자신들의 영생을 위해 새로운 생명들을 죽이거나 합법적인 노예로 부리는 모습을 보여 줌으로써 인간의 욕심에 대해 생각하게 해 주었다. 공정 무역을 이야기하면서도 1달러가 되지 않는 일당을 받고 일하는 커피 농장의 일꾼들을 떠올리며, 책이 아니라 현실에서 불공정한 일이 일어나고 있다는 사실에 마음이 아팠다. 더 많이 가짐으로써 행복해지려고 했던 행동이 삶의 무거운 짐이 될 수 있음을 깨닫게 해 준 책이었다.

- 분류 •
- 소재: 독서 경험과 깨달은 점

115

『죽은 시인의 사회』에서 닐 페리가 진정한 자아 발견에도 불구하고 그의 부모와 사회의 억압으로 인해 죽음으로 끝을 맺는 내용이 매우 안타까웠다. 그리고 그러한 현상이 현재 우리 사회에서도 일어나고 있어 더 공감이 갔고, 내 꿈이 교사인 만큼 학생들에게 맹목적인 공부보다는 삶에 대해 주체 의식을 가질 수 있도록 이끌어야겠다고 생각했다. 그리고 삶을 즐기며 세상을 바라보는 자신만의 시각을 갖게 된 아이들을 통해 교사의 역할이 매우 중요하다고 느꼈다.

- 분류 •
- 소재: 독서 경험을 통해 얻은 교육관

116

『데미안』에서 선과 악 사이, 누구나 겪을 만한 유혹에 빠져서 어려운 상황에 처하지만, 싱클레어는 자신의 운명을 받아들이고 개척하며 해결을 위한 원동력은 바로 자신이라는 것을 알게 된다. 싱클레어가 성장해 가는 모습에서 성장의 참된 의미를 알게 되었다. 성장이란 무언가를 끊임없이 시도하며 아픔도 겪겠지만 결국 그 모든 것이 나 자신을 찾기 위한 일이며, 나 또한 스스로 선택한 목표와 과정들을 책임지고 나만의 삶을 만들어 가야겠다는 생각을 했다.

- 분류 •
- 소재: 독서 경험, 성장에 대한 가치관과 목표

117

『꽃들에게 희망을』이라는 책을 읽으면서 인생의 진로를 정하는 것이 중요하다고 생각했다. 다른 애벌레와 달리 목표가 분명했던 노랑 애벌레와 호랑 애벌레는 나비가 된다. 그래서 노랑 애벌레처럼 빨리 진로를 선택해서 목표를 분명히 하고, 『노인과 바다』에서 상어와의 싸움도 불사한 노인처럼 포기하지 않고 도전한다면 이루지 못할 것이 없다는 생각을 했다.

- 분류 •
- 소재: 독서 경험, 진로에 대한 가치관과 도전 정신

『갈매기의 꿈』은 어릴 적부터 여러 번 읽은 책이다. 처음에는 소설 속 주인공 조나단이 갈매기니까 높이 나는 것이 꿈이겠지 하면서 대충 읽었다. 하지만 중학교 때 다시 읽으면서 '나는 왜 조나단이 되지 못할까? 조나단처럼 되려면 나는 어떻게 해야 할까?'라는 질문을 던져 보았다. 그 후 조나단처럼 나는 것을 동경하는 것이 아니라 조나단이 지상에서 날아오를 때 도움닫기를 위해 처음 날갯짓을 하는 것을 생각하며, 지금 내가 무엇을 해야 하는지를 생각하고 실천하는 것이 나를 변화시키고 완성하는 일의 시작이라는 것을 깨달았다.

• 분류 •
• 소재: 독서 경험, 자기반성과 도전 정신

『저커버그처럼 생각하라』라는 책에서 저커버그는 세상에 새로운 개념을 심어 준 창조적이고 혁신적인 CEO이다. 그는 '페이스북'을 단순히 사람들이 소통하는 수단뿐만이 아니라 동시에 수많은 사람들이 생각을 나눌 수 있는 거대한 공동체로 만들었다. 특히 페이스북을 통해 헤어졌던 가족이 다시 만나고 한 사람의 생명을 살렸던 일은 나에게 큰 충격을 주었다. 이 책을 읽고 비록 세상이 자신의 비전과 꿈을 인정하지 않을지라도 자신을 믿고 무한한 상상력을 키우며 포기하지 않아야 한다는 것을 배웠다.

• 분류 •
• 소재: 독서 경험, 자신의 멘토로부터 배운 점, 도전 정신

『날아라 로켓파크』라는 책은 두 친구가 벤처 기업을 설립해서 외적으로는 언론 매도와 사기, 내적으로는 서로 간의 갈등 등 많은 고난과 시련을 겪지만 서로의 믿음으로 극복한다는 내용이다. 나도 좌절을 경험한 적이 있다. 그때마다 나를 위로해 주고 격려해 주었던 사람은 바로 '친구'였다. 이 책을 읽고 평생 함께할 친구 한 명만 있으면 인생은 두렵지 않다는 것을 다시 한 번 깨닫게 되었다. 더 나아가, 나 자신도 다른 사람들에게 힘이 되어 주는 진정한 친구가 되기 위해 노력해야겠다는 다짐을 하게 되었다.

• 분류 •
• 소재: 독서 경험, 좌절을 극복한 경험과 친구의 소중함, 교우 관계에 관한 가치관

121

쉘 실버스타인의 『어디로 갔을까, 나의 한쪽은』은 이 빠진 동그라미가 잃어버린 조각을 찾아 떠나면서 여러 조각들을 만나 다양한 경험을 하다가 자신에게 꼭 맞는 조각을 만나 완벽한 동그라미가 된다는 내용이다. 그러나 완벽한 모습을 갖춘 뒤에는 너무 빠르게 굴러가는 속도 탓에 주변을 둘러보지 못한다. 우리나라는 인류 역사상 드물 정도로 빠른 시간에 경제적으로 급성장했지만, 그 과정에서 마음의 여유와 주변의 것을 너무 많이 잃어버리지는 않았나 생각한다. 그래서 속도는 느릴지라도 이 빠진 동그라미처럼 주변을 살피며 여유 있는 자세로 나아가는 태도가 필요하다고 생각한다.

• 분류 •
• 소재: 독서 경험, 삶에 관한 가치관

122

오쿠다 히데오의 『공중그네』에는 독특한 정신과 의사인 이라부와 특이한 정신병을 앓는 환자들이 나오는데, 의사는 환자를 '치료'하지 않는 대신 환자 스스로 그 문제의 '해결책'을 찾을 수 있게 도와준다. 반면에 현대인들은 자신의 문제를 외면하고 다른 사람에게 의존하는 데 익숙하다. 공부, 경제적인 문제, 심지어 자신의 꿈을 찾는 일조차 의존적인 태도를 보인다. 책을 읽으며 어릴 적부터 부모님께서 내 의견을 존중해 주시고 내가 하는 일에 믿음으로 기대하고 기다려 주신 것을 새삼 깨닫게 되었다.

• 분류 •
• 소재: 독서 경험, 자존감과 자립심

123

2학년 때 자유 탐구를 진행했는데, 친구들끼리 역할을 분담하고 그것을 책임지고 해내는 것이 중요한 과제였다. 한 명이 일을 수행하지 않으면 다른 조원들까지 피해를 당하기 때문에 더욱 신경 써서 맡은 일을 끝까지 수행하는 과정에서 필수적인 책임감을 경험했다. 또한, 3학년 때 과학 학습 멘토로 활동하면서 친구를 도와주는 일을 했는데, 처음 시작했을 때에는 의욕이 앞서 활동을 일방적으로 진행했다. 하지만 2학기 때는 친구가 모르는 부분을 위주로 공부할 수 있게 도와주자 성적이 눈에 띄게 향상될 수 있었다.

이처럼 두 가지 일을 진행하면서 좋은 협력 방법은 협력을 하되 상대의 능력과 특성을 이해하고 서로에게 도움이 되도록 하는 것이고, 맡은 일에는 끝까지 책임을 다하는 자세가 필요하다는 것을 배울 수 있었다.

• 분류 •
• 소재: 자유 탐구 활동 경험, 멘토링 경험, 협력을 통해 거둔 성과

124

중학교 3년 동안 학교 도서부원으로 활동하면서 책들을 제자리에 놓고, 소음을 내는 학생들에게 주의를 주는 역할도 했다. 간혹 자기가 좋아하는 책을 독차지하고 싶어서 도서관의 이곳저곳에 책들을 숨겨 놓은 일이 꽤 있었다. 도서실에서 봉사를 하기 전에는 도서관에 책을 읽고 나서 아무 데나 두고 친구와 이야기를 했었는데, 직접 관리를 해 보니 그 행동이 분명히 잘못되었다는 것을 알 수 있었다. 다행히 이제는 도서관에서 남을 배려하는 것을 직접 경험함으로써 배웠지만, 우리는 살아가면서 직접 경험해 보지 못하는 일들이 더 많다. 그렇기 때문에 내가 편한 것을 먼저 찾는 것이 아니라 상대의 입장이 되어서 생각해 보는 것이 중요하고, 그것이 배려의 시작이라는 것을 느낄 수 있었다.

• 분류 •
• 소재: 도서부원 활동, 도서관 봉사를 통해 깨달은 배려의 중요성

125

3년간 학교 도서부 부장을 하면서 자연스럽게 책을 가까이하게 되어 다양한 장르의 책 200권 정도를 읽을 수 있었다. 그중 『톤즈의 약속』은 나에게 '국제 구호가'라는 꿈을 심어 주었다. 전쟁으로 희망을 잃은 아이들에게 교육을 통해 미래를 꿈꾸게 하는 이태석 신부님의 신념에 감동했고, 물고기를 잡아 주는 게 아니라 스스로 잡을 수 있게 해 주는 것이 진정한 봉사라는 것을 깨달았다. 『베로니카, 죽기로 결심하다』에서 사춘기 시절은 무언가를 선택하기에는 아직 이르고 어른이 되었을 때는 무언가를 바꾸기에는 너무 늦었다고 체념했던 베로니카의 모습을 보고 매 순간을 오늘만 살 것처럼 열심히 살고, 가보지 않은 길 때문에 후회하지 않기 위해 내가 정말 하고 싶은 것을 찾게 되었다.

• 분류 •
• 소재: 도서부 부장 경험, 독서 경험, 다양한 장르의 독서를 통한 진로 탐색 경험

126

1학년 2학기 사회를 집중 이수하며 공부 내용이 너무 많아 성적이 약간 떨어졌다. 그때부터 내신 시험은 평소에 꾸준히 주요 과목 위주로 준비했다. 매일 수업 시간에 배웠던 내용을 노트에 정리했고, 중요한 부분에 흰색 스티커로 빈칸을 만들었다. 그 이후로 빈칸을 채우며 노트를 읽어 과목당 약 30분씩 매일 복습하며 성적을 다시 올릴 수 있었다.

• 분류 •
• 소재: 노트 정리를 활용한 복습 과정

학생회 임원이자 학급 반장으로서 반마다 몇 팀을 선정해 독서 게임을 진행한 적이 있었다. 다양한 개성과 실력의 아이들을 모아 게임을 진행하는 과정에서 리더로서 선택의 갈림길에 서게 되었다. 많은 학생이 참여를 원했는데, 잘하는 학생들만을 한데 모아 좋은 결과를 내느냐 아니면 잘하는 아이와 잘하지 못하는 아이를 섞어 모든 아이들에게 기회를 주느냐였다. 나의 선택은 후자였다. 그 결과 최고의 성과는 내지 못했지만, 역할 분담을 통해 자신의 일에 최선을 다하게 함으로써 학생들이 유대감을 느끼고 그들 하나하나가 중요한 존재라는 것을 인식하게 되었다. 3년 동안 반장을 하면서 리더는 결과나 수치보다 구성원의 끈끈한 유대감을 바탕으로 단합하게 하는 자질을 갖추어야 한다는 것을 배웠다.

• 분류 •
• 소재: 학급 반장 경험, 독서 게임을 진행하는 과정에서 갈등을 극복하는 과정과 리더십

학교에서의 멘토 활동 경험을 살려 시에서 주최하는 다문화 가정 공부방 프로그램에 참여해서 '다인'이라는 아이를 가르치게 되었다. 맞벌이를 하시는 부모님으로 인해 다인이가 돌보아야 하는 두 명의 동생이 있기에 다인이는 공부를 할 시간과 마음의 여유가 없었다. 다인이에게 칭찬과 격려를 통해 용기와 동기를 불어넣어 주어 스스로 공부를 하고 싶어 하게 했다. 그 결과 다인이의 성적은 반년 만에 평균 30점에서 70점까지 오르는 쾌거를 이루었다. 이 봉사를 통해 누군가를 진정으로 공감하고 돕고자 한다면 인내와 끈기를 가지고 꾸준히 해야 된다는 것을 알게 되었다. 끈기 있게 다인이를 가르치는 것은 쉬운 일이 아니었지만 노력한다면 이루지 못할 것은 없다는 것을 깨달았고, 이는 긍정적인 마음으로 꾸준히 봉사할 수 있게 하는 원동력이 되었다.

• 분류 •
• 소재: 멘토링 활동 경험, 다문화 가정 공부방 봉사, 멘티를 위한 노력과 성취

129

3년 동안 약 60여 권의 책을 문학 위주로 구입해 읽어 왔다. 그중 하나가 바로 5개 외국어 정복하기, 뮤지컬 공연해 보기 등 50여 개의 꿈을 가지게 해 준『멈추지 마, 다시 꿈부터 써 봐』이다. 이 책으로 나는 '꿈'이 직업만 의미하는 게 아니라 앞으로의 삶의 방향도 의미함을 깨달았다. 나도 '살기 위해' 사는 게 아니라 저자처럼 '꿈을 이루기 위해' 살겠다고 결심했다.

• 분류 •
• 소재: 다독 경험, 자신의 버킷 리스트와 인생관

130

외국의 아이들이 결연을 맺은 우리나라 친구들에게 쓴 편지를 번역하는 봉사를 하며 아이들의 응어리진 슬픔을 마음으로 느꼈고 나 또한 그들의 상처를 치료해 주고 싶었다. 그러던 중에 같은 반 친구 한 명이 작은 키 때문에 친구들에게 무시당하고, 자신은 잘하는 게 없다고 내게 말했다. 나는 성실히 하면 뭐든 해낼 수 있다고 친구를 진심으로 격려하며 공부도 도와주었더니, 친구는 서서히 변하며 성적도 올랐고 다른 친구들에게도 인정받았다. 그 친구를 보며 나는 편지의 아이들에게도 삶에 변화를 줄 수 있다는 확신이 들었고, 이 꿈은 힘들 때 버팀목이 되어 주었다. 아이들을 생각하며 내가 가진 것에 더 감사하게 되었고, 늘 응원해 주는 건강한 가족과 친구들의 소중함도 느끼게 되면서 주변 사람들을 더 배려하게 되었다.

• 분류 •
• 소재: 편지 번역 봉사 활동, 친구를 돕는 과정과 효과, 주변 사람들에 관한 가치관

131

1학년 1학기 전교에서 상위 등수를 다투던 친구가 회장 활동을 훌륭히 해낸 것을 보고 부러움과 오기로 2학기 회장을 맡았다. 그러나 친구만큼 잘하고 싶은 조바심에 나와 친구들에게 너무 많은 것을 바라게 되면서 초반에 갈등을 겪었다. 그러면서 내가 아직 부족한 점이 많고, 나와 주변 상황에 너무 완벽함을 바라는 것이 단점일 수 있다는 것을 깨달았다. 나도 학급도 완벽할 수 없음을 이해하려 노력하자 아이들도 도와주며 활동을 잘 마무리할 수 있었다. 그렇게 알게 된 단점을 보완하며 친구들과 관계도 더 원만해졌고, 다른 사람들의 실수도 더 잘 이해할 수 있었다. 그 후 Five Fingers Readers Club이라는 영어 독서 동아리 조장으로서 5명의 친구들이 모두 영어 독후감 50편을 쓰는 데 성공하도록 이끌었다.

• 분류 •
• 소재: 학급 회장 경험, 갈등을 해결하고 단점을 극복하는 과정과 노력, 영어 독서 동아리 조장 경험과 성취

132

나는 평소 언어 과목에 유독 흥미가 많아 과목 간에 성적 편차가 컸다. 그러던 중 담임 선생님께서 우리 반 친구들에게 하루 일정 관리와 수업 직후 학습 내용을 요약할 수 있는 학습 플래너를 주셨다. 그 후 나는 그날 수업한 모든 과목의 내용을 수업 직후 정리하고 꾸준히 기록해 치우침 없이 공부해서 편차를 줄일 수 있었다.

- 분류 •
- 소재: 단점을 극복하려는 노력, 학습 플래너 작성 과정과 효과

133

『왜 세계의 절반은 굶주리는가』라는 책은 나에게 큰 충격을 주었다. 평소에는 그저 지나쳤던 제3세계의 아이들이 매우 참담한 현실 속에서 힘겹게 살아가고 있다는 것을 알게 되었다. 그 모습을 보면서 이제까지 보고 싶은 면만 본 것이 아닌지 반성했고, 이러한 현실을 극복해 나가도록 도움을 주어야겠다는 다짐을 했다. 그래서 실질적인 기아 문제 극복을 위한 국제 기구인 유니세프에 관심을 갖게 되었다.

- 분류 •
- 소재: 독서 경험, 자기반성과 진로에 대한 고민

PART 3

134

『폰더 씨의 위대한 하루』라는 책에서는 주인공인 폰더 씨는 삶의 최악의 상황에서 환상 여행을 통해 여러 인물들을 만나게 된다. 많은 인물들 중에서 폰더 씨와 함께 사람들의 잃어버린 꿈 속에서 생활하는 가브리엘을 만났다. 그곳에는 다른 사람들의 소중한 꿈을 비롯해 내가 예전에 포기했던 줄넘기 1급이라는 꿈도 있었다. 포기하지 말고 더 열심히 했어야 한다는 생각과 함께 앞으로는 절대 물러서지 않겠다는 다짐을 하며, 이 책을 삶의 중요한 나침반으로 여기게 되었다.

- 분류 •
- 소재: 독서 경험, 자기반성과 도전 정신

어릴 적부터 내가 무언가를 모를 때 아버지께서는 그것을 성심껏 가르쳐 주셨다. 그 모습을 보며 나도 누군가에게 도움이 되고 싶다는 생각을 했는데, 평소 공부에 어려움을 겪던 친구와 짝이 되었다. 그 후 역사 선생님께서 그 친구에게 역사를 가르쳐 줄 것을 내게 권유하셨다. 그래서 그 친구에게 내가 수업에 집중할 때 하는 방법과 플래너를 작성하는 방법, 과제와 수행 평가를 어떻게 하는지를 최대한 자세하게 설명해 주고, 특히 부족한 부분을 인터넷 강의로 어떻게 보완하는지도 가르쳐 주었더니 그 친구도 전과 달리 수업 시간에 적극적으로 참여해서 여러 선생님들로부터 칭찬을 받게 되었다. 그 과정에서 나도 공부에 대한 열의와 흥미를 키우면서 '배움의 완성은 가르침이다.'라는 말을 실감할 수 있었다. 또한, 스스로도 한층 더 발전할 수 있는 계기가 되었다.

• 분류 •
• 소재: 부모님으로부터 받은 영향, 멘토링 활동 경험과 효과

현재 학교에서 다양한 진로 관련 행사의 진행을 돕는 진로 도우미 역할을 하고 있다. 각 반 진로 도우미들과 힘을 합쳐 진로 박람회와 진로 캠프를 준비하며 직업인 게시물을 각 교실에 붙이면서 뛰어다녔다. 힘들고 피곤했지만 더 많은 아이들이 활동에 참여하여 자신의 진로에 대해 진지하게 고민할 때면 도우미 역할에 대한 보람과 함께 책임감을 느낄 수 있었다. 1학년 때 나 또한 진로에 대한 많은 고민을 했지만 그것을 해결하는 것이 어려웠었는데, 나의 경험을 바탕으로 후배들의 고민을 조금이나마 덜어 주었다. 특별한 리더의 자리에서만 의미를 찾는 것이 아니라 자신의 위치에서 최선을 다하는 것이 가장 뜻 깊은 일이라는 것을 경험할 수 있었다.

• 분류 •
• 소재: 진로 도우미 활동, 진로 박람회와 캠프를 준비하는 과정에서 느낀 보람, 최선을 다하는 성실함

137

나는 수업 시간에 필기한 것을 집에서 핵심 내용 중심으로 다시 정리하는 학습 일기를 쓴다. 학습 일기는 매일 복습하는 습관을 들이면서 모르는 부분을 매일 점검할 수 있다는 장점이 있다. 핵심 내용을 뽑는 과정에서 교과서를 더 깊이 이해할 수 있었고, 수업 시간에 더 집중해야 한다는 자극을 받았다.

- 분류 -
- 소재: 학습 일기 작성 과정과 효과, 매일 복습하는 습관

138

나는 한 달에 적어도 두세 권의 책을 읽는데, 가장 인상 깊었던 책은 김수현 기자의 『나도 가끔은 커튼콜을 꿈꾼다』이다. 공연 문화가 일상생활에 자리 잡은 영국에 비해 우리나라는 뮤지컬을 소수의 사람들만 즐기는 문화로 생각하는 것 같아 안타까웠고, 방송국 PD가 되어 현대 사회에서 감성이 메마른 사람들의 마음을 따뜻하게 채워 주겠다고 결심하게 되었다. 『살아온 기적, 살아갈 기적』을 읽고 나서 남에게 의지하기보다는 나에게 주어진 매 순간에 최선을 다할 때 기적이 만들어지는 것임을 깨달았다. 미래에 대한 막연한 두려움보다 지금 기적을 만들어간다는 생각으로 생활하는 계기가 되었다.

- 분류 -
- 소재: 독서 경험, 진로에 대한 생각과 목표, 미래에 관한 가치관

PART 3

139

나는 선도부원으로 활동하고 있다. 선도부원들은 매일 아침 8시까지 등교해서 교칙을 어긴 학생들을 지도하는 일을 담당하고 있다. 그 덕분인지, 남은 속여도 자신은 속일 수 없다고 생각한 나는 사소한 교칙이라도 스스로 철저히 지켜 '그린 마일리지 우수 학생'으로 선정되었다. 하지만 선도부로 활동하면서 이유 없는 비난도 많이 들었다. 이런 비난을 듣지 않기 위해서는 선도부가 먼저 모범을 보이고 교칙을 잘 지켜야 한다는 생각으로 정기적으로 점심 시간이나 방과 후에 선도부원들끼리 여러 복장 기준에 대해 토론을 했다. 이를 통해 규칙을 집행하는 사람이 더 모범을 보여야 한다는 것을 깨달았다.

- 분류 -
- 소재: 선도부원 활동, 솔선수범하는 자세, 다른 학생들을 위한 노력

우리 학교는 자매결연한 일본 호덴중학교와 유도부 홈스테이 교류를 한다. 나도 이번 홈스테이를 신청해서 3박 4일 동안 일본 유도부 친구와 함께 지냈다. 일본어를 잘 못하는 나는 도서관에서 일본어 회화 교재와 단어장을 빌려 간단한 인사와 대화를 공부했다. 일본에서 온 친구와 긴 대화를 나눌 순 없었지만, 일본어로 간단한 대화를 나누고 영어와 몸짓으로 의사소통을 하고 같이 영화를 보고 밥을 먹으면서 소중한 시간을 보냈다. 우리나라와 일본은 역사적·사회적으로 대립이 있는 나라이기 때문에 나도 반일 감정이 없지는 않았다. 하지만 이번 홈스테이를 통해 일본에 대한 인식이 많이 바뀌게 되었다. 사회의 보편적인 판단을 그대로 받아들이기보다는 다양한 경험을 바탕으로 다시 한 번 생각해 본 후 비판적으로 수용하고 판단해야 한다는 것을 깨닫는 계기가 되었다.

• 분류 •
• 소재: 외국 학생과의 교류 경험과 깨달은 점, 일본어 회화 공부, 한일 관계 인식에 관한 능동적인 태도

중국어로 더빙된 만화 영화를 보며 중국어 표현들을 익혔는데, 중국의 문화와 언어를 함께 배워 이해하기 쉬웠다. 그렇게 해서 공부의 즐거움을 느낄 수 있었고, 나에게도 끈기와 도전적인 면모가 있다는 것을 알고 뿌듯함을 느꼈다.

• 분류 •
• 소재: 만화 영화를 활용한 중국어 회화 학습과 효과

학기 초 학급의 어수선한 분위기를 바꾸기 위해 선생님께 칭찬을 받는 사람에게 우유에 녹여 먹는 초콜릿 분말 제품을 상으로 주자는 내기를 했다. 친구들도 호응을 하면서 적극적으로 수업을 들었고 반 전체가 칭찬을 받으며 무승부로 끝나게 되었다. 이후 반의 수업 시간 분위기는 바뀌었다. 처음에는 내기에 관한 이야기를 꺼내기가 두려웠지만, 좋은 결과를 보고 그런 제안을 하길 잘했다는 생각이 들었다. 쑥스러움을 누르고 했던 나름의 용기 있는 행동이 가져온 큰 변화가 놀랍기도 했고, 때로는 조용히 자리를 지키는 것보다 나서서 모두를 이끄는 것이 의미 있다는 것을 알았다.

• 분류 •
• 소재: 학급 분위기를 바꾸려는 노력과 효과, 도전 정신과 리더십

1년 가까이 스리랑카 이주 노동자들에게 한국어 교육 봉사를 하고 있다. 처음에는 어색했지만 그분들과 친해지며 내가 배운 부분도 많았고, 그분들은 내일ㅔㅔ에 대한 희망을 안고 있는 행복한 분들이라는 생각을 가질 수 있었다. 또한, 그분들에게 진정 필요한 한국어가 무엇인지 알게 되어서 좀 더 주도적인 봉사 활동을 할 수 있었다. 나중에 스리랑카로 놀러 오면 자신의 가족을 소개해 주겠다는 자민다 씨를 통해 느꼈던 친근함을 안산역 근처의 동남아시아 사람들에게도 느낄 수 있었고, 그들에게 편견을 갖고 있던 나 자신의 성숙하지 못한 생각에 대해 반성을 했다.

• 분류 •
• 소재: 다문화인 대상 한국어 교육 봉사 활동, 편견에 대한 자기반성

『낯선 땅에 꿈을 심다』라는 책에서 KOICA 단원의 활동을 보며 필요한 곳에 도움을 주는 방법은 지역의 특성에 따라 다양하고, 단원 개인의 능력에 따라서 달라질 수 있음을 알았다. 특히 르완다 대학살의 상처를 감싸고 그들에게 희망을 준 사례가 인상 깊었다. 우리가 외국의 도움으로 전쟁의 상처를 치유했듯 이제 우리가 그런 역할을 할 수 있는 국력을 갖춘 것에 자부심을 느꼈다. 『Lone Survivor』라는 책은 미국 해군 특수 부대원들이 분쟁 국가에서 작전을 하던 중 겪었던 실화로서, 무고한 생명을 희생시키지 않으려고 자신들의 목숨을 희생하는 용기를 보여 주었다. 생명의 가치는 무엇과도 바꿀 수 없는 소중한 것이며, 이를 위해 자신을 희생할 수 있는 용기는 우리가 수많은 분쟁 속에서도 절대 희망을 포기하지 않는 원동력이라고 생각했다.

• 분류 •
• 소재: 독서 경험, 국제 봉사와 인도주의적 희생을 보며 깨달은 점

2학년 때 또래 상담부에서 활동하면서 상담 교육을 통해 친구들이 직면한 상황에 대해 생각하는 계기가 있었다. 처음에는 친구가 상담에 응하지 않아 힘들었지만, 사소한 것부터 시작해서 이야기를 나누고 경청하다 보니 학교 폭력이나 진로 고민을 들을 수 있었다. 그것에 공감하면서 함께 해결 방법을 찾으려고 노력했다. 이러한 경험을 통해 대화할 때 상대방의 말을 주의 깊게 듣고 공감하는 것이 매우 중요하다는 것을 깨달았고, 친구와 고민을 나누는 것이 위안이 된다는 사실도 경험했다. 처음에는 힘들었지만 책임감을 가지고 최선을 다해 임하는 것이 중요하며, 다른 사람의 말을 경청하고 공감하는 태도가 리더로서 갖추어야 할 중요한 자세라는 사실을 깨닫고 자신감을 가지게 되었다.

3학년 때 꽃동네 '희망의 집'에서 3일 동안 장애인들과 함께 생활했는데, 처음엔 좀처럼 친해질 것 같지 않았다. 그분들이 생활하는 숙소 청소와 식사 도우미를 하고 함께 시간을 보내면서 점차 친숙해졌다. 그러면서 놀란 것은 그분들이 육체적인 장애에도 불구하고 밝은 모습으로 생활하며 항상 감사해 한다는 것이다. 또한, 우리와 별반 다르지 않다는 것을 느끼면서 장애인들을 차별하지 말아야겠다고 생각했다. 휠체어를 밀면서 내가 매일 두 다리로 걸을 수 있고, 식사 도우미를 하면서 내 손으로 밥을 먹을 수 있어서 감사했다. 우리를 보내면서 서운해 하는 모습을 보고 나에게 함께할 가족과 친구가 있음에도 감사했다. 또래 상담과 꽃동네 봉사를 통해 함께 나누면 결국에는 값진 마음의 선물을 받는다는 것을 깨달았다.

• 분류 •
• 소재: 또래 상담부 활동, 장애인 봉사 활동, 바람직한 대화의 자세와 봉사에 관한 가치관

미래학자인 앨빈 토플러는 『청소년 부(富)의 미래』라는 책에서 변화와 혁신이 부의 미래를 이끌 것이라고 예견했다. 물질적인 재화보다는 개개인의 가치에 따른 의미 있는 활동들이 미래 사회를 풍부하게 할 것이라는 의미였다. 이 책을 통해 돈의 많음으로 부를 규정하지 않고 사회와 사람들의 관계를 바라보게 되었다. 미래를 통찰하는 꿈이 쉽지는 않지만 가치 있게 여겨졌다.

• 분류 •
• 소재: 독서 경험, 사회와 인간관계에 관한 고민

147

『10대가 아프다』라는 책은 공부에 대한 압박감과 불안정한 심리 상태를 겪으며 힘들어 하는 청소년들의 취재 보고서이다. 나와 같은 청소년기를 보내는 10대들이 다양한 이유로 삶을 포기하고 자살하는 비율이 세계 1위라는 결과는 충격적이었다. '세상을 향해 외치는 그들의 목소리에 귀를 기울이자.'라는 책의 메시지가 오랫동안 마음에 남았다.

• 분류 •
• 소재: 독서 경험, 청소년들의 고민에 대한 생각

148

1, 2학년 때 수학·과학 우수반의 다양한 프로젝트 수업과 조별 활동을 통해 어려운 과제에 도전하고 문제를 해결해 가면서, 협동심과 배려와 소통하는 법을 배웠다. 2학년 때는 일본의 자매 학교를 방문해서 수학·과학에 열정을 가진 친구들과 국적을 넘어선 교류를 할 수 있었다. 3학년 때는 '창의 요리 동아리'를 직접 만들어 리더로 활동했다. 처음에 친구들과 의견이 맞지 않아 어색하고 갈등도 있었지만, 수학·과학 우수반에서의 경험을 바탕으로 다양한 조별 활동을 도입해서 학교 축제 때 다른 동아리들이 부러워하기도 했다. 창의 요리 동아리 활동을 통해 새로운 모임을 만들어 가는 데 필요한 기획력과 의견 조율을 토대로 어려움을 극복해 가는 소중한 경험을 쌓게 되었다.

• 분류 •
• 소재: 수학·과학 우수반 활동, 창의 요리 동아리 활동, 학교 축제를 준비하는 과정과 성취

149

도서관에 가면 유아들에게 책을 읽어 주는 모임들이 무척 인상적이었다. 중학생이 되어 집 근처의 도서관에서 매주 토요일 유아들을 대상으로 한 '영어 책 읽어 주기' 봉사 활동을 알게 되어 영어를 잘하는 친구들과 함께 참여하게 되었다. 처음에는 어린아이들이 떠들며 돌아다니고 듣지도 않는 것을 보며 그만두고 싶은 생각도 들었지만, 영어 책만 읽어 주는 것이 아니라 그림과 인형으로 흥미를 끌어내며 동화에 공감할 수 있도록 했다. 이제는 호기심을 보이고 질문을 하거나 영어로 말을 하려고 하는 아이들을 보면서 보람을 느낀다. 앞으로도 아이들에게 재미있게 책을 읽어 줄 방법들을 더 모색해 볼 계획이다.

• 분류 •
• 소재: 유아 대상 영어 책 읽어 주기 봉사 활동, 아이들의 관심과 참여를 유도하기 위한 노력과 효과

나는 암기의 지속성이 짧은 단점이 있어 시험 성적이 좋지 않았다. 그래서 나는 에빙하우스의 망각 곡선에 근거해서 반복적으로 공부했다. 예를 들면, 역사 교과서를 크게 소리 내어 공부하고 그날 중요하다고 생각되는 내용을 정리한 시험지를 만들어 다음날에 풀면서 모르는 부분을 확인한 후 복습하는 식이었다. 이러한 방법으로 공부를 하니 시험을 볼 때 더 확신을 가지고 답을 고를 수 있게 되었다. 그리고 자연스레 시험 성적까지 올랐다. 역사뿐만 아니라 영어, 수학 등 다른 과목들도 각각 과목 특성에 맞게 반복 학습을 했더니 기억의 지속 시간도 길어지고 성적 또한 향상되었다.

• 분류 •
• 소재: 자신의 단점을 극복하기 위한 방법과 노력, 반복 학습을 통한 성취

나는 『워런 버핏 이야기』라는 책을 읽었다. 세계 경제를 움직이는 큰 손, 워런 버핏의 어린 시절 이야기 중 그가 껌과 콜라를 팔며 수익을 얻었던 점이 기억에 남는다. 경제에 대한 지식을 잘 활용하면 작은 것에서 큰 것을 창출할 수 있다는 점이 의미 있었다. 일상 속에 깃들어 있는 경제 원리를 보며 미래에 나도 경제적으로 전 세계에 영향을 줄 수 있는 인물이 되고 싶다고 생각했다. 그리고 『유시민과 함께 읽는 일본 문화 이야기』라는 책도 기억에 남는다. 그중 가장 기억에 남는 부분은 일본인의 상대방을 배려하는 태도이다. 사람들이 만족할 때까지 개선하고 노력하는 태도 덕분에 일본이 경제 대국으로 성장할 수 있었다는 것을 알게 되었고 본받아야 할 부분이라고 생각했다. 이 책을 읽고 한국과는 다른 일본의 문화를 접해 일본어를 배울 때 잘 이해할 수 있을 것이라 생각했다.

• 분류 •
• 소재: 독서 경험, 책 속 일화를 통해 받은 영향과 포부

3학년 여름 방학, 봉사를 신청하려고 했는데 어르신들께 핸드폰 사용법을 알려 주는 봉사는 지원자가 거의 없었다. 시골에 계시는 우리 할머니께서도 나와 동생이 보고 싶다고 하셔서 핸드폰 사용법을 알려 드려 자주 사진을 보내 드리거나 영상 통화를 한다. 그래서 어르신들께서도 손자와 손녀가 보고 싶으시리라는 생각이 들어 봉사를 통해 핸드폰 사용법을 알려 드려야겠다는 결심을 하게 되었다. 처음엔 문자 메시지를 입력하는 법을 모르셔서 메시지를 보내고 싶어도 보내지 못해 불편하셨다고 털어 놓으시던 할머니께서 봉사가 끝나고나서 내게 가르쳐 주어서 고맙다는 내용의 긴 메시지를 보내셨다. 그때는 정말 뿌듯했고, 연세가 많으신데도 불구하고 새로운 것을 배우기 위해 노력하시는 모습이 존경스러웠다. 그래서 나도 할머니처럼 배움에 대한 열정을 갖고 항상 노력해야겠다고 결심했다.

• 분류 •
• 소재: 노인 대상 핸드폰 사용법 알려 주기 봉사 활동, 배움에 관한 가치관

PART 3

나는 학생회 임원들로 구성된 리더십 배양 동아리에 참가했다. 동아리에는 개성 있고 좋은 친구들이 함께했지만 처음에는 많이 낯설고 어색했다. 어느 날 동아리 활동 중 가게 된 야영장에 외나무다리, 그물망 등 건너기 힘든 장애물 코스가 있었다. 처음에는 다들 혼자의 힘으로 하려다 보니 힘들었지만 부원끼리 서로 이끌어주고 도와주며 무사히 통과할 수 있었다. 이러한 체험을 계기로 모두가 친한 사이가 되었고, 친구들과의 협동과 배려하는 자세 등 공동체 생활에서 꼭 필요한 요소들을 배웠다. 개인이 잘하면 된다는 생각을 했던 나 자신을 반성하며, 개인의 이익만 추구하기보다 주변 사람들의 말을 경청하고 이해해야 한다는 것을 깨달았다.

• 분류 •
• 소재: 학생회 임원 활동, 리더십 배양 동아리 활동, 극기 체험 활동을 이겨 내기 위한 노력과 성취

『인문학으로 광고하라』라는 책을 보면, 사람은 어느 생명체보다 신비롭다. 욕망이 가득한 것처럼 보여도 이성적이며, 작은 고난에도 흔들리는 약한 마음속에는 그것을 극복해 낼 굳센 의지도 있다. 사람의 본성은 한 번쯤 공부해 보고 싶을 정도로 신비롭다. 기계가 중심인 현대에서는 물질적인 것이 중요한 것 같지만, 모든 것은 인간의 행복이라는 근본적인 목적을 벗어나지 못한다. 이 책을 통해 우리가 어떠한 직업을 가지든 어떠한 생각을 하든 인간에 대한 이해가 얼마나 중요한지를 알 수 있었다.

• 분류 •
• 소재: 독서 활동, 책 속 내용을 통해 깨달은 점

'무언가를 생생하게 꿈꾸면 이루어진다.' 이 말은 『꿈꾸는 다락방』이라는 책의 지은이가 책을 통해 나에게 건네주었던 말이며, 내가 가장 좋아하는 말이다. 생생하게 꿈을 꾸는 것만으로도 자신의 삶을 발전시키는 원동력이 되고, 꿈을 이루기 위해 하는 노력은 현재를 이겨 낼 수 있는 힘이 된다. 또한, 늙은이와 젊은이를 구분하는 기준은 나이 차이가 아니라 '꿈을 꾸는가, 그러지 않는가'에 달려 있다. 이는 우리가 간직해야 할 또 하나의 금과옥조라고 생각한다.

• 분류 •
• 소재: 독서 활동, 인생의 좌우명

음악 선생님의 권유로 관현악부에 들어간 후 악기를 연주하면서 나의 재능을 펼칠 수 있다는 것은 자랑이고 자부심이었다. 그런데 그 자부심은 학년이 올라갈수록 의무감으로 바뀌었고, 많은 부원들이 시간 낭비라며 관현악부를 떠날 때 나 또한 흔들렸다. 하지만 관현악부를 선택한 사람은 바로 나 자신이었기 때문에 여기에서 물러난다면 이후에도 어려움이 닥칠 경우 중도에 포기하고 싶은 생각이 들 것이고, 그것이 나의 성격으로 굳어질 수 있다는 생각을 하게 되어 끝까지 나의 선택에 대한 책임을 다해야겠다는 결심을 했다. 그리고 3년 동안 관현악부에서 활동하면서 중도에 포기하지 않고 그 속에서 나의 재능을 성장시킨 과정이 이제는 자부심이 되었다. 특히 화음이 맞지 않을 때 먼저 자신을 돌아보게 되고, 공연을 준비하면서 협력하는 능력을 배운 것은 음악을 통해 얻은 선물이라고 생각한다.

• 분류 •
• 소재: 관현악부 활동, 음악적 재능, 포기하지 않고 책임을 다하는 자세

3학년 초 학교에서 행복 지수 검사를 했는데, 검사 결과 거의 만점에 가까운 점수가 나와 '행복 지수'라는 별명이 생겼다. 평소 나는 아무 이유 없이 잘 웃는다. 내가 그렇게 웃고 있으면 친구들은 웃지 않을 때는 웃는 게 아니라며 매일 웃고만 있으면 바보처럼 보인다고 걱정을 했다. 하지만 내가 그러한 별명을 얻게 된 것은 항상 웃고 있는 내 모습과 높은 행복 지수 점수가 일치해 보였기 때문이 아닐까 생각한다. 항상 웃고 있으면 마음가짐이 긍정적이 된다. 긍정적인 마음가짐은 모든 일을 잘 풀리게 하며, 그것은 사람을 행복하게 해 준다. 즉, 행복은 웃음에서 나온다는 것이다. 나는 긍정적인 마음가짐을 통해 남의 단점을 장점으로 생각할 수 있는 태도를 지니게 되었고, 이는 다른 사람에게도 단점을 극복할 수 있는 용기를 주었다. 사람들이 나만 보면 왠지 모르게 기분이 좋아진다는 이유가 이 때문이 아닐까 생각한다.

• 분류 •
• 소재: 별명, 긍정적인 마음가짐과 태도

N. H. 클라인바움이 지은 소설 『죽은 시인의 사회』는 타인의 기준에 맞추어 살 것인가 아니면 자신이 원하는 삶을 살 것인가에 대한 의문을 던지면서 내 가치관에 큰 영향을 주었다. 웰튼 아카데미의 학생들이 진정 자신들이 원하는 것이 무엇인지 고민하고, 그것을 이루기 위해 노력하는 모습을 보고 변화하고 도전하려는 마음가짐이 나를 완성시킬 것이라고 생각했다.

• 분류 •
• 소재: 독서 경험, 삶에 대한 가치관

김수림의 에세이 『살면서 포기해야 할 것은 없다』에서 주인공은 자신의 장애를 극복하고 4개 국어를 구사하는 인재로 성장하였다. 그녀의 피나는 노력이 있었겠지만, 나는 그녀를 위해 헌신했던 그녀의 선생님들이 인상 깊었다. 설리번 선생님이 없으면 헬렌 켈러가 없었듯이, 나 또한 누군가의 멘토가 되어 그 사람의 삶의 희망이 되어야겠다고 다짐했다.

• 분류 •
• 소재: 독서 경험, 교육관과 교사로서의 목표

160

나는 중학교에 진학한 이후 학교생활을 하면서 우선 내가 할 일에 최선을 다하자는 생각을 가지고 노력했다. 그리고 친구들에게 내가 정리한 노트를 빌려주고 모르는 문제를 함께 풀면서 도움을 주었다. 어느 날 그 친구가 공부를 열심히 하고 싶은데 방법을 모르겠다고 나에게 조언을 구했고 나는 내가 하는 방법인 수업 내용 노트에 정리하기, 시간을 정해 놓고 공부하기에 대해 설명했다. 학원이나 문제집 위주의 공부보다는 교과서와 선생님의 말씀이 더 중요하다는 것, 그리고 무엇보다 집중하는 것이 중요하다는 것을 말해 주었다. 친구는 학습 방법을 잘 몰랐는데 덕분에 알게 되었다며 고맙다는 감사의 편지를 주었다. 나는 편지를 받고 이것이 나눔의 기쁨이라는 생각이 들었다.

- 분류 -
- 소재: 멘토링 활동, 자신의 재능을 나눈 경험과 성취

161

1학년 때부터 3년 동안 학교 관악부에서 활동을 했다. 나는 트럼본을 연주했는데 멜로디가 아니라 베이스 부문을 담당하기 때문에 멜로디를 연주하는 악기의 소리보다 튀거나 크면 합주를 망쳐 버리게 된다. 그렇게 합주를 하면서 전체를 위해 내 욕심을 버리는 마음을 가지게 되었다. 합주 연습을 하고 여러 공연에 참가하면서 선후배와 함께 연습하고 서로 맞추어 가며 한 곡 한 곡 완성해 나가는 과정이 보람 있었다. 나는 관악부 활동을 통해 협동의 중요성과 책임감을 깨우치게 되었다.

- 분류 -
- 소재: 관악부 활동, 합주 연습하는 과정에서 느낀 보람과 성취

162

나는 매일 '체계적인 계획'을 세워서 공부를 했다. 1, 2학년 때는 시간 단위로 계획을 짰는데, 우선 쉬는 시간 5분을 이용해서 수업 내용을 복습했다. 방과 후에는 선생님이 강조하신 부분과 책을 읽고 내가 중요하다고 생각하는 부분을 색깔별로 정리했다. 3학년이 되어서는 공부할 과목을 매일 정해서 계획한 과목의 공부를 끝내면 다른 과목에 비해 부족하다고 생각하던 수학을 공부했다.

- 분류 -
- 소재: 일일 학습 계획 방법과 노력, 복습 과정과 습관

163

인성 교육을 중요하게 생각하시는 부모님의 영향으로 늘 바른 생활을 하며 살아왔다. 그래서 학교에서 문제를 일으키는 학생들을 볼 때 이해가 되지 않았다. 그러던 중에 성격과 장단점이 서로 다른 네 자매의 이야기인 『작은 아씨들』을 읽고 모든 사람은 단점만 있거나 장점만 있는 것이 아니라는 사실을 깨달으면서 친구들의 다양성을 이해하게 되었다. 이를 통해 친구들을 혹시 나의 기준이나 한 가지 면만으로 판단하지는 않았는지 돌아보게 되었다.

• 분류 •
• 소재: 부모님의 영향, 독서 경험, 자기 반성과 개방적 자세

164

『유럽, 작은 마을 여행기』라는 책에는 자연을 훼손하지 않고 사람이 자연에 맞추어 살아가며, 세월의 흔적조차 하나의 작품으로 만드는 마을의 모습이 담겨 있다. 그 모습은 내가 본 어떤 지역의 사람들보다 가장 여유롭고 행복해 보였다. 이러한 소박한 마을의 모습을 통해 진정한 행복이란 남의 시선을 의식하는 것이 아니라, 스스로에게 거짓 없는 모습으로 살아가는 것이라고 생각하게 되었다.

• 분류 •
• 소재: 독서 경험, 행복에 관한 가치관

165

중학교 1학년 때까지는 공부에 대해 열정이 없어서 성적이 원하는 만큼 나오지 않았지만 2학년 때부터는 열심히 해야겠다는 생각을 하게 되었고, 나에게 맞는 공부 방법을 찾는 것부터 시작했다. 우선 학교 수업을 완벽히 소화해야겠다는 생각이 들어 집에서 복습을 했는데, 다른 과목과 달리 영어와 수학은 매일 한 시간씩 복습했다.

• 분류 •
• 소재: 성적을 향상시키기 위한 노력, 복습 방법

166

김수환 추기경의 『감사합니다. 서로 사랑하십시오』라는 책을 보면서 마음이 따뜻해지는 것을 느꼈다. 자신의 집에 몰래 들어와 밥을 훔쳐 먹던 노숙자에게 더 먹으라고 할 수 있는 배려심, 약한 자의 아픔에 같이 울어 줄 수 있는 착한 마음 씀씀이를 배우고 싶다는 생각을 했다. 또한, 추기경께서 모든 일에 감사하게 여기시는 모습을 어머니 없이 아버지와 함께 살아가는 친구에게서도 발견했을 때는 많은 부끄러움을 느꼈다. 위인이 아니더라도 우리 주변에서도 열악한 환경을 탓하지 않고 감사하게 여기는 사람들이 있다는 것을 알았고, 내가 얼마나 감사한 것들 속에서 살아가고 있는지 반성하며 마음을 다듬을 수 있는 기회가 되었다.

• 분류 •
• 소재: 독서 경험, 불우한 환경의 친구로부터 배운 점과 자기반성

167

김은혜 앵커의 『나는 감동을 전하는 기자이고 싶다』라는 책에서 화려하게만 보이던 기자의 뒷모습을 보았다. 하지만 그것은 어렵고 힘든 직업이 아니라, 사회 정의를 위해 우리 사회의 어두운 곳을 들추어 내고 취재를 위해 수없이 노력하는 모습, 사건과 사람을 볼 때 냉철하게 바라볼 수 있는 기자의 참모습이었다. 특히 '지존파 사건'을 취재하면서 자신의 의지와는 다르게 범죄인이 되어 버린 한 여자의 모습을 위로하려고 했던 김은혜의 모습에서 따뜻한 인간애를 느낄 수 있었다. 제일 감동을 받았던 것은 'BC 카드 화재 사건' 당시 취재를 하기 위해서는 5초만 흡입해도 수명이 10분이 단축되는 유독 가스가 있는 지하로 들어가야 했는데, 국민들에게 그 현장을 알려 주기 위해 무려 20분이나 그곳에서 취재를 한 것이다. 그 유독 가스는 수명을 단축시킬 뿐만 아니라 암, 뇌졸중 등 큰 병을 유발하는 유해 물질이다. 취재를 위해 김은혜 기자는 자기 인생의 이틀을 단축시켰다. 이것을 보면서 자신의 몸보다는 국민들을 위해, 공공을 위해서라면 목숨도 아끼지 않는 김은혜 기자가 존경스러웠다.

• 분류 •
• 소재: 독서 경험, 멘토의 활동과 모습에서 배우고자 하는 점들, 자신의 진로에 대한 생각과 목표

168

2학년 때 나를 변하게 만든 한 친구가 있었다. 그 친구는 지적 장애가 있는 특수반 친구인데, 비록 장애가 있었지만 항상 다른 친구들에게 먼저 인사하고 웃어 주었다. 장애는 조금 다를 뿐 창피한 것이 아니라는 사실을 머리가 아닌 가슴으로 이해하는 계기가 되었다. 이후 3학년 때 장애가 있는 친구들을 위해 봉사하고 싶다는 생각이 들어 지적 장애가 있는 어린 친구들과 인연을 맺게 되었다. 처음에는 경계하고 마음도 쉽게 열어 주지 않았지만, 조급해 하지 않고 옆에서 지켜보며 기다리니 그들이 점점 나를 따르면서 가까워질 수 있었다. 하지만 장애 때문에 학교에서 반 친구들로부터 상처를 받는다는 이야기를 듣고 마음이 아팠다. 사랑이 모든 사람들의 아픔을 치료해 주듯이, 나도 사랑으로 계속 이러한 아이들을 사랑하고 보듬어 줄 것이다.

- 분류 -
- 소재: 특수반 친구와 일화, 지적 장애 아동 봉사 활동

169

평소 친구들과 잘 지내는 성격이라 학교생활에서 스트레스를 받지는 않았다. 3학년이 되어 완전히 새로운 친구들과 한 반이 되었을 때에도 함께 어울리는 것에 문제가 없었다. 그런 성격을 아신 담임 선생님께서 나와 친구 두 명을 부르셔서 반에서 아직 적응하지 못하고 있는 한 친구와 친하게 지내라는 말씀을 하셨고, 기회를 만들어 그 친구와도 가까이 지낼 수 있었다. 그 후에 친구들과의 갈등으로 혼자 밥을 먹는 친구에게 같이 다가가 혼자가 아니라 '함께'라는 울타리를 만들어 즐거운 학교생활을 함께 만들어 갔다. 친구들과 가까워지면서 내가 얼굴이 하얘서 나를 '백설'이라고 부르다가 더욱 친해져 '뱃살'로 바꾸어 부를 정도로 친구들과 허물없이 지내게 되었다. 또한, 친구들의 고민과 걱정도 잘 들어 주고, 진심 어린 조언도 해 주며 깊은 우정을 쌓을 수 있었다.

- 분류 -
- 소재: 강한 친화력과 사교성, 부적응 친구를 돕기 위한 노력과 성취

베르나르 베르베르의 소설 『뇌』에는 인간과 컴퓨터의 체스 대결이 나온다. 그것을 보면서 인간은 여러 요소에 방해를 받기 쉽지만, 반대로 '동기'에 자극을 받으면 한계가 없다는 것을 느꼈다. 나도 강력한 동기를 찾기 위해 항상 공부하기 전에 오늘 공부를 해야 하는 이유를 생각하면서 공부한다. 또한, 이 책에는 깊은 고민을 하면서 연구를 하되 모든 순간을 즐겁게 지내는 에피쿠로스학파가 나오는데, 그 사람들처럼 긍정적인 마음을 가지기 위해 '웃으며 살자'라는 말을 책상에 붙여놓고 실천에 옮기는 계기가 되었다.

스티브 잡스의 전기를 보면 '집중이란 것은 한 가지 아이디어에 'Yes'를 던지는 것이 아니라, 다른 좋은 수천 가지 아이디어에 'No'를 던지는 것'이라는 말이 있다. 이것은 자신이 하려는 것이 무엇인지를 분명히 선택하고, 그 주변에 있는 것들은 최대한 신경을 쓰지 말라는 뜻이다. 그래서 나도 그것을 내 생활에 실천하기 위해 시험 치르기 2주 전부터는 게임기와 핸드폰을 서랍에 두어 멀리하면서 내가 목표하는 것을 위해 최선을 다했다.

● 분류 ●
● 소재: 독서 경험, 공부하는 자세와 동기

독서를 할 때 진로와 관련된 언론 분야와 인문 사회 분야의 책들을 주로 읽었다. 방학 때 수강했던 한국 근현대사 방과 후 수업을 통해 일제 강점기에 조선이 당한 수탈에 대해 알게 되었고, 팀장으로 활동한 경제 독서 동아리에서 『문답으로 읽는 20세기 한국 경제사』를 읽었다. 일제 강점기 조선 총독부의 수탈 정책과 우리 국민들의 경제적인 어려움을 파악한 후, 국민 경제를 보호할 수 있는 정부가 없으면 자본주의 형성을 이룰 수 없다는 결론을 내리고 「국가 없는 자본주의의 한계」라는 탐구 보고서를 작성했다. 또한, 비슷한 시기 식민 지배로 고통을 받았던 아프리카의 실상을 파악하고자 『Things Fall Apart』라는 원서를 읽었다. 이 작품을 통해 열강의 침략으로 식민지의 문화가 파괴되는 과정을 파악할 수 있었다. 이 과정에서 주인공이 느꼈던 감정들을 탐구하며 아리스토텔레스의 행복론과 연계해서 「두려움과 행복의 관계」라는 탐구 보고서를 작성했다. 이러한 다양한 활동을 통해 단순 암기에 그치는 공부가 아니라 역사나 작품을 분석할 수 있는 시각도 갖출 수 있었다.

● 분류 ●
● 소재: 독서 경험, 방과 후 수업 및 경제 독서 동아리 활동, 역사와 경제를 융합한 주제의 탐구 보고서 작성 경험, 식민지 환경과 개인의 행복과 연관성에 관한 탐구 보고서 작성 경험

복지관 청소년 기자단에서 팀장으로 활동하며 2기 신입 단원을 모집할 때 직접 심사 위원으로 참여했다. 다양한 지원자들의 자기소개서와 면접 내용 사이의 진실성과 면접 태도 등을 고려해 합격자를 뽑았지만, 실제로 함께 활동해 본 결과 면접 때 보았던 모습과는 다른 모습들도 많이 보게 되었다. 그러나 내가 고른 팀원이기에 책임을 느꼈고, 내 결정을 믿었기 때문에 그 팀원들이 가지고 있는 능력을 최대치로 끌어올릴 수 있도록 했다. 예를 들어 팀원들 간 분위기가 산만해질 때에는 중재해서 더 나은 방향을 제시하며 팀을 이끌어 갔다. 그리고 우리 모두 학생이라는 점을 고려해서 힘든 상황에서는 후배들에게 따뜻한 충고도 해 주었고, 잘 따라오지 못한 팀원도 끈기를 가지고 기다려 팀 내에서 좋은 분위기를 유지하는 데 힘썼다. 그 결과 기사의 첫 줄을 쓰기도 힘들어 하던 팀원이 적극적으로 인터뷰도 진행하고 주요 헤드라인까지 만들어 내는 등의 변화된 모습을 보여주었다. 이를 통해 팀장은 팀원들이 제 몫을 다할 수 있도록 조언하고 믿음을 주는 역할을 해야 함을 깨달았다.

• 분류 •
• 소재: 청소년 기자단 팀장 경험, 지원자 선발 경험과 팀원을 이끄는 과정에서 어려움을 극복한 노력, 팀원과 함께 이룬 성취와 리더십

PART 3

우리 가족은 매년 한두 차례 홀트 입양 가족 초대 봉사를 한다. 해외로 입양 가는 우리나라 아이와 그의 가족들을 우리 집에 초대해 저녁 식사를 대접하며, 우리나라의 가정 문화를 포함한 전통 문화와 현대 문화를 알려 주고 또한 그들의 나라에 대해 이야기를 나눈다. 처음에는 외국인과 외국어로 대화하는 것이 마냥 어렵고 불편했다. 하지만 그들의 따뜻한 모습과 좋은 가족을 만나 구김살 없이 자란 아이의 모습을 보면서 우리 가족도 감동을 느꼈기 때문에 매년 이 봉사 활동을 하고 있다. 짧은 만남 후에도 SNS를 통해 지속적으로 연락하고 설날과 크리스마스 때에는 직접 손으로 쓴 편지와 선물을 나누고 있다. 지금까지 미국, 노르웨이, 덴마크 등 다양한 나라에서 온 다양한 가족들을 만났고, 그 인연 하나하나를 소중하게 여기고 있다.

• 분류 •
• 소재: 입양 가족 초대 봉사 활동, 가족과 함께 봉사 활동을 하며 깨달은 점과 유대감 형성 경험

174

『인체 특허 표류기』라는 책을 읽던 중 '첨단 의료와 특허'라는 주제의 내용에서 첨단 의료 기술의 개발을 위해 인체를 수학적으로 해석할 수 있다는 것이 인상 깊었다. 그러던 중 '드레스 색깔 논란'이 화제가 되었고, 관심이 생겨 찾아보니 인간의 색깔 인식은 지수와 로그 함수에 기반해서 이루어짐을 알게 되었다. 이는 '인체의 수학적 해석'과도 밀접한 내용이었다. 즉, 함수는 입력과 출력의 관계를 정의한다는 관점에서 보면, 인체는 색깔을 인식하는 함수로 로그 함수를 채택해서 빛의 3요소와 그 각각의 밝기라는 입력을 통해 뇌의 색상 인식이라는 출력을 얻는다. 이는 『생체 현상의 공학적 해석』이라는 서적을 통해 알 수 있었다. 책에 제시된 수식을 바탕으로 계산하니, 드레스 색깔 논란에서 의견이 두 가지로 나뉜 이유가 눈에 같은 전기적 자극이 가해지더라도 이를 해석하는 식이 두 개이기 때문임을 알게 되었다. 이처럼 수학적 해석을 통해 생리적 현상을 확인해 보고 가설의 타당성을 직접 확인하니 더 큰 호기심이 생겼고, 입력과 출력을 바꾼다면 더 쉽게 비슷한 경우를 구할 수 있을 것 같아 역함수를 생각해 보았다. 역함수를 구하여 비슷한 경우를 찾아 「눈의 색깔 인식에 대한 수학적 해석」이라는 보고서를 작성했다.

● 분류 ●
● 소재: 독서 경험, 인체가 색깔을 인식하는 과정을 수학적으로 해석한 수식과 보고서 작성 경험

175

같은 반 친구가 이온 결합과 관련된 문제를 질문했다. 이야기해 보니 친구는 이온의 개념도 잘 몰랐다. 개념부터 시작해서 잘 이해할 수 있게 설명하기 위해 고민했다. 결합을 좀 더 직관적으로 이해할 수 있도록 그림으로 설명했다. 친구도 내 노력에 답해 주었고 고마워 해서 내가 가진 지식이 다른 누군가에게 도움이 됨을 깨닫고, 내 노력들에 더욱 책임감을 갖게 되었다.

● 분류 ●
● 소재: 멘토링 경험, 개념 설명을 위한 노력과 성취

과학 자유 탐구로 어릴 적부터 고생했던 알레르기에 대한 프로젝트를 진행했다. 알레르기는 면역과 연관성이 높을 것 같아 『면역의 과학』을 읽고 인체 면역 시스템의 기본 원리를 이해했다. 좀 더 깊이 탐구하고자 Rice University의 Alma 교수의 'Fundamentals of Immunology'를 수강해서, 자연면역과 획득면역의 메커니즘을 학습하고 알레르기는 면역 체계 교란으로 발생하는 질환임을 알게 되었다. 또한, 논문 「알레르기 질환의 발생 원인 물질에 대한 연구」를 읽고 단백질 이상 현상은 환경적 요인과 유전적 요인에 의한 것으로, 다양하고 불특정해서 진단에 어려움이 있다는 것을 알았다. 『면역의 과학』을 통해 스테로이드는 알레르기 치료에 탁월한 효과가 있는 반면에 부작용을 일으킨다는 것을 알고 과거 스테로이드 부작용으로 체중이 급격히 증가해 힘들었던 기억이 되살아났다. 책 『약리학』을 찾아 스테로이드의 약리 작용에 대해 학습하고, 부작용의 원인이 당질코르티코이드에 있음을 알게 되었다. 이러한 부작용의 해결 방안을 운동 요법에서 찾고자 했으나, 곽이섭 교수의 강의를 통해 운동 유발성 알레르기 질환 또한 발생 빈도가 높음을 알았고, 「Immunity and Allergic Reaction」이라는 탐구 보고서를 완성했다. 탐구를 통해 알레르기 반응 유형에 따른 질환을 이해하고, 현재 알레르기 치료의 한계를 알 수 있었다.

• 분류 •
• 소재: 과학 자유 탐구 프로젝트 경험, 전문 서적 독서 경험, 알레르기 관련 탐구 보고서 작성 과정과 성취

알레르기 비염 증상은 일교차가 큰 환절기에 많이 나타나는데, 『벌거벗은 통계학』이라는 책을 읽고 알레르기 비염 진단율과 일교차와의 관계를 분석해 보았다. 책을 통해 통계의 근본 개념을 익히고, 다양한 주제로 상관분석과 선형회귀분석을 다루어 쉽게 접근했으며, 이화여대 송종우 교수님의 강의를 듣고 적용했다. 통계청의 남녀 알레르기 비염 의사 진단율과 기상청의 지역별 일교차를 바탕으로 둘의 상관 계수를 구하고, 선형회귀분석을 이용해 일교차가 커지면 알레르기 비염 진단율이 미미하게 증가함을 알 수 있었으나, 예상했던 것만큼 높은 관계도를 나타내지는 않았다. 이 과정을 통해 수학적 통찰력과 정보와 자료에 대한 해석력을 갖게 되었다.

• 분류 •
• 소재: 독서 경험, 알레르기 비염과 일교차 상관관계 분석 과정 및 성취

178

『핀란드 교실 혁명』이라는 책에 나온 '교실의 주인공은 스스로 공부하는 학생들'이라는 구절처럼, 반 모두가 주인공이 될 수 있도록 시험 2주 전부터는 역사와 예체능 과목의 요점을 정리해서 공유하고, 멘티에게는 효율적인 나만의 '거꾸로 공부법'에 흥미를 갖게 해서 성적 향상에 도움을 주었다. 친구들과 공부를 통해 소통하고 마음을 나누면서 주인공이 되어 가는 모습을 보고 자긍심을 느꼈다.

- 분류 •
- 소재: 독서 경험, 협력 학습 및 멘토링 경험과 성취

179

'Expository Writing(설명문)'을 통해 창의적 관점과 토론 능력을 키우기 위해 노력했다. 조지 오웰이 버마에서 경찰로 근무할 때 쓴 수필 『Shooting an Elephant』를 읽고 코끼리의 죽음이 미얀마인의 고통을 상징한다는 의견을 제시했다. 이에 대해 억압받는 버마인들과 일제 강점기의 우리 국민들을 비교해서 Rhetorical Analysis를 작성했다. 여기에서 내가 설명한 제국주의의 모순은 강대국이 약소국을 억압할수록 반발이 거세져 결국 제국주의가 몰락한다는 것이다. 현대판 제국주의를 나타낸 『The Circle』을 읽고 사회 감시 시스템에 대해 토론했다. 이를 토대로 타인에 대한 존엄성의 존중과 표현의 자유가 공존하는 사회가 자유 민주주의 사회라는 생각을 하게 되었다.

- 분류 •
- 소재: 영어 원서 독서 경험, 토론 및 글쓰기 활동, 자유 민주주의에 대한 개념 정립

180

2학년 1학기 반장, 3학년 2학기 반장, 학생회 학습 부장 역할을 맡으며 두 시기의 임원 활동의 다른 점을 분석해 보았다. 2학년 반장은 단합과 재미, 성과를 목표로 친구들을 이끌었다면, 3학년 반장은 아름다운 마무리와 책임감, 꾸준함을 갖춘 리더로 기억되기 위해 노력했다. 또한, 학생회 학습 부장으로서는 학습 분위기 조성을 위한 스터디 클럽 활동과 학교 축제, 합창제 등을 준비하면서 행복 속의 고생과 같은 역설을 경험하며 리더의 고뇌를 느꼈다고 생각한다.

- 분류 •
- 소재: 다양한 임원 및 학생회 활동 경험, 자신이 생각하는 리더의 자세

181

복지 강국이 되기 위한 암 치료법에 대해 3년 동안 조사를 하고 『암을 정복할 수 있을까』라는 책을 읽으며 백혈병 환자들의 희망인 글리벡에 관심을 갖게 되었다. TED 강의 'A New Strategy in the War on Cancer'를 수강하고 「글리벡—특허냐, 건강권이냐」라는 탐구 보고서를 작성하면서 암 치료법과 치료 약물에 대해 더 많이 알게 되었다.

• 분류 •
• 소재: 독서 경험, 암 치료법 탐구, 백혈병과 관련된 탐구 보고서 작성 경험, TED 강의 수강

182

모의 유엔 활동을 위해 시리아 난민의 인권 관련 토론 자료 조사를 하던 중 시리아 내전은 40년 이상의 부자 세습 독재 체제, 수니파와 집권 세력 시아파 사이의 종교적 충돌, 정부군을 지지하는 러시아와 반군을 지지하는 미국 등 서방 국가의 국제적 대리 전쟁 등의 복잡하게 얽힌 원인 때문임을 알 수 있었다. 또한, 논문 「시리아 난민 사태와 국제 사회」와 NYT(뉴욕 타임스)의 기사 'Death in Syria', 유엔 난민 기구 UNHCR 사이트 등을 통해 400만 명 이상의 난민과 20만 명 이상의 사상자가 발생했음을 알게 되었다. 시리아 난민 문제는 정치적·경제적 접근보다는 먼저 인도적 차원에서 고려해야 한다고 생각했다. 이에 유럽과 중동의 적극적인 난민 수용 자세가 필요하며, 이들을 수용하는 국가에 장기적인 재원 지정을 해야 하고, 우리 모두 UNICEF 모금에 참여하고 관심을 갖자는 내용의 영문 기획 기사를 작성해 학교 신문에 기고했다. 또한, 작성된 기사를 반기문 유엔 사무총장에게 편지로 보내는 등 문제점을 해결하려고 노력했다.

• 분류 •
• 소재: 모의 유엔 활동, 시리아 내전을 주제로 탐구 보고서 작성, 시리아 난민 문제에 관한 대안을 제시하는 영문 기획서 및 영자 신문 기사 작성

한국을 대표하는 외교관이 되고자 동아리 활동을 통해 '개발 도상국에 대한 선진국의 인도적 구원의 의무'와 '선진국의 소비자들에게는 노동 착취로 만들어진 제품을 보이콧할 의무가 있다.' 등에 대한 토론을 진행하며, 다양한 외교 분쟁 사례를 학습했다. 또한, 사회 시간에 독도 문제의 해결 방안을 모색하는 수행 평가에서 자료 조사를 하던 중 국제 사법 재판소의 기존 판례를 통해 확립된 체계의 부재로 인해 국제법상 힘의 논리가 작용하는 불합리성을 확인할 수 있었다. 'Independent Diplomat'를 통해 소수에게 권력이 집중된 국제 기구의 문제점을 알 수 있었고, 국제 기구의 관료제와 강대국에게만 유리한 국제법 체계로는 독도 문제의 해법을 찾을 수 없다고 판단했다. 이를 해결하기 위해 독도 문제와 위안부 문제로 대표되는 한일 양국의 갈등은 미국·중국과의 역학 관계가 얽혀 있다는 사실을 '게임 이론'으로 설명해 보았다. 존 내시의 균형 이론과 수인의 딜레마를 학습하며 독도 문제를 한일 양국만의 문제로 보는 것이 아닌 미국, 중국과의 균형 외교 차원에서 해법을 찾아야 한다는 내용으로 보고서를 작성했다.

- 분류 -
- 소재: 토론 동아리 활동, 게임 이론을 접목한 한일 문제 분석 과정과 한국과 일본, 미국, 중국 4국 차원의 해법이 필요하다는 보고서 작성

학교 멘토단 대표로 행사를 기획하고 진행하며 조화와 소통의 중요성을 깨달을 수 있었다. 수직적 구조가 아니라 자유롭게 토론을 할 수 있는 분위기를 형성해 최대한 다양한 의견이 나올 수 있도록 했다. 그 결과 많은 의견들이 나왔지만 서로 다른 의견들을 모두 수용할 수는 없었다. 나는 멘토단의 목적을 다시 한 번 더 상기시키고, 누가 옳은 것이 아니라 어떤 의견이 최선인지를 생각하며 의견을 조율하고 설득해 나갔다. 덕분에 시간은 많이 소요되었지만 모두 만족할 수 있는 결과를 얻을 수 있었다. 국제 사회도 마찬가지다. 강대국에 모든 권력이 집중되는 힘의 논리와 보수적인 관료제가 팽배한 현재의 국제 체제로는 세계가 직면한 범지구적 문제를 해결할 수 없다. 소통과 조화를 통해 훗날 유엔 평화 구축 위원회에서 평화를 실현하고 싶다.

- 분류 -
- 소재: 학교 멘토단 대표 경험, 자유 토론을 진행하는 과정에서 의견을 조율한 노력과 성취, 이상적인 국제 체제에 대한 아이디어 제시

185

모의 법정 체험과 재판 방청 후 『법치란 무엇인가』와 『확신의 함정』이라는 책을 읽었다. 이를 통해 상호 충돌하는 주장을 다양한 방향에서 분석할 수 있는 검사가 되기 위한 인문·사회적 통찰과 논리적 사고력 함양의 중요성을 인식했다. 그래서 나는 중학교 1학년 때부터 신문과 논술 서적을 통해 다양한 분야의 주제를 선정한 후 독서하며 논설문 쓰기에 주력했다. 중학교 2학년 때 국어 시간에 '대규모 집회 시 상인들의 재산권과 집회·결사의 자유'라는 주제로 논설문을 작성했는데, 논제의 쟁점을 양측의 생존권으로 파악하고, 헌법에 제시된 행복 추구권, 집회·결사의 자유, 재산권 보장 등을 논거로 채택했다. 그리고 6단 논법에 의거해 절박한 문제와 관련된 기본권이 우선되어야 한다는 논지를 구축하고 핵심 주장을 정리했으며, 민주 사회에서 우선하는 가치는 사회적 성숙으로 결론을 맺었다. 학술적 글쓰기 능력 배양을 위해 관련 내용을 찾던 중에 중학교 3학년 때 SNUON(서울대학교 열린 온라인 강좌)의 '비판적인 사고와 글쓰기'를 알게 되었고, 비판적 사고 능력과 언어적 능력을 연결하는 공부 방법을 익힐 수 있었다. 이를 활용해 중학교 3학년 국어 시간에 「비판적으로 의견 수용하기」라는 보고서 작성과 발표로 자신감을 갖게 되었다.

• 분류 •
• 소재: 모의 법정 체험 및 재판 방청 경험, 독서 경험, 다양한 주제별 논설문 쓰기 경험, SNUON 수강 경험과 적용

186

중학교 2학년 때부터 청소년 운영 위원으로 또래 청소년들과 사전 회의 후 청소년 직업 체험 박람회에서 부스를 운영하며 홍보 소식지를 제작했다. '청소년 활동 컨소시엄 공감 프로젝트'를 기획했는데, 몰래 산타클로스로 분장해 저소득층 아동들과 수평적으로 소통하고, 교내에서 1년 동안 '학습 나누미'의 동아리 회장으로 활동하며 교학상장(敎學相長)의 의미를 깨달았다. 또한, 3년 동안 방송부원으로 매년 방송제 및 학교 행사를 주도적으로 진행했으며, 중학교 3학년 때 학급 부회장으로서 발야구 응원단을 구성해 즐겁게 어울렸다.

• 분류 •
• 소재: 청소년 운영 위원 활동, 학습 도우미 동아리 회장 경험, 방송부원 활동, 학급 부회장 경험

나는 장애인을 돌보는 시설에서 봉사 활동을 했는데, 처음에는 화장실을 청소하는 것이 너무 힘들어 봉사를 그만두고 싶었다. 그런데 어느 날 원장님이 그분들의 발을 씻겨 주라고 하셨다. 마음으로는 화장실 청소보다 더 힘들었다. 그분들의 발을 씻겨 드리고 나와 내 손을 몇 번이나 비누로 씻고 또 씻었는지 모른다. 그러나 그분들 중 한 분이 나만 따라 다니는 모습을 보며 내가 아픈 사람들을 위해 치료법을 개발하고 싶다는 마음이 가식은 아니었나 반성했다. 그 후 그 분들과 기타 연주회도 하고 함께 장기를 두며, 같이 텃밭에 배추도 심고, 고추장과 된장을 만들어 항아리에 담기도 했다. 뇌성마비인 형은 나를 보면 항상 내게 의사가 되면 다른 사람들처럼 돈 많은 사람을 먼저 치료하고 돈 없는 사람을 나중에 치료하지 말고, 누구에게나 평등하게 대해 달라고 신신당부를 한다. 형을 만날 때마다 다시 한 번 더 내 꿈을 다짐한다. 그리고 서로 발을 먼저 씻어 달라며 내가 오기만을 기다리시는 그분들을 보면 봉사는 나를 희생하는 것이 아니고 내가 그들로 인해 행복해질 수 있다는 것을 깨닫게 되었다.

• 분류 •
• 소재: 장애인 시설 봉사 활동 경험, 자기반성 및 뇌성마비 형을 통해 깨달은 점, 진로에 대한 신념

2학년 영어 독서 캠프 창작물 경연에서 『Coraline』이라는 책을 소개하는 포스터를 조별로 제작했다. 그러나 아이디어 제안과 계획 추진 과정에서 비협조와 아이디어 빈곤 등의 문제가 지속되었다. 하지만 부회장으로서의 책임감은 물론이고 디자인에 대한 나의 열정이 친구들을 변화로 이끌었다. 각각의 아이디어를 최대한 모두 반영해서 카툰이나 새로운 이미지에 접목해 독특하고 유쾌한 디자인으로 발전시켰고, 모두의 개성이 하나로 합쳐지자 겉돌던 친구들의 흥미와 관심이 모아져 결국 창의적인 포스터를 만들어 좋은 평가를 받았다. 나의 창의성과 리더십이 유쾌한 변화와 성공적인 결과를 가져온 좋은 경험이었다.

• 분류 •
• 소재: 영어 독서 캠프 경험, 창작물을 만드는 과정에서 갈등 극복 노력, 부회장으로서 리더십을 발휘하여 이룬 성과

189

지하철 명동역과 이태원역에서 외국인 관광객 안내 봉사 활동을 할 때 언어가 통하는 것이 반가워 기뻐하는 분들을 많이 만났다. 우리나라 사람이건 외국인이건 소통을 해 주는 것만으로도 큰 즐거움을 줄 수 있음을 알았고, 언어 학습에 있어서 소통의 중요성을 다시 한번 깨달았다. 또한, 봉사 동아리를 조직해서 사회 복지관과 연계한 활동을 했다. 주요 활동은 마을 신문 제작이었다. 대학생 멘토에게 글쓰기와 사진 교육을 받은 뒤 마을 탐방 및 조사를 통해 신문을 제작했다. 기사를 통해 우리 마을의 특징과 장점을 홍보했다. 음식을 만들어 마을 노인들께 무료로 나누어 드렸고, 불우 이웃을 돕기 위한 모금 활동도 했다. 내가 살고 있는 지역 사회에 작지만 도움이 되는 활동을 했다는 것에 보람을 느꼈다.

• 분류 •
• 소재: 외국인 관광객 안내 봉사 활동 경험, 봉사 동아리 조직 및 마을 신문 제작 활동, 불우 이웃 돕기 모금 및 기부 활동

190

중학교 3학년 때 경복궁에서 문화 해설사로 봉사 활동을 했다. 봉사 첫날 외국인들에게 최대한 많은 정보를 전했지만 나의 해설은 미리 조사한 내용의 단순한 전달에 불과했다. 강녕전에 들어갈 때 신발 벗는 것을 의아해하는 모습에 우리 전통문화도 설명해야 한다는 것을 깨달았다. 그 후로는 동선을 정하여 이동하면서 각 지점마다 외국인 입장에서 궁금증이 생길 수 있는 부분을 이해하기 쉽게 설명했고, 이런 설명에 그들의 관심이 높아졌다. 경복궁 문화 해설사 봉사 활동을 통해 내가 전해 주고 싶은 것을 제공하는 것보다 상대방 입장에서 필요한 것을 제공하는 것이 존중과 배려임을 느꼈다. 아무리 좋은 뜻을 갖고 있더라도 그 뜻이 상대에게 제대로 전달되지 않으면 외교에 성공할 수 없듯이, 나는 장래에 이런 존중과 배려의 마음을 가진 외교관이 되고 싶다.

• 분류 •
• 소재: 경복궁 문화 해설사 봉사 활동, 외국인들에게 한국 문화를 더 잘 전달하려는 노력, 진로에 대한 신념

191

어릴 때에는 낯을 가리고 소극적이었지만 초등학교에서 한 선생님의 지속적인 칭찬과 관심은 나의 성격과 장래 희망에 큰 영향을 끼쳤다. 칭찬을 들으며 잘하는 부분을 찾아가고 자신감이 생겼으며, 교사가 되어야겠다는 꿈을 어릴 적부터 꾸게 되었다.

• 분류 •
• 소재: 초등학교 때 고마운 선생님, 교사가 되고 싶다는 오랜 희망

PART 3

192

국립 중앙 박물관에서 전시실 질서 유지 봉사를 하며 또래 아이들이 시끄럽게 떠드는 것을 제재하면서 나도 공공장소에서 다른 사람에게 피해를 준 적이 있었던 것 같아 내 모습을 반성하게 되었다. 누군가의 행동을 비판하기 전에 자신을 되돌아 보아야 된다는 점과, 공동체를 만들어 가는 시작은 가장 먼저 나여야 한다는 것을 깨달았다. 그리고 봉사하던 중 시각장애인 아이가 시각 장애인을 위한 전시품을 만지고 부모님께 읽어 주시는 해설을 들으며 신기해 하는 모습이 안타까웠다. 그래서 점자 입력 봉사에 참여하게 되었는데, 책 한 권을 처음부터 끝까지 입력하는 것이 쉽지는 않았지만 내 수고가 장애인들에게 도움을 줄 수 있다는 생각에 끝까지 했고, 마침내 입력을 완료했을 때는 뿌듯했다. 나의 작은 행동이 다른 사람에게는 큰 도움이 될 수 있다는 것을 알았고, 모든 사람을 위해 일하는 인권 변호사가 되기로 다짐했다.

- 분류 -
- 소재: 박물관 봉사 활동 경험, 공동체 의식, 점자 입력 봉사

193

나는 국제 사회에서 스포츠 분야의 외교관을 꿈꾼다. UN 유럽 본부, WTO, WHO, ILO 등 세계 국제 기구의 절반 이상이 모여 있는 제네바에 살면서 국제 기구 투어 프로그램에 참여하고, 그곳에서 근무하는 분들과 이야기하며 내 꿈을 키워나갔다. 또한, ○○학교에서 세계 음식 바자회와 같은 한국 홍보 활동을 통해 민간 외교관의 역할을 배웠다. 운동을 좋아해서 다양한 스포츠 활동을 했고, 한국에서는 학교를 대표하여 농구와 탁구 경기에도 참여했다. 그래서 '핑퐁 외교'처럼 스포츠로 국가 간의 관계를 개선하고, 스위스에 있는 IOC나 FIFA 같은 국제 스포츠 기구의 직원으로 일하는 꿈을 꾸고 있다.

- 분류 -
- 소재: 해외 생활 경험, 국제 기구 투어 프로그램 참여 경험, 학교 대표 스포츠 활동, 진로 방향과 목표

194

TV에서 석굴암에 관한 열띤 설명을 하시는 유홍준 교수님께 반해 『나의 문화유산 답사기』라는 책을 읽게 되었다. 어려서부터 역사 탐방이나 문화 유적지를 다니며 블로그에 글을 남겼다. 재미있게 풀이해 놓은 문화유산에 얽힌 이야기를 읽으면서 훗날에는 블로그에만 머무르지 않고 '나만의 문화유산 답사기'라는 이름으로 강연을 하고 책을 내면서 한국의 이야기를 하고 싶다.

- 분류 -
- 소재: 독서 경험, 역사 탐방 경험, 블로그 활동, 미래의 포부

195

스티비 원더와 패트릭 헨리는 장애를 극복해 꿈을 이루었고, 이태석 신부는 자신을 희생해 다른 이들을 살린 것에 감명을 받았다. 또한, 『청년 반크, 세계를 품다』라는 책을 읽고 주체성이 얼마나 중요한지를 알게 되었다. 특히 한국사를 좋아해서 『한국사 콘서트』 등의 책을 읽는 등 역사 관련 매체를 많이 접했고, 한국 역사와 관련이 깊은 중국에 자연스럽게 관심을 가졌다. 시진핑 주석의 방한과 동북아 정세 기사 등을 보며 중국과의 관계가 중요함을 느끼게 되었고, 중국 전문 기자가 되어 그들과의 외교에서 우리가 나아갈 방향을 제시하고 싶다. 이처럼 책은 현재의 나를 만들었고 포기하고 싶은 순간엔 용기를 주었으며, 꿈에 다가갈 수 있는 다리가 되었다.

• 분류 •
• 소재: 다양한 독서 경험, 다양한 분야에 대한 관심과 탐구 노력, 진로 방향과 목표

196

나의 꿈은 넓고 풍부한 지식으로 세상을 통찰하며 내일을 준비하는 미래학자이다. 앞으로 전공할 일본어 외에도 각종 외국어 능력을 향상시키고, 우수한 친구들과 함께 다양한 활동을 하면서 여러 분야의 지식을 쌓고 싶다. 미래학을 선도하는 세계 여러 나라에서 아시아의 미래 분야를 공부한 후 다보스 포럼 같은 곳에서 활동하고 싶다.

• 분류 •
• 소재: 자신의 진로에 대한 포부와 방향

197

어릴 적 TV에서 크리스천 디오르의 존 갈리아노의 패션쇼를 보고 '무엇에 영감을 받아 디자인을 했을까? 우리가 입고 있는 옷의 질감, 주름, 색 등을 달리하면 어떤 모습으로 변할까?' 등 여러 호기심들이 생기면서 패션 디자이너가 되기로 결심했다. 초등학교 때부터 내 생각을 그림으로 표현하는 연습을 했고, 중학교에서는 잡지나 전문 서적을 통해 관련 지식을 쌓았다. 그리고 예술적 영감을 위해 관악부 활동을 하고 전시회와 박물관을 다니며 작가가 표현하고자 하는 것이 무엇인지를 파악하기 위해 노력했다.

• 분류 •
• 소재: 패션쇼 시청 경험 및 패션에 대한 지식 수준, 관악부 활동, 전시회 및 박물관 견학 활동

198

『뇌, 약, 구, 체』라는 책에서 저자 교수진이 제시한 의학의 미래와 연구 방향을 읽으면서 의학의 경이로움을 처음으로 마음 깊이 깨닫게 되었다. 그중 의학의 미래에 대한 다양한 시각을 통해 나 역시 그 저자 교수진처럼 훗날 의학을 발전시키고 많은 사람들의 질병을 치료해 주기로 다짐했다.

- 분류 -
- 소재: 독서 경험, 책을 통해 배운 점, 진로를 선택하게 된 계기 및 목표

199

『페르마의 마지막 정리』라는 책을 읽고 내가 지금 배우는 간단한 정리나 수 체계조차 수많은 시간 동안 복잡한 수학사를 거쳐 확립되었음을 알았다. 피타고라스 학파와 앤드루 와일즈를 보며 무엇이든지 끈질기게 하면 이루어 낼 수 있다는 것을 배웠고, 나도 연구원이 되어 그들처럼 포기하지 않고 노력하며 목표를 이루겠다고 다짐했다. 피타고라스 학파와 앤드루 와일즈는 내게 연구하는 자세에 대해 알려 준 학자이다.

- 분류 -
- 소재: 독서 경험, 책을 통해 배운 점, 진로를 선택하게 된 계기 및 목표

200

만들고 그리는 것을 좋아하던 어린 시절의 남다른 재능과 호기심은 기계와 그 작동 원리에 대한 관심으로 커져갔다. TED 프로그램을 통해 MIT Media Lab 출신 산업 디자이너인 이진하를 보고, 그가 속한 회사 EONE에서 고안한 시각 장애인용 '브래들리 타임피스'라는 시계를 알게 되었다. 산업 디자인이 사람들의 삶의 질을 바꿀 수 있다는 점에 감동을 받았고, 장애인은 물론 문명에서 소외된 사람들에게도 인터넷 세상을 공유할 수 있게 만드는 산업 디자이너가 되겠다는 꿈을 가지게 되었다. 기회가 주어져 '브래들리 타임피스' 후원 자선 공연 포스터를 디자인하기도 했고, 이후 시각 장애인을 위한 텍스트 기록 봉사 활동도 더욱 열심히 하게 되었다.

- 분류 -
- 소재: TED 강의 수강, 진로를 선택하게 된 계기, 장애인 관련 활동 경험

05 진학 후 계획

고등학교의 활동 계획과 졸업 후 활동 계획을 모두 써야 하며 실제로 자신이 하고 싶은 것을 그대로 서술하면 된다. 대부분 학생들은 동아리 활동을 쓰려고 하는 경향이 있는데 고등학교를 가는 근본적인 목적은 학습이라는 것을 명심해야 한다. 학습은 자신의 꿈을 이루기 위한 과정이므로 꿈을 위해 고등학교와 대학을 들어가서 어떤 학습 과정과 활동이 필요한지를 생각하면 답을 찾을 수 있을 것이다.

1

그래서 ○○고에 가서는 '양서 읽기 프로그램'에 참여해 영어 원서로 영어 실력을 향상시키고 독서 습관을 기를 것입니다. 또한, 과학 탐구 동아리 ○○○○에서 뇌 영상을 수집해 실험하고 의료 토론 봉사 동아리에서 '항생제는 좋은 것일까?'라는 주제로 다양한 의료 문제를 다루어 보며 '과학과 인간'이라는 과학의 발전 방향을 깊이 생각해 볼 것입니다. 그리고 졸업 후 성균관대 글로벌 바이오 메디컬 엔지니어링학과에 진학해 뇌 과학 트랙을 이수해 연구소에서 알츠하이머에 대해 연구하고 싶습니다.

- 분류 •
- 소재: 지원 학교의 프로그램, 동아리, 탐구 주제, 졸업 후 계획

2

입학 후에는 의학 동아리 ○○○○를 통해 의학 토론을 하며 우울증의 연구에 대한 탐구 보고서를 작성하고 국경 없는 의사회의 의료 봉사를 준비할 것이다. 전문의가 되면 우울증에 걸린 사람들을 만나 그들이 받은 치료 방법과 효과, 변화된 생활 방식 등 여러 항목을 조사하고 연구해서 가장 효과적인 예방법을 개발하고 보급할 것이다.

- 분류 •
- 소재: 지원 학교의 동아리, 탐구 주제, 봉사 활동 계획, 졸업 후 계획

3

입학 후에는 의학 동아리 ○○○○에서 실험과 해부를 통해 보고서를 작성하고, 의사가 된 후에는 Mercy ships 활동으로 아이티에서 수술을 집도하며 의료 시스템 개선의 노력과 경험을 책으로 출판할 것이다.

- 분류 •
- 소재: 지원 학교의 동아리, 탐구 주제, 졸업 후 계획

4

입학 후 교육 봉사 동아리 ○○○○에서 초등학생들을 가르치면서 내 목표를 실현하고, 초등교사의 자질을 갖추기 위해 노력할 것이고, 3학년 때 활동한 교지부에 이어서 솔비나리에 들어가 글 쓰는 능력을 향상시킬 것이다. 졸업 후, 초등 교육과에 진학해서 임용고시에 합격한 후 학생들을 존중하고 소통하는 초등 교사가 될 것이다.

- 분류 •
- 소재: 지원 학교의 동아리, 활동 계획, 졸업 후 목표

5

입학 후에는 생명 공학 탐구 동아리 ○○○○에서 생물학적 지식의 폭을 넓히고 졸업 후에는 의대에 진학 후 다양한 의료 봉사를 다니며 재능을 이웃과 나눌 것이다. 끊임없는 학문 연구를 통해 정신 질환 치료제 개발에 공헌하고 싶다.

- 분류 •
- 소재: 지원 학교의 동아리, 탐구 주제, 졸업 후 계획 및 목표

6

입학 후 화학 탐구 동아리 ○○○○에서 활동을 하며 화학 실험을 수행하며 과학 탐구를 진행할 것이고, 졸업 후에는 서울대학교 화학 생물 공학부에 진학해서 화학과 생물 분야 전문 변리사가 되기 위한 노력을 할 것이다.

- 분류 •
- 소재: 지원 학교의 동아리, 탐구 주제, 졸업 후 계획

7

입학 후 신앙 생활과 학교의 과학 탐구 프로젝트 학습, 수학·과학 정보 영재 학습, 의학 동아리 ○○○○을 통해 공부와 인성 등을 더 성장시킬 수 있기에 ○○고를 지원하게 되었다. 그리고 나중에 서울대 의예과에 진학해서 세계의 의학 발전에 이바지하는 안과 의사가 되고 싶다는 꿈을 이루고 싶다.

- 분류 •
- 소재: 지원 학교의 프로그램 및 동아리, 졸업 후 목표

8

입학 후에는 영어 통번역 동아리 ○○○○에서 번역을 통해 영어 작문 실력을 높이고 봉사에 뜻을 둔 학생들과 함께 아프리카 여아 학교 보내기 등 NGO와 연계된 활동을 하고 싶다. 또한, 다문화 가정 아동 교육 프로그램을 기획하고 각 가정에 방문해서 적용을 하고 보고서를 작성할 것이다.

- 분류 -
- 소재: 지원 학교의 동아리, 입학 후 활동 계획, 탐구 주제

9

고등학교 입학 후에는 내가 잘하는 영어를 문법, 어휘, 스피킹으로 나누어 관련 문제와 해설을 공유하는 LSE라는 카페를 만들고 영어를 어려워하는 다른 학생들에게 도움을 주고 싶다.

- 분류 -
- 소재: 입학 후 활동 계획과 목표

10

입학 후에는 교육 관련 영상 시청 및 신문 스크랩을 통해 전문 지식을 쌓고 예비 교사 활동을 통해 발표력을 높일 것이다. 또한, 진로 연계 독후 활동을 하며 교사를 준비하고 싶다.

- 분류 -
- 소재: 입학 후 활동 계획과 목표

11

입학 후에는 블루오션 활동과 더불어 ILG와 교내 재능 기부 프로그램을 통해 학생들을 직접 지도하며 초등학교 교사로서의 자질을 기를 것이다.

- 분류 -
- 소재: 지원 학교의 프로그램, 활동 계획

12

고등학교 입학 후 철학, 문학 그리고 역사를 공부할 예정이다. 내가 좋아하거나 더 공부하고 싶은 철학자들과 시인들에 대해 배우기 위해 철학 소설이나 시집을 읽으며 독자적인 성취를 이루고 싶다. 독서 후, 나의 생각을 적어 나가며 시나 단편 소설로 편집하여 잡지 등에 투고할 생각이다. 그렇기 때문에 대학에서 역사와 철학을 전공하며 인문학자의 길을 가고 싶다.

- 분류 -
- 소재: 활동 계획 및 목표, 졸업 후 계획

13

　○○○고의 R&D 프로그램으로 얻은 방대한 지식을 동아리 AEQUITAS나 JUSTICE에서 활용해 국내외의 법에 대해 적극 탐구할 것이다. 졸업 후 서울대학교에서 외교학을 전공하고 로스쿨에 진학해 전문적 법적 소양을 갖추어 ICC검사가 될 것이다. 그 후 IS의 인권 유린과 테러 사건을 해결해 세계 평화에 기여할 것이다.

● 분류 ●
● 소재: 지원 학교의 프로그램 및 동아리, 탐구 주제, 졸업 후 계획과 목표

14

　입학 후 2년간 학생회 경험을 바탕으로 학생회에 들어가 영어를 사용하는 많은 다른 나라들의 문화를 체험하는 행사를 주최해 보고 싶다. 졸업 후에는 영어 교육과에 입학해 청소년 심리학에 대해 배워 더 넓은 눈을 갖게 해 주는 영어 선생님이 될 것이다.

● 분류 ●
● 소재: 활동 계획, 졸업 후 계획 및 목표

15

　입학 후 영문 도서 탐구 토론반과 국어 국문학 심화 탐구반에서 각국의 문학을 공부해 한국어를 외국인이 최대한 공감할 수 있게 번역하고 우리말의 특성을 살릴 수 있는 언어적 역량을 길러 졸업 후 국어 교육학과 통번역학을 복수 전공해 한국어 번역의 오류와 성과에 대한 논문을 쓰고 우리말을 아름답게 활용할 수 있도록 가르치는 국어 교사가 되고 싶다.

● 분류 ●
● 소재: 지원 학교의 동아리, 탐구 주제, 졸업 후 계획과 목표

16

　○○외고에 입학하게 된다면 국제부에 들어가서 리더십 캠프, 해외 학술 연수 등을 통해 준비된 글로벌 리더로서의 자질을 갖추게 될 것이다. VANKS, REAL 등에서 적극 활동할 것이고 이후 서울대 외교학과에 들어가 외교에 대한 전문 소양을 갖추고 국립 외교원에 입학할 것이다. 이를 바탕으로 자원 외교에 전문 지식을 갖추어 신뢰받는 외교관이 될 것이다.

● 분류 ●
● 소재: 지원 학교의 프로그램 및 동아리, 활동 계획, 졸업 후 계획 및 목표

17

동아리 활동도 적극적으로 해서 나중에 영어 교사로서 필요한 외국어 구사 능력뿐만 아니라 전문적인 지식 등을 바탕으로 수업을 할 때 알려 줄 내용이 많도록 견문을 넓힐 것이다. 졸업 후에는 영어 교육과에 들어가 많은 사람들을 만나보고 방학 때는 여행도 많이 다니고 싶다. 그리고 아이들에게 영어를 가르쳐 주는 봉사를 통해 아이들을 더 사랑하고 이해하는 마음을 길러 나중에 아이들이 믿고 의지할 수 있는 좋은 선생님이 되고 아이들과 소통할 수 있는 선생님이 되고 싶다.

• 분류 •
• 소재: 활동 계획, 졸업 후 계획 및 목표

18

○○외고에 입학 후 L. C. Time 프로그램에 참여해 원어민 선생님과 다양한 주제로 대화를 하며 영어 회화 실력도 향상시키고 생각의 깊이를 향상시키고 싶다. 또한, IBL 프로그램을 통해 관심 있는 분야에 대해 대학 강의를 들어 새로운 방법으로 공부를 하고 싶다. 졸업 후 대학에 진학하여 정치 외교학을 전공해서 외교관에게 필요한 전문적인 지식을 쌓고, 이후 5급 공채 시험을 준비하고 외교관으로 임명되어 세계적 평화를 유지하는 데 기여하고 싶다.

• 분류 •
• 소재: 지원 학교의 프로그램, 활동 계획, 졸업 후 계획 및 목표

19

입학 후에는 방송 동아리 ○○○○에서 연출을 담당하고 싶으며, 언론 미디어에 관해 배울 수 있는 창의적 특색 활동인 Take Edge에 가입해서 제 꿈을 이루기 위해 노력할 것입니다. 졸업 후, 연세대학교에서 언론 홍보 영상학과에 들어가 방송국 PD가 되기 위한 자질을 기를 것입니다.

• 분류 •
• 소재: 지원 학교의 동아리 및 프로그램, 활동 계획, 졸업 후 계획

20

○○외고에 진학하면 법률 토론 연구 동아리 ○○○○에서 활동을 하며 모의 재판을 경험하고 법률 토론을 통해 전반적인 법률들의 정당성과 적합성에 대해 친구들과 견해를 공유할 것입니다. 또한, 법에 대한 심화 탐구 활동을 진행할 것입니다.

• 분류 •
• 소재: 지원 학교의 동아리 및 프로그램, 탐구 주제 및 활동 계획

21

　입학 후 창의 융합적 사고를 기르겠다는 ○○외고의 비전과 같이 스터디 그룹에서 다양한 관점에서 바라보는 공부를 하고 싶습니다. 역사 사회 탐구 동아리 ○○○○ 또는 독도 수호 동아리 ○○○○에 참여해 역사를 깊이 있게 탐구하고 역사적 사회 문제를 알리는 데 기여하고 싶습니다. 졸업 후에는 박물관 또는 미술관에서 한국사와 세계사를 접목시킨 전시회와 같이 새로운 시선의 전시회를 기획하고 싶습니다.

● 분류 ●
● 소재: 지원 학교의 프로그램 및 동아리, 활동 계획 및 탐구 주제, 졸업 후 계획

22

　경제에 관심이 있어 경제학 서적들과 영자 신문 기사를 스크랩하며 경제 블로그를 운영하고 있습니다. '경제학 콘서트'에서 '가격 표적화 전략'을 알게 되었는데 서울랜드에서 파는 떡볶이, 오뎅이 원가는 비슷한데도 매매 가격은 차이가 있다는 것을 발견해 그 개념을 실제 확인할 수 있었습니다. 최근 고전 경제학과 달리 인간의 감정을 고려하는 '행태 경제학'에 흥미를 가지게 되었는데, 입학 후 경제 동아리 ○○○○에 들어가 이에 대해 공부해 보고 싶습니다. 또한, 일본어 실력도 키우고, 밴드 동아리에서 기타 연주도 하는 등 다양한 학교 활동에 적극 참여할 것입니다. 이렇게 쌓인 역량으로 졸업 후에는 경제학을 전공해서 세계를 무대로 뛰는 국제 통상 전문가가 될 것입니다.

● 분류 ●
● 소재: 학생의 관심과 진로 관련 활동들, 지원 학교의 동아리, 활동 계획, 탐구 주제, 졸업 후 계획 및 목표

23

　입학 후에는 전공 심화반 ○○○○에서 외국의 논문과 신문 기사를 읽어 해외의 아동 안전 교육 방법 및 사례를 공부하고 싶습니다. 그 후 한국 사회와 비교, 한국 사회에서의 적용에 관한 보고서를 작성하는 등 미래의 목표 관련 활동을 탐색하고 학업 능력 향상을 위해 노력할 것입니다.

● 분류 ●
● 소재: 지원 학교의 프로그램, 탐구 주제, 활동 계획

24

　입학 후에는 중국을 비롯해 외국에 있는 자국민들이 해외에서 겪는 다양한 법적 문제와 해결책에 대한 소논문을 작성할 것이다. 졸업 후에는 서울대 정치 외교학과에 진학해서 외교관으로서의 전문성을 갖추고 경제학도 공부해 우리나라의 경제적 입지를 높이는 경제 외교관이 될 것이다.

● 분류 ●
● 소재: 탐구 주제 및 활동 계획, 졸업 후 계획 및 목표

25

입학 후에는 심리 연구 동아리 ○○○에서 설득 심리, 소비 심리를 공부해서 최고의 스튜어디스가 되도록 준비할 것이다. 또한, 스튜어디스를 소개하는 책을 출판하고, 강연을 하며 진로 선택에 도움을 주고 싶다.

• 분류 •
• 소재: 지원 학교의 동아리, 탐구 주제 및 활동 계획, 졸업 후 계획

26

입학 후에는 심화 과목으로 국문학, 영문학, 역사학을 공부하고, 심화 탐구 활동에서는 중세 무역에 대한 연구 논문을 쓸 것이다. 아울러 ○○○에서 적극적인 토론으로 균형 있는 정치·외교 지식을 습득하고 △△ 활동을 통해 봉사하는 창조적 글로벌 리더의 자세를 갖출 것이다. 졸업 후에는 Yale-NUS에서 외교를 전공하며 선진 외교 정책을 배우고 싶다. 외교관이 되어 강대국들과 동등한 위치에서 우리의 입장을 밝힐 수 있도록 국력을 증대시키고, 국제 기구에 참여하여 세계의 정치·문화·사회 이슈들에 대해 해결책을 제시할 것이다.

• 분류 •
• 소재: 진로 관련 연구 논문 작성, 유학 계획, 진로 방향 및 목표

27

고등학교 입학 후에는 전공어 신문반 ○○○에서 기자로서의 자질을 키워 나가고, △△에서 꾸준히 CNN을 시청하며 한국을 홍보하는 활동을 하고 싶다. 그리고 전공어 경시 대회나 □□라는 활동을 통해 재능을 기부하면서 영어 실력과 제2외국어 실력을 키워 나갈 것이다. 이후 연세대학교 국제학부에서 공부하면서 글로벌 인재로서 다양한 활동들을 한 후 CNN 기자가 되어 세상의 다양한 소식들을 취재해서 사람들에게 알려 주고 싶다. 소외된 사회적 약자들에 대한 소식들을 사람들에게 알림으로써 잘못된 것을 바로잡고, 국민들에게 올바른 정보를 제공해 줌으로써 국민들이 더 나은 삶을 살아갈 수 있도록 노력할 것이다.

• 분류 •
• 소재: 진로 관련 동아리, 외국어 공부, 진로 방향 및 목표

PART 3

28

입학 후에 신문 동아리인 ○○에 들어가 기사를 쓰고 싶다. 또한, 교수법을 중점으로 공부하는 동아리를 개설하고, △△에 들어가 취미도 즐기면서 즐거운 학교생활을 하고 싶다. 졸업 후에는 저널리즘을 깊이 공부하며 올곧게 진실을 밝히는 기사를 쓰고 실력과 인격적 소양을 두루 갖춘 기자가 될 것이다.

• 분류 •
• 소재: 진로 관련 동아리, 진로 방향 및 목표

29

○○외고에서는 제2외국어를 집중적으로 할 수 있을 뿐만 아니라 △△ 동아리를 통해 모의 유엔 토론을 하면서 외교관이 되기 위한 준비를 확실히 할 수 있어 지원하게 되었다. 또한, 여러 토론 수업과 논문 쓰기 활동을 통해 논술 실력을 키우고 사회에 대한 깊이 있는 이해력을 키워 나갈 것이다.

• 분류 •
• 소재: 진로 관련 동아리, 외국어 공부, 논리적 사고력 배양 노력

30

대학에 들어가서는 정치·외교학을 전공하고 자료 해석력과 언어 논리력을 발전시키며, 영어는 물론 제2외국어와 한국사를 중점적으로 공부해 외교관 후보자 선발 시험을 준비할 것이다. 외교관이 된 이후에는 WTO와 같은 국제 기구에 들어가 외교관으로서 경제적인 역량을 기르고, 많은 외국 인사들과 교류하면서 그들이 우리나라의 통일에 우호적인 생각을 가질 수 있도록 노력할 것이다.

• 분류 •
• 소재: 진로 방향 및 목표, 외국어 공부, 외교관 후보자 선발 시험

31

입학 후에는 △△ 인증 프로그램으로 외국어에 대한 자신감과 리더십을 익히고 융합 인재의 소양을 갖춘 학생이 되겠습니다. 다양한 봉사 활동과 영어 뮤지컬 동아리 □□에 참여해서 경험도 쌓을 계획입니다. 졸업 후에는 연세대 언론 홍보 영상학부에 진학해 ○○외고인의 자부심을 바탕으로 다양한 사회 체험을 통해 뮤지컬 디렉터로서의 인성과 자질을 키워 나가겠습니다.

• 분류 •
• 소재: 외국어 공부, 진로 관련 동아리, 진로 방향 및 목표

32

　○○외고에 입학한 뒤에는 책을 많이 읽고, 방송 동아리인 △△에 가입해서 방송에 대해 배우고 경험을 쌓을 것이다. 정치 ·외교 동아리인 □□에서 사회적 이슈를 토론해 보며 세상을 보는 눈을 넓힐 것이다. 졸업 후에는 연세대학교 신문 방송학과에 들어간 뒤 지상파 방송국에 들어가 세상을 비추는 연출자가 되고 싶다.

• 분류 •
• 소재: 독서 활동 계획, 진로 관련 동아리, 진로 방향 및 목표

33

　○○외고에 진학한 후에는 고전 독서 동아리를 만들어 논어와 같은 고전을 읽고, 개방적인 현대 사회에 절제가 필요한 요소인지 토론하는 등의 활동을 하겠다. 또한, 동아리 활동의 결과를 소논문으로 작성해서 진로를 위해서도 노력하겠다. 그리고 친구들과 서로 취약한 과목을 가르치는 지식 나눔과 각자 학습 일기를 만들어 공유하면서 선의의 경쟁을 유도하고, 해이해질 수 있는 자기주도학습의 한계를 극복하겠다.

• 분류 •
• 소재: 자율 활동 계획, 심화 탐구 노력, 자기주도학습 계획

34

　졸업 후 국문학과에 진학하고 철학을 복수 전공해서 미래에 독자들과 공유할 메시지를 탐구해 보고, 그 후 나만의 글로 표현해서 전 세대가 함께 읽을 수 있는 책들을 쓰겠다. 실패와 난관에 부딪히겠지만 스마트폰 속 일차원적인 정보에 중독된 사람들에게 생각할 기회를 주는 글을 쓰겠다는 목표를 위해 끝없이 도전할 것이다.

• 분류 •
• 소재: 진로 방향 및 목표, 미래에 대한 포부

35

　고등학교에서는 교과목의 공부를 다양한 분야에서 활용할 수 있는 생물 동아리 ○○○에 참여해 '정상 세포와 돌연변이 세포들의 생성 과정과 변형'에 대한 연구를 하는 등 친구들과 함께 집단 지성을 경험할 수 있는 활동을 하고 싶다. 이후 서울대학교 생명 공학과를 졸업해 한국 생명 과학 연구소 중 바이오 의약 연구소에서 약을 개발하고, 바이오 장기나 바이오칩을 통해 치료 방법을 연구하며 질병 없는 사회 만들어 나가는 일에 기여하고 싶다.

• 분류 •
• 소재: 진로 관련 동아리, 진로 방향 및 목표, 미래에 대한 포부

36

EBS 위대한 수업, 그레이트 마인즈편을 보면서 수학이 일상생활과 미래의 과학 기술을 빠른 속도로 변화시키고 있다는 것을 배웠으며, 이를 통해 수학을 공부하는 목적을 더 분명히 가질 수 있게 되었다. 그 후 교육에도 관심이 생겨 언론학과 교육학을 복수 전공해서 우리 사회에서 긍정적 변화를 이끌어 낼 수 있는 방송을 만들고 싶다는 생각이 들었다. ○○외고에서는 △△에 들어가 다양한 주제에 대한 사설을 읽으며 폭넓고 깊이 있는 지식을 쌓아 직접 기사를 쓰고, 교육 심리학에 관한 탐구 보고서를 쓰면서 효율적인 공부 방법을 모색해 공부에 대한 효율을 높이고 싶다. 그리고 □□ 인증제로 다양한 재능을 발견하고 활용할 수 있는 능력을 키우고 싶다.

• 분류 •
• 소재: 진로 관련 동아리, 진로 방향 및 목표, 지원 학교의 프로그램 참여 계획

37

○○고에 입학한 후에는 중학교 시절 독서 토론반 부장으로서 쌓은 경험을 살려 인문 계열 특별 과정인 R&D에 능동적으로 참여하고, 법학 동아리 △△에 들어가 사회적 약자의 편에 선 판례들을 공부하며 법에 친숙하게 다가갈 수 있도록 할 것이다. 이후 서울대학교 사회 복지학과를 졸업하고 서울대 로스쿨에서 법률 공부를 하고 싶다. 변호사 자격증을 취득하고 나면 이주민 지원 공익 센터 '감사와 동행'에서 상담과 무료 소송, 법률 조력을 담당하는 공익 변호사로 일할 것이다.

• 분류 •
• 소재: 진로 관련 동아리, 진로 방향 및 목표, 미래에 대한 포부

38

루게릭병에 걸린 제자에게 진정한 삶에 대한 의미와 살아갈 힘을 주는 주인공의 모습을 다룬 한 책을 읽고 나서 심리 치료사의 꿈을 갖게 되었다. 이런 꿈을 갖고 ○○외고에 진학해 △△라는 심리 연구 동아리 활동을 통해 신경 정신과와 범죄 심리학 등에 대한 지식을 쌓고 싶다. 기회가 된다면 심리 치료에 관한 동아리를 만들어 현대인의 고질적 질병이라고 하는 '우울증'의 치료에 관한 여러 방법들에 대한 소논문도 써 볼 것이다. 졸업 후에는 연세대학교 심리학과에 진학해 특히 연극을 통한 심리 치료 부문에 대한 공부를 할 것이다.

• 분류 •
• 소재: 진로 관련 동아리, 진로 방향 및 목표, 심화 탐구 계획, 미래에 대한 포부

입학 후에는 공부한 것들을 영상으로 만들거나 블로그에 올려 다른 학생들과 지식을 공유하고, 공부하면서 생겨나는 궁금증과 그 해결 내용도 모아 나만의 책 한 권을 만들 것이다. 기회가 되면 ○○○반의 조별 연구 프로젝트에서 '암'을 주제로 해서 가능성 있는 치료들에 대한 탐구 보고서도 써 보고 싶다. 그리고 졸업 후에는 서울대 의대에 진학해 의사의 꿈을 실현할 것이다.

• 분류 •
• 소재: 지식 나눔 계획, 진로 관련 동아리, 진로 방향 및 목표, 심화 탐구 계획

진학 후에는 신문 동아리 ○○○와 논술 수업으로 기자로서의 역량을 갖추겠다. 졸업 후 신문 방송학과에서 빠르게 변화하는 미디어를 이용해서 효과적으로 정보를 전달하는 방법을 연구하겠다. 언론사에 입사한 후에는 국내뿐만 아니라 해외 기자로 활동 범위를 넓히고, 다양한 문화에 대한 이해를 갖춘 기자가 될 것이다.

• 분류 •
• 소재: 진로 관련 동아리 및 활동, 진로 방향 및 목표, 미래에 대한 포부

PART 3

입학 후에는 ○○외고에 있는 법률 토론 연구반 △△의 활동이 특히 기대가 된다. 이 활동을 통해 현재 시행되고 있는 법안 중 현실 적용에 문제가 되고 있는 법 조항에는 어떤 것들이 있고, 왜 그런 문제를 낳고 있는가에 대해 공부를 하고 싶다. 또한, 기회가 된다면 영어 교육 봉사 동아리인 □□에 가입해 누군가를 가르치는 방법으로 나의 영어 실력을 더 키우고 싶다. 졸업한 후에는 연세대 정치 외교학과에 입학을 하고 로스쿨에 들어가 전문적인 지식과 바른 인성을 갖춘 검사가 되어 내 꿈을 이룰 것이다.

• 분류 •
• 소재: 진로 관련 동아리 및 활동, 진로 방향 및 목표, 미래에 대한 포부

42

입학 후에는 수학 스터디 그룹을 만들어 다양한 문제의 풀이 방식을 서로 가르쳐 주면서 친구들이 수학에 흥미를 가지도록 하고 싶다. 또한, ○○외고 심리 연구 활동 단체인 △△에서 심리를 주제로 연구 과제를 만들어 발표하면서 심리와 상담에 대한 지식과 경험을 얻고 싶다. 이러한 활동들을 바탕으로 졸업 후에는 심리학과에 진학하고, 자격증을 취득해서 상담 심리사가 되어 심리적으로 고통을 받는 사람들을 치유할 것이다.

• 분류 •
• 소재: 입학 후 자율 활동 계획, 진로 관련 동아리 및 활동, 진로 방향 및 목표

43

입학 후에는 국제적 이슈를 토론해 볼 수 있는 ○○○에 들어가 기회가 되면 난민 문제의 해결책에 대한 토론을 하고, 그 과정에서 알고 깨달은 점을 탐구 보고서로 써 보고 싶다. 그리고 여러 대학교에서 여는 모의 유엔과 외고 연합 모의 유엔에 참가해 뛰어난 언변력을 기르고 싶다. 이런 활동을 통해 정치·외교와 국제적 이슈를 익혀 국제 변호사에게 필요한 감각을 쌓고, 영어 토론을 통해 논리적으로 사고하고 생각들을 자유롭고 막힘없이 영어로 표현할 수 있는 실력을 쌓을 것이다. 졸업 후에는 예일 대학교에서 법학을 전공하고 예일 대학교 로스쿨을 졸업해 미국 변호사 자격증을 취득한 후 한국 무역 기업에서 국제 변호사의 길을 걷고 싶다.

• 분류 •
• 소재: 입학 후 자율 활동 계획, 진로 관련 동아리 및 활동, 진로 방향 및 목표, 미래에 대한 포부

44

우리나라보다 고령화 사회에 먼저 진입한 일본의 노인 정책에 대한 연구를 통해 문제의 해결책을 마련해 보고 싶다는 생각이 들었습니다. 이는 일본어에 대한 관심으로 이어져 ○○외고 입학을 결심하게 되었습니다. 특히 ○○외고는 독서 기록장 '책세나(책과 세상과 나)', 보고서 쓰기 활동과 같이 능동적인 학습 과정이 있기 때문에 사회적인 문제를 깊이 조사하고 2학년 때는 탐구 보고서를 쓰고 싶습니다. 더 나아가 사회 문제를 공론화시켜 문제 해결을 위한 올바른 여론 형성에 기여하려고 합니다.

• 분류 •
• 소재: 입학 후 자율 활동 계획, 진로 관련 동아리 및 활동, 미래에 대한 포부

45

2학년부터 방송반 활동을 하며 캠페인을 기획했는데, 원칙을 강조하시는 선생님들과 반항하는 학생들이 대립을 이루었던 상황에서 관련 UCC를 만들어 친구들의 협조를 이끌어 내었고 친구들이 점차 바뀌어 가는 모습을 보며 언론의 힘을 느꼈습니다. 광주 인화학교 사건이 사람들의 무관심 속에 묻혔지만 영화 「도가니」를 통해 다시 세상에 알려져 사회적 관심이 쏟아지고 해당 학교에 강력한 조치가 취해졌던 것처럼 저도 사회 문제를 이슈화 시켜 해결하는 데 기여하고 싶습니다. 이를 위해 ○○외고의 동아리 △△에 가입해서 제작 경험을 쌓고, 졸업 후에는 연세대학교 언론 홍보 영상학부에서 공부하며 '사회 발전의 올바른 방향을 제시하는 언론인'이 되기 위한 노력을 계속할 것입니다.

• 분류 •
• 소재: 입학 후 자율 활동 계획, 진로 관련 동아리 및 활동, 진로 방향 및 목표, 미래에 대한 포부

46

졸업 후에는 경영학을 전공하고 다양한 기술과 과학을 접하고, 앞으로의 사회가 어떻게 변화될 것인지를 탐구하면서 스티브 잡스나 마크 저커버그처럼 사회에서 존경을 받는 사람이 될 것이다. 그렇게 되기 위해 지금 세계의 정세를 잘 파악할 수 있는 영자로 된 신문이나 잡지, 예를 들어서 타임지 같은 잡지를 구독해서 읽을 것이다.

• 분류 •
• 소재: 입학 후 자율 활동 계획, 진로 방향 및 목표, 미래에 대한 포부

47

○○외고 학생이 된다면 △△에 적극적으로 참가하며 미래를 위해 준비하고, 방송 동아리 □□와 언론 관련 학술 동아리 등에 참가해서 전문적 지식을 넓히고, 졸업 후에는 사회학과에 진학하여 냉철한 머리와 따뜻한 가슴으로 국내 다큐멘터리의 해외 시장 진출과 해외 공동 제작의 매개체 역할을 해 나갈 것입니다.

• 분류 •
• 소재: 입학 후 자율 활동 계획, 진로 관련 동아리 및 활동, 진로 방향 및 목표, 미래에 대한 포부

PART 3

48

주름진 얼굴로 제 손을 꼭 잡고 눈물을 흘리시던 할머니의 모습을 잊을 수가 없습니다. 방학을 이용해서 요양원 봉사 활동을 갔을 때의 일입니다. 할머니가 외로워서 사람들만 보면 눈물을 흘리신다고 원장님께서 말씀해 주셨습니다. 순간 가슴이 뭉클해지면서 진작부터 요양원 봉사를 하지 못한 것이 아쉬웠고, 앞으로는 어렵고 외로운 사람들에게 더 많은 관심과 사랑을 기울여야겠다고 다짐했습니다. 할머니들의 말동무도 해 드리고 어깨도 주물러 드리며 봉사 활동을 하러 간 제가 오히려 사랑을 듬뿍 받았던 시간이었습니다. ○○외고에 진학하면 △△ 동아리에 가입하여 적극적으로 봉사 활동에 참여하고 싶습니다.

- 분류 -
- 소재: 봉사 활동 경험, 진로 관련 동아리

49

○○외고에 진학하면 영어 및 다양한 재능을 주변 초등·중학교에서 기부하는 활동, 명예 교사제와 토론 발표 수업, 예비 교사 동아리 등 다양한 교과 및 자율 동아리 활동을 통해 나의 개성과 소질을 신장시켜 나갈 것이다. 이러한 능력은 여러 교과와 비교과를 가르쳐야 하는 초등학교 교사에게 매우 필요하다고 생각하며, ○○외고가 나에게 진정한 교사의 꿈을 향해 나아가는 출발점이 되었으면 좋겠다.

- 분류 -
- 소재: 입학 후 자율 활동 계획, 진로 관련 동아리, 미래에 대한 포부

50

진학 후 인권에 대해 자유롭게 이야기하고 캠페인을 진행해서 진정으로 사람들을 도울 수 있는 동아리를 창설하고 싶습니다. ○○외고의 전공어 인증제를 통해 일본어 실력을 향상시키고, 일본과의 많은 교류를 통해 인류가 더불어 공존하는 지구 공동체를 만들어 가겠다는 생각으로 세상을 바르게 볼 수 있는 능력을 키울 것입니다. 그리고 인권 변호사가 되어 국가나 문화 등 다양한 이유로 억압받는 사람들의 인권을 보호할 것입니다.

- 분류 -
- 소재: 입학 후 자율 활동 계획, 지원 학교의 프로그램 참여 계획, 진로 방향 및 목표, 미래에 대한 포부

51

저는 교내 영어 동아리에서 영자 신문을 제작했고, 독서 이력 만들기 반과 영어 소설 읽기 심화반에서 책과 칼럼을 읽고 한 권의 책을 다양한 시각에서 평가하면서 세상과 사람들의 생각에 대해 깊이 생각해 보았습니다. 이를 바탕으로 ○○반에서 여러 사회 문제에 대해 영어로 토론하고 연구하면서 제 미래를 준비하고 싶습니다. 그리고 의사소통 능력과 국제 사회를 보는 균형 잡힌 시각을 키우고, □□이라는 방송 동아리에서 아나운서와 DJ를 비롯한 다양한 방송 경험으로 실무적인 능력을 기를 것입니다. 이후 대학에서 언론 홍보 영상학부를 전공하고 교환 학생으로 활동하면서 제 꿈을 이루어 나가겠습니다.

- 분류 -
- 소재: 입학 후 자율 활동 계획, 진로 관련 동아리, 진로 방향 및 목표, 미래에 대한 포부

52

입학 후 중학교 때 익힌 학습 방법으로 자유롭게 토론하고 ○○○ 등 다양한 동아리에서 활동하며, 중국어 ET(Elective Tracks)를 수강할 예정이다. 2학년이 되면 여러 대중(對中) 무역 사례들을 연구해 논문을 쓰고 졸업 후 경영학과에 입학해서 중국 경영대학원에 진학할 것이다. 이후 중국 마케팅 전략을 수립하고, 협상 체결을 돕는 중국 통상 전문가로 성장해서 무역 마찰을 해결하고 신뢰를 형성하는 일에 이바지하고자 한다.

- 분류 -
- 소재: 입학 후 자율 활동 계획, 진로 관련 동아리, 진로 방향 및 목표, 미래에 대한 포부

53

입학 후 지금까지 해 온 신문 스크랩과 독서, 신문 일기와 ○○○를 통해 더욱 폭넓은 지식과 안목을 길러 교사로서 갖추어야 할 균형 있는 시각과 열린 사고력을 기르겠다. 또한, English Debating(영어 토론)에서 친구들의 다양한 의견을 들으며 영어 실력을 향상시키겠다. △△와 동아리 □□을 통해 나눔과 봉사를 실천하겠다. 졸업 후에는 서울대 영어 교육과에서 교환 학생으로 외국의 다양한 문화와 교육 심리학을 공부하겠다. 이러한 경험을 바탕으로 학생들이 한국에 대한 자긍심을 갖고 세계 인류를 위해 봉사하는 인재들이 되도록 도와주는 교사가 될 것이다.

- 분류 -
- 소재: 입학 후 자율 활동 계획, 진로 관련 동아리, 진로 방향 및 목표, 미래에 대한 포부

54

○○고에 입학하면 제 꿈인 영상 번역가가 되기 위해 전공어 인증제에 도전할 수 있도록 방과 후 수업으로 TEPS 준비반을 수강하고, '1인 1보고서' 활동에서 '고독사'를 주제로 삼아 탐구 보고서를 쓸 생각입니다. 그리고 어학 재능 기부나 그룹 스터디 등을 통해 친구들과 도움을 주고받으며 상호적으로 공부하고 싶습니다. △△ 전공어 신문 동아리에 들어가서 언어적 지식 외의 시사 문제들을 다루면서 영상 번역가가 되기 위한 능력을 키울 것입니다.

• 분류 •
• 소재: 입학 후 자율 활동 계획, 진로 관련 동아리, 진로 방향 및 목표, 미래에 대한 포부

55

대학에서는 교환 학생으로 중국에 유학을 가서 중국의 문화에 대해 연구하고, 2018년에는 ○○ 올림픽의 통역 도우미로 활동할 것이며, 대학 졸업 후에는 KOICA(한국 국제 협력단)에 참여해서 영상 번역가로 활동하면서 남에게 베푸는 삶을 살 것입니다.

• 분류 •
• 소재: 졸업 후 활동 계획, 진로 방향 및 목표, 미래에 대한 포부

56

○○외고 입학 후에는 공부의 가장 기본인 수업에 충실하면서 △△ 프로그램을 통해 전공과 관련된 능력을 키워 나갈 것이다. 그리고 영어 뮤지컬 동아리 □□의 연출반에 들어가 공연을 직접 기획하는 경험을 해 보고 싶다. 졸업 후에는 여러 공연장, 축제의 스태프나 봉사자로 참여해서 직업에 대한 안목을 키우고, 익숙함에 안주하기보다는 새로운 것에 대한 도전 정신으로 미래를 준비해 나갈 것이다.

• 분류 •
• 소재: 입학 후 자율 활동 계획, 진로 관련 동아리, 진로 방향 및 목표, 미래에 대한 포부

57

　저의 꿈은 동양과 서양의 전통의 미를 조화롭게 디자인해서 세계가 공감하는 독창적인 작품을 만드는 패션 디자이너입니다. 이러한 글로벌 패션 디자이너의 소양을 갖추기 위해 ○○외고의 △△ 인재 프로그램에 참여할 것이며, 전공어인 일본어와 영어를 열심히 공부할 것입니다. 또한, 저의 꿈과 끼를 살리기 위해 패션 동아리인 □□에 들어가 선후배들과의 다양한 활동을 통해 패션에 대한 열정을 키우고 싶습니다. 졸업 후에는 서울대학교 의류학과에 입학해 이론과 실기를 익힌 후 이탈리아로 유학을 가서 더 많은 경험을 할 것입니다.

- 분류 •
- 소재: 진로의 방향과 목표, 지원 학교의 프로그램과 동아리, 졸업 후 구체적 진로

58

　입학 후 에세이 쓰기나 토론 같은 활동에 참여해 외국어 관련 체험과 지식을 쌓고 ○○○에서 다양한 주제로 작문하며 전공어 실력을 향상시킬 것이다. 졸업 후 한국외대에 입학해 통역 훈련과 사회 전반에 걸친 배경지식과 어휘를 전문적으로 공부하고 싶다. 자격증을 취득한 후 유네스코에 입사해 문화 분야에서 활동하며 세계 각국이 문화 교류를 통해 협력 관계를 촉진하는데 공헌할 것이다.

- 분류 •
- 소재: 입학 후 자율 활동 계획, 진로 관련 동아리, 진로 방향 및 목표, 미래에 대한 포부

59

　○○고에 입학한다면 학교의 여러 활동에 참가하여 교사로서의 기초적인 능력을 기르고, 중학교 때 했던 '멘토-멘티'와 NIE 교육 봉사 활동들을 바탕으로 △△과 잉글리시 멘토링을 통해 나누는 보람을 느낄 수 있는 활동들을 하고 싶습니다. 졸업 후에는 중문학과에서 더 심화된 전공어 교육과 다양한 교수법을 공부하고 싶습니다. 또한, 지역 알리기 봉사를 했던 것을 경험 삼아 올림픽 등 국제적 행사에서도 통역이나 가이드 자원봉사를 하면서 실력도 쌓고 한국을 알리는 일에도 앞장설 것입니다.

- 분류 •
- 소재: 입학 후 자율 활동 계획, 진로 방향 및 목표, 미래에 대한 포부

60

○○외고는 교사로서의 자질인 지덕체를 가장 잘 키울 수 있는 학교라고 생각한다. 그래서 ○○외고에 진학해서 스터디를 만들어 친구들의 다양한 생각을 공유하고 배우면서 교사로서의 능력을 키울 것이다. 또한, 교사가 되어서도 대학원에 진학해 끊임없이 연구하는 교사가 될 것이다.

• 분류 •
• 소재: 입학 후 자율 활동 계획, 진로 방향 및 목표, 미래에 대한 포부

61

담장을 허물고 학생들이 지역 사회와 교류하는 ○○외고의 철학과 세계화 시대에 맞는 글로벌 인재를 양성하자는 교훈은 외교관이 꿈인 저와 잘 맞는다고 생각합니다. ○○외고의 □□, ×× 같은 동아리 활동과 글로벌 △△ 프로그램은 스포츠 외교관으로서의 제 꿈과 끼를 살리는 데 도움이 될 것입니다. 고교 졸업 후에는 대학의 국제학부에 진학하고 해외 인턴 경험 등을 하면서 외교관의 꿈을 이룰 준비를 착실히 할 것입니다.

• 분류 •
• 소재: 지원 학교의 특성과 프로그램, 진로 방향 및 목표, 미래에 대한 포부

62

○○고에 입학하면 전문 교과 수업을 통해 세계사와 세계 문제에 대해 심층적으로 공부하고, 이해와 표현 과제 연구를 통해 기자로서 갖추어야 할 글쓰기 능력을 기르겠습니다. 방과 후 수업에서 부족한 공부를 보완하고, △△ 동아리에서 외교에 대한 책을 쓰며 관심 분야에 대한 사고의 폭을 넓히겠습니다. 졸업 후 정치 외교학과에 진학해 중국 외교 정책론을 배워 기자로서의 전문성을 갖추겠습니다.

• 분류 •
• 소재: 입학 후 자율 활동 계획, 진로 관련 동아리, 진로 방향 및 목표, 미래에 대한 포부

63

입학 후에는 중국어 △△ 프로그램을 통해 중국 문화에 대한 배경지식을 넓히고, 인문 고전 독서와 □□ 활동을 통해 아동 심리에 대한 공부를 하며, 현재 하고 있는 지식 나눔 동아리도 ○○외고의 지역 사회 멘토링을 통해 이어나갈 것입니다. 이후에 서울교대에 입학해 학생들에게 세상에는 더 재미있고 흥미 있는 일이 많다는 것을 가르쳐 주고 싶습니다.

• 분류 •
• 소재: 입학 후 자율 활동 계획, 진로 관련 동아리, 진로 방향 및 목표, 미래에 대한 포부

64

○○외고에 입학한다면 일본어과에서 모의 유엔 토론 동아리 △△에 들어가 국제 이슈에 관심을 갖고 세계인과 함께 살아가기 위해 문화적 차이에 대한 이해력과 리더십, 배려심, 소통 능력 등을 배우고 싶습니다. 그 후 장래 희망인 검사가 되기 위해 고려대학교 로스쿨을 거쳐 범죄로부터 대한민국을 지키는 검사가 되고 싶습니다.

• 분류 •
• 소재: 진로 관련 동아리, 진로 방향 및 목표, 미래에 대한 포부

65

입학 후에는 서울대학교 경제학과에 들어가기 위해 학교 공부는 예습과 복습으로 진행하고, 경제 동아리인 ○○○에 들어가 경제학 관련 독서와 신문으로 공부할 것입니다. 이후 경제학과에 들어간 다음 미국의 MBA 과정을 수료해서 애널리스트가 될 것입니다.

• 분류 •
• 소재: 자기주도학습 계획, 진로 관련 동아리, 진로 방향 및 목표

66

○○외고에 진학한 후 자만하지 않고 중학교 때처럼 열심히 공부할 것입니다. 자율 학습 시간을 이용해서 학습 일기를 기록하고, 전공어 시험을 통해 영어와 일본어를 심도 있게 공부하고 싶습니다. 신문 동아리 △△에 가입해서 언론인의 꿈을 키워 나갈 것입니다. 연세대학교 언론 홍보 영상학과에 진학해서 공부한 후 PD가 되어 진정으로 공연을 즐기고 마음이 따뜻해질 수 있는 사회를 조성하는 데 앞장서는 프로그램을 만들 것입니다.

• 분류 •
• 소재: 자기주도학습 계획, 진로 관련 동아리, 진로 방향 및 목표, 미래에 대한 포부

67

　　○○고에 입학하면 초등학교 때부터 4년 동안 지속해 온 주제 탐구 활동을 조금 더 심화해서 하고 싶습니다. 저는 과학 탐구 동아리 LAB에 들어가 하나의 주제를 탐구하고 발표해 '전국 청소년 과학 창의 대회'에 참가하고 싶습니다. 저는 서울대 전자 공학과를 졸업한 후 벤처 기업을 설립해서 게임, 소셜 미디어 그리고 모바일을 더해 일상생활에 새로운 재미와 효과를 주는 '게미피케이션(Gamification)'을 현실화하고 이를 활성화시키 겠습니다.

- • 분류 •
- • 소재: 입학 후 자율 활동 계획, 진로 관련 동아리, 진로 방향 및 목표, 미래에 대한 포부

68

　　○○고 또래 상담반에서 상담 능력을 기르고, 의학과 심리학 서적을 읽으면서 기본적인 지식을 배워 나갈 것입니다. 대학에 서는 정신과 전공의가 되어 실제 학교에 가서 실습을 하며 학생 들을 상담하는 봉사를 진행할 것입니다. 그러한 능력을 길러서 이후 우리나라에서 방황하는 학생들뿐만 아니라 모든 국민이 정신적으로 건강한 사회를 만들고 싶습니다.

- • 분류 •
- • 소재: 진로 관련 동아리, 진로 방향 및 목표, 미래에 대한 포부

69

　　영어 기자단 활동과 영어 토론을 했던 경험을 살려 학교 수업과 동아리 ○○○와 △△에 가입해서 외국어 능력을 향상시키고, 중학교 때부터 쌓아 온 리더십으로 동아리 회장으로도 활동하며 봉사 정신과 팀워크를 겸비한 국제 구호가로서의 자질을 갖출 것입니다. 졸업 후에는 서울대 정치 외교학과에 지원해서 다양한 경험과 글로벌 역량 등 예비 구호가로서의 기반을 다질 것입니다.

- • 분류 •
- • 소재: 입학 후 자율 활동 계획, 진로 관련 동아리, 진로 방향 및 목표, 미래에 대한 포부

70

　　○○외고에 입학하면 중학교 때처럼 심화 계획과 내신 계획을 함께 실천할 것입니다. 심화 부분은 '상상 저널'을 활용하고 부족 한 부분은 방과 후 수업으로 보충해서 제 장점인 꾸준함을 살려 성실히 공부하겠습니다. Global Lounge에서의 자유로운 토론을 통해 외국어 실력을 향상시켜 해외 석사 과정을 거친 후 국제 단체에 서 아이들의 마음을 치료해 주는 활동을 하고 싶습니다.

- • 분류 •
- • 소재: 자기주도학습 계획 및 자율 활동 계획, 진로 관련 동아리, 진로 방향 및 목표, 미래에 대한 포부

○○외고 입학 후 중국 자매 학교와의 교류로 중국 문화를 접해 중국과 손을 잡고 일할 때 어려움이 없도록 노력하겠습니다. 또한, 동아리 △△에서 공정 무역에 대해 공부하며 빈민국의 아이들이 자신들의 노동에 대한 정당한 대가를 받을 수 있는 방법을 연구할 것입니다. 대학교와 대학원 과정을 마친 후에는 유니세프 직원으로서 'Rapid SMS'와 같은 획기적인 프로그램을 개발해서 공정 무역을 활성화해 세계 아동들의 보호와 건강에 기여할 것입니다.

• 분류 •
• 소재: 입학 후 자율 활동 계획, 진로 관련 동아리, 진로 방향 및 목표, 미래에 대한 포부

○○외고에 입학 후 영어와 함께 전공인 프랑스어를 독서와 매체를 통해 익히는 방식으로 실질적인 활용 능력을 키울 것이다. 언어를 배우기 위해서는 그 나라의 역사와 문화를 잘 알고 있어야 한다는 생각으로 겨울 방학 동안 프랑스 역사에 관한 책들을 읽고, 영화 감상이나 문화원을 방문하며 프랑스 문화와 사회에 대해 알아볼 계획이다. 또한, 영어 토론 모임에 참여해서 논리적으로 생각하고 발표하는 능력을 기르고 영어 집중 연수 프로그램에 참가할 것이다.

• 분류 •
• 소재: 입학 후 자율 활동 계획, 진로 관련 동아리, 진로 방향 및 목표

○○외고에서 3년 동안 노력하여 연세대학교 국제학부에 입학해 국제학을 전공할 계획이다. 또한, UN 인턴십에 지원해서 도움이 필요한 사람들을 위한 △△ 프로그램에 참여하고 싶다. 이와 같은 국제 관계 전공과 봉사 경험은 UN PKO라는 꿈을 실현하는 데 밑거름이 되어줄 것이다.

• 분류 •
• 소재: 졸업 후 활동 계획, 진로 방향 및 목표, 미래에 대한 포부

74

○○외고 입학 후에 저는 일본 문화 교류회에 참여해 일본의 문화를 직접 체험해 보고, 전공인 일본어 능력을 한층 더 발전시키겠습니다. 또한, 학생회 임원이 되어 리더로서의 자질을 발전시키겠습니다. 그리고 회계사가 되기 위해 필요한 경영·경제 분야를 '수학으로 알아가는 경영·경제 모임'에 참여해 배울 것입니다. 이뿐만 아니라 수업 시간에 발표를 열심히 하는 등 열정적으로 참여하고 항상 노력하겠습니다.

- 분류 -
- 소재: 입학 후 자율 활동 계획, 진로 관련 동아리, 진로 방향 및 목표, 학교생활 신조

75

○○외고에 입학해서는 기본에 충실한 공부를 이어가되 과목별로 깊이 있는 내용을 배울 것이다. 그리고 꾸준히 독서하면서 언어 능력을 기르고, 유학을 대비해서 전공 회화를 중점적으로 준비할 것이다. 그 뒤 연세대학교의 언론 홍보학과에 진학해서 전공에 대한 지식을 쌓은 후 프랑스로 유학을 가서 마케팅과 관련된 유용한 학문뿐만 아니라 세계인들의 폭넓은 생각을 배우고 귀국해 △△기획사와 같은 광고 회사에 들어가 다양한 경험을 쌓고 이후 나만의 광고 회사를 세울 것이다.

- 분류 -
- 소재: 입학 후 학습 계획, 진로 방향 및 목표, 학교생활 신조

76

졸업 후에는 런던의 패션 스쿨 센트럴 세인트 마틴에 진학해서 여러 브랜드에서 인턴으로 활동하면서 다양한 경험을 쌓고, 이후 저의 성향과 맞는 브랜드에서 저만의 독특한 아이디어를 발전시켜 그 브랜드의 수석 디자이너가 될 것입니다. 그 후 개인 브랜드를 론칭하고, 세계가 인정하는 대한민국의 대표 패션 디자이너가 될 것입니다.

- 분류 -
- 소재: 졸업 후 활동 계획, 진로 방향 및 목표, 미래에 대한 포부

77

고등학교에 진학해서 다양한 활동을 통해 제 꿈을 구체적으로 이루어 가려고 합니다. 능숙한 중국어 회화를 위해 '중국어 회화반'에 들어갈 계획이며, 학술 스터디 등의 창의적 특색 활동에도 참여해 경제학과 관련된 심화 공부를 할 것입니다. 졸업 후에는 경제학과에 진학해서 ○○○ 프로그램으로 중국에 가고자 합니다. 그곳에서 중국이 어떻게 급속한 발전을 이룰 수 있었는지에 대한 실질적인 지식을 쌓고, 그것을 바탕으로 우리나라의 경제 발전에 이바지할 수 있는 인재가 되고 싶습니다.

● 분류 ●
● 소재: 입학 후 자율 활동 계획, 진로 관련 동아리, 진로 방향 및 목표, 미래에 대한 포부

78

○○외고 입학 후에도 △△에서 10년 동안 해 오던 바이올린을 계속 연습해서 이후에 그 재능을 활용할 수 있도록 준비할 것입니다. 그리고 연세대 기계 공학과 진학 후에 로스쿨 과정을 거쳐 자동차 관련법을 모두 공부해 우리나라의 제품이 세계 최강임을 입증하고, 무역을 더 활발하게 할 수 있도록 돕는 인증관이 될 것입니다.

● 분류 ●
● 소재: 입학 후 자율 및 취미 활동 계획, 진로 방향 및 목표, 미래에 대한 포부

79

○○외고에서도 수업을 공부의 최우선으로 정하고, 말하고 쓰는 수학이나 시사 논술과 같은 방과 후 학교를 수강할 것입니다. 그리고 △△에 들어가 세상을 넓게 보는 기자의 눈을 키우려고 합니다. 졸업 후에는 신문 방송학을 전공하고 부전공으로 일본어과를 선택해 국제부 기자로서의 역할을 멋지게 해내고 싶습니다.

● 분류 ●
● 소재: 방과 후 학교 수강 계획, 자기주도학습 계획, 진로 관련 동아리, 진로 방향 및 목표, 미래에 대한 포부

교육이란 사람이 학교에서 배운 것을 잊어버린 후에 남은 것을 말한다.

– 알버트 아인슈타인 –

PART 4

면접

CHAPTER 01 면접 개요 및 합격 전략

CHAPTER 02 최신 개별 자기소개서 관련 실전 면접 질문

CHAPTER 03 기출 예상 질문 및 예시 답안

01 면접 개요 및 합격 전략

1. 면접 점수 산출 방식

면접 = 자기주도학습 영역(꿈과 끼 영역) + 인성 영역

2. 면접 내용

1) 자기주도학습 영역(꿈과 끼 영역)
   - 자기주도학습 과정: 학습을 위해 주도적으로 수행한 목표 설정, 계획, 학습 그리고 그 결과 평가까지의 전 과정(교육 과정에서 동아리 활동 및 진로 체험, 꿈과 끼를 살리기 위한 활동 및 경험 등 포함)
   - 지원 동기 및 진로 계획: 학교 특성과 연계하여 지원 학교에 관심을 갖게 된 동기, 꿈과 끼를 살리기 위한 활동 계획과 진로 계획

2) 인성 영역
   - 핵심인성요소에 대한 중학교 활동 실적: 자기소개서, 학교생활기록부 행동특성 및 종합의견, 교사 추천서에 기재된 핵심인성요소에 대한 중학교 활동 실적
   - 인성 영역 활동을 통해 느낀 점: 중학교 활동을 통해 배우고 느낀 점
   ※ 면접 시 학교생활기록부의 교과 학습 발달 상황을 포함한 평가 금지

3) 핵심인성요소
   핵심인성요소는 봉사 · 체험 활동을 포함한 배려, 나눔, 협력, 타인 존중, 규칙 준수 등 학생의 인성을 나타낼 수 있는 다양한 요소를 의미

3. 면접 실시 금지 사항

- 면접 문항 임의 수정, 입시 전형 위원회 심의 없이 면접표 · 심사 점수 부여 방법 임의 변경 등
- 입시 전형 실무자, 입시 전형 위원 연수 미이수자를 면접 위원에 위촉
- 입시 전형 위원이 면접 평가표를 임의 수정(겹쳐 쓰기, 서명이나 날인 없이 수정)
- 면접 전에 입시 전형 위원이 면접 평가표에 의견을 사전에 작성

4. 면접 답변의 구성과 실제

1) 면접 과정

1 : 1 면접으로 공통 질문과 개별 질문으로 구성되어 질의응답을 하거나 개별적인 확인 질문 위주로 진행된다.

2) 답변의 길이

한 질문에 대한 적절한 답변의 길이는 1분 30초를 기준으로 연습을 하는 것이 바람직하다. 특목고 설명회에서 이야기하는 30초 답변으로 준비를 할 경우, 실전에서 짧은 답변이라는 인상을 주고 개인이 가진 우수성을 모두 드러내지 못하는 단점이 있다. 그러므로 면접을 연습할 때는 1분 30초를 기준으로 긴 호흡의 답변이 되도록 해야 한다.

3) 답변의 포인트

1분 30초라는 시간은 생각보다 긴 시간이다. 질문에서 요구하는 답만을 이야기해서는 시간을 채울 수 없다. 그러므로 자신의 경험이나 사례, 자신이 알고 있는 배경지식 및 예시 등을 적극적으로 활용하여 답변을 해야만 한다. 특히 예시나 사례는 최소 2개 이상 풍부하게 들어야 자신의 배경지식 수준과 실제성을 드러낼 수 있다.

4) 답변의 순서

답변을 전개하는 방법에는 크게 두 가지가 있다. 두괄식과 미괄식이다. 두 방법은 모두 효과적이므로 선택하여 답변을 하거나 자신이 편하게 느끼는 방법을 고르는 것이 좋다. 면접관의 질문이 단답형의 답을 요구할 경우에는 두괄식이 적합할 것이고, 사례나 예시를 드러내는 것이 좋다면 미괄식을 선택하는 것이 좋다. 만약 쉽게 판단이 되지 않는다면 양괄식을 선택하는 것도 좋다.

• 답변의 전개도(두괄식)

• 답변의 전개도(미괄식)

5) 사례를 활용한 답변 Tip!

사례를 풍부하게 들기 위해서는 충분한 배경지식과 연습이 필요하다. 우선 자신의 진로나 관심 분야에 대해 인터넷 검색이나 신문, 뉴스, 백과사전 등을 활용해서 가능한 한 많은 정보와 자료를 찾아야 한다. 정보와 자료는 구체적이고 객관적일수록 좋은데 질문에 대한 답변에서 사례를 활용하는 목적이 자신의 답변의 논리적 근거를 강화시키기 때문이다. 다음 예시를 살펴보자.

Q 왜 의사가 되고 싶은가?

A1 사람들의 생명을 구하는 것에 보람을 느낄 수 있고 많은 사람들에게 도움을 줄 수 있기 때문입니다.

'왜 의사가 되고 싶은가?'라는 질문에 위와 같이 답변할 수 있다. 그런데 이런 답변은 추상적이고 식상하다. 누구나 다 할 수 있는 답변이라고 생각하면 된다. 생명을 구하는 일과 그로 인해 느끼는 보람, 타인에 대한 도움은 의사가 하는 활동의 기본적 개념에 가까운 내용이다. 이것으로 자신이 이루고 싶은 목표와 꿈에 대한 열정을 드러낼 수는 없다. 그러므로 자신과 관련된 경험이나 자신이 존경하는 의사, 기억에 남는 뉴스나 사건 등을 활용해서 답변해야 한다. 다음과 같이 답변하는 것이 더 바람직하다.

Q 왜 의사가 되고 싶은가?

A2 제가 어린 시절 다리를 다쳐서 응급실에 간 적이 있습니다. 그곳에서 제 상처를 치료해 주시는 의사 선생님께 매우 감사한 마음이 들었고 의사라는 직업이 멋있어 보여 의사가 되고 싶다는 마음을 먹었습니다. 그리고 초등학교 때 본 EBS 다큐멘터리에서 아프리카 수단에서 의료 봉사 활동을 하신 이태석 신부님의 이야기를 접하고 의사가 단순히 상처를 치료하는 것만 아니라 지역과 사회를 변화시킬 수도 있다는 것을 알게 되었습니다. 그래서 저는 외과 의사가 되어서 아프리카와 같은 오지에서 병자를 돌보는 의료 봉사 활동을 꾸준히 해야겠다는 목표를 세웠습니다.

앞의 답변과 뒤의 답변은 답변의 길이도 차이가 나며 자신의 진로나 꿈에 대한 열정에서도 차이가 난다. 더 나아가 자신이 의사라는 꿈을 이루어서 사회를 위해 봉사를 하고 싶다는 포부까지 드러내며 인성적 측면도 나타내었다.

02 최신 개별 자기소개서 관련 실전 면접 질문

외고나 자사고의 주된 면접 사항은 개별적인 자기소개서의 내용이 가장 많다. 때문에 학생들은 면접을 준비할 때 자기소개서 내용의 문장 수준에서 답변을 충분히 준비하고 그것이 준비가 된 후에는 중요한 단어별로 어떠한 질문이 예상이 되는지를 생각한 후에 예상 답안을 준비해야 한다. 그리고 면접에서 가장 중요한 것은 구체적인 예시를 들어서 답변을 해야 한다는 점이다. 면접관은 다수의 학생들을 대상으로 면접을 보기 때문에 포괄적이고 추상적인 답변을 하는 학생에게는 관심을 기울이기가 힘들므로 구체적인 내용을 적절히 활용하되 시간 배분을 하고 자신의 구술 내용을 구성해야 한다.

1

자기소개서 내용

○○ 고등학교에 입학해 학년별로 심화되는 다양한 프로그램을 통해 기본적 지식뿐만 아니라 이웃과 함께 나누는 소양을 익혀 꿈에 더 가까이 갈 것이다.

Q ○○고에서 하는 봉사나 나눔 활동에 대해 아는 대로 말해 보세요.

> **답변의 포인트**
>
> 지원 동기를 묻는 질문은 다양한 형태로 나온다. 자기소개서에서 다양한 봉사와 나눔 활동을 서술한 경우에 이와 같은 질문이 나올 수 있다. 그러므로 지원하는 학교에 대한 정보를 수집할 때, 교육 프로그램만 보아서는 안 되고 봉사 활동과 같은 비교과 활동에 대해 알고 있어야 한다.

A 저는 1학년 때부터 꾸준히 저소득층과 외국인 근로자를 대상으로 의료 봉사 활동에 참여했습니다. 봉사를 하면서 사회에서 소외되고 도움이 필요한 약자들의 어려움을 보면서 도움의 손길이 많이 필요하다는 것을 느꼈습니다. 그래서 ○○고에 있는 다양한 봉사나 나눔 활동에 관심이 많습니다. 교내 멘토링 봉사 활동이나 지역 아동들을 대상으로 한 멘토링 활동을 통해 제가 가진 재능을 나눌 것입니다. 그리고 교복, 교재 물려주기 활동에 적극적으로 참여할 것이며 해외 아동 결연이나 몽골 해외 봉사 활동 등에도 참여해서 제가 중학교부터 꾸준히 해 온 봉사와 나눔 활동을 이어갈 것입니다.

자기소개서 내용

역사 토론 동아리에서 명성 황후에 대한 당시 사람들의 평가를 중심으로 보고서를 작성하며 탐구했다. 그 과정에서 당시 조선인들은 외교적으로 활동하는 명성 황후를 좋게 보지 않았지만, 서양인들은 그녀를 우호적으로 보았다는 것을 알게 되었다. 이러한 시각 차이의 원인이 궁금하여 관련 학술 논문을 찾아보았는데, 명성 황후에 대한 부정적인 평가는 당시 여성의 정치 참여를 좋게 보지 않았던 조선의 유교 사상에서 비롯된 것임을 알 수 있었다. 이를 계기로 당대의 사회적 인식과 평가에 있어서 여론과 통념의 영향력이 매우 크다는 것을 경험할 수 있었고, 명성 황후에 대한 현재와 당대의 평가를 비교·분석하는 내용의 UCC를 제작했다.

Q 동아리에서 명성 황후에 대한 논문을 참고하였다고 했는데 어떤 논문을 참고하였는지 말하고, 그에 대한 자신의 생각을 말해 보세요.

답변의 포인트

이러한 질문은 전형적인 서류 확인 문제이다. 자기소개서의 항목 중 학업 경험과 역량을 나타내는 부분의 내용에서 입학 사정관이 확인하고 싶은 점에 대해 질문한 것이다. 이러한 질문을 받았을 경우에는 당황하지 말고 자신이 경험을 하면서 배우고 느낀 점을 중심으로 답변하면 된다. 학술 논문에 대해 말하라고 해서 논문에 수록된 이론이나 개념을 상세히 이야기할 필요는 없다. 논문의 내용에 대한 숙지가 중요한 것이 아니고 논문을 읽고 지원자가 어떤 성장과 발전이 있었는지가 궁금한 것이기 때문이다. 그러므로 자기소개서의 학업 경험에 서술한 내용에 대해서는 철저한 준비가 필요하다. 또한, 학업 경험에 한정되어서는 안 되며 추가 활동이나 이후에 생각의 변화까지 답변하는 것이 바람직하다.

A 그 당시 신문과 서양인의 견문록을 바탕으로 명성 황후에 대한 인식 변화를 주제로 한 학술 논문을 참고했습니다. 교과서 속에서 본 명성 황후에 관한 내용이나 평가는 매우 짧아서 명성 황후에 대한 대한 제국 시절의 평가를 상세히 알아보기는 어려웠기 때문입니다. 그래서 인터넷 검색과 지역 도서관 방문을 통해 명성 황후를 키워드로 학술 논문을 검색했고, 제가 찾으려는 주제와 관련된 논문을 찾을 수 있었습니다. 학술 논문을 읽으며 교과서에서만 볼 때와는 다른 내용들이 많다는 것을 깨달았습니다. 교과서에서 명성 황후를 다루는 분량은 매우 적었지만 학술 논문에는 명성 황후의 일생과 국내외 정치, 외교 관계 등이 상세히 기록되어 있었기 때문에 깊은 이해가 가능했습니다. 이를 계기로 교과서나 문제집에서 본 내용 중에 궁금한 점이나 이해가 잘 되지 않는 부분이 있다면 인터넷이나 책, 학술 논문을 찾아보면서 깊게 이해하려는 노력을 꾸준히 했습니다.

자기소개서 내용

교과 심화 학습 시간에 수학과 미술을 융합하며 탐구했다. 황금비나 평행 이동이 예술 작품에 활용되어 작품을 객관적인 수치로 분석할 수 있다는 점에서 흥미를 느껴 미술 시간에 착시 그림을 그릴 때 펜로즈의 삼각형을 적용했다. 이처럼 수학이 미술로 확장되며 동시에 과학, 기술 같은 다양한 분야로 연관되는 점에서 융합적인 사고가 중요하다고 생각했다.

Q **수학과 미술을 융합하며 공부할 때 어려웠던 점은 무엇인가요?**

답변의 포인트

교과 심화 학습이라는 것은 어렵거나 난해한 요소일 필요는 없다. 그러므로 선행, 심화 수학을 배운 내용에서만 찾지 말고, 수학 수업 시간이나 교과서 읽기 자료, 수학 관련 다큐멘터리 등을 시청하면서 접했던 창의력 수학 학습 경험에서 자기소개서에 작성할 내용을 찾는 것이 바람직하다. 이 학생도 수업 시간에 했던 창의 수학 경험을 활용하였다. 황금비나 평행 이동은 중등 교과 과정에 나오는 개념이기 때문에 선행 학습한 내용을 서술한 것이 아니며 펜로즈의 삼각형도 인터넷 검색이나 EBS 다큐멘터리들에서 착시 현상과 관련된 내용이나 자료를 찾으면 가장 먼저 나오는 요소이다. 따라서 수학 학습을 하면서 교과서나 문제집만 보지 말고 다양한 학습 자료나 영상을 찾아보는 것이 바람직하다. 그리고 입학 사정관의 질문이 '공부할 때, 어려웠던 점이 무엇인가?'이다. 이것은 학생이 서술한 자기소개서의 내용과 같은 경험을 해 보았다면 어려웠던 점을 극복하는 과정이 있었을 것이라는 생각에 바탕을 두고 있다. 다시 말해 학습 과정의 진위를 묻는 질문인 것이다. 그러므로 수학과 미술을 융합하여 공부하는 과정이나 효과만을 답변해서는 안 된다. 만약 과정과 효과만을 답변한다면 지원자가 입학 사정관의 질문과 의도를 파악하지 못한 것으로 평가되기 때문이다. 과정에 대해 간략히 설명하며 어려웠던 점이나 기억을 제시하고 그에 대한 해결 노력을 답변해야만 한다.

A 수학 시간에 배운 황금비를 미술에 적용하면서 흥미로움도 많이 느꼈지만 일정한 틀과 생각에 사로잡혀 미술이 추구하는 자유로움을 잃어버린다는 점을 느꼈습니다. 수학 시간에 배운 황금비는 선분이나 도형을 일정 비율로 나누고 방정식을 이용해서 문제를 푸는 것입니다. 그러다 보니 미술 활동을 하거나 작품을 보면서 자를 이용해 수치를 측정하고 계산을 하면서 황금비가 적용되었는지를 확인했습니다. 이 과정을 통해 그림이나 사진 속 미술 작품들에서 황금비를 발견하는 즐거움도 느꼈지만 어느 순간, 제가 너무 수치만을 따지고 있다는 생각이 들었습니다. 수치로만 생각하니 미술이 주는 감동이나 아름다움을 제대로 느끼지 못하는 것이었습니다. 그래서 미술 작품을 보면서 황금비를 구하는 동시에, 작품 전체를 바라보며 조화가 주는 아름다움을 느끼려고 노력했습니다. 그랬더니 이전에는 보지 못했던 새로운 감동을 느낄 수 있었고 융합적 사고란 일부분만 바라보는 것이 아니라 전체적인 맥락도 고려해야 한다는 점을 깨달을 수 있었습니다. 한 부분, 한 부분이 합쳐져 조화를 이루는 것이 갖는 가치도 알게 되었습니다.

자기소개서 내용

　졸업 후에는 교대에 진학해서 다문화 가정의 아이들이나 외국에서 돌아온 학생들처럼 적응에 도움이 필요한 아이들에게 힘을 주는 초등 교사가 되고 싶습니다.

Q 다문화 가정 아이들의 자존감을 높이기 위해 어떻게 할 것인가요?

답변의 포인트

　졸업 후 진로 부분(지원자의 꿈과 미래 비전)에 대한 질문이다. 이 질문에 답변을 할 때, 유의할 점은 자기소개서에 작성한 내용을 바탕으로 해야 한다는 점이다. 지원자가 자기소개서에서 공부를 하거나 나눔, 배려, 협력과 관련된 활동을 하면서 상대의 말을 경청하는 자세를 가지고 있었다면 다문화 가정 아이들의 자존감을 높이기 위한 노력에서도 경청하는 자세가 중심이 되어야 한다. 그래야만 자기소개서의 통일성이 유지가 된다. 만약 다문화 가정의 아이들의 자존감을 높이기 위해 칭찬과 응원을 한다고 답변을 하였는데 자기소개서에는 칭찬과 응원을 통해 성취를 이룬 경험이 없다면 입학 사정관은 지원자가 준비된 답변만을 외워서 답하고 있다는 인상을 받을 수 있다. 그러므로 자신의 진로나 미래 목표를 이루기 위한 노력과 과정을 자기소개서에 작성하거나 면접에서 답변할 때, 전략을 세워 접근할 필요가 있는 것이다.

A 제가 초등학교 6학년 때 담임 선생님께서는 반 아이들에게 항상 밝게 웃으시며 칭찬을 해 주셨고, 학생들이 가진 장점을 발견하기 위해 노력하셨습니다. 저 역시도 담임 선생님의 영향을 받아서 제가 가진 장점을 발견할 수 있었고 자존감도 커졌던 경험이 있습니다. 저는 이런 경험을 바탕으로 미래에 교사가 되면 반 아이들의 이름을 가장 먼저 외우고, 아이들이 가진 장점을 꼼꼼히 정리해서 칭찬해 줄 것입니다. 이러한 노력은 다문화 가정의 아이들의 자존감을 높이는 것에도 효과적이라고 생각합니다. 제가 다문화 가정의 아이들에게 봉사 활동을 하면서 다문화 가정의 아이들은 피부색이나 가정 환경, 문화 등에서 오는 상대적 박탈감이나 차이 때문에 어려움을 겪고 있었고 자존감이 매우 낮았습니다. 그렇지만 각각의 아이들을 보면 장점이나 예쁜 점이 많았습니다. 자신이 가진 것을 발견하지 못하고 주변의 시선이나 차별에 신경을 쓰고 마음을 닫고 있는 모습이 너무 가슴 아팠습니다. 그래서 저는 아이들의 장점을 찾고 드러내어서 아이들 스스로가 잘하는 것이 있다는 점을 자랑스럽게 생각하게 만들 것입니다. 그러면 다문화 가정의 아이들도 자신이 열악하고 부족한 면만 바라보는 것이 아니라 자신이 잘하는 것을 더 잘하도록 노력할 것이라고 생각합니다.

5

자기소개서 내용

탈북자와 시리아 난민 아이들을 보면서 왜 조국을 떠날 수밖에 없었을까 궁금해한 적이 있었다. 이후 그때 기억을 떠올리다 난민들을 돕는 정책과 국제기구에 대한 관심이 생겼고, 특히 난민이 생기지 않도록 경제와 사회를 발전시키는 방법이 더 알고 싶어졌다. KOICA 지구촌 체험관의 체험 학습 등을 경험하면서 개발 도상국들의 개발을 지원하는 UN의 산하 기구인 UNDP에서 일하는 나의 미래를 그리게 되었다. (중략) 이러한 기반을 통해 다자외교에 정통한 외교관이 되어 경험을 쌓고, 최종적으로는 국제기구 공무원이 되어 나의 지식과 경험을 전쟁과 가난으로 고통받는 나라들의 재건에 기여하고 싶다.

Q 외교관이나 국제기구 공무원 외에 가난한 사람들을 도울 수 있는 방법을 말해 보세요.

> **답변의 포인트**
>
> 지원자가 국제기구 공무원이 되고 싶다는 꿈을 갖게 된 동기가 전쟁과 가난으로 고통받는 난민 때문이었다. 입학 사정관은 지원자가 꿈을 갖게 된 동기에 대한 답변 준비를 충실히 하였을 것이라는 예상을 할 수 있다. 열심히 준비해 외운 답변을 듣는 것은 면접에서 우수한 학생을 선발할 수 없다고 생각한다. 따라서 면접관들은 자신의 진로와 꿈에 대해 얼마나 많은 생각을 하였는지 평가하기 위해 위와 같은 질문을 하기도 한다. 왜냐하면 지원자의 진로인 국제기구 공무원으로서 가난한 사람을 돕는 방법을 찾다보면 자연스럽게 다른 방법들도 알게 되기 때문이다. 그리고 국제기구 공무원으로서도 가난한 사람들을 돕기 위해서는 정치나 경제, 사회, 문화적 특징들을 알아야 제대로 된 지원을 할 수 있다. 이러한 점에 착안하여 면접을 준비하는 과정에서 자신의 진로뿐만 아니라 다른 분야의 방법들도 같이 알아 두는 자세가 필수적이다.

A 제가 난민 문제에 관심을 갖게 된 계기는 난민 관련 다큐멘터리에서 난민들이 경제적 어려움을 비롯한 다양한 어려움에 직면하는 모습을 보고 느낀 경험에서부터입니다. 따라서 개개인이 전 세계 기아 문제와 빈부 격차 문제에 관심을 갖는 것이 출발점이라고 생각합니다. 타인의 고통을 모르면 돕고 싶은 마음이 들지도 않을 것이고 도우려는 방법을 찾지도 않을 것입니다. 그러므로 전 세계적인 기아와 빈곤 문제에 관심을 갖는 것이 중요합니다. 그 다음으로 강대국들이 앞장서서 가난한 국가에 경제적 지원을 해야 합니다. 자국의 이익을 앞세워서는 안 되며 인도주의적인 관점에서 지원해야 합니다. 자국의 이익만을 우선한다면 나라들 간에 갈등이 생기고 가난한 국가들을 경제적 식민지로 만들려는 움직임이 나타날 수 있다고 생각합니다. 마지막으로 공정 무역을 실천하는 방법이 있습니다. 대다수의 가난한 국가들은 노동력에 의존한 산업이 중심이고 원료 공급지가 대부분입니다. 따라서 많은 국가들이나 사람들이 공정 무역을 실천한다면 가난한 국가의 사람들에게 돌아가는 이익이 더 커질 것이고 빈부 격차도 줄어들 것입니다.

PART 4

자기소개서 내용

과학 수업 시간에 물리와 화학, 생물과 관련된 다양한 실험과 관찰을 했다. 자기장에 대해 배우면서 전자석을 만드는 활동을 했다. 도선을 코일처럼 만들고 철심을 넣어 만드는 과정을 통해 코일만으로는 약하던 자기력이 강자성체를 이용하여 강한 자기장을 생성한다는 것을 알게 되었다. 전자석이 입자 가속기, 자기 부상 열차와 무선 충전기 같은 장치들이 안에 사용되어 생활 속에 적용되어 사용된다는 것을 알 수 있었다. 이러한 경험을 하며 과학적 이론과 개념을 현실에 적용해서 새로운 것들을 만들어 내는 기계 공학자가 되고 싶다고 마음먹었다.

Q 학습 관련해서 자신을 잘 나타낼 수 있는 단어를 하나 이야기해 보고, 학습 방법에 대해 설명해 보세요.

> **답변의 포인트**
>
> 자신을 나타낼 수 있는 단어를 하나 이야기해 보라는 것은 지원자가 자신의 학습 특성을 어느 정도 정확히 파악하고 있는지와 자신의 학습 특성을 얼마나 창의적으로 표현할 수 있는지를 평가하는 질문이다. 그러므로 자신의 학습 특성을 종합적으로 생각한 다음, 한 단어를 선택한 후, 자신의 경험을 토대로 답변을 하는 것이 바람직하다.
>
> 학습 방법을 설명할 때는 막연하게 열심히 또는 무조건 반복 암기하였다는 식의 추상적인 답변은 좋은 평가를 받을 수 없다. 특정 과목이나 영역을 하나 정해서 예를 들면서 학습 방법을 설명해야 한다. 유의할 점은 답변을 시작할 때, 이야기한 단어를 생각하면서 학습 방법과 자신을 나타내는 단어가 연관되도록 답해야 한다.

A 학습 관련해서 저를 표현하는 단어는 '큐브'입니다. 제 취미는 5×5 큐브 맞추기입니다. 큐브를 빠른 시간 안에 맞추기 위해서는 일정한 패턴을 암기해야 하고 손에 익숙하게 하기 위해 꾸준한 연습을 해야 합니다. 그리고 3D 입체이기 때문에 반대편에 어떤 색이 있을지도 상상하며 회전을 예측해야 합니다. 이것을 학습에도 적용해 볼 수 있었습니다. 수학 문제를 풀기 위해서는 일정한 개념과 공식을 암기해야 합니다. 그리고 연습 문제나 응용 문제를 반복해서 풀어 보면서 개념과 공식을 적용해 보는 연습이 필요합니다. 이 과정에서 제가 모르는 부분을 파악할 수 있었고 문제에 접근하는 방법을 찾는 시간을 줄일 수 있었습니다. 또한, 수학 문제가 잘 풀리지 않을 때에는 계산식을 뒤집어 보거나 도형을 회전시켜 보며 새로운 접근이 가능한지를 고민했습니다. 이러한 과정을 반복하니 수학 개념이나 공식을 이해하는 것이 큐브를 맞추는 것과 같이 재미있었고 창의적 접근과 해석이 가능했습니다.

7

자기소개서 내용

전학 온 친구가 수행 평가와 학교생활이 익숙하지 않아 불안해해서 그 친구와 학급 멘토링을 했습니다. 친구는 학습 활동과 학습지를 풀 때 심지어 청소를 할 때도 물어볼 정도로 질문이 많아서 1년간 짝을 하며 수행평가와 시험 공부를 도와주었습니다. 처음부터 꼼꼼히 설명해 주었지만 친구는 매번 같은 질문을 반복하고, 성취도가 늘지 않아 스스로 멘토의 역할을 잘 하지 못하고 있다고 생각되어 친구에게 더 많은 도움을 줄 수 있는 멘토가 되기 위해 모든 것을 다 설명해 주는 방식에서 벗어나기로 했습니다. 문제 해결을 위한 최소한의 힌트를 제공하고 힌트의 의미를 스스로 생각하며 관련된 내용을 찾아 자신이 모르는 부분을 직접 찾을 수 있게 도와주는 하브루타 교육 방법을 활용했습니다. 이후 친구는 저에게 적극적으로 질문하고 답하다가 틀렸다고 생각하면 스스로 재질문하고 답변하는 등 노력했고, 그 과정에서 도움은 일방적인 것이 아니라 스스로 할 수 있도록 도와주는 것이어야 한다고 생각했습니다.

Q 하브루타 교육 방법을 활용하게 된 이유는 무엇인가요?

답변의 포인트

자기소개서에서 학습 방법을 작성할 때, 멘토링 활동과 하브루타 교육 방법을 활용하였다. 그래서 자기소개서 내용 확인 차원에서 질문하였다. 최근 면접에서 공부 방법에 대해 묻는 질문이 많이 나오고 있으므로 자기소개서에 서술한 공부 방법에 대해 공부 과정과 공부 방법을 활용한 이유 등을 준비해야 한다.

A 어릴 적부터 탈무드를 통해 유대인의 지혜로움에 대해 많이 들었습니다. 그중 가장 대표적 유대인 교육 방법인 하브루타 교육 방법은 친구와 서로 질문을 하고 함께 답을 찾으면서 문제 해결력을 기르는 교육 방법입니다. 학교에서 선생님을 통해 하브루타 교육을 알게 되었고 실제로 멘토링할 때 그것을 활용하면 도움이 된다는 것을 알게 되었습니다. 그래서 인터넷을 통해 교과별로 하브루타 교육 방법을 활용하는 방법을 찾아보고 그것을 저의 공부 방법으로 사용했습니다. 특히 수학 과목의 해설서에는 한 가지 방법만을 제시하고 있지만 저는 제가 푸는 새로운 방식을 설명해 주고 이러한 방식으로 푸는 것이 어떤 점에서 좋고 어떤 점이 안 좋은지를 서로 이야기해 가면서 다양한 사고력을 길렀습니다. 그래서 저에게 하브루타 교육 방법은 공부에 대한 흥미를 더 높여 주었으며 생각의 힘을 갖게 해 주었습니다. 그래서 전학을 온 친구가 학교생활에 적응하는 것을 어려워하는 것은 물론이고 공부에 대한 흥미 또한 없다는 것을 알고 제가 경험했던 하브루타 교육 방법으로 함께 멘토링했습니다. 그 결과 저뿐만 아니라 그 친구 또한 공부에 대한 흥미를 가지게 되었고 그 성과도 확인할 수 있었습니다.

자기소개서 내용

과학 실험 활동을 통해 시간 기록계를 활용해 경사도에서 역학 수레의 속도를 비교하는 실험을 했습니다. 실험을 통해 동일한 역학 수레를 경사도를 변화시킨 빗면에 내려 보면서 구간에 따른 시간 기록계의 타점을 기록해 가속도를 구하고, 수업 시간에 배운 내용을 직접 확인해 보았습니다. 더 나아가 실험의 결과가 뉴턴의 제2법칙과 관련되어 있다는 사실을 알고 실험 결과를 공식에 대입해서 확인해 보며 그 결과의 차이가 마찰력에 있다는 사실을 깨달았습니다.

웨어러블 기기에 중요한 현대 보안 체계가 수학에 기초를 두고 있다는 사실을 알게 되어 창의 수학반 동아리에 참여해 암호 문제를 푸는 활동을 즐겼습니다. 나머지를 이용한 '시저 암호'와 그 단점을 보완한 '비게네르 암호', '힐 암호' 등에 대해 공부하며 수업 시간에 배운 내용을 실생활과 연결지어 접했고, 개념에서부터 활용까지 다시 한 번 더 정리하며 공부할 수 있었습니다. 또한, 공식만으로 풀 수 없는 다양한 퍼즐 문제를 통해 수학적 문제 해결력도 기를 수 있었습니다.

1, 2학년 때 지역 과학 축제에서 별자리 매직 큐브 부스를 운영하면서 부모님에게 이끌려 온 아이들에게 그들이 좋아할 만한 별자리 신화 이야기를 들려 주며 흥미를 이끌어 내었습니다. 복잡한 큐브 만들기를 어려워하는 아이에게는 직접 다시 만드는 과정을 보여 주며 잘못 만들어도 괜찮다고 격려했고 자신감을 얻은 아이는 적극적으로 참여하는 모습을 보였습니다. 아이들의 입장에서 생각하고 행한 나의 작은 친절과 배려가 도움이 될 수 있다는 것을 다시 한 번 확인할 수 있는 계기가 되었습니다.

Q 교과 학습과 대외 활동은 어떻게 배분하였나요?

> **답변의 포인트**
>
> 자기소개서에 다양한 활동을 연계하여 교과 학습 방법을 서술하였다. 그래서 시간 배분 방법을 질문해서 내용 확인을 하였다. 최근 면접에서 활동에 대한 직접적인 질문보다 활동의 계기나 영향을 묻는 간접적인 질문이 자주 제시되고 있다. 그러므로 활동 내용이나 과정에 대한 답변을 준비하는 동시에 활동의 배경과 결과에 대한 답변도 준비해야 한다.

A 자기소개서에 썼던 것처럼 저는 교과적인 활동과 비교과적인 대외 활동을 구분하지는 않았습니다. 학교에서 배운 속도와 가속도 그리고 뉴턴의 제2법칙처럼 학교에서 배운 내용을 동아리 활동을 통해 직접 실험하면서 실생활에 적용해 보는 활동을 했습니다. 선생님께서도 저와 제 친구들의 생각을 지지해 주셔서 저희가 어떠한 방향으로 생각을 넓혀 가고자 하는지를 명확히 아시고 조언해 주셨습니다. 특히 수학이나 과학 부분에 관심이 많아서 창의 수학 동아리에서는 수학의 최대공약수, 최소공배수와 같은 단원을 활용해서 보안 체계에 대해 연구했으며 삼국 통일과 관련된 내용을 배운 것을 바탕으로 학교 신문에 가상의 통일 기사를 써 보는 활동을 했습니다. 그 과정에서 예전과 다르게 교과 내용에 대한 흥미와 이해가 올라갔고 사고를 어떻게 확장해 가는지를 알 수 있었습니다. 무엇을 배웠느냐도 중요하지만 어떻게 활용해서 더 만들어 갈 수 있는지가 중요하다고 생각해 저는 특별히 '교과 활동은 어떤 것이고 교과 외 활동은 어떤 것이다.'라고 구분하지 않고 활동했습니다.

9

자기소개서 내용

어렸을 때 반려견 베리의 죽음 이후 수의사를 꿈꾸었다. 유독 동물을 좋아해 지역 청소년 연합 동아리 활동과 학생 대표로 지역 동물 조례 발표를 하면서 동물권(動物權)에 대해 생각하게 되었다. 그러다 국어 시간에 김규동 시인의 「나는 시인이다」라는 글을 읽고, 내가 잘하고 원하며 미치도록 좋아하는 일이 진정 수의사인가에 대한 깊은 생각을 했고, 동물들의 입과 눈과 귀가 되는 국제 동물 보호가가 되기로 결심했다.

Q 국제 동물 보호가가 되고 싶다고 했는데, 동물권이 침해된 사례를 설명해 보세요.

답변의 포인트

자기소개서에서 지원 동기를 작성할 때, 자신의 진로나 꿈과 연계하였다. 자신의 진로를 결정하는 계기를 통해 동아리 활동이나 학생 대표로 한 역할을 드러내었고 자신의 진로가 변화한 동기도 서술하였다. 이와 함께 동물권이라는 자신의 견해와 배경지식 수준을 드러내었는데 자신의 진로와 관련된 내용 확인을 위한 질문이 나왔다. 그러므로 동물권에 대한 정의와 사례를 구체적으로 구성하여 답변해야 한다. 가능하다면 현실의 사례를 다양하게 제시하는 것이 좋은 평가를 받을 수 있는 전략이다.

A 동물권이라는 것은 동물도 사람과 같이 감정을 느끼는 생명체이기 때문에 존중받아야 하는 권리를 의미합니다. 그런데 동물을 인간의 먹잇감이나 인간을 위해 이용하는 도구로 인식하는 경우가 존재합니다. 이러한 생각을 가진 사람들 때문에 동물들이 학대를 당하거나 생명이 함부로 다루어지는 사례가 많이 나타납니다. 예를 들어, 휴가지에서 반려 동물이 버려지는 사례나 무차별적으로 이루어지는 동물 실험들, 비인도적인 도살 행위, 공장식 사육 환경 등이 그렇습니다. 이러한 사례들은 사람들이 자신들의 이익만을 내세우고 동물의 생명을 존중하지 않는 태도 때문에 나타난다고 생각합니다. 그래서 저는 국제 동물 보호가가 되어서 국내외에서 동물들의 생명을 존중하는 인식이 확산될 수 있도록 노력하며 학대 당하는 동물들을 구제하는 노력을 할 것입니다.

10

자기소개서 내용

팝송을 부르고 자막 없이 영화를 보면서, 영어는 나의 즐거움이 되었다. 또한, 시간 날 때마다 원서『올리버 트위스트』를 번역하고, 영어로 나의 주장을 발표하면서 영어와 더욱 친숙해졌다. 그런데 중학교 때 처음으로 심화 단계의 문법을 접하면서 영어가 점점 어려워졌다. 그러나 나는 한 번 물면 절대 놓지 않는 꽃게처럼 이해될 때까지 고민하고 선생님께 질문했다. 더 나아가 기존의 문법서의 내용에 내가 새롭게 파악한 문장이나 문법 요소를 첨부해 예문을 만들었고, 약한 문법은 이해를 바탕으로 문제를 풀면서 내용을 다지니 공책 3권으로 이루어진 나만의 문법서가 만들어졌다.

Q 영어로 발표한 내용과 그것이 의미하는 바는 무엇인가요?

> **답변의 포인트**
>
> 영어 학습 경험을 서술하면서 영문 소설을 직접 번역하고 그 내용을 발표한 활동을 제시하였다. 이러한 활동은 단순히 단어를 외우고 문제를 풀이하였다는 공부법보다 입학 사정관에게 더 좋은 평가를 받을 수 있는 요소이다. 입학 사정관은 자기소개서에 작성한 내용 및 영어 학습 수준을 파악하기 위해 어떤 내용을 발표하였는지 질문하였다. 또한, 자신의 활동을 통해 얻은 것이 자신에게 어떤 의미인지도 질문하였다. 그러므로 구체적인 발표 내용과 효과가 무엇인지를 준비해야 한다. 만약 입학 사정관이 생각하는 수준 이하의 답변이 나오면 부정적인 평가를 받게 되므로 상세한 내용을 준비해야 한다.

A 저는『올리버 트위스트』를 읽으면서 고아인 올리버 트위스트가 사회적 보호를 받지 못해 부랑자 취급을 받고 범죄자가 되는 과정을 보고 마음이 아팠습니다. 그래서 인터넷을 통해『올리버 트위스트』의 배경이 되는 19세기 영국 사회의 모습과 특징에 대해 찾아보았습니다. 19세기 영국은 산업 혁명이 진전되면서 자본주의의 폐단이 드러나는 상황이었고 신 빈민 구제법이 시행되면서 빈민들에 대한 복지가 악화되었습니다. 이러한 내용을 보고서 저는 가난을 개인의 책임으로 치부해서는 안 된다는 생각을 했습니다. 소설 속 올리버 트위스트는 해피엔딩으로 끝나지만 어린 시절에 그가 범죄자들 속에서 지내며 범죄자가 되는 과정을 보면서 문제점을 깨달았습니다. 그가 겪게 되는 어려움은 올리버 개인의 잘못이 아니라는 것입니다. 그래서 사회적 약자들을 위한 복지와 보호는 개인의 책임이 아니라 사회의 책임이어야 한다는 생각을 했고 사회 복지 제도가 확대되어야 한다는 내용을 발표했습니다. 이러한 활동을 하면서 단순히 독서를 하는 것보다 제 생각을 정리해서 발표하면서 소설 속 내용과 주제를 더 정확히 파악할 수 있었습니다. 이를 계기로 독서를 하면서 저의 생각을 정리하고 비판적으로 접근하는 자세를 갖게 되었습니다.

자기소개서 내용

1학년 때 멘토링에 참여하며 반 친구의 수학 공부를 도와주었다. 그 친구는 다른 과목은 잘하지만 수학에는 흥미가 없어 노력을 하지 않아 능력에 비해 결과가 나오지 않았다. 그래서 나는 친구에게 한 문제를 일정 시간 안에 푸는 방법을 설명하고 실천하게 했다. 또한, 한 방식이나 공식만을 고집하는 친구에게 그림을 활용하고 다양한 접근 방법을 제시하며 개념을 설명했다. 그 결과 친구는 수학 문제에 접근하는 자세와 방법에 변화를 보였고 성적에 조금씩 변화가 생겼다. 자신감이 생긴 친구는 스스로 수학 학습 계획표를 만들기도 했다. 친구는 자신이 어려움을 이길 수 있도록 도와주어서 고맙다는 인사를 하며 선물을 주었다.

이 경험을 통해 나 자신을 돌아보는 계기가 되었다. 나도 공부의 시작은 주위의 기대에 부응하기 위한 노력이었지만 스스로 탐구하는 과정에서 관심 분야를 찾게 되었고 공부에 열의가 생겼다는 점을 깨달았다. 그리고 다양한 설명 방법을 연구하는 과정에서 수학 실력이 느는 경험을 하며 함께 발전하는 것이 바람직하다는 말을 이해할 수 있었다.

Q 장점 개발과 단점 보완 중 자기 발전을 위해 도움이 되는 것은 무엇인가요?

답변의 포인트

인성 영역에서 멘토링 경험을 활용하여 작성하였다. 많은 학생들이 하고 있는 멘토링 활동은 나눔과 협력 모습을 드러낼 수 있고 자신의 공부 방법도 나타낼 수 있는 요소이다. 면접에서 멘토링 활동 내용이나 영향을 물어 보는 것은 일반적이다. 그런데 이 학생은 친구의 공부 방법을 변화시키고 자신의 공부 방법도 돌아보는 계기가 되었다고 하여 자기 발전을 위해 도움이 되는 것을 묻는 질문을 받았다. 이러한 질문에는 정해진 답이 없다. 그렇지만 두 가지 경우를 모두 고려한 다음, '가장 바람직한 것은 ~이다.'라는 답변을 하는 것이 좋다.

A 장점은 자신의 강점입니다. 강점을 강화하면 경쟁력도 강해지고 발전이 가능합니다. 역사적으로 보았을 때, 아인슈타인이나 이순신 장군 같은 위인들은 강점을 강화해서 부족한 점을 보완하였고 자기 발전을 이루었다고 할 수 있습니다. 저 역시도 멘토링 활동을 하면서 제가 가진 장점을 계발해서 관심 분야를 찾거나 공부를 더 열심히 했습니다. 저는 단점을 보완하는 것 또한 중요하다고 생각합니다. 단점을 그대로 두면 자기 발전에 방해가 됩니다. 제가 멘토링 활동을 통해 도움을 주었던 친구도 자신의 단점을 정확히 파악하지 못해서 어려움을 겪었습니다. 그래서 저는 그 친구의 단점이 무엇인지 파악한 다음에 친구가 단점을 극복할 수 있도록 도움을 주어 좋은 결과를 얻었던 경험이 있습니다. 이처럼 단점을 보완하는 것은 자기 발전을 위해 도움이 됩니다. 그래서 저는 장점 계발과 단점 보완이 자기 발전을 위해 모두 필요하다고 생각하며, 두 가지 중에서는 장점 계발이 더 도움이 된다고 생각합니다.

자기소개서 내용

1학년 때부터 친구와 '짧은 시간에 걸친 변화는 바람직한가?' 등과 같은 다양한 주제로 에세이를 교환하며 토론했다. 이 활동을 조금 더 많은 친구들과 함께하고 싶다는 생각이 들어 2학년 때 영어 작문 자율 동아리인 ○○○을 조직했다. 여러 친구들의 의견을 듣고 피드백을 받으니 오류를 찾아내기 쉬웠으며 개방적 사고를 기를 수 있었다. 또한, 매월 두 편씩 작성한 동아리 친구들의 영어 에세이들을 모아 연말에 문집을 만들었는데, 문집을 만드는 과정에서 수정이 필요한 글들을 고치며 문법 능력과 작문 능력을 키우고 내가 쓴 글에 대해 다시 생각하는 시간을 가질 수 있었다.

Q 30분 안에 에세이를 쓸 때, 강연 듣기, 토론하기, 책 읽기 중 무엇을 할 것인가요?

> **답변의 포인트**
>
> 영어 학습 경험을 나타낼 때, 영어 작문 자율 동아리를 만들어 활동하며 에세이를 작성한 것을 활용하였다. 이외에도 강연을 듣거나 책을 참고하여 탐구 보고서 작성이나 탐구 활동한 경험을 자기소개서에 서술하였다. 이러한 내용들을 종합하여 내용 확인과 탐구 수준을 파악하기 위한 질문을 하였다. 근래의 면접 형태를 보면 개인별 면접 시간과 질문의 개수가 축소되는 경향이 많이 보인다. 이에 따라 한 개의 질문으로 다양한 내용을 확인하려는 입학 사정관의 질문에 대비해야 한다.

A 에세이를 작성하기 위해서는 다양한 자료가 필요합니다. 영어 작문 동아리를 하면서 시간에 따른 변화에 대한 글을 쓰면서 인터넷으로 급진적인 변화와 점진적인 변화의 장단점을 찾아보았고, 유튜브에서 시간의 역사나 시간 관리에 관한 강의를 찾아 들었습니다. 그리고 책들을 조사해 정보 기술이 시간을 어떻게 변화시키는지 알아내고 자료를 수집해 에세이를 작성했습니다. 제가 한 가지 자료만 찾았을 때는 자료가 부족해서 에세이 내용이 빈약했습니다. 그렇지만 여러 가지 방법들을 동원해서 자료를 찾았을 때는 내용이 풍부해지고 제 주장의 설득력이 강해지는 것을 느꼈습니다. 그래서 30분 안에 에세이를 작성한다면 저는 우선 책을 찾아볼 것입니다. 오랜 시간이 주어진 것이 아니기 때문에 강연을 듣기에는 어려움이 있을 것이고 친구들과 토론하기는 객관적 자료나 근거가 부족하기 때문입니다. 그렇지만 시간적 여유가 된다면 강연 듣기와 토론하기, 책 읽기를 모두 활용해 에세이를 작성할 것입니다.

13

자기소개서 내용

초등학교 때부터 외국인 근로자들과 쪽방촌 사람들을 위한 교회 의료 봉사를 격주로 번갈아 다녔다. 나의 주된 역할은 1차 진료가 끝난 환자들의 차트를 분류하고 약사 선생님의 일을 보조하는 것이었다. 처음에는 나와 다른 환경의 사람들에 대한 거리감을 느꼈고, 동정심에 진심 어린 봉사를 하지 못했다. 하지만 작년 여름 방학 교회에서 중국 우루무치로 간 vision trip은 소수 민족인 위구르족과의 만남과 현지 선교사 가족들과의 일정을 통해 나눔과 이해에 대해 다시 생각해 보는 계기가 되었다. 현지 가정의 삶을 체험하면서 교육은 물론 열악한 상황에서 의료 서비스를 제대로 접하지 못하고 차별 대우를 받는 그들을 보니 물질적 지원만이 그들에게 도움이 되는 것이 아니라 그들의 아픔을 이해하는 것, 즉 진정한 관심과 격려, 그리고 삶의 나눔도 도움이 된다는 것을 깨달았다.

Q 의료 봉사를 많이 다녔는데 힘들었던 점은 무엇이었나요?

> **답변의 포인트**
>
> 의료 봉사 활동은 일반적이지 않은 봉사 활동이고 지원 학생의 진로와 연계된 활동이기 때문에 충실히 답변해야 한다. 일반적으로 봉사 활동을 할 때, 좋았던 점이나 느낀 점만을 생각하기 쉬우나 어려웠던 점이 더 많이 질문으로 나온다. 도움이 필요하거나 어려움을 겪고 있는 사람들을 돕는 것이기 때문에 힘든 점이 있기 마련이다. 그런데 힘든 점이 없다고 한다면 실제 봉사 활동에 참여했는지의 사실 여부 또는 답변의 진정성을 의심 받게 된다. 이러한 의심을 피하기 위해서는 봉사 활동을 하면서 힘들었던 점에 대한 답변도 준비를 해야 한다.

A 매주 의료 봉사를 다니며 먼 거리를 이동해야 했던 점이 힘들었습니다. 쪽방촌이나 외국인 근로 자들이 모여 있는 장소가 외진 곳이나 외곽 지역이었기 때문에 집에서 일찍 출발해야 했고 찾아 가는 데 어려움이 있었습니다. 그렇지만 아픈 곳이 있어도 경제적으로 여유가 없거나 말이 통하지 않아서 병원에 가지 못하고 치료를 받지 못하는 분들이 의료 봉사단이 방문하는 날을 기다리 신다는 점을 알고 있었기 때문에 꾸준히 참여했습니다. 그다음 힘들었던 점은 의사 소통의 어려 움이었습니다. 어떤 분들은 처방받은 약보다 더 많은 약을 달라거나 처방받지 않은 약도 달라고 무리한 요구를 하기도 했습니다. 그럴 때마다 의료 봉사가 꾸준히 이루어질 것이기 때문에 다음 에 오시면 드리겠다는 말로 설득을 했고 저는 보조 역할을 하기 때문에 약을 처방할 수 없다는 말로 정중하게 거절했습니다. 또한, 외국인 노동자들 같은 경우에는 의사소통을 하는 데 어려움 이 있었습니다. 그렇지만 주의 깊게 상대를 관찰해서 상대가 원하는 점이 무엇이고 어떤 말을 하고 싶은지 유추하며 대응했습니다. 저는 이러한 활동을 하면서 상대의 입장을 배려하고 이해 하는 자세와 마음을 가질 수 있었습니다.

PART 4

자기소개서 내용

매주 영어 에세이 토론 동아리를 통해 동성애나 사형 제도 폐지, GMO 식품 사용, 안락사 문제 등 다양한 사회 문제에 대한 찬반토론을 하며 생각의 폭을 넓혔고, 토론의 내용을 영어 에세이로 쓰면서 영작 실력이 향상되었다.

Q 영어 에세이 토론 동아리에서 '동성애' 관련 토론에서 나왔던 입장에 대해 말해 보세요.

답변의 포인트

영어 에세이 작성이나 토론은 영어 학습 경험을 드러내는 좋은 요소이다. 단순히 열심히 에세이 작성과 토론을 하였다는 서술보다 구체적인 주제를 제시하는 것이 바람직한데 면접에서도 그와 관련된 질문이 나왔다. 그러므로 자기소개서를 작성할 때 면접에서 나올 질문을 유도하는 전략도 필요하다. '동성애'는 성적 소수자에 관련된 주제로 다양한 의견이 나올 수 있는 토론 주제이다. 토론에 나온 입장을 이야기할 때도 찬성과 반대 양측의 입장을 모두 이야기하는 것이 바람직하다. 그리고 자신이 어느 입장에 속해 있었으며 그 근거는 무엇인지까지 답하는 것이 좋다.

A 동성애는 동성을 좋아하는 마음이기 때문에 어쩔 수 없으며 동성애를 비판하는 것은 성적 소수자의 인권을 짓밟는 것이라는 찬성측 입장이 나왔습니다. 반면에 동성애는 성 정체성에 혼란을 일으키며 동성애를 인정하면 다른 행위도 인정해야 하기 때문에 법에 예외를 인정해서는 안 된다는 반대측 입장이 나왔습니다. 저는 두 가지 입장 중 반대측 팀에 속하게 되어 토론에 참여했습니다. 동성애가 성적 취향이기 때문에 개인의 자유와 선택에 맡기거나 개인의 권리 보호를 위해 인정해서는 안 된다고 주장했습니다. 동성애를 옹호하거나 미화하는 영화나 드라마가 나오면서 동성애 축제도 등장하는 등 사회적 혼란과 갈등이 커지고 있는 점을 근거로 들었습니다. 동성애가 성적 취향이라면 바뀔 수도 있는 것이고 선택할 수도 있는 것이기 때문에 동성애를 인정해서는 안 된다고 입장을 정리했습니다.

15

자기소개서 내용

입학 후, 과학 탐구 프로젝트와 해외 대학 탐방을 통해 기초 지식과 경험을 쌓을 것이고 자연 과학 분야에 대해 심화된 공부를 할 수 있는 동아리 활동인 건강 의학 연구반에 참여할 것이다. 이를 통해 '섬기고 베풀고 나누고 돌보자.'라는 ○○고의 학생상을 본받아 환자들에게 먼저 다가가는 따뜻하고 사람 냄새 나는 의사로서 소양을 쌓을 것이다.

Q 의사에게 필요한 소양을 말하고 ○○고에서 그 소양을 어떻게 배우고 익힐 것인지 학업적 · 관계적 측면에서 말해 보세요.

> **답변의 포인트**
>
> 자신의 진로와 연계하여 입학 후 활동 계획을 자기소개서에서 제시하였고 그에 관한 질문이 나왔다. 우선, 자신의 진로에 대한 질문은 많이 출제되고 있으므로 충실하게 준비해야 하며 자기소개서를 쓸 때에도 자신의 꿈을 이루기 위해 필요한 소양을 정리해 보고 그에 부합하는 요소들을 활용해서 자기소개서를 작성하는 전략이 필요하다. 그다음 입학 후에 자신의 진로를 이루기 위한 노력에서 학업적 측면은 학습적으로 어떤 노력을 할 것인지를 묻는 질문이다. 그러므로 자신의 진로와 관련된 과목이나 탐구 계획을 구체적으로 제시해야 한다. 세 번째로 관계적 측면을 묻는 질문은 교내외 활동 및 봉사 활동 계획을 묻는 것이다. 자기소개서에 서술한 활동을 중심으로 구체적인 활동 계획과 이유를 제시하는 것이 바람직한 답변이다.

A 의사는 아픈 환자를 관찰하고 치료해야 하기 때문에 전문적인 의학 지식과 집중력, 다른 사람과의 친화력이 필요하다고 생각합니다. 제가 오랜 시간 의료 봉사 활동을 하면서 의사 선생님들께서 환자를 관찰하고 치료하는 모습을 보고 환자의 아픔이나 아픈 부위를 잘 관찰해야만 어떤 병인지, 어떤 치료가 필요한지를 정확히 판단할 수 있다는 것을 알았습니다. 그리고 환자에게 병에 대해 설명하고 치료법을 제시하는 과정에서 친화력이 필요하다는 것도 깨달았습니다. 제가 병원에 가서 치료를 받을 때도 무뚝뚝한 선생님보다는 친절하게 설명을 해 주시는 의사 선생님께 더 믿음이 갔기 때문입니다. 또한, 의료 봉사 활동을 하면서 접했던 환자분들은 병과 통증 때문에 불안해하고 고통을 당하고 있었습니다. 그런 분들에게 사무적인 태도보다는 인간적인 태도로 접근하는 것이 병을 치료하는 효과도 더 클 것이라고 생각합니다. 그래서 저는 ○○고에 입학해서 학업적으로는 수학과 과학 공부를 열심히 할 것이며 건강 의학 연구반에 들어가서 제가 관심을 가지고 있는 분야인 알츠하이머성 치매에 대한 탐구를 진행할 것입니다. 수학·과학 공부와 탐구 활동은 제가 미래에 의대에 진학했을 때, 학문의 기초를 위해 필요한 것이기 때문입니다. 그 다음으로 관계적으로는 ○○고에 있는 봉사 프로그램에 참여할 것이며, 중학교 때부터 꾸준히 해 온 의료 봉사 활동을 이어 나갈 것입니다. 이것을 통해 따뜻한 마음을 가지고 사람 냄새 나는 전문 의사가 되기 위해 노력할 것입니다.

16

자기소개서 내용

 내 장점은 배움을 좋아하며, 끈기가 있고 책임감이 강하다는 점이다. 이러한 나의 성향은 독서를 꾸준히 하고, 공부를 꼼꼼하게 하는 데 큰 도움이 되었다. 또한, 수업 시간에 선생님께서 하시는 말씀을 듣고 바로 대답해 내는 것을 보고 친구들이 이해력이 빠르고 집중력이 좋다며 부러워했다. 한 번 배운 내용은 기억을 잘해서 이후 과제를 해낼 때 큰 도움이 되었고, 움직이는 것을 좋아해 공부뿐 아니라 스포츠, 그림 그리기 등을 즐겨 했다.

Q 혹시 어려웠던 과목 있나요? 있다면 어떻게 해결했나요?

답변의 포인트

 자기소개서에 다양한 장점들을 나열하여 자신의 우수성을 드러내었다. 그리고 기본적으로 내신 성적이 올 A였는데 면접 질문으로 어려웠던 과목과 해결 노력을 물었다. 학생들이 모든 과목에서 고르게 우수한 성적을 가지고 있더라도 어려움이 있을 수 있고 어려움을 이겨 내지 못한 학생들은 도전 정신이 약하고 회피 성향이 강하다고 판단하기 때문이다. 실제로 대부분의 학생들에게 어려움을 겪는 과목이 한 과목 이상은 있고 상급 학년으로 올라갈수록 어려움을 겪을 확률도 높아진다. 그래서 특목고에 입학 후에 성적이 떨어지거나 생각만큼 성적이 오르지 않으면 어떻게 할 것인가와 같은 질문도 자주 등장한다. 그러므로 자신이 공부를 하면서 어려움이 있었던 과목을 하나 선정하고 어떻게 노력했는지 준비해야 한다. 가능하다면 어려움을 겪는 과목은 수학이나 영어를 피하는 것이 바람직하다.

A 저는 음악 과목을 공부할 때 어려움이 있었습니다. 어린 시절 피아노를 배웠지만 다양한 곡들의 작곡가와 특징을 외우는 것은 쉽지 않았습니다. 음악 시간에 몽금포 타령, 한강수 타령, 나물 타령 등 다양한 타령들이 나오는데, 생소한 것들이 많아서 이해하고 암기하는 데 어려웠습니다. 그렇지만 저의 장점인 집중력과 암기력을 발휘해서 각 민요들의 특징을 표로 정리하고 차이점을 구분했습니다. 그래서 몽금포 타령은 서도 민요이고 한강수 타령은 경기 민요이며 나물 타령은 창작 민요라는 것을 구분해서 이해할 수 있었습니다. 처음에는 이해하기 어렵고 생소한 내용도 표를 이용하거나 공책을 이용해서 다시 정리하니 다른 점을 구분할 수 있었고 헷갈리거나 외워지지 않던 내용도 확실히 암기할 수 있었습니다. 그래서 저는 어려운 내용이나 과목이 생기면 포기하지 않고 차이점이나 특징들을 정리하며 정확히 알도록 노력하고 있습니다.

17

자기소개서 내용

나는 꿈을 이루기 위해 열심히 공부했다. 수학은 개념을 충실히 공부했고, 많은 유형의 문제와 다양한 난이도의 문제를 풀어서 수학 실력을 높였다. 과학은 인강을 통해 예습을 하고, 학교 수업에 참여하니 더 이해하기 쉬웠고 정말 재미있게 공부했다. 이해가 안 되는 부분은 선생님께 질문을 드리거나 인터넷, 책을 찾아보며 공부했다. 다른 과목들도 공부를 한 후 강의하듯 복기했고, 백지 테스트를 통해 완전히 내 것으로 만들고자 노력했다.

Q 학생이 강의하는 식으로 공부를 하였다고 했는데, 좋은 점과 나쁜 점 한 가지씩 말해 보세요.

> **답변의 포인트**
>
> 자기소개서에서 학습 경험을 서술할 때, 강의식으로 공부하였다는 내용은 흔하게 등장하는 요소이다. 그래서 단순히 강의하듯이 공부하였다기보다 복기하였다는 식으로 변형하였고 완전히 자신의 것으로 만들었다는 표현을 통해 학습 성취도를 드러내었다. 이러한 부분에 대한 확인 작업으로 좋은 점과 나쁜 점을 물어보는 질문이 나왔다. 공부 방법을 서술할 때는 과정이나 내용에 대한 고려와 함께 장점과 단점이 무엇인지까지도 생각해야 한다. 그리고 자신이 자기소개서에 작성한 내용에 대해 장점과 단점도 한 가지 이상을 생각해 두는 준비가 필요하다.

A 예를 들어, 수학에서 피타고라스 정리를 설명할 때, 단순히 공식이나 풀이법만을 설명한다면 상대가 이해하기도 어렵고 저 자신도 정확히 알지 못할 수 있습니다. 그래서 저는 피타고라스 정리에 대한 여러 가지 증명법 중 유클리드 증명법이나 바스카라의 증명법에 대해 찾아보고 직접 종이를 오려서 비교하며 상대에게 설명하듯이 공부했습니다. 그 결과 피타고라스 정리를 정확히 이해할 수 있었고 응용 문제도 쉽게 풀 수 있었습니다. 이처럼 강의식으로 공부하면 상대를 쉽게 이해시키기 위해 여러 가지를 고민하기 때문에 기억이 더 오래 남고 깊이 있게 이해할 수 있습니다.

반면에 저는 공부한 뒤 강의식으로 복습할 때, 핵심 개념이나 용어를 정리해서 쉽게 설명하려고 노력했습니다. 그래서 역사를 공부할 때 사건의 전개와 내용을 모두 적는 것이 아니라 핵심 단어만을 연결해 적으며 삼국 시대 여러 국가들의 내용을 정리할 수 있었고 오래 기억할 수 있었습니다. 이처럼 강의식으로 공부하면 시간이 오래 걸린다는 단점이 있습니다. 혼자서 공부를 할 때에는 머릿속으로 정리하거나 계산하는 과정을 일일이 칠판이나 종이에 적어야 하기 때문입니다.

자기소개서 내용

1학년 때부터 한 달에 한 번씩 외국인에게 경복궁, 남산 한옥 마을, 덕수궁을 알리는 문화재 해설 봉사를 하고 있다. SNS를 통해 그때 만난 외국인들과 교류하면서 한국 문화에 대한 궁금증을 해결하도록 도왔고 한국 전통 문화의 우수성을 알리는 문화 외교관의 꿈을 키웠다. 외국인이 꼭 방문해야 하는 서울의 명소와 관광지를 주제로 Pride Korea 활동을 기획하고자 ○○외국어고등학교에 지원했다.

Q 한국 문화재의 우수성이 무엇이라고 생각하는지 말해 보고, 문화재 해설 활동을 하며 1학년 때와 비교하여 3학년 때 향상된 점은 무엇이었는지 말해 보세요.

> **답변의 포인트**
>
> 자기소개서에서 지원 동기를 구성하면서 자신의 꿈과 관련된 노력을 활용하였다. 이러한 서술은 학생이 단순히 특목고에 다니기 위해 지원하는 것이 아니라 자신의 꿈을 이루는 과정에서 지원한 것이라는 느낌을 줄 수 있다. 이러한 점은 학생이 입학하고자 하는 의지와 당위를 매우 강하게 드러낼 수 있는 방법이다. 그래서 이 학생은 자신이 한 봉사 활동 중 하나인 문화 해설사 활동과 문화 외교관이라는 목표를 제시하였고 그에 대한 확인 질문이 나왔다. 이러한 질문의 의도는 학생이 문화 해설사 활동을 하면서 문화재에 대해 얼마나 알게 되었으며, 얼마나 많은 준비를 하였는지 측정하고자 하는 것이다. 그러므로 그에 대해 구체적인 문화재 예시를 들어서 답변해야 한다.

A 우리나라 한옥에는 많은 과학적 원리가 숨어 있습니다. 기와와 처마선에는 사이클로이드 선과 같은 수학적 원리가, 온돌에는 복사와 전도 같은 과학적 원리가 숨어 있습니다. 그리고 벽면과 바닥에 쓰이는 황토는 여름에는 시원하고 겨울에는 따뜻하며 습기를 머금었다가 뿜는 방식으로 습도 조절을 해 사람들이 살기에 건강한 환경을 만들어 줍니다. 한옥의 예시처럼 우리나라 문화재는 높은 우수성을 가지고 있으며 이러한 점들을 알린다면 우리나라를 찾는 외국인들도 늘어날 것이고 우리나라에 대한 이미지도 더 좋아질 것입니다. 제가 이러한 점들을 외국인들에게 설명했을 때, 외국인들은 '원더풀'이라는 감탄사를 연발했고, 저는 그로 인해 뿌듯함을 느끼며 3년 동안 꾸준히 문화 해설사 활동을 할 수 있었습니다.

제가 문화 해설사 활동을 하면서 느낀 1학년 때와 3학년 때의 차이점은 자신감과 배경지식, 대처 능력입니다. 1학년 때에는 한국사를 배우지도 않았고 문화 해설사 활동이 처음이라서 실수도 많았습니다. 그래서 저는 문화 해설사 활동 전날 미리 말할 대본을 짜고 문화재에 대해 찾아보며 준비를 철저히 했습니다. 또한, 외국인들의 반응을 관찰하기 시작하면서 눈도 마주치고 웃는 얼굴로 외국인들에게 우리나라 문화재의 우수성을 더 잘 알릴 수 있었습니다. 외국인들이 한지로 된 창을 보면서 춥지 않느냐는 질문을 했을 때 한지가 바람을 막고 습기를 조절한다는 과학적 원리를 설명해 이해를 도왔습니다. 이러한 점들을 미루어 보았을 때, 1학년 때보다 3학년 때 문화 해설을 더 잘했다고 생각하며 경험의 중요성을 깨닫기도 했습니다.

자기소개서 내용

입학 후에는 YUPAD에서 신문 스크랩과 의견 작성 활동을 하며 국제 사회에 대한 이해를 넓히고 한국과 중국의 문화 교류 사례와 효율성을 연구한 탐구 보고서를 작성할 것이다.

Q 현재 한중 문화가 어떤 방식으로 교류되고 있다고 생각하나요?

답변의 포인트

자기소개서에서 입학 후 계획을 작성하면서 자신이 활동하고 싶은 동아리와 동아리에서 활동 계획을 제시하였다. 이 학생은 자신의 진로인 문화 외교관과 관련하여 한국과 중국 사이의 문화 교류 사례와 효율성에 관한 탐구 보고서를 작성하는 활동을 할 것이라고 하였다. 이러한 활동 계획과 목표를 가지고 있다는 것은 한국과 중국 사이의 문화 교류에 대해 관심이 많다는 것을 의미하고 그와 관련된 배경지식도 가지고 있다고 면접관은 판단한다. 그러므로 면접을 준비할 때, 자기소개서에 작성한 내용을 토대로 한 구체적 예시들을 중심으로 철저히 준비해야 한다.

A 한국과 중국 간에는 민간을 중심으로 문화가 교류되고 있습니다. 한류로 상징되는 드라마와 대중음악이 대표적인 예입니다. 우리나라의 「대장금」이나 「별에서 온 그대」 같은 드라마가 중국에서 인기를 끌면서 우리나라에 대한 관심이 높아졌고, 한복이나 한식, 치맥과 같은 문화가 알려지면서 우리나라를 방문한 중국인 관광객들이 드라마 촬영 장소를 방문하고 치킨 가게를 찾고 있습니다. 또한, BTS 등 아이돌을 중심으로 한 대중음악이 인기를 끌면서 한국어를 배우는 중국인들도 늘고 있다고 합니다. 그런데 이러한 한류에 기초한 문화 교류는 드라마나 대중음악과 같은 문화 콘텐츠에 한정된다는 점에서 한계가 있습니다. 중국인들의 트렌드가 바뀌거나 인기 있는 드라마나 음악이 줄어들 경우에는 한국과 중국 사이의 문화 교류가 축소될 수 있습니다. 그리고 중국 정부가 드라마나 대중음악 수입을 제한할 경우에는 문화 교류가 단절될 수 있는 위험성도 있습니다. 그러므로 국가 차원의 지원을 바탕으로 한국과 중국 간의 문화 교류의 방향과 종류를 확대할 필요가 있습니다. 또한, 한국에서 만든 드라마를 수출하는 것보다는 한국과 중국이 합작을 해서 제작한 문화 콘텐츠를 수출하는 것이 바람직하며 문화 콘텐츠와 연계된 관광 상품을 개발해서 중국인들의 관심을 다른 산업으로까지 연결시켜야 한다고 생각합니다.

자기소개서 내용

해외 반출 문화재에 관심이 많았던 나는 명성 황후 부채가 우리나라에 돌아왔다는 소식을 접하던 중 알렌이라는 인물에 흥미가 생겼다. 제중원을 설립해 사람들을 치료하고 근대 의학 기술을 보급하기 위해 많은 역할을 했지만 미국 대사로 활동하며 미국의 이익을 위해 우리나라에 악영향을 미친 인물로 평가된다는 점을 알게 되었다. 이를 계기로 외교관의 역할과 자질에 대해 고민해 보았고 강대국 사이에 있어 상대적으로 불리한 우리나라의 외교를 유리한 방향으로 이끌어 낼 수 있는 외교관이 되겠다는 다짐을 했다.

Q 국익과 윤리 중 무엇을 선택할 것인가요?

답변의 포인트

이 학생은 해외 반출 문화재에 관심이 많아 문화재 환수를 위해 노력하는 외교관이 되겠다는 포부를 밝혔다. 그런데 국익을 추구하다 보면 윤리적이지 못한 선택을 할 수도 있다. 지원자가 자기소개서에서 언급한 알렌이 그 대표적인 예가 될 수 있다. 알렌은 미국의 이익을 위해 많은 활동과 노력을 하였다. 그 과정에서 우리나라의 많은 이권을 미국과 일본에 팔아넘겼고, 이 과정에서 우리나라에게 많은 피해를 끼쳤다. 이러한 점을 예측하고 자기소개서를 작성하였다면 입학 사정관의 질문을 유도하려는 목적을 달성한 것이다. 만약 그렇지 않았다면 매우 당황하게 된 질문이었을 것이다. 그렇다면 국익과 윤리 중 무엇을 선택해야 할까? 답은 두 가지 모두를 충족시킬 수 있는 답변이다. 알렌과 같이 미국의 이익만을 앞세운다면 제국주의에 기초한 침략 행위이다. 근대화 시기에 우리나라는 식민지 쟁탈전의 대상이었다. 그렇지만 현재는 그렇지 않고 힘이 약한 나라가 아닌 힘이 있는 나라의 그룹에 속한다고 할 수 있다. 그러므로 국익과 윤리적 측면을 모두 고려해야 한다는 답변을 하는 것이 바람직하다.

A 외교적 측면에서 국익과 윤리 중 하나를 선택하는 것은 복잡하고 어려운 결정입니다. 국익은 국가가 달성하고자 하는 목표와 목적을 말하며, 윤리는 인간의 행동을 지배하는 도덕적 원칙과 가치를 말합니다. 인권 침해나 비윤리적 관행과 같이 국익을 추구하는 것은 윤리 원칙에 반하는 행동이 될 수도 있습니다. 한편, 윤리적 원칙을 고수하는 것은 때때로 국가 안보를 위협할 수 있습니다. 이럴 때 결정이 미칠 긍정적인 점과 부정적인 점을 고려하고, 국가 이익과 윤리 원칙이 균형을 이루는 방안을 찾는 것도 필수적입니다. 이를 위해 중요한 결정에 여러 이해 관계자를 참여시키고 다양한 관점을 고려하는 과정이 필요합니다.

자기소개서 내용

영자 신문 동아리에서 삼성과 애플의 특허 분쟁에 대한 기사를 쓰며 여러 관련 기사와 자료를 접했다. 국내보다 외국 기사에서 자료를 찾기 쉬웠고 더 다양한 관점이 반영되었다고 느꼈다. 이 과정에서 다양하고 심도 있는 정보를 습득하기 위해 언어가 큰 역할을 한다고 생각했다. 그래서 소통 중심의 글로벌 커뮤니케이션 교육과 소프트 파워 교육과정을 운영하고 있는 ○○외고에 진학하고 싶다.

Q 애플과 삼성의 특허 분쟁에 대해 아는 대로 설명해 보세요.

답변의 포인트

자기소개서의 학업 경험을 소개하는 내용에 나온 소재에 대해 확인하는 질문이다. 이러한 서류 확인 질문은 자주 출제되는 면접 질문이다. 그러므로 자기소개서에 작성한 내용이나 소재, 요소들에 대해 정확히 알고 있어야 한다. 위 친구처럼 애플과 삼성의 특허 분쟁을 소재로 작성하였다고 한다면 특허 분쟁에 관한 기사만 읽는 것은 한계가 있다. 특허 관련 책과 학술 논문들을 뒤져서 전문 용어나 지식에 대해 조사하고 암기해서 면접에 참여해야 한다. 왜냐하면 애플과 삼성의 특허 분쟁에 대해 동아리 시간에 발표하였고, 진로도 그와 관련된 부분이라면 자신의 진로와 꿈에 대해 얼마나 알고 있느냐는 곧 진로와 꿈에 대한 열정을 판단하는 기준이 되기 때문이다. 따라서 자신의 진로와 꿈에 대해 많이 알고 있는 것이 합격을 위한 필수적인 조건이라고 할 것이다.

A 애플과 삼성의 특허 분쟁은 삼성의 제품과 애플의 제품이 너무 유사하다는 점에서 일어났습니다. 애플은 삼성의 갤럭시의 외관과 소프트웨어, 사용자 인터페이스 측면에서 아이폰과 너무 유사하다고 주장했습니다. 2012년 미국 법원이 삼성에게 10억 달러 이상의 손해 배상을 명령했지만, 삼성은 항소했고 손해 배상액이 줄었습니다. 애플과 삼성의 법적 싸움은 수년 동안 계속되었으며, 2018년 두 회사가 서로에 대한 모든 소송을 취하하고 법적 싸움을 끝내기로 합의하면서 해결되었습니다. 이러한 갈등은 기술의 발전 속도가 빨라지고 IT 산업이 성장하면서 나타난 것으로, IT 산업에서 지식 재산권 보호의 중요성을 잘 보여주는 사례였습니다.

자기소개서 내용

중학교 2학년 영어 시간에 우리나라의 문화를 소개하기 위해 한복의 종류, 전통 한복과 개량 한복의 차이점에 대해 발표하는 수업이 있었습니다. 한복은 남자 한복과 여자 한복으로 나누어집니다. 또한, 한복은 입는 상황에 따라 평상복, 예복, 그리고 전통 혼례복으로 나누어지기도 합니다. 한복에는 전통 한복과 개량 한복이 있는데, 개량 한복은 전통 한복과 달리 입고 생활하기 편하게 디자인되었습니다. 저는 이 발표 자료를 찾을 때 한복 저고리에 있는 다양한 부분의 이름을 처음 보게 되었습니다. 동정, 깃, 고름 등 많이 들어 보지 못하는 단어들이었습니다. 저고리의 많은 부분의 명칭을 발표해야 해서 '동정'을 번역했더니 원래의 뜻이 아닌 'sympathy'로 번역되었고, 발음 그대로 'dongzheng'이라고 나오기도 했습니다. 저는 이러한 표현은 외국인이 이해하기 어렵다고 생각해서 저고리의 목 부분 주위에 둘러싸여 있는 천인 동정을 'a fabric attached to the neck of a Korean traditional clothes jacket'이라고 표현했습니다. 한복을 주제로 원어민 선생님 앞에서 발표할 때 선생님께서 저고리의 '동정'이라는 것에 대해 새로 알 수 있는 발표였다고 하셨습니다. 또한, 선생님께서는 한복에 대해 더 관심이 생기고 개량 한복을 입어 보고 싶다고 하셨습니다. 저는 이 발표를 계기로 외국인에게 우리나라 문화를 소개할 때 이해하기 쉽도록 단어를 풀어 쓰는 것이 좋은 방법이라 생각되었고, 우리나라 문화를 알려 주어 외국인들이 우리나라 문화의 멋을 알게 되어서 뿌듯했습니다.

Q 한국의 아름다움 세 가지는 무엇인가요?

> **답변의 포인트**
>
> 지원자의 관심사나 진로, 꿈에 관련된 소재들에 대해 근거나 사례를 세 가지 이상 들어서 설명할 수 있어야만 한다. 지원자가 흥미와 관심이 있다면 적어도 세 가지 이상은 근거와 사례를 들 수 있다고 생각하는 것이 입학 사정관들의 기본적인 생각이다. 그러므로 위 학생의 사례의 경우처럼 '한국의 아름다움'에 관해 세 가지 이상을 준비하고 있어야 한다. 여기서 유의할 점은 막연하거나 추상적으로 답변해서는 좋은 평가를 받을 수 없다는 것이다. 예를 들어, '우리나라는 금수강산이다.'라고 답변을 한다면 한국의 아름다움에 해당하는 예라고 할 수 있다. 그렇지만 전문성이 떨어진다. 위 학생처럼 패션에 관심이 많다고 한다면 우리나라 한복의 색감이나 선의 아름다움, 여백의 미를 예로 들어야 한다. 그리고 이와 관련된 탐구 경험이 있다면 추가하는 것이 바람직하다.

A 첫째, 자연 경관입니다. 우리나라는 설악산과 같은 울창한 숲과 제주도의 아름다운 해안선을 포함한 아름다운 자연 경관을 자랑합니다. 둘째, 역사적인 건축물입니다. 경복궁과 같은 고궁이나 불국사, 석굴암과 같은 유네스코 세계문화유산이 있습니다. 셋째, 문화적 전통입니다. 특히 한복과 같은 전통 의상은 독창적입니다. 한복의 색감과 선의 아름다움은 우리나라의 고유한 미를 잘 드러내어 해외에서도 인정받고 있습니다.

23

자기소개서 내용

수학을 더 잘하고 싶다는 마음을 먹고 노력했습니다. 차분하지 못해 실수가 많았던 점을 반성하며 유선 노트에 식을 정리했습니다. 욕심을 버리고 문제 수준을 점차 높여 가며 학습했고 자율과 타율 학습 차이를 경험했습니다. 점차 집중력이 향상되었고 성적도 오르며 학습 동기가 더 강해지며 뿌듯했습니다.

Q 자율 학습과 타율 학습의 장점들에는 무엇이 있을까요?

답변의 포인트

특목고 입시 전형이 자기주도학습 전형이기 때문에 자율 학습에 대한 장점들은 많이 생각하고 알고 있을 것이다. 자기소개서에서도 자율 학습을 열심히 했고 성과가 있었다는 서술이 대부분이다. 그런데 타율 학습은 자율 학습에 반대되는 것이고, 부정적이라고 인식하기 때문에 장점에 대해 생각하지 않거나 답변을 준비하지 않을 수 있다. 이러한 허점을 입학 사정관이 질문을 하며 지원자를 당황하게 만들고 긴장하도록 시키는 것이다. 지원자가 허둥대면 준비된 답변이 아니라 기초적인 소양이나 자세가 드러날 수 있다. 이 순간을 입학 사정관은 노리는 것이다. 그러므로 자율 학습이 주된 내용일지라도 반대 개념인 타율 학습에 대한 장점도 생각해야 한다. 또한, 타율 학습이 꼭 부정적이라고 할 수도 없다는 점을 깨달아야 한다. 자율 학습만 좋고, 타율 학습은 나쁘다는 흑백 논리가 더 위험하다. 다양한 측면을 고루 고려할 수 있는 열린 사고와 자세가 더 좋은 평가를 받는다는 점을 잊어서는 안 된다.

A 자율 학습과 타율 학습은 각각 고유한 장점이 있는 효과적 학습 방법입니다. 먼저, 자율 학습은 자신의 속도와 계획에 맞추어 유연하게 학습할 수 있습니다. 자신에게 필요한 내용이나 관심사에 맞게 학습하면 성과도 높일 수 있습니다. 타율 학습은 협력의 기회를 제공하여 학습 동기를 향상할 수 있습니다. 학교와 같이 시간표에 맞추어 함께 수업을 듣고 서로에게 도움을 줄 수 있습니다. 친구들과 함께 공부하며 다양한 관점을 배울 수 있으며, 서로에게 가르쳐 주면서 사회성도 기를 수 있습니다. 따라서 자율 학습과 타율 학습을 적절히 활용하는 것이 바람직합니다.

24

자기소개서 내용

　3학년 영어 시간에 인터넷의 영향에 대해 발표를 준비하며 인터넷이 청소년에 미치는 영향에 대해 탐구했습니다. 인터넷 중독에 관한 인터넷 자료와 학술 논문 등을 찾아보며 과도한 인터넷 사용이 청소년의 학업 성취도를 떨어뜨리며 무력감과 사회적 소외도 더 많이 경험하게 한다는 점을 알게 되었습니다. 또한, 3학년 여름 방학에 서울대학교 평생교육원에서 사회 심리학 강의를 들으며 학습 원리를 터득했습니다. 이 수업에서 워싱턴 대학의 한 실험에 대해 소개했는데, 학생들을 대상으로 3개 집단으로 나누고 공부와 시험 횟수를 통제했습니다. 실험 결과, 배운 내용을 반복적으로 보는 것보다 스스로 그 부분에 대해 떠올려 보는 과정이 효과적이었습니다. 그래서 이러한 학습법을 역사 과목 공부에 적용해 보면서 그동안 학습했던 부분을 스스로 상기시켜 보고 부족한 부분을 파악할 수 있었습니다. 이렇게 학업과 심리를 연관시켜 탐구하며 학업 성취도를 높였고 자기주도적 문제 해결 능력을 키웠습니다.

Q 심리와 학업을 연관시켜 학업 성취도를 높였다고 하는데, 그럼 심리를 제외한 학업 성취도를 높일 수 있는 요인 세 가지를 이유와 함께 말해 보세요.

> **답변의 포인트**
>
> 　지원자가 자신의 진로인 심리학과 학업을 연관시켜 학업 성취도를 높였다는 학업 경험을 자기소개서에 작성하였다. 입학 사정관은 이 부분에 관심이 생겼고 면접 질문이 출제되었다. 그런데 단순히 과정이나 노력, 배우고 느낀 점을 물어본 것이 아니라 심리를 제외한 요인이 무엇이냐는 질문을 하였다. 심리와 학업이라는 영역이 아닌 그 이상의 영역까지 확장시킬 수 있는지 물어보며 준비된 답변이 아닌 지원자의 창의력과 사고력의 깊이를 파악하기 위한 질문을 한 것이다. 이러한 돌발 질문에 당황한다면 좋은 평가를 받을 수 없다. 단순하게 학업 성취도를 높인다는 것은 점수나 성적이 상승하는 것이다. 그러므로 반복이나 예습, 복습, 나만의 노트 만들기 등 자신이 하였던 학습 방법을 중심으로 이야기하면 된다. 이때 유의할 점은 '심리를 제외한'이라는 입학 사정관이 제시한 조건을 지켜야 한다는 것이다. 만약 '심리를 제외한'이라는 조건을 지키지 않는다면 면접관은 당연히 지원자가 질문의 의도를 파악하지 못한 것으로 판단할 수 있고 좋은 평가를 받지 못한다.

A 첫째, 예습과 복습을 철저히 하는 것입니다. 수업 전후에 준비가 잘 되어있다면 그만큼 수업에 대한 이해도가 높아집니다. 수업에 대한 집중도가 높아지기 때문에 새로운 개념에 대한 이해가 쉽고 기억이 오래갑니다. 둘째, 여럿이 함께 공부하는 것입니다. 친구들과 함께 과제나 토론을 하면 적극적으로 참여할 수 있고, 학습에 관한 관심이 높아져 성취도가 높아집니다. 셋째, 오답 정리를 꼼꼼하게 하는 것입니다. 자주 틀리거나 잘못 알고 있는 내용을 파악하고 보완해야 학업 성취도를 높일 수 있습니다. 제가 보았던 학습과 관련된 자료들에서도 새로 배운 내용들을 확실하게 이해하는 것이 중요하다고 했습니다. 따라서 고등학교에 입학 후에도 이러한 것들을 실천하면서 우수한 학업 성취도를 유지하기 위해 노력할 것입니다.

25

자기소개서 내용

학교 미술책에서 본 판화가 에셔의 「상대성」이라는 작품 속 돌고 도는 계단이 인상 깊어 그림에 대해 자세히 찾아보니 뫼비우스 띠를 이용했다는 것을 알았습니다. 안과 밖의 고정 관념을 깬 이 도형이 신기하게 느껴져, 띠의 꼬임 횟수와 자른 횟수에 따라 띠의 변화의 규칙성을 탐구했습니다. 직접 실험한 결과를 바탕으로 꼬인 횟수를 n, 자른 횟수를 m이라고 하여 띠의 규칙성을 일반화했습니다. 또한, 뫼비우스의 방정식은 삼차원에서 표현되며 매개변수 방정식을 이용한다는 것을 알았습니다. 매개변수를 통해 미지수를 찾을 수 있다는 점이 흥미로웠고 교과서에 나온 함수와 방정식에 적용할 수 있을지 궁금했습니다. 그래서 일차방정식과 이차방정식에서 매개변수를 찾아보고, 의미를 파악하며 함수와 방정식을 다시 복습했습니다. 이를 계기로 어렵고 복잡한 방정식이나 함수 문제를 접할 때, 매개변수를 찾아보며 다양한 풀이 방법을 고민했고 수학에 대한 도전 정신이 강해졌습니다.

Q 뫼비우스 띠를 탐구하면서 좋았던 점과 나빴던 점을 이야기해 보세요.

> **답변의 포인트**
>
> 수학 학습 경험을 서술할 때, 문제집을 몇 권 풀고, 몇 개의 문제를 푼다는 식의 서술은 식상하다. 기본적인 학습 방법이나 내용이 아닌 그 이상의 탐구 과정을 서술하는 것이 바람직하다. 이 학생도 미술책에서 본 그림을 동기로 뫼비우스의 방정식에 대한 탐구 과정을 서술하였다. 더 나아가 방정식과 함수와 같은 수학 영역에서 다양한 풀이 방법을 찾고 심화 문제에 도전하는 노력을 제시하였다. 그리고 이 부분에 대한 확인 질문이 나온 것이다. 탐구에 있어서 장점(좋은 점)과 단점(나쁜 점)이 있을 것이다. 예를 들어, 장점은 응용력이나 창의력이 향상되는 것이고, 단점은 시간과 노력이 많이 들어간다는 것이다. 이러한 점을 예시로 들어서 설명한다면 좋은 평가를 받을 수 있는 답변이다.

A 뫼비우스의 띠는 면의 안과 밖의 구분이 없는 곡면으로, 100년 이상 수학적 탐구 대상이 되어 왔습니다. 뫼비우스의 띠를 탐구하면서 변화의 규칙성을 이해할 수 있었고, 창의성과 문제 해결력을 기를 수 있었습니다. 심화 탐구를 하다 보니 시간이 오래 걸리고 이해하는 데 어려움이 있기도 했습니다. 하지만 여러 번 탐구하고 시행착오를 극복하면서 도전 정신을 기를 수 있었습니다. 이러한 경험은 수학을 더 좋아하게 되는 계기가 된 의미 있는 과정이었다고 생각합니다.

26

자기소개서 내용

어린 시절 지구 온난화 문제를 접하며 환경 보존에 대해 관심이 많았습니다. 그러던 중 스티로폼을 먹는 밀웜을 발견했다는 기사를 보고 과학 기술을 활용해서 환경을 보존하는 환경 생태 공학자가 되기로 꿈을 확실히 정했습니다. 과학 기술은 그 자체로서의 가치보다 사랑을 기반으로 해서 세계 인류에 도움을 주는 방향으로 발달해야 한다고 생각합니다.

Q 환경 생태 공학자의 역할은 무엇인가요?

> **답변의 포인트**
>
> '환경 생태 공학자'라는 자신의 꿈을 기초로 지원 동기를 구성하였다. 단순히 지구 환경을 생각한다는 서술보다 '스티로폼을 먹는 밀웜'과 같은 새롭고 참신한 사례를 들어서 서술하는 것이 돋보인다. 그리고 환경에 대한 관심의 정도를 객관적이고 구체적으로 드러낼 수 있다. 자신의 꿈이나 진로에 대한 질문은 매우 자주 나오는 질문이므로 준비를 철저히 해야 하는데 이 학생이 받은 질문처럼 자신의 꿈이나 진로의 역할은 최소 다섯 가지 이상을 준비해야 한다.

A 환경 생태 공학자는 환경 문제에 대한 해결 방안을 연구하고 적용합니다. 그 역할은 첫째, 자연 환경에 대한 인간의 영향을 평가합니다. 도시 건설이나 산업의 발달로 토양이나 물, 공기 등이 어떤 악영향을 받는지 분석하고 데이터를 수집합니다. 둘째, 토양 오염이나 수질 오염, 대기 오염과 같은 환경 문제에 대한 해결책을 연구합니다. 인간이 환경에 미치는 영향을 최소화하고 생태계를 복원하기 위해 노력합니다. 셋째, 개인과 기업이 환경을 보호하고 환경법을 준수하고 있는지 감시합니다. 더 나아가 대중에게 환경 보존의 중요성을 교육합니다. 따라서 환경 생태 공학자는 환경 문제에 대한 해결 방안을 연구하고 환경을 보호하며 생태계를 복원하는 중요한 역할을 합니다.

27

자기소개서 내용

"힘들어서, 기뻐서 눈물이 날 만큼 열공하자. 치열하게." 담임 선생님께서 발간하신 주간 신문에 적혀 있던 글이다. 선생님께서는 항상 반 친구들의 모든 것에 관심을 갖고 상담과 위로를 해 주셨다. 이렇듯 친구같이 마음을 헤아려 주신 선생님 덕분에 나는 영어 교사의 꿈을 가지게 되었다. 세계화 시대에 교사에게도 글로벌 감각이 필요하기 때문에 다른 학교와의 교류가 많아 더 넓은 사고와 다양한 문화를 접할 수 있는 ○○외고 일본어과 학생이 될 것이다.

Q 꿈이 영어 교사인데 왜 일본에 대한 이해를 높이고 싶은가요?

> **답변의 포인트**
>
> 영어 교사라는 꿈과 일본어과 지원 동기 사이의 연관성에 대한 질문이 나왔다. 이 부분은 많은 학생들이 고민하는 점이기도 하고 적절한 답변을 찾기 힘들어하는 질문이다. 영어와 일본어는 어순도 다르기 때문에 연관성을 생각하면 찾기 어렵다. 그러므로 교사라는 역할에서 영어와 일본어가 필요한 이유와 일본에 대한 관심을 갖게 된 동기를 찾는 것이 바람직하다. 예를 들어, 여행을 하거나 TV, 영화 속에서 본 장면, 책이나 소설에서 접한 내용들을 우선 생각해 보고 영어 교사가 꿈이지만 일본에 대한 이해를 높이고 싶은 당위성을 설명해야 한다.

A 영어 교사는 다양한 언어와 문화를 이해하고 있어야 한다고 생각합니다. 학생들에게 영어나 영어권 문화뿐만이 아니라 일본어와 일본 문화에 대해 가르칠 수 있기 때문입니다. 또한, 다양한 언어를 공부하는 과정에서 언어 이해 능력이나 구사력을 향상할 수 있습니다. 이러한 경험은 영어를 처음 배우거나 영어 공부에 어려움을 겪는 학생을 잘 이끌 수 있는 기초가 될 것입니다. 더 나아가, 세계화 시대에 필요한 글로벌 감각을 기르기 위해 일본어와 일본 문화와 같은 다양한 언어와 문화를 배우는 것이 필요합니다.

자기소개서 내용

　나는 언어란 세상을 볼 수 있는 커다란 창이라고 생각한다. 그래서 영어를 통해 세상 곳곳을 보기 위해 '영어 뉴스 만들기 자율 동아리반'을 만들었다. 가장 기억에 남는 활동은 뉴스를 만들기 전 후배들, 친구들과 함께 여러 시사 이슈 중 안락사에 대해 토론한 것이다. 또한, 미국과 영국의 뉴스를 들으며 실제 원어민들이 많이 쓰는 표현과 단어를 배우고 직접 기사를 작성하며, 수정 또한 여러 번 반복하자 문법과 어휘력이 자연스레 늘었다. 작성한 기사로 기자가 되어 보며 뉴스를 진행하자 말하기 실력도 향상되었다.

Q **안락사 문제에 대한 찬성과 반대 입장 중 어느 쪽인가요?**

> **답변의 포인트**
>
> 　안락사 문제는 매우 중요한 토론 쟁점이며 찬성과 반대 양론이 강하게 대립하는 이슈이다. 그래서 자기소개서의 내용도 확인하고 시사 이슈에 대한 배경지식과 사고력 수준을 가늠하기 위한 질문이 나왔다. 안락사 문제는 한 개인의 생명에 관한 문제이기도 하고 가족이나 사회 복지와 관련된 문제이기도 하다. 그러므로 찬성과 반대 입장에 대한 근거를 제시할 때, 인성을 드러낼 수도 있다는 점을 고려하여 답변해야 한다. 예를 들어, 찬성 입장에서는 개인이 고통을 느끼지 않고 인간답게 살 권리와 의사를 존중해야 한다는 점을 강조하는 것이 좋다. 반대 입장에서는 안락사를 남발할 경우, 생명을 경시하거나 자신의 의사를 정확히 나타낼 수 없는 환자의 권리를 침해한다는 점을 중심으로 답변하는 것이 바람직하다.

A 〈안락사에 대한 찬성 입장〉

　인간은 자신의 운명을 결정하고 삶과 죽음을 결정할 권리가 있습니다. 즉, 불치병으로 오랜 시간 고통받는 것보다 평화롭고 품위 있는 죽음을 선택할 권리가 있는 것입니다. 안락사는 개인의 고통을 줄여주기도 하지만, 치료 기간이 지속되어 병원비나 치료비 부담을 경험하는 보호자나 가족들의 부담과 심리적 고통을 줄입니다. 또한, 건강 보험 재정 감소나 병상 수 부족 등의 보건 의료적 문제에 대한 사회적 부담을 줄여주기도 합니다. 따라서 안락사는 시행되어야 한다고 생각합니다.

〈안락사에 대한 반대 입장〉

　인간의 생명은 신의 선물이기 때문에 개인이 선택할 수 있는 영역이 아닙니다. 안락사는 죽음을 선택하는 것이므로 자살이거나 살인이 될 수 있습니다. 이러한 점은 도덕적으로 잘못된 것이며, 인간의 고유한 가치를 훼손할 가능성이 큽니다. 만약 안락사가 남용된다면 노인이나 장애인, 말기 암 환자 등이 희생될 수 있습니다. 따라서 안락사는 허용되어서는 안 된다고 생각합니다.

29

자기소개서 내용

평소 체육 활동을 좋아하고 운동 신경이 좋은 편이어서 육상부와 풋살부 등 다양한 스포츠 활동을 해 오던 중, 2학년 때 피구와 스포츠 이벤트 기획에 대한 연수를 받았다. 이때 기획가와 심판의 역할을 알게 되었고, 코트 밖에서 경기를 보는 다양한 시각을 키울 수 있었다. 이에 스포츠의 또 다른 매력을 찾게 되어 국제 스포츠 이벤트 기획가의 꿈을 키웠다. 이러한 꿈을 실현하기 위해 '사람의 도리를 다하자.'라는 정신 아래 세계화 시대에 알맞은 가치관과 자질을 갖춘 인재를 양성하는 것을 교육 목표로 하는 ○○외고에 지원하게 되었다.

Q 고등학교에서 대입에 급급하여 체육 활동에 반대하는 선생님이나 학생들을 어떻게 설득할 것인 가요?

> **답변의 포인트**
>
> 이 학생은 운동을 좋아하고 스포츠 이벤트 기획가라는 꿈을 가지고 있다. 그런데 교육 현장에서는 체육 활동이 등한시되고 있다. 이러한 상황에서 체육을 좋아하는 학생으로서 체육 활동의 중요성이나 필요성을 어떻게 설득할 것인지에 대해 묻는 질문이다. 이러한 질문에는 자신이 체육 활동과 학습을 병행하며 긍정적 효과를 경험한 사례나 체육 활동과 학습을 병행하기 위해 노력한 경험 등을 활용하여 답변해야 한다. 예를 들어, 체육 활동은 체력을 길러서 학습에 도움이 되기도 하지만 학업 스트레스를 원활하게 해소할 수 있는 가장 바람직한 방법이라는 점을 중심으로 답변하는 것이 바람직하다.

A 저는 선생님이나 학생에게 체육 활동이 주는 이점을 알려줄 것입니다. 체육을 하면 신체 건강 및 체력 증진에 도움이 됩니다. 성취감을 높이며, 스트레스와 불안감을 줄여 수험 생활의 중요한 영역을 차지하는 정신 건강에도 도움이 됩니다. 또한, 체육을 하면 팀원들과 협력하는 활동이 많으므로 협동심과 사회성을 발달시킬 수 있고, 새로운 친구를 사귀거나 관계를 돈독하게 할 수 있습니다. 이처럼 체육 활동의 재미와 즐거움을 알려주며 공부와 체육을 병행하도록 유도할 것입니다.

PART 4

30

자기소개서 내용

1년간 수학 스터디 그룹에서 멘토-멘티 활동을 했다. 아침 시간을 이용해 세 명이 번갈아 가며 일일 멘토가 되어, 한 문제를 각각 다른 풀이로 설명했다. 한 문제를 긴 시간 동안 다루면서 응용력과 사고력을 길렀다. 내가 제일 자신 있는 부분인 방정식의 활용 부분을 알려 주는 멘토를 맡아 친구가 잘 이해하지 못한 부분을 끝까지 가르쳐주는 과정을 통해 내 강점을 더욱 강화하고, 배려하는 공부란 무엇인지 몸소 느꼈다. 멘토-멘티 활동은 다양한 시각으로 바라보는 활동을 반복할 수 있어, 이후 낯선 문제가 나와도 당황하지 않았다.

Q 멘토-멘티 활동을 할 때 멘티가 가르침을 받으면서 자존심이 상해 하면 어떻게 대처할 것 인가요?

> **답변의 포인트**
>
> 멘토-멘티 활동이나 그룹 스터디는 학습 역량과 인성을 동시에 나타낼 수 있는 요소이다. 단순히 멘토 역할을 하면서 보람을 느꼈다는 서술보다는 구체적인 과정과 사례를 들면서 자신이 친구를 위해 노력한 점을 드러내는 것이 바람직하다. 학생이 경험한 것에 대한 확인과 인성적 측면을 복합적으로 물어보는 질문이 나왔다. 멘토링을 하면서 상대가 항상 긍정적인 반응만 보이는 것이 아니기 때문에 부정적인 반응이나 상황에 대한 답변을 준비해야 한다. 우선 친구가 뚜렷한 반응을 보였던 기억이 없더라도 상대의 기분과 자존심을 배려하면서 멘토링 활동을 하기 위한 방안을 제시해야 한다. 예를 들어, 상대를 무시하거나 상처를 받을 수 있는 표현이나 단어 선택을 피한다거나 칭찬을 많이 해서 자존감을 북돋아 준다는 답변이 바람직하며 그와 관련된 사례나 경험, 책에서 본 문구 등을 반드시 함께 말해야 한다.

A 멘토-멘티 활동에서 멘티가 자존심에 상처를 입었다면 다음과 같이 대처할 것입니다. 우선, 멘티의 고민을 경청하고 감정을 이해하려 할 것입니다. 멘토-멘티 활동은 서로에게 도움이 되는 것을 목표로 하는데, 이때 한쪽의 기분이 상했다면 오해가 생겼을 가능성이 큽니다. 그러므로 대화를 통해 오해와 갈등을 해소할 수 있다고 생각합니다. 다음으로 멘티에게 격려와 칭찬을 할 것입니다. 칭찬은 고래도 춤추게 한다는 말이 있습니다. 멘티가 자신감을 회복할 수 있도록 칭찬하고 도와준다면 상처 입은 자존심을 회복할 수 있을 것입니다. 마지막으로 멘티에게 너무 쉬운 내용을 알려주었거나 무시하는 표현을 쓰지 않았는지 반성할 것입니다. 멘티의 수준을 고려하지 않고 일방적으로 전달하면 멘티가 지루해하거나 기분이 나쁠 수 있기 때문입니다.

31

자기소개서 내용

3학년 때는 영자 신문 동아리에서 조장을 맡아 『해리 포터』와 『셜록 홈즈』처럼 영화나 드라마로 재구성된 소설을 소개하는 기사와 조기 교육에 대한 논설문을 작성했다. 조원들끼리 개요를 짜고, 각자가 맡은 부분을 나누어 작성하며 서로 퇴고하는 방식으로 기사문을 완성했다. 혼자서 글을 쓸 때에는 문법 오류들을 찾기 어려웠지만 친구들과 함께 첨삭하니 퇴고가 더욱 치밀해졌고, 주제에 대해 토의와 토론을 하면서 글의 구성을 풍부하게 할 수 있었다. 또한, 다양한 어휘 표현과 문법도 복습하고 문장력을 향상시킬 수 있었다.

Q 조기 교육과 관련된 논설문을 작성하였다고 했는데 이 논설문의 내용을 설명하고, 자신의 입장을 이야기해 보세요.

> **답변의 포인트**
>
> 영어 조기 교육은 자주 대두되는 논쟁 거리이다. 그와 관련된 토론 활동을 하고 논설문을 작성하였다고 자기소개서에 썼기 때문에 내용 확인과 학생의 지식, 사고 수준을 파악하기 위한 질문이 나왔다. 논설문의 내용을 설명할 때는 주장과 근거가 학생 개인의 입장과 일치해야 한다는 점에 유념해야 한다. 주장을 담아 상대를 설득하는 글이 논설문이기 때문이다. 그리고 근거를 이야기할 때는 영어 조기 교육의 효과나 문제점을 구체적인 경험이나 사례를 들어서 이야기해야 한다.

A 영자 신문 동아리에서 어린 나이에 영어를 배우는 것이 언어 능력 향상에 도움이 되고, 국제화 시대에 어울리는 역량을 기르도록 한다는 점을 강조한 논설문을 작성했습니다. 논설문을 작성하기 위해 영어 조기 교육을 조사하던 중 영어를 배우는 것이 의사소통을 원활하게 하는 것뿐만 아니라 다른 분야의 인지 능력도 발달시킨다는 점을 알게 되었습니다. 이와 함께 영어를 어린 나이에 배우게 된다면 문화적 정체성을 잃고 한국어 습득을 방해할 수도 있다는 점도 알게 되었습니다. 이를 계기로 영어와 국어 공부를 모두 놓치지 않고 열심히 하는 것이 중요하다는 것을 깨달았습니다. 그래서 영어 단어를 외울 때 그 뜻이 정확히 이해되지 않으면 국어사전을 찾아보며 국어 어휘력도 동시에 기르기 위해 노력했습니다.

32

자기소개서 내용

나의 꿈은 작가다. 즐겁게 읽었던 『반지의 제왕』부터 시작해 『해리 포터』, 『천국의 문』 등의 다양한 소설을 읽으며 문자만으로 사람들의 생각을 뒤흔드는 소설의 힘에 매료되었기 때문이다. 또한, 소설뿐만 아니라 만화와 애니메이션 등의 다양한 창작물을 접한 후에는 언어에 대해 관심을 가지게 되었다. 그래서 창작 관련 산업이 발달한 일본의 문화와 일본어를 배우고 한국과 일본의 다양한 문화와 문학을 비교하고, 이해하기 위해 ○○외고 일본어과에 지원했다.

Q 꿈이 작가라고 하였는데 일본어를 공부하는 것과 작가라는 꿈의 연관성에 대해 이야기해 보세요

답변의 포인트

자신의 꿈과 진로와 연계하여 지원 동기를 구성하였다. 확인 질문이 나왔지만 왜 일본어과에 지원하였냐는 질문이 아니라 작가라는 꿈과 일본어 공부의 연관성을 묻고 있다는 점에 유의해야 한다. 자기소개서에 일본의 문화와 일본어를 배우고 한국과 일본의 문화와 문학을 비교한다고 서술하였기 때문에 그와 관련된 사례를 활용하여 답변해야 한다. 예를 들어, 「데스 노트」나 「용의자 X의 헌신」과 같이 일본의 애니메이션이나 소설을 원작으로 한 번역물이나 영화 등으로 다시 제작된 작품을 예시로 들며 일본어 원작과 한국어 번역작의 유사점과 차이점을 답변하는 것이 바람직하다. 그리고 한국과 일본 사이의 문화적 유사성을 바탕으로 작품을 창작하는 모티브가 될 수 있다는 점도 답변하는 것이 좋다.

A 제 꿈은 한국 문화와 정서를 일본에 소개하고 한일 문화 교류를 활성화하기 위해 노력하는 작가입니다. 역사적으로 오랜 기간 교류했고 일제 강점기라는 안타까운 시기도 있었기에 한국과 일본은 가깝고도 먼 나라라고 이야기합니다. 이러한 이유로 한국과 일본 사이에는 반일 감정이나 혐한 감정과 같은 부정적 정서가 존재한다고 생각합니다. 이를 극복하기 위해서는 두 나라 사람들이 서로에 대해 이해하려는 노력이 필요합니다. 일본 영화나 애니메이션을 보면 우리 문화와 매우 유사한 점이 많다는 것을 느낄 수 있었습니다. 또한, 일본인 친구와 채팅을 통해 이야기를 나누어 보며 일본인들이 일본의 식민 지배의 역사에 대해 정확히 알지 못한다는 것을 알게 되었습니다. 저와의 대화를 통해 일본인 친구가 독도 문제에 대해 먼저 미안하다고 사과하기도 했습니다. 따라서 일본어와 일본 문화를 배워 일본인들이 우리나라에 대해 잘못 알고 있거나 오해하고 있는 사실들을 소설로 소개하고, 바로 잡고자 노력할 것입니다.

33

자기소개서 내용

「비정상 회담」이라는 프로그램에서 인도의 '망갈 판데이'가 주도한 '세포이의 항쟁'을 영국에서는 '첫 반란(Uprising)'이라고 하고, 인도에서는 '첫 독립 전쟁(Independence war)'이라고 하는 것을 알게 되었다. 그래서 우리나라 역사에 대한 평가에도 시각적 차이가 나는 사례인 광해군의 중립 외교를 찾아보았고, 이를 통해 이와 같은 차이가 가치관과 문화 등이 다르기 때문이라는 것을 알 수 있었다.

Q 광해군의 중립 외교를 설명하고, 이에 대해 어떻게 생각하는지 말해 보세요.

> **답변의 포인트**
>
> 자기소개서에서 학습 경험을 쓸 때, 영어 한 과목에 해당하는 내용을 제시하는 것보다 다른 과목과 융합된 경험을 제시하는 것이 좋다. 이 학생도 영어와 역사가 융합된 학습 경험을 제시하였고 그것을 확인하는 질문을 받았다. 이러한 질문에는 광해군의 중립 외교에 대한 상반된 평가를 제시해야 하고 찬성과 반대 두 측면에 대한 자신의 생각을 모두 이야기하는 것이 좋다. 더 나아가 현재 상황에 적용시켜 바람직한 입장이 무엇이라는 점까지 답변하는 것이 좋다.

A 광해군의 중립 외교는 관점에 따라 평가가 긍정적, 또는 부정적으로 달라지는 사례라고 생각합니다. 광해군이 집권할 당시의 조선은 임진왜란이 끝난 직후로, 전쟁의 피해를 수습하고 백성들의 삶을 안정시키는 것이 시급했습니다. 이때 명분을 중요하게 여기는 입장은 명나라와의 의리를 생각하여 후금을 적대시하라고 주장했고, 실리를 중요하게 여기는 입장은 후금과의 전쟁을 피해야 한다고 주장했습니다. 광해군은 실리를 택하는 결정을 했고, 그 결과 중립 외교에 대한 평가가 달라진 것입니다. 이는 가치관의 차이로 인해 일어난 갈등이라고 생각합니다. 현대 사회는 조선 시대와 차이가 큽니다. 인구수도 많아졌고, 국가 간의 교류나 영향력의 범위도 매우 커졌습니다. 따라서 저는 외교 관계에서 명분도 중요하지만, 실리를 우선해야 한다고 생각합니다. 우리나라도 미국과 중국 사이에서 곤란한 상황에 놓일 수 있습니다. 이러한 상황에서 광해군의 중립 외교와 같은 선택을 하는 것이 바람직하다고 생각합니다.

자기소개서 내용

힘을 합해 서로 돕고 목적대로 일을 이루는 인재를 양성하는 ○○외고에서 검사라는 꿈을 이루기 위해 법률 토론 동아리인 'Honor Committee'에 참여할 것이며 졸업 후에는 로스쿨에 진학해 법조인의 꿈을 키워 나갈 것이다.

Q 'Honor Committee'에 대해 어떻게 알게 되었는지 이야기하고, 아는 것에 대해 말해 보세요.

> **답변의 포인트**
>
> 입학 후 계획에서 교내 동아리에 대해 어떻게 알았는지와 아는 것에 대해 답변하라는 질문은 지원 학교에 대한 관심 정도를 파악하기 위한 것이다. 그러므로 지원 학교에 대한 지속적이고 강한 관심과 진학 의지가 드러나는 답변을 해야만 한다. 예를 들어, 학교 인터넷 사이트에 접속해서 알았다고 하기보다는 설명회에서 들었다거나 아는 선배가 자기소개서에 기술한 동아리를 추천하였다는 식의 답변이 바람직하다. 설명회에 찾아가거나 선배를 통해 정보를 얻었다는 것은 학생이 지원하는 학교에 관심이 많다는 점을 드러낸다. 그리고 입학 후에 들어가고 싶다고 자기소개서에 서술한 동아리나 프로그램에 대해 충분히 숙지하고 면접에 임해야 한다.

A 'Honor Committee'는 모교 방문의 날에 ○○외고에 진학한 선배님을 통해 처음 접했습니다. 저와 같은 꿈을 가진 선배님이 동아리에서 다양한 주제로 토론하고 법률에 관해 탐구한다는 점이 매우 매력적이었습니다. 이후 학교 설명회에 참여하여 동아리 소개를 접하기도 했고, 더 많은 선배님으로부터 이야기를 들으며 ○○외고에 입학하여 꼭 동아리에 들어가고 싶다는 마음을 먹었습니다. 이를 위해 중학교 때 법에 관심이 있는 친구들과 법률 동아리를 만들고 '민식이법'에 대해 토론하고 탐구하기도 했습니다. 이러한 경험을 바탕으로 'Honor Committee'에 들어가 어린이 보호구역과 관련된 해외 법률과 판례에 관해 탐구하고 저의 꿈인 검사로 향하는 과정의 소중한 디딤돌로 삼고 싶습니다.

35

자기소개서 내용

VOD 동아리에서 유전자 변형 식품에 대한 영어 기사를 읽고 GMO 식품 섭취에 대한 찬성·반대 설문 조사를 통해 이러한 식품에 노출되지 않는 방법을 고안하여 영어 기사를 작성했다. 이 과정에서 우리나라에 유전자 변형 식품이 생각보다 많이 수입되고 있다는 것을 새롭게 알았다. 그리고 설문 조사 결과 예상했던 것과 다르게 GMO 식품 섭취에 대한 찬성 의견이 많았다. GMO 식품이 병충해에 강하고 생산량이 많아서 식량 부족 문제에 대안이 될 수 있다는 긍정적인 면이 부각된 것이 원인이라는 분석을 했다. GMO 식품이 유전적 질병을 발생시킬 수 있고 생명체에 악영향을 미칠 수 있다는 점에 대해 홍보가 부족하다는 것을 깨달았다. 홍보 과정에서 GMO 식품의 부정적인 면에 관한 실험 결과나 자료, 그래프를 활용하지 못한 점을 반성하고 홍보에서 시각적 자료의 중요성을 배웠다.

Q 자신만의 영어 학습법이 있다면 말해 보세요.

답변의 포인트

자기소개서에서 영어 학습 경험을 제시하였기 때문에 영어 학습법에 대한 질문이 나왔다. 영어 학습법도 단순히 학원이나 인터넷 강의를 보고 문제를 풀었다라는 답변보다는 영어 제시문을 읽고 더 깊이 이해하기 위해 인터넷이나 동영상을 활용하였다는 답변이 더 좋다. 그리고 학습법을 이야기할 때 시험 기간에만 반짝 공부하는 스타일이 아니라 평상시에도 꾸준히 공부를 하는 스타일이라는 점을 드러내야 한다.

A 다양한 주제의 영어 기사를 작성하면서 자료 조사를 위해 '뉴욕 타임스'나 '코리아 헤럴드' 등 여러 언론사의 영어 기사를 찾아보았습니다. 영어 기사 중에 모르는 내용은 인터넷에 검색했고, 모르는 단어는 영어 사전을 찾아보며 정확히 이해하려고 노력했습니다. 이러한 과정에서 어휘력과 독해력을 향상할 수 있었습니다. 또한, 친구들과 영어 기사에 대한 영어 토론을 준비 및 진행하면서 표현력을 향상할 수 있었습니다. 자연스러운 발표를 위해 TED나 유튜브에서 강연 영상을 찾아보면서 억양이나 자세, 몸짓을 관찰하기도 했습니다. 이러한 경험을 통해 영어 공부와 진로 관련 탐색 활동을 병행할 수 있었습니다.

자기소개서 내용

역사를 공부하며 일본은 우리나라와 역사적 관계가 아주 깊고 외교적으로 해결해야 할 문제들이 많다는 것을 느껴 외교관을 꿈꾸게 되었다. 외교관이 되기 위해서는 의사 전달을 위한 외국어 능력과 논리적인 설득력이 필요하다. 그래서 전공어 인증 프로그램과 자매 학교와의 교류로 체계적인 지도를 받을 수 있고 글로벌 인재 양성을 목표로 하는 ○○외고 일어과에 지원하게 되었다.

Q 일본과 외교적으로 해결해야 할 역사적 문제는 무엇인가요?

답변의 포인트

자기소개서에 한국과 일본 사이에 역사적 관계가 깊고, 외교적으로 해결해야 할 문제들이 많다는 것을 느꼈다고 서술하였는데 그에 대한 확인 질문이 나왔다. 자기소개서에 작성한 만큼 역사적 문제를 생각해 두어야 한다. 예를 들어, '칠지도'나 '임나일본부설'과 같이 역사적 사실과 외교적 관계가 얽힌 사례를 제시하고 더 나아가 자신이 외교관이라는 가정 아래 실천할 해결 방안까지 제시하는 것이 바람직하다. 왜냐하면 사례만 제시하는 것보다 해결 방안까지 제시하는 것이 더 깊게 생각하였다는 것을 증명하는 답변이기 때문이다.

A 한일 관계에서 풀어야 할 여러 역사적 문제 중 가장 우선되는 과제는 역사 교과서 왜곡이라고 생각합니다. 일본은 2차 세계 대전 시기 우리나라를 강점하고 식민 지배를 하며 저지른 일들을 역사 교과서에 왜곡하여 기술했습니다. 자신들의 부끄러운 현대사를 축소하고 유리하게 서술하는 것은 바람직하지 않은 태도입니다. 잘못은 숨긴다고 해결되는 것이 아니며, 거짓말은 하면 할수록 커지기 때문입니다. 이러한 역사 왜곡은 현대사에만 해당하는 문제가 아닙니다. '임나일본부설'과 같이 '칠지도'에 새겨진 문장을 유리하게 해석하여 고대사까지 왜곡하려 합니다. 이러한 잘못된 인식이 역사 교과서를 통해 후손들에게 전해지고, 한일 관계를 악화하는 악순환을 낳는다고 생각합니다. 그러므로 한국과 일본이 협력하여 올바른 역사 교과서를 만들고 바람직한 역사 교육이 이루어질 수 있도록 노력해야 한다고 생각합니다.

37

자기소개서 내용

　3학년 국어 시간에 범죄자의 신상 공개 여부를 주제로 토론을 했습니다. 토론을 하면서 중범죄를 저지른 사람에 대한 처벌을 다룬 『회복적 정의』를 읽고 신문 기사들을 찾아 탐구했습니다. 검사의 기소에 의한 처벌도 중요하지만 처벌 이전에 상담이나 봉사 활동을 통해 범죄로 인한 피해를 회복하고 가해자와 피해자 모두를 치유할 수 있는 효과적인 방법이 있다는 것을 알게 되었습니다. 저는 실제 사례가 궁금해서 영문 기사와 TED 강의 등을 보며 미국 검사인 아담 포스의 일화 등과 같이 회복적 정의가 실현된 예를 찾아보고 저라면 어떻게 했을지 가상의 판결을 내려 보며 사례와 비교했습니다.

Q TED 강의 중 가장 인상 깊었던 강의를 이야기해 보세요.

> **답변의 포인트**
>
> 　자기소개서에서 자신의 탐구 경험에서 TED 강의를 활용해서 개념이나 자료, 사례를 보충하였다고 서술하였다. 이에 대한 확인 질문이 나왔다. 우선 자기소개서에 소개한 TED 강의를 이야기할 수도 있겠지만 좀 더 다양한 강의를 들었다는 것을 드러내기 위해 자기소개서에 작성한 강의 외에 2~3개 정도의 예시를 만들어 놓는 것이 바람직하다. 가능하다면 분야도 진로와 관련된 강의와 함께 인문이나 사회, 과학 등과 같이 다양한 강의 예시를 준비하는 것이 좋다.

A '회복적 정의'라는 탐구 주제를 이해하기 위해 보았던 아담 포스의 '더 나은 사법 제도에 대한 한 검사의 의견'이라는 영상이 가장 기억에 남습니다. 아담 포스는 미국의 검사로, 앞으로 검사들의 역할과 사법 제도가 나아갈 바람직한 방향에 관해 이야기합니다. 무조건 처벌이 아닌, 사회 복귀 가능성을 고려하여 사법적 정의를 실현해야 한다는 그의 주장에 공감했고, 검사가 단순히 범죄자를 감옥에 보내 사회 정의를 실현해야 한다는 편협한 생각을 바꿀 수 있었습니다. 지식과 정보를 얻는 것을 넘어 검사의 역할과 자세에 대해 고민하는 계기가 되어 인상적이었습니다. 이러한 경험은 브레네 브라운의 '취약성의 힘'이라는 영상을 통해서도 할 수 있었습니다. 사람과 사람 간의 연결을 통해 취약한 부분을 보완할 수 있고 다 같이 성장할 수 있다는 주장이 인상 깊었습니다. 이를 계기로 조별 활동이나 동아리 활동을 하면서 대화와 협력을 하려고 노력했고, 성장과 발전을 이룰 수 있었다고 생각합니다.

38

자기소개서 내용

사회에서 정의 실현을 하려면 다수의 행복을 기준으로 하되 소수의 권리 또한 보호받아야 한다는 생각을 했고, 법에 의한 보호가 필수적이라는 것을 깨달았습니다. 그래서 부정한 청탁에 흔들리지 않고 법의 정의를 실현하는 검사가 되기 위해 정열과 지조의 표상인 소나무와 같은 인재를 양성하는 ○○외고 학생이 될 것입니다.

Q 검사라는 꿈을 갖게 된 계기는 무엇인가요?

> **답변의 포인트**
>
> 학생의 진로와 꿈을 갖게 된 계기에 대한 질문이 나왔다. 검사와 관련한 개인적 경험을 드는 것이 좋으나 가족이나 친지의 사례를 드는 것은 위반 사항이므로 피해야 한다. 드라마나 소설 속 검사의 모습을 보았다는 것이나 신문이나 책을 통해 접한 실제 검사를 멘토로 삼아 제시하는 것도 좋다. 그런데 현실 속의 검사 중에서 논란의 여지가 있는 부분이 많으므로 자신의 멘토로 내세울 사람에 대해 철저히 조사한 다음 답변을 제시해야 한다.

A 재벌, 국회 의원과 같이 돈과 권력을 가진 사람들이 죄를 저질렀을 때 그들을 법정에 세워 처벌하는 검사들의 모습을 보며 꿈을 키웠습니다. 특히 재벌 회장이 개인의 이익을 위해 폭력을 행사하고 돈으로 무마하려고 하는 것이나, 국회 의원이 기업으로부터 뇌물을 받고 잘못된 선택을 하는 것은 억울한 국민을 만들고 국민에게 피해를 주는 사건이라고 생각합니다. 돈과 권력을 잘못된 방식으로 휘두르는 소수의 사람들을 수사하고 처벌할 수 있는 역할을 검사가 한다고 생각하기 때문에 이와 같은 꿈을 갖게 되었습니다.

자기소개서 내용

1학년 때 사회 선생님께서는 지형과 기후의 특징을 설명하시면서 과학적 원리와 수학적 개념을 활용하셨습니다. 또한, 발표를 중심으로 한 수업을 진행하셔서 친구들은 승부욕이 생겼고, 수업에 더 잘 참여했습니다. 저는 선생님의 설명을 들으며 지리는 단순히 외우는 것이 아니라 다른 과목과 함께 융합적으로 생각해야 더 오래 기억된다는 것도 경험했습니다. 그리고 하나의 개념을 공부할 때 다양한 시각에서 바라보아야 한다는 생각이 들었습니다.

Q 교사가 되어서 융합 수업을 하고 싶다면 무슨 과목을 하고 싶은지 말해 보세요.

답변의 포인트

자기소개서에 작성한 탐구 경험에 대해 확인하는 질문이다. 사회와 과학이 융합된 수업을 경험하였으므로 그것을 자신이 교사가 되었다는 가정 하에 어떤 수업에 활용할 것인지 답변하라는 것이 입학 사정관의 의도이다. 그러므로 자신이 가르치고 싶은 영어와 융합할 수 있는 과목을 생각하고 그에 맞는 예시와 이유까지 준비해야 한다. 예를 들어, 영어와 국어를 같이 융합해서 영어 시와 국어 시의 차이를 비교하거나 영어와 사회를 융합해서 영국의 브렉시트나 미국의 바이든 대통령 당선과 같이 사회적 이슈를 활용한 영어 수업이 있다. 또한, 영어와 국어나 영어와 사회를 융합한다고 할 때, 그냥 두 과목을 선택하겠다고 하지 말고 본인이 경험한 바를 먼저 이야기하고 난 다음에 자신이 어떻게 수업하겠다고 답변하는 것이 더 바람직하다.

A 저는 미래에 영어 교사가 되어서 역사와 융합 수업을 진행하고 싶습니다. 세계화 시대가 되면서 다양한 문화와 언어를 가진 사람들과 교류하고 협력할 필요성이 대두되었고, 영어와 역사 지식은 필수가 되었습니다. 예를 들어, 영국의 브렉시트는 단순히 영문 기사만을 읽는다고 해서 모든 내용을 정확하게 이해하기 어렵습니다. 브렉시트의 배경을 이해하기 위해서는 영국과 유럽 대륙 사이의 관계와 영국의 역사를 알아야 하기 때문입니다. 영국은 과거 '대영제국'이라고 불릴 정도로 세계적 식민지를 건설했기 때문에 유럽 대륙과 구별되고자 했고, 유럽 연합에 속하는 것에 대한 저항이 있었습니다. 이러한 역사적 배경을 바탕으로 브렉시트를 바라보아야 현재 영국의 선택을 이해할 수 있다고 생각합니다. 이와 같이 영어와 역사를 융합하여 국제 시사에 대한 학생들의 이해를 높이는 수업을 하고 싶습니다.

자기소개서 내용

선생님께서 수업을 진행하시는 모습을 보며 나중에 중학교 영어 교사가 되어서 학생들의 참여를 이끌어 내기 위한 방법들을 구상해 보기도 했습니다. 이런 경험과 노력을 바탕으로 재미있고 유익한 수업을 하고, 학생들이 편안하게 찾아올 수 있는 이모 같은 교사가 되고 싶습니다. 이를 위해 인본을 바탕으로 성실하고 책임을 다하는 창의적 인재를 양성하는 ○○외고에 지원하게 되었습니다.

Q 학교에 이모와 삼촌 같은 교사만 있다면 생기는 문제점을 이야기해 보세요.

답변의 포인트

자기소개서에 '이모 같은 교사'라는 자신의 교사상을 제시하며 지원 동기를 구성하였다. 그에 대한 확인 질문이 나왔는데 이모 같은 교사가 무엇이냐는 질문이 아니라 이모 같은 교사만 있다면 생기는 문제점에 대해 답변하라는 질문이 나왔다. 이러한 질문은 자주 등장하는 형태이다. 그러므로 자기소개서에 교사상과 같은 것을 제시한 경우에는 교사상이 의미하는 것과 함께 긍정적인 면(장점)과 부정적인 면(단점)을 모두 준비해야 한다. '이모 같은 교사'의 이미지는 친근하고 편안하면서도 어느 정도 선을 지키는 선생님이다. 그런데 친근하고 편안하다는 것이 지나치면 선생님과 학생의 경계가 모호해지고 학생이 선생님에게 무례할 수 있다. 이러한 경우에 문제가 발생하는 것이므로 사례를 들어서 문제점을 설명한 후에 그에 대한 해결책을 제시해야 한다. 해결책은 윤리적이고 보편타당한 방안을 제시해야 하고, 부도덕하고 편협한 방안을 제시해서는 안 된다.

A 이모와 삼촌 같은 교사는 친근하면서 일정한 선을 지키는 교사입니다. 그러나 교사와 학생의 관계가 너무 친근하고 편안하기만 하다면 문제가 생길 수 있습니다. 교사가 학생에게 권위적이거나 군림하려고 해서도 안 되지만, 교사와 학생의 구분이 없어지면 학생이 교사를 무시하고 무례한 행동과 말을 할 수도 있습니다. 실제로 교권이 무너져 학생이 교사에게 폭력을 행사하거나 희롱하는 발언을 하여 공권력이 개입하는 사건들도 있었습니다. 이처럼 교실과 학교의 질서가 무너지면 면학 분위기가 나빠질 것이고, 그 결과 학생과 교사 모두에게 피해를 미치게 될 것입니다. 따라서 학생의 말을 경청하고 의견을 존중하더라도 일정한 선을 넘는 행동은 제재해야 합니다. 그래야 학생을 올바른 길로 이끄는 교사가 될 수 있다고 생각합니다.

자기소개서 내용

월드 비전 취재 기자인 최민석 씨의 책『너의 눈에서 희망을 본다』를 읽고 남을 도우며 언론 활동을 동시에 하는 모습이 무척 인상 깊었다. 그리고 3학년 때 참여한 ○○외고의 학과 및 직업 탐색 프로그램을 통해 국제 이슈를 정확하게 전달하기 위한 외국어 실력뿐만 아니라 세상을 보는 시각을 넓힐 수 있는 ○○외고가 내 꿈을 이루기 위한 최적의 학교라고 생각했다.

Q 국제 기사를 쓰는 데 있어서 비유적 표현과 사실적 표현 중 더 중요한 것은 무엇인가요?

답변의 포인트

비유적 표현은 '다른 것들에 빗대어 하는 표현'을 의미하고 사실적 표현은 '사실을 그대로 드러내는 표현'을 의미한다. 사실을 전달하는 뉴스 기사에서는 사실적 표현만이 중요할 것이라고 생각할 수 있다. 그렇지만 독자나 시청자에게 감흥을 주기 위해서는 비유적 표현도 중요하다. 뉴스가 사실만을 전달하는 것은 아니기 때문이다. 그러므로 두 가지 표현이 모두 중요하며 그중에서는 사실적 표현이 더 중요하다는 답변을 하는 것이 좋다. 그리고 비유적 표현과 사실적 표현의 예시를 들고 그와 관련된 뉴스 기사도 같이 이야기해야 한다.

A 국제 이슈와 사건에 관한 기사는 정확한 사실과 정보를 바탕으로 작성되어야 합니다. 만약 정확성이 떨어진다면 기사를 읽는 독자가 오해할 수 있고, 이슈나 사건이 왜곡될 수 있기 때문입니다. 비유적 표현은 이슈와 사건의 맥락 파악에 도움이 되고, 독자의 감정에 호소할 필요가 있을 때 활용될 수 있습니다. 따라서 국제 기사는 사실적 표현을 중심으로 작성되어야 하고, 기사의 성격과 목적에 따라 비유적 표현이 적절하게 사용되어야 할 것입니다. 예를 들어, 난민의 처지와 어려움을 전하는 기사에서 난민 발생 원인과 현황을 전달할 때는 사실적 표현을 활용하고, 난민의 어려움과 고통을 전달할 때는 비유적 표현을 적절히 활용할 수 있습니다.

42

자기소개서 내용

서로 다른 언어를 사용하는 친구들과 소통을 할 때는 말투나 몸짓 등 비언어적 표현을 최대한 활용해야 한다는 점을 깨달았다. 또한, 서로 다른 문화를 가진 친구들과의 관계에서 틀렸다고 생각하는 것이 아닌 '다름'을 존중하고 이해하는 자세가 가장 중요하다는 것을 알았다. 뿐만 아니라 상호 존중의 분위기에서 개인의 능력이 충분히 발휘되고 동반 성장할 수 있다고 느꼈다. 미래에 국제 칼럼니스트가 되어서도 늘 열린 자세로 문화의 차이를 충분히 반영한 칼럼을 작성하고자 노력할 것이다.

Q 국제 사회에서 '틀림'이 아닌 '다름'을 이해해야 하는 까닭은 무엇인가요?

> **답변의 포인트**
>
> '틀림'과 '다름'에 대한 구별은 차별과 차이에 대해 이야기할 때, 항상 등장하는 논제이다. 그러므로 다문화 사회에서 차이를 인정해야 한다는 것을 인식하고 있는지와 자기소개서에 작성한 내용에 대한 확인 차원의 질문이 나왔다. 자기소개서에 서술한 내용을 부연하면서 다른 예시를 추가로 이야기하는 것이 바람직하다. 예를 들어, 피부색이나 종교적 차이를 인정하고 받아들이는 것이 갈등이나 문제를 해결할 수 있다는 식이다. 흑인이나 동남아시아 사람들보다 백인을 더 선호한다는 우리나라 사람들의 인종 차별적 시각을 지적하며 다름을 이해하는 것이 갈등을 줄일 수 있다는 근거를 이야기해야 한다.

A 틀림은 상대에 대한 차별을 인정하는 것이고, 다름은 차이를 인정하는 것입니다. 그러므로 다문화, 다인종이 공존하는 국제 사회에서는 다름을 이해해야 갈등을 줄일 수 있습니다. 예를 들어, 예루살렘은 유대교와 크리스트교, 이슬람교의 성지입니다. 세 가지 종교와 종교인들이 서로를 틀렸다고 인식하고 차별하려 한다면 분쟁이 끊이지 않을 것입니다. 세 가지 종교에도 공통점이 존재하고, 예루살렘이 공동의 성지이므로 서로의 차이를 인정하고 공존을 위해 노력한다면 평화를 유지할 수 있습니다. 따라서 국제 사회에서는 열린 마음으로 다름을 이해하는 자세가 필요하다고 생각합니다.

43

자기소개서 내용

수술용 로봇은 작은 절개를 통해 정밀한 수술이 가능해 기존의 개복 수술에 비해 많은 이점을 제공합니다. 하지만 높은 비용 부담 때문에 활용되지 못한다는 사례를 보고 기술적 혁신을 통해 나눔을 실천하는 의료용 로봇 공학자라는 꿈을 갖게 되었습니다. 그래서 세상에 희망을 주는 ○○고에서 섬기고 나누며 베푸는 학생이 되어 대한민국 로봇 봉사단에 들어가 로봇에 대해 더 탐구하고 로봇을 활용한 봉사 활동을 할 것입니다.

Q 의료용 로봇 공학자로서 나눔의 가치를 실천할 방안을 이야기하고, ○○고에 지원한 이유를 말해 보세요.

> **답변의 포인트**
>
> 지원 동기를 작성할 때 자신의 진로와 연계하여 서술하였고 지원하는 학교의 건학 이념과 자신의 진로인 의료용 로봇 공학자의 사회적 역할을 연결시켰다. 의료용 로봇 공학자가 나눔을 실천하는 것은 연관성이 없어 보이지만 의료용 로봇이 개발·발전되면 많은 사람들이 양질의 의료 서비스와 혜택을 받을 수 있고 더 건강한 삶을 살 수 있다는 점에서 나눔을 실천할 수 있다. 그리고 수술용 의료 로봇이 아니라 재활용 의료 로봇 같은 경우에는 저소득층에게 무료로 보급하는 것도 가능하다. 이러한 점과 함께 구체적 사례나 자신이 생각하는 의료용 로봇의 분야까지 답변한다면 좋은 평가를 받을 수 있다.

A 의료용 로봇 공학자라는 꿈을 갖게 된 계기는 피부 절개 수술로 인해 회복 기간이 길어지고 후유증으로 고생하시는 할머니를 보며 어떻게 하면 할머니의 고통을 줄여드릴 수 있을까를 고민하는 과정 중에서였습니다. 의료용 로봇 공학자는 환자의 어려움에 공감할 수 있어야 하고 지식과 기술을 활용하여 나눔을 실천할 수 있어야 합니다. 그래서 ○○고에 입학하여 다양한 봉사 활동에 참여할 것이고, 멘토–멘티 프로그램에 참여하여 지식 나눔을 실천할 것입니다. 이러한 과정을 통해 나눔과 실천을 강조하는 ○○고의 건학 이념을 충실히 이행할 수 있다고 생각해서 지원하게 되었습니다. 그리고 입학 후 로봇 동아리에 들어가 로봇 공학 기술을 보급하고 제품과 서비스를 저렴하게 만들 방안에 관해 탐구할 것입니다.

자기소개서 내용

중학교에 입학 후 여러 가지 봉사 활동들을 하며 나눔을 실천했습니다. 여러 활동 중 3년 동안 한 양로원 봉사가 기억에 남습니다. 할머니들이 다치시지 않도록 저는 무거운 짐을 옮기거나 청소를 하실 때 적극적으로 도와 드렸습니다. 그런데 항상 손자처럼 대해 주셨던 할머니께서 어느 날부터 보이지 않으셨습니다. 저는 할머니가 걱정이 되어서 간호사 선생님께 할머니에 대해 여쭈어 보았습니다. 할머니께서는 복도에서 넘어지시는 바람에 병원에 입원해 계신다고 했습니다. 그 이야기를 듣고 무릎 수술로 인해 힘들어 하시던 외할머니의 모습이 떠올라 마음이 아팠습니다. 의료용 로봇이 발달되었다면 정교한 수술이 가능할 것이고 회복 기간이 단축되며 재활 치료에 도움이 될 것이라는 생각을 했습니다. 이를 계기로 수술과 재활, 신체 능력 보조를 하는 의료용 로봇의 개발을 위해 더 노력해야겠다는 다짐을 했습니다.

Q 나눔의 가치란 무엇인가요?

답변의 포인트

자기소개서의 인성 영역을 서술하면서 봉사 활동 경험을 활용하였고, 나눔이라는 가치를 실천했다고 서술하였다. 자신이 실천하고 경험한 가치가 무엇인지 자신의 생각이나 견해를 준비해야 한다. 나눔이라는 것은 단순히 자신이 가진 것을 다른 사람에게 주는 것도 있지만 자신의 능력이나 역할을 통해 사회에 도움을 주거나 사회적 분위기를 바꾸는 것도 나눔이라고 할 수 있다. 그리고 나눔의 과정만을 답변해서는 안 되며 나눔의 결과와 영향까지 답해야 한다. 나눔을 실천하게 되면 많은 사람들에게 도움이 되고 나눔이 확산되면 살기 좋은 세상이 될 것이다. 예를 들어, 이태석 신부와 같은 인물이 아프리카 봉사를 하고 자신의 재능을 나누며 아프리카 사람들에게 의료 혜택을 제공하였다. 이것은 개인적 측면에서 나눔을 실천한 것이지만 이태석 신부의 사례와 이야기를 사람들이 듣고 알게 되면서 이태석 신부와 같이 자신의 재능을 나누는 사람들이 늘어나면 사회적 나눔이 활성화된다. 이처럼 개인적 측면을 넘어서 사회적 측면까지 확장적인 사고와 답변을 해야 한다.

A 나눔은 주는 사람과 받는 사람 모두를 만족시킬 수 있는 행동이라고 생각합니다. 나눔을 실천하면 타인에 공감할 수 있고, 어려움에 부닥친 상대방을 적극적으로 도울 수 있습니다. 이러한 과정에서 공동체 의식을 함양하고 협력과 협업을 이끌며 행복감을 높일 수 있습니다. 나눔은 개인의 만족을 넘어 주변 사람과 사회에 긍정적 영향력을 미치고, 더욱 공평하고 정의로운 사회를 만듭니다. 예를 들어, 이태석 신부는 아프리카의 가난한 사람들에게 의료 지식과 신앙을 나누며 신부로서 행복을 느꼈습니다. 더 나아가 이태석 신부의 도움을 받은 아프리카 아이들은 성장하여 다른 아프리카 아이들을 돕고, 지역과 사회의 발전, 가난 극복을 위해 노력하고 있습니다. 이처럼 나눔은 개인과 사회의 갈등이나 문제를 해결하고 성장하는 계기를 만들어 주기 때문에 가치가 있다고 생각합니다.

자기소개서 내용

초등학생 때부터 선생님이라는 꿈을 가지고 있었고 중학교 2학년 담임 선생님을 보며 구체적으로 내가 되고 싶은 선생님의 상을 그릴 수 있게 되었다. 그것은 학생들을 존중하고 이해하며 도움의 손길을 내미는 선생님의 모습이다.

Q 어떤 교사가 되고 싶은가요?

> **답변의 포인트**
>
> 자기소개서에 자신의 꿈을 서술하며 진로에 관한 가치관이나 목표를 제시하였다. 자신이 되고 싶은 교사의 모습을 구체적으로 답변해야 하는데 자기소개서에 소개한 선생님과의 일화나 선생님으로부터 본받고 싶은 점을 중심으로 답하는 것이 좋다. 예를 들어, '담임 선생님께서는 반 친구들의 고민을 듣기 위해 매일 한 명씩 개별 상담을 하였고, 매주 편지를 써 주셨다. 그래서 나도 담임 선생님과 상담에서 성적에 대한 고민을 털어 놓았고 선생님께서는 스트레스를 많이 받는 것은 좋지 않으므로 마음을 편하게 가지도록 노력하라고 조언하셨다. 그리고 용기를 얻을 수 있는 문구를 적은 편지를 주셔서 공부를 더 열심히 할 수 있었다. 그래서 나는 교사가 되어서 학생들의 고민을 언제나 들어 주고 해결하도록 돕는 교사가 되고 싶다.'와 같은 답변을 하는 것이 바람직하다. 구체적 사례나 경험을 제시하는 것은 자신의 생각이나 주장을 강화하는 가장 확실한 방안이고 자기소개서에 서술한 내용에 대한 신뢰도를 높일 수 있는 방법이기도 하다.

A 저는 미래에 학생들의 고민을 들어주고 고민 해결을 위해 적극적으로 노력하는 교사가 될 것입니다. 학업에 대한 고민이 있었을 1학년 때, 담임 선생님께서 상담하시며 편안한 분위기를 만들어 주셔서 당시 부모님께도 말하지 못했던 속마음을 털어놓을 수 있었습니다. 선생님께서는 불안감이 스트레스의 원인이 된 것 같다고 하셨고, 일일 계획 실천 리스트를 만들어 불안감을 없앨 수 있도록 도와주셨습니다. 이러한 경험은 제가 체계적으로 학습할 수 있게 해 주었고, 학업에 대한 자신감을 가지는 기반이 되었다고 생각합니다. 더 나아가 미래에는 인공 지능이 발달하여 학생 상담을 AI가 대신할 수도 있다고 합니다. 하지만 인공 지능은 아직까지는 인간의 감정에 완벽하게 공감할 수 없으므로 학생의 고민이나 문제의 원인을 단편적으로 해석할 수 있고, 효과적인 대안을 제시할 수 없다고 생각합니다. 따라서 학생의 어려움에 경청하고 진정으로 이해하려는 노력을 통해 고민을 해결하는 교사가 되고 싶습니다.

PART 4

자기소개서 내용

수학·과학 심화 동아리를 할 때 표면 장력과 농도 차이에 의한 물질의 이동과 관련된 여러 가지 실험을 했다. 용액의 종류에 따른 커피링의 여부를 탐구한 결과로는 잉크를 제외한 모든 용액에서 커피링이 생겼다. 농도에 따른 실험에서는 용액의 농도가 작을수록 커피링이 더 확연히 나타났다. 마지막으로 물감의 색과 햇빛에 따라 그 증발 속도가 다를 것이라는 가설을 세우고 수채화 물감으로 색깔별 실험을 했지만 색상에 따라서는 큰 차이를 보이지 않았다.

실험을 진행하면서 전등의 종류나 진동과 같은 새로운 변수를 작용하면 어떤 결과가 나올지 궁금증이 생겼다. 호기심을 풀어 가는 과정 속에서 연구와 조사를 하며 단순히 암기하는 지식이 아닌 스스로 터득한 지식을 얻을 수 있었다. 또한, 일상에서 흔히 볼 수 있는 사소한 것 하나에도 아직 발견되지 않은 규칙이 있음을 배웠으며 고등학교에서 이에 대해 조금 더 깊게 탐구 활동을 해 보고 싶다.

Q 커피링처럼 일상에서 발견한 또 다른 과학적 원리가 있다면 소개해 보세요.

답변의 포인트

자기소개서에 작성한 학업 경험에 대한 확인 질문이 나왔다. 자기소개서에 서술한 경험 이외에 다른 경험을 준비하는 것이 바람직하지만 만약 없다면 솔직하게 답변하는 것도 하나의 방법이다. 왜냐하면 자신이 경험한 바를 서술한 것이기 때문에 추가적 경험이 없다고 하더라도 문제가 되지 않는다. 그렇지만 자기소개서에서 한 가지 사례를 들고 이와 같은 경험을 많이 하였다거나 추가적으로 하였다고 서술할 것이라면 반드시 추가적 경험이나 사례를 준비해야만 한다.

A 첫째, 마그누스 효과입니다. 마그누스 효과는 물체가 회전하면서 기체 또는 액체 속을 지나갈 때 압력이 높은 쪽에서 낮은 쪽으로 휘는 현상을 말합니다. 축구 경기에서 스핀킥을 찰 때 공이 휘는 현상이 대표적인 예입니다. 둘째, 도플러 효과도 있습니다. 도플러 효과는 소리나 빛의 근원이 움직일 때 소리의 높이나 빛의 색상이 변화하는 현상을 말합니다. 소방차의 사이렌이 가까워졌다가 멀어지며 소리의 높이가 달라지는 현상, 과학 시간에 배운 빛의 적색 편이가 대표적인 예입니다. 이처럼 일상생활 속 과학적 원리를 찾아보고 조사하면서 과학 공부에 대한 재미를 느낄 수 있었고, 과학 현상을 깊이 이해할 수 있었습니다.

47

자기소개서 내용
※ 기독교 학교

동물에 관심이 많았던 나는 책과 TV에서 환경 오염과 지구 온난화의 영향으로 생태계가 파괴되면 조류 독감과 같은 치명적인 질병을 일으킬 수 있다는 것을 깨닫고, 생태계 보호가 곧 지구 환경을 보호하는 방법임을 알게 되었다. 그래서 동식물과 생태계의 상호 작용에 대해 연구하는 생태학자가 되고 싶다. 이를 위해 이웃을 사랑하고 세상에 희망을 주는 교육을 목표로 하는 ○○고에 입학해서 다양한 탐구와 실험 활동을 하고 HUB 생명 과학반에 들어가 생태 탐사나 습지 보호 활동 등에 참여할 것이다.

Q ○○고가 기독교 학교라는 것을 알고 있나요? 본인이 아는 것을 이야기해 보세요.

> **답변의 포인트**
>
> 지원하는 학교에 대한 지식의 수준은 지원하는 학교에 입학하고자 하는 의지와 지원 동기를 확인할 수 있는 잣대이다. 그러므로 지원하는 학교의 특징과 건학 이념, 프로그램, 동아리 등에 대해 정확히 알고 면접에 참여해야 한다. 이 학생이 지원한 학교도 기독교 학교이기 때문에 그 부분을 알고 있는지에 대해 질문이 나왔다. 이러한 특성에 대한 정보를 아는 것도 중요하지만 그에 대한 자신의 견해도 정리해 두어야 하는데, 종교 문제와 같은 민감한 사안은 답변에 주의해야 한다. 자신의 종교가 지원하는 학교와 일치한다면 문제가 없지만 무교이거나 다른 종교일 경우에는 지원하는 학교의 종교에 대해 부정적 인식을 드러낸다거나 무관심을 나타내는 답변은 바람직하지 않다. 왜냐하면 지원하는 학교의 건학 이념이나 교육 방향이 종교와 무관하지 않을 것이고, 특수성이 강하기 때문에 지원하는 학교의 종교를 믿지는 않더라도 긍정적으로 인식하고 있다거나 알고 있다는 답변을 해야 한다.

A 네, 알고 있습니다. ○○고 설명회에도 참석했었고 건학 과정을 소개한 자료를 통해 접했었습니다. 특히 이웃을 사랑하고 세상에 희망을 주는 ○○고의 교육 이념은 제 꿈인 생태학자에게 필요한 자질이라고 생각합니다. 환경 오염을 방지하고 생태계 보호에 앞장서기 위해 무엇보다 자연을 사랑해야 한다고 생각합니다. 그래서 ○○고에 입학하여 친구들과 협력하고 기숙사에서도 화목하게 지내며 사랑과 나눔을 실천할 것입니다. 또한, 생명 과학 동아리에서 활동하며 지구 온난화로 인해 나타날 수 있는 질병에 관해 연구하고, 온실가스 배출량을 줄여야 하는 이유를 설명하는 자료를 만들어 배포할 것입니다. 이를 통해 사람들에게 지구 온난화의 위험성을 널리 알리고 환경 보호에 동참하도록 유도하려 합니다.

자기소개서 내용

경험적 지식을 쌓으며 기본 개념을 정확히 이해하기 위해 노력했다. 특히 수학과 과학 같은 자연 과학 분야는 실험과 탐구를 통해 개념과 원리를 실생활에 적용시키기 위한 노력을 하며 학습했다.

Q 학습 계획과 학습법을 이야기해 보세요.

답변의 포인트

자기소개서에서 학업적 노력을 서술하면서 학습 계획 세우기나 학습법보다 학습 경험을 제시하였는데, 면접에서 학습 계획 세우기와 학습법에 대한 질문이 나왔다. 학습 계획 세우기나 학습법을 자기소개서에 쓰는 것보다 면접에 나올 수 있도록 유도하는 것도 하나의 전략이다. 왜냐하면 학습 계획 세우기나 학습법을 말로써 설명하는 것보다 학습 경험을 말로 설명하는 것이 어렵기 때문이다. 학습 계획 세우기나 학습법에 대해 답변을 할 때에는 성실함과 꾸준하게 학습 계획을 실천한 경험을 이야기해야 한다. 예를 들어, '수학 공부를 하면서 매일 10문제를 꾸준히 풀자는 계획을 세우고 30분 동안 문제를 풀고, 30분 동안 오답 정리를 했습니다. 그 결과, 매주 배운 부분을 확실히 복습할 수 있었고 여러 유형의 문제들을 풀어 볼 수 있어서 응용력을 향상시킬 수 있었습니다.'와 같이 구체적인 과목과 공부량을 제시해야 한다.

A

수학 공부를 하면서 학습 계획을 세우고 저만의 학습법을 만들어서 꾸준한 반복의 효과를 경험했습니다. 예를 들어, 수학 수업을 들은 후 배운 개념과 단원에 해당하는 10가지 유형의 문제를 풀며 복습했습니다. 1문제를 3분 안에 풀 수 있도록 스스로 30분이라는 시간을 계획적으로 정해 놓고 문제를 푼 다음, 오답 정리를 했습니다. 하루 10문제이지만 꾸준히 실천하니 많은 문제를 풀 수 있었고, 다양한 유형을 접할 수도 있었습니다. 그래서 다른 과목을 공부할 때도 문제의 양이나 시간을 구체적으로 정하고 실천하며 복습을 철저히 하게 되었습니다.

49

자기소개서 내용

3년 동안 걸레 도우미로 활동을 했는데, 봉사를 하면서 아무리 사소한 일이라도 누군가를 위해 봉사를 한다는 것은 정말 값진 것임을 깨달았다. 3학년 때, 학교 대청소 날과 봉사 날이 겹쳐서 걸레의 양이 많아 힘들었는데, 학생들이 쓸 걸레가 부족한 상황이 생기지 않도록 아침 시간뿐만 아니라 점심 시간에도 봉사를 계속했다. 걸레의 양이 많아지자 학생들이 더 편하게 걸레를 가져다 쓸 수 있도록 따로 상자를 마련하는 아이디어를 친구들과 함께 생각했다. 짧은 시간 동안 도우미로 활동하면서 친구들과의 협력의 중요성에 대해 깨닫게 되었고, 다른 사람들이 편리하고 행복할 수 있도록 나의 시간을 투자하여 봉사를 하는 것이 결코 헛된 일이 아님을 알게 되었다. 또한, 평소에 당연하다고 생각했던 부모님의 희생에 다시 한 번 감사하는 마음을 갖게 되었다.

Q 걸레 도우미가 힘들지 않았나요? 어떻게 했나요?

답변의 포인트

걸레 도우미 활동은 많은 학생들이 큰 의미를 두지 않고 하는 교내 봉사 활동 중 하나이다. 그런데 이 학생은 3년 동안 꾸준히 참여하였고, 사소하지만 궂은 일이기 때문에 봉사심과 희생 정신을 측정할 수 있는 요소이다. 이 학생에게도 면접관이 매우 흥미롭다는 반응을 보였고, 힘들었을 텐데 오래 해서 인상이 깊었다는 말을 하였다. 이처럼 자기소개서에서 인성 영역을 드러내는 요소나 경험은 특별한 것이 아니라 사소하지만 일상생활에서 경험할 수 있고 자신이 사회나 조직에 기여를 하는 활동이다. 이 질문에 답변할 때 유의할 점은 면접관이 생각하는 기준과 차이가 나게 답해서는 안 된다는 것이다. 면접관은 힘든 일을 열심히 하였다고 판단하는데, 학생은 '그냥 단순한 일이어서 힘들지 않았고 아무런 생각도 하지 않고 했어요.'라고 답변을 한다면 인성 평가에도 부정적이며 자기소개서의 내용에 대한 신뢰도도 크게 떨어지게 된다. 그러므로 자신이 봉사 활동을 하면서 꾸준히, 열심히 하려고 했던 마음가짐과 노력들을 적절하게 답변해야 한다.

A 걸레 도우미는 칠판을 관리하고, 매주 금요일 걸레를 모아 세탁실에 옮기는 활동을 합니다. 평상시 걸레의 양이 많지 않기 때문에 힘들지는 않았지만, 학교 대청소와 같이 걸레 사용이 많아지는 날은 힘들기도 했습니다. 하지만 학급 친구들이 쾌적한 환경에서 공부하도록 하고, 호흡기에 악영향을 미치는 분필 가루를 없앨 수 있다는 점에서 보람이 있었습니다. 그래서 조금은 번거롭지만 친구들에게 좋은 영향을 미칠 수 있다는 생각으로 봉사 활동에 성실하게 참여했습니다.

자기소개서 내용

어렸을 적부터 첼로를 연주하던 저는 교내 오케스트라 활동을 하면서 학업에 필요한 집중력과 인내, 협동심을 길렀습니다. 정기 공연을 준비하며 곡을 함께 연습하던 도중 몇몇 단원들이 개인 연습을 해 오지 않아 화음이 맞지 않게 되었습니다. 그래서 파트장이었던 저는 파트원들의 스케줄을 확인하고 개인 연습 시간표를 만들어 동아리 시간에 연습이 이루어질 수 있도록 조정해서 갈등을 해결했습니다. 때로는 서로의 의견이 맞지 않아 감정이 상하는 경우도 있었습니다. 그러나 원리 원칙을 지키되, 자신의 주장만을 내세우는 것보다 상대방의 입장도 이해하고 배려하며 타협안을 찾아서 해결해야 한다는 점을 깨달았습니다.

Q 활동에 소극적으로 참여하는 학생을 어떻게 참여시킬 것인가요?

> **답변의 포인트**
>
> 오케스트라 활동은 인성에서 배려와 협력, 화합을 드러낼 수 있는 요소이다. 특히 화음을 만들어 내기 위해 연습을 하는 과정에서 갈등이나 어려움을 극복하는 자세와 노력까지도 드러낼 수 있다. 이 학생도 연습에 참여하지 않거나 불성실하게 참여하는 친구들의 참여를 이끌어 낸 경험을 자기소개서에 서술하였다. 그러므로 답변을 할 때에도 자기소개서에 서술한 경험을 바탕으로 배우고 느낀 점을 활용하여 해결 방안을 제시해야 한다. 답변을 할 때 유의할 점은 독단이나 독선적인 면이나 방법을 제시해서는 안 된다는 것이다. 모둠 활동은 어느 한 사람만 주도적으로 하는 것이 아니라 여럿이 함께 합심해서 결과를 만들어 가는 것이기 때문이다. 소극적으로 참여하는 학생을 설득하고 회유해서 활동에 참여시키고 좋은 결과를 만들 수 있는 해결책을 제시해야 한다.

A 학생들이 활동에 소극적으로 참여하는 이유는 참여나 활동 동기가 부족하기 때문이라고 생각합니다. 그래서 소극적으로 참여하는 학생의 동기를 부여하기 위해 노력할 것입니다. 이를 위해서는 우선 친구와의 대화가 필요합니다. 친구의 생각에 경청하고 고민이나 어려움이 있다면 해결할 수 있는 방법을 고안해 볼 것입니다. 저 역시 교내 오케스트라의 파트장으로 활동하면서 부원들의 스케줄을 들어보고 연습이 원활하게 이루어지도록 조정하고 협력했던 경험이 있습니다. 이처럼 구성원들의 고민을 듣고 해결 방안을 찾을 수 있도록 노력하겠습니다.

51

자기소개서 내용

2학년 때부터 노력에 비해 성과가 나오지 않는 친구들에게 나누어 준다는 생각으로 전 과목을 복습하며 교과서와 참고서 등 다양한 자료를 활용하여 나만의 학습지를 만들었다. 학년이 올라가고 심화된 내용을 배울수록 기초가 탄탄해야 한다는 것을 느꼈다. 그래서 교과서 내용과 기초 부분을 포함해서 작성했더니 친구들이 더 쉽게 이해할 수 있었다.

특히 국어의 문법은 이전에 배웠던 내용들이 서로 연관성이 있었다. 하지만 문장의 관형어와 품사의 관형사를 구분하지 못하는 친구들을 위해 학습지에 품사와 문장 성분에 대한 개념을 추가했다. 이렇게 이전 학년에서 배운 것을 새로운 공부와 비교하고 대조하면서 나도 더 정확히 이해하고 암기할 수 있었고, 학습지를 정리할 때 스스로 정말 알고 있는지도 확인할 수 있었다.

Q 학습지를 만들어서 공부를 하였다고 했는데, 그것을 친구가 버리는 장면을 목격하였다면 계속해서 학습지를 만들 것인가요?

> **답변의 포인트**
>
> 자신이 만든 학습 자료를 친구들과 나누고 같이 성장하는 모습은 사회성과 협동심을 두루 드러낼 수 있는 요소이다. 이러한 경험이나 사례는 자기소개서에 적극적으로 활용하는 것이 바람직하다. 이 부분에 대한 확인 질문이 제시되었는데 자신이 공들여 만든 학습지를 친구가 버린다면 속상할 것이고 자존심이 상할 것이다. 그렇다고 감정적 대응을 하는 것은 바람직하지 않고 이성적이고 윤리적인 판단으로 행동하겠다고 답변해야 한다. 학습지를 버리는 모습을 보더라도 꾸준히 만들 것이고, 학습지가 부실하거나 부족한 점이 있는지 반성하며 개선하려고 노력할 것이라는 답변이 바람직하다. 면접에서 나오는 질문은 학생이 잘 생각하지 않은 부분에서 나온다고 보아야 한다. 학습지를 만들어 주면 왜 버릴까라고 생각할 수 있지만 개인의 생각은 서로 다르기 때문에 충분히 고려할 수 있는 상황이다. 그러므로 부정적인 상황이나 조건까지 고려하여 면접을 준비해야 한다.

A 제가 만든 학습지를 친구가 버리는 모습을 본다면 속상할 수는 있지만 학습지를 계속 만들 것입니다. 왜냐하면 버리지 않고 잘 활용하는 친구들도 있고, 학습지를 만드는 과정에서 스스로 공부도 되기 때문입니다. 그리고 학습지에 어떤 문제가 있는지 반성하고 다른 친구들의 조언을 들으면서 문제점을 보완하려 노력할 것입니다. 학습지를 만들고 친구들과 공유하며 깨달은 점은 자기중심적으로 만들면 한계에 도달한다는 것입니다. 그래서 친구들에게 학습지를 공유하면서 빠뜨린 부분, 잘못 정리한 개념이나 내용을 피드백 받았습니다. 이러한 과정을 통해 협력 학습의 가치를 경험할 수 있어서 의미 있었다고 생각합니다.

자기소개서 내용

2학년까지는 반복적이고 규칙적인 수학 공부를 했는데 3학년이 되어서 『래리 고닉의 대수학』이나 『교과서를 만든 수학자들』과 같은 책을 읽고 수학에 대한 관점을 넓힐 수 있었다. 책에서는 대수학과 기하학, 통계학 그리고 해석학으로 내용이 체계적으로 나누어져 있었는데 그 방식대로 중학교 과정을 나누고 영역별 특성을 고려한 방법을 활용했다. 특히 함수는 대수학과 해석학을 이어 주는 역할을 한다는 것을 알게 되면서 함수를 일상생활에 적용할 수 있는 응용력을 기를 수 있었다. 또한, 원의 성질을 이해하기 위해 기하학의 기초를 닦은 탈레스에 대한 이야기를 읽으면서 기하학과 관련된 기본적인 개념과 특성을 정리할 수 있었다. 이렇게 수학의 근본적인 원리를 이해하는 것은 개념에 대한 이해와 더불어 각 영역을 연관 짓는 응용력을 키울 수 있었고 사례를 통한 공부에 많은 도움이 되었다.

Q 교과서 범위를 벗어난 심화 학습이 본인에게 어떤 영향을 미쳤나요?

> **답변의 포인트**
>
> 수학 학습 경험을 제시할 때, 단순히 수학 문제를 몇 문제 풀고 오답 노트를 작성했다는 내용보다는 심화 학습 경험을 활용하는 것이 바람직하다. 이 학생은 교과 개념을 바탕으로 관련 책들을 읽어서 심화 학습을 했는데 독서 경험과 사고력, 탐구력의 수준을 드러내었다. 이러한 학습 경험에 대한 확인 차원의 질문이 나왔으므로 독서 활동을 통해 느낀 점이나 교과서만 보았을 때와 책을 읽고 나서 느낀 점을 비교하며 심화 학습을 통해 배우고 깨달은 점을 제시해야 한다. 교과서는 개념의 핵심 부분을 요약 정리한 것이기 때문에 개념을 파악하는 것은 용이하지만 깊이 있는 이해나 응용을 하기에는 한계가 있다. 그런데 책은 관련 개념이나 부분에 대해 다양한 근거를 제시하며 설명을 하는 것이므로 심화 이해와 응용이 가능하다. 이러한 점을 구체적인 예시를 들어서 설명한다면 매우 좋은 평가를 받을 수 있는 답변이 된다.

A 교과서를 공부하고 수업 시간에 배운 내용을 복습하면서 궁금증이 생기는 내용이 있으면 인터넷 검색과 독서 활동을 통해 해결하려 했습니다. 이 과정에서 교과서 범위를 벗어난 심화 학습을 할 수 있었다고 생각합니다. 호기심을 해결할 수 있었기 때문에 조금 더 재미있고 능동적으로 공부할 수 있었습니다. 특히 심화된 내용을 접하고 이해하기 위해 영상을 찾아보거나 고민하면서 응용력을 기를 수 있었고, 자료 검색 역량을 기를 수 있었으며 이해 속도도 빨라졌습니다. 예를 들어, 빛의 굴절을 배우고 원리에 대해 찾아보면서 스넬의 법칙을 접하게 되었고, 과학 시간에 했던 굴절 실험을 더 확실하게 이해할 수 있었습니다. 더 나아가 스넬의 법칙이 광통신이나 탄성파 탐사 등에 활용된다는 점도 알게 되어 수학과 과학 공부를 깊이 있게 할 수 있었습니다.

53

자기소개서 내용

수학은 개념을 이해하는 것이 중요하고 체험해 보는 편이 기억에 오래 남았다. 예를 들어, 입체도형으로 전개도를 만들어 보거나 $v-e-f=2$의 공식을 이용해 부피나 넓이를 구해 보았다. 또한, 도형의 성질은 마인드맵으로 내용을 정리하면서 생각의 수준을 높이기 위해 노력했다. 하지만 모든 것을 직접 체험해 보는 것은 한계가 있어 피타고라스 정리와 삼각비 단원은 관련된 서적을 통해 심화해서 공부할 수 있었다. 이를 통해 수학은 모든 학문의 근원이라는 말을 다시 떠올릴 수 있었고, 이러한 방식을 중심에 두고 반복 및 오답 정리를 통해 스스로 문제점을 찾아보면서 흥미를 찾을 수 있었다.

과학도 '달의 운동과 모양 변화'를 이해하기 위해 지구와 달, 태양의 모형을 만들어서 실험을 해 보았다. 그래서 평상시에 달을 관찰하면서 음력 날짜도 계산해 보는 등 일상에 과학 내용을 접목시킬 수 있었다. 또한, 평소 기계에 대한 관심이 많아 중학교 2학년 때 교내 방과 후 프로그램에 참여해서 아두이노와 같은 작은 PC의 운영 체계를 배웠다. 이후 due아두이노와 tre아두이노와 같은 확장된 버전은 유튜브를 찾아가며 공부해 보고서로 작성했다. 3D 프린터의 전개도를 구성하고 출력하는 과정 등 어려운 과제를 직접 수행해 봄으로써 과학 수업 시간에 배운 옴의 법칙과 저항에 대해 이해할 수 있는 계기가 되었고 논리력과 분석력 또한 기를 수 있었다. 교내 시사 토론 활동과 영어 말하기 활동은 3년 동안 관심을 가지고 꾸준히 참여했다.

관심 있었던 시사 토론 주제 중 '인공 지능에 대한 문제점', '교내 CCTV 설치에 대한 당신의 생각은?'에 대해 찬반 토론을 하면서 논리적 표현력을 키울 수 있었다. 특히 교내 CCTV 설치에 대한 찬반 토론에서 예선은 찬성, 본선은 반대 측에서 토론했다. 찬성과 반대쪽 양측에서 주장을 하기 위해 다양한 근거를 찾아보면서 양측의 입장과 시선에서 바라보고 폭넓게 사고하는 법을 배울 수 있었던 좋은 경험이었다. 또한, 영어 말하기 활동 참여는 다양한 어휘력과 다른 사람 앞에서 자연스럽게 표현할 수 있는 능력을 향상시키는 데 도움이 되었고, '무한 리필 먹거리촌의 문제점'과 같은 주제에 대해 영어로 에세이를 작성하며 트렌드를 읽을 수 있었다. 종합적으로 사고력을 기르는 이런 활동이 나의 꿈을 이뤄 낼 수 있는 밑거름이 된다고 믿었기에 노력을 아끼지 않았다.

Q 애니메이션 시나리오 작가가 되기 위해 수학, 과학, 시사 토론 중 어느 것이 가장 중요한가요?

답변의 포인트

자기소개서에서 학생이 제시한 학습 경험들과 학생의 진로와의 연관성에 대한 질문이 나왔다. 애니메이션 시나리오 작가와 수학, 과학은 관련성이 적어 보인다. 그렇지만 애니메이션의 주제가 다양하고 수학이나 과학 지식을 바탕으로 하고 있거나 수학과 과학 개념을 소재로 한 작품들도 많다. 그러므로 참신한 애니메이션 스토리를 만들기 위해서는 수학과 과학 공부도 중요하다. 시사 토론 역시 시사에 대한 다양한 시각과 생각을 알 수 있는 것이기 때문에 애니메이션의 스토리를 강화시키는 데 도움이 된다. 이처럼 수학과 과학, 시사 토론은 애니메이션 스토리 만들기에 모두 바탕이 될 수 있다. 수학과 과학, 시사 토론이 애니메이션 스토리 만들기에 어떤 영향을 미치는지를 이야기한 다음, 가장 중요하다고 생각하는 하나를 선정하여 답변하는 것이 바람직한 전략이다.

A 애니메이션 시나리오 작가에게는 창의성과 다양한 배경지식이 필요하다고 생각합니다. 실사 영화보다 애니메이션은 표현할 수 있는 장면이나 주제가 광범위합니다. 공상 과학 애니메이션처럼 우주를 배경으로 하거나 타임머신과 같은 상상 속의 기술이 등장하기 때문입니다. 이러한 내용을 이해하기 위해서는 과학 학습과 탐구가 필요합니다. 또한, 시나리오는 개연성도 필요합니다. 원인과 결과가 논리적이고 설득력이 있어야 시청자의 공감을 불러일으킬 수 있기 때문입니다. 논리력을 향상하기 위해서는 수학과 시사 토론이 도움이 됩니다. 이처럼 애니메이션 시나리오 작가에게는 수학과 과학, 시사 토론이 모두 중요합니다. 그렇지만 가장 중요한 것은 과학에 관한 관심과 탐구라고 생각합니다. 새로운 기술과 과학적 발견에 관심을 두고 다양한 정보를 접하며 미래 사회 모습에 대한 상상력을 기를 수 있기 때문입니다.

자기소개서 내용

이제까지 200편이 넘는 뮤지컬을 보면서 감성과 기술이 결합된 종합적인 예술인 애니메이션을 제작하고 싶다는 생각을 가지게 되었다. 특히 역사적 사실에 상상력을 더한 이야기로 감동을 주는 애니메이션 작가가 되고 싶다. 융합적인 인재를 키우는 ○○외고에 진학하게 된다면 나의 관심 분야를 'Take-edge'라는 미디어 활동에서 더욱 발전시켜 나가고 '히까리'라는 일본어 연극 동아리에 들어가 시나리오를 작성해 보면서 꿈을 키워 나가고 싶다. 또한, 심화된 외국어 교육을 통해 글로벌한 인재로 성장하고 싶다.

Q 다른 장르와 다르게 뮤지컬이 가지는 매력은 무엇인가요?

답변의 포인트

많은 뮤지컬을 감상한 경험은 일반적인 경험은 아니며 학생의 진로인 애니메이션 제작과 유사한 종합 시각 예술이기 때문에 이러한 질문이 나왔다. 그러므로 자신이 인상 깊게 보았던 뮤지컬의 내용이나 뮤지컬의 특성을 이야기하고, 영화와 비교하며 뮤지컬이 가진 매력을 이야기하는 것이 바람직하다. 그리고 뮤지컬에서 알게 된 매력을 자신의 진로인 애니메이션에 적용하여 자신이 미래에 만들어 보고 싶은 작품이나 스토리까지 제시할 수 있다면 확정적 답변이 될 것이다. 이처럼 자신이 경험한 부분이나 내용만을 단편적으로 이야기하는 것보다 자신의 미래나 진로에 적용하는 것이 폭넓은 사고를 드러낼 수 있는 전략이다.

A 뮤지컬은 스토리와 배우의 연기, 무대 배경, 노래와 음악이 어우러진 종합 예술입니다. 이러한 점에서 애니메이션이나 영화와 유사하다고 할 수 있으나, 일반 영화나 애니메이션과 달리 뮤지컬은 스토리의 전개 과정에서 배우들의 대사와 함께 노래나 합창이 등장한다는 차이가 있습니다. 노래나 합창은 대사보다 더 많은 감정을 전달할 수 있고, 관객이나 시청자가 더 몰입하도록 합니다. 다른 장르와 달리 음악성이 강화되어 재미와 감동이 증가하는 장르라고 생각합니다. 이 때문에 뮤지컬은 매우 매력적이며 뮤지컬 감상을 통해 창의성과 예술 감각을 향상할 수 있다고 생각합니다.

55

자기소개서 내용

학생과 소통하는 체육 교사가 되고 싶다는 생각에 ○○외고에 지원하게 되었다. 왜냐하면 ○○외고는 원어민 선생님과의 수업 스터디, 발표 수업 등은 친구들과의 소통 능력을 기르고 다양한 학습 방법을 배울 수 있기 때문이다. 또한, 체육 교사가 되어서 행동 심리학이나 체육 심리학 등 평소 관심을 가졌던 부분을 연구하려고 하는데 해외의 연구 내용을 분석하고 우리나라에 적용하기 위해서는 외국어 활용 능력이 기본이 되어야 할 것이다.

Q 소통하는 체육 교사가 되고 싶은 이유를 말해 보세요.

답변의 포인트

자기소개서의 지원 동기를 자신의 꿈과 연관해서 서술하였다. 또한, 자신이 미래에 체육 교사가 되면 어떤 모습과 자질을 가질 것인지 목표를 제시하였고 이 부분을 키우기 위해 지원하는 학교의 특성과 프로그램을 활용하였다. 이러한 점은 지원 동기의 당위성을 강화시키는 전략 중 하나이다. 그래서 이 부분에 대한 질문이 나왔다. 이 질문에 답변을 할 때, 적극적으로 활용해야 하는 것은 자신의 경험이나 자신이 알고 있는 사례이다. 자신이 이제까지 만난 체육 선생님이나 다른 과목 선생님 중에 소통을 잘 하거나 소통을 잘하기 위해 노력하였던 선생님의 이야기를 언급해도 좋고, 그 경험에서 받은 긍정적인 영향 덕분에 소통하는 체육 교사를 목표로 삼았다는 식의 논리를 전개시키는 것도 바람직하다. 소통하는 교사가 되어서 아이들에게 어떠한 긍정적 영향을 주고 싶은지 구체적으로 제시하는 것이 좋다.

A 체육 활동에서 무엇보다 중요한 것은 팀워크입니다. 개인 활동에서도 다른 사람과 호흡을 맞추어야 활동이 원활하게 진행될 수 있고, 여럿이 함께하는 단체 활동에서도 팀원들과 손발을 맞추지 않으면 갈등이 생기기 때문입니다. 이러한 이유로 체육 활동이 학생들의 성장과 사회성 발달에 도움이 된다고 생각합니다. 체육 교사는 학생들이 체육 활동에 즐겁게 참여하고 이를 통해 배움을 얻도록 지도하며 돕는 역할을 합니다. 그러므로 학생들과 원활하고 원만한 소통이 무엇보다 중요하다고 생각합니다. 따라서 학생들을 그들의 눈높이에서 이해하고, 행동 심리학이나 체육 심리학과 같은 학문을 배워 적극적으로 소통하는 교사가 되기 위해 노력할 것입니다.

자기소개서 내용

멘토-멘티 활동을 3년간 하면서 야구부나 학습 능력이 낮은 친구들을 도와주었다. 그들은 수업 부분에서 이해하는 속도가 느리고, 과제를 챙겨 줄 때도 많은 시간이 걸려 계속 신경 써야 하는 부분이 많았다. 처음에는 힘들었지만 하나하나씩 가르쳐 주고 문자로 자주 확인하면서 친구들에게 이렇게 준비하는 것이 습관이 되어야 한다는 것을 알려 주었다. 그 결과 친구들이 먼저 질문하는 등 적극적인 모습을 보였다. 이런 과정을 3년 동안 경험하면서 느낀 가장 큰 깨달음은 '기다림'이었다. 속도는 다르지만 그것이 그 친구를 평가하는 잣대가 되어서는 안 된다고 생각했다. 단지 차이가 있을 뿐이지 피타고라스 정리를 이해하고 문제를 풀었을 때의 기쁨이나 공부해서 성적이 올랐을 때 마음에 있어서는 그 친구들과 내가 다르지 않았다. 이러한 생각은 교사라는 꿈을 가지는 데도 큰 도움이 되었다. 그래서 미래에도 나의 노력으로 다른 사람의 모습을 빛내 줄 수 있는 사람이 되고 싶다는 생각을 확고히 할 수 있게 되었다.

Q 멘토-멘티 활동에서 기다림 외에 중요하게 생각하는 것은 무엇인가요?

> **답변의 포인트**
>
> 멘토-멘티 활동은 배려심과 협동심, 봉사심을 잘 드러낼 수 있는 요소로 인성 영역에서 주로 활용된다. 이 학생은 자기소개서에서 멘토-멘티 활동을 통해 깨달은 점까지 추가하였다. 여러 가지 활동을 나열하듯이 서술하는 것보다 특정 활동의 과정을 간략히 소개하고 자신이 영향을 받은 점을 구체적으로 서술하는 것이 더 바람직하다. 그래서 이 부분에 대한 확인 질문이 나왔다. 멘토-멘티 활동은 자신만 생각해서는 안 되고 상대 학생도 고려해서 활동을 해야 효과적이다. 그러므로 기다림 외에 관찰력이나 이해력, 배려심, 멘티를 위한 준비 등이 중요하다. 특히 멘토링 대상이 야구부나 학습 능력이 부족한 학생들이므로 학습을 지도하는 과정이나 고민을 상담하는 과정에서 자신이 친구를 위해 노력한 것과 그것을 통해 얻은 점이 무엇인지 구체적으로 서술해야만 좋은 평가를 받을 수 있다. 그리고 구체적 사례나 예시를 다양하게 드는 것도 매우 중요하므로 또 다른 멘토링 경험이나 주변의 사례, 책이나 다큐멘터리에서 보았던 예시 등을 찾아서 준비해야 한다.

A 멘토-멘티 활동에서 기다림 외에 중요한 것은 관찰력과 멘티를 위한 준비라고 생각합니다. 멘티는 스스로가 부족하다고 느끼거나 도움이 필요해서 활동에 참여했을 것입니다. 멘토는 멘티가 어려워하는 점이 무엇인지, 어떤 부분을 이해하지 못하고 있는지, 말하지 않았지만 도움이 필요한 부분은 무엇인지를 파악할 수 있어야 합니다. 이를 위해 관찰력이 필요합니다. 예를 들어, 멘티가 수학 문제를 풀이하는 과정을 잘 관찰하고 틀렸거나 부족한 부분을 찾아내야 도움을 줄 수 있습니다. 이와 함께 멘티를 위한 꼼꼼한 사전 준비가 필요합니다. 하나의 방법만으로 설명하는 것은 한계가 있기 때문에 여러 가지 방법과 대안을 제시할 수 있는 준비를 해야 합니다. 이 과정에서 멘토도 많은 것을 배울 수 있다고 생각합니다. 따라서 관찰력과 멘티를 위한 준비가 중요하다고 생각합니다.

57

자기소개서 내용

국어의 경우, 학교 선배가 알려 준 국어 학습법이 저에게 많은 도움이 되었습니다. 필자의 주장은 모두 세모로 표시하고 그에 대비되는 단어를 네모로 표시를 한 다음, 선택지에도 세모와 네모로 구별했습니다. 이 방법을 통해 제시문에 나타난 핵심 내용을 정확히 분석할 수 있었고, 필자의 주장과 반대되는 주장을 비교해 차이를 구분할 수 있었습니다.

Q 국어 학습법을 설명해 보세요.

답변의 포인트

학습 영역을 서술하면서 학생 자신이 제시문을 분석하는 방법을 제시하였다. 이에 대한 확인 질문이 나왔는데 이러한 질문에는 우선 자신이 제시문을 분석하면서 효과를 보았던 예시를 들어서 자신의 국어 학습법이 실효성이 있다는 점을 드러내야 한다. 그 다음으로 국어 공부를 했던 계획에 대해 답해야 한다. 단순히 문제를 어떻게 풀었다기보다는 개념과 응용, 문제 풀이로 나누어서 개념을 정리하기 위해 어떤 방법을 활용하였고, 응용을 위해 다양한 제시문을 접하였으며, 문제 풀이를 하고서 오답을 정리할 때는 어떤 방법을 썼다는 식으로 답하는 것이 좋다. 가능한 구체적인 사례를 드는 것이 답변의 신뢰도도 높이고 자신의 국어 실력을 드러낼 수 있다는 점을 명심하고 국어 학습법 질문을 대비해야 한다.

A 저는 국어를 공부할 때, 개념과 용어를 정확히 이해하려 노력했습니다. 시를 읽을 때 시적 화자와 시적 대상을 구분하지 못하면 정확하게 이해할 수 없습니다. 그래서 작품 속 개념과 용어를 꼼꼼하게 체크하고 노트에 정리하면서 공부했습니다. 문학 작품과 달리 비문학 지문을 읽을 때는 주제나 주장을 담고 있는 문장을 찾고 글의 구조를 파악하며 분석했습니다. 이렇게 읽고 정리하니 아무리 긴 글이더라도 빠르게 이해할 수 있었고, 이해가 되지 않아 반복해서 읽는 시행착오를 예방할 수 있었습니다.

58

자기소개서 내용

일본 드라마나 애니메이션을 보면 우리나라와 비슷한 모습들이 많이 보이며 한일 간에는 상품이나 서비스 교류도 많다고 생각합니다. 그래서 글로벌 리더를 양성하는 ○○외고 일본어과 학생이 되어서 한국 상품을 일본에 수출하는 마케팅 전문가가 되기 위해 노력할 것입니다.

Q 마케팅 전문가가 되기 위해 지금 하는 노력은 무엇인가요?

> **답변의 포인트**
>
> 자신의 진로를 자기소개서에 넣을 경우에는 진로나 직업이 하는 역할을 최소 세 가지 이상 준비해야 하며, 꿈이나 목표를 이루기 위한 자질과 노력을 최소 세 가지 이상 준비해야 한다. 한두 가지 정도만 준비하는 것은 그만큼 사고나 노력의 폭과 정도가 부족하거나 성의가 부족한 것으로 비칠 수 있다. 자신의 진로에 대해 일정 수준 이상 고민하고 탐색해 본 학생이라면 자질과 노력, 방법을 최소 세 가지 이상 알고 있을 것이라는 것이 입학 사정관들의 공통된 의견이다. 이 학생의 경우처럼 '마케팅 전문가가 되기 위해 지금 하는 노력'이라는 질문을 받았을 때는 단순히 어떠한 노력을 하고 있다는 답변보다는 자신이 생각하는 꿈과 목표를 이루기 위해 필요한 자질이 무엇인지 먼저 제시하고 그러한 자질을 기르기 위해 자신이 하고 있는 노력들이 무엇인지 답변해야 한다. 단순한 노력들만 나열하는 것보다는 자신의 진로에 필요한 자질을 제시하고 그에 따른 노력을 연결시키는 것이 논리적이다. 면접에서 논리적 사고력을 측정하려는 만큼 충분한 예시나 근거를 준비해야 한다.

A 마케팅 전문가에게는 사회와 경제의 흐름을 파악하는 능력과 언어 능력이 필요하다고 생각합니다. 소비자나 고객들이 어떤 상품이나 서비스를 원하는지 파악하고, 시장의 니즈에 맞추어 마케팅 전략을 수립해야 하기 때문입니다. 이를 위해 매일 뉴스 기사를 검색 및 스크랩하고 있습니다. 유행하는 상품이나 새롭게 출시된 상품의 특징을 분석해 보고 메모하는 활동을 하면서 시장 동향을 파악하는 연습을 하고 있습니다. 이와 함께 국어와 영어 공부를 열심히 하고 있습니다. 마케팅은 의도와 목적, 메시지를 명확하게 전달해야 하는 분야로, 언어 감각이 필요하다고 생각합니다. 따라서 문학 작품을 자주 감상하면서 감수성을 기르고, 다양한 책들을 읽으면서 문해력을 기르기 위해 노력하고 있습니다.

59

자기소개서 내용

3학년 때 반별 합창을 준비하며 반주자를 맡아 지휘자와 함께 합창을 지도했습니다. 무더운 날씨에 연습 일정을 맞추다 보니 연습량이 많았고 친구들에게 불만이 생겼습니다. 이때 친구들과 소통을 통해 쉬는 시간과 연습 시간을 나누어 더 효과적으로 연습을 마무리했습니다. 이 두 가지 경험을 통해 저는 의사소통의 중요성을 깨달았습니다. 대화를 통해 인간관계가 가까워질 수 있으며, 상대를 존중하며 경청하는 것은 마음의 변화를 일으키는 계기가 된다는 것을 느꼈습니다.

Q 합창 대회 때 의사소통의 중요성을 느끼게 된 이유는 무엇인가요?

답변의 포인트

인성 영역에서 합창 대회는 배려와 협력, 화합하려는 노력을 드러내는 좋은 요소인 만큼 자기소개서에 적극적으로 서술하는 것이 바람직하다. 합창은 독창과 다르게 다른 동료들과 호흡을 맞추고 의사소통을 잘 해야 좋은 화음을 만들 수 있다. 또한, 의사소통 능력은 사회생활의 가장 기초적인 역량 중 하나이며 학생의 사회성을 측정할 수 있는 중요한 요소이다. 그러므로 합창 대회를 준비하면서 갈등이나 마찰이 생긴 이야기를 간략히 하고 그것을 해결하는 과정과 자신의 노력을 구체적으로 제시하면서 자신이 느낀 점을 답변해야 한다. 그리고 이러한 경험을 통해 의사소통의 중요성을 느꼈다고 답해야 한다. 이렇게 하면 갈등 해결 노력과 의사소통 능력도 드러낼 수 있어서 일석이조의 효과를 기대할 수 있는 답변이 될 것이다. 여기서 갈등의 배경이나 갈등 소개를 너무 길게 하면 답변이 지루해질 수 있다는 점에 유의한다.

A 합창은 독창과 다르게 화음이 중요합니다. 좋은 화음을 만들기 위해서는 소통과 협력이 필수적입니다. 제가 반주자를 맡아 합창을 준비할 때, 한 친구가 다른 친구의 박자와 소리를 신경 쓰지 않고 자기 혼자 노래를 불렀습니다. 특정 부분에서 불협화음이 나왔고, 연습이 자주 끊기자 갈등이 생겼습니다. 그래서 불협화음의 원인이 된 친구와 따로 대화해 보았고, 박자와 음이 자꾸 틀려서 본인도 속상한데 친구들이 눈치를 주는 것이 싫어서 일부러 엇박자를 내고 있다는 심정을 듣게 되었습니다. 그래서 친구의 연습을 도우며 올바른 박자와 음을 알려주고 어려움을 극복할 수 있도록 노력했습니다. 이와 함께 지휘자 친구와 다른 합창 단원과 이야기하면서 친구의 사정과 감정을 조금 배려하자고 제안했습니다. 그 결과 불협화음은 자연스럽게 사라지게 되었고, 아름다운 화음을 이루어내며 합창 활동을 즐겁게 마무리할 수 있었습니다. 그래서 합창에서 의사소통이 중요하다는 것을 깨달았습니다.

PART 4

03 기출 예상 질문 및 예시 답안

　자신이 생각하는 장래 희망의 이유, 목표, 그것이 가지는 개인적인 의미와 사회적인 의미, 장기적인 계획 등 말하고자 하는 내용을 최대한 많이 준비해야 한다. 그다음 그중에서 가장 매력적인 내용을 중심으로 다시 정리하여 자신의 면접 내용으로 확정을 지어야 한다. 또한, 장래 희망의 종류는 중요하지 않기 때문에 자신의 장래 희망에 대한 신념을 가지고 있어야 한다. 즉, 자신이 진정으로 원하는 장래 희망을 설정하고 자신이 그러한 직업과 직장을 가졌을 때의 모습을 상상하면서 그 분야의 전문가로서의 마음가짐을 가져야 하며, 현재 그 직업이 가지는 현상과 앞으로의 발전 과정 등과 같은 내용을 구체적으로 말하는 것이 중요하다.

3-1 공통 질문 및 진로 관련 질문

1

Q 빅 데이터가 왜 가장 효과적인 융합 기술이라고 생각하나요?

답변의 포인트

　빅 데이터에 대해 설명하면서 과학 잡지에서 본 정보나 현실 속 인터넷 쇼핑몰의 사례를 활용하고 빅 데이터와 관련된 지식과 관심이 현재 진행형이라는 점을 강조해야 한다. 실질적인 근거와 지식을 제시하여 교과서나 책에 멈추지 않고 적극적으로 현실의 모습을 탐구하는 탐구 정신을 드러내는 것이 좋다.

A 저는 빅 데이터를 이용해서 통계적인 수치를 내고, 이것을 이용해 상품 구매 등 여러 사람들의 행동 경향을 파악하는 기술이 빅 데이터와 사람들의 문화적인 측면을 융합한 것이라 생각합니다. 제가 읽은 과학 잡지에 따르면, 빅 데이터를 통해 벚꽃의 개화 시기를 관측했을 때 벚꽃의 개화 시기가 점점 빨라지고 있어서 지구 온난화가 우리 생활에 어떤 영향을 미치는지 알 수 있었고, 벚꽃 축제와 벚꽃 개화 시기가 일치하지 않아 많은 불편함이 있다는 것을 알게 되었습니다. 사회적인 측면으로는 사람들이 주로 어느 지역을 방문하는지 알 수 있었는데, 빅 데이터를 통해 사람들이 서울의 어느 곳을 많이 가는지 알면 새로운 사회적 흐름을 읽을 수 있습니다. 산업적인 영향으로는 빅 데이터를 이용한 새로운 마케팅을 들 수 있습니다. 예를 들어, ○○ 등의 인터넷 쇼핑몰 사업은 사람들의 구매 경향을 파악한 후 구매자들의 호감도와 소비 경향을 파악할 수 있어 빅 데이터를 가장 유용하게 활용할 수 있는 분야라고 생각합니다. 이렇게 빅 데이터를 통해 통계적인 수치뿐 아니라 문화적인 흐름도 파악할 수 있기 때문에 빅 데이터는 가장 효과적인 융합 기술이라고 생각합니다.

2

Q 환경 보호가 왜 필요한가요?

> **답변의 포인트**
>
> 빌 게이츠의 주장을 활용하여 관심 주제에 관한 배경지식의 수준을 드러내는 것이 좋다. 더 나아가 환경을 공동 자산으로 생각하여 환경을 보호해야 한다는 대안을 제시하고, 관심 분야에 대한 탐구 수준도 나타내야 한다.

A 빌 게이츠는 사회주의 국가가 되어야 한다며 자본주의 사회를 비판한 적이 있습니다. 이는 환경을 보호하기 위한 노력이 국가의 강제성 없이는 이루어질 수 없다는 지적이었습니다. 세계의 다른 부호들도 이를 지적하고 있는데 그 이유는 자본주의 시장의 한계점 때문입니다. 자본주의 시장은 보이지 않는 손에 의해 돌아가기 때문에 그 시장에 참여하는 사람은 도덕성 없이 자신의 이익을 챙길 수밖에 없습니다. 그러다 보니 환경을 자원으로 보고 자신의 이익을 위해 환경을 소모하게 됩니다. 이를 막기 위해서는 환경 보호가 절실하며, 그렇게 하지 않을 경우 자원이 모두 고갈될 것입니다. 환경은 자원이기도 하지만 미래 세대와의 공동 자산으로도 생각해야 합니다. 인류가 환경 보호에 대해 고려하지 않는다면 그 피해는 매우 클 것입니다. 따라서 환경 보호를 위한 노력은 계속되어야 한다고 생각합니다.

3

Q 남산 중앙에 김유신, 정약용, 김구 중 한 명의 동상을 세워야 한다면, 누구의 동상을 세워야 한다고 생각하나요?

> **답변의 포인트**
>
> '조선의 좌우합작은 민주 독립의 단계요.' 등을 통해 밑줄 친 '7원칙이' 좌우합작 7원칙임을 알 수 있다. 제시된 자료는 좌우합작 7원칙의 서문이다.
>
> ① 좌우합작위원회의 7원칙에는 좌우합작으로 민주주의의 임시정부 수립, 미·소 공동위원회의 속개를 요청하는 공동성명 발표, 토지개혁을 통하여 농민에게 토지 무상분배, 친일파 등을 처벌할 조례 제정의 촉구, 입법기구의 설치와 관련된 사항, 언론·집회·결사 등의 자유를 보장하는 등의 내용을 명시하고 있다.

A 저는 김유신, 정약용, 김구 세 위인 중에서 정약용이 가장 중요한 인물이며, 따라서 그분의 동상을 세워야 한다고 생각합니다. 정약용은 조선 후기의 대표적인 실학자입니다. 제가 그분에게서 배우고 싶은 점은 그분이 검소한 생활을 했다는 것과 긴 유배 기간에도 불구하고 『목민심서』 이외에 여러 훌륭한 책들을 써내었다는 것입니다. 그 책들은 모두 지방 관리들이 부정부패를 저지르지 않기 위해 어떻게 해야 하는지 기록한 것입니다. 저는 이것이 현대 사회에서 가장 중요한 문제라고 생각합니다. 오늘날 국가에서 일어나는 일들에 대한 불신이 많아지고 국민들의 삶이 어려워지고 있는데, 이를 해결하기 위해서는 정약용을 본받아야 한다고 생각합니다. 정약용은 실학자로서 백성들의 삶을 안정시키기 위한 기술과 물건을 개발했는데, 오늘날에도 이를 본받아 과학 기술을 개발해서 국민들에게 도움이 되도록 노력해야 한다고 생각합니다.

Q 자신이 썼던 사회 기사나 경제 기사에 대해 설명해 보세요.

답변의 포인트

미세 먼지에 관한 기사나 셰일 가스에 관한 기사 내용을 설명하며 긍정적인 면과 부정적인 면을 모두 고려한 기사를 작성하였다는 점을 드러내야 한다. 이를 통해 주제에 관한 다양하고 유연한 시각과 사고를 나타낼 수 있다.

A 인터넷 신문반 동아리에서 첫 번째로 썼던 기사는 미세 먼지가 우리 경제에 미치는 영향에 관한 것이었습니다. 미세 먼지가 부정적인 영향만 있을 것이라고 생각했지만 생각의 전환을 통해 일부 기업에게는 이익이 될 수 있다는 것을 알게 되었습니다. 마스크나 공기 청정기를 파는 회사의 판매량이 늘었고, 미세 먼지가 증가한 기간 동안 추가 이익을 얻을 수 있었습니다. 하지만 전체적 측면에서는 이익보다 피해가 더 컸습니다. 항공기 운행이 중단되고 시민들이 병에 걸릴 확률이 높아져서 불필요한 의료비가 지출되었습니다. 검증되지 않은 마스크나 공기 청정기를 사는 등 불필요한 지출로 인한 경제적 손실도 있었습니다. 또한, 물가 상승 과정, 셰일 가스에 관한 기사도 작성했습니다. 최근 50년 동안 두 번 정도의 물가 상승 때문에 석유 값이 불안정한 상태이고, 고갈되는 석유를 대체할 새로운 에너지를 찾으려는 노력을 기울이고 있다는 것을 알게 되었습니다. 그중 셰일 가스는 탄화수소가 많이 분포해 있는 셰일층이라는 퇴적암층에서 생산되는 가스로, 새로운 대체 에너지원으로 각광받고 있다고 합니다.

Q 장애인을 위한 시설에 과학적 원리를 적용한 사례를 설명해 보세요.

답변의 포인트

빗면의 원리를 이용한 경사로나 전자기 유도 방식을 적용한 횡단보도 안내 스피커의 원리 등에 대해 구체적으로 설명해서 과학 지식 수준을 드러내야 한다. 또한, 장애인을 위한 시설의 개선안을 제시하여 자신의 지식과 능력을 사회에 적용하려고 했던 시도와 당위성을 나타내야 한다.

A 장애인 편의 시설 중 과학적인 원리를 적용한 시설로는 빗면의 원리를 이용한 경사로가 있습니다. 빗면의 길이가 길어질수록 높이가 낮아지고, 높이가 낮아질수록 오르는 데 들어가는 힘이 줄어들기 때문에 장애인들은 계단 대신 경사로를 이용합니다. 저는 경사로를 만드는 소재의 재질이 돌이나 나무처럼 마찰이 큰 소재가 아니라면 비가 오거나 미끄러운 상황에서는 바퀴가 잘 굴러가지 않아 경사로가 별 소용이 없을 것이라고 생각했습니다. 그래서 보고서를 작성할 때 이러한 단점을 줄일 수 있는 소재를 사용해야 한다는 해결 방안을 제시했습니다. 또한, 전자기 유도 방식으로 만들어진 스피커를 제안했습니다. 횡단보도에서 장애인들이 버튼을 누르면 버튼에 전류가 흘러서 전류가 자기장을 유도하는 방식으로 소리가 나게 됩니다. 그래서 시각 장애인들이 안전하게 횡단보도를 건너갈 수 있습니다. 이러한 방식의 문제점은 시각 장애인이 버튼을 찾기 어렵다는 점과 일반인들이 장난으로 이 버튼을 누를 수 있다는 점입니다. 꼭 필요한 때에만 시각 장애인이 사용할 수 있도록 해야 할 것입니다. 그래서 저는 시각 장애인들에게 금속 장치를 나누어 주고 횡단보도 옆에 가면 자기장의 변화가 생겨 소리가 나도록 하는 방안을 제시했습니다.

6

Q TED 강의를 자주 들었다고 했는데, 가장 기억에 남는 강의는 어떤 강의인가요?

답변의 포인트

자신이 들었던 TED 강의 중 인상 깊었던 강의 내용을 요약하여 설명해야 한다. 강연자의 주장을 바탕으로 자신의 생각을 추가하여 비판적 접근 자세를 드러내는 것이 좋다.

A 저는 TED에서 사회적 이슈에 대한 강의를 들었습니다. 최근에 들은 강의는 대체 에너지가 과연 기존 에너지를 대체할 수 있을까에 관한 내용이었습니다. 화석 연료의 양은 줄어들고 있지만 사용량은 오히려 늘어나고 있고, 대부분의 국가가 경제 성장을 꾀하고 있는 상황에서 에너지 사용량이 더욱 늘어날 것이기 때문에 에너지 관련 문제가 심각하다고 설명했습니다. 저는 이것을 보면서 대체 에너지 개발도 중요하지만, 에너지에 대한 사람들의 인식을 먼저 바꾸어야 한다고 생각했습니다. 에너지의 사용량을 근본적으로 줄이지 않으면 지구 온난화를 막을 수 없어 결국 큰 피해를 입을 것입니다. 강의에서 연설자는 결론적으로 세 가지 방안을 제시했습니다. 첫 번째는 에너지의 사용량을 줄이고, 두 번째는 사람들이 자신의 에너지 소비량을 체크하게 하는 것입니다. 이를 통해 낭비되는 에너지의 양을 줄이고 근본적인 에너지 소비량을 줄일 수 있다고 했습니다. 마지막으로 대체 에너지를 개발하고 화석 연료의 사용량을 줄이는 것입니다. 화석 연료는 언젠가 고갈될 것이기 때문에 대체 에너지를 개발하는 것이 반드시 필요하다고 설명했습니다.

PART 4

7

Q 양성평등을 실현하기 위해 필요한 노력이 무엇이라고 생각하나요?

답변의 포인트

양성평등 문제를 남녀평등만으로 인식하지 않고 학력차에 따른 차별이 없어야 한다고 사고를 확장시켜야 한다. 특히 저학력자들이 상대적 피해를 당해서는 안 된다는 인식을 통해 사회적 이슈에 대한 넓은 시각을 나타내면 좋다.

A 고학력 여성들의 취업률이 높아진 사회가 양성평등이 더욱 구체적으로 실현된 사회라고 생각합니다. 또한, 이러한 현상이 다른 서학력자들에게는 좋은 자극제기 되어 더욱 분발해서 자신의 능력을 발휘할 수 있게 자극할 것입니다. 고학력자이든 저학력자이든 성별의 차별 없이 자신의 능력을 발휘할 수 있는 사회 구조가 이루어져야 한다고 생각하지만, 먼저 이러한 과정이 정당하게 이루어졌는지를 확인해야 할 것입니다. 고학력자가 부당한 절차로 여러 유리한 조건들을 얻은 것은 아닌지, 저학력자들의 권리를 빼앗은 것은 아닌지 등을 살펴보아야 합니다. 사회는 모든 사람을 수용할 수 있어야 합니다. 그렇기 때문에 더 나은 사회를 만들기 위해서는 저학력자들도 아무런 피해 없이 자신의 능력을 발휘할 수 있는 제도가 마련되어야 한다고 생각합니다.

Q 핵분열 기술과 같은 과학 기술의 발달이 인간 사회에 미친 영향은 무엇이라고 생각하나요?

> **답변의 포인트**
>
> 핵분열 기술의 긍정적인 면이나 부정적인 면만 답변하지 않고, 수소 에너지나 핵융합 에너지, 핵개발 규제와 같은 대안까지 제시하는 것이 좋다. 과학이나 기술적 측면만 고려하기보다 사회적·제도적 측면까지 고려하여 포괄적인 시각과 사고를 갖추고 있다는 점을 강조해야 한다.

A 저는 핵분열이 인류에게 긍정적인 영향도 주었지만 부정적인 영향도 끼쳤다고 생각합니다. 여러 차례의 핵분열 실험 때문에 자연환경은 큰 피해를 입었고, 여러 태평양 섬에 살던 원주민들이 이주해야 하는 경우도 있었습니다. 현재까지도 생명체의 정상적인 거주가 불가능할 정도로 방사능이 남아 있습니다. 이렇듯 핵분열 기술은 자연환경 파괴의 정도가 매우 심각한 기술입니다. 실제로 제2차 세계 대전에서 핵폭발을 인류 최초로 강행한 바가 있었고, 이로 인해 수십만 명의 사람들이 죽었습니다. 또한, 원전 사고도 여러 번 있었기 때문에 조심히 다루어야 하는 기술입니다. 하지만 현재로서는 핵분열 기술이 가장 발달되어 있고, 다른 에너지에 비해 전기를 효율적으로 생산하기 때문에 전기를 많이 사용하는 현 시대에 필요한 기술이라고 생각합니다. 이런 문제를 해결하기 위해서는 수소 에너지와 같은 새로운 대체 에너지를 개발해야 된다고 생각합니다. 그리고 핵융합 에너지처럼 방사능 걱정 없이 전기를 만드는 기술을 개발해야 합니다. 또한, 여러 가지 규제를 통해 원전 사고를 방지하고 핵폭탄 사용을 금지하고 있기 때문에 인류에게 도움이 되는 방향으로 핵분열 기술을 이용할 수 있을 것이라고 생각합니다.

Q ○○외고에서 학생들에게 환경 보호에 대한 연설을 한다면, 어떤 방식으로 설명할 것인가요?

> **답변의 포인트**
>
> 연설 방식이나 과정을 설명하며 논리적 사고력을 드러내야 한다. 도입부에서 관심을 유도하고 본론에서는 주장과 근거를 제시하여 설득력을 높이겠다는 전략은 논리적 말하기의 기본이다.

A 저는 일단 학생들의 이목을 끌기 위해 비유적인 방법으로 환경이 위험에 처해 있다는 사실을 알리겠습니다. 제가 읽은 한 책에 따르면, 환경 파괴가 도래한 현재의 인류 상태는 마치 냄비 속 개구리와 같아서 온도가 올라가는지도 모르고 있다가 결국에는 죽게 될 것이라고 합니다. 저는 이러한 도입부를 통해 환경이 위험에 처해 있다는 사실을 알리고, 그 뒤에는 사실적인 통계 수치나 다양한 환경 파괴의 문제점을 제시해 환경 파괴의 위험성을 알리겠습니다. 여기서 더 나아가 최악의 상태를 막고 환경을 보호하기 위해 학생들, 국가, 기업이 다양한 활동을 해야 한다는 것을 알리겠습니다.

Q 과학에서 중요한 것은 수요인가요, 창의성인가요?

답변의 포인트

창의성의 근거를 스티브 잡스의 아이폰과 다윈의 진화론 등의 다양한 사례를 들어서 설명해야 한다. 아이폰은 현실에 있어서 일어나고 있는 현재의 변화이고, 진화론은 과거의 변화이다. 이를 통해 시대를 관통한 사고와 시각을 나타내고, 자연 과학과 사회 과학을 아우르는 배경지식 수준을 드러내는 것이 좋다.

A 저는 과학 기술을 만들어 내기 위한 창의성이 사회에서 새로운 흐름을 이끈다고 생각합니다. 예를 들어, 스티브 잡스의 애플사가 개발한 '아이폰'과 혁신적인 디자인의 '맥북'이 있습니다. 과거에는 스마트폰이 10여 년 뒤에나 일반화될 것이라고 생각했지만, 스티브 잡스의 아이폰은 사람들의 예상보다 빠른 시기에 스마트폰 대중화를 앞당겼습니다. 아이폰을 개발한 이후에도 다른 회사들이 스마트폰을 개발하기 시작했고, 스마트폰이 일반화되면서 현재는 그 기술이 TV나 컴퓨터에도 적용되고 있습니다. 저는 스티브 잡스의 창의성이 결국 다른 사람들의 수요를 이끌었고, 결국 과학 기술의 발전을 이끌어 내었다고 생각합니다.

저는 다윈의 진화론 역시 새로운 다른 과학자들의 연구 활동을 자극했고, 결과적으로 진화론이 주요한 정설로 받아들여질 수 있는 계기가 되었다고 생각합니다. 처음에 사람들은 다윈의 진화론을 믿지 못했습니다. 원숭이가 사람으로 진화했다는 충격적인 이론을 받아들이지 못하고 다윈을 조롱했습니다. 하지만 이로 인해 다른 진화론을 연구하는 학자들이 많이 생겨났고, 현재는 진화론을 여러 생물 연구 체계에 적용해서 DNA의 일치 정도를 바탕으로 여러 가지 생물종의 계통을 규정하고 있습니다. 저는 다윈의 진화론이 결국에는 창의적인 아이디어를 통해 다른 사람들이 연구를 하고, 다른 분야로까지 발전할 수 있는 계기를 마련했다고 생각합니다.

Q 지금까지 배운 과학 이론 중 가장 중요하다고 생각하는 이론은 무엇인가요?

답변의 포인트

답변에 활용할 심화된 과학 이론에 대해 정확하게 답변해야 한다. 예를 들어, 특수 상대성 이론으로 우주의 여러 현상을 설명할 수 있다는 점을 언급하며 자연 과학적 지식을 적용한 확장적 사고를 드러낼 수 있다.

A 특수 상대성 이론이 가장 중요한 이론이라고 생각합니다. 기존의 뉴턴 역학과는 다르게 빛의 속도가 일정하다고 규정하며, 심지어 시간과 공간이 서로 상대적이라는 뉴턴의 법칙과는 다른 새로운 이론입니다. 처음에는 상대성 이론이 아인슈타인이라는 한 명의 학자가 정립한 창의적인 의견이라고 과학자들은 받아들였지만, 후에 여러 가지 증거를 바탕으로 이 이론이 사실이라는 것이 밝혀졌습니다. 이 이론을 통해 빛의 속도는 일정하며 관찰자의 상태에 따라 시간은 상대적으로 흐르기 때문에 지구뿐만 아니라 우주의 여러 현상에 대해서도 설명할 수 있는 근간이 되었다고 생각합니다.

Q 엔트로피 법칙에 대해 설명해 보세요.

답변의 포인트

『엔트로피』라는 책을 읽은 경험을 제시하고 엔트로피 법칙과 냉장고의 원리를 설명하여 자연 과학적 지식 수준을 드러내는 것이 좋다. 그리고 이론을 적용한 사례를 통해 자신이 알고 있는 지식을 활용하는 능력도 나타내야 한다.

A 저는 『엔트로피』라는 책을 읽고 엔트로피의 법칙에 대해 알게 되었습니다. 엔트로피의 법칙은 에너지의 양이 항상 정해져 있어 어떠한 힘을 가했을 때 에너지가 없어지거나 새롭게 생겨나지 않는다는 것입니다. 또한, 시간이 지날수록 무질서함의 양이 증가한다는 법칙에 따라 이를 설명했습니다. 이를 적용한 냉장고의 원리는 다음과 같습니다. 냉장고에서는 온도를 낮추기 위해 냉매를 이용해 물체에서 나오는 열을 빼앗습니다. 엔트로피 법칙에 의하면, 온도가 높아지는 공간이 분명 있습니다. 온도가 높을 때 열을 밖으로 배출하는 것이 실외기입니다. 실외기가 방에 있다면 온도는 차가움과 따뜻함이 공존하기 때문에 변하지 않겠지만, 냉장고를 계속 가동한다면 결국에는 과열로 인해 냉장고가 뜨거워질 것이므로 방 안의 온도가 올라갈 것입니다. 만약 냉장고의 문이 열려 있고 실외기가 바깥에 있다면, 바깥의 온도는 높아지고 냉장고의 온도는 낮아질 것입니다. 냉장고가 있는 방에는 단열재가 있고 차가운 공기가 나오기 때문에 결국에는 온도가 내려갈 것이라고 생각합니다.

13

Q 과학 기술자에게 필요한 것은 무엇이라고 생각하나요?

답변의 포인트

프리츠 하버나 노벨과 같은 인물의 일화를 근거로 제시하여 자연 과학 분야에 대한 배경지식 수준을 나타내면 좋다. 그리고 두 사람의 차이점을 비교하면 주장에 설득력이 강화될 것이다.

A 과학 기술자는 과학 기술을 개발하면서도 사회적인 책임을 지면서 인류에 공헌을 하기 위해 노력해야 한다고 생각합니다. 대표적인 예로 '프리츠 하버'라는 독일의 과학자가 있습니다. 그는 질소와 산소를 대량으로 생산해서 결합할 수 있는 암모니아를 이용한 비료를 만들었습니다. 비료를 이용해 농업 생산량을 크게 늘릴 수 있었고, 노벨상을 수상하기도 했습니다. 하지만 그의 업적은 이후의 행적으로 인해 물거품이 되었다고 생각합니다. 그는 1차 세계 대전 당시 질소를 이용해 독가스를 만드는 일에 참여했습니다. 결국 과학자로서 인류를 지킬 수 없었고, 자신의 과학 기술을 악용해서 많은 사람들의 목숨을 빼앗았습니다. 저는 과학자가 인류에게 도움이 될 수 있는 방향으로 과학 기술을 개발해야 한다고 생각합니다. '노벨'은 다이너마이트를 만들어서 많은 힘을 들이지 않고도 광산을 파서 광물을 캘 수 있게 했습니다. 하지만 다이너마이트로 인해 주위의 많은 사람들이 피해를 입어 죄책감을 느꼈다고 합니다. 그 이후 그는 유언에서 자신의 재산을 기부해 인류의 발전에 기여한 사람들에게 상금을 주도록 했습니다. 하버와 달리, 노벨처럼 자신의 행동에 책임을 지고 인류에 도움을 주기 위해 자신을 성찰하는 과학자가 되어야 한다고 생각합니다.

14

Q 왜 우리 사회가 심리학자를 요구하는 사회가 되었다고 생각하나요?

답변의 포인트

현대 사회 사람들의 심리학적 병리 현상에 대한 배경과 원인, 결과를 논리적으로 설명해야 한다. 개인적 성공이나 관심이 아니라 사람들에게 정신적으로 도움을 주는 사회적 효과를 제시하여 현실적이고 적극적인 탐구 자세를 드러내는 것이 좋다.

A 요즘 사람들은 예전에 비해 다른 사람들과의 교류가 줄고, 이웃에 대한 정과 관심도 줄었다고 생각합니다. 따라서 독서노인처럼 혼자 사는 사람들이 많아지고, 여러 사람들이 혼자 살 수 있다고 생각하면서 싱글 라이프를 선택하는 사람들이 많아졌습니다. 그러나 다른 사람들과의 교류가 줄어들어 진정한 친구를 얻지 못하는 사람이 생겨나고, 혼자 모든 것을 해내야 한다는 압박감 때문에 불안해하며 자존감이 낮아져 우울증이나 강박증 같은 정신 질환을 앓는 사람들이 점점 늘어나고 있다는 것이 문제입니다. 심리학이 심리를 연구하는 학문인 만큼 이러한 사람들에게 더 나은 환경을 만들어 줄 수 있다고 생각하기 때문에, 심리학에 대한 심도 있는 연구가 필요해졌다고 생각합니다.

15

Q 우리나라가 글로벌 리더가 되려면 어떤 준비를 해야 한다고 생각하나요?

답변의 포인트

국가와 역사적 정체성은 글로벌 리더의 중요한 자질이라는 점을 인식하고 있다는 것을 강조해야 한다. 또한, 한국사 수능 필수화나 외국인에게 우리나라를 알리는 사례와 같은 구체적 근거를 들어 답변의 설득력을 높여야 한다.

A 언어적 능력도 중요하지만, 먼저 우리나라에 대한 자부심과 지식이 있어야 한다고 생각합니다. 우리나라를 대표하는 글로벌 리더인 만큼 우리나라의 문화, 역사에 대해 어느 누가 물어보더라도 대답을 할 수 있어야 합니다. 그래서 한국사 시험을 수능에 포함시키는 것이 바람직하다고 생각합니다. 이에 따라 모든 학생들이 한국에 대해 조금 더 관심을 갖고 기본적인 지식을 습득하면, 나중에 언어적인 능력과 지식을 바탕으로 글로벌 리더가 되었을 때 우리나라를 진정으로 대표할 수 있는 사람이 될 것이라 생각합니다. 예를 들어, 제가 외국에 가면 외국인들이 제가 온 나라에 대해 궁금해할 것인데, 그들이 묻는 질문에 대해 답을 하지 못한다면 우리나라에 대한 자부심이 없다고 의심을 할 것입니다. 그것이 우리나라의 이미지를 악화시키는 원인이 될 수 있기 때문에 우리나라에 대한 자부심과 지식이 중요하다고 생각합니다.

16

Q 진정한 봉사란 무엇이라고 생각하나요?

답변의 포인트

자신의 진로와 관련된 봉사 활동을 제시하며 봉사의 의미와 봉사에 대한 가치관을 소개해야 한다. 예를 들어, 외국인들을 대상으로 하는 문화 해설 봉사를 통해 영어 실력을 드러내고, 우리 문화를 알렸다는 보람을 나타낼 수 있다.

A 진정한 봉사는 기꺼이 자신의 것을 나누면서 행복과 성취감을 느낄 수 있는 것이라 생각합니다. 저는 교회에서 어른들이 예배하는 동안 아이들을 돌보는 베이비시터 봉사를 하고 있습니다. 아이들이 울면서 엄마를 찾을 때 힘들기도 하지만, 저를 만났을 때 아이들이 반가워하는 것을 보면서 행복감과 성취감을 느낍니다. 일을 하면서 제 시간을 소비해야 하고 힘들 때도 있지만 저는 이 경험이 제 꿈인 아동 심리 치료사에 도움이 될 것이라 생각합니다. 이렇게 봉사를 하면 봉사의 참된 가치인 행복과 성취감을 느낄 수 있다고 생각합니다. 또한, 저는 외국인에게 우리나라의 문화에 대해 설명하는 활동도 하고 있습니다. 격주로 경복궁이나 서대문 형무소에 가서 외국인에게 제가 알고 있는 지식을 알려 주는 것입니다. 설명을 하려면 정말 많은 준비가 필요하고 저 스스로 역사에 대해 공부해야 하지만, 이러한 봉사 활동을 통해 우리나라의 문화에 대해 알릴 수 있어 뿌듯하고 행복을 느낄 수 있습니다.

17

Q 추석 같은 명절에 놀러 가는 사람들이 요즘 많아졌는데, 어떻게 생각하나요?

> **답변의 포인트**
>
> 가치에 관한 질문에 대해 자신의 생각을 논리 정연하게 답변해야 한다. 명절 때 여성들의 가사 부담과 스트레스가 증가한다는 근거와 명절 준비를 회피하기 위해 나타난 부정적 사례를 들어 자신의 주장을 뒷받침하고, 시사적 배경지식 수준을 드러낼 수 있다.

A 사람들이 추석 같은 명절에 콘도나 별장에 놀러 가는 것이 나쁘지 않다고 생각합니다. 우리 가족은 추석이나 설날은 모든 가족이 기분 좋게 즐길 수 있는 날이라고 생각합니다. 그래서 굳이 제사를 지내지 않고 가족들끼리 맛있는 음식을 먹으러 가거나, 놀러 가는 것을 좋아합니다. 저는 이러한 변화가 바람직한 방향으로 변모한 것이라고 생각합니다. 왜냐하면 보통 추석 같은 명절에 어머니를 포함한 여성들이 요리를 하거나 집안일을 도맡아 하면서 많은 스트레스를 받기 때문입니다. 심지어 요즘에는 그런 일을 하지 않기 위해 임신했다고 거짓말을 하거나 깁스를 하는 사람들도 많다고 들었습니다. 차라리 다른 방식으로 명절을 즐겁게 보내는 것이 바람직하다고 생각합니다.

18

Q 자신이 다닌 중학교의 좋은 점을 두 가지 말해 보세요.

> **답변의 포인트**
>
> 지역 주민과 학교 사이의 갈등을 원만히 해결하는 과정과 학교가 긍정적으로 운영되었다는 이야기를 통해 사회적 협력을 중요하게 생각하는 가치관을 나타낼 수 있다. 그리고 중학교의 수업 형태를 통해 자기주도적이고 창의적인 학습 환경에서 공부하였다는 점을 드러낼 수 있다.

A 첫 번째로, 우리 학교에서 특별한 것은 체육관입니다. 체육관을 짓는 과정에서 이웃 주민들과 정말 많은 갈등이 있었고, 반대 의견 때문에 체육관이 지어지지 못한 채 1년 동안 터만 남아 있을 정도로 분쟁이 심했습니다. 하지만 교장 선생님께서 이웃 주민들을 설득해서 체육관을 설립하게 되었습니다. 그 후에 이웃 주민들도 체육관을 사용할 수 있게 해서 많은 사람들이 운동을 하는 등 여러 활동을 하는 데 도움을 주고 있기 때문에 체육관은 우리 학교의 장점이라고 생각합니다. 두 번째로, '거꾸로 교실'을 운영하고 있습니다. 거꾸로 교실은 컴퓨터 영상을 통해 선생님께서 수업하시는 내용을 예습한 다음 자신이 부족하다고 생각하는 것과 궁금한 것을 학교에 와서 질문해 효율적으로 공부할 수 있게 하는 방법입니다. 이를 통해 학생들의 성적이 많이 향상되었다고 들었습니다. 이 방식은 다른 학교에서 시행하고 있지 않은 방식이기 때문에 우리 학교만의 특색이라고 생각합니다.

Q 자신을 뽑아야 하는 세 가지 이유를 설명해 보세요.

답변의 포인트

학습 과정이나 학교의 특성, 교육 목표를 파악하고 그것에 맞추어 적합한 노력을 해 온 인재라는 점을 나타내야 한다. 특히 이유만 제시하지 않고 뒷받침하는 사례나 근거를 제시하여 논리적 사고력이 뛰어나다는 점을 드러내야 한다.

A 먼저, 저는 ○○외고에 들어가기 위해 스스로 저만의 수학과 영어를 공부하는 방법을 터득했습니다. 제 스스로 노트를 정리하는 방법을 만들었고, 만약 이해가 되지 않을 때는 화이트보드나 마인드맵을 이용해 스스로 이해하는 방법을 터득했기 때문에 ○○외고에 입학한다면 프로젝트 활동이나 여러 가지 심화 공부를 할 때 도움이 될 수 있을 것이라 생각합니다. 두 번째로, ○○ 외고가 기숙사 학교인 만큼 친구들 간의 갈등 관리 능력이나 자기 관리 능력이 필요합니다. 저는 평소에 제 방을 스스로 치우고, 매일 학습 계획을 세워서 자기주도적으로 공부하는 습관을 갖고 있습니다. 그만큼 제 스스로를 잘 통제하기 때문에 기숙사 생활을 잘 할 수 있을 것이라고 생각합니다. 갈등 관리 능력에서는 친구들과 거의 싸우지 않으려고 하고, 갈등을 피하기보다 갈등을 마주하는 것을 좋아하는 편입니다. 예를 들어, 친구와 어떤 문제에 대해 다툼이 있었는데 갈등을 피하지 않고, 그 친구에게 저의 견해를 침착하게 말한 다음 친구를 설득해서 갈등을 원만하게 해결했습니다. 이러한 갈등 해결 능력은 ○○외고에서 학교생활을 할 때 필요한 자질이라고 생각합니다. 그리고 마지막으로 ○○외고는 학생들이 글로벌 인재와 사회에 기여를 할 수 있는 사람이 되도록 교육합니다. 저는 다문화 봉사 활동을 비롯한 다양한 재능 기부를 했고, 입학 후에도 이러한 활동을 지속적으로 할 것입니다.

Q 남녀평등에 대해 어떻게 생각하나요?

답변의 포인트

남녀평등을 위해 여성들이 자신의 역할과 노력을 증명해야 한다는 주장을 하면서 육군 사관 학교나 공군 사관 학교에서 여성들이 체력 부문에서 1등을 한 사례를 근거로 제시하며 주장의 설득력을 강화하는 것이 좋다. 이를 통해 시사적 관심과 진취적 자세를 드러낼 수 있다.

A 저는 요즘 여자아이들이 남녀평등을 주장하면서도 실질적으로 어떤 일이 닥쳤을 때 자신들이 할 수 없을 것이라고 생각하는 것을 많이 볼 수 있었습니다. 남녀평등이 이루어지기 위해서는 여자들이 스스로 자신들이 남자만큼 할 수 있다는 것을 증명해야 한다고 생각합니다. 예전에는 육군 사관 학교와 공군 사관 학교 체력 부문에서 여자들이 남자들보다 뒤처져 있어 항상 남자들이 1등을 했는데, 몇년 전부터는 체력적 한계를 극복하고 여자가 1등을 했다는 소식을 들었습니다. 이렇게 여자들이 자신들은 못할 것이라고 생각하는 분야에 더 도전을 하고, 자신감이 있는 분야를 더 개선하면서 진정한 남녀평등을 이루어 나갈 수 있을 것이라고 생각합니다.

21

Q 장애인을 위한 편의 시설에 대해 설명해 보세요.

답변의 포인트

장애인을 위한 시설을 조사하면서 경험적 검증을 하고, 탐구 보고서 작성을 통해 심화된 탐구를 진행하였다는 점을 강조하는 것이 좋다.

A 우리 학교에서 과학 탐구 토론 대회가 열렸는데, 장애인을 위한 편의 시설이 어떻게 이루어져 있고, 문제점이 있다면 어떻게 고칠 수 있는지에 대한 것이었습니다. 실제로 장애인 편의 시설이 어떻게 이루어져 있는지 알아보기 위해 은행, 학교, 공공 도서관에서 휠체어를 타고 체험을 해 보았습니다. 그 결과 장애인이 사용하는 화장실은 너무 좁고, 은행 시설은 키가 작은 사람에게는 어느 특정 부위에 손이 닿지 않는 경우가 있다는 것을 알게 되었습니다. 그래서 해결 방안으로 화장실의 넓이를 좀 더 넓게 하고, 육교에 휠체어를 타고 오를 수 있도록 빗면을 설치할 것 등의 여러 가지 해결 방안을 제시한 탐구 보고서를 작성했습니다.

PART 4

22

Q 독서 수행 평가에서 했던 주제, '진정한 영웅은 누구인가?'에 대해 설명해 보세요.

답변의 포인트

영웅은 자신을 낮출 줄 아는 사람이라는 주장을 처음과 끝에 배치한 양괄식 구조로 답변하는 것이 효과적이다. 「아이언맨」과 「어벤저스」라는 영화의 사례를 제시하며 주장의 설득력을 강화할 수 있다. 흥미 위주의 오락 영화 주인공이지만 오만함을 버리고 팀을 위해 협력하는 모습을 보이는 캐릭터이므로 적절한 근거이다.

A '진정한 영웅은 누구인가?'라는 주제에 대해 저는 '자신을 낮출 수 있는 사람'이라고 답했습니다. 그 이유는 자신이 다른 사람을 도울 수 있다고 해서 교만함이나 오만함을 갖는다면 그 사람은 다른 사람에게 진정한 영웅으로 보이지 않을 것이라고 생각하기 때문입니다. 예를 들어, '아이언맨'은 천재적인 과학자로 오만한 모습을 보였는데, '어벤저스'에 들어가게 되면서 다른 사람과의 관계를 통해 성격을 바꾸고 인류를 위해 자신을 희생하는 모습을 보였습니다. 영웅은 자신의 능력을 통해 자기 자신을 낮추고 모든 사람과 발맞추어 가면서 사람들에게 도움을 주는 사람이라고 생각하기 때문에 진정한 영웅은 '자신을 낮출 줄 아는 사람'이라고 이야기했습니다.

23

Q 자신을 나타낼 수 있는 사자성어가 있다면 설명해 보세요.

답변의 포인트

동아리를 성공적으로 이끌고, 시에서 주관하는 대전에 나갔다는 여러 사례를 활용하여 추진력과 문제 해결 능력이 우수하다는 점을 드러낼 수 있다.

A 중학교 3년 동안 저의 학교생활과 평소 태도를 종합해서 제 자신을 나타낼 수 있는 사자성어는 '결자해지(結者解之)'라고 생각합니다. 스스로 벌인 일은 스스로가 해결해야 한다는 뜻입니다. 저는 처음 중학교에 입학했을 때 동아리에 대한 욕심이 굉장히 컸고, 동급생이나 선후배와 함께 하면 더 큰 시너지 효과를 발휘해 저에게 큰 도움을 줄 것이라 생각했습니다. 이에 시사 토론, 독서 토론, 영어 토론, 게다가 도서관 관리 동아리까지 총 4개의 동아리 부장을 맡았습니다. 정말 매일이 동아리 계획의 연속이었고 활동을 준비할 때마다 자료 조사 때문에 번거로운 일이 몹시 많았습니다. 그러나 저는 1년 동안 이런 동아리들을 문제없이 잘 이끌었고, 교장 선생님께 다른 학우들에게 본보기가 되었다는 칭찬도 받으며 굉장한 뿌듯함을 느꼈습니다. 그리고 시에서 주관하는 독서 대전 행사에 참여해서 당당히 제 이름을 걸고 부스를 운영하면서, 찾아오는 시민들께 제가 읽은 책에 대해 소개해 주었습니다. 예를 들면, 우리나라 교육 현실을 비판하는 책, 또 밥상머리 교육의 중요성에 대해 다시 상기시켜 주는 「숟가락 교육법」과 같은 직접 쓴 에세이를 소개하면서 성공적으로 부스 운영을 마무리했습니다.

24

Q 미래 설계부 부장으로서 자신의 미래를 어떻게 설계하였나요?

답변의 포인트

학교에서 최초로 개설된 자율 동아리라는 점을 강조하여, 자주적으로 미래를 고민하며 설계하려는 시도를 하였다는 점을 통해 주체성을 드러낼 수 있다. 특히 진로에 대해 추상적으로 접근하고 고민하는 것이 아니라 진지한 고민을 하였다는 경험을 나타내는 것이 좋다.

A 미래 설계부는 우리 학교에서 자율 동아리를 기획하고 지원을 받아 만들어진 최초의 동아리입니다. 미래에 대해 탐구하고, 고등학교 진학을 포함한 인생의 전체적인 진로에 대해 진지한 고민을 하고 싶은 친구들이 모인 동아리였습니다. 첫 번째 활동으로 청소년 연맹 동아리에서 주최한 청소년 동아리 전시회에 참가해 다른 동아리에서는 어떻게 동아리를 운영하고, 그들의 꿈을 이루기 위해 어떤 활동을 하고 있는지 배울 수 있었습니다. 이 첫 번째 활동을 통해 각자 자신의 장래 희망을 생각하고 서로의 생각에 대해 조언을 주고받는 기회를 가질 수 있었습니다. 서로 꿈을 가지게 된 배경이나 직접적인 동기가 무엇인지 이야기를 나누면서 정말 하고 싶은 일인지, 직업의 특성에 이끌린 것인지 아니면 부모님 때문인지 생각해 볼 수 있었습니다. 이를 통해 주체적이고 자주적으로 미래를 설계하는 법을 배울 수 있었습니다.

Q 종교적 가치와 사회의 가치가 충돌할 경우, 어떤 선택을 해야 한다고 생각하나요?

답변의 포인트

다문화 센터에서 봉사 활동을 한 경험을 활용하여 종교적 가치와 사회의 가치가 충돌할 경우에 대해 논리적으로 답변할 수 있다. 특히 초코파이와 같은 사례를 활용해서 국제적 이슈에 대한 관심과 지식 수준을 드러내면 좋다.

A 다문화 센터에서 중국계 이주민들과 필리핀 친구들을 가르치면서 그들의 사고가 우리와는 다른 점이 많아 충돌이 있을 수 있다고 생각했습니다. 개인의 가치와 사회적 통념이 부딪히는 경우는 사소한 일상뿐만 아니라 경제적인 측면에서도 찾아볼 수 있습니다. 대표적으로, 우리나라 상품 중 하나인 초코파이가 외국에 수출되어 굉장히 큰 인기를 끌고 있다고 들었습니다. 이슬람에도 초코파이가 수입되었는데, 초코파이의 마시멜로가 돼지 기름으로 만들어졌다는 소식에 초코파이의 수입을 금지했다는 뉴스를 듣게 되었습니다. 이 얘기를 듣고 나서 처음에는 의아했지만 돼지 기름을 먹는 것이 종교적 이념에 대립되는 것이기 때문에 이해할 수 있다는 결론에 도달했습니다. 어느 한쪽의 가치만 강조하지 말고 상대방의 가치를 고려해서 합리적인 선택을 해야 한다고 생각합니다.

Q 중세 영국의 방역 체계와 현재 우리나라의 방역 체계에 대해 설명해 보세요.

답변의 포인트

영국인 사회 선생님과 공동 프로젝트를 진행하는 과정을 사례로 제시하며 영어 실력과 비교 연구를 통한 논리적 탐구 능력을 드러낼 수 있다. 그리고 코로나19 사태의 정부 대처에 대해 비판적으로 접근하고, 과거의 사례를 참고해서 구체적인 방안이 필요하다는 대안을 제시하는 것이 좋다.

A 저는 프로젝트에서 영국인 사회 선생님을 모시고 중세 영국과 조선 시대의 전염병 대처 방안을 비교하는 프레젠테이션을 진행했습니다. 중세 영국은 전염병이 발발하면 감염자의 시체를 한데 모아 땅에 묻어 처리했고, 그 시체에서 흘러나온 체액이 땅에 흡수되어 전염병 확산을 촉진시켰다는 사실을 알게 되었습니다. 그 밖에는 전염병이 발발한 장소를 원천 봉쇄해서 물자나 사람의 출입을 금지시켜 전염병의 확산을 막는 방안도 있었습니다. 하지만 이는 감염되지 않은 사람들도 그 안에 갇혀 그 지역 주민이 모두 전염병에 걸리는 결과를 낳기도 했습니다. 반면에 조선의 대처 방안 중에는 시체 민간요법이 있었습니다. 시체를 길바닥에 버려두면 귀신이 무서워서 못 온다는 것이었습니다. 전갈의 똥을 먹으면 면역력이 급격히 강화되어 전염병에 걸리지 않는다는 민간요법도 있었습니다. 중세 영국과 조선 시대에 사람들이 전염병에 대해 어떤 생각을 하고 있었으며, 전염병에 대처하기 위해 어떤 일들을 했는지 알아보면서 과거의 코로나19 사태에 대해서도 생각해 볼 수 있었습니다. 정부에서는 코로나19 감염 환자나 밀착 접촉자들을 자가격리시켜 놓고 코로나19의 확산을 막기 위한 구체적인 방안은 정작 제시하지 못했습니다. 이를 통해 저는 더 확실하고 구체적인 방안을 세워야 한다고 생각했습니다. 그래서 과거의 선조들은 어떤 생각을 했는지 역사를 돌아보아야 한다는 결론을 내렸습니다.

Q 다원주의 국가가 되기 위해 어떤 준비가 필요하다고 생각하나요?

답변의 포인트

다문화주의와 동화주의를 캐나다와 중국을 예로 들어서 적절하게 설명할 수 있다. 더 나아가 우리나라의 다문화 정책에 변화가 필요하다는 점을 지적하고 비영리 단체의 사회적 노력이 필요하다는 대안을 제시하여 시사적 이슈에 관한 논리적 사고를 드러내는 것이 좋다.

A 다원주의 국가라는 이론을 접했을 때 다문화주의와 논리가 비슷하다고 생각했습니다. 개인의 행복을 최우선으로 생각하는 점에서 비슷하다는 느낌을 받았습니다. 다문화적인 측면에서 다원주의를 잘 실현하고 있는 나라로는 캐나다가 있습니다. 캐나다에는 수많은 소수 민족이 있으며, 다양성을 인정하고 있습니다. 대표적인 예로, 이누이트의 언어를 보존하기 위한 학교를 설립한 경우가 있습니다. 그와는 대조적으로 중국은 소수 민족을 중국이라는 국가 아래 하나로 묶으려는 태도를 보였습니다. 한국은 아직 이주민이나 외국인을 적극적으로 수용하려는 태도를 보이지 않고 있습니다. 한국이 다원주의 국가가 되려면 고유한 문화에 대한 새로운 인식뿐만 아니라 주체적으로 변화를 수용할 수 있는 태도가 필요하다고 생각합니다. 또한, 정책적인 부분뿐만 아니라 비영리 단체에서의 사회적인 노력이 필요하다고 생각합니다.

Q 신문을 발간하였다고 했는데, 어떤 방식으로 기사를 썼나요?

답변의 포인트

교내 신문을 제작하고 기사를 작성하는 과정에서 균형 잡힌 인식과 리더십을 통해 조직을 이끌었다는 점을 부각시키고, 시사와 관련된 다양한 주제를 기사문으로 다루며 논리적 표현력을 드러낼 수 있었다.

A 기사의 기승전결, 육하원칙을 준수했습니다. 신문이기 때문에 시사적인 부분을 담아야 했지만, 교내 신문인 만큼 학생들의 관심을 끄는 것도 중요했기 때문에 이 두 가지를 절충하고자 노력했습니다. 갑을 논쟁, 동성 결혼 합법화, 1인 경제 체제, 다이어트 탄산음료, 그룹 발표 활동과 학업 향상의 연관성, 한국 교육에 대한 시선 등을 주제로 기사를 작성했습니다. 기억에 가장 남는 것은 갑을 논쟁입니다. 단순히 옳고 그름을 따지기보다 좀 더 시사적이고 인도주의적인 관점에서 사건을 바라보게 되었습니다. 그리고 저는 실천의 중요성을 말하는 칼럼을 싣기도 했습니다. 이렇게 많은 일을 하면서 조원들의 의견을 조율하고 맡은 일을 책임지고 수행하며, 글을 논리 정연하게 정리하는 능력까지 터득하게 되었습니다.

Q 공익 변호사의 자질을 갖추기 위해 가장 필요한 과목이 무엇이라고 생각하며, 그 과목을 어떤 방식으로 숙달할 것인지 구체적으로 설명해 보세요.

답변의 포인트

이주민의 법률적 상담을 하는 분야를 제시하며 진로 탐색의 깊이를 드러낼 수 있다. 사회의 여러 가지 현상과 문제를 이해하기 위해 사회 과목을 열심히 공부하였다는 점을 근거로 제시하여 설득력을 강화할 수 있다.

A 변호사가 되기 위해서는 기본적인 교과 실력도 필요하고, 사회 전반적인 흐름을 알 수 있는 통찰력과 도덕성도 필요하지만, 변호사의 자질을 갖추기에 가장 적합한 과목은 사회라고 생각합니다. 이주민 변호사는 이주민에 대한 변호를 주요 업무로 하기 때문에 법과 정치 내용을 포함하고 있는 사회 교과를 우선해서 공부해야 여러 가지 다양한 사건들을 해결할 수 있을 것이라고 생각합니다. 예를 들어, 이주민의 경우 근로 계약서로 어려움을 겪는 경우가 많은데 사회 시간에 배우는 기본적인 인권 조례 등이 변호사로서 이 문제를 해결하는 데 도움이 될 것이라 생각합니다.

Q 고등학교에 입학해 1학년 1학기 때 시험을 보고 나서 하위권의 성적을 받게 된다면, 어떤 방식으로 극복할 것인지 구체적으로 설명해 보세요.

답변의 포인트

하위권 성적을 받는다는 가정은 실패나 역경을 겪을 때 어떻게 극복할 수 있는지를 묻는 것이다. 질문자의 의도를 정확히 파악하여 좌절하지 않고 선생님과 친구들의 도움과 협력을 통해 이겨 낼 수 있다고 답변하는 것이 좋다. 이를 통해 자존감과 극복 의지가 강하다는 점을 드러낼 수 있다.

A 전국 각지에서 뛰어난 학생들이 모이는 곳이기 때문에 제가 중학교에서처럼 우수한 성적을 받기 쉽지 않을 것이라고 생각합니다. 그래서 처음 중간고사를 보고 낮은 점수가 나온다고 하더라도 좌절하지 않을 것입니다. 저의 발전의 가장 큰 원동력이 되는 것은 자긍심이기 때문에 더 힘을 낼 것입니다. 많은 친구들이 이미 선행 학습을 했기 때문에 저도 그에 맞게 공부해야 한다고 생각합니다. 선생님들께 질문을 많이 해서 첫 시험에서 맞추지 못했던 문제의 유형을 파악할 것입니다. 또한, 기숙사에서 친구와 함께 이야기하면서 심리적으로 위안을 얻고 싶습니다. 이런 식으로 저는 좌절하지 않고 다음에 더 높은 성적을 받기 위해 노력할 것입니다.

Q 가장 최근에 읽은 책에 대해 소개해 보세요.

> **답변의 포인트**
>
> 수행 평가를 위해 도서관을 갔다는 점을 통해 적극적 탐구 자세를 드러낼 수 있다. 더 나아가 요리와 문학을 접목한 책을 통해 사회적 관심과 인간관계에 관한 바람직한 가치관을 나타낼 수 있다.

A 얼마 전 국어 수행 평가를 위해 도서관에 다녀온 적이 있었습니다. 거기서 『딸에게 주는 레시피』라는 책을 읽었습니다. 이 책은 지루하고 반복적인 삶을 사느라 지칠 대로 지친 딸에게 엄마가 주는 소소하지만 진심이 담긴 응원과 함께 간단한 요리법을 소개하는 책입니다. 이 책은 다른 요리 책처럼 구체적인 요리법을 소개하지 않아 지루하지 않으며, 요리와 함께 인생 이야기를 풀어 나가기 때문에 자칫 평범할 수 있는 이야기가 신선하게 느껴집니다. 요즘 유명한 셰프들이 인기를 얻고 요리 프로그램이 많은 것처럼 사람들이 요리에 관심을 가지고 있습니다. 문학 작품에 요리를 접목시켜 인생 이야기를 한다는 점이 저에게는 큰 매력으로 다가왔고, 책을 읽고 나서 많은 교훈을 얻을 수 있었습니다. 이 책이 특별한 이유는 지금껏 보지 못했던 요리와 문학을 결합했다는 점 때문입니다. 요리 책이 아님에도 간단한 요리법을 소개하고 있고 인생 이야기, 사람 간의 관계, 감정을 제어하는 방법 등의 메시지를 어머니가 딸에게 위로하는 형식으로 전달하기 때문에 사람들에게 더 큰 호응을 얻을 수 있다고 생각합니다.

Q 악법도 법이라고 생각하나요?

> **답변의 포인트**
>
> 법에 대한 교과서적 정의와 대통령에게 모든 권한을 부여하는 악법(박정희 정권의 긴급 조치)을 사례로 제시하며 사회와 역사 과목에 대한 지식 수준을 드러낼 수 있다.

A 사람들의 다양한 의견과 욕구 때문에 생겨나는 분쟁이나 갈등을 해결하기 위한 기준이 필요하므로 강제성이 있는 법이 생겨난 것입니다. 그래서 법을 지키지 않으면 처벌을 받게 됩니다. 악법을 법으로 인정하면 악법을 악용해 비도덕적인 행위를 합법적인 행위로 둔갑시키고 사람들에게 피해를 주는 일이 있게 될 것입니다. 또한, 악법을 지키지 않았다는 이유로 무고한 사람들이 피해를 입게 될 것입니다. 예를 들어, 대통령이 모든 권한을 독점하는 법을 제정한다면 대통령은 이를 악용해 국민의 사생활과 개인의 권리를 침해할 수 있습니다. 이러한 법이 옳지 않다고 생각해서 이에 반발하는 시민은 악법을 지키지 않았다는 이유만으로 처벌을 받게 될 것입니다. 따라서 저는 악법을 법으로 인정하면 안 된다고 생각합니다.

Q 자신이 가지고 있는 리더십에 대해 어떻게 평가할 것인가요?

답변의 포인트

TED 강의에서 리더십을 비교하는 영상을 시청하였던 경험을 제시하며 영어 실력을 간접적으로 드러낼 수 있다. 그리고 반장 활동을 하면서 자신의 한계를 개선하려는 노력을 사례로 들어 성찰적 태도와 개방적 사고를 나타내는 것이 좋다.

A TED 강의에서 외향적인 사람과 내향적인 사람의 리더십을 비교하는 영상을 보았습니다. 외향적인 사람이 더 리더십이 있다고 생각할 수 있지만, 실제로는 내향적인 사람이 사람들을 더 잘 이끌고 좋은 결과를 창출할 수 있다는 내용이었습니다. 일단 내향적인 사람은 팀원들의 말을 잘 들어 주고 격려하는 반면, 외향적인 사람은 자신만의 의견을 내세우느라 팀원들의 의견을 듣지 못했습니다. 저는 외향적인 사람이기 때문에 이 영상을 보고 반장으로서 학급 회의를 진행하는 저의 모습을 되돌아보게 되었습니다. 회의를 빨리 끝내려고 저만의 의견을 내세우고 친구들에게 의견을 말할 기회를 주지 않았던 저의 태도를 바꿔야겠다고 생각했습니다. 그때부터 저는 남들의 의견을 잘 들어주고 포용하려고 노력했습니다.

Q 오디션 프로그램에 대해 어떻게 생각하나요?

답변의 포인트

오디션 프로그램과 같이 시사성이 강한 주제에 대한 명확한 주관을 논리적으로 답변해야 한다. 오디션 프로그램에 대해 부정적으로 생각하기 때문에 부정적인 면만을 이야기하기보다 긍정적인 면을 이야기하면서 구체적 사례를 제시하고, 균형 잡힌 비판 의식을 드러내야 한다.

A 오디션 프로그램에 대해 관심이 생겼을 때 이에 대해 기사를 쓴 적이 있습니다. 과도한 경쟁으로 과열된 사회를 반영해서인지 오디션 프로그램은 항상 성공리에 방영을 마쳤습니다. 오디션 프로그램이 처음부터 인기를 얻을 수 있었던 이유는 참가자들이 경쟁을 하면서 난관을 극복하는 과정에서 시청자들이 흥미를 얻고, 동정과 연민을 느꼈기 때문입니다. 하지만 비평가들은 오디션 프로그램이 진정으로 시청자들에게 꿈과 희망을 심어주는지 생각해 보아야 한다고 말했습니다. 저 역시도 오디션 프로그램이 꿈을 이룰 수 있도록 격려해 주고 있는지 생각해 보아야 한다는 입장입니다. 오디션 프로그램에서는 무조건적인 경쟁을 강요합니다. '쇼 미 더 머니'라는 프로그램에서는 경쟁자들이 주어진 시간 안에 하나의 마이크를 서로 뺏어 가며 랩을 해야 하는 미션이 있었습니다. 이렇게 참가자들의 노력이 아닌 과도한 경쟁만을 강요하는 프로그램은 시청자들에게 꿈과 희망을 심어 줄 수 없을 것입니다.

Q 친구들이 자신을 좋아한다고 생각하나요? 그 이유는 무엇인가요?

답변의 포인트

친구들이 자신을 좋아하냐는 질문은 교우 관계나 사회성에 대한 평가 의도가 내포되어 있다. 그에 맞추어 세 가지 정도의 근거로 논리적으로 답변하는 것이 좋다. 그리고 주변에 친구들이 많이 모이고 질문을 받아 주는 사례를 통해 원만한 학교생활을 하였다는 점을 드러내는 것이 좋다.

A 저는 친구들이 저를 상당히 좋아한다고 생각합니다. 그 이유는 첫째, 친구들이 저에게 의지하는 모습을 많이 보이기 때문입니다. 제가 반장이고, 조장도 도맡아 하기 때문에 저에게 많이 도움을 구하고 자신의 고민을 이야기하기도 합니다. 둘째, 친구들이 저에게 관심을 갖기 때문입니다. 제가 공부를 하려고 앉아 있거나 혼자 가만히 있을 때에는 친구들이 먼저 다가와서 이것저것 물어보는 편입니다. 마지막으로 친구들이 저를 많이 배려해 주기 때문입니다. 제가 쉬는 시간에 앉아서 공부를 하느라 친구들이 저를 빼놓고 노는 경우가 있는데, 그렇다고 사이가 멀어지는 것이 아니라 제가 다가가면 친구들이 항상 저를 잘 받아 주기 때문입니다.

Q 학교에 들어와서 가장 하고 싶은 것은 무엇인가요?

답변의 포인트

학교 프로그램 중 가장 관심이 있는 활동을 스티브 잡스의 사례와 같은 배경지식을 활용해서 논리적으로 답변하는 것이 좋다. 특히 자신의 진로와 관련된 활동도 기획하여 명확한 목표 의식도 드러내는 것도 효과적이다.

A ○○○입니다. 스티브 잡스의 경우 히피 문화에 빠져 있던 평범한 대학생이었습니다. 이후 인도에서 무전 배낭여행을 하면서 자신이 가진 컴퓨터 관련 재능을 가지고 무엇을 할 수 있을까 생각하다가 애플을 만들어 세계를 변화시켰습니다. 많은 사람들이 인생의 변환점으로 여행을 꼽고, 선배들에게 물어보았을 때에도 ○○○가 가장 큰 영향을 주었다고 했습니다. 저는 ○○○에 가서 많은 것을 느끼고 그것을 진로에 반영해서, 빈민가에 사는 소외된 사람들을 위한 영상을 만들고 싶습니다. 영상을 통해 사회를 융합·통합하는 것이 저의 목표입니다.

Q 우리나라가 글로벌 리더가 되기 위해서는 무엇이 필요하다고 생각하나요?

답변의 포인트

글로벌 리더가 되기 위한 조건에서 경제적 측면과 문화적 측면을 제시하며 물질과 정신 양 측면을 모두 아우르는 답변을 해야 한다. 한쪽으로 치우친 답변이 아닌 두 가지 측면을 고려한 답변을 통해 논리적 사고력을 드러낼 수 있다.

A 우선 경제적인 부분을 빼놓을 수 없다고 생각합니다. 중국이 일본에 압박을 가했을 때 일본이 금방 대답을 하는 것도 중국의 경제적 영향력이 크기 때문이라고 생각합니다. 일단 우리나라가 글로벌 리더가 되기 위한 첫 단계로 우리나라의 경제적 안정을 이루어야 한다고 생각합니다. 가장 심각한 문제 중 하나가 경제 자본이 제대로 분배되지 않아 양극화가 일어나는 것인데, 현재의 사회적 구조를 바꾸어야 한다고 생각합니다. 두 번째는 문화적인 부분입니다. 아무리 경제적인 성장을 이룩했다고 해도 우리나라만의 문화적 정체성이 없으면 세계인들이 우리나라에 대해 매력을 느끼거나 호기심을 갖지 않을 것입니다. 우리나라의 문화 정체성을 확립하기 위해서는 외래어의 범람을 막고, 세계화로 인해 고유한 정서를 잃지 않도록 노력해야 할 것입니다.

Q 누군가가 바라는 바람직한 삶, 아니면 스스로 바라는 삶 중 어느 삶을 살 것인가요?

답변의 포인트

의타적 삶과 주체적 삶 중 어느 쪽이 바람직하다고 생각하는지를 묻는 질문에 적절한 답변을 해야 한다. 특히 게임이나 결혼, 직업, 패션 등 실생활과 밀접한 사례를 들어 자신의 주장에 설득력을 강화하는 것이 좋다.

A 사람들이 게임을 하면서 사투를 벌이며 시간도 투자하고, 실패도 경험하는 이유는 바로 그러한 과정 속에 답과 의미가 있음을 알기 때문이라고 생각합니다. 사람들은 삶을 통해 다양한 상황을 겪으면서 자신이 바람직하다고 생각하는 기준을 세우게 됩니다. 그래서 삶에서 얻는 보람은 과정 속에 있는 것 같습니다. 결혼, 직업, 정체성, 패션 등에 관해서도 자기가 원하는 삶을 선택한다면, 성공하든 실패하든 이를 통해 성장할 수 있기 때문에 자신이 원하는 삶을 사는 것이 바람직하다고 생각합니다.

Q 우리 사회에 문제점이 있다면, 무엇이라고 생각하나요?

답변의 포인트

사회적 문제점만 이야기하지 않고 그것에 대한 대안도 제시하여 사고의 폭이 넓다는 점을 드러내야 한다. 그리고 사회와 문화, 종교를 아우르는 다양한 측면의 사례를 이야기하여 사회에 대해 관심이 많다는 점도 나타내면 좋다.

A 현재의 사회가 예전보다 계층 분리가 약화되었다고는 하지만, 세계화가 되고 사람들이 동등한 지위를 인정받기 위해 노력해도 여전히 세대 차이가 있고, 우월성을 과시하는 집단이 있고, 서로 간의 차이점을 인정하지 않으려는 사람들이 있습니다. 세계화와 다문화가 이루어지면서 이러한 범위가 더 넓어졌다고 생각합니다. 종교의 자유가 확산되면서 종교적인 충돌도 많이 일어나고 있습니다. 그래서 저는 어떻게 하면 다른 사람들이 같은 방향을 볼 수 있을까 많이 고민합니다. 그 사람들이 모두 각자의 길을 가면서 대립한다면 사회의 통합이 이루어지지 않고 발전도 불가능할 것이기 때문에 사회적 갈등을 빚는 대립은 빨리 해결되어야 하는 문제라고 생각합니다.

Q 동아리 활동을 통해 공부해야 하는 이유를 찾았다고 하였는데, 어떤 이유인가요?

답변의 포인트

동아리와 같은 교내 활동을 재미나 흥미에 국한하지 않고 학습과 탐구 과정으로 인식하였다는 점을 통해 학교생활의 우수성을 드러낼 수 있다. 그리고 바람직한 가치관과 역사관을 형성하기 위해 공부가 필요하다는 점을 통해 학업에 대한 열의가 뛰어나다는 점을 나타낼 수 있다.

A 시사 토론 동아리를 통해 시사에 대한 이야기를 나누고, 지금 사회에서 어떤 일이 일어나고 있는지 바라보면서 제가 모르는 일들이 많이 일어나고 있다는 것과 제 신념의 바탕이 되는 기본적인 지식에 대해 모르는 점이 많다는 것을 알게 되었습니다. 학교에서 가르쳐 주기 전에 제가 정보를 모으려는 노력을 해 본 적도 없고, 학교 공부에도 열중하고 있지 않다는 생각이 들어 가치관을 올바로 세우기 위해서는 먼저 학교 공부가 필요하다고 생각했습니다. 공부를 하지 않으면 근본적인 지식을 쌓을 수 없기 때문에 지식을 바탕으로 형성되는 자신의 생각을 가질 수 없습니다. 자신의 생각이 없으면 나중에 결정을 내릴 때 자신의 잣대가 없어 외부적인 요인들로 인해 혼란을 겪을 수 있기 때문에 사회의 흐름에 휘둘리는 사람이 되지 않으려면 공부를 해야 한다고 생각합니다.

Q 공부는 평생을 위한 것이라고 하였는데, 무슨 의미인가요?

답변의 포인트

사회 변화와 문제점에 대한 정확한 인식과 판단을 위해 역사와 사회 현상에 대한 지식을 쌓아야 한다는 주장을 논리적으로 전개해야 한다. 특히 시사 토론 동아리에서 다루었던 위안부 문제와 같은 자신의 경험을 적극적으로 활용하여 주장의 설득력을 강화할 수 있다.

A 자신의 위치를 선정하고, 자신이 어떤 집단에 속해 있는지, 자신의 생각과 믿음이 무엇인지 확립하기 위해서는 자기 주변의 현상들을 탐구하는 공부를 해야 한다는 것입니다. 인생에서 어떤 문제가 생기거나 사회적 문제가 생겨 사회가 동요할 때 자신이 어떤 위치에 서야 하는지 자신이 지금 해야 할 역할을 파악하기 위해서는 옛날의 사건이나 사회의 현상을 공부해야 한다고 생각합니다. 학생 때 그런 공부를 하지 않는다면 평생 동안 결정을 할 때 지장이 있을 것이며, 사회의 한 구성원으로서, 한 명의 사람으로서 자기 인생의 주도적인 위치를 차지하지 못하기 때문에 공부가 필요하다고 생각합니다.

Q (추가 질문) 왜 그런 생각을 하게 되었나요?

A 시사 토론 동아리의 주제를 찾다가 위안부 문제와 관련한 발언을 접하게 되었습니다. 저는 분명히 위안부 할머니들이 사과를 받아야 마땅하다고 생각했습니다. 하지만 교육 과정에서 그 점을 아직 배우지 않았기 때문에 객관적인 자료를 통해 제 입장을 표명할 수 없다는 것을 알게 되었습니다. 그래서 공부를 통해 관련 지식을 쌓아야 한다는 것을 깨닫게 되었습니다.

PART 4

Q 세상을 보는 시각을 넓힐 수 있는 기회가 있었나요?

답변의 포인트

유튜브 시청을 통해 교과 지식에 한정된 것이 아닌 현실 속 지식으로 확장적 사고를 한 경험을 제시할 수 있다. 특히 'Radio'와 'Blog'의 합성어인 'Rag'라는 단어와 채식주의 경향성을 사례로 들어 경험의 실제성을 드러낼 수 있다.

A 저는 '유튜브'라는 매체를 통해 내신 영어 공부에서 벗어나 영어 문화권에 사는 사람들이 만드는 영상을 보면서 그들이 자주 사용하는 어휘를 익히고, 그 사회에서 무슨 일이 일어나고 있는지 배울 수 있었습니다. 요즘 자주 사용하는 어휘로는 'Radio'와 'Blog'를 합친 'Rag'라는 단어가 있다는 것을 알게 되었습니다. 요즘 영어 문화권에서는 육식을 배척하고 채식주의로 흘러가는 경향이 있기 때문에 채식주의자들이 서로를 돕기 위해 정보를 공유하는 내용을 담은 영상들이 인기를 끌고 있었습니다. 이렇게 전 세계의 나라에서 올린, 자기의 생각을 담은 동영상을 보면서 그들의 삶의 방식을 알 수 있었습니다.

Q 위안부 문제에 대해 충분한 사과를 받아내려면 어떻게 해야 한다고 생각하나요?

> **답변의 포인트**
>
> 위안부 문제와 같은 국제적 사안에서 한일 간의 역학 구도와 영향력에 대한 자신의 판단을 논리적으로 제시해야 한다. 자신의 진로와 관련된 활동을 바탕으로 한 대안 제시를 통해 진로에 대한 확고한 의지와 열정을 드러낼 수 있다.

A 미디어를 통해 역사 의식의 확산을 촉진해야 한다고 생각합니다. 얼마 전, 위안부 문제를 알리려고 노력하는 한 단체에서 학생들을 모집해서 웹사이트를 개설하고, 학생들이 자신만의 프로젝트를 통해 역사 의식을 확산하려는 운동이 있었습니다. 저는 이러한 운동이 더 많이 있어야 한다고 생각합니다. 지금 우리나라는 경제적으로나 국력에 있어서 일본보다 조금 부족한 것 같습니다. 우리나라 국민이 빠른 시일 내에 할 수 있는 것은 국제적인 관심을 얻는 것이라고 생각합니다. 사람들은 우리나라가 국력을 키우고 일본보다 강한 나라가 된 후에 사과를 받아야 한다고 말하지만, 지금 위안부 할머니들의 연세를 고려할 때 그것은 거의 불가능합니다. 지금 우리가 할 수 있는 것은 인터넷, 영화 등 미디어를 통해 위안부 문제에 대한 인식을 빨리 확산시키는 것입니다. 제가 만약 영상 감독이라면 제가 담당하는 프로그램을 통해 이 문제를 다루고, 한류가 세계적인 영향을 미치고 있기 때문에 그런 문제와 관련한 프로그램을 많이 제작하고 확산시켜서 일본을 국제적으로 압박할 것입니다.

Q 왜 ○○외고 설명회 영상이 벽화를 바라보고 있었던 아이와 같다고 생각하였나요?

> **답변의 포인트**
>
> 다문화 가정 아이들을 위한 봉사 활동 경험과 지원 학교 설명회 경험을 융합하여 흥미로운 답변을 구성할 수 있다. 학교 프로그램과 지원 동기를 연결하여 지원 학교 학생이 되고 싶다는 열의의 당위성을 강하게 나타내야 한다.

A 벽화 근처에 사는 아이 집에 방문을 한 적이 있습니다. 거기에는 외국인 노동자 부부가 아이와 함께 살고 있었습니다. 아이에게는 '뽀로로'라는 캐릭터 매트가 있었습니다. 아이는 한국 애니메이션을 좋아해서 인형도 많고 한국말도 잘 하는데, 이 아이가 커서 나중에 사회에서 한국인으로 인정받을 수 있을까 하는 생각이 들었습니다. 그 이후 봉사 활동이 단순히 남을 위한 일이 아니라 저의 생각을 넓히는 계기가 되었다고 생각합니다. 그동안 만나지 못했던 외국 이주민 노동자와의 소통을 통해 봉사 활동의 의의에 대해 생각하게 되었습니다. 영상을 보면서 소외의 대상과 소통할 수 있게 하는 봉사 활동의 의미에 대해 생각했고, 이를 실천하는 ○○외고에 대한 마음을 굳히게 되었습니다.

45

Q 영상 아이템에 대해 소개해 보세요.

> **답변의 포인트**
>
> 자신의 진로와 관련된 아이디어 구상 경험을 통해 창의성과 진로에 대한 열망을 나타내야 한다. 특히 손톱이나 방귀와 같은 흥미로운 요소를 사례로 활용하며 관심을 유도하고, 사회 계층화 현상과 같은 시사적 주제를 통해 사회에 대한 관심과 배경지식 수준을 드러낼 수 있다.

A 제가 기술적인 부분, 즉 프로그램 다루는 법이나 컴퓨터 다루는 법 등 어떤 기능을 써야 하는지에 대해서는 잘 모르기 때문에 영상을 기획하는 방법에 대해 많이 생각했습니다. 저는 주로 영어로 된 시나리오나 콘티를 많이 짰습니다. 여러 가지 아이디어를 적어 놓고 구체화시키고 싶은 아이디어들은 콘티를 짰습니다. 그중 하나는 채널을 소개하는 동영상인데, 어떻게 화면을 구성하고, 어떤 대사를 넣고, 어떤 기법으로 촬영할 것인지 생각하면서 조금 더 할 일을 구체화할 수 있었습니다. 제가 생각하는 아이디어 중 하나는, 제 손톱의 변천사로 제 인생을 표현하는 것입니다. 피아노를 쳤던 시기, 네일 아트에 관심이 많았던 시기, 수족 냉증에 걸렸던 시기 등이 있는데, 당시의 손톱을 보여 주는 것은 제 인생을 표현하는 방법이 될 수 있다고 생각했습니다. 또한, 귀가 눈에 보인다면 어떻게 될지도 생각해 보았습니다. 마지막으로 현대 사회에서 계층 이동이 일어날 수 없다는 문제점을 제기하는 아이디어를 낸 적이 있는데, 제가 구상한 그림은 이것입니다. 여러 가지 높이의 상자가 있고, 올라갈수록 높은 계층, 아래로 갈수록 낮은 계층을 나타냅니다. 낮은 계층에서 태어난 사람과 높은 계층에서 태어난 사람들의 생활 방식을 상자를 통해 보여 주고, 이것이 대물림되는 장면을 상자를 쌓아서 표현하는 것입니다. 이를 어떻게 구현할지, 카메라 구도를 어떻게 잡아야 생활 방식의 차이를 드러낼 수 있을지 많은 고민을 했습니다.

46

Q 동물의 임상 실험에 대해 어떻게 생각하나요?

> **답변의 포인트**
>
> 노예제와 동물의 임상 실험 문제를 연결하여 상호 존중이라는 가치관을 논리적으로 드러낼 수 있다. 이와 함께 자신의 진로에 맞춘 활동과 목표를 제시히여 진로에 대한 열의를 드러내야 한다.

A 과거에는 자신과 다르게 생겼다는 이유로, 피부색이 다르다는 이유로 노예로 삼고 인간적인 대우를 하지 않았습니다. 하지만 현대 사회에서는 모든 사람이 동등하다는 점을 널리 인식하고 있습니다. 이 범위가 아직까지 동물에게는 미치지 않았다는 사실이 매우 슬픕니다. 아직 인권이 침해되는 일들이 발생하기도 하지만 예전보다는 서로를 존중하는 사회입니다. 하지만 동물의 권리는 아직도 보호받지 못하고 있습니다. 동물과 인간이 공존할 수 있는 사회, 동물의 권리가 보호받는 사회를 만들 수 있도록 영상을 제작하는 것이 저의 임무라고 생각합니다.

Q PD는 리더십이 필요한데, 어떻게 리더십을 발휘하였고, 앞으로 어떻게 리더십을 키워 나갈 것인가요?

답변의 포인트

과거 활동에서 배운 점을 3학년 반장이 되었을 때에 적용하여 우수한 성취를 거두었던 사례를 바탕으로 답변할 수 있다. 이러한 사례를 통해 자신이 생각하는 리더의 자질과 가치관을 제시해야 한다.

A 도덕 UCC를 제작하면서 리더는 그 조직을 이루는 구성원들의 자긍심을 최대로 고취시켜야 한다는 것을 깨달았습니다. PD도 마찬가지라고 생각합니다. 영상 제작에 참여하는 사람들 모두 자신만의 전문성을 갖추고 있기 때문에 그들의 의견을 존중하고 반영해서 하나의 프로젝트로 만들어야 할 것입니다. 그래서 리더십을 발휘하는 연습을 하고자 3학년 때 반장이 되었을 때도 많은 노력을 했습니다. 한 달 안에 모든 과목의 수행 평가를 실행해야 했는데, 교실 달력에 수행 평가 일정을 적어 아이들이 최대한 수행 평가를 잘 준비할 수 있도록 도와주었습니다.

Q 소외된 이들과 소통할 때, 가장 중요한 것은 무엇이라고 생각하나요?

답변의 포인트

도시락 배달 봉사를 하면서 깨달은 점을 바탕으로 '꽃보다 할배'라는 인기 프로그램이 가지는 의미를 평가하고 현실에 대한 가치관과 인식 수준을 드러낼 수 있다. 그리고 자신의 진로를 통해 이루고 싶은 방향과 목표를 제시해야 한다.

A 노인들께 도시락 배달을 하는 봉사 활동을 한 적이 있었습니다. 저는 예전에 고독사와 같은 뉴스를 많이 접했기 때문에 독거노인들은 외롭고 쓸쓸하며 삶에 대한 의욕이 없을 것이라고 생각했습니다. 하지만 그분들과 이야기를 나누어 보니 목재를 가지고 발명품을 만드는 등 삶에 대한 열정을 누구보다 많이 가지고 계셨습니다. 미디어에서 소외된 노인 계층을 융합한 방송이 '꽃보다 할배'라고 생각합니다. 여러 나라를 다니면서 열정적으로 여행하는 모습이 청년층에게도 친근한 이미지로 다가왔습니다. 예능 PD는 소외된 이들에 대한 사회적 인식이 바뀔 수 있도록 그들을 주인공으로 내세우는 이와 같은 프로그램을 많이 만들어야 한다고 생각합니다.

Q 남북 문제를 어떻게 해결해야 한다고 생각하나요?

답변의 포인트

남북한 분단 상황과 유사한 독일의 통일 과정과 원동력을 제시하며 세계사와 정치, 외교를 아우르는 배경지식 수준을 드러낼 수 있다. 특히 독일이 통일을 위해 한마음으로 노력하였다는 점을 근거로 남북한 통일을 위한 방안을 제시하여 자신의 지식을 현실에 적용하는 능력을 나타낼 수 있다.

A 남한과 북한처럼 독일도 서독과 동독으로 나누어져 있었습니다. 동독은 소련의 사회주의 정권 하에 있었고 서독은 유럽과 미국의 자본주의를 따랐습니다. 그 당시 서독과 동독은 의견 차이와 많은 분쟁을 겪었으며, 동독에서 서독으로 넘어오는 사람도 많았습니다. 이처럼 독일도 우리와 비슷한 분단 국가였지만 그들은 베를린 장벽을 허물고 다른 나라들의 간섭을 벗어나서 민족을 통일하기 위해 한마음으로 노력했습니다. 이처럼 남한과 북한도 민족의 힘을 합치기 위해 노력한다면 통일을 이룰 수 있다고 생각합니다.

Q 좌우명이 무엇인가요?

답변의 포인트

자신의 부족한 부분을 극복하기 위한 노력을 좌우명을 활용해서 드러낼 수 있다. 그리고 학습에 대한 열의와 의지가 강하다는 점도 나타내는 것이 좋다.

A 저의 좌우명은 '포기하지 말자.'입니다. 인생의 절반을 외국에서 살다보니 유치원 수준의 한국 말밖에 하지 못했습니다. 저는 중학교 2학년 때 한국으로 돌아와 한국말을 이해하지 못한 채 수업을 듣고, 내용도 모른 상태에서 시험 공부를 해야 했습니다. 하지만 저는 포기하지 않고 한국어 책들을 읽고 선생님께 질문을 하면서 한국어 실력을 키우려고 노력했습니다. 친구들과도 처음에는 어색했지만 적극적으로 다가가서 친해지려고 노력했습니다. 힘든 과정이었지만 포기하지 않고 노력한 결과 지금은 친구들과도 의사소통하는 데 문제가 없고 수업 내용도 잘 따라갈 수 있게 되었습니다.

Q 한국, 중국, 일본의 외교 상황을 진단해 보세요.

답변의 포인트

한국과 중국, 일본의 3국 관계 개선과 협력의 필요성을 구체적인 데이터를 활용해서 설명하는 것이 좋다. 객관적 지표를 사용하여 답변의 신뢰도를 높이고 자신의 꿈을 통해 이루고 싶은 목표와 포부를 드러내야 한다.

A 최근에 한 기사를 보았는데, 중국인들이 일본을 신뢰하는 정도는 3%, 한국인을 신뢰하는 정도는 40%, 일본인들이 중국인을 신뢰하는 정도는 5%, 일본인이 한국인을 신뢰하는 정도는 45%였습니다. 하지만 한국인들은 중국인과 일본인 모두 신뢰하지 않는다는 내용이었습니다. 우리나라 국민들이 예전에 일본과 중국과 있었던 문제에 집착해 그것에만 얽매인다면 그 나라들과 어떤 관계도 진전시킬 수 없고, 우리나라의 외교도 아무런 발전이 없을 것이라 생각합니다. 동북아 정세에서 중국과 일본의 문화를 더 수용하는 능력을 키워서 외교 활동을 더 발전시켰으면 좋겠다고 생각합니다.

Q 오랜 외국 생활로 인해 한국 문화와 역사에 대한 이해가 부족할 텐데, 한국 외교관으로서 잘 활동할 수 있다고 생각하나요?

답변의 포인트

오랜 외국 생활을 하면서 한국어를 공부하고 한국인으로서의 정체성을 유지하기 위한 노력을 활용해서 답변을 구성해야 한다. 특히 여러 나라를 돌아다니는 외교관에게 해당 경험이 긍정적으로 작용할 것이라는 점을 부각시켜야 한다.

A 해외에서 국제 학교에 다니면서 여러 문화를 접할 수 있었는데 한국인은 별로 없었습니다. 그래서 한국인을 대표한다는 자부심과 뿌듯함을 가지고 있었습니다. 한국에 돌아와서 한국어 실력을 늘리기 위해 한국어 책들을 많이 읽었고, 어렸을 때부터 역사에 관심이 많아 세계사에 관한 책들뿐만 아니라 한국사, 우리나라 문화에 대한 책들도 많이 읽었습니다. 이러한 과정에서 우리나라의 역사와 문화를 잘 이해할 수 있었습니다. 뿐만 아니라 해외에서 많은 문화를 접할 기회가 있었기 때문에 각 나라의 역사 등 배경지식을 넓힐 수 있어서 외교관으로서 자질을 갖추는 데 도움이 많이 되었다고 생각합니다.

Q 최근에 보거나 알게 된 국제적 이슈에 대해 설명하세요.

> **답변의 포인트**
>
> 질문에서 요구하는 국제적 이슈에 국한하지 않고 우리나라가 미래에 취해야 할 목표까지 제시하여 확장적 사고력을 보여 주어야 한다. 그리고 자신의 진로를 연결하여 이루고 싶은 포부까지도 드러내는 것이 좋다.

A 최근 가장 이슈가 되고 있는 문제는 시리아 난민입니다. 시리아 내전이 일어나 수많은 국민들이 나라를 떠나게 되면서 일어난 문제입니다. 예로부터 난민들은 지중해와 맞닿아 있는 스페인, 이탈리아, 그리스에 가게 되었습니다. 저는 왜 유럽 전체가 이 심각한 문제에 대해 해결책을 찾으려 노력하는지 궁금했고 이에 대해 더 조사하게 되었습니다. 2011년 독일이 더블린 조약을 통해 난민들이 유럽에서 다양한 복지 혜택을 누리고 일자리를 비롯한 여러 면에서 불이익을 당하지 않도록 조치를 취했다는 것을 알게 되었습니다. 우리나라도 세계 강대국처럼 국제적 이슈에 대한 해결책을 제시할 수 있어야 한다고 생각합니다. 제가 외교관이 된다면 국제적인 이슈에 참여하고, 해결책을 제시해 우리나라의 위상을 드높일 수 있도록 노력할 것입니다.

Q 하시마섬이 유네스코 세계유산으로 등재되었지만, 신청 당시 한국의 반대로 지정에 난항을 겪었다. 하시마섬이 유네스코 세계유산에 등재되면 안 되는 이유가 무엇이라고 생각하나요?

> **답변의 포인트**
>
> 하시마섬 유네스코 세계유산 등재와 같은 시사성이 강하고 민감한 사안에 대한 역사적 배경과 유네스코 세계유산 등재를 반대하는 이유를 논리적으로 전개해야 한다. 그리고 미일 동맹 관계가 강화되는 국제적 역학 관계를 제시하며 일본의 잘못된 자세와 생각을 비판하는 것이 좋다.

A 하시마섬은 '지옥섬'이라고 불립니다. 일본인들은 1940년부터 800여 명이 넘는 10대 초반의 조선인 청소년들을 작은 하시마섬에 가두고 강제 노동을 시켰고, 한국인들은 45℃가 넘는 열악한 환경의 탄광에서 일을 해야 했습니다. 그 결과 120여 명이 희생되었고 우리나라의 아픈 역사로 남게 되었습니다. 물론 하시마섬은 일제 강점기 일본의 산업화와 근대화의 상징이기도 하지만 일본은 자신들이 강제 노역을 시킨 것을 부정하면서 하시마섬을 유네스코 세계유산에 등재시키려고 했습니다. 또한, 민족 운동가 신채호 선생의 '역사를 잊은 민족에게 미래는 없다.'라는 말은 최근 안보 법안을 통과시킨 일본에 꼭 하고 싶은 말입니다. 일본은 미국과 동맹을 맺으면 군사력을 키울 수 있기 때문에 과거에 저지른 실수를 반성하지 않은 채 외교적 동맹을 통해 이를 정당화시키려고 합니다. 이러한 상황에서 예전에 저지른 문제들을 흐지부지 넘겨 버린다면, 이를테면 하시마섬이 유네스코 세계유산에 등재되는 일이 일어난다면, 한 민족이 다른 민족에게 심각한 고통을 주는 일이 반복될 수 있습니다. 어느 민족이나 나라든지 역사는 반복될 수 있기 때문에, 이러한 일이 일어나서는 안 될 것입니다. 제가 외교관이 된다면 이러한 문제점들을 예방할 것입니다.

Q 설명문과 소설의 차이점은 무엇인가요?

> **답변의 포인트**
>
> 설명문과 소설의 차이를 주제와 목적, 구성으로 나누어 설명해야 한다. 다양한 기준을 적용하여 차이를 비교하는 것이 논리성을 강화하는 방안이다. 그리고 다양한 분류를 통해 국어 교과 지식 수준을 드러낼 수 있다.

A 각 갈래에 대한 정의를 기준으로 분류하면 소설은 작가가 지어낸 허구의 이야기이고, 설명문은 특정한 지식이나 정보를 독자들에게 전달하는 글입니다. 글을 쓰는 목적에 있어서도 소설은 시대 상황과 작가가 지니고 있는 가치관이 드러날 때가 많습니다. 예를 들어, 소설 『양반전』은 조선 후기의 신분제 혼란을 배경으로 신흥 세력과 양반 간의 갈등을 다룬 작품인데, 이처럼 조선 후기의 시대적 특징이 잘 나타나 있습니다. 하지만 설명문은 정보 전달이 목적이기 때문에 시대 상황이나 작가의 가치관이 잘 나타나지 않습니다. 또한, 소설 구성의 3요소는 인물, 사건, 배경인데, 설명문에는 그런 요소들이 드러나지 않고, 소설에는 비유와 같은 여러 표현 방법이 쓰이지만 설명문은 표현 방법이 비교적 간단하다는 것이 다르다고 할 수 있습니다.

Q 불매 운동에 대해 어떻게 생각하나요?

> **답변의 포인트**
>
> 불매 운동에 대해 찬성과 반대 중 하나의 의견을 제시하지 않고 불매 운동의 목적과 영향을 바탕으로 확장적 사고를 드러내야 한다. 그리고 불매 운동이 장기적으로 경제 전체에 악영향이라는 분석을 제시하며 단기적 처방이 아니라 장기적 안목에서 해결 방안이 필요하다는 광범위한 시각도 부각시킬 수 있다.

A 옳고 그름을 따지기에 앞서 불매 운동을 하는 목적을 살펴보아야 한다고 생각합니다. 실제로 불매 운동이 대기업에 타격을 줄 수 있는지는 미지수입니다. 예를 들어, ○○유업에 대한 불매 운동 사례가 보여 주듯이, 우리나라의 기업 구조상 불매 운동이 실제로 기업 경영에 영향을 끼치는 것은 사실상 불가능합니다. 주가가 떨어지는 등 단기적인 효과는 있을 수 있지만, 장기적으로는 실업자가 늘어나고 경제 상태가 악화되는 등 악영향을 불러올 수 있습니다. 따라서 단기적인 해결 방법이 아니라 장기적인 해결 방법을 모색해야 한다고 생각합니다. 이를 위해서는 우리나라에 고착되어 있는 불건전한 기업 문화를 청산하기 위해 정부가 개입하는 등 외부의 간섭이 필요하다고 생각합니다.

Q 심리학과를 전공해서 무엇을 하고 싶은가요?

답변의 포인트

현실 속 사건이나 사례를 구체적으로 제시하며 심리 치료사에 대한 실질적 지식 수준을 드러내고, 장기적인 목표와 국외 활동 계획을 제시하여 진로와 전공에 대한 의지를 나타내야 한다.

A 저는 심리학과를 전공해서 심리 치료사가 되고 싶습니다. 우리나라에서 많은 사람들이 심리적으로 불안하고 여러 가지 우울증을 겪으면서 '묻지마' 폭행이 일어나거나 자살을 하는 등 사회적으로 많이 문제가 되고 있는데, 심리 치료사가 되면 이런 사람들을 치료함으로써 사회에 큰 도움을 줄 수 있다고 생각합니다. 더 나아가 장기적인 목표는 전 세계를 돌아다니며 복지, 의료 체계가 잘 정립되지 않은 나라에 가서 그들을 교육하거나 치료하는 것입니다.

Q 왜 영중과에 지원하게 되었나요?

답변의 포인트

지원 학교의 프로그램을 활용해서 지원 학교에 대한 관심과 진학 의지를 드러내고, 영어와 중국어를 배우려는 당위성을 나타내어야 한다.

A 첫 번째, 우리나라는 심리학이 잘 발달되어 있지 않기 때문에 유학을 가야 합니다. 고등학교 진학을 준비하던 도중 ○○외고에는 '아이비'라는 반이 있고, 그 반을 통해 유학을 갈 수 있다는 것을 알게 되었습니다. 그래서 저는 많은 외고 중에 ○○외고 영어과를 선택했고, 아이비를 통해 유학 관련 정보를 많이 파악할 수 있을 것이라고 생각합니다. 두 번째, 요즘 중국 사람들이 우리나라에 많이 관광을 오고, 중국이 경제적으로 성장을 하면서 세계적으로 많은 영향력을 끼치고 있습니다. 그래서 저는 중국의 문화와 중국이 성장할 수 있었던 원동력에 대해 아는 것이 중요하다는 생각이 들었습니다.

Q 자신이 심리 상담사로서의 자질을 갖추었다고 생각하나요?

답변의 포인트

자신이 경험한 실제 사례와 긍정적 결과를 제시하여 답변의 설득력을 강화해야 한다.

A 물론 아직은 미흡하지만 심리 상담사로서 자질을 어느 정도는 갖추고 있다고 생각합니다. 중학교 1학년 때 따돌림을 당하는 아이가 있었는데 그 아이가 울면서 선생님과 상담을 하는 모습을 보았습니다. 그 후 제가 또래 상담사로서 그 아이가 따돌림을 당하지 않고 다른 친구들을 사귈 수 있는 자리를 마련했습니다. 그래서 모든 아이들이 그 아이의 성격이 나쁘다거나 우리들과 다른 무언가가 있다는 오해를 풀 수 있었고, 마지막에는 모두 함께 파티를 하며 친해졌습니다. 상담을 받고 싶어 하는 사람에게 실질적인 도움을 주는 경험을 쌓으면서 심리 상담사로서의 자질을 갖추었다고 생각합니다.

Q 심리학자가 되려는 이유가 무엇인가요?

답변의 포인트

현실 속 사례와 경험을 먼저 제시하여 심리학을 공부하려는 목적을 이야기하고, 목적과 연계된 미래 계획을 제시해야 한다. 또한, 자신의 신념을 실천한 사례를 진로에 대한 근거로 활용할 수 있다.

A 최근에 뉴스를 보면 '묻지마' 폭행이나 자살이 많이 일어나고 있다는 것을 알 수 있습니다. 제 주변에서도 자살 사건이 일어났는데, 한 학생이 심각한 성적 경쟁에 시달리다가 모의고사를 치르고 난 다음에 자살한 것이었습니다. 이 소식을 듣고 우리나라 사회에서 사람들이 극심한 경쟁 속에서 힘들어 하고 있음을 알게 되었고, 이로 인해 적지 않은 사람들이 정신 질환을 앓고 있는 문제에 대해 관심을 갖게 되었습니다. 저는 이것에 대해 심도 있게 공부할 수 있는 학문이 심리학이라는 것을 알게 되었습니다. 심리학자가 되어 정신 질환을 앓고 있는 사람들에 대한 연구와 함께 사회 구조를 개선할 수 있는 연구를 하고 싶습니다. 심리학자가 된다면 이런 일들이 일어나는 원인을 정확히 분석해서 정부에 실질적인 방안을 제시하고, 사람들을 치료해 주고 싶습니다. 또한, 저는 학생회에서 도서부 부장을 맡고 있습니다. 도서실 설치의 본래 목적은 책을 읽고 조용히 공부하는 것인데, 아이들이 도서실에서 떠들고 분위기를 흐린다는 제보가 들어왔습니다. 저는 이 문제를 해결하기 위해 도서실 옆에 작은 빈 공간을 '소통실'로 만들어서 아이들이 소통을 하고 스트레스를 풀 수 있는 공간으로 활용했으면 좋겠다는 건의를 했습니다.

Q '감사와 동행', 어떤 단체인가요?

답변의 포인트

자신의 진로 목표인 특정 단체에 대한 구체적 정보를 답하여 진로 탐색 노력의 정도를 드러내야 한다. 그리고 상세하고 다양한 활동 이유를 제시하여 자신의 진로에 대한 확신과 의지를 나타내야 한다.

A '감사와 동행'은 국내 유일 이주민 전문 공익 변호사 활동 재단입니다. 2014년 고지운 변호사가 개원했고, 창립 이후 외국인 근로자들을 돕는 여러 활동을 하고 있습니다. 제가 이 단체에서 활동하려는 이유는 첫째로, 한국의 복잡하고 불평등한 이주민법을 이해하지 못하는 이주민들을 돕기 위해서입니다. 주요 업무 중 하나는 근로 계약 등의 이유로 사실상 구금 시설인 보호소에 부당하게 갇혀 있는 외국인들이 보호소에서 나올 수 있도록 도와주는 것입니다. 둘째로, 이주 여성들의 인권과 존엄성을 되찾아 주고 싶어서입니다. 한국인 남편이 베트남 아내의 강제 이민을 신청한 경우가 있었는데, 이를 보면서 사회적 약자인 이주 여성의 인권을 보호하고 싶다는 생각을 했습니다. 셋째로, 경제적 지원이 확실하다는 점입니다. 아무리 옳은 일을 하려는 열정이 강하더라도 경제적인 한계에 부딪히면 이루기가 쉽지 않습니다. 하지만 이 재단에서는 경제적 지원이 충분하기 때문에 일에 집중할 수 있을 것이라 생각합니다. 그래서 저는 ○○고에 진학한 후 서울대 사회 복지학과에 진학해 졸업과 동시에 로스쿨에 들어가 나중에 제 꿈을 이루고 싶습니다.

PART 4

Q 미래 법조인으로서 본인이 생각하는 사회의 '정의'란 무엇인지 설명해 보세요.

답변의 포인트

'정의'라는 추상적인 개념에 대해 배경지식과 진로에 대한 신념을 바탕으로 논리적인 설명을 해야 한다.

A 저의 꿈은 법조인이며, 특히 이주민의 법률 지원을 도와주는 공익 변호사가 되고 싶습니다. 이 경우, 이주민이 피고인인 경우가 많기 때문에 넓은 의미로 보면 죄인을 변호하는 것입니다. 이런 상황에서 정의를 실현하는 것은 쉬운 일이 아닙니다. 공리주의를 따르면 약자인 이주민의 권리를 무시하기 쉽습니다. 또한, 이주민은 이유 모를 죄책감에 붙잡혀 실질적인 도움을 받지 못하고 있습니다. 미래의 법조인으로서 제가 생각하는 정의란 사회적 약자를 도와줄 수 있는 것, 법에 관련한 지식을 가지고 이주민들을 실질적으로 도와주는 것이라고 생각합니다.

Q 왜 검사가 되고 싶은가요?

답변의 포인트

실패 경험과 교훈을 결합하여 잘못된 점을 바르게 고쳐 가야 한다는 신념을 설명할 수 있다. 그리고 사회 부조리를 척결하는 역할을 하는 검사로 연결시켜 진로 희망 사유를 제시할 수 있다.

A 교내 방송국에서 활동하면서 축제 준비를 할 때 프로젝터를 연결하는 선이 제대로 고정되어 있지 않은 것을 발견했습니다. 하지만 이를 무시했더니 축제 당일 프로젝터가 제대로 작동하지 않아 큰 사고가 난 적이 있었습니다. 국어 시간에 한 작품을 읽으면서 이러한 경험을 떠올리게 되었습니다. 그 작품은 집을 수리하는 과정을 인간사에 확대하고 있었습니다. 저 역시 경험을 사회로 확장시켜 잘못이 있다면 빠른 시일 내에 인정하고 고쳐 나가는 것이 중요하다는 것을 알게 되었습니다. 또한, 사회의 부조리를 인식하고 그것을 바꾸기 위해 직접적으로 영향을 줄 수 있는 직업이 검사라고 생각해서 제 꿈을 검사로 정했습니다.

Q 왜 CNN에서 활동하고 싶은가요?

답변의 포인트

아버지와 함께 뉴스를 본 일화를 통해 시사에 대한 관심과 가족 간 유대가 강하다는 점을 드러낼 수 있다.

A 저는 예전부터 세계 이슈에 대해 관심이 많았습니다. 처음 한국에 왔을 때 저는 한국말이 서툴러서 아버지와 함께 9시 뉴스를 챙겨 보고는 했습니다. 뉴스를 통해 세계적인 이슈를 접하다 보니 세계적인 방송국에서 취재하고 보도하고 싶다는 생각을 했습니다. 물론 한국에서도 아나운서나 앵커가 될 수 있겠지만, 그렇게 되면 한국에서 일어나는 일들을 중점적으로 취재할 것입니다. 선거에 대한 사람들의 관심이 매우 높습니다. 제가 세계적인 방송국 CNN에서 활동한다면 객관적인 관점에서 어떤 후보가 세계적으로 어떠한 영향을 줄 수 있을 것인지 많은 사람들에게 알려 줄 수 있을 것이라고 생각합니다.

65

Q 방송 PD가 하는 역할에 대해 이야기해 보세요.

> **답변의 포인트**
>
> 자신의 진로에 대한 생각과 포부를 개인적 측면에 머물지 않고 사회적 측면으로 확장시켜야 한다. 특히 재미나 흥미보다 사회 융합과 소통이라는 거시적 명분을 제시하고, 자신만의 아이디어를 제시하여 진로 탐색의 깊이를 드러낼 수 있다.

A 방송 PD는 영상을 만들어 많은 사람들이 보는 TV에 내보내는 역할을 합니다. 그만큼 자신의 생각을 담은 영상을 보여 줌으로써 자신의 의견을 가장 효과적으로 알릴 수 있는 직업이라고 생각합니다. 방송 PD가 우리 사회의 발전을 위해 해야 할 일은 궁극적으로 사회 통합에 기여하는 것이라고 생각합니다. 저는 인터넷과 영상을 융합시키고자 하는 꿈이 있습니다. 인터넷에서는 시간과 공간의 제약 없이 서로의 의견을 나눌 수 있는데, 영상으로 이것을 가능하게 하고 싶습니다. 영상을 통해 사람들이 자신의 생각과 가치관을 정립하고, 사회 문제에 관심을 갖거나 진로를 정하는 등 올바른 방향으로 영향을 줄 수 있다면 방송 PD로서 임무를 다한 것이라고 생각합니다. 또한, 영상을 통해 여러 사회 계층을 통합해서 서로가 이해할 수 있는 계기를 만든다면 사회가 융합되고, 소통이 이루어지고, 어느 누구도 소외되지 않는 살기 좋은 사회를 만들 수 있다고 생각합니다.

66

Q 장래 희망에 대해 설명해 보세요.

> **답변의 포인트**
>
> 장래 희망에 대한 정의로 답변을 시작하여 진로에 대한 확고한 인식을 드러낼 수 있다. 예를 들어, 봉준호라는 멘토와 「설국열차」라는 작품의 특성과 주제를 이야기하며 미래에 대한 포부를 설명할 수 있다.

A 저의 장래 희망은 방송 연출가입니다. 방송 연출가는 프로그램을 총괄적으로 지휘하고, 모든 요소들에 대해 사람들과 토의하고 결정하는 직업입니다. 이러한 장래 희망을 갖게 된 계기는 봉준호 감독 덕분이라고 생각합니다. 저는 옛날부터 영상에 관심이 많았습니다. TV라는 매체를 통해 사람들이 같은 프로그램, 드라마에 대해 관심과 이야기를 나누는 것을 보면서 흥미를 느꼈습니다. 봉준호 감독의 「설국열차」를 보고 저도 이러한 영상을 만들고 싶다는 생각을 하게 되었습니다. 「설국열차」는 '자본주의 사회에서 다수를 위해 소수가 희생되어도 되는가?'에 대한 쟁점을 다루고 있습니다. 영상을 통해 심오한 주제를 전달할 수 있다는 것을 알게 되면서, 저도 이러한 영상을 만들어 사람들에게 생각할 수 있는 계기를 마련해 주고, 사회를 더 좋은 방향으로 발전시키고 싶다는 꿈을 꾸게 되었습니다.

Q 영중과에 지원한 이유는 무엇인가요?

답변의 포인트

동아시아 문화권이라는 배경지식을 활용하여 한중 교류의 확대를 예상하고, 한중 교류 환경에 자신의 진로를 적용하여 영중과에 진학하려는 당위성을 드러내는 것이 좋다.

A 일단 영어는 세계 공용어이기 때문에 당연히 중요하고, 중국이 경제 강국으로 부상했기 때문입니다. 중국은 우리나라 문화와 상당히 많은 부분을 공유하고 있습니다. 같은 동아시아 문화권이므로 유교 사상과 한자를 비롯한 여러 문화 요소가 비슷하기 때문에 중국인과 한국인이 교류하며 협동하는 활동이 많아질 것이므로 중국을 중요하게 생각합니다. 제 진로와 관련해서는, 중국인이 한류에 열광하고 있기 때문에 제가 영상을 만들면 중국인이 주요 관객이 될 것입니다. 언어 속에는 민족의 얼이 깃들어 있다고 했습니다. 중국어를 배움으로써 중국 문화와 중국인들의 사고에 대해 알게 되므로 중국 사람들을 관객으로 삼는 영상을 만들고 싶어 영중과를 선택하게 되었습니다.

Q 영어과에 지원한 이유는 무엇인가요?

답변의 포인트

세계화와 다국적 영상 제작 환경이라는 측면을 제시하여 영어과에 지원하는 당위성을 설명할 수 있다. 그리고 한류 확대라는 포부를 통해 글로벌한 마인드와 감각을 드러내야 한다.

A 저의 진로와 가장 큰 연관이 있기 때문입니다. 영어과에 들어가면 세계 공용어인 영어를 가장 많이 배우게 될 것입니다. 저의 장래 희망인 예능 방송 PD는 봉준호 감독의 영화 「설국열차」처럼 외국인들과 함께 일하는 경우가 많습니다. 저는 인터넷을 이용한 예능을 목표로 하고 있는데, 인터넷에는 다국적 요소가 많이 있기 때문에 외국 관객을 목표로 하거나 외국인들과 함께 프로그램을 제작할 가능성이 높습니다. 또한, 세계화가 더 이루어지면 더 많은 외국인이 우리나라에 유입될 것이기 때문에 세계 공용어인 영어를 배우는 것이 필수적이라고 생각합니다. 영어과에 들어간다면 제2외국어를 배울 수 있는 기회를 얻게 되는데, 중국과 일본 모두 우리나라와 비슷한 문화를 공유하는 나라입니다. 그리고 그 나라 관객들에게 이미 한류가 전파되었는데 더 크게 유행할 기회가 충분히 많아 보입니다. 그래서 영어과에 지원하게 되었습니다.

Q 예능 방송 PD가 되고 싶은 이유는 무엇인가요?

답변의 포인트

한국의 문화적 정체성을 알리고 싶다는 포부와 근거를 독서 경험과 현실 인식을 활용해서 설득력 있게 제시할 수 있다. 특정 사례를 제시하여 한국이 나아갈 방향을 이야기하고, 자신의 진로 목표를 설명하는 것이 좋다.

A 『마고자』라는 수필을 읽은 적이 있습니다. 이 작품에서 작가는 마고자에 깃든 우리 문화의 정서와 아름다움을 비롯해 한국 여성들의 바느질 솜씨를 칭찬하면서, 우리나라 문화가 이렇게 아름다운데 이를 알지 못하고 세계 속에서 정체성을 잃어 가고 있다고 말했습니다. 저는 평소에도 한복에 대해 많은 관심이 있었는데, 이 수필을 읽으면서 우리나라의 아름다운 전통문화의 정체성이 희미해지고 있다는 생각을 하게 되었습니다. 거리에 나가보면 한글로 쓰인 간판은 찾기가 어렵고, 식습관도 브런치 문화 등의 외래문화가 성행하는 것을 보면 우리 전통의 것은 없어지고 있다는 생각이 듭니다. 현재 일본 문화가 세계적으로 인정받는 이유 중 하나는 동양의 미를 잘 살렸기 때문이라고 생각합니다. 깨끗한 나라, 동양에서 해가 가장 먼저 뜨는 나라, 초밥이 유명한 나라 등 일본만의 문화적인 정체성을 확립하고 있기 때문에 일본이 세계 속에서 주목을 받고 있는 것입니다. 우리나라가 서구 문화만 받아들이려 하고 우리의 것을 살리지 않는다면 우리의 문화가 주목받지 못하고, 세계 속에서 우뚝 설 수 있는 문화 선진국이 될 수 없을 것입니다. 많은 사람들이 보는 매체 중 하나가 영상입니다. 그래서 저는 예능 방송 PD가 되어 우리나라의 문화적 정체성을 알리고, 민족을 단결시킬 수 있는 예능 프로그램을 만들어 보고 싶습니다.

Q PD가 되고 싶은데 영어를 전공하고자 하는 이유는 무엇인가요?

답변의 포인트

한류의 방향성과 특성을 제시하여 영어과에 지원한 이유를 설명할 수 있다. 특히 외국인들과의 교류 확대와 동서양 문화의 융합 가능성을 제시하며 영어 전공의 필요성을 나타내야 한다.

A 한류가 아시아권에 전파된 것은 사실입니다. 그리고 유럽 등의 서양 문화권에도 서서히 전파되고 있습니다. 영어과에 지원하게 된 이유는 크게 두 가지입니다. 첫째로, 한류가 동남아시아에도 많이 전파되고 있기 때문입니다. 유튜브에 등록된 한국 예능 프로그램 영상, 한국 아이돌 가수가 나오는 채널의 댓글 창을 보면 거의 다 영어로 써 있고, 프로필은 동남아시아 사람들입니다. 동남아시아에서는 아직 대중문화가 많이 발달하지 않았기 때문에 한국의 대중문화를 더 널리 전파하려면 영어가 더 유용할 것이라 생각합니다. 둘째로, 세계화의 물결이 계속 유지된다면 동양과 서양이 더 많이 융합될 것이라 생각합니다. 서양권의 사람들이 우리나라에 많이 유입될 가능성이 높기 때문에 이러한 흐름이 「설국열차」와 같은 영상 분야에도 적용될 것이라 생각합니다.

Q 예능 방송의 부정적인 면은 무엇이라고 생각하나요?

> **답변의 포인트**
>
> 자신의 진로에 대한 부정적 질문에 대해 당황하지 않고 방송의 상업성이라는 측면을 제시하며 방송의 공익성을 강조해야 한다. 또한, 자신이 생각한 예능 방송에 대한 방향성을 제시하며 진로에 대한 당위성을 드러내야 한다.

A 예능 방송의 상업성이 강조되면서 시청자들을 마케팅의 대상으로만 여기는 것이 문제라고 생각합니다. 방송은 원래 공공의 이익을 위한 것이기 때문에 예능 역시 사람들에게 도움이 되어야 할 것입니다.

Q (추가 질문) 그럼 시사 PD가 되어야 하지 않나요? 예능 방송은 시청률이 생명 아닌가요?

A 시사 PD만이 사회적 문제를 다룬다는 생각은 고정 관념이라고 생각합니다. 예능 방송의 궁극적인 목적은 사람들의 지식을 높여 주고 새로운 사회 문제를 접할 수 있게 하는 것이라고 생각합니다. 사회의 문제를 살펴보고, 이를 잘 녹여낼 수 있는 예능 프로그램을 만들고 싶습니다.

Q 심화 학습 중 가장 하고 싶은 과목은 무엇인가요?

> **답변의 포인트**
>
> 자기소개서에 서술한 심화 탐구 활동에 대한 배경지식과 활동 계획을 제시하여 자기소개서 내용에 대한 신뢰도를 높여야 한다. 그리고 구체적 사례를 활용하여 심화 탐구 활동과 진로의 연계성을 나타내야 한다.

A 역사 심화 학습입니다. 역사는 ○○ 내에서도 만점을 받기 어려운 과목으로 알려져 있습니다. 이는 역사가 단순한 암기 과목이 아니며, 역사적 사실을 정확하게 알고 있음과 동시에 그것에 대한 자신의 의견을 말할 수 있어야 하기 때문입니다. 예를 들어, 중국이 중일 전쟁을 예방하기 위한 방안이 있었는지에 대한 문제를 토론해 볼 수 있습니다. 이렇게 과거의 역사적 사실을 현대 사회에 적용하는 방법을 배워서 과거에 있었던 외교 관계와 분쟁을 탐구해 우리나라를 발전시킬 수 있는 외교관이 되고 싶습니다.

3-2 | 자기주도학습

1

Q 실생활에 수학 개념을 적용하였을 때 효과적이었던 예시를 말해 보세요.

답변의 포인트

수학을 단순히 문제 풀이에 국한시켜서 생각해서는 절대 안 된다. 인터넷이나 책들을 찾아보면 실생활 속에 적용된 수학 개념들이 많이 나온다. 그러므로 창의적인 학습 경험을 드러내고 싶다면 실생활 속에 적용된 수학 개념들을 찾아보는 것도 좋은 방법이다.

A 저는 수학 개념을 배우면 문제 풀이나 공식 암기에만 집중하지 않고 실생활이나 다른 영역에 응용하고 적용해 보려고 노력했습니다. 예를 들어, 피타고라스 정리를 배우고 나서 집과 학교 사이의 거리를 구해 보려고 한다든지 그림자의 길이를 이용해서 건물의 높이를 구해 보려는 시도를 했습니다. 이렇게 수학 개념을 실생활에 적용해 보니 수학 개념이나 정의에 대해 정확히 이해할 수 있었고 실생활에 적용하는 과정을 조사, 탐구하는 과정에서 교과서에 나온 개념 외에 다른 개념과 내용까지도 접할 수 있었습니다. 그리고 수학이 문제집이나 교과서에서만 존재하는 것이 아닌 실생활에 굉장히 많이 적용되어 있다는 점을 깨닫고 수학 공부에 흥미도 더 가질 수 있어서 효과적이었습니다.

PART 4

2

Q 사회 현상을 탐구하기 위해 기사를 스크랩하였다고 했는데, 사회 현상을 탐구하기 위한 다른 방법이 있나요?

답변의 포인트

단순히 방법만 제시하는 것이 아니라 실제로 하였던 경험이나 사례를 답하면서 구체적인 답변을 할 수 있다. 더 나아가 독서 경험과 자기주도적인 탐구 능력도 드러낼 수 있다.

A 사회 현상을 분석하는 과정에는 다양한 이론과 시각이 필요하다고 생각합니다. 그래서 저는 사회 현상을 탐구하기 위해 독서를 합니다. 기사의 경우에는 사건이나 사고, 현상에 관한 내용이 소개되지만 원인이나 결과에 대한 이론적 분석은 많이 하지 않습니다. 그래서 사회 현상의 특징이나 내용을 파악할 수는 있지만 원인이나 결과에 대한 정확한 이해는 할 수 없었습니다. 하지만 사회 현상과 관련된 책을 읽으면 사회 현상의 배경이나 특성에 대해 알 수 있었습니다. 예를 들어, 현대 사회의 성과주의에 따른 폐해에 대해 이해할 때, 『피로사회』라는 책을 읽어 보며 경쟁에 따른 성과에 집착하기 때문에 스트레스가 심화된다는 점을 파악할 수 있었습니다.

Q 학습법이나 공부할 때 어려웠던 경험은 무엇인가요?

답변의 포인트

학습법이나 학습 과정의 어려움을 소개하는 것에 국한되는 것이 아니라 극복 방안과 효과까지 함께 답변해야 한다. 입학 사정관 입장에서는 학생이 어떤 점에서 어려움을 겪었는지도 궁금하지만 어떻게 극복하였는지에 더 관심이 많다. 이 점에 유의해야 한다.

A 제가 활용한 학습법은 압축 노트 만들기입니다. 처음에 압축 노트를 만들려고 할 때에는 중요한 내용과 그렇지 않은 내용을 구별하지 못해서 너무 많은 내용을 적었습니다. 그러다 보니 시간도 많이 걸리고 내용이 많아서 다시 보지 않게 되는 문제가 있었습니다. 그래서 어떻게 하면 수정, 보완할 수 있을지 고민을 했습니다. 교과서의 단원 소개나 문제집의 핵심 정리를 보니 내용보다 핵심 단어를 중심으로 나와 있다는 점을 발견했습니다. 저는 이 부분을 응용해서 교과서 속 개념이나 내용을 설명한 문장들에서 핵심 단어를 찾는 작업을 먼저 하고, 핵심 단어를 중심으로 요약을 하는 방식으로 압축 노트를 만들었습니다. 그 결과, 압축을 계속 하면서 노트의 분량은 줄어들었고 손바닥 크기의 메모장 수준으로 압축 노트를 만들 수 있었습니다. 또한, 압축을 하는 과정에서 개념을 정확히 암기할 수 있었고 글의 핵심을 파악하는 속도와 능력이 발전하는 것을 경험했습니다.

Q 자기만의 학습 노트란 무엇입니까?

답변의 포인트

일반적인 방법이 아닌 자기만의 특별한 방법을 제시하여 창의력을 드러내야 한다. 그리고 동아리 활동이나 학습 활동 등에서 나타난 효과를 구체적으로 답하며 노트 작성의 사실성을 나타내야 한다.

A 그것은 100장 정도의 내용을 하나로 묶어 놓은 다음 쓸 때마다 한 장씩 찢어서 버리는 형태의 노트입니다. 동아리 활동이나 역사 논술 수행 평가 같은 중요한 것들이나, 영어 숙제처럼 반드시 해야 할 과제들을 다 적어 놓고 하나하나 해결할 때마다 종이를 찢으면 성취감을 얻을 수 있었습니다. 그리고 하루 생활 전반의 일과를 계획하면서 좀 더 체계적이고 구체적인 삶을 살 수 있었습니다. 저는 영어 토론 동아리에서 매주 타임지의 메인 기사 하나를 스크랩해서 그것에 대한 토론을 진행하는 부장 역할을 맡았습니다. 타임지 기사를 스크랩 할 때에는 영어를 어려워 하는 1, 2학년 후배들도 있을 것이고, 또한 문맥의 이해가 어려운 친구들도 있기 때문에 노트에 타임지 기사를 붙여 놓고 친구들이 헷갈릴 수 있는 단어는 따로 표시를 해 둔 다음 노트에 뜻을 적어놓았습니다. 그리고 각 문단별로 요약 내용을 정리하고 로드맵을 그려 나가면서 전체적인 내용을 어떻게 하면 더 쉽게 전달할 수 있을지, 어떻게 친구들의 사고를 유도할 수 있을지 많이 고민할 수 있었습니다. 정해진 시간 동안 동아리 활동을 진행하면서 전체적인 로드맵을 그려 봄으로써 짧은 시간 안에 큰 효율을 낼 수 있도록 노트를 많이 활용했습니다.

Q 노트를 어떻게 정리하였나요?

A 저는 중학교 3학년 때 반장이 되면서 친구들에게 실질적인 도움을 줄 수 있는 방법이 무엇일까 굉장히 많이 고민했습니다. 고등학교 진학을 코앞에 두고 내신에 대해 걱정을 많이 하는 친구들을 보면서 지필 평가와 수행 평가에 직접적으로 도움을 주고 싶었습니다. 선생님들께서는 수업을 하실 때 시험 문제에 대한 실마리를 주시는데, 그것을 알아차리려면 수업 내내 고도의 집중력이 필요하고, 그런 실마리를 알아채는 감각이 필요합니다. 그런 일에 있어서는 제가 전문가라고 생각하기 때문에 시험 1~2주 전에 저의 비법이 담긴 노트를 만들어서 친구들에게 나누어 주었습니다. 대표적으로 역사 과목이 그랬습니다. 역사 시간에 선사 시대부터 고려 망국 때까지의 역사를 한꺼번에 배우게 되었습니다. 공부하기에는 매우 많은 내용이었기 때문에 저는 그 내용을 1번부터 25번까지 번호를 매겨 정리한 다음 친구들에게 나눠 주었는데, 우연히도 제가 정리한 순서 그대로 시험 문제가 나와 우리 반 아이들이 아주 뛰어난 성적을 거두었습니다. 이 일을 계기로 저는 그 노트를 만드는 일에 더 열중하게 되었고, 그 이후로도 우리 반은 역사 과목에서 1등을 유지할 수 있었습니다. 저 스스로도 시험 범위를 꼼꼼히 분석하고 출제 경향을 예상해 볼 수 있었기 때문에 더 합리적이고 효율적으로 시험 공부를 할 수 있었습니다.

Q 일주일 동안 어떻게 공부하였나요?

A 일주일의 계획을 한꺼번에 세우기보다는 하루하루 구체적인 계획을 세웠습니다. 일주일치 계획을 미리 세우면 그날 상황에 맞지 않을 때는 미루게 되므로 그날그날 세부적인 계획을 세웠습니다. 학교에서 배운 주요 과목을 복습하는 위주로 계획을 세웠는데, 한꺼번에 복습을 하기가 부담스러웠습니다. 그래서 그날그날 흥미롭게 배운 2개 정도의 과목을 복습했습니다. 또한, 선생님께서 내주신 문제 풀이 숙제를 수업이 끝난 뒤 쉬는 시간에 하기 위해 노력했습니다. 그렇게 하니 배운 내용을 기억하는 데 도움이 되었습니다. 특히 수학의 경우 친구들에게 알려 주기 위해 반복적으로 풀어보았는데, 이것이 매우 도움이 되었습니다.

Q 영어나 중국어를 공부하는 자신만의 노하우가 있나요?

답변의 포인트

학습 노하우를 자신의 진로와 연관된 활동으로 설명하고, 교과서를 읽거나 문제집을 푸는 일반적 방법이 아닌 다른 방법을 제시하여 창의성을 드러낼 수 있다.

A 제가 영어를 공부하는 방법은 다양한 자료들을 접하면서 지식을 얻는 것입니다. 저의 장래 희망은 앵커인데, 그만큼 저는 기사 쓰기나 뉴스에 관심이 많습니다. 그래서 해외 뉴스 기사를 읽으면서 제가 몰랐던 사실을 알아 가기도 하고, 어려운 단어가 나오면 의미를 유추해 보기도 했습니다. 중국어를 공부할 때에는 다양한 중국어 동요들을 들으면서 공부했습니다. 동요를 통해 중국어의 음을 더 쉽고 자세하게 배울 수 있었습니다.

Q 국문이 아니라 영문으로 기사를 작성한 이유가 있나요?

답변의 포인트

영어 학습 방법과 수준을 영문 기사 작성이라는 수단을 활용하여 나타내야 한다. 그리고 실제적이고 현실적인 자료를 검색하고 영어 문법을 공부하는 노력을 제시하여 영어 학습에 관한 관심과 자신감을 드러낼 수 있다.

A 제가 영문으로 기사를 작성한 이유는 해외에 나가지 않아도 해외에 거주한 것과 같은 효과를 내기 위해서였습니다. 영어 실력을 키우려는 목적으로 야후와 구글 같은 대표적인 검색 엔진을 사용하고, 기사나 정보를 확인할 때에도 위키피디아, CNN, BBC를 이용했습니다. 해외에서 제공하는 자료이므로, 많이 보았지만 뜻을 모르는 단어나 원어민들만 쓰는 단어들이 쓰인 경우가 종종 있어서 어려움을 겪었습니다. 저는 이러한 단어들을 노트에 기록하고 일주일마다 제 스스로 시험을 보면서 어휘력을 탄탄하게 다졌습니다. 또한, 기사를 작성할 때 문장이 매끄럽지 않아 고민했습니다. 처음부터 영어 실력을 키우기 위해 이러한 활동을 한 것이었기 때문에 이번 기회에 문법을 확실하게 공부하겠다고 마음먹었습니다. 학교에서 배우는 가정법, 과거 완료 등의 심화적인 문법과 관련한 여러 문제집의 내용을 노트에 꼼꼼하게 정리해서 주요 표현과 문법 원리에도 익숙해질 수 있었습니다.

Q 미국 드라마, 영화, 유튜브를 통해 영어를 배웠다고 하였는데, 어떻게 배웠나요?

답변의 포인트

미국 드라마나 유튜브 영상에서 보았던 시사적인 내용들 중에서 자신의 진로와 연관된 내용을 중심으로 답변하여 진로 탐색 노력을 드러내야 한다. 그리고 글로벌 감각과 영어 회화 실력도 나타낼 수 있다.

A 미국 드라마를 통해 총기 난사, 흑인 차별 문제를 접하게 되면서 미국의 화젯거리가 무엇인지 알 수 있었습니다. 유튜브를 통해 보게 된 동영상에서는 뉴욕시의 콜라 섭취량을 제한하는 법안이 얼마나 쓸모없는 것이며, 사회적인 구조에 어긋나는지 다루고 있었습니다. 이러한 영상을 통해 미국 사회에 대해 인지하고, 미국 사람들이 어떻게 생각하는지 알 수 있었습니다. 그래서 외국인들과도 스스럼없이 이야기할 수 있었고, 세계가 어떻게 돌아가고 있는지 생각해 보는 계기가 되었습니다.

Q 수학 멘토링을 하면서 자신의 이해를 높이는 데 도움이 되었다고 하였는데, 설명해 보세요.

답변의 포인트

피타고라스 정리와 같은 구체적 사례와 자신이 설명하는 방식을 제시하여 멘토링 활동의 진실성을 드러내야 한다.

A 예를 들어, 피타고라스 정리를 설명할 때에는 멘토링을 받는 친구들이 수학에 대한 이해도가 낮기 때문에 처음부터 설명해야 합니다. 직사각형에 대한 설명부터 해야 해서 저에게도 잊고 있던 수학의 기초 지식을 다질 수 있는 기회가 되었습니다. 초등학교 때부터 배운 기초 지식을 다 기억하고 있는 것은 아니었기 때문에 제가 부족한 부분을 파악하고 기초를 다짐으로써 새로운 이론을 습득하는 데 있어서 멘토링은 저에게도 도움이 되었습니다.

Q 영어 공부를 하면서 이론과 본문을 같이 공부하였다고 했는데, 설명해 보세요.

답변의 포인트

교과서의 순서나 학원의 학습 과정을 상세히 설명하며 응용에서 어려움이 있었다는 점을 첨가하고, 경험적 학습이 이루어졌다는 점을 나타낼 수 있다. 그리고 어려움을 인식하고 그것에 대한 해결 방안으로 학습 방법을 변경하였다는 점을 통해 학업적 우수성을 드러낼 수 있다.

A 교과서를 보면 몇 가지 리스닝이 나오고, 스피킹이 나오고, 본문이 나온 후에 Grammar Checking이 나오기 때문에 본문에 나오는 문법을 되짚어 보게 됩니다. 또한, 학원에서는 문법 교재, 자습서, 본문의 내용을 알려 주는 프린트, 본문의 문법을 알려 주는 프린트를 통해 공부를 했는데, 이렇게 하다 보니 응용하는 데 어려움이 있었습니다. 그래서 문법과 본문을 따로 공부했는데, 문법을 완전히 숙지한 후 본문을 다시 읽어 보았습니다. 한 문장을 읽을 때마다 어떤 문법이 쓰였는지 자세하게 분석하며 읽었습니다. 예를 들어, 'Here comes the bus.'와 같은 도치 구문을 공부하면서 방향, 장소의 부사 구문이 앞에 나오면 도치가 된다는 것을 알게 되었습니다.

Q 자신만이 가지고 있는 학습 능력은 무엇인가요?

답변의 포인트

자신의 독창성과 우수성을 이야기할 때에는 개인적 역량을 이야기하는 것도 중요하지만, 다른 친구와 함께하는 협력 과정에서의 역량에 대해 이야기하는 것이 바람직하다. 언어나 수학적 능력을 발표나 설명하는 능력이 우수하다고 표현하며 협동 과정에서 우수성이 드러난다고 표현하는 것이 좋다.

A 저의 생각을 언어로 잘 표현하는 능력인 것 같습니다. 일단 생각을 정리하고, 어떤 어휘로 표현해야 가장 효과적일지 생각해 내는 능력이 뛰어난 것 같습니다. 저는 발표하는 것을 굉장히 좋아합니다. 해야 할 말을 미리 다 써 놓는 것이 아니라 즉석에서 표현하고 관객들의 반응에 따라 설명을 하는 능력이 있습니다. 두 번째로, 수학에 흥미가 없는 친구들에게 멘토링을 할 때 친구들의 관심사를 잘 파악해서 그들이 쉽게 이해할 수 있도록 설명해 주는 능력이 있습니다. 친구들 중에서 랩을 좋아하는 남자 아이가 있었는데, 그 친구는 특정 가수의 팬이었습니다. 그 가수가 잘 입고 나오는 옷이 있었는데, 그 옷에는 삼각형이 그려져 있었습니다. 수학 설명을 하면서 그러한 예시를 들어 설명을 하니, 그 친구가 설명에 집중하고 흥미를 갖게 되는 것을 보았습니다.

13

Q 어떻게 예습과 복습을 하였나요?

답변의 포인트

특별하지는 않지만 수업 전후에 하는 자기만의 예습과 복습 방법을 만들어 놓는 것이 좋다. 수업 후 쉬는 시간에 수업 중 필기한 것을 보는 것이나, 수업 전에 핵심 단어에 표시하며 선생님의 설명과 비교하는 것은 단순하지만 학생의 수업 태도나 열의를 알 수 있는 요소이다.

A 3학년 2학기 시험 준비를 할 때, 시간이 촉박한 상황에서 학교에서 좀 더 효율적으로 지식을 습득하기 위해 예습, 복습과 같은 단순한 방법을 이용했습니다. 이는 '공부의 왕도'라는 프로그램을 통해 정보를 스크랩해서 만든 저만의 공부법으로 완성된 것입니다. 처음에는 수업이 끝난 뒤 신속하게 수업 내용을 간단하게 복습했습니다. 교과서를 보면서 복습을 하려니 선생님께서 어떤 말씀을 하셨는지 정확히 기억이 나지 않았습니다. 그래서 수업을 들으면서 수업에 지장이 가지 않을 정도로 저의 노트에 키워드, 예시 등을 적었습니다. 그리고 수업이 끝난 후 2분 동안 노트를 보면서 복습할 수 있었습니다. 예습을 할 때는 목차를 훑어 보고 교과서의 내용을 읽으면서 빨간색 펜으로 제가 생각하는 핵심 단어에 동그라미를 쳤습니다. 수업을 들으면서 선생님께서 말씀하시는 중요한 내용은 파란색으로 표시했습니다. 제가 예상했던 핵심과 선생님께서 말하는 핵심을 비교해 보고, 그 둘 사이의 공통점을 생각해 보면서 공부했습니다.

14

Q 기타 과목과 영어, 수학 과목을 다른 방식으로 공부하였다고 했는데, 설명해 보세요.

답변의 포인트

암기와 응용이 필요한 과목을 구분하여 학습하였다는 점을 강조하며, 학습 경험이 많고 역량이 우수하다는 점을 드러내야 한다.

A 기타 과목의 경우, 단순 암기로 해결될 수 있는 과목은 예습과 복습을 하면서 기억에 남도록 반복적으로 공부했습니다. 하지만 영어와 수학은 응용이 필요한 과목이기 때문에 기초적인 이론을 적용하는 학문이라고 생각합니다. 예를 들어, 영어 과목은 교과서에 나오는 문법은 쉽지만, 그 문법을 실제로 응용할 줄 아는 것이 관건입니다. 그래서 다른 방식으로 공부했습니다.

15

Q 모든 것을 증명할 수 있다는 수학적 원칙을 세웠다고 하였는데, 이 방식을 실제로 어떻게 공부에 적용하였나요?

> **답변의 포인트**
>
> 자기소개서에 쓴 내용에 대한 질문으로, 이에 대한 준비가 반드시 필요하다. 수학에서 입체 도형의 예를 들어, 학습 과정의 실제성과 수학 이론에 대한 정확한 이해도 및 실력을 드러낼 수 있다.

A 이론을 배울 때 수학에 대한 흥미가 떨어질 수 있습니다. 탐구하는 정신을 가지고 공부를 해야 호기심과 흥미가 생긴다고 생각합니다. 그래서 저 자신이 수학에 흥미를 느끼기 위해 선택한 방법은 '왜?'라는 질문을 던지는 것입니다. 심화 수학 이론을 배우면서 모르는 것이 생기면 곧바로 학원 선생님이나 학교 선생님께 물어보았습니다. 이론 자체가 흔들리면 아무것도 할 수 없기 때문에 꼭 증명해 내고 정확히 알아야 한다고 생각했습니다. 예를 들어, 정사면체의 꼭짓점에서 내린 수선의 발은 밑면(삼각형)의 무게 중심이라는 것을 제가 잊고 있었습니다. 하지만 이것을 모르면 입체도형의 부피를 구하는 방식을 증명할 수 없습니다. 그래서 이 점에 대해 선생님께 여쭈어 본 뒤 이해했습니다. 이렇게 꾸준한 질문을 통해 수학 실력을 탄탄하게 다졌고, 수학에 대한 흥미를 높일 수 있었습니다.

16

Q 쉬는 시간에 공부하기가 어렵지는 않았나요?

> **답변의 포인트**
>
> 짧은 쉬는 시간 동안 예습과 복습을 하였다는 점을 드러내어 학습 태도가 우수하다는 점을 나타낼 수 있다. 그리고 예습 과정에서 자신과 선생님의 차이점을 비교·분석하여 상호 보완하였다는 예시를 통해 창의적이고 균형 잡힌 학습이 이루어졌다는 점을 부각시킬 수 있다.

A 쉽지는 않았지만, 지금 하는 공부를 통해 실생활에 적용할 수 있는 지식을 얻고, 이 지식을 바탕으로 나중에 삶에 필요한 것을 갖출 수 있다고 생각하며 공부했습니다. 10분의 쉬는 시간 동안 예습과 복습을 각각 2분씩 했습니다. 수업 시간이 끝나면 수업 시간에 했던 활동들을 떠올리며 내용을 짚어 나가고 구조화했습니다. 우리 학교에서는 수업 시작 2분 전에 자리에 앉으라고 예비 종이 울립니다. 그때마다 자리에 앉아 교과서를 읽으면서 핵심어에 빨간색으로 동그라미를 치고, 수업 시간에는 파란색으로 줄을 그었습니다. 그리고 나중에 이를 비교해 보면서 예습과 복습을 비교적 쉽게 할 수 있었습니다. 저는 '부하, 전선'과 같은 용어들이 중요하다고 생각하고 동그라미를 쳤지만, 선생님께서는 옆에 있는 전기의 여러 가지 장점에 초점을 맞추셨습니다. 이렇게 제가 생각하는 중요한 점과 선생님께서 생각하시는 중요한 점이 다를 때, 선생님의 말씀을 중심으로 복습하면서 상호 보완적으로 공부할 수 있었습니다.

Q 수학 공부를 열심히 하였다고 했는데 어떻게 하였나요?

답변의 포인트

'열심히 문제를 풀었다.' 또는 '공식을 외웠다.' 등의 단순한 답변이 아니라 구체적 예시를 들며 근본 원리를 탐구하고 증명하려고 노력하면서 더 깊이 있게 공부하였음을 드러내야 한다.

A 저는 근본적인 것부터 정확하게 알아 가는 습관이 있습니다. 아무리 쉬운 것이더라도 근본이 흔들리면 처음부터 다시 공부해 확실히 알아야 한다고 생각합니다. 예를 들어, 역함수의 경우 원래 있던 식의 x의 값과 y의 값을 바꾸면 되는 간단한 원리입니다. 하지만 저는 왜 그렇게 되는지 궁금해하며 처음부터 차근차근 스스로 그 과정을 풀어 보았습니다. 그 결과 역함수의 응용 문제도 수월하게 풀 수 있었습니다.

Q 공부를 통해 자기반성, 자기 계발을 하였다고 했는데, 설명해 보세요.

답변의 포인트

TV 프로그램에서 소개한 방법을 보고 자기 것으로 만드는 과정을 제시하며 자신이 가지고 있던 문제점을 파악하여 개선하려는 노력을 표현할 수 있다. 그 과정에서 성장하는 모습을 통해 자기주도적인 학습 역량을 드러내야 한다.

A 처음에 저만의 공부법을 만들기 위해 '공부의 왕도'라는 프로그램을 보고, 그 내용을 필기한 다음 저에게 도움이 될 만한 부분에 밑줄을 치면서 정리했습니다. 그리고 제 공부법의 문제점을 알아보기 위해 일과를 노트에 정리한 적이 있었습니다. 하루의 일과를 적어 놓고 저의 시험 공부 방법에 대해 정리해 보았습니다. 예를 들어, 아침 자습이나 쉬는 시간을 어떻게 활용할 수 있는지 생각해 보면서 이전에 의미 없이 보내던 시간을 의미 있게 활용하도록 노력했습니다. 저의 문제점을 파악해 보는 첫 경험이었기 때문에 새로운 방법을 개발했고, 저에게 가장 도움이 되었다고 생각합니다. 또한, 저는 체계적으로 밑줄을 치는 방법을 알게 되었습니다. 예전에는 그냥 마음 가는 대로 밑줄을 쳤지만, 일련의 규칙을 만들어 밑줄을 치다 보니 복습을 하는 데 매우 유용하다는 것을 알게 되었습니다. 이렇게 공부법을 개발해 나가는 것이 저에게 큰 도움이 되었다고 생각하기 때문에, 앞으로도 자기반성을 통해 공부법을 개선할 계획입니다.

19

Q 단편적으로 외우는 것이 아니라 관련된 내용을 생각하고 정리하면서 공부하였다고 했는데, 자세히 설명해 보세요.

> **답변의 포인트**
>
> 교과서나 수업 시간에 배운 내용이 머무르지 않고 주체적으로 탐구를 진전시키는 모습과 과정을 설명해야 한다. 이러한 경험들을 통해 자기주도적인 탐구 역량과 의지를 드러낼 수 있다.

A 3학년 1학기 때 사회 시간에 경제를 배우게 되었습니다. 단순히 국제 수지, 환율에 대한 개념을 배우는 것이 전부였는데 저는 궁금증이 생겨 다른 내용을 찾아보게 되었습니다. 예를 들어, 국제 수지에 대해 배웠을 때는 주식 투자자들이 환율을 어떻게 예측하며 이용하고 있는지 알아보았습니다. 이런 과정에서 일어나는 장점과 부작용에 대해서도 생각해 보았고, 자본을 가지고 있는 투자자들이 환율을 마음대로 조종하면서 어떻게 다른 사람들에게 피해를 주고 자신들은 이익을 취하게 되는지 알게 되었습니다.

20

Q 글의 흐름을 잘 이해하는 능력을 어떻게 키울 수 있었나요?

> **답변의 포인트**
>
> 베스트셀러 소설을 읽으며 복선을 파악하고 글의 흐름을 이해하는 능력을 키웠다는 예시를 통해 독해력이 우수하다는 점을 부각시켜야 한다.

A 어렸을 때 재밌게 읽은 책 중 하나는 『해리 포터』 시리즈였습니다. 그 책의 내용과 스토리 라인이 아주 재밌게 느껴져서 여러 번 읽으면서 줄거리, 등장인물에 대해 파악을 할 수 있었습니다. 단순히 내용만을 읽은 것이 아니라 그 이야기 속에 있는 작은 힌트를 알아채기 위해 노력했습니다. 예를 들어, 스네이프 박사가 처음에는 아주 못된 사람으로 나오지만 나중에는 해리 포터에게 도움을 주는데, 이 점에 대한 복선이 나옵니다. 처음에는 이를 몰랐지만 나중에는 복선을 파악할 수 있었습니다. 이런 방법으로 글의 흐름을 더 자세하게 파악하는 능력을 키울 수 있었습니다.

3-3 | 지원 동기 및 진학 후 계획

1

Q 입학 후 만들고 싶은 동아리는 무엇이고, 어떤 활동을 하고 싶은가요?

> **답변의 포인트**
>
> 입학 후 만들고 싶은 동아리나 하고 싶은 활동은 자신의 꿈과 진로와 연계된 활동이 되는 것이 좋다. 이것은 자신의 진로와 꿈에 대한 계획과 목표가 뚜렷하다는 것을 의미하고 면접관에게 열의가 강한 만큼 학교생활을 열심히 할 것이라는 인상을 심어 줄 수 있다.

A 제 꿈은 사회의 부조리한 면을 드러내는 사회부 기자입니다. 그래서 ○○고에 입학 후에 사회 현상 탐구반이나 언론 분석반과 같은 동아리를 만들어 보고 싶습니다. 이 동아리에서는 매주 선배님과 친구들과 함께 언론에서 다루어진 특정 사회 현상을 주제로 정치, 사회, 경제, 문화적 측면으로 나누어서 현상을 분석하는 노력을 할 것입니다. 이를 통해 사회 현상에 대해 다양한 관점에서 분석하는 능력을 기를 것이고, 언론에서 주안점을 두고 있는 점이 무엇인지 파악할 것입니다. 더 나아가 동아리에서 한 탐구 활동을 심화시켜 교내 탐구 발표 대회도 준비할 것입니다. 동아리에서 친구들과 토론을 하면서 알게 된 내용들을 보고서로 정리하고 추가 조사를 통해 내용을 보충해서 발표를 준비하며 논리적 사고력과 발표력을 향상시키고 싶습니다.

2

Q 진학 후 구체적인 계획은 무엇인가요?

> **답변의 포인트**
>
> 자신의 목표를 구체적으로 제시하고 그것에 필요한 자질을 논리적으로 답해야 한다. 특히 자신의 경험과 활동을 활용하여 설득력을 강화해야 한다.

A 제 인생의 목표는 CNN에서 세계적인 앵커가 되는 것입니다. 앵커가 되기 위해서는 네 가지의 자질이 필요하다고 생각합니다. 첫째는 전달력입니다. 전달력을 키우기 위해 중학교에서 아침, 점심 방송을 도맡아 했습니다. ○○외고에 진학해서는 뉴스를 직접 제작해 보면서 저의 전달력을 키우고 싶습니다. 둘째는 공정성입니다. 셋째는 영어 능력입니다. 이를 위해 중학교 때부터 지속해 온 신문 기사를 쓰는 활동을 이어나갈 것입니다. 넷째는 토론을 통해 전문적인 지식을 습득하는 것입니다. 이를 위해 ○○외고에서 수준 높은 영어 토론을 하며 전문적인 지식을 습득하고 싶습니다.

3

Q 우리 학교는 12월마다 축제를 하는데, 축제에서 기획하고 싶은 행사가 있나요?

답변의 포인트

자신이 경험하였던 활동을 소개하고 리더십이 있다는 점을 드러내야 한다. 또한, 협력의 가치를 중요하게 생각하고 의견을 존중하는 자세를 드러내어 인성 측면에서 좋은 평가를 받도록 할 수 있다.

A 저는 중학교 때 학생회 활동을 하면서 기획부장으로서 다양한 학교 축제를 기획했었습니다. 특히 교내 외국어 노래자랑 대회를 기획하고 주최하면서 여러 친구들과 합심하는 즐거움을 느꼈습니다. 그래서 입학 후에 12월마다 하는 축제에서 가능한 한 많은 친구들이 참여하는 행사를 만들고 싶습니다. 이를 위해 전교생에게 설문조사를 실시해서 친구들의 의견을 모을 것이고 가장 많은 의견이 나온 행사를 기획할 것입니다. 만약 의견을 조사할 수 없거나 의견이 모아지지 않는다면 저는 팀별 노래자랑 대회를 기획하고 싶습니다. 왜냐하면 노래는 많은 사람들을 즐겁게 하는 것이고 팀을 이루어서 노래자랑 대회를 준비하면서 협력의 가치를 깨달을 수 있기 때문입니다. 그리고 서로의 화음을 맞추는 과정에서 우정이 깊어지고 서로에 대해 더 많이 이해할 수도 있을 것입니다. 그러면 학교 분위기나 친구 관계도 더 돈독해져 학교의 발전에 기여할 수 있다고 생각하기 때문입니다.

4

Q ○○고에 입학하면 성적이 떨어질 수도 있는데, ○○고에 지원한 이유는 무엇인가요?

답변의 포인트

많은 특목고 입학 사정관들은 입학 후 잘 적응하는, 잘 적응할 수 있는 지원자를 선발하고 싶어 한다. 그러므로 성적을 반전시킨 경험을 제시하며 자신감을 피력하고, 지원하는 학교의 프로그램 중 자신의 미래에 맞는(도움이 되는) 프로그램을 제시하여 지원의 당위성을 나타내야 한다.

A ○○고에는 우수한 학생들이 지원을 하고, 많은 학생들의 실력이 뛰어나기 때문에 성적이 떨어질 수 있다고 생각합니다. 만약 성적이 떨어지더라도 저는 실망하거나 좌절하지 않고 성적을 올리고 어려움을 극복하기 위해 노력할 것입니다. 저는 중학교 2학년 때, 수학 성적이 갑자기 떨어져 고민했던 경험이 있었습니다. 그렇지만 포기하지 않고 제 공부 방법에 문제가 없는지 점검을 먼저 했습니다. 그 당시에 저는 수학 공부를 하며 문제 풀이에 급급한 나머지 오답 정리를 제대로 하지 않았고, 정확한 개념을 모르는 상태에서 문제만 풀었습니다. 이러한 문제점을 발견한 저는 개념 정리를 철저히 하기 위해 교과서를 보고 나만의 개념 노트를 만들었습니다. 그다음, 해당 개념과 관련된 문제를 풀고, 오답을 정리한 다음, 어떤 개념과 부분을 잘 몰랐는지 분석했습니다. 이런 방식으로 학습 방법을 수정하니 신기하게도 이전보다 문제 풀이 시간은 줄었지만 문제 풀이 양은 늘었습니다. 틀리는 문제 수도 줄어드니 오답 정리하는 시간도 짧아졌습니다. 저는 이렇게 실패를 극복하고 성적을 향상시킨 경험이 있고 자신감도 있습니다. 그래서 제가 바라는 프로그램(학교 프로그램 중 자신의 진로나 미래에 도움이 되는 프로그램)이 있는 ○○고에서 제 꿈(자신의 진로)을 위해 열심히 노력하고자 지원하게 되었습니다.

5

Q 고등학교에 가서 재능을 살리기 위해 특별히 계획하고 있는 것이 있나요?

답변의 포인트

지원 학교의 특성화된 프로그램을 답변하며 지원 학교에 대한 관심과 진학 의지를 나타내야 한다. 특히 자신의 진로와 연계된 활동을 계획하고 있다고 답하여 자신의 진로에 대한 명확한 방향성을 드러내야 한다.

A ○○외고는 또래 수업이 활성화되어 있습니다. 제가 생각하는 저의 가장 큰 학습 장점 중 하나는 학생들의 입장에서 쉽게 설명하는 방법을 안다는 것입니다. 저는 선생님, 친구들에게 배운 적이 많기 때문에 이해가 안 되는 부분은 어디인지, 학생이 제대로 이해했는지 확인하기 위해 어떤 방법을 사용해야 하는지 알고 있습니다. 그래서 학생의 입장에서 설명해 주는 또래 수업이 적합한 것 같습니다. 설명하다 보면 집중을 하지 않고 듣는 척만 하는 경우가 있습니다. 그럴 때에는 질문을 해서 학생의 대답을 듣게 되면 학생이 무엇을 알고 무엇을 모르는지 알 수 있습니다. 무조건 가르치기만 하면 집중도가 떨어지지만, 질문을 통해 학생의 이해도를 관찰할 수 있게 됩니다. 또한, 저는 사람들 앞에서 제 생각을 발표하는 것을 좋아하는 편입니다. ○○외고에서는 영어나 제2외국어를 배울 때 발표 수업을 많이 활용합니다. 제2외국어의 경우 여러 발표 수업이나 연극을 통해 언어를 습득하기 때문에 그것에 맞추어 좋은 성적을 거둘 수 있을 것 같습니다.

6

Q 고등학교에서 어떻게 공부할 계획인가요?

답변의 포인트

자신의 단점이나 한계를 먼저 이야기하고 학교에 입학한 후에 그것을 개선하려는 노력을 하겠다는 답변을 통해 자신의 문제점을 파악하고 있으며 적극적으로 자기 계발을 할 것이라는 의지를 드러낼 수 있다. 또한, 지원 학과와 진로와의 연계성을 제시하며 지원 동기에 답해야 한다.

A 저의 진로에 가장 방해가 되는 것이 하나 있다면 기술적인 부분에서 지식을 많이 습득하지 못했다는 것입니다. 일단 제가 구현하고 싶은 아이디어를 노트에 적기도 하고, 레이아웃을 설정해서 제가 직접 머릿속에서 구체화하기도 했습니다. 카메라를 다루는 법은 어느 정도 알지만 아직 편집과 같은 기술적인 부분은 많이 떨어집니다. 그래서 ○○외고의 방송부 동아리에 들어가 활동하면서 기술적인 부분과 방송이 실제로 만들어질 때 각 구성원의 역할에 대해 파악하고 싶습니다. 둘째로, ○○외고에는 스피치 콘테스트나 제2외국어 연극 대회가 많기 때문에 저의 재능인 말하기 능력을 잘 살려서 외국어 실력을 개선하고 싶습니다. 제가 영어과에 들어가게 된다면 중국어나 일본어를 제2외국어로 배우게 될 것인데, 한류에 관심 있는 사람들 중에 중국인과 일본인이 많기 때문에 저의 진로 계발에 도움이 될 것이라 생각합니다. 그 사람들이 어떤 표현으로 회화를 하는지, 자연스러운 회화 표현은 무엇인지 배우면서 저의 외국어 능력을 키워 나갈 계획입니다.

Q 학교 공부를 어떻게 할 계획인가요?

단순히 단어를 몇 개 외우고, 문제를 몇 개 푼다는 식의 답변이 아니라 수업 시간에 배운 부분에서 추가적 탐구가 필요하다고 생각한 부분에 대해 자기주도적으로 탐구를 한 경험을 드러내야 한다. 이를 통해 적극적이고 창의적인 학업 역량을 드러낼 수 있다.

A 내신 공부를 하면서 많은 시행착오를 겪은 후 저만의 공부법을 만들었습니다. 이 공부법을 적용하면서 보완할 수 있는 부분들을 찾아내었습니다. 예를 들어, 시간을 효율적으로 사용하고자 자투리 시간을 영어에 투자해 1등급을 받는 것이 목표였기 때문에 더 심화된 학습을 하고 싶었지만 반복적인 복습을 할 수 없었습니다. 원래 계획은 2~3일에 한 번 복습을 하고 주말 끝에 복습을 하는 것이었습니다. ○○외고에 가면 어떻게 효율적으로 복습할 수 있는지 실험해 볼 계획입니다. 둘째로, 저의 배경지식을 공부에 접목해서 공부의 흥미를 높일 것입니다. 그렇게 공부하다 보면 더 알고 싶은 부분이 생깁니다. 예를 들어, 색맹인 사람들에 대한 동영상을 보았는데 과학 시간에 색맹이 반성 유전이라는 것을 알게 되었고, 이에 대해 흥미를 느꼈습니다. 반성 유전의 사례 중 혈우병이라는 것을 알게 되었습니다. ○○외고에 들어가서 학교 공부를 통해 지식을 넓힐 수 있는 기회를 만들고 싶습니다.